Gemeinnützige Stiftungen und Generationengerechtigkeit

Bochumer Studien zum Stiftungswesen

Herausgegeben von Karlheinz Muscheler

Band 9

PETER LANG

Frankfurt am Main · Berlin · Bern · Bruxelles · New York · Oxford · Wien

Jochen Maier

Gemeinnützige Stiftungen und Generationengerechtigkeit

Möglichkeiten und Grenzen ihrer Einbeziehung in eine generationengerechte Politik

PETER LANG
Internationaler Verlag der Wissenschaften

Bibliografische Information der Deutschen Nationalbibliothek
Die Deutsche Nationalbibliothek verzeichnet diese Publikation in der Deutschen Nationalbibliografie; detaillierte bibliografische Daten sind im Internet über http://dnb.d-nb.de abrufbar.

Zugl.: Bochum, Univ., Diss., 2012

D 294
ISSN 1864-936X
ISBN 978-3-631-62451-7

www.peterlang.de

Für

E.

Y.J.M. und T.J.M.

Vorwort

Die vorliegende Arbeit wurde im Herbst 2011 der Juristischen Fakultät der Ruhr-Universität Bochum als Dissertation vorgelegt. Mein Dank gilt an erster Stelle meinem verehrten Doktorvater Herrn Prof. Dr. Karlheinz Muscheler, der mir bei Thema, Interdisziplinarität und Umfang uneingeschränkte wissenschaftliche Freiheit zugestanden hat.

Für die Erstellung des Zweitgutachtens und wichtige Anregungen zu verfassungsrechtlichen Aspekten danke ich Herrn Prof. Dr. Stefan Huster.

Diese Abhandlung beschäftigt sich mit ‚Generationengerechtigkeit' und ‚gemeinnützigen Stiftungen'. Die Suche nach Möglichkeiten und Grenzen gegenseitiger Befruchtung fußt auf der Deskription des Status quo dieser beiden Disziplinen, was den Kapiteln 1 und 2 vorbehalten ist. Diese Herangehensweise ist der Überlegung geschuldet, zumindest ansatzweise ein in sich geschlossenes Werk mit wissenschaftlichem Anspruch vorlegen zu wollen. Gerechtigkeitstheoretiker mögen in Kapitel 1 auf Bekanntes stoßen und sich – wenn gewünscht – auf die jeweiligen Schlussfolgerungen und Fazits konzentrieren. Für Stiftungsrechtler gilt entsprechendes für Kapitel 2. Gleichwohl habe ich in diesen beiden ersten Kapiteln versucht, die einschlägigen und relevanten Aspekte zu identifizieren und herauszustellen. Kapitel 3 untersucht dann Möglichkeiten und Grenzen der Einbeziehung gemeinnütziger Stiftungen in eine generationengerechte Politik. Ganz Eilige beginnen mit Kapitel 4, das eine Zusammenfassung der Thesen und Ergebnisse enthält.

Die Arbeit ist auf dem Stand Mai 2012. Sie ist kein Forschungsauftrag und ohne jeglichen Einfluss von Verbänden, Parteien, Stiftungen oder Unternehmen etc. entstanden. Sie hat ihr Ziel erreicht, wenn sie neue Anstöße zur Fortentwicklung des Stiftungswesens und der Debatte um Gerechtigkeit zwischen den Generationen gibt. Hinweise und Kritik sind daher gerne willkommen.

Ich habe diese Arbeit neben meiner beruflichen Tätigkeit geschrieben. Das wäre ohne das grenzenlose Verständnis, die uneingeschränkte Rücksichtnahme und den Halt meiner lieben Frau nicht möglich gewesen. Ohne sie wäre diese Arbeit nicht entstanden. Ich widme ihr und meinen beiden Kindern diese Arbeit.

Freiburg im Breisgau, im Mai 2012 — Jochen Maier

Inhaltsübersicht

Inhaltsverzeichnis

Abkürzungsverzeichnis

a. A.	anderer Ansicht
a. a. O.	am angegebenen Ort
a. F.	alte Fassung
ABlEU	Amtsblatt der Europäischen Gemeinschaften
Abs.	Absatz
AcP	Archiv für die civilistische Praxis (Zeitschrift)
AEAO	Anwendungserlass zur Abgabenordnung
AEUV	Konsolidierte Fassung des Vertrags über die Arbeitsweise der Europäischen Union
AG	Aktiengesellschaft
AltEinkG	Alterseinkünftegesetz
AngV	Angebotsverordnung
Anm.	Anmerkung
AO	Abgabenordnung
AöR	Archiv des öffentlichen Rechts
Art.	Artikel
AStG	Aussensteuergesetz
AVO	Angebotsverordnung
AZ	Aktenzeichen
BaFin	Bundesanstalt für Finanzdienstleistungsaufsicht
BauGB	Baugesetzbuch
BayStiftG	Bayerisches Stiftungsgesetz
BayVGH	Bayerischer Verwaltungsgerichtshof
BB	Betriebs-Berater (Zeitschrift)
bb.	bereits benannt
Bd.	Band
BerlStiftG	Berliner Stiftungsgesetz
BewG	Bewertungsgesetz
BFH	Bundesfinanzhof
BgA	Betrieb gewerblicher Art
BGB	Bürgerliches Gesetzbuch
BGBl.	Bundesgesetzblatt
BGHZ	Bundesgerichtshof Zivilsachen
BJagdG	Bundesjagdgesetz
BMF	Bundesministerium der Finanzen
BMJ	Bundesministerium der Justiz
BNatG	Bundesnaturschutzgesetz
BremStiftG	Bremer Stiftungsgesetz
BSchR	Bundesschuldenrat
BSHG	Bundessozialhilfegesetz
bspw.	beispielsweise
BT	Bundestag
BVerfG	Bundesverfassungsgericht

BVerfGE	Sammlung von Entscheidungen des Bundesverfassungsgerichts
BVerfGG	Bundesverfassungsgerichtsgesetz
BVerwG	Bundesverwaltungsgericht
BVerwGE	Entscheidungen des Bundesverwaltungsgericht
BW	Baden-Württemberg
BWaldG	Bundeswaldgesetz
bzw.	beziehungsweise
ca.	circa
CDU	Christlich Demokratische Union
CSU	Christlich-Soziale Union
d. h.	das heisst
DB	Der Betrieb (Zeitschrift)
ders.	derselbe
dies.	dieselbe(n)
Diss.	Dissertation
DNU	Durchschnittsnutzenutilitarismus
DStR	Deutsches Steuerrecht (Zeitschrift)
DStRE	DStR Entscheidungsdienst (Zeitschrift)
DStZ	Deutsche Steuerzeitung (Zeitschrift)
dto.	Dito (dasselbe in Bezug auf ein gerade vorher Genanntes)
DVBl.	Deutsches Verwaltungsblatt (Zeitschrift)
ebd.	ebenda
EFG	Entscheidungen der Finanzgerichte
EG	Vertrag zur Gründung der Europäischen Gemeinschaft
EGBGB	Einführungsgesetz zum Bürgerlichen Gesetzbuche
EG-Recht	Recht der Europäischen Gemeinschaften
EMRK	Europäische Konvention zum Schutz der Menschenrechte und Grundfreiheiten
ErbR	Zeitschrift für die gesamte erbrechtliche Praxis
ErbSt	Erbschaftsteuer
ErbStG	Erbschaftsteuergesetz
ErbStRG	Erbschaftsteuerreformgesetz
EStDV	Einkommensteuer-Durchführungsverordnung
EStG	Einkommensteuergesetz
EU	Europäische Union
EuGH	Europäischer Gerichtshof
EUV	Vertrag über die Europäische Union
e.V.	eingetragener Verein
evtl.	eventuell
EWG	Europäische Wirtschaftsgemeinschaft
EWR	Europäischer Wirtschaftsraum
f.; ff.	folgend, folgende
FAZ	Frankfurter Allgemeine Zeitung
FDP	Freie Demokratische Partei
FE	Europäische Stiftung, Fundatio Europaea

FE-VO-E	Vorschlag der EU-Kommission für eine Verordnung über das Statut der Europäischen Stiftung vom 8.2.2012
FFH	Fauna-Flora-Habitat Richtlinie
FG	Finanzgericht
FR	Finanzrundschau
FS	Festschrift
GBl.	(Landes-)Gesetzblatt
gem.	gemäß
GewStG	Gewerbesteuergesetz
GG	Grundgesetz
GGÄndG	Gesetzes zur Änderung des Grundgesetzes
ggf.	gegebenenfalls
GmbH	Gesellschaft mit beschränkter Haftung
GrStG	Grundsteuergesetz
GVBl.	(Landes-)Gesetz- und Verordnungsblatt
h. M.	herrschende Meinung
HambStiftG	Hamburgisches Stiftungsgesetz
HDI	Human Development Index
HessStiftG	Hessisches Stiftungsgesetz
HFR	Höchstrichterliche Finanzrechtsprechung
HGB	Handelsgesetzbuch
Hrsg.	Herausgeber
HWI	Human Wellbeing Index
i. Br.	im Breisgau
i. d. F.	in der Fassung
i. d. R.	in der Regel
i. E.	im Ergebnis
i. H. v.	in Höhe von
insbes.	insbesondere
insges.	insgesamt
i. S.	im Sinne
i.S.d.	im Sinne des
i. Ü.	im Übrigen
i. V. m.	in Verbindung mit
i. w. S.	im weiteren Sinn
IPCC	Intergovernmental Panel on Climate Change
IStR	Internationales Steuerrecht
KMU	kleinen und mittleren Unternehmen
KraftStG	Kraftfahrzeugsteuergesetz
KStG	Körperschaftsteuergesetz
LPartG	Lebenspartnerschaftsgesetz
m. H. auf	mit Hinweis auf
m. w. H.	mit weiteren Hinweisen
m. w. N.	mit weiteren Nachweisen
Mio.	Million(en)

Mrd.	Milliarde(n)
n. F.	neue Fassung
NdsStiftG	Niedersächsisches Stiftungsgesetz
NJW	Neue Juristische Wochenzeitschrift (Zeitschrift)
Nr.	Nummer
NRWStiftG	Stiftungsgesetz für das Land Nordrhein-Westfalen
NSU	Nutzensummenutilitarismus
NVwZ	Neue Zeitschrift für Verwaltungsrecht
NWB	Neue Wirtschaftsbriefe
NZS	Neue Zeitschrift für Sozialrecht
OLG	Oberlandesgericht
OVG NW	Oberverwaltungsgericht für das Land Nordrhein-Westfalen
PR	Public Relations
PrAL	Preußisches Allgemeines Landrecht
RAP	Rule Against Perpetuities
Rdn.	Randnummer
RFH	Reichsfinanzhof
RG	Reichsgericht
RGBl.	Reichsgesetzblatt
RhPfStiftG	Landesstiftungsgesetz Rheinland-Pfalz
Rn.	Randnummer(n)
ROG	Raumordnungsgesetz
RStBl.	Reichssteuerblatt
Rz.	Randziffer
S.	Seite
s. o.	siehe oben
SchlHolLVwG	Allgemeines Verwaltungsgesetz für das Land Schleswig-Holstein
SdÖR	Stiftung des öffentlichen Rechts
SdÖR GG	Stiftung des öffentlichen Rechts Generationengerechtigkeit
SE	Societas Europaea (Europäische Aktiengesellschaft)
SED	Sozialistische Einheitspartei Deutschlands
SHStiftG	Schleswig-Holstein. Gesetz über rechtsfähige Stiftungen des bürgerlichen Rechts
SlStiftG	Saarländisches Stiftungsgesetz
sog.	sogenannt(er)
SPD	Sozialdemokratische Partei Deutschlands
SRzG	Stiftung für die Rechte zukünftiger Generationen
StabiRatG	Gesetz zur Errichtung eines Stabilitätsrates und zur Vermeidung von Haushaltsnotlagen (Stabilitätsratsgesetz)
StiftG	Stiftungsgesetz
StiftRspr	Stiftungen in der Rechtsprechung
StuW	Steuer und Wirtschaft (Zeitschrift)
SWI	Steuer und Wirtschaft International
Tz.	Textziffer
u.a.	unter anderem

usw.	und so weiter
Ubg	Die Unternehmensbesteuerung (Zeitschrift)
UNO	United Nations Organization
UStG	Umsatzsteuergesetz
Verf.	Verfasser
vgl.	vergleiche
WCF	World Childhood Foundation
WHG	Gesetz zur Ordnung des Wasserhaushalts
WISP	Weighted Index of Social Progress
WM	Wertpapier-Mitteilungen, Zeitschrift für Wirtschafts- und Bankrecht (Zeitschrift)
WpG	Die Wirtschaftsprüfung (Zeitschrift)
WpÜG	Wertpapiererwerbs- und Übernahmegesetz
WpÜG AngV	WpÜG-Angebotsverordnung
WRRS	EG-Wasserrahmenrichtlinie
WRV	Weimarer Reichsverfassung
z. T.	zum Teil
z. B.	zum Beispiel
ZEV	Zeitschrift für Erbrecht und Vermögensnachfolge (Zeitschrift)
ZPO	Zivilprozessordnung
ZRP	Zeitschrift für Rechtspolitik
ZSt	Zeitschrift zum Stiftungswesen (Zeitschrift)

Abbildungsverzeichnis

„Wenn ich die Möglichkeit hätte, der nächsten Generation ein Geschenk zu machen, dann würde ich allen Menschen die Fähigkeit verleihen, über sich selbst zu lachen."

Charles M. Schulz (Erfinder der Comicserie Die Peanuts)

Einleitung

1. Einführung in die Thematik Generationengerechtigkeit und gemeinnützige Stiftungen

Die Frage nach Gerechtigkeit zwischen den Generationen wird von einer auffälligen Vielfalt wissenschaftlicher Disziplinen aufgegriffen und intensiv diskutiert. Zu nennen sind vornehmlich die Theologie, die Finanzwissenschaften, die Jurisprudenz, die politische Philosophie und nicht zuletzt die Ethik.

Zudem besetzt der Begriff ‚Generationengerechtigkeit' mehrere Politikbereiche. In einer von der ‚Stiftung für die Rechte zukünftiger Generationen'[1] herausgegebenen Abhandlung[2] findet sich die Aussage, dass der Begriff inzwischen dabei sei, „die politische Agenda zu erobern"[3], und gar „gute Chancen" habe, „das geistige Leitmotiv des angebrochenen Jahrhunderts zu werden".[4] Verwiesen wird hierbei (u.a.) auf das Grundsatzprogramm BÜNDNIS 90/DIE GRÜNEN, verabschiedet am 17. März 2002 in Berlin, in welchem dem Thema „ein eigener Unterabschnitt gewidmet"[5] ist. In der SPD habe der Begriff in der Diskussion um ein Grundsatzprogramm eine „zentrale Rolle"[6] gespielt und in den Wiesbadener Grundsätzen der FDP wurde er „bereits häufiger verwandt"[7] als der Begriff „soziale Gerechtigkeit".[8] Ein Blick in die aktuellen Grundsatzprogramme der im Bundestag vertretenen Parteien bestätigt diesen Befund.[9] Festzustellen ist ein überparteilicher Konsens insofern, als jeweils verschiedene politische Ressorts betroffen sind.[10] Auch im Koalitionsvertrag der CDU, CSU und FDP zur

---

1 Diese Stiftung versteht sich als „Think Tank" und „Lobby für kommende Generationen"; so Tremmel/Maxin/Memmert/Schell in: SRzG (Hrsg.), Handbuch Generationengerechtigkeit, S. 17.

2 SRzG (Hrsg.), Handbuch Generationengerechtigkeit.

3 Tremmel in: SRzG (Hrsg.), Handbuch Generationengerechtigkeit, S. 28.

4 Tremmel/Maxin/Memmert/Schell in: SRzG (Hrsg.), Handbuch Generationengerechtigkeit, S. 17.

5 Tremmel in: SRzG (Hrsg.), Handbuch Generationengerechtigkeit, S. 28.

6 Ders., ebenda.

7 Ders., ebenda.

8 Ders., ebenda.

9 Analysiert wurden dazu das Grundsatzprogramm der CDU, beschlossen vom 21. Parteitag in Hannover am 3.-4. Dezember 2007, das Hamburger Programm der SPD, beschlossen auf dem Hamburger Bundesparteitag der SPD am 28. Oktober 2007, das Berliner Grundsatzprogramm BÜNDNIS 90/DIE GRÜNEN, verabschiedet am 17. März 2002 in Berlin; das Europawahlprogramm BÜNDNIS 90/DIE GRÜNEN, S. 21, beschlossen am 23.-25. Januar 2009 in Dortmund, das Programm der FDP zur Bundestagswahl 2009, das Grundsatzprogramm der CSU, beschlossen am 28. September 2007 sowie das programmatische Gründungsdokument der Partei DIE LINKE, Beschluss der Parteitage von WASG und Linkspartei.PDS am 24. und 25. März 2007 in Dortmund. Zu den Einzelheiten dieser Analyse siehe Kapitel 1, Tz. 5.

10 Mit Ausnahme des programmatischen Gründungskonzepts der Partei DIE LINKE, wo auf ‚künftige Generationen' nur einmal im Zusammenhang mit ökologischen Aspekten Bezug genommen wird.

17. Legislaturperiode hat die Frage nach Gerechtigkeit zwischen den Generationen herausragende und ressortübergreifende Bedeutung.[11]

Schließlich wird das Thema auch von den Medien in Fernsehen[12], Zeitungen[13], Magazinen[14] und Büchern[15] umfassend[16] behandelt.

Ungeachtet einer kritischen Aufarbeitung[17] dieses Befundes ist festzustellen, dass die Frage nach Gerechtigkeit zwischen den Generationen noch nicht vor dem Hintergrund der **Möglichkeiten und Grenzen der Einbeziehung gemeinnütziger Stiftungen** untersucht wurde. Dabei wäre der Zeitpunkt durchaus günstig, wird doch in Deutschland aktuell von einem ‚Boom im Stiftungswesen' gesprochen.[18] So ist ab dem Jahr 2000, einhergehend mit verbesserten steuerlichen Rahmenbedingungen[19], die Zahl der Stiftungsgründungen in Deutschland stetig gestiegen.[20] Waren im Jahr 2000 noch 681 Stiftungsneugründungen zu verzeichnen, waren es 2006 bereits über 880[21] und in den Jahren 2007 und 2008 jeweils über 1.000[22], im Jahr 2009 914[23], im Jahr 2010 823[24] und im Jahr 2011 817.[25]

---

11 Vgl. hierzu Kapitel 1, Tz. 5.

12 Statt vieler: „Münchner Runde: Mehr Rentner – weniger Junge: Wie leben wir im Alter?", Sendung vom 24.11.2009; Quelle: http://mediathek.ard.de/ard/servlet/content/3517136?documentId = 3416806#; Abruf im Januar 2009.

13 Statt vieler: Birg, Die Demographie wird zum Krisenherd, FAZ vom 2.4.2004.

14 Statt vieler: ‚Generationengerechtigkeit – Ein Magazin', herausgegeben von der ‚Stiftung für die Rechte zukünftiger Generationen', zu beziehen über www.srzg.de oder SPIEGEL Spezial 8/2006 Jung im Kopf – Die Chancen der alternden Gesellschaft.

15 Statt Vieler: Schirrmacher, Frank, Das Methusalem-Komplott oder Klöckner, Bernd W., Die Rentenlüge – Entkommen Sie der Armutsfalle.

16 Beispiele für diese umfassende mediale Präsenz finden sich auch bei Klundt, Von der sozialen zur Generationengerechtigkeit?, S. 150 ff.

17 Vgl. hierzu insbes. Klundt, Von der sozialen zur Generationengerechtigkeit?

18 Vgl. FAZ v. 23.08.2008, S. 16 oben: ‚Deutschland erlebt einen Stiftungsboom'. Oder Handelsblatt v. 13./14./15.06.2008, S. 6 unten: ‚Der Boom hält an: Täglich werden drei neue Stiftungen gegründet'. Ebenso Adloff, Philanthropisches Handeln, S. 119: „Man kann von einem Stiftungsboom sprechen."

19 Gesetz zur weiteren steuerlichen Förderung von Stiftungen vom 14.07.2000, Bundesgesetzblatt I 2000, S. 1034.

20 Die Angaben zur Errichtung neuer Stiftungen wurden den Pressemitteilungen des Bundesverbandes Deutscher Stiftungen entnommen. Sie beziehen sich auf rechtsfähige Stiftungen.

21 Vgl. hierzu Mecking, Stiftungslandschaft in Deutschland, Stiftung & Sponsoring 2005, Heft 2, S. 5; ferner: Pressemitteilung des Bundesverbandes Deutscher Stiftungen vom 23.02.2006 [betr. „Rekordjahr der Stiftungen"].

22 Konkret waren es im Jahr 2007: 1.134 und im Jahr 2008: 1.020; Quelle: Pressemitteilung des Bundesverbands Deutscher Stiftungen vom 11.02.2008 [betr. „Rekord: Erstmals weit mehr als 1.000 Stiftungen pro Jahr gegründet"].

23 Quelle: Pressemitteilung des Bundesverbands Deutscher Stiftungen vom 03.02.2010 [betr. „Stiftungswachstum weiterhin auf hohem Niveau"].

24 Quelle: Pressemitteilung des Bundesverbands Deutscher Stiftungen vom 10.02.2011 [betr. „Zahl der deutschen Stiftungen klettert auf über 18.100"].

25 Quelle: Pressemitteilung des Bundesverbands Deutscher Stiftungen vom 02.02.2012 [betr. „Stiftungssektor stabil auf Wachstumskurs"].

Mit ca. 19.000 rechtsfähigen gemeinnützigen Stiftungen[26] liegt Deutschland im internationalen Vergleich in der Spitzengruppe.[27] Es mag diese Entwicklung gewesen sein, die den Gesetzgeber dazu veranlasst hat, die gesetzlichen Rahmenbedingungen für gemeinnütziges Engagement mehrfach zu verbessern.[28] Soziales privates Engagement ist *en vogue*. Gleichzeitig ist damit auch eine Entlastung des Sozialstaats verbunden. Dies erscheint umso dringlicher, als ein funktionierendes sozialstaatliches Gemeinwesen bei begrenzten finanziellen Ressourcen auf eine Bürgerschaft angewiesen ist, die bereit ist, Eigenverantwortung zu übernehmen. Es stellt sich somit die Frage, ob sich die steigende Tendenz der Errichtung gemeinnütziger Stiftungen vor dem Hintergrund intergenerationeller Gerechtigkeitserwägungen nicht zielgerichteter nutzen ließe.

Bereits im Rahmen erster Überlegungen zu dieser Frage stößt man unweigerlich auf die außerordentlich herausfordernde, wenn nicht gar wissenschaftlich vermessene Frage nach der Definition und Problembeschreibung des Begriffs ‚Generationengerechtigkeit'. Angesichts der janusköpfig anmutenden Erscheinungsformen und Folgen des Begriffs erscheint dies zunächst ein unmögliches Anliegen zu sein. In einem Forum[29] diskutierten hierüber bspw. drei Politiker, ein Wirtschaftswissenschaftler und ein Gesellschaftsethiker.[30] Eine gewisse Übereinstimmung bestand (lediglich) darin, dass es letztlich um die Frage der gerechten Verteilung von Lasten zwischen unterschiedlichen Generationen geht. Die Zusammensetzung der Diskussionsteilnehmer dieses Forums ist gleichzeitig stellvertretend für die vorgezeichnete Herangehensweise an das Thema. Die Frage nach Gerechtigkeit zwischen den Generationen ist interdisziplinär zu verstehen. Entsprechend vielfältig sind bereits Definitions- und Folgenbeschreibungen, und – dazu bedarf es bereits an dieser Stelle keiner prophetischen Fähigkeiten – auch die in Frage kommenden Lösungsansätze.

Eine vertiefte wissenschaftliche Auseinandersetzung mit der Frage nach Gerechtigkeit zwischen den Generationen kommt daher – von welcher Disziplin man auch kommen mag – an einer holistischen Sichtweise und einer interdisziplinär angelegten Aufarbeitung des Begriffs nicht vorbei,[31] denn das Problem der Generationengerech-

---

26 Quelle: Pressemitteilung des Bundesverbands Deutscher Stiftungen vom 10.02.2011, bb. sowie vom 02.02.2012, bb. Der Bundesverband Deutscher Stiftungen spricht „mit 18.946 Stiftungen" von einem „historischen Hoch".

27 Nur im angelsächsischen Raum sind mehr Stiftungen zu verzeichnen; Quelle: FAZ vom 03.03.2006, S. 12, wobei zum Zeitpunkt der Veröffentlichung dieser Quelle in Deutschland noch ca. 13.500 rechtsfähige gemeinnützige Stiftungen gezählt wurden.

28 Hierzu zählen insbesondere das Gesetz zur weiteren steuerlichen Förderung von Stiftungen vom 14.07.2000 (BGBl. I, 2000, 1034), das Gesetz zur weiteren Stärkung des bürgerschaftlichen Engagements vom 10.10.2007 (BGBl. I, 2007, 2332) mit jeweils weitreichenden Erleichterungen und steuerlichen Förderungen für gemeinnützige Stiftungen.

29 FAZ vom 7.08.2003, S. 13, zu beziehen über http://fazarchiv.faz.net, Stichwort ‚Generationengerechtigkeit', Datum ‚07.08.2003', letzter Abruf im Mai 2011.

30 Kurt Biedenkopf (CDU), Franz Müntefering (SPD), Katrin Göring-Eckardt (BÜNDNIS 90/DIE GRÜNEN), Bernd Raffelhüschen (Ökonom) und Friedhelm Hengsbach (Gesellschaftsethiker).

31 In diesem Sinne auch Ettrich, Gerechtigkeitsaspekte postkommunistischer Transformationsprozesse in Dornheim et al. (Hrsg.), Gerechtigkeit – Interdisziplinäre Grundlagen, S. 136: „Das Thema Gerechtigkeit ist (...) so facettenreich, dass es im Grunde jede disziplinäre Perspektive transzendiert." Dann aber auch (a. a. O.): „Im Zeitalter der modernen Einzelwissenschaften läßt

tigkeit lässt sich offensichtlich nicht nur aus dem Blickwinkel *einer* wissenschaftlichen Domäne lösen.[32] Fragen der Generationengerechtigkeit tangieren nicht nur die dargestellte Bandbreite politischer Themenstellungen, sondern werfen auch ethisch-philosophische, ökonomische, ökologische und rechtliche Fragen auf. Will man sich der Thematik der Generationengerechtigkeit seriös und vor allem ergebnisbezogen nähern, kommt man daher nicht umhin, den Begriff der Generationengerechtigkeit nicht nur isoliert, z.B. aus Sicht der politischen Philosophie, sondern auch unter Einbeziehung ökonomischer, ökologischer und rechtswissenschaftlicher Lehren und Theorien zu beleuchten. Im Kern entspricht dies auch dem Ansatz, den *John Rawls* in seinem Werk *Gerechtigkeit als Fairness* proklamiert, in dem er seine Theorie der Gerechtigkeit nicht (nur) als Teil einer umfassenden moralischen Theorie versteht, sondern als politische Konzeption.[33] Angesichts des Faktums des vernünftigen Pluralismus müssten dabei zwingend verschiedene Standpunkte im Auge des Betrachters stehen.[34] Auch *Birnbacher* schreibt in seinem Werk *Verantwortung für zukünftige Generationen*, dass

> „bei der philosophischen Bearbeitung realer und nicht nur fachinterner Probleme die philosophisch-ethische Diskussion des Problems der Zukunftsverantwortung erst eingesetzt hat, nachdem sie in der Öffentlichkeit und den Einzelwissenschaften bereits lange in Gang gekommen war. (…) Denn Theorie der Wirtschaftspolitik, Planungstheorie und Entscheidungstheorie verstehen sich überwiegend als hypothetisch-normative Disziplinen, die zweckrationales Handeln vor dem Hintergrund normativ gehaltvoller Rationalitätsnormen explizieren, diese Rationalitätsnormen selbst aber nur selten eigens thematisieren. Die Diskussion von moralischen oder moralrelevanten Rationalitätsnormen, wie z. B. Normen der intergenerationellen Gerechtigkeit, der Zumutbarkeit von Zukunftsrisiken und der Gegenwartsbewertung zukünftigen Nutzens und Schadens, fällt auch nicht eigentlich in ihre Kompetenzen, sondern ist Sache der philosophischen Ethik.“[35]

Die Frage nach der Auflösung eines etwaigen Konkurrenzverhältnisses der in die Debatte um Generationengerechtigkeit involvierten Wissenschaften lässt sich mit *Hösle* aus Sicht der ethischen Philosophie mit der Technik des Vor-die-Klammer-Ziehens beantworten:

> „Die Wissenschaft moralischer Pflichten, die Ethik, ist traditionell das Herzstück der Philosophie, und gerade aufgrund der zunehmenden Umwandlung der modernen Wissenschaften in wertfreie Theorie ist die Philosophie besonders gefordert, wo es um Werte oder um normative Fragen geht.“[36]

---

es sich wissenschaftlich dennoch nur disziplinär oder arbeitsteilig bearbeiten. Der disziplinäre Blick bedeutet immer und unvermeidlich eine Einengung der Perspektive; die verengte Perspektive ermöglicht im Gegenzug die klarere Akzentuierung und Konturierung eines Gegenstandes.“

32 In diesem Sinne ist wohl auch Kersting, Theorien sozialer Gerechtigkeit, S. 14, zu verstehen, der ausführt: „Auch Gerechtigkeitstheorien müssen zukunftsfähig sein, und wenn ihre Gerechtigkeitsvorstellung sich im Licht der Rechte zukünftiger Generationen als desaströs erweist, muss sie korrigiert werden. Und dies gilt insbesondere für den Kernbereich sozialer Gerechtigkeit, für die sozio-ökonomischen Verteilungseigenschaften der gesellschaftlichen Verfassung.“

33 Rawls, Gerechtigkeit als Fairness 2001, S. 16 ff.

34 Rawls, Gerechtigkeit als Fairness 2001, S. 17.

35 Birnbacher, Verantwortung für zukünftige Generationen, S. 14-15.

36 Hösle, Dimensionen der ökologischen Krise in: SRzG (Hrsg.), Handbuch Generationengerechtigkeit, S. 127.

Diese Aussage trifft in besonderem Ausmaß auf die Frage der Generationengerechtigkeit zu. Das Problem intergenerationeller[37] Verteilungsgerechtigkeit lässt sich – wenn überhaupt – zwar nicht mit ausschließlich philosophischen Ansätzen lösen. Die ethische Philosophie kann aber eine normative Klammer für Lösungsansätze der wissenschaftlichen Moderne bieten. Die Problematik der Generationengerechtigkeit kann nur dann validen Lösungsansätzen zugeführt werden, wenn Lösungsansätze aus holistisch-interdisziplinärer Sicht unter besonderer Berücksichtigung ethisch akzeptabler Gerechtigkeitserwägungen gesucht werden.

2. Gemeinnützige Stiftungen als prädestinierte ‚Problemlöser' für Fragen der Generationengerechtigkeit?

Vor dem Hintergrund der wissenschaftlichen Vielfalt zur Thematik der Generationengerechtigkeit ist festzustellen, dass die Frage, welche Rolle gemeinnützige Stiftungen als mögliche ‚Problemlöser' für Fragestellungen mit intergenerationellem Bezug einnehmen könnten, bislang noch nicht Gegenstand einer Debatte, geschweige denn einer wissenschaftlichen Untersuchung war. Dabei könnten bereits erste grundlegende Überlegungen dazu führen, gemeinnützige Stiftungen in den Diskurs intergenerationeller Gerechtigkeitserwägungen mit einzubeziehen.

2.1. Mögliche Gründe für die Einbeziehung gemeinnütziger Stiftungen in den Diskurs zur Generationengerechtigkeit

1. Stiftungen sind aus juristischer Sicht Körperschaften, deren Existenz auf Dauer angelegt ist. Mit anderen Worten: Stiftungen sind unsterblich.[38] Ihre Aufgaben und Zwecke sind per Satzung vorgegebenen. Es wäre daher die These zu untersuchen, ob **Stiftungen quasi geborene Institutionen für intergenerationelle Aufgabenstellungen** sind. Aufgrund ihrer institutionell angelegten dauerhaften Existenz erscheinen sie geradezu prädestiniert, als ‚Verteilungsagentur' zwischen einer (fiktiven) Generation A und folgenden Generationen B, C, D etc. wirken zu können.

2. Das Vermögen einer Stiftung gehört ihr selbst. Eine Stiftung hat keine Mitglieder oder Gesellschafter, die eine Änderung des statutarischen Zwecks herbeiführen

37 Der Begriff ‚intergenerationelle Gerechtigkeit' soll an dieser Stelle synonym für den Begriff ‚Generationengerechtigkeit' gelten. Dass dies nicht zwingend ist, zeigen die Ausführungen von Heubach, Generationengerechtigkeit, S. 39. Auf diese begriffliche Abgrenzung soll weiter unten, Kapitel 1, Tz. 3.1.1.3., eingegangen werden.

38 Die älteste Stiftung Deutschlands ist nach neueren Erkenntnissen der von der Klosterkammer Hannover verwaltete Hospitalfonds St. Benedicti in Lüneburg aus dem Jahr 1127, so v. Campenhausen in Seifart/v. Campenhausen (2009), § 1 Rdn. 1. In der Vorauflage wurde insofern noch die Hospitalstiftung Wemding in Ries angegeben. Diese wurde im Jahr 950 errichtet, v. Campenhausen in Seifart/v. Campenhausen (1999), § 1 Rdn. 1. Zur Erläuterung vgl. die Ausführungen bei v. Campenhausen in Seifart/v. Campenhausen (2009)), § 1 Rdn. 1, Fußnote 1. Insgesamt 241 Stiftungen Deutschlands sind älter als 500 Jahre, so Schauhoff, Handbuch der Gemeinnützigkeit, S. 11.

können und sich so von den Vorgaben des Stifters lösen können.[39] Nach den gegebenen rechtlichen Rahmenbedingungen[40] ist das Stiftungsvermögen auf Dauer zu erhalten, lediglich die Früchte des Vermögens sind zweckgebunden zu verwenden.[41] Diese zweckgebundene Verewigung von Vermögen ist in institutioneller Hinsicht einmalig. Weder Staat noch Unternehmen, Vereine oder natürliche Personen sind einer entsprechenden **zweckgebundenen** und **verewigten Vermögensbindungspflicht** unterworfen. Auch bietet keine andere Institution eine solche Gewähr dafür, dass zugewendetes Vermögen dauerhaft zu einem bestimmten Zweck eingesetzt wird. Dies wirft die Frage auf, ob mit der damit verbundenen zwangsläufigen Folge generationenübergreifender Nutzbarmachung von Vermögensfrüchten nicht bereits automatisch auch Ansätze für intergenerationelle Verteilungsgerechtigkeitserwägungen einhergehen. Wenn dem so ist, stellt sich die Anschlussfrage, ob man diese Folge zielgerichtet(er) im Sinne einer besseren intergenerationellen Verteilungsgerechtigkeit nutzen könnte.

3. Stiftungen haben nicht nur die Funktion der Zuweisung von Mitteln, sondern auch die **Funktion des Erhaltes zeitgeschichtlicher Ideen und kultureller Werte**. Auch der intergenerationelle Erhalt solch bedeutender Werte und immaterieller Güter erscheint vor diesem Hintergrund ‚via Stiftung' machbar zu sein.

4. Die aktuelle Blüte des Stiftungswesens in Deutschland[42] ist geprägt durch Stiftungsgründungen von natürlichen Personen und Unternehmen. Stiftungsvermögen ist somit letztlich für gemeinnützige Zwecke vergemeinschaftlichtes (vormals) privates oder unternehmerisches Vermögen. Diese Entwicklung bezeugt eine zunehmende Solidarität und eine steigende Bereitschaft, gesellschaftliche Eigenverantwortung zu übernehmen. Parallel dazu werden auch Lösungen zur Generationengerechtigkeit zunehmend in der Übernahme von Eigenverantwortung gesucht.[43] Es stellt sich daher die

39 Vgl. z.B. Walz, Grundrecht oder Menschenrecht auf Anerkennung der gemeinwohlkonformen Allzweckstiftung?, ZSt 2004, S. 133, 138.

40 Vgl. in rechtlicher Hinsicht § 80 Abs. 2 BGB: „Die Stiftung ist als rechtsfähig anzuerkennen, wenn (...) die dauernde und nachhaltige Erfüllung des Stiftungszwecks gesichert erscheint und der Stiftungszweck das Gemeinwohl nicht gefährdet." Im Steuerrecht wird dies verwirklicht durch den Grundsatz der Vermögensbindung i. S. von § 55 Abs. 1 Nr. 4 AO: „Bei Auflösung oder Aufhebung der Körperschaft [hier: der Stiftung, Anm. d. Verf.] oder bei Wegfall ihres bisherigen Zwecks darf das Vermögen der Körperschaft (...) nur für steuerbegünstigte Zwecke verwendet werden (Grundsatz der Vermögensbindung). Diese Voraussetzung ist auch erfüllt, wenn das Vermögen einer anderen steuerbegünstigten Körperschaft (...) für steuerbegünstigte Zwecke übertragen werden soll."

41 § 55 Abs. 1 Nr. 1 S. 1 AO: „Mittel der Körperschaft dürfen nur für die satzungsmäßigen Zwecke verwendet werden." Ferner § 55 Abs. 1 Nr. 5 S. 1 AO: „Die Körperschaft muss ihre Mittel grundsätzlich zeitnah für ihre steuerbegünstigten satzungsmäßigen Zwecke verwenden."

42 Vgl. bereits obige Ausführungen unter Tz. 1.

43 Vgl. bspw. Kersting, Theorien sozialer Gerechtigkeit, S. 6 ff. und S. 376 f. Er plädiert für einen Paradigmenwechsel vom gescheiterten Paradigma der „egalitaristischen Verteilungsgerechtigkeit" zum „Paradigma der politischen Solidarität". Ders., a. a. O., S. 377: „Im Solidaritätsfall ist der Sozialstaat die effektive kollektive Organisation mitbürgerlicher Hilfsbereitschaft. Der solidaritätsethisch begründete Sozialstaat reagiert im Rahmen verrechtlichter Anspruchsgrundlagen und Auszahlungsverpflichtungen auf definierte Bedürfnisse. Im Gerechtigkeitsfall ist der Sozialstaat hingegen das Mittel, jedem das zukommen zu lassen, was ihm von Gerechtigkeit wegen zustehen würde."

Frage, welcher Stellenwert Stiftungen vor dem Hintergrund der Forderung nach mehr Eigenverantwortung beigemessen werden kann. Können Stiftungen eine intergenerationelle Kooperationsgemeinschaft darstellen mit der Funktion der Sicherung einer **intergenerationellen politischen Solidaritätsgemeinschaft**? Kann eine Gesellschaft ‚via Stiftung' intergenerationell wirkende Eigenverantwortung übernehmen? Würden sich hierfür modernere Erscheinungsformen wie die Bürgerstiftung[44] besonders empfehlen?[45] Können Stiftungen das Kooperationsmodell für eine (neue) Generationensolidarität sein? Ließe sich vor diesem Hintergrund eine liberalistische Theorie der Generationengerechtigkeit ableiten und stehen die gefundenen Ergebnisse und Antworten auf diese Fragen im Einklang mit Forderungen der modernen ethischen Philosophie?

5. Gegen intergenerationell wirkende Gerechtigkeitsforderungen wird teilweise das Argument vorgetragen, dass **künftige Generationen keine einheitlichen Bedürfnisse** hätten, diese zumindest nicht bekannt seien.[46] Auch wird die Frage diskutiert, in welchem Ausmaß eine Generation berechtigt ist, die von ihr für verbindlich gehaltenen moralischen Normen im Sinne eines Oktroi an spätere Generationen weiterzugeben und wie einem Wandel in den kulturellen Normen, den individuellen Präferenzen und dem Informationsstand künftiger Generationen Genüge getan werden kann.[47] Die Kritik an einer „Fernethik"[48] stellt dabei auf die Anonymität der Fernverantwortung in der zeitlichen Dimension ab. Diese „Verantwortung werde diffus und ungreifbar".[49] *Höffe* stellt in seinem Werk zu *John Rawls*, *Eine Theorie der Gerechtigkeit*, dazu die These auf, dass es genüge, auf die nächsten beiden Generationen, auf Kinder und Kindeskinder, zu achten. Da die Kinder – auf Basis einer intergenerationellen Gerechtigkeit – ihrerseits auf die Kinder und Kindeskinder achten, sei dies ausreichend. Wie auch solle die Gegenwart mit der zehnt- oder zwanzigstnächsten Generation kommunizieren?[50]

---

44 In der stiftungsrechtlichen Literatur findet sich die Aussage, dass Bürgerstiftungen den in Deutschland derzeit am stärksten wachsenden Teil des deutschen Stiftungswesens darstellen, siehe Wallenhorst in: Wallenhorst/Halaczynski, Die Besteuerung gemeinnütziger Vereine, Stiftungen und der juristischen Personen des öffentlichen Rechts, Kap. A Rz. 65, dort Fußnote 95 unter Verweis auf Hellmann/Nährlich, Bürgerstiftungen im Aufwind, Stiftung & Sponsoring 2007, Heft 6, S. 40, die 196 Bürgerstiftungen per 31.08.2006 mit einem Gesamtvermögen von 84,1 Mio. Euro nennen. Zum Vergleich: Im Jahr 2000 gab es in Deutschland erst 24 Bürgerstiftungen mit einem Stiftungskapital von 15,4 Mio. Euro. Quelle: www.die-deutschen-buergerstiftungen.de/Aktuelles/Nachrichten; Abruf März 2006.

45 In diese Stoßrichtung geht auch der Untersuchungsansatz der Enquete-Kommission „Zukunft des Bürgerschaftlichen Engagements". Diese Kommission hat ein umfangreiches Rechtsgutachten zur Verbesserung der gesetzlichen Rahmenbedingungen für bürgerschaftliches Engagement in Auftrag gegeben, vgl. BT-Drucksache 14/8900 vom 3.06.2002.

46 Vgl. dazu allgemein Birnbacher, Verantwortung für zukünftige Generationen – Reichweite und Grenzen, in: SRzG (Hrsg.), Handbuch Generationengerechtigkeit, S. 89, der darauf hinweist, dass auch *John Rawls* eine Begrenzung der Zukunftsverantwortung vertritt.

47 Birnbacher, Verantwortung für zukünftige Generationen, S. 162 f.

48 Vgl. zu diesem Begriff: Birnbacher, Verantwortung für zukünftige Generationen – Reichweite und Grenzen, in: SRzG (Hrsg.), Handbuch Generationengerechtigkeit, S. 81 ff.

49 Ders., Verantwortung für zukünftige Generationen – Reichweite und Grenzen, in: SRzG (Hrsg.), Handbuch Generationengerechtigkeit, S. 82.

50 Höffe (Hrsg.), John Rawls, Eine Theorie der Gerechtigkeit, S. 174.

Es stellt sich die Frage, ob Stiftungen flexibel auf (auch potenzielle) Bedürfnisse und Interessen künftiger Generationen eingehen können. Ein Grundmaß an Flexibilität erscheint vor dem Hintergrund der Bedeutung natürlicher erschöpfbarer Ressourcen für künftige Generationen in der Tat von besonderer Bedeutung zu sein. Ein Minimalstandard an „intergenerationeller Verantwortung"[51] würde verlangen, dass die gegenwärtige Generation zur Erhaltung des vorgefundenen Ressourcenbestandes, aber zu keiner weitergehenden Vorsorge verpflichtet ist. Dieser Minimalstandard an Nachhaltigkeit findet jedoch seine Grenze in der Nichtvorhersehbarkeit künftig nachgefragter Ressourcen. So konnte ein Zeitgenosse der Steinzeit nur schwerlich vorhersehen, dass Erdöl einmal einen höheren Stellenwert als den einer schwarzen klebrigen Masse einnehmen wird. Die Bedeutung natürlicher Ressourcen ist immer auch abhängig von den jeweiligen technischen Innovationen einer Gesellschaft. Dies bedeutet aber auch, dass **intergenerationelle Verteilungsmechanismen** ein **Mindestmaß an Flexibilität** aufweisen müssen, wollen sie einen Mindeststandard an praktikabler Sinnhaftigkeit aufweisen. Können also Stiftungen eine intergenerationell wirkende Flexibilität bieten? Sind die gegebenen rechtlichen Rahmenbedingungen hierfür geeignet? Oder sind Stiftungen, im Gegenteil, statisch und unveränderlich in ihrem Wirken, welches dauerhaft am vorgegebenen Stiftungszweck zu messen ist?

6. Ein Problem für das Erreichen von intergenerationeller Gerechtigkeit ist das **Motivationsproblem**. Wie lässt sich eine Generation motivieren, um für nachfolgende, ihr noch nicht bekannte Generationen (vor-)zu sorgen? Neben intrinsisch-egoistischen Motiven, die bei der Errichtung einer Stiftung eine Rolle spielen können[52], könnte hier ein Blick in das Steuerrecht Erfolg versprechen. Es wäre zu untersuchen, ob sich für die Frage der Generationengerechtigkeit eine Grundgüterliste (im Sinne der *primary goods* nach *Rawls*[53]) entwickeln lässt und ob die aktuellen gesetzlichen Rahmenbedingungen (z. B. steuerliche Fördertatbestände) geeignet und ausreichend sind, zur intergenerationellen Förderung dieser Grundgüter beizutragen. So ist festzustellen, dass Zielsetzungen wie ‚Generationengerechtigkeit' oder ‚bessere Verständigung zwischen den Generationen' bis dato noch gar nicht in den Kreis steuerlich förderungswürdiger Tatbestände mit aufgenommen sind.[54] In diesem Zusammenhang stellt sich auch die Frage, ob man steuerliche Fördertatbestände zur Schaffung intergenerationeller Gerechtigkeit auch vor dem Hintergrund des *Rawls*'schen *difference*

51 Birnbacher, Verantwortung für zukünftige Generationen – Reichweite und Grenzen in: SRzG (Hrsg.), Handbuch Generationengerechtigkeit, S. 94 spricht hier von minimalistischen Lösungen des intergenerationellen Verteilungsproblems.

52 Hierzu gehört bspw. das Motiv, sich ein Denkmal für die Ewigkeit zu schaffen, welches den eigenen Namen trägt. Vgl. auch Adloff, Philanthropisches Handeln, S. 167, wonach „ein Großteil des stifterischen Gebens sozialstrukturell gesehen sehr selbstbezüglich ist."

53 John Rawls hat in seiner Theory of Justice ausgehend von der Grundstruktur einer Gesellschaft die Idee der ‚gesellschaftlichen Grundgüter' entwickelt. Diese bilden den eigentlichen Gegenstandsbereich der sozialen Gerechtigkeit.

54 Dies wurde bspw. von Prof. Dr. Rainer Hüttemann, Leiter des Instituts für Steuerrecht der Universität Bonn und Vorstandsmitglied des Bundesverbandes Deutscher Stiftungen am 28.02.2007 in einer Rede in Berlin gegenüber mehreren anwesenden Abgeordneten des deutschen Bundestages bemängelt. Quelle: Bundesverband Deutscher Stiftungen: Pressemitteilung vom 28.02.2007 [betr. „Bundesverband Deutscher Stiftungen gründet Parlamentarischen Beirat"].

principle rechtfertigen könnte: Sind Steuerprivilegierungen für Zuwendungen an Stiftungen bzw. für Stiftungen als solche gerechtfertigt[55], wenn sie *per se* zwar eine Ungleichbehandlung darstellen[56], jedoch dazu führen, dass die Lage der am wenigsten begünstigten Generation verbessert wird, ohne gleichzeitig die Lage der bessergestellten Generation zu verschlechtern?

7. Aus **ökonomischer Sicht** stellt sich primär die Frage, ob gemeinnützige Stiftungen zur Kompensation intergenerationell ungleicher – und ökonomisch ungerechter – Leistungsströme beitragen können. Aufgrund der institutionell vorgegebenen verewigten Bindung von Stiftungsvermögen und der damit einhergehenden intergenerationellen Verteilungsmöglichkeit von Vermögensfrüchten könnten sich Ansatzpunkte für Lösungen intergenerationell ökonomisch ungerechter Lastenverteilung abzeichnen.

8. Aus **Sicht der Jurisprudenz** stellt sich ad hoc die Frage, ob das aktuell bestehende Rechtsregime für gemeinnützige Stiftungen überhaupt generationengerecht ist. Sollte dieser Befund, auch in Teilen, negativ ausfallen bzw. Anlass zu rechtspolitischen Reformen geben, drängen sich bspw. Überlegungen auf, ob gemeinnützige Stiftungen vor dem Hintergrund des Gleichheitssatzes gemäß Art. 3 GG in den Genuss rechtlicher Privilegien kommen könnten, um gezielt Beiträge zu intergenerationeller Gerechtigkeit zu leisten. Ließen sich mit einer validen ethisch-philosophischen Begründungstheorie rechtliche Privilegierungen für gemeinnützige Stiftungen rechtfertigen?

Die sich abzeichnenden Ansätze dürften durchaus vielschichtig und umfassend sein. So würde bspw. eine **rechtspolitische Reform** zur Schaffung eines **ganzheitlich stiftungsfreundlichen Nachfolgeregimes** sicherlich nicht nur das Erbrecht einschließlich Nebengebiete, sondern auch das Steuerrecht betreffen. Überlegungen, gesellschaftliche Entwicklungen als Anlass für die Modernisierung des Rechts zu nehmen, sind übrigens ganz im Sinne des Gesetzgebers, hat dieser doch bereits im Rahmen der Erbrechtsreform 2010[57] ‚gesellschaftliche Entwicklungen' als Anlass für die Modernisierung des Erbrechts herangezogen.[58]

Die Frage nach rechtlichen Privilegien provoziert auch die Frage nach **Funktion** und **Anforderung an die Stiftungsaufsicht**, ist doch das Stiftungsvermögen der Rechtsmacht des Stifters entzogen und die nachhaltige Gemeinwohlkonformität des Zweckvermögens nicht per se sichergestellt. Eine gemeinwohlkonforme Zweckverfolgung über Generationen hinweg wäre aber sicherlich bereits dem Grunde nach zu fordern, will man aus Gründen der Generationengerechtigkeit entsprechende Privilegien rechtfertigen. Müssten entsprechende Privilegien daher auch mit Forderungen nach einer besonderen **Stiftungsaufsicht** einhergehen? Welche (ggf. neue) Funktion(en) wäre(n) der Stiftungsaufsicht insofern zuzusprechen? Genügen hierfür die bereits vor-

---

55 In der nicht steuerrechtlichen Literatur werden materielle Anreize wie Steuerersparnisse als das wichtigste materielle Spendenmotiv identifiziert, vgl. Haibach, Handbuch Fundraising, S. 154.

56 Gemeint ist eine Ungleichbehandlung gegenüber Zuwendungen an andere gemeinnützige Körperschaften, die nicht Stiftungen sind. Dies wären z. B. die gemeinnützige GmbH oder der gemeinnützige Verein.

57 Gesetz zur Änderung des Erb- und Verjährungsrechts vom 29.09.2009, BGBl. I 2009, 3142.

58 Vgl. hierzu auch Kroppenberg, Erbrechtliche Herausforderungen des demografischen Wandels, ErbR 2010, S. 206, 207.

handenen Mittel der Stiftungsaufsicht oder müssten deren Rechte und Befugnisse zusätzlich gestärkt werden?

9. Ein weiteres Problem, das im Rahmen der Debatte um Generationengerechtigkeit diskutiert wird, ist demokratisch-strukturell bedingter Art. Es lasse sich in der Politik eine **Tendenz zur Bevorzugung der Gegenwart** und zur **Vernachlässigung der Zukunft** feststellen.[59] „Die Repräsentanten des Volkes streben (...) nach dem eigenen Machterhalt. Sie orientieren sich an präsentischen Interessenkonflikten und neigen zu Lösungen, die die kurzfristigen Interessen der Wähler befriedigen, anstatt notwendig erscheinende, längerfristige Reformen anzustreben."[60] Insofern stellt sich die Frage, ob **gemeinnützige Stiftungen** als unabhängige **Interessenvertreter künftiger Generationen** fungieren und somit ein Gegengewicht zu präsentischen Interessenvertretungen darstellen könnten. Die sich unmittelbar anschließende Frage wäre die nach den hierfür notwendigen (ggf. zu schaffenden) Rahmenbedingungen.

10. Angesichts der globalen Auswirkungen ökologischer Veränderungen hat die Frage nach Gerechtigkeit zwischen Generationen auch eine bedeutende **internationale Komponente**. Lassen sich hieraus Ansätze bzw. Forderungen für eine entsprechende Öffnung der institutionellen Rahmenbedingungen ableiten, wie z.B. dem Abbau evtl. bestehender steuerlicher Restriktionen oder der Schaffung einer (neuen) Rechtsform der gemeinnützigen Stiftung Europäischen Rechts, wie sie die EU-Kommission bereits vorgeschlagen hat?[61]

2.2. Grenzen und Einschränkungen

Bevor man zu einer gefühlsmäßigen ersten Einschätzung gelangt, dass gemeinnützige Stiftungen ein ‚Problemlöser' für die Frage der Generationengerechtigkeit sein könnten, muss aufkommender Euphorie die Frage entgegengehalten werden, ob dieses Ergebnis überhaupt wünschenswert wäre. Stiftungen sind letztlich das Ergebnis privater Initiative.[62] Es stellt sich die Frage, ob sich der Staat bei der Lösung eines derart monströs erscheinenden und nahezu alle gesellschaftlichen Bereiche betreffenden Problems überhaupt eines privat initiierten Mediums wie der Stiftung bedienen darf. Wäre dies bereits eine **„überschießende Instrumentalisierung"**[63] gemeinnütziger Stiftungen? Wie weit ist ein Rückzug sozialstaatlicher Verantwortung bei der Problematik intergenerationeller Verteilungsgerechtigkeit zulässig und wo beginnt die Anforderung an die Übernahme einer kooperativen und intergenerationell wirkenden Ei-

59 Boettcher/Tremmel, Generationengerechtigkeit in der Finanzverfassung, S. 6.

60 Heubach, Generationengerechtigkeit, S. 206.

61 Siehe Vorschlag der EU-Kommission für eine Verordnung über das Statut der Europäischen Stiftung (Fundatio Europaea – FE), abrufbar unter http://ec.europa.eu/internal_market/company/eufoundation/index_de.htm (letzter Abruf im April 2012); vgl. hierzu auch Stöber, DStR 2012, 804 ff. m. w. H.

62 Nicht im Fall der Stiftung des öffentlichen Rechts, bei der ein Träger der öffentlichen Hand (Bund/Land/Kommune) die Stiftung errichtet, vgl. dazu weiter unten, Kapitel 2, Tz. 2.2.1.2. und Kapitel 3, Tz. 3.

63 Vgl. hierzu Mecking in: Mecking/Schulte, Grenzen der Instrumentalisierung von Stiftungen, S. 1.

genverantwortung einer Gesellschaft? Mit anderen Worten: Wo sind die Möglichkeiten und die Grenzen der Integration gemeinnütziger Stiftungen in eine generationengerechte Politik? Ein derartiges „Sondieren der Grenzen der politisch-praktischen Möglichkeiten“[64] stellt auch eine der grundlegenden Aufgaben der politischen Philosophie dar.[65]

3. Untersuchungsgegenstand, Untersuchungsbereich und Zielsetzung der Arbeit

3.1. Untersuchungsgegenstand

Die vorliegende Arbeit ist eine interdisziplinär angelegte rechtspolitische Untersuchung.

Die zu untersuchende Frage ist, ob und wieweit gemeinnützige Stiftungen in eine generationengerechte Politik einbezogen werden können und wo hierfür die Grenzen zu ziehen sind.

3.2. Untersuchungsbereich

Damit diese Arbeit zu belastbaren Ergebnissen führen kann, wird der Untersuchungsbereich wie folgt abgegrenzt:

Erstens

Wer nach Antworten auf die Frage nach intergenerationeller Gerechtigkeit sucht, muss vorab klären, was unter Generationengerechtigkeit zu verstehen ist. Diesem Anspruch soll die Untersuchung zumindest grundlegend gerecht werden. Da der Begriff der Generationengerechtigkeit in mehreren wissenschaftlichen Disziplinen zur Debatte steht, ist auch die Frage nach dem Begriff der Generationengerechtigkeit interdisziplinär anzugehen. Zu nennen sind hier insbesondere philosophische, ökonomische, ökologische und juristische Diskussions- und Untersuchungsansätze.[66] Nur wenn die Problemstellung klar analysiert und begrifflich definiert ist, verspricht die Suche nach Lösungen Aussicht auf Erfolg.

Zweitens

Bei der Untersuchung, ob und in welchem Rahmen gemeinnützige Stiftungen zur Lösung intergenerationeller Gerechtigkeitsfragen beitragen können, ist von den aktuell gegebenen rechtlichen und wirtschaftlichen Rahmenbedingungen für gemeinnützige Stiftungen in Deutschland auszugehen. Die Deskription des Status quo soll insbesondere im Kontext zum Aspekt der intergenerationellen Gerechtigkeit geführt werden.

---

64 Rawls, Gerechtigkeit als Fairness 2001, S. 23.

65 Rawls, Gerechtigkeit als Fairness 2001, S. 23 f.

66 Um eine Ausuferung der Untersuchung zu vermeiden, sollen weitere wissenschaftliche Disziplinen wie bspw. die Theologie ausgeklammert werden.

Dies ist die Frage nach dem bestehenden Rechtsregime für gemeinnützige Stiftungen unter besonderer Berücksichtigung der Tatbestände, die einen Bezug zur Frage nach Generationengerechtigkeit erkennen lassen. Diese ganzheitliche Analyse soll dann zu einem Plateau führen, von dem aus befriedigende Antworten auf die definierte Fragestellung möglich sein sollten.

Drittens

Die Suche nach Lösungen soll interdisziplinär angelegt sein.[67] Es wäre weder aus rechtspolitischer Sicht noch aus Sicht der modernen politischen Philosophie genügend, sich mit allgemeinen Gerechtigkeitserwägungen zu begnügen. Auch der politische Philosoph ist keinesfalls von der Pflicht der politischen Würdigung der von ihm aufgestellten Gerechtigkeitsprinzipien entlastet.[68]

Dieser Anspruch soll zwar nicht im Sinne einer algorithmisch-maßgeschneiderten Thesenformulierung für zu schaffende Referenten- und/oder Gesetzesentwürfe verstanden sein. Allerdings sollen die politischen Implikationen der Einbeziehung gemeinnütziger Stiftungen zur Förderung der Gerechtigkeit zwischen den Generationen in Form möglicher rechtspolitischer Strategien, Programme und Gerechtigkeitsforderungen untersucht und beantwortet werden. Ebenso sollen die Auswirkungen proklamierter Veränderungen auf wichtige Rechtsgebiete wie insbesondere das Verfassungsrecht, das Stiftungsverwaltungsrecht, das Erbrecht und das Steuerrecht beleuchtet und dargestellt werden. Die gefundenen Ergebnisse sollen in ethischer und politisch-philosophischer Hinsicht ‚verprobt' werden, indem eine valide Begründungstheorie für die Einbeziehung gemeinnütziger Stiftungen in eine generationengerechte Politik entwickelt wird.

3.3. Zielsetzung der Arbeit

Zielsetzung der Arbeit ist die Entwicklung von Programmsätzen und Thesen zu Möglichkeiten und Grenzen der Einbeziehung gemeinnütziger Stiftungen in eine generationengerechte Politik. Die Ergebnisse sollen sich an bestehenden zeitgenössischen Moralethiken messen lassen, was die Entwicklung einer validen ethisch-philosophischen Begründungstheorie voraussetzt. Auf dieser Basis sollen Vorschläge sowohl für die Legislative als auch für die Exekutive entwickelt werden.

Die Untersuchungsbereiche Generationengerechtigkeit einerseits und gemeinnützige Stiftungen andererseits stehen – jeder für sich – im Zentrum einer lebhaften Dis-

---

67 In diesem Sinne äußert sich auch Birnbacher, Verantwortung für zukünftige Generationen, S. 241 ff.: „Wenn es darum geht, zukunftsethische Normen nicht nur zu postulieren, sondern auch auf ihre Realisierungschancen hin einzuschätzen, stellen sich Fragen, an der eine praxisorientierte Theorie der Verantwortung für zukünftige Generationen nicht vorbeisehen kann (...). Die deskriptive und normative Komplexität der Fragen erfordert eine differenzierte multidisziplinäre Behandlung".

68 Kersting, Theorien sozialer Gerechtigkeit, S. 111. Auch Otfried Höffe wirft die Frage auf, warum sich die philosophische Ethik nicht zusätzlich zur Grundlagendebatte und gemäß Aristoteles' Gedanken der praktischen Philosophie sogar vermehrt auf Anwendungsfragen einlassen soll, vgl. Höffe (Hrsg.), John Rawls, Eine Theorie der Gerechtigkeit, S. 5.

kussion. Allerdings werden diese Diskussionen bislang eher nebeneinander als im direkten Bezug zueinander geführt. Im Idealfall kann die vorliegende Untersuchung zu neuen Erkenntnissen und Ansätzen für eine generationengerechtere Politik durch eine gezielte Einbeziehung gemeinnütziger Stiftungen führen. Die aktuelle Notwendigkeit einer verstärkten Kommunikation zwischen Stiftungswesen einerseits und Politik andererseits spiegelt sich auch in der am 28. Februar 2007 in Berlin erfolgten Gründung des „Parlamentarische Rats des Bundesverbandes Deutscher Stiftungen" wider.[69] Dieser Rat hat zum Ziel, die Kommunikation und Kooperation zwischen Politik und Stiftungswesen zu stärken.[70]

Aufgrund der Interdisziplinarität der gegebenen Fragestellung könnte die Untersuchung auch zu neuen Erkenntnissen über das nutzbringende Zusammenwirken verschiedener wissenschaftlicher Disziplinen wie politischer Philosophie, Ethik, Ökonomie und Jurisprudenz bei der Suche nach Lösungen zu vernetzten Problemstellungen führen. So stellt sich bspw. die Frage, ob ethisch-philosophische Forderungen für eine intergenerationell-gerechtere Lastenverteilung (steuer-)rechtliche Privilegierungen gemeinnütziger Stiftungen vor dem Hintergrund des Gleichheitssatzes gemäß Art. 3 GG rechtfertigen könnten. Möglicherweise lassen sich auch im Erbrecht neue Erkenntnisse für Reformansätze im Pflichtteilsrecht oder des gesetzlichen Erbrechts finden. Ethisch-philosophische Überlegungen spielen derzeit für Fragen dieser Art – soweit ersichtlich – nur eine untergeordnete bis gar keine Rolle. Umgekehrt stellt sich die Frage, ob gemeinnützige Stiftungen zeitgenössische Moraltheorien zur Generationengerechtigkeit ergänzen, fördern und weiterentwickeln können.

4. Arbeitsprogramm und Methodik der Untersuchung

Die Erarbeitung der Entscheidungsgrundlagen für eine zieladäquate Einbeziehung gemeinnütziger Stiftungen in eine generationengerechte Politik erfolgt in den folgenden **vier Arbeitsschritten**:

In **Kapitel 1** der Arbeit ist die Frage nach **Generationengerechtigkeit** zu untersuchen und begrifflich abzugrenzen. Dies umfasst auch die Darstellung von Ursachen und Folgen intergenerationeller Gerechtigkeitsfragen. Nur wer weiß, welches Problem er zu lösen sucht, kann bei der Suche nach Erkenntnissen zielgerichtet und mit Aussicht auf Erfolg vorgehen. Zunächst sind daher die terminologischen Bestandteile ‚**Generation**' und ‚**Gerechtigkeit**' zu analysieren und abzugrenzen. Aufgrund der Vielschichtigkeit der Probleme, die mit dem Begriff der Generationengerechtigkeit verbunden sind, ist die bereits angedeutete interdisziplinär angelegte Herangehensweise implizit vorgegeben. Dieser Ansatz ist jedenfalls dann zwingend, wenn die Untersuchung zu Ergebnissen führen soll, die Ansprüchen politisch praktikabler Konzeptionen genügen können. Dies erfordert deshalb nicht nur einen Blick auf ethische und philosophische Sichtweisen, sondern insbesondere auch auf ökonomische und ökolo-

69 Die Gründungsurkunde dieses Rates wurde von 68 Abgeordneten des Deutschen Bundestages unterzeichnet.

70 Pressemitteilung des Bundesverbandes Deutscher Stiftungen vom 28.02.2007 [betr. „Bundesverband Deutscher Stiftungen gründet Parlamentarischen Beirat"].

gische Aspekte sowie die Sichtweise der Jurisprudenz. Ist eine Bestimmung und Abgrenzung des Begriffs ‚Generationengerechtigkeit' gelungen, stellt sich die Frage, was konsequenterweise unter einer ‚**generationengerechten Politik**' zu verstehen ist. Auch dazu soll Stellung genommen werden.

In **Kapitel 2** der Arbeit sind die bestehenden **Rahmenbedingungen für gemeinnützige Stiftungen in Deutschland** in rechtlicher, ökonomischer und politischer Hinsicht aufzuzeigen. Nur auf Basis einer ausreichenden Analyse der gegebenen Rahmenbedingungen lassen sich Möglichkeiten und Grenzen zu Reformansätzen aufzeigen. Hierzu sind zunächst notwendige begriffliche Klärungen vorzunehmen. Dabei sollen insbesondere mögliche Stiftungstypen und deren Ersatzformen dargestellt und abgegrenzt werden. Um gemeinnützige Stiftungen vor dem Hintergrund der gegebenen Rahmenbedingungen in einen politischen Maßnahmenkatalog zur Schaffung von (mehr) Generationengerechtigkeit einordnen zu können, sind nicht nur politische und ökonomische Rahmenbedingungen mit einzubeziehen, sondern auch Aspekte des Verfassungs- und Verwaltungsrechts, des Zivilrechts, insbesondere unter Einbeziehung erbrechtlicher Aspekte, des Steuerrechts und der Verwaltungspraxis. Dabei soll ein besonderes Augenmerk auf Tatbestandsmerkmale gelegt werden, die Ansätze für intergenerationelle Gerechtigkeitsaspekte erkennen lassen.

Dieses Fundament ist einerseits deskriptive und analytische Grundlagenarbeit, andererseits aber auch Vorbereitung für **Kapitel 3**, welches auch den Schwerpunkt der Untersuchung bilden soll. In diesem Kapitel werden **Möglichkeiten und Grenzen der Einbeziehung gemeinnütziger Stiftungen in eine generationengerechte Politik** untersucht. Die Einbeziehung von Stiftungen zur Förderung intergenerationeller Gerechtigkeitsüberlegungen soll politische Strategien, Gerechtigkeitsforderungen und rechtspolitische Programmsätze berücksichtigen. Im Sinne einer modernen politischen Philosophie soll daher an dieser Stelle zunächst eine **Begründungstheorie für die Einbeziehung gemeinnütziger Stiftungen in eine generationengerechte Politik** entwickelt werden, um sodann – auf ethisch und politisch-philosophisch gesicherter Basis – **Möglichkeiten und Grenzen der Legislative** sowie **Möglichkeiten und Grenzen der Exekutive** zu erarbeiten und aufzuzeigen. Neuere Erkenntnisse der soziologischen Bedeutung gemeinnütziger Stiftungen sollen hierbei unterstützend berücksichtigt werden.

Auf Basis der gefundenen Arbeitsergebnisse soll dann in **Kapitel 4** eine **zusammenfassende thesenhafte Bewertung der gefundenen Ergebnisse** erfolgen. Maßstab für diese Bewertung soll die Skizzierung von Möglichkeiten und Grenzen der Einbeziehung gemeinnütziger Stiftungen in eine generationengerechte Politik sein.

Die Ausführungen in den Kapiteln 1 und 2 der Untersuchung sind insbesondere auch vor dem Hintergrund zu sehen, dass sie der vorliegenden Arbeit den Charakter eines geschlossenen Werkes geben sollen. Es würde jedoch den Rahmen sprengen, die der Untersuchung zugrunde liegenden Themenbereiche ‚Generationengerechtigkeit' und ‚gemeinnützige Stiftungen' umfassend und erschöpfend darzustellen. Die jeweiligen Grundlegungen in diesen ersten beiden Kapiteln der Untersuchung sind insofern notgedrungen unvollständig und ergebnisorientiert zu verstehen. Auf der anderen Seite erschienen – im Sinne der Sache – teilweise aber auch detaillierte und umfassende Erläuterungen notwendig zu sein. Dies lässt teilweise ein Spannungsverhältnis entstehen, was von der geneigten Leserin bzw. dem geneigten Leser toleriert werden möge.

Kapitel 1 – Generation, Generationengerechtigkeit, generationengerechte Politik

1. Einleitung

Stellt man die Frage „Was ist gerecht?“ oder „Was ist Gerechtigkeit?“, stellt sich schnell Ernüchterung ein, da es hierauf keine allgemeingültige Antwort gibt. In der Tat ist die Frage vermutlich so alt wie die Geschichte der Menschheit schlechthin.[71] Nach *Höffe* stellt sie „ein Leitziel der Menschheit seit ihrer Frühzeit dar“.[72] Es gebe wohl keine bekannte Kultur und keine Epoche, die nicht die Frage stellte: „Was ist gerecht?“[73]

Eine exponentielle Komplikation ergibt sich, durch die Einbeziehung mehrerer Generationen. Bei erster Betrachtung scheint es hier um Fragen zur Rentenpolitik und Fragen zum Erhalt ökologischer Grundlagen zu gehen. Themen also, die zur aktuellen Brisanz der Debatte zur Generationengerechtigkeit beigetragen haben. Insbesondere die Sicherheit der Renten und der damit verbundene ‚Generationenvertrag‘ stehen zwischenzeitlich mehr oder weniger stellvertretend für die Frage der Gerechtigkeit zwischen Generationen. Ökologische Folgen moderner industrieller Fähigkeiten und Handlungen haben das ihrige zur Aktualität der Diskussion beigetragen. Will man sich der Thematik nähern, kommt man nicht umhin, die Begriffe ‚Generation, und ‚Gerechtigkeit, zunächst getrennt voneinander näher zu betrachten.

2. Zum Begriff der Generation

2.1. Begriffsentwicklung, Konzepte

Der Begriff ‚Generation‘ erweist sich bei genauer Betrachtung als äußerst vielschichtig und mehrdeutig. Er stammt von dem lateinischen *generatio*, was so viel wie Zeugung, Zeugungskraft bedeutet.[74] *Tremmel* weist im Rahmen einer Untersuchung zum ‚Konzept der Generationengerechtigkeit‘ auf die sprachlich gegebene Mehrdeutigkeit des Begriffs ‚Generation‘ hin.[75] Nach ihm ergeben sich bereits nach dem allgemeinen Sprachgebrauch vier grundlegende Bedeutungen, nämlich die Bedeutung

---

71 So Höffe, Gerechtigkeit – Eine philosophische Einführung, S. 9: „Gerechtigkeit ist ein Grundbegriff menschlichen Verlangens: ein Gegenstand menschlicher Sehnsucht und menschlicher Forderung zugleich.“

72 Höffe, Gerechtigkeit zwischen den Generationen, in: SRzG (Hrsg.), Generationengerechtigkeit 4/2007, S. 4. Derselbe nochmal in: Gerechtigkeit – Eine philosophische Einführung, S. 9.

73 Höffe, Gerechtigkeit zwischen den Generationen in: SRzG (Hrsg.), Generationengerechtigkeit 4/2007, S. 4 und ders. in: Gerechtigkeit – Eine philosophische Einführung, S. 9.

74 Heubach, Generationengerechtigkeit, S. 28.

75 Tremmel, Was ist Generationengerechtigkeit?, in: „Generationenkonflikt und generationengerechte Politik“, abgedruckt in Tremmel, „Reader“, S. 71. Ihm folgend Heubach, Generationengerechtigkeit, S. 29 ff.

(1) der „jungen, mittleren und alten Generation“ (chronologisch intertemporaler Generationenbegriff),
(2) der „Gesamtheit der heute lebenden Menschen“ (chronologisch-intratemporaler Generationenbegriff)[76],
(3) einer „Gruppe von Menschen, deren Einstellungen, Orientierungen und Verhaltensweisen weitgehend homogen sind“ (sozialer Generationenbegriff),
(4) der „familiären“ Generation, die auf Verwandtschaftsbeziehungen abstellt (familialer Generationenbegriff).“[77]

Ad (1): Bei dem chronologischen Generationenbegriff orientiert man sich laut *Tremmel* an „der durchschnittlichen Zeitspanne, bis aus Kindern Eltern und aus Eltern Großeltern werden.“[78] Ausgehend vom durchschnittlichen Lebensalter der Frau, in dem diese das erste Kind gebärt, werden junge, mittlere und ältere Generationen abgeleitet.[79]

Ad (2): Leitet man den Generationenbegriff aus der Gesamtheit der heute lebenden Menschen ab, lebt jeweils (immer) nur eine Generation gleichzeitig.[80]

Ad (3): Orientiert sich der Generationenbegriff an einer sozialen Komponente, wird als ‚Generation‘ eine Gruppe von Menschen bezeichnet, „deren Einstellungen, Orientierungen und Verhaltensweisen weitgehend homogen sind.“[81] Eine annähernde Altersgleichheit sei dabei nicht zwingend, wenn auch die vertretenen Jahrgänge selten mehr als eine Dekade auseinander liegen.[82] Zu dieser Kategorie zählen auch jene Generationstermini, die sich an „kurzfristigen Strömungen des Zeitgeistes orientieren“.[83] *Lange/Lettke* nennen hierzu die Beispiele „Generation X“, „Generation Praktikum“ oder, unter Bezugnahme auf Produktgenerationen, das Beispiel „Generation Golf“.[84] Derartige Identitätskonstruktionen führen zu einem „inflationären Gebrauch des Generationenbegriffs.“[85]

76 Teilweise wird hierzu auch der Begriff „intertemporale Generation“ verwendet, vgl. Heubach, Generationengerechtigkeit, S. 29, 30. Zur Einheitlichkeit der Begriffsverwendung intragenerationelle Generationengerechtigkeit und intergenerationelle Generationengerechtigkeit (vgl. dazu Kapitel 1, Tz. 3.1.1.3.) soll auch hier diese Begriffslegung beibehalten werden, was bedeutet, dass mit „intra-“ eine lebende Generation gemeint ist und mit „inter-“ mehrere noch nicht lebende Generationen.

77 Siehe Tremmel, Was ist Generationengerechtigkeit?, in: „Generationenkonflikt und generationengerechte Politik“, abgedruckt in Tremmel, „Reader“, S. 71-72; ebenso wiedergegeben bei Heubach, Generationengerechtigkeit, S. 29 ff.

78 Tremmel, Was ist Generationengerechtigkeit?, in: „Generationenkonflikt und generationengerechte Politik“, abgedruckt in Tremmel, „Reader“, S. 71.

79 Ders., a. a. O.; ebenso bei Heubach, Generationengerechtigkeit, S. 30.

80 Tremmel, Was ist Generationengerechtigkeit?, in: „Generationenkonflikt und generationengerechte Politik“, abgedruckt in: Tremmel, „Reader“, S. 71.

81 Ders., ebenda, S. 71.

82 Ders., ebenda, S. 72.

83 Lange/Lettke, Schrumpfung, Erweiterung, Diversität, S. 25

84 Dies., a. a. O.

85 Dies., a. a. O.

Ad (4): Stellt man auf familiale Beziehungen ab, leitet sich der Generationsbegriff aus dem familialen Verwandtschaftsverhältnis ab.[86]

Heubach weist darauf hin, dass sich die ersten drei Generationsdefinitionen auf der Makroebene auswirken, die vierte (familialer Generationenbegriff) hingegen auf der Mikroebene.[87] Eine soziale Komponente (siehe soeben ad. (3)) wurde dem Begriff „Generation" erst zuteil, „als die Aufklärung den Sinn für den historischen Wandel weckte."[88] Davor wurde dem Begriff für Jahrhunderte nur eine zeitliche Bedeutung beigemessen. Einen wichtigen, bis in die Gegenwart nachwirkenden Einschnitt im Generationendiskurs bildet die Epoche der Aufklärung im 18. Jahrhundert.[89] Die Aufklärungsphilosophie in Frankreich (z. B. *Voltaire*) und in Deutschland (z. B. *Kant*) hat die Generationenfolge und die Gestaltung der Generationenbeziehungen erstmals unter das Postulat der „Verbesserung" des Menschen und der Menschheit gestellt.[90]

Als von grundlegender Bedeutung wird hierbei eine Studie von *Karl Mannheim* aus dem Jahre 1928 gewertet.[91] Er entwickelte eine Kategorisierung nach

1. der sozialen Lagerung einer konkreten Gruppe,
2. der biologischen und soziologischen Fragestellung,
3. der „inhärierenden Tendenz" einer bestimmten Lagerung.

Zur Vergegenwärtigung des Generationenverbundes nach der **sozialen Lagerung einer konkreten Gruppe** ist zunächst das spezifische Miteinander der in der Generationseinheit verbundenen Individuen zu klären.[92] Bei der Kategorisierung nach **biologischen und soziologischen Aspekten** wird auf das Faktum des biologischen Rhythmus der Geburten und des Todes abgestellt. Durch die Zugehörigkeit zu einer Generation, zu ein und demselben Geburtenjahrgang, ist man im historischen Strome des gesellschaftlichen Geschehens verwandt gelagert.[93] Mit der „inhärierenden Tendenz" einer bestimmten Lagerung beschreibt *Mannheim* eine Lagerung von Tendenzen auf bestimmte Verhaltens-, Gefühls- und Denkweisen, die aus soziologischer Sicht verständlich und fassbar sind.[94] Der Generationszusammenhang bedeute demnach zunächst nicht mehr als eine besondere Art der gleichen Lagerung verwandter Jahrgänge im historisch-sozialen Raume. Zwar sei eine Generation zunächst dadurch verwandt gelagert, dass sie am selben Abschnitt des kollektiven Geschehens parallel teilnimmt. Dies

86 Tremmel, Was ist Generationengerechtigkeit?, in: „Generationenkonflikt und generationengerechte Politik", abgedruckt in Tremmel, „Reader", S. 72.

87 Heubach, Generationengerechtigkeit, S. 29.

88 Tremmel, Was ist Generationengerechtigkeit?, in: „Generationenkonflikt und generationengerechte Politik", abgedruckt in Tremmel, „Reader", S. 10

89 So Lüscher/Liegle, Generationenbeziehungen in Familie und Gesellschaft, S. 39.

90 So dies., a. a. O.

91 Mannheim, Das Problem der Generationen. Lüscher/Liegle bezeichnen dies als den einflussreichsten Beitrag zum Verständnis des „Problems der Generationen" im 20. Jahrhundert, siehe Lüscher/Liegle, Generationenbeziehungen in Familie und Gesellschaft, S. 40. Kein anderer Autor der klassischen Periode der Soziologie habe sich ebenso gründlich und differenziert über ‚Das Problem der Generationen' geäußert. So dies., a. a. O., S. 241.

92 Mannheim, Das Problem der Generationen, S. 170.

93 Ders., a. a. O., S. 173.

94 Ders., a. a. O., S. 174.

ergäbe jedoch nur eine rein mechanisch äußerliche Bestimmung des Lagerungsphänomens. Hier müsse das Phänomen der Erlebnisschichtung herangezogen werden.[95] Nicht das Faktum der in derselben chronologischen Zeit erfolgten Geburt, zur selben Zeit, Jung-, Erwachsen-, Altgewordenseins, konstituiere die gemeinsame Lagerung im sozialen Raum, sondern erst die daraus erstehende Möglichkeit, an denselben Ereignissen, Lebensgehalten usw. zu partizipieren, und noch mehr, von derselben Art der Bewusstseinsschichtung aus dies zu tun.[96] *Mannheim* führt hierzu beispielhaft den Vergleich der chinesischen und der deutschen Jugend um 1800 herum an:

> „Keiner werde behaupten wollen, hier von einer verwandten Lagerung einer zur gleichen Zeit einsetzenden Generation zu sprechen. Von einer verwandten Generation kann also nur gesprochen werden, als und insofern es sich um eine potentielle Partizipation an gemeinsam verbindenden Ereignissen und Erlebnisgehalten handelt."[97]

Nur ein gemeinsamer historisch-sozialer Lebensraum ermögliche, dass die geburtsmäßige Lagerung in der chronologischen Zeit zu einer soziologisch-relevanten werde. *Mannheim* weist schließlich noch auf das „Phänomen der Kontinuierlichkeit im Generationenwechsel" hin.[98] So stünden sich zunächst nicht älteste und jüngste Generationen gegenüber, sondern die einander näherstehenden „Zwischengenerationen". Diese seien es, die einander in erster Reihe beeinflussen.[99] *Mannheim* differenziert ferner zwischen Generationszusammenhang und Generationseinheit: Eine Generationseinheit ist demnach eine konkretere Verbundenheit als die, die der bloße Generationszusammenhang stiftet. Dieselbe Jugend, die an derselben historisch-aktuellen Problematik orientiert ist, lebt in einem Generationenzusammenhang. Diejenigen Gruppen, die innerhalb desselben Generationszusammenhanges in jeweils verschiedener Weise diese Erlebnisse verarbeiten, bilden jeweils verschiedene Generationseinheiten im Rahmen desselben Generationenzusammenhanges.[100]

Für *Mannheim* sind Generationen somit **wesentliche Elemente der Dynamik der Sozialstruktur**.[101] Die Frage danach, was eine Generation ausmacht, wird durch die Unterscheidung der folgenden drei Begriffsdimensionen beantwortet:[102]

- Generationenlagerung: Diese betrifft die Stellung innerhalb der Altersstruktur in einem bestimmten historisch-gesellschaftlichen Raum.
- Generationenzusammenhang: Dies benennt die soziale Tatsache der gemeinsamen Teilnahme an bestimmten historisch-gesellschaftlichen Gegebenheiten und deren Einfluss.
- Generationeneinheit: Dies formuliert die Möglichkeit eines einheitlichen Erlebens und Verhaltens von Altersgruppen.

---

95 Ders., a. a. O., S. 180.

96 Ders., a. a. O., S. 180.

97 Ders., a. a. O., S. 180.

98 Ders., a. a. O., S. 184.

99 Mannheim verweist hierzu (im Jahr 1928) beispielhaft auf Studentenkonflikte; die Aussage ist auch heute noch gültig, was sich bspw. anhand der Rentenpolitik ergibt.

100 Mannheim, Das Problem der Generationen, S. 311.

101 Lüscher/Liegle, Generationenbeziehungen in Familie und Gesellschaft, S. 40.

102 Dies., a. a. O., S. 40.

Mannheim hält diese Differenzierung für unerlässlich, um das Phänomen Generation soziologisch erfassen zu können, da man sonst „zwangsweise den Einfluss biologisch-vitaler Phänomene mit dem gesellschaftlich-geistigen Einfluss vermenge".[103] Im heutigen Sprachgebrauch konnte sich diese Differenzierung jedoch nicht durchsetzen.[104] Nach *Heubach* spricht man

> „gemeinhin von einer (sozialen) Generation und meint damit eine Gruppe von Menschen, die aufgrund einer Ähnlichkeit im Lebensalter eine gemeinsame Prägung erhalten und deshalb in gewissem Rahmen auch gemeinsame Wertvorstellungen und Handlungsweisen entwickelt haben"[105].

Nach *Tremmel* sind die soziologischen Generationenbezeichnungen zu unbestimmt und umstritten.[106] Gleichwohl wird der formalsoziologische Ansatz von *Mannheim* auch heute noch als von großem Nutzen gewertet, wenn es darum geht, politische Generationen zu identifizieren bzw. zwischen Kohorten – als bloß demografisch definierten Kategorien – und politischen Generationen zu unterscheiden.[107] So werde am Beispiel der „68er" deutlich, dass ein Generationszusammenhang durch die Bildung personaler Identitäten entstehen kann, und zwar sowohl anhand von Gemeinsamkeiten mit Gleichaltrigen als auch in Abgrenzung zu Jüngeren oder Älteren.[108] Damit deuten sich nicht nur politische, sondern auch kulturelle Generationen an.[109] So lassen sich bspw. **ökonomische Generationen** identifizieren, deren Gemeinsamkeit sich an ökonomischen Chancen und Risiken manifestiert.[110] Diese ergäben sich aus spezifischen strukturellen Bedingungen, sei es auf dem Arbeitsmarkt, durch den Staat oder durch die Familie. Werden diese Bedingungen von den Generationen nicht selbst generiert, sondern durch externe Faktoren bestimmt bzw. vorgegeben, ergäben sich unterschiedliche Lebenschancen, und zwar je nach konjunktureller Phase, demografischem Arbeitskräfteüberschuss oder -mangel, sowie spezifischer Wirtschaftsverfassung.[111] Bei sonst gleichen Bedingungen könne die Demografie somit zum kollektiven Schicksal werden.[112] Auf dieser Basis ließen sich leicht Generationen identifizieren, die nachkommenden Generationen fiskalische Lasten hinterlassen. Ob dies – nicht nur aus ökonomischer Sicht – zu Bedingungen geschieht, die als gerecht oder ungerecht einzustufen sind, sei eine Frage, die im Rahmen einer interdisziplinär angelegten Gerechtigkeitsdebatte untersucht werde.[113]

---

103 Heubach, Generationengerechtigkeit, S. 31, 32 mit Hinweis auf Mannheim, Das Problem der Generationen, S. 319.

104 Heubach, Generationengerechtigkeit, S. 32.

105 Dies., a. a. O., S. 32.

106 Tremmel, Was ist Generationengerechtigkeit?, in: „Generationenkonflikt und generationengerechte Politik", abgedruckt in Tremmel, „Reader", S. 72.

107 So Kohli/Szydlik, Generationen in Familie und Gesellschaft, S. 8.

108 Entsprechendes gilt für „Generationsidentitäten" wie „Flakhelfer-Generation", „Aufbau-Generation", „No-Future-Generation", „Null-Bock-Generation", „Generation Praktikum", Heubach, Generationengerechtigkeit, S. 28.

109 Kohli/Szydlik, Generationen in Familie und Gesellschaft, S. 8.

110 Dies., a. a. O., S. 9.

111 Dies., a. a. O., S. 9.

112 Dies., a. a. O., S. 9.

113 Vgl. dazu eingehend weiter unten, Kapitel 1, Tz. 3.

Kohli/Szydlik weisen darauf hin, dass auch der Wohlfahrtsstaat ökonomische Generationen konstituieren kann.[114] So beziehe sich der vielzitierte ‚Generationenvertrag' nicht primär auf Generationen im Sinne von benachbarten Geburtsjahrgängen, die sich signifikant von vorherigen und nachfolgenden Kohorten unterscheiden und langfristige womöglich lebenslange generationstypische Merkmale aufweisen. Die vorrangigen Partner dieses Vertrags seien vielmehr Altersgruppen, deren Zusammensetzung sich über die Zeit verändere und durch die die Individuen während ihres Lebenslaufs hindurchwandern – aus Beitragszahlern würden Rentenempfänger.[115] Ökonomische Generationen ließen sich daher häufig auf sozialstaatliche Interventionen zurückführen.[116] Es gebe daher Anzeichen dafür, dass sich der politische Generationenkonflikt zunehmend zu einem zumindest potenziell angelegten Verteilungskonflikt zwischen Wohlfahrtsgenerationen wandle. Ein solcher ökonomischer Generationenkonflikt könne umgekehrt auch zu neuen politischen Konfliktlinien führen, etwa zur Entstehung von altersbezogenen Bewegungen und Parteien.[117]

Tremmel weist auf eine weitere Differenzierung zwischen der „weiten und der engen Definition der Generation" hin. So habe die rechtsphilosophische Debatte lange um die weite Definition gekreist,

> „wonach das Wohl zukünftiger Generationen zur Debatte stand. Es wurde diskutiert, wie man eine Interessenvertretung für heute noch nicht Geborene einrichtet."[118]

Eine erhebliche Veränderung der Debatte ergebe sich dagegen, wenn man zusätzlich die enge Definition zugrunde lege und dann von „nachrückenden Generationen" spreche.[119] Die Bezeichnung „nachrückende" Generationen umfasse im Gegensatz zum Begriff „zukünftige" Generationen nicht nur die noch nicht geborenen Generationen, sondern darüber hinaus auch die heutigen Kinder und Jugendlichen. Im Rahmen einer Gerechtigkeitsdebatte mache es häufig keinen Unterschied, ob ein Kind gerade geboren wurde oder erst morgen geboren wird. „Beide haben statistisch betrachtet die gleiche Lebenserwartung."[120]

Die juristische Bedeutung dieser Differenzierung (enge und weite Definition des Generationenbegriffs) wird deutlich, wenn es um die Frage der **Inhaberschaft subjektiver Rechte** geht. Während bereits geborene Menschen als Rechtssubjekt einklagbare Grundrechte haben, ist dies im Hinblick auf noch nicht geborene Generationen nicht bzw. nicht uneingeschränkt der Fall.[121] *Tremmel* schlägt folgende Begriffsdefinitionen vor:

---

114 Kohli/Szydlik, Generationen in Familie und Gesellschaft, S. 10.
115 Dies., a. a. O., S. 10.
116 Dies., a. a. O., S. 14.
117 Dies., a. a. O., S. 14.
118 Tremmel, Was ist Generationengerechtigkeit?, in: „Generationenkonflikt und generationengerechte Politik", abgedruckt in Tremmel, „Reader", S. 74.
119 Ders., ebenda.
120 Ders., ebenda.
121 Vgl. dazu die Ausführungen weiter unten, Kapitel 1, Tz. 3.4.

> „Wird ‚Generation‚ im Sinne der ‚engen‚ Bedeutung gebraucht, so sprechen wir von ‚temporaler Generation‚ bzw. ‚temporaler Generationengerechtigkeit‚, sonst von ‚intertemporaler Generation‚ bzw. ‚intertemporaler Generationengerechtigkeit‚ “.[122]

Einen weiteren Ansatz vertritt *Birnbacher*[123], der bei der Frage nach der „Zukünftigkeit“ von Generationen nicht auf die noch nicht Geborenen abstellt, sondern auch bereits lebende, einer anderen Generation zugehörige Individuen mit einbezieht. *Birnbacher* geht dabei von einem zeitlichen, aber zugleich quasi-generativen Generationenbegriff aus.[124] Er nimmt – idealisierend – an, dass die Individuen der betrachteten Population im Durchschnitt genau zu dem Zeitpunkt sterben, zu dem ihre Urenkel geboren werden, und repräsentiert die Individuen einer Generation durch den jeweils Erstgeborenen der Generation. Daraus ergibt sich für das Überlappen der aufeinanderfolgenden Generationen das folgende Schema:

	I	II	III	IV	V	VI
1	___	___	___			
2		___	___	___		
3			___	___	___	
4				___	___	___
...						
...						

Abbildung 1: Begriff der Generationen im zeitlichen und quasi-generativen Sinn
Quelle: Birnbacher, Dieter, Verantwortung für zukünftige Generationen, S. 24.

> „Arabische Ziffern bezeichnen Generationen, römische Ziffern Perioden. Jede (idealisierte) Generation lebt drei Perioden lang, so dass in jeder Periode N Angehörige dreier Generationen miteinander gleichzeitig sind: die Großväter (Generation n-2), die Väter (Generation n-1) und die Söhne (Generation n). Als ‚zukünftig‚ würden (…) auch diejenigen Generation gelten, die mit der eigenen Generation teilweise gleichzeitig sind. Die Zukunft, um die es nach diesem Vorschlag geht, ist somit nicht nur die Zukunft der Ungeborenen, sondern auch die Zukunft der Kinder und Kindeskinder.“[125]

Lüscher/Liegle weisen darauf hin, dass es nicht überrasche, dass sich angesichts der Mehrdeutigkeit des Begriffs der Generation, seiner Verwendung in verschiedenen Diskursen und Disziplinen sowie seiner langen Begriffsgeschichte keine Definition durchgesetzt habe.[126] Auch sei in der Suche nach Basisbegriffen zu bedenken, dass die gleichzeitige Erfahrung von Generationenzugehörigkeit und – komplementär – von

---

122 Tremmel, Was ist Generationengerechtigkeit?, in: „Generationenkonflikt und generationengerechte Politik“, abgedruckt in Tremmel, „Reader“, S. 75.

123 Birnbacher, Verantwortung für zukünftige Generationen, S. 23 f.

124 Ders., a. a. O., S. 24.

125 Ders., a. a. O., S. 24.

126 Lüscher/Liegle, Generationenbeziehungen in Familie und Gesellschaft, S. 51.

Generationendifferenz innerhalb sozialer Einheiten erfolge, also innerhalb „sozialer Systeme“, deren Größe von der Familie bis hin zur „globalisierten“ Welt reiche.[127] Generationen würden sich als dynamische Elemente der jeweiligen Sozialstruktur konstituieren. Sie können über die Bereiche der einzelnen Systeme hinaus wirksam sein und deren gegenseitiges Verhältnis beeinflussen, was im Fall der familialen Hilfsbereitschaft und der wohlfahrtsstaatlichen Unterstützungssysteme heutzutage besonders offensichtlich sei.[128] Es sei deshalb auch wichtig, den Begriff „Generationenbeziehungen“ mit einzubeziehen. Damit soll erfasst werden, wie sich Generationen über einen kürzeren oder längeren Zeitraum wechselseitig beeinflussen.[129]

Zur begrifflichen Erfassung einer möglichen Bezugnahme auf ein gemeinsames Präge- und Wirkungserlebnis, aus dem sich die Evidenz einer Gemeinsamkeit trotz des Unterschieds von Herkunft, Religion oder ethnischer Zugehörigkeit ergibt, wird anstelle von „Generation“ auch von „Kohorten“, „Geburtskohorten“ oder „Alterskohorten“ gesprochen.[130] Wo eine solche Evidenz fehlt, sei keine Generation vorhanden, selbst wenn die Geburtsjahre beieinander liegen. Als „Generation“ sei dagegen ein kollektives Gebilde zu bezeichnen, was überhaupt erst eine sinnvolle Addition einzelner Jahrgangskohorten möglich mache.[131] Dabei kennzeichnen nicht gleitende Übergänge, sondern sprunghafte Mutationen den modernen Sachverhalt der Generationen, wie er besonders in der politischen Geschichte des 20. Jahrhunderts vor Augen trete.[132]

2.2. Zwischenfazit für Zwecke des vorgegebenen Untersuchungsgegenstands

Insgesamt wird festgestellt, dass trotz diverser wissenschaftlicher Ansätze keine Einigkeit über die Definition des Begriffs der Generation besteht.[133] Dieser Befund findet sich ebenso bei *Kohli*[134], der ausführt, dass der Generationenansatz ein hohes Potential habe, aber auch große Schwierigkeiten aufwerfe und sich in der Nachfolge zu *Karl Mannheim* das Problem der Abgrenzung zwischen den Generationen konturiert habe, an dem die Forschung immer wieder gescheitert sei.[135]

Für den vorgegebenen Untersuchungsgegenstand erscheint eine Orientierung am familialen Gerechtigkeitsbegriff nicht sinnvoll.[136] Lösungen zur Einbeziehung ge-

127 Dies., a. a. O., S. 54.

128 Dies., a. a. O., S. 54.

129 Dies., a. a. O., S. 54.

130 Bude, Qualitative Generationenforschung, S. 187, 188; Heubach, Generationengerechtigkeit, S. 33 mit Hinweis auf Szydlik, Marc, S. 8.

131 Bude, Qualitative Generationenforschung, S. 189.

132 Ders., a. a. O., S. 190.

133 So ders., a. a. O., S. 187, 188.

134 Kohli, Von der Gesellschaftsgeschichte zur Familie in: Lettke/Lange (Hrsg.), Generationen und Familien, S. 47.

135 *Kohli* a. a. O. spricht konkret von zwei nicht gelösten Problemen. Neben dem im Text genannten sei es das Problem des Verhältnisses von Generationen zu anderen Grundlagen der gesellschaftlichen Formierung von Bewusstsein und kollektiver Mobilisierung.

136 Zu diesem Ergebnis kommt, wenngleich vor anderem Hintergrund, auch Tremmel, Was ist Generationengerechtigkeit?, in: „Generationenkonflikt und generationengerechte Politik“, abge-

meinnütziger Stiftungen in eine generationengerechte Politik lassen sich prima facie auf der Makroebene finden, nicht dagegen auf der Mikroebene.[137] Auch erscheint die Differenzierung von *Tremmel* zwischen der weiten und der engen Definition der Generation für die vorliegende Frage nach Möglichkeiten und Grenzen der Einbeziehung gemeinnütziger Stiftungen nicht zielführend, da sich das Wirken von Stiftungen einerseits – kraft Natur der Sache – sowohl auf lebende als auch auf noch nicht lebende Generationen auswirkt. Gleichzeitig hat ihr Wirken auch nachhaltig Bedeutung und Einfluss auf noch lebende Generationen.

Angesichts der schillernden Form und der Vielschichtigkeit des Generationenbegriffs soll für Zwecke der vorliegenden Untersuchung der Begriff ‚Generation' **in Abhängigkeit zu Wirken und Wesen gemeinnütziger Stiftungen** abgegrenzt werden. Diese Vorgehensweise ist zugegebenermaßen ergebnisorientiert, wird aber dem gesetzten Untersuchungsgegenstand gerecht. Wer nach Möglichkeiten und Grenzen der Einbeziehung gemeinnütziger Stiftungen in eine generationengerechte Politik sucht, tut gut daran, mögliche Lösungsansätze nicht bereits an (potenziell) zu engen Begriffsdefinitionen scheitern zu lassen. Geht man dagegen vom potenziell Möglichen aus, also dem, was gemeinnützige Stiftungen leisten können bzw. könnten, gelangt man bereits zwangsläufig zu der Erkenntnis, dass der familiale Generationenbegriff und auch der intratemporale Generationsbegriff deutlich zu kurz greifen. Stiftungen wirken – bereits kraft Natur – intergenerationell, d. h., ihr Wirken ist nicht nur für Lebende von Bedeutung, sondern insbesondere auch für nachfolgende, derzeit noch nicht lebende Generationen. Gerade ihr Status einer nachhaltigen, auf Unsterblichkeit angelegten Existenz scheint den gesetzten Untersuchungsgegenstand herauszufordern. Auch sind Stiftungen in einer Vielzahl sozialer Bereiche tätig. Vor diesem Hintergrund bietet es sich an, sowohl den **intergenerationellen Generationenbegriff** als auch den **sozialen Generationenbegriff** zugrunde zu legen. Zwar weist *Heubach* darauf hin[138], dass am sozialen Generationsbegriff auch Kritik geäußert werde, da er im Widerspruch zur fortlaufenden dynamischen Prägung im Laufe eines Menschenlebens stehe.[139] Diese Kritik erinnert an die noch zu diskutierende Kritik an einer intergenerationellen Gerechtigkeit schlechthin.[140] Die Ungewissheit des Zukünftigen und das Unwissen um die Interessen künftiger Generationen stehe „ethischen Überlegungen mit Fernwirkung"[141] entgegen. Wie eingangs bereits aufgezeigt,[142] stellt sich die Frage, ob Stiftun-

druckt in Tremmel, „Reader", S. 73: „(...) der familiale Generationenbegriff ist für Untersuchungen über Generationengerechtigkeit kaum relevant."

137 Das soll nicht ausschließen, dass der familiale Generationenbegriff für den vorliegenden Untersuchungsgegenstand Bedeutung erlangen kann. Hier könnten sich bspw. Fragestellungen im Zusammenhang mit dem Erbrecht, speziell dem Pflichtteilsrecht ergeben, welches auch vor dem Hintergrund der „familialen Solidaritätsgemeinschaft" diskutiert wird, vgl. Muscheler, Erbrecht Band 1, Rz. 473 ff. Vgl. hierzu auch die Ausführungen unter Tz. 2.3.2. in Kapitel 3.

138 Heubach, Generationengerechtigkeit, S. 33.

139 Siehe auch Struck, Generation als zeitdynamische Strukturierung von Gesellschaften und Organisationen in: Szydlik (Hrsg.), Generation und Ungleichheit, S. 49-76.

140 Vgl. dazu weiter unten, Kapitel 1, Tz. 3.1.3. sowie Kapitel 3, Tz. 1.2.

141 Siehe bereits oben, Birnbach, Dieter, Verantwortung für zukünftige Generationen – Reichweite und Grenzen, in: SRzG (Hrsg.), Handbuch Generationengerechtigkeit, S. 81.

142 Siehe oben Einleitung, Tz. 2.1.5.

gen die nötige intergenerationelle Flexibilität bieten können bzw. die rechtlichen Rahmenbedingungen hierfür geeignet sind.

Heubach vertritt ferner die Auffassung, dass der soziale Generationenbegriff aufgrund seiner mangelnden Präzision nicht für Diskussionen geeignet erscheine. Es sei schließlich nicht sinnvoll, über Gerechtigkeit zu reden, wenn nicht klar ersichtlich sei, wer die verschiedenen betroffenen Parteien seien bzw. wer diesen zuzurechnen sei.[143] Gleichwohl erscheint es im Sinne einer ergebnisorientierten Untersuchung geradezu diese Vielfalt der Erscheinungsformen intergenerationeller Gerechtigkeitserwägungen zu sein, die es als Herausforderung zu meistern gilt.

Auch *Kohli* spricht von einem „immer wieder neu zu lösenden Problem"[144] und hält die Suche nach „hoch aggregierten, alles umgreifenden Generationszusammenhängen" für eher verfehlt, da diese „in den meisten Fällen zum Scheitern verurteilt"[145] seien. Nach *Kohli* müsste es

> „eher darum gehen, bereichs- und themenspezifische generationale Lagerungen zu identifizieren und ihre Reichweite im Hinblick auf spezifische soziale Gruppen zu klären"[146].

Insgesamt führen diese Überlegungen für Zwecke dieser Untersuchung zu einem **bewusst extensiven Verständnis** des Begriffs ‚Generation'. Der Begriff soll sowohl alle bereits lebenden als auch noch nicht lebenden Menschen umfassen, die gleichzeitig einer Vielzahl sozialer Lagerungen und Gruppierungen zugehörig sein können, wobei die konkrete soziale Lagerung und Gruppierung auch aufgrund künftiger, bislang noch nicht bekannter und noch nicht denkbarer Ereignisse und Gegebenheiten entstehen kann. Diese bewusst weite Begriffslegung ist ergebnisbezogen. Sie entspricht jedoch dem möglichen Wirken gemeinnütziger Stiftungen und soll es somit ermöglichen, eine Vielzahl politisch möglicher Ansätze in die Untersuchung mit einzubeziehen.[147] Da die Frage der Generationenzugehörigkeit mit der Zugehörigkeit zu einer bestimmten sozialen Identität verbunden ist, erscheint vor dem Hintergrund des gegebenen Untersuchungsgegenstands der Eruierung von Möglichkeiten und Grenzen der Einbeziehung gemeinnütziger Stiftungen in eine generationengerechte Politik eine Beschränkung auf Deutschland allerdings sachgerecht.[148]

---

143 Heubach, Generationengerechtigkeit, S. 35, weshalb sie sich in ihrer Untersuchung für die Zugrundelegung des chronologischen Generationskonzepts entscheidet. Gleichzeitig konzediert sie, dass das Konzept der familiären Generationengerechtigkeit durchaus Relevanz besitzt und wichtige Fragen aufwirft, die es zu beachten gilt, dies., a. a. O., S. 36.

144 Kohli, Von der Gesellschaftsgeschichte zur Familie in: Lettke/Lange (Hrsg.), Generationen und Familien, S. 49.

145 Ders., ebenda.

146 Ders., ebenda.

147 Diesem Ansatz liegt auch eine Erkenntnis der Kreativitätsforschung zugrunde. Diese besagt, dass es bei der Suche nach Ideen und Lösungen entscheidend sei, während des Findungsprozesses nicht über die Ideen und Lösungen zu urteilen, sie nicht zu bewerten und nicht zu kritisieren. Erst nach dem Sammeln einer Vielzahl möglicher Ideen und Lösungsansätze kann (aus Quantität) Qualität entstehen. Vgl. Michalko, Erfolgsgeheimnis Kreativität, S. 104, 108.

148 Dabei soll keineswegs verkannt werden, dass auf der einen Seite ökonomische wie ökologische Problemstellungen nicht auf nationale Ebenen beschränkt sind und auf der anderen Seite gemeinnützige Körperschaften auch grenzüberschreitend tätig werden können und dies auch tun.

Nach dieser Begriffslegung für den Terminus ‚Generation' soll nachfolgend die Fragestellung nach ‚Generationengerechtigkeit' betrachtet werden, um im Anschluss daran den Begriff ‚generationengerechte Politik' für Zwecke dieser Untersuchung zu entwickeln.

3. Zum Begriff der Generationengerechtigkeit

3.1. Die ethische und politisch-philosophische Sichtweise

3.1.1. Begriffsklärung, -entwicklung und Abgrenzung

3.1.1.1. Gerechtigkeit und Moral

Gerechtigkeit ist seit *Platon* und *Aristoteles* bis hin zu *John Rawls* ein „Grundthema der politischen Philosophie"[149] und aus Sicht der praktischen Philosophie „einer der umstrittensten Grundbegriffe".[150] Einigkeit besteht wohl darin, dass Gerechtigkeit intersubjektiv, das heißt auf andere Personen bezogen, aufzufassen ist.[151] Auf Basis dieser Prämisse setzen sich „alle Disziplinen, die sich mit dem Zusammenleben von Menschen beschäftigen, mit der Thematik der Gerechtigkeit auseinander: Ethik, Politik, Ökonomie, Recht, Gesellschaftstheorie usw."[152], was gleichzeitig die bereits beschriebene Interdisziplinarität der Thematik dokumentiert.

Nach der wohl grundlegendsten Gerechtigkeitsauffassung wird Gerechtigkeit „formal als *Gesetzes- oder Regelgemäßheit* bestimmt: Gerecht ist, was dem Gesetz bzw. bestimmten Regeln entspricht."[153] *Höffe* führt dazu aus, dass „Gerechtigkeit lediglich die Übereinstimmung mit dem geltenden Recht bedeute".[154] Gerechtigkeit ist demnach abhängig von den bestehenden Gesetzen und Regeln einer Gesellschaft und somit einerseits relativ bzw. in demokratisch legitimierten Gesellschaftsordnungen mehrheitsabhängig.[155] In diese Richtung gehen auch prozedurale Ansätze zur Bestimmung des Gerechtigkeitsbegriffs. Diese beurteilen „die Legitimität von Verteilungsregeln anhand des *Verfahrens ihres Zustandekommens*"[156], wie bspw. „die Regeln sind gerecht, auf die sich die Betroffenen selbst unter bestimmten Bedingungen einigen".[157]

Diese Aspekte werden bei der Suche nach Lösungen berücksichtigt, wie z.B. bei der Frage nach der Einbeziehung einer Stiftung Europäischen Rechts, vgl. hierzu Tz. 2.6.2. in Kapitel 3.

149 Dornheim/Franzen/Thumfart/Waschkuhn (Hrsg.), Gerechtigkeit – Interdisziplinäre Grundlagen, S. 7.

150 Mazouz, Gerechtigkeit, in: Düwell/Hübenthal/Werner (Hrsg.), Handbuch Ethik, S. 371.

151 Dies., a. a. O.

152 Dies., a. a. O.

153 Dies., a. a. O., S. 372.

154 Höffe, Gerechtigkeit – Eine philosophische Einführung, S. 9.

155 In diese Richtung auch Kelsen, Was ist Gerechtigkeit? S. 14 f.: „Die Idee der Gerechtigkeit wandelt sich aus einem Prinzip, das das individuelle Glück aller garantiert, zu einer gesellschaftlichen Ordnung, die bestimmte Interessen schützt, jene nämlich, die von der Mehrheit der der Ordnung Unterworfenen als dieses Schutzes wert anerkannt werden."

156 Mazouz, Gerechtigkeit, in: Düwell/Hübenthal/Werner (Hrsg.), Handbuch Ethik, S. 372.

157 Dies., a. a. O., S. 372.

Materiale Ansätze zeichnen sich dagegen dadurch aus, dass „Verteilungsregeln inhaltlich beurteilt werden können".[158] Die „ausgleichende bzw. die wiederherstellende Gerechtigkeitsauffassung"[159] sieht vor, dass ein wie immer ethisch ausgezeichneter Zustand als ‚richtig' oder ‚gut' aufrechtzuerhalten oder wiederherzustellen ist, wenn er gestört wurde.[160] Die „Regeln des fairen Tausches sind (…) Kern dieser Gerechtigkeitskonzeption, die deshalb auch *‚Austausch-Gerechtigkeit*, genannt werden kann."[161] Im Fall der „wiederherstellenden Gerechtigkeit"[162] (auch „ausgleichende Gerechtigkeit"[163] genannt) sind Schädigungen zu beheben oder zumindest zu vergelten.[164] Gerechtigkeit wird schließlich auch als „Verteilungsgerechtigkeit"[165] verstanden (auch „distributive Gerechtigkeit"[166] genannt), bei welcher es darum geht, „dass ein Akteur (...) Güter unter Empfängern nach bestimmten Regeln verteilt."[167] „Einer gegenwärtig weit verbreiteten Meinung zufolge wird Gerechtigkeit auch als dasjenige verstanden, was wir uns gegenseitig schulden."[168] Dabei wird differenziert zwischen dem, was gefordert werden kann, und dem, was erwünscht ist.[169]

Nach *Koller* bildete die Gerechtigkeit einen wichtigen Teil der Moral und umfasst „jene Standards der *Moral*, die sich auf zwischenmenschliches Handeln und soziale Verhältnisse beziehen und überdies als besonders *gewichtig* betrachtet werden."[170]

Nach *Höffe*[171] geht es im Rahmen der Sozialmoral der Gerechtigkeit „bloß um jenen kleinen Anteil, dessen Anerkennung die Menschen einander schulden."[172] Die Moral dagegen fordere durchaus zur Mehrleistung auf. Gegen den, der Letzteres (die Moral) nicht erbringe, reagiere man mit Enttäuschung, gegen den, der Ersteres (Gerechtigkeit) nicht erbringe, dagegen mit Empörung. Demnach wäre Gerechtigkeit die Beschreibung für ein Mindestmaß dessen, was sich die Mitglieder innerhalb einer Gesellschaft schulden – mehr aber auch nicht. Vor diesem Hintergrund wird laut *Höffe* die Gerechtigkeitsdebatte nicht selten missbräuchlich geführt, indem Themen unter der Prämisse der Gerechtigkeit diskutiert werden, obwohl es sich in Wahrheit um das „verdienstliche Mehr"[173], mithin die Moral handele.[174] Die von *Höffe* daraus folgende Ernüchterung ist dreifacher Natur und lässt sich wie folgt beschreiben:

1. Die Gerechtigkeitsdebatte unterliegt der Gefahr, missbraucht zu werden.

---

158 Dies., a. a. O., S. 372.
159 Dies., a. a. O., S. 372.
160 Dies., a. a. O., S. 372.
161 Dies., a. a. O., S. 372.
162 Dies., a. a. O., S. 372.
163 Dies., a. a. O., S. 372.
164 Dies., a. a. O., S. 372.
165 Dies., a. a. O., S. 372.
166 Dies., a. a. O., S. 372.
167 Dies., a. a. O., S. 372.
168 Dies., a. a. O., S. 371.
169 Dies., a. a. O., S. 371.
170 Koller, Der Begriff der Gerechtigkeit, in: SRzG (Hrsg.), Generationengerechtigkeit 4/2007, S. 7.
171 Höffe, Gerechtigkeit zwischen den Generationen – Eine philosophische Einführung, S. 4.
172 Ders., a. a. O., S. 4.
173 Ders., a. a. O., S. 4.
174 Ders., a. a. O., S. 4.

2. Die Gerechtigkeit stellt auch Forderungen an sich selbst.
3. Politische Gerechtigkeit ist nicht Suche nach einem Universalschlüssel für eine staatliche Umverteilung und Alimentierung sozialstaatlicher Notwendigkeiten.

Die Essenz daraus zeige, dass die Debatte um die Frage der intergenerationellen Gerechtigkeit (a) nicht neu ist und (b) keine Debatte zu (Hyper-)Moralisierung[175] darstellen könne.

In eine ähnliche Richtung zielt die zum Teil vorzufindende Aussage, dass Gerechtigkeit auf das zu begrenzen sei, was „wir uns gegenseitig schulden".[176] Was erwünscht ist, aber nicht gefordert werden kann, wird aus dem Bereich des Gerechten ausgeschlossen. Dies verlange „strikte Gegenseitigkeit"[177] oder „Reziprozität",[178] womit die anderen, die berücksichtigt werden, immer nur Wesen sein können, die selbst oder deren Handlungen als gerecht oder ungerecht beurteilt werden können. Als Folge hieraus wird auch die Frage der Generationengerechtigkeit als besondere Herausforderung beschrieben[179], „da zukünftige Wesen heutigen nichts schulden können".[180]

3.1.1.2. Historische Entwicklungen

In der Antike wurde Gerechtigkeit als eine Tugend bzw. Charaktereigenschaft von Personen definiert.[181] Für *Platon* war Gerechtigkeit ein Zustand, bei dem alles so ist, wie es sein soll. Es ist eine Tugend, die allen anderen Tugenden zugrunde liegt, mithin „die Tugend, die es einem ermöglicht, alle anderen Tugenden angemessen auszuüben und seine Aufgaben zu erfüllen."[182] *Aristoteles* vertrat mehrere Gerechtigkeitskonzeptionen wie jene der Regelgerechtigkeit, der Verteilungsgerechtigkeit oder der materiellen Gerechtigkeit.[183] Für *Aristoteles* war das „gute Leben aller Staatsbürger (...) der oberste Staatszweck".[184] Bei Zugrundelegung ausgleichender Gerechtigkeitskriterien seien alle Personen formal gleich. Gleichheit im Sinne von Gerechtigkeit ist hiernach arithmetisch zu sehen.[185] Jedem ist das zuzustehen, was ihm zukommt. *Kelsen* bezeichnet diesen Ansatz als den Versuch einer rational-wissenschaftlichen Methode, Gerechtigkeit zu definieren.[186]

In der frühen Neuzeit vollzog sich ein Wandel in der Auffassung von Gerechtigkeit.[187] Grundlegende Gerechtigkeitskonzeptionen wurden vor dem Hintergrund subjektiver Rechte des Einzelnen – als unverfügbare Grundrechte – diskutiert, wozu

175 Ders., a. a. O., S. 4.
176 So Mazouz, Gerechtigkeit, in: Düwell/Hübenthal/Werner (Hrsg.), Handbuch Ethik, S. 372.
177 Dies., a. a. O., S. 372.
178 Dies., a. a. O., S. 372.
179 Dies., a. a. O., S. 376.
180 Dies., a. a. O., S. 372.
181 Dies., a. a. O., S. 372.
182 Dies., a. a. O., S. 372.
183 Vgl. hierzu z. B. die Übersicht bei Höffe, Gerechtigkeit – Eine philosophische Einführung, S. 22 f.
184 Mazouz, Gerechtigkeit, in: Düwell/Hübenthal/Werner (Hrsg.), Handbuch Ethik, S. 372.
185 Dies., a. a. O.
186 Kelsen, Was ist Gerechtigkeit?, S. 43.
187 Mazouz, Gerechtigkeit, in: Düwell/Hübenthal/Werner (Hrsg.), Handbuch Ethik, S. 373.

bspw. das Recht des Einzelnen auf gleiche Freiheit gehört.[188] Darüber hinaus obliege es der Gesetzgebung, über die Verteilung von Gütern zu bestimmen.[189] Gerechtigkeit bekommt somit eine demokratisch legitimierte Komponente und ist abhängig von bestehenden Mehrheitsverhältnissen.

Im Rahmen der politischen Philosophie wird der Gedanke der sozialen Gerechtigkeit im 18. Jahrhundert aufgegriffen.[190] Die im Rahmen der Industrialisierung auftauchenden Fragestellungen zu Themen wie Arbeitslosigkeit, Schutzlosigkeit bei Krankheit und Alter, Bildungschancen, Mindeststandards bei medizinischer Versorgung, Ernährung und Kleidung wurden in politischer Hinsicht mit dem Sozialstaat beantwortet.[191] Die heute aktuelle „neue soziale Frage“[192] betreffe im Kontext der Generationen die Frage der Gerechtigkeit eines konsumtiven Verhaltens einer Generation A zu Lasten einer nachfolgenden Generation B.[193]

Im Utilitarismus[194] wird auf Basis einer ethisch-teleologischen Herangehensweise Gerechtigkeit vom Nutzen involvierter Individuen abgeleitet. Menschliches Handeln oder die dem Handeln zugrunde liegenden Regeln werden anhand zweckorientierter Maßstäbe beurteilt.[195] Den normativen Urteilen über Richtigkeit oder Falschheit der Handlungen liegen außermoralische Werturteile über Güter zugrunde. Den Zweck menschlichen Handelns macht der Utilitarismus so in der Nützlichkeit desselbigen in Bezug auf die Erreichung der entsprechenden Güter aus. „So wird die Nützlichkeit und somit die ethische Richtigkeit des Handelns meist in einer hedonistischen Variante mit der Hervorbringung von Glück gleichgesetzt.“[196]

In jüngerer Zeit war es insbesondere *John Rawls*, der [1971] mit seiner *A Theorie of Justice* eine „Alternative zum utilitaristischen Denken“[197] bereitstellte und mit einem vertragstheoretischen Ansatz eine „Neubegründung der politischen Philosophie“[198] anbot. Während für den Utilitarismus „das höchste Ziel politischen Handelns im maximalen Wohlergehen aller Betroffenen“[199] liegt und Gerechtigkeit nur dann und nur soweit gefordert wird, als sie dem Wohlergehen aller Betroffenen dient, geht *Rawls* davon aus, dass man

> „jedem Mitglied der Gesellschaft eine auf der Gerechtigkeit – oder wie manche sagen, dem Naturrecht – beruhende Unverletzlichkeit zusprechen müsse, die auch im Namen des Wohles aller anderen nicht aufgehoben werden kann“[200].

---

188 Dies., a. a. O., S. 373.
189 Dies., a. a. O., S. 373.
190 Höffe, Gerechtigkeit – Eine philosophische Einführung, S. 84 ff.
191 So ders. a. a. O., S. 85.
192 Ders., a. a. O., S. 85.
193 Ders., a. a. O., S. 85.
194 Vgl. grundlegend hierzu Birnbacher, Utilitarismus, in: Düwell/Hübenthal/Werner (Hrsg.), Handbuch Ethik, S. 95-107.
195 Heubach, Generationengerechtigkeit, S. 150.
196 Dies., a. a. O.
197 Mieth, Rawls, in: Düwell/Hübenthal/Werner (Hrsg.) Handbuch Ethik, S. 179.
198 Dies., a. a. O.
199 Dies., a. a. O.
200 Dies., a. a. O.

Für *Rawls* ist es „mit Gerechtigkeitserwägungen unvereinbar, dass der Freiheitsverlust einiger durch ein größeres Wohl anderer gutgemacht werden könnte".[201] Er glaubt nicht, dass die Grundsätze für eine Vereinigung von Menschen einfach eine Erweiterung des Entscheidungsprinzips für den Einzelnen sind.[202] Für *Rawls* ist vielmehr das Gegenteil zutreffend, denn es sei davon auszugehen, dass die Grundsätze der gesellschaftlichen Entscheidungen und damit die Grundsätze der Gerechtigkeit selbst Gegenstand einer ursprünglichen Übereinkunft seien.[203]

> „Es gibt keinen Grund für die Vermutung, die Grundsätze für eine Vereinigung von Menschen seien einfach eine Erweiterung des Entscheidungsprinzips für den einzelnen. Im Gegenteil: man geht davon aus, dass (...) eine Vielzahl von Einzelpersonen mit getrennten Zielsystemen eine wesentliche Eigenschaft menschlicher Gesellschaften ist, dann kann man nicht erwarten, dass die Grundsätze der sozialen Entscheidung utilitaristische seien."[204]

Rawls entwickelt eine **Liste von Grundgütern**, die „so etwas wie generalisierte Mittel"[205] darstellen. Er nennt hierzu

> „Rechte und Freiheiten, Chancen, Einkommen und Vermögen sowie weitere soziale Grundlagen der Selbstachtung. Damit versucht *Rawls* eine ‚objektive, Basis anzugeben, von der aus beurteilt werden kann, ob die gesellschaftlichen Institutionen es jedem in gleicher Weise ermöglichen, seinem subjektiven Entwurf des Lebens nachzugehen."[206]

In der **jüngeren Literatur**[207] wird für einen Paradigmenwechsel von der egalitären Verteilungsgerechtigkeit im Sinne von *Rawls* weg und hin zum **Paradigma der politischen Solidarität und Eigenverantwortung** plädiert.[208] Nach *Kersting* ist der Sozialstaat nicht mehr das Medium, in welchem jedem das zukommen müsse, was ihm von Gerechtigkeit wegen zustehe. Der Sozialstaat ist vielmehr „die effektive kollektive Organisation mitbürgerlicher Hilfsbereitschaft", in dem die Verteilungsgerechtigkeit auf positivierter Rechtsstaatlichkeit und nicht etwa naturrechtlichen Ansprüchen fuße. Eine gelingende Wohlfahrtsstaatsbegründung stütze sich auf politische Solidarität. Dieser Solidarität verdanke der Wohlfahrtsstaat seine Leistung zu kollektiver Unterstützung bedürftiger Bürger. [209]

Im Ergebnis bleibt – nicht nur aufgrund dieses notwendigerweise rudimentären Überblicks – der eine Definition für ‚Gerechtigkeit' Suchende einigermaßen ratlos zurück. Dies vermag kaum zu verwundern, denn bereits *Kelsen* gelangte in seiner Untersuchung *Was ist Gerechtigkeit?* zu der Erkenntnis, dass es absolute Gerechtigkeit schlichtweg nicht gebe, da sie abhängig von subjektiven Vorstellungen und bestimmten Wertvorstellungen und deren Rangordnung zueinander sei. Letztlich ist dies die Frage nach **Interessenkonflikten**, und nur da, wo Interessenkonflikte bestehen, wird Gerechtigkeit zum Problem. Ein Interessenkonflikt liege vor,

---

201 Rawls, Eine Theorie der Gerechtigkeit 1971, S. 46.
202 Ders., a. a. O., S. 47.
203 Ders., a. a. O., S. 47.
204 Ders., a. a. O., S. 47.
205 Mazouz, Gerechtigkeit, in: Düwell/Hübenthal/Werner (Hrsg.), Handbuch Ethik, S. 373.
206 Dies., a. a. O., S. 373.
207 Kersting, Theorien sozialer Gerechtigkeit, insbes. S. 377 ff.
208 Ders., a. a. O., S. 376 ff.
209 Vgl. insges. bei Kersting, Theorien sozialer Gerechtigkeit, S. 376-403.

„wenn ein Interesse nur auf Kosten eines anderen befriedigt werden kann, oder, was auf dasselbe hinausläuft, wenn zwei Werte in Gegensatz treten, und es nicht möglich ist, beide zugleich zu verwirklichen, wenn der eine nur in dem Maß verwirklicht werden kann, als der andere vernachlässigt (...) wird."[210]

Gerechtigkeit als im Sinne einer absoluten (objektiven) Gerechtigkeit kann es somit letztlich nicht geben. *Kelsen* bezeichnet dies als einen „schönen Traum der Menschheit".[211] Die Bestimmung der absoluten Werte im Allgemeinen und die Definition der Gerechtigkeit im Besonderen, die auf diesem Wege erzielt werden, erwiesen sich nach Auffassung von *Kelsen* als „völlig leere Formeln, durch die jede beliebige gesellschaftliche Ordnung als gerecht gerechtfertigt werden kann."[212] Daher sei es

„nicht verwunderlich, daß die zahlreichen Gerechtigkeitstheorien, die seit den ältesten Zeiten bis auf den heutigen Tag vorgebracht wurden, sich leicht auf zwei Grundtypen reduzieren lassen: einen metaphysisch-religiösen und einen rationalistischen oder, richtiger gesagt, einen pseudo-rationalistischen"[213].

Nach *Kelsen* lehrt uns die Geschichte der menschlichen Erkenntnis, dass der Versuch, „auf rationalem Wege eine absolut gültige Norm gerechten Verhaltens zu finden"[214], vergeblich ist. Das Urteil, mit dem etwas für gerecht erklärt wird, könne niemals mit dem Anspruch auftreten, die Möglichkeit eines gegenteiligen Werturteils auszuschließen. Absolute Gerechtigkeit sei demnach ein **irrationales Ideal**.[215] Gleichwohl sind Überlegungen zur Gerechtigkeit keineswegs sinnlos; im Gegenteil: Sie sind ernsthaft dahingehend zu untersuchen, „welchen Inhalt sie haben und ob ihre objektive Geltung angenommen werden kann."[216] Nach *Kelsen* gibt es

„vom Standpunkt rationaler Erkenntnisse (...) nur menschliche Interessen und daher Interessenkonflikte. Für deren Lösung stehen nur zwei Wege zur Verfügung: entweder das eine Interesse auf Kosten des anderen zu befriedigen, oder ein Kompromiß zwischen beiden herbeizuführen"[217].

3.1.1.3. Ansätze zur Begriffsbestimmung und Abgrenzung

Der Begriff „Generationengerechtigkeit" wird gemeinhin als Bezeichnung für Gerechtigkeit zwischen Generationen und nicht innerhalb einer Generation verstanden.[218] Teilweise werden – worauf *Heubach* hinweist – die Begriffe ‚intergenerationelle' oder ‚intergenerative Gerechtigkeit' synonym für den Begriff ‚Generationengerechtigkeit' verwendet.[219] Diese führe im allgemeinen Sprachgebrauch teilweise zu Missverständnissen, da das Adjektiv ‚generativ' auch mit „geschlechtlich, die geschlechtliche Fort-

210 Kelsen, Was ist Gerechtigkeit?, S. 15.
211 Ders., a. a. O., S. 52.
212 Ders., a. a. O., S. 27.
213 Ders., a. a. O., S. 27.
214 Ders., a. a. O., S. 49.
215 Ders., a. a. O., S. 49.
216 Walter, Robert im Nachwort zu Kelsen, Was ist Gerechtigkeit?, S. 71.
217 Kelsen, Was ist Gerechtigkeit?, S. 49.
218 Tremmel, Generationengerechtigkeit – Versuch einer Definition in: SRzG (Hrsg.), Handbuch Generationengerechtigkeit, S. 27-28; ebenso Heubach, Generationengerechtigkeit, S. 39.
219 Heubach, Generationengerechtigkeit, S. 39.

pflanzung betreffend"[220] übersetzt werden könne. *Heubach* schlägt daher vor, den Begriff ‚intergenerative Gerechtigkeit' zu meiden und die Begriffe ‚Generationengerechtigkeit' oder ‚intergenerationelle (oder intergenerationale) Gerechtigkeit' zu verwenden.[221]

Wie bereits weiter oben angedeutet, soll für Zwecke dieser Untersuchung der Begriff der Generation in einem bewusst extensiven Sinn verstanden werden. So sollen alle bereits lebenden als auch noch nicht lebenden Menschen miteinbezogen werden, die gleichzeitig einer Vielzahl sozialer Lagerungen und Gruppierungen zugehörig sein können, wobei die konkrete soziale Lagerung und Gruppierung auch aufgrund künftiger, bislang noch nicht bekannter aber denkbarer Ereignisse und Gegebenheiten entstehen kann.[222] Diese bewusst weite Begriffsauslegung soll dem möglichen Wirken gemeinnütziger Stiftungen entsprechen und soll es ermöglichen, eine Vielzahl politisch möglicher Ansätze in die Untersuchung mit einzubeziehen.

Der Begriff der ‚Generationengerechtigkeit' kann – zumindest für Zwecke dieser Untersuchung – daher Gerechtigkeitsaspekte zwischen noch lebenden Generationen einerseits und lebenden und noch nicht lebenden Generationen andererseits umfassen. Um auch insofern die ‚politisch korrekte' Begriffslegung wiederzugeben: *Tremmel* verwendet insofern die Begriffe ‚temporale Generationengerechtigkeit' als „Gerechtigkeit zwischen heute lebenden Generationen"[223] und ‚intertemporale Generationengerechtigkeit' als „Gerechtigkeit zwischen Menschen, die früher lebten, die heute leben und die zukünftig leben werden."[224] Dieses extensive Verständnis vom Begriff der Generationengerechtigkeit wird auch als wesentlicher Grund für die Komplexität der Thematik gesehen.[225] Die Unmöglichkeit wechselseitiger Beziehungen aufgrund der Zukünftigkeit der moralischen Adressaten stelle das Hauptproblem vieler präsentisch ausgerichteter Ethiken dar. Darüber hinaus bestehe genau in dieser Komplexität eines der wichtigsten zeitgenössischen Probleme. Die Interessen der von den heutigen Entscheidungen betroffenen zukünftigen Menschen blieben oftmals unberücksichtigt und die darauf zielende Kritik an den Entscheidungen verzichte bislang auf das Fundament einer ethischen Theorie.[226]

3.1.2. Generationengerechtigkeit – Entwicklungslinien und Anwendungsbereiche

Nachfolgend werden im Rahmen eines kursorischen Überblicks die Entwicklungslinien der als wesentlich erscheinenden **zeitgenössischen Theorien** zum Thema **Generationengerechtigkeit aus ethisch-philosophischer Sicht** aufgegriffen. Die wesentlichen **Anwendungsbereiche** der Generationengerechtigkeit für die ethisch-philosophi-

220 Dies., ebenda.
221 Dies., ebenda.
222 Vgl. oben, Kapitel 1, Tz. 2.
223 Tremmel, Generationengerechtigkeit – Versuch einer Definition in: SRzG (Hrsg.), Handbuch Generationengerechtigkeit, S. 32.
224 Ders., ebenda.
225 Heubach, Generationengerechtigkeit, S. 131.
226 Dies., a. a. O., S. 132.

sche Wissenschaftsdebatte sollen dargelegt und die **maßgeblichen Einwände** gegen eine Theorie der Generationengerechtigkeit aufgezeigt werden.

Dies erscheint deshalb zielführend zu sein, weil rechtspolitische Programmsätze zur Einbeziehung gemeinnütziger Stiftungen zwecks Lösung von intergenerationell-bedingten Problemstellungen sich an ethisch-philosophischen Anforderungen der Wissenschaftsmoderne messen lassen müssen. In diesem Zusammenhang könnten sich zudem auch neue Argumente zur Begegnung vorgetragener Einwänden gegen eine Theorie der Generationengerechtigkeit aus ethisch-philosophischer Sicht abzeichnen.[227]

Im Anschluss an den folgenden Überblick sollen daher erste Fragestellungen im Hinblick auf den gestellten Untersuchungsgegenstand (Möglichkeiten und Grenzen der Einbeziehung gemeinnütziger Stiftungen in eine generationengerechte Politik) formuliert werden,[228] die im **3. Teil der Arbeit** untersucht und beantwortet werden sollen.

3.1.2.1. Entwicklungslinien

Nach *Höffe* ist das Thema der intergenerationellen Gerechtigkeit (auch) aus philosophischer Sicht im Grunde gar nicht so neu, wie gemeinhin proklamiert werde.[229] So finde sich bereits bei *Kant* in seiner *Kritik der Urteilskraft* (§ 63) die Erwähnung von „unvernünftiger Ausrottung natürlicher Ressourcen, deretwegen wir häufig unsere Vorfahren anklagen".[230]

(a) *John Rawls – A Theory of Justice*

John Rawls nahm in seinem Werk *A Theory of Justice*[231] die Frage nach Generationengerechtigkeit mit in die moderne philosophische Diskussion auf. Vor *Rawls* wurde dieser Gesichtspunkt nur von Wirtschaftswissenschaftlern diskutiert.[232] *Rawls* untersuchte die Frage nach Verteilungsgerechtigkeit nicht nur vor dem Hintergrund intragenerationeller (innerhalb einer Generation), sondern auch intergenerationeller (generationenübergreifender) Gerechtigkeitsaspekte.[233] Für *Rawls* ist dieses Thema „eine ernste, wenn nicht unerfüllbare Bewährungsprobe jeder ethischen Theorie".[234] Überlegungen zur Generationengerechtigkeit wirken auf den ersten Blick befremdlich, da der für die Gerechtigkeit wesentliche Aspekt der Wechselseitigkeit zu fehlen scheine.[235] Die Frage, ob man gegen jemand gerecht oder ungerecht sein könne, der noch gar nicht geboren ist, sei jedoch nur auf den ersten Blick problematisch.[236] So dürfte sich zumindest eine **gesteigerte Verantwortung**, wenn nicht ein **korrektives Gerech-**

227 Vgl. dazu die Ausführungen in Kapitel 3, Tz. 1.2.

228 Vgl. Tz. 3.1.4. weiter unten in diesem Kapitel.

229 Höffe, Gerechtigkeit – Gerechtigkeit zwischen den Generationen, S. 5.

230 Ders., ebenda.

231 Nach Höffe „der wichtigste Beitrag des englischen Sprachraums, vielleicht sogar der überhaupt wichtigste Beitrag zur politischen Ethik des zwanzigsten Jahrhunderts"; Höffe (Hrsg.), John Rawls, Eine Theorie der Gerechtigkeit 1971, S. 4.

232 Höffe (Hrsg.), John Rawls, Eine Theorie der Gerechtigkeit, S. 171.

233 Ders., a. a. O., S. 172,

234 Ders., a. a. O., S. 172.

235 Ders., a. a. O., S. 172.

236 In diesem Sinne ders., a. a. O., S. 173.

tigkeitspostulat für solche Handlungen ergeben, die in ihrer Fernwirkung unumkehrbar nachteilige und nachhaltige[237] Auswirkungen haben. Dies sind vor allem Handlungen mit Auswirkungen auf Umwelt und Staatshaushalte. Immer dann, wenn A dem B einen Nachteil zufügt, spielt die Gerechtigkeit eine Rolle, unabhängig davon, ob die Handlung und deren Folge zeitgleich (synchron) oder zeitlich phasenverschoben (diachron) ihre Wirkungen entfalten. Nach dem Grundgedanken von *Rawls* muss jede Generation die Errungenschaften der Kultur und der Zivilisation und die erreichten gerechten Institutionen bewahren und darüber hinaus eine angemessene Kapitalakkumulation betreiben. Statt lediglich zu verbrauchen, kommt es auf Bewahren und Investieren an (nach *Rawls* das sog. *saving principle*).[238]

Rawls stellt die Frage, worin faire und gerechte Bedingungen in einer Gesellschaft bestehen. Sein gedanklicher Ausgangspunkt besteht darin, dass alle Mitglieder der Gesellschaft in einem **‚Urzustand des Unwissens'** darüber entscheiden, wie Güter gerecht zu verteilen sind. Dieser ‚Urzustand des Unwissens' ist insofern ein geeigneter Ausgangspunkt für Gerechtigkeitserwägungen, als die über die Verteilung der Güter entscheidenden Personen nicht wissen, nach welchen Grundsätzen eine Gesellschaft errichtet werden soll, sie mithin nicht wissen, welcher Gruppe der Gesellschaft sie angehören. Aus reinem Eigennutz würden die Personen im Urzustand also einen zu schließenden Gesellschaftsvertrag so gestalten, dass der Maßstab, an dem sich die Gerechtigkeit misst, immer an der am schlechtesten gestellten Schicht der Gesellschaft angelegt wird.[239]

Auf Basis dieser Überlegungen werden im Urzustand die folgenden beiden Prinzipien der Gerechtigkeit (*principles of justice*) gewählt:

Erstens: Die gesellschaftliche Ordnung muss allen Mitgliedern der Gesellschaft gleiche Grundfreiheiten einräumen, und zwar in dem Umfang, in dem die Ausübung dieser Freiheiten für alle möglich ist.[240] *Rawls* nennt dies das ‚Prinzip der gleichen Freiheit'.

Zweitens: Soziale und wirtschaftliche Ungleichheiten sind nur dann zulässig, wenn sie zu jedermanns Vorteil dienen.[241] Diese Bedingung lasse zwei Interpretationsarten zu:

(a) Entweder man versteht sie im Sinne des Prinzips der Pareto-Optimalität[242] oder aber

(b) im Sinne eines Prinzips, das *Rawls* das *difference principle* (Unterschiedsprinzip oder Differenzprinzip) nennt.[243]

Im Fall (a), dem Prinzip der Pareto-Optimalität, ist eine Verteilung dann optimal, wenn es unmöglich ist, die Lage irgendeines Individuums zu verbessern, ohne die ei-

---

237 Zum Begriff der Nachhaltigkeit und der Abgrenzung zum Begriff der Generationengerechtigkeit vgl. Kapitel 1, Tz. 3.2.3.

238 Rawls, Eine Theorie der Gerechtigkeit 1971, S. 319 ff.

239 Ders., a. a. O., S. 140 ff.

240 Koller, Die Grundsätze der Gerechtigkeit in Höffe (Hrsg.), John Rawls, Eine Theorie der Gerechtigkeit, S. 55.

241 Ders., a. a. O., S. 50.

242 Rawls, Eine Theorie der Gerechtigkeit 1971, S. 88 ff.

243 Ders., a. a. O., S. 95 ff.

nes anderen zu verschlechtern. Bezogen auf die gesellschaftliche Grundstruktur bedeutet dies: Die Zuweisung von Rechten und Pflichten durch die Grundstruktur ist dann optimal, wenn es unmöglich ist, diese Rechte und Pflichten so zu verändern, dass sich die Aussichten mindestens einer Person verbessern, ohne dass sich die Aussichten irgendeiner anderen Person verschlechtern.[244]

Die Interpretationsalternative im Fall (b) besagt, dass soziale Ungleichheit aus unparteiischer Sicht nur dann annehmbar ist, wenn sie notwendig ist, um die Lage der am wenigsten begünstigten Gesellschaftsmitglieder im größtmöglichen Ausmaß zu verbessern. Eine Ungleichverteilung sozialer und ökonomischer Güter ist demnach nur dann gerecht, wenn sie eine Steigerung der gesellschaftlichen Wertschöpfung für diejenigen bewirkt, die die schlechtesten sozialen Positionen einnehmen.[245] Ungleichheit ist also dann legitim, wenn dadurch auch die gesellschaftlich am schlechtesten Gestellten profitieren. Eine soziale und wirtschaftliche Ungleichheit muss somit unter der Einschränkung des gerechten Spargrundsatzes den am wenigsten Begünstigten den größtmöglichen Vorteil bringen, und sie muss mit Ämtern und Positionen verbunden sein, die allen gemäß fairen Chancen offenstehen.[246]

Die Übertragung dieser Gedanken auf die Thematik der intergenerationellen Gerechtigkeit führt bei *Rawls* zum *just saving principle*, der gerechten Sparquote (im Sinne einer geeigneten Akkumulationsrate), auf die sich die Verhandelnden im Stadium des ‚Urzustandes des Nichtwissens' einigen würden.[247]

Die Voraussetzungen für die Teilnehmer im Urzustand hat *Rawls* mehrfach modifiziert.[248] In seinem Werk *Gerechtigkeit als Fairness* definiert er den Urzustand so, dass sich die Angehörigen jeder beliebigen Generation (und daher alle Generationen) dasjenige Prinzip zu eigen machen würden, von dem sie wollen, dass sich frühere Generationen – einerlei, wie lange ihre Zeit schon vorbei ist – danach gerichtet hätten. Da keine Generation ihren Ort in der Folge der Generation kennt, impliziert das, dass sich alle späteren Generationen – einschließlich der heutigen Generation – daran halten müssen.[249] Auf diese Weise gelangt *Rawls* zu einem Sparprinzip, das die Pflichten gegenüber nachkommenden Generationen fundiert: „Es stützt berechtigte Beschwerden über unsere Vorgänger und berechtigte Erwartungen an unsere Nachfahren."[250]

Die Teilnehmer im Urzustand würden somit durch Abwägen von Vor- und Nachteilen versuchen, den persönlichen Nutzen für sich zu maximieren bzw. den persönli-

244 Koller, Die Grundsätze der Gerechtigkeit in Höffe (Hrsg.), John Rawls, Eine Theorie der Gerechtigkeit, S. 51.

245 Koller, Die Grundsätze der Gerechtigkeit in Höffe (Hrsg.), John Rawls, Eine Theorie der Gerechtigkeit, S. 51; Rawls, Eine Theorie der Gerechtigkeit 1971, S. 95 ff.

246 Koller, Die Grundsätze der Gerechtigkeit in Höffe (Hrsg.), John Rawls, Eine Theorie der Gerechtigkeit, S. 50 f.; Rawls, Eine Theorie der Gerechtigkeit 1971, S. 336 f.

247 Kersting, Theorien sozialer Gerechtigkeit, S. 12: „Das ‚just saving principle, nach John Rawls ist ein gerechtes Sparprinzip, das die Ansprüche gegenwärtiger und zukünftiger Generationen gleichermaßen berücksichtigen will und darum jedes gegenwärtige Verteilungshandeln unter die Bedingung stellt, keinen vergleichbaren Zukünftigen schlechter wegkommen zu lassen als einen durch Zeitpräferenz bevorzugten Gegenwärtigen."

248 Siehe dazu den Überblick bei Heubach, Generationengerechtigkeit, S. 140 f.

249 Rawls, Gerechtigkeit als Fairness 2001, S. 247.

250 Ders., a. a. O., S. 247.

chen Schaden zu minimieren. Sie haben keine aufeinander gerichteten Interessen, so dass es auch keinen Neid unter diesen Menschen geben kann.[251] Der Schleier des Nichtwissens schließt ferner jede Kenntnis von Wahrscheinlichkeiten aus. Deshalb entscheiden die Parteien im Urzustand nach dem risikominimierenden **Maximin-Prinzip**. Dieses Prinzip fordert immer die Alternative zu wählen, die bei Realisation des denkbar schlechtesten Ergebnisses von allen Alternativen das (noch) Beste bietet.

Während bei *Rawls* Fragen des Verbrauchs von Ressourcen einer erwerbstätigen Generation zulasten der Altersversorgung der folgenden Generation nicht diskutiert werden, wird seine *Theory of Justice* dennoch an derartigen Fragen gemessen.[252] *Rawls* Theorie erlangt somit angesichts der aktuellen Generationendebatte in Deutschland auch eine gewisse ethisch-philosophische Renaissance. So wird bspw. das *Rawls*'sche *saving principle* von *Höffe* im Sinne einer Fortentwicklung weiter ausdifferenziert, indem ‚Sparen' im Rahmen der intergenerationellen Gerechtigkeit dreierlei Bedeutung beigemessen wird:

- Sparen als investives Ansparen (von Kapital, Infrastruktur, Zukunftstechniken),
- Sparen als konservierendes Aufsparen (im Sinne von Bewahren von Institutionen und Ressourcen) sowie
- Sparen als präventives Ersparen (im Sinne von Kriegen, ökologischen Katastrophen, wirtschaftlichen oder sozialen Zusammenbrüchen).[253]

Im Kontext zur **Frage nach der Einbeziehung gemeinnütziger Stiftungen** stellt sich die Frage, ob und ggf. wie die Frage der Gemeinnützigkeit[254] bzw. des Altruismus von *Rawls* behandelt wird. Hierzu geht *Rawls*[255] davon aus, dass jeder *seine* Interessen schützen möchte. So gebe es für niemanden einen Grund, sich selbst mit einem dauernden Verlust zufrieden zu geben, um insgesamt mehr Befriedigung hervorzubringen. Nach *Rawls* gilt:

> „Ohne starke und beständige altruistische Motive würde kein vernünftiger Mensch eine Grundstruktur akzeptieren, nur weil sie die Summe der Annehmlichkeiten für alle zusammengenommen erhöht – ohne Rücksicht auf ihre dauernden Wirkungen auf seine eigenen Grundrechte und Interessen. Das Nutzenprinzip scheint also unvereinbar zu sein mit der Vorstellung gesellschaftlicher Zusammenarbeit zwischen Gleichen zum gegenseitigen Vorteil, mit dem Gedanken der Gegenseitigkeit, der im Begriff einer wohlgeordneten Gesellschaft enthalten ist. Diese Auffassung werde ich jedenfalls vertreten."[256]

Rawls unterstellt, dass sich die Parteien im Urzustand „an ihren eigenen Interessen orientieren"[257] und kein Bedürfnis haben, die Gesamtsumme des Nutzens zu maximie-

---

251 Heubach, Generationengerechtigkeit, S. 138.
252 Höffe (Hrsg.), John Rawls, Eine Theorie der Gerechtigkeit , S. 175.
253 Ders., a. a. O., S. 175.
254 Der Begriff „Gemeinnützigkeit" ist ein steuerrechtlicher Begriff, vgl. § 52 Abs. 1 Satz 1 AO sowie Buchna/Seeger/Brox, Gemeinnützigkeit im Steuerrecht, S. 19 ff. Der Begriff soll an dieser Stelle mit dem Begriff des ‚Altruismus' gleichgesetzt werden. Vgl. aber die Ausführungen in Kapitel 3, Tz. 1.1.1.2.
255 Rawls, Eine Theorie der Gerechtigkeit 1971, S. 31.
256 Rawls, Eine Theorie der Gerechtigkeit 1971, S. 31.
257 Ders., a. a. O., S. 211.

ren.[258] Sie sind nicht „mitfühlend, sondern aneinander desinteressiert“[259]. Dieses gegenseitige Desinteresse führt „unter einem Schleier des Nichtwissens zu den (...) Gerechtigkeitsgrundsätzen“[260]. Utilitaristen dagegen würden einen idealen Beobachter als „unparteiisch“[261] und „mitfühlend“[262] beschreiben, der „gegenüber den Bedürfnissen und dem Wohl jedes Mitglieds des Gesellschaftssystems aufgeschlossen gegenüber steht“[263]. Hier führt „vollständiges Wissen und Mitgefühl zur richtigen Wahrnehmung der Nutzensumme“[264]. „Vollkommener Altruismus“[265] hat für *Rawls* auch nichts mit Gerechtigkeit zu tun, denn „damit überhaupt ein Gerechtigkeitsproblem entsteht, müssen wenigstens zwei Menschen etwas anderes wollen“[266]. Die Personen im Urzustand müssten, neben dem Altruismus „einige weitere Interessen haben, die zueinander in einem Gegensatz stehen können“[267]. Diesen gibt *Rawls* in seiner Theorie der Gerechtigkeit „als Fairneß in Form der Voraussetzung der gegenseitigen Desinteressiertheit im Urzustand wieder“[268]. *Rawls* unterscheidet zwischen „Menschenliebe und Gerechtigkeitssinn“[269]. Es bringe gar nichts ein, wenn man den Parteien im Urzustand Altruismus unterstellen würde.[270]

Prima facie stellt sich an dieser Stelle die Frage, ob und ggf. wie **gemeinnützige Stiftungen in einer kontraktualistischen Gerechtigkeitstheorie** im Sinne *Rawls*' überhaupt Platz finden können. Dieser Frage soll in den ersten Schlussfolgerungen[271] sowie **Kapitel 3** der Untersuchung nachgegangen werden.[272]

Rawls stellte mit seiner *Theorie of Justice* eine Alternative zum utilitaristischen Denken bereit[273] und bot mit einem vertragstheoretischen Ansatz eine Neubegründung der politischen Philosophie an. Während für den Utilitarismus das höchste Ziel politischen Handelns im maximalen Wohlergehen aller Betroffenen liegt und Gerechtigkeit nur dann und nur soweit gefordert wird, als sie dem Wohlergehen aller Betroffenen dient, geht *Rawls* davon aus, dass man „jedem Mitglied der Gesellschaft eine auf der Gerechtigkeit – oder wie manche sagen, dem Naturrecht – beruhende Unverletzlichkeit zusprechen müsse, die auch im Namen des Wohles aller anderen nicht aufgehoben werden kann“[274]. Demnach ist es mit Gerechtigkeitserwägungen unvereinbar, dass der Freiheitsverlust einiger durch ein größeres Wohl aller gutgemacht werden kann.

258 Ders., a. a. O., S. 211.
259 Ders., a. a. O., S. 214.
260 Ders., a. a. O., S. 214.
261 Ders., a. a. O., S. 213.
262 Ders., a. a. O., S. 213.
263 Ders., a. a. O., S. 213.
264 Ders., a. a. O., S. 214.
265 Ders., a. a. O., S. 216 f.
266 Ders., a. a. O., S. 216 f.
267 Ders., a. a. O., S. 217.
268 Ders., a. a. O., S. 217.
269 Ders., a. a. O., S. 219.
270 Ders., a. a. O., S. 219.
271 Siehe weiter unten Tz. 3.1.4. in diesem Kapitel.
272 Kapitel 3, Tz. 1.1.1.2.
273 Mieth, Rawls, in: Düwell/Hübenthal/Werner (Hrsg.), Handbuch Ethik, S. 179.
274 Dies., a. a. O., S. 179.

Trotz des Werks von *John Rawls* und der sich daran anschließenden Debatte wird das Thema der Generationengerechtigkeit aus philosophischer Sicht immer noch als Niemandsland bezeichnet: „Das Neuland, das die Menschheit mit der Hochtechnologie betreten hat, ist für die ethische Theorie noch ein Niemandsland.“[275] In diesem Sinne betont auch *Höffe* die Notwendigkeit einer thematisch noch weiteren Öffnung der ethisch-philosophischen Diskussion zur Generationengerechtigkeit.[276]

(b) Der utilitaristische Ansatz von *Dieter Birnbacher*

Dieter Birnbacher plädiert in seinem Werk *Verantwortung für zukünftige Generationen* [1988] für einen intergenerationellen ‚Nutzensummenutilitarismus‘ (NSU).[277] Der Utilitarismus beurteilt „menschliches Handeln oder die dem Handeln zugrunde liegenden Regeln anhand zweckorientierter Maßstäbe“[278]. *Birnbacher* legt seiner Arbeit ein teleologisches Verständnis moralischer Normen zugrunde.[279] Demnach liegen allen moralischen Richtigkeits- oder Verpflichtungsurteilen außermoralische Werturteile, also Werturteile über Güter zugrunde. Wenn moralische Richtigkeits- oder Verpflichtungsurteile gerechtfertigt sind, dann wegen der Güter (oder außermoralischen Werte), die durch die Befolgung bzw. die Geltung dieser Urteile hervorgerufen werden. Für die teleologische Auffassung der Moral ist die Moral kein Selbstzweck, sondern stehe im Dienste des guten Lebens. Nicht anders als andere soziale Regeln auch, seien die Regeln der Moral ein Mittel, die Bedingungen eines guten, gelungenen, glücklichen, erfüllten Lebens zu sichern bzw. da, wo sie nicht bestehen, zu schaffen.[280] Verantwortung für die Zukunft bestehe um des zukünftigen Guten und Schlechten willen, das aus der Gegenwart heraus bewirkt oder verhindert werden könne.[281] Kennzeichnend für den NSU ist die rein aggregative Bewertung von Glück und Unglück.[282] Das Glück und Unglück des Einzelnen gehe in dem der Gesamtheit der Individuen ebenso unter wie das Glück und Unglück einer einzelnen Generation in dem der Generationenfolge. Was für den NSU zählt, ist die Summe des Nutzens über alle Individuen und Generationen. Wie sich diese Summe auf Individuen und Generationen verteile, sei gleichgültig.[283] Utilitarismus beinhaltet nach dem Verständnis *Birnbachers* „nicht mehr als die allgemeine werttheoretische Auffassung, dass sich das jeweilige Optimum durch das Maximum des realisierten außermoralischen Werts bestimmt“[284]. Für den NSU sei somit ein Weltzustand A einem Weltzustand B *ceteris paribus* immer dann vorzuziehen, wenn die Gesamtsumme des Nutzens in Weltzustand A größer ist als in Weltzu-

275 Schell, Generationengerechtigkeit Heft 4/1997.

276 Höffe (Hrsg.), John Rawls, Eine Theorie der Gerechtigkeit, S. 172, der mindestens fünf Themenbereiche identifizieren will. Tatsächlich benennt er dann mehr als fünf, nämlich Kultur und Zivilisation, Infrastruktur, Wissen, Institutionen, angemessene Kapitalakkumulation, Umwelt und Bevölkerungsentwicklung. Die beiden Letzteren werden bei John Rawls nicht erwähnt.

277 Heubach, Generationengerechtigkeit, S. 150.

278 Dies., a. a. O., S. 150.

279 Birnbacher, Verantwortung für zukünftige Generationen, S. 28.

280 Ders. ebenda.

281 Ders. ebenda; Heubach, Generationengerechtigkeit, S. 150.

282 Birnbacher, Verantwortung für zukünftige Generationen, S. 84.

283 Ders., a. a. O., S. 84.

284 Ders., a. a. O., S. 61.

stand B. Die Gesamtsumme könne dabei sowohl durch eine Erhöhung des Nutzens pro Kopf als auch durch die Erhöhung der Zahl der Köpfe gesteigert werden, zumindest so lange, als den zusätzlichen Individuen ein wie immer kleiner positiver Nutzen zukomme.[285] Für den Durchschnittsnutzenutilitarismus (DNU) sei dagegen derjenige Weltzustand besser, für den der durchschnittliche Nutzen größer ist.[286]

Birnbacher entwickelt Normen für ein verantwortliches Zukunftshandeln. Hierbei unterscheidet er zwischen idealen und Praxisnormen.[287] Ideale Normen seien moralische Regeln, die für einen idealen Akteur gelten. Moralische Normen sind Regeln, die für einen nicht-idealen Akteur gelten.[288] Ein idealer Akteur[289] kenne, wenn es um die praktische Verwirklichung seiner Prinzipien geht, keine Willensschwäche. Für ihn könne also (zumindest theoretisch) unterstellt werden, dass er sich zu bestimmten allgemeinen moralischen Prinzipien bekenne, was mit einer gewissen Sicherheit auf sein tatsächliches Verhalten schließen lasse. Ideale Normen seien entsprechend so formuliert, als seien sie an ideale Akteure der definierten Art adressiert. Sie machen an die kognitiven und die motivationale Fehlbarkeit ihrer potenziellen Anwender keine Zugeständnisse und treffen gegen sie keine Vorsorge.[290] Praxisnormen dagegen seien Normen, die so formuliert sind, dass sie die Fehlbarkeit ihrer Adressaten von vornherein berücksichtigen und Anwendungsdefiziten zuvorkommen. Praxisnormen verhalten sich zu idealen Normen wie einfache Gesetze zu Verfassungsnormen. Wie Gesetze die Aufgabe haben, Verfassungsnormen einer bestimmten Rechtsgemeinschaft sowohl inhaltlich zu konkretisieren als auch praktisch durchzusetzen, hätten Praxisnormen die Aufgabe, abstrakte Moralnormen im Rahmen einer bestimmten Gesellschaft zu operationalisieren und mit potenziell wirksamen Motiven so zu verknüpfen, dass die Chancen maximiert werden, die von den abstrakten Normen postulierten Ziele zu erreichen.[291] Die praktische Schwierigkeit der Unterscheidung zwischen idealen Normen und Praxisnormen wird auch von *Birnbacher* selbst nicht geleugnet.[292] Die Praxisnormen dienen nach *Birnbacher* dazu, seine Theorie praxistauglich zu machen.[293] Praxisnormen sollen auch in Fällen von begrenztem Wissen, begrenzter Intelligenz und begrenztem gutem Willen eine Orientierung ermöglichen und dadurch ein Optimum von Normerfüllung sicherstellen. Anspruch und Realisierbarkeit, normativer Gehalt und Befolgungschancen sollen so ins Gleichgewicht gebracht sein, dass ihre faktische Geltung so weit wie möglich dem Inhalt der idealen Norm zur Realisierung verhilft.[294] Um dem gerecht zu werden, formuliert *Birnbacher* zwei generelle Anforderungen: Erstens müssen Praxisnormen die Komplexität der nach den idealen Normen anzustellenden Erwägungen reduzieren, also wesentlich einfacher und auf konkrete Situationen

285 Ders., a. a. O., S. 62.
286 Ders., a. a. O., S. 62.
287 Ders., a. a. O., S. 92 ff.
288 Ders., a. a. O., S. 16.
289 Nach Birnbacher „der Traum des Moralisten“, ders., a. a. O., S. 17.
290 Ders., a. a. O., S. 16.
291 Ders., a. a. O., S. 19.
292 Ders., a. a. O., S. 20.
293 Heubach, Generationengerechtigkeit, S. 151.
294 Dies., a. a. O., S. 199.

direkter anwendbar sein. Zweitens müssen sie sich mit Wertvorstellungen verknüpfen lassen, die eine hohe eigenständige Motivationskraft besitzen.[295]

Zukunftsorientierung und Zukunftsverantwortung erfordern nach *Birnbacher* Planung, und das heißt, dass der jeweilige Akteur mindestens drei verschiedene Arten von Problemen lösen muss: das richtige Maß an Zukunftsvorsorge (‚wie viel'), die richtige Art der Zukunftsvorsorge (‚was') und schließlich in welcher konkreten Form (‚wie') er diese Leistungen erbringen will.[296] Diesen drei Arten von Problemen lassen sich spezifische Entlastungstechniken zuordnen, die verhindern, dass der Planungsaufwand größer werde, als es der zu erwartende Planungsnutzen rechtfertige. Zu den Entlastungstechniken auf der dritten Problemebene (‚wie') gehören Techniken wie einmalige Investition, Delegation und Habitualisierung. Eine Entlastungstechnik auf der dritten wie auf der zweiten (‚was') Problemebene, die besonders für kollektive Akteure attraktiv sei, ist die Aufteilung von Zuständigkeiten. Keiner sei für alle Zukunftsprobleme zugleich verantwortlich, sondern es sind abgegrenzte Zuständigkeiten definiert, die den Verantwortungsbereich jedes einzelnen Akteurs auf ein überschaubares Maß reduzieren. Eine Entlastungstechnik, die an die erste Stufe (‚wie viel') anknüpft, ermögliche eine Orientierung auch in Fällen von begrenztem Wissen, begrenzter Intelligenz und begrenztem gutem Willen und stelle dadurch ein Optimum von Normerfüllung sicher.

(c) *Hans Jonas*' Verantwortungsethik

Hans Jonas nimmt sich in seinem Werk *Das Prinzip Verantwortung* [1979] der Frage einer **Ethik** für die **technologische Zivilisation** an.[297] Nach *Jonas* ist die einstige Verheißung der modernen Technik mittlerweile in eine Drohung umgeschlagen.[298] Menschliches Handeln gehe direkt mit menschlicher Verantwortung einher. Mit (technischen) Entwicklungen ändere sich auch das Wesen menschlichen Handelns. Da Ethik mit Handeln zu tun habe, sei auch eine Änderung in der Ethik erforderlich, und zwar in dem radikalen Sinne, „dass die qualitativ neuartige Natur mancher unserer Handlungen eine ganz neue Dimension ethischer Bedeutsamkeit aufgetan hat, die in den Gesichtspunkten und Kanons traditioneller Ethik nicht vorgesehen war"[299]. Hintergrund und Anlass dieser Überlegungen sind neue Technologien und deren Auswirkungen auf nachfolgende Generationen.

Nach *Jonas* entfaltet Ethik seine grundlegendste Bedeutung im direkten Umgang von Mensch mit Mensch, einschließlich des Umgangs mit sich selbst. Nach traditioneller Betrachtung wirkte sich ‚rechtes Verhalten' fast unmittelbar aus. Ethik hatte demgemäß mit dem Hier und Jetzt zu tun. Gebote und Maximen überlieferter Ethik zeigten diese Beschränkung auf den unmittelbaren Umkreis der Handlung. Das ‚sittliche Universum' habe aus Zeitgenossen bestanden und sein Zukunftshorizont habe sich beschränkt auf deren voraussichtliche Lebensspanne.[300] Dies habe sich entscheidend geändert. Die moderne Technik habe Handlungen von so neuer Größenordnung, mit so

295 Dies., a. a. O., S. 199.
296 Dies., a. a. O., S. 198.
297 Jonas, Das Prinzip Verantwortung.
298 Heubach, Generationengerechtigkeit, S. 165.
299 Jonas, Das Prinzip Verantwortung, S. 15.
300 Ders., a. a. O., S. 23.

neuartigen Objekten und so neuartigen Folgen eingeführt, dass der Rahmen früherer Ethik sie nicht mehr fassen könne.[301] Dies zeige sich insbesondere in der Verletzlichkeit der Natur, gelte aber gleichermaßen auch für Handlungen mit ökonomischen Folgewirkungen.[302]

Jonas stellt vor diesem Hintergrund Überlegungen an, die an den kategorischen Imperativ von *Kant* anknüpfen: ‚Handle nur nach der Maxime, durch die du zugleich wollen kannst, dass sie ein allgemeines Gesetz werde'. Eine Fortentwicklung könnte laut *Jonas* etwa lauten: „Handle so, dass die Wirkungen deiner Handlung verträglich sind mit der Permanenz echten menschlichen Lebens auf Erden".[303] Oder: „Schließe in deine gegenwärtige Wahl die zukünftige Integrität des Menschen als Mit-Gegenstand deines Wollens mit ein."[304] Daraus folge, dass eine Generation nicht das Recht habe, das Nichtsein künftiger Generationen wegen des Seins der jetzigen zu wählen oder auch nur zu wagen.[305] Dieser Imperativ richte sich in erster Linie an die öffentliche Politik, da diese mehr als privates Verhalten nachhaltige Wirkung entfalte.[306] Dies unterscheide einen fortentwickelten Imperativ auch vom kategorischen Imperativ von *Kant*, der sich an das Individuum richtete und augenblicklich war, also ohne zeitliche Dimension.[307] Dieser ‚neue' (fortentwickelte) Imperativ habe somit den Fortbestand menschlicher Aktivität in der Zukunft im Visier. Die Existenz des Menschen, die in der bisherigen Ethik vorausgesetzt worden war, wird in *Jonas*' Verantwortungsethik zum ersten Gegenstand der Verpflichtung.[308] Es gelte, die Bedingungen für ein Vorhandensein des Menschen in der physischen Welt zu sichern.[309]

(d) *Felix Ekardts* universal-liberale Diskursethik

Ekardt [2005] fordert „eine neu fundierte Lehre von der gerechten Grundordnung und eine Neuinterpretation unserer Verfassungen", „ein auf beiden Ebenen neuformiertes Freiheitskonzept" und „vor allem (...) mehr Generationengerechtigkeit und Gerechtigkeit zwischen den Völkern dieser Erde" ohne die nicht länger von einem gerechten Zusammenleben gesprochen werden könne.[310] *Ekardt* spricht insofern von „Nachhaltigkeit"[311] und bezeichnet diese als „Jahrhundertaufgabe".[312] Nach ihm setzt sich **Nachhaltigkeit** aus **Generationengerechtigkeit** und **globaler Gerechtigkeit** zusammen. Die Grundidee seiner Theorie ist die

301 Ders., a. a. O., S. 26.
302 Ders., a. a. O., S. 26.
303 Ders., a. a. O., S. 36.
304 Ders., a. a. O., S. 36.
305 Ders., a. a. O., S. 36.
306 Ders., a. a. O., S. 37.
307 Ders., a. a. O., S. 37.
308 Heubach, Generationengerechtigkeit, S. 166.
309 Jonas, Das Prinzip Verantwortung, S. 34; Heubach, Generationengerechtigkeit, S. 166.
310 Ekardt, Das Prinzip der Nachhaltigkeit, S. 9.
311 Vgl. dazu auch weiter unten, Kapitel 1, Tz. 3.2.3.
312 Ekardt, Das Prinzip der Nachhaltigkeit, S. 9.

> „radikale Autonomie des Individuums – eine Autonomie, die sich ihrer Absolutheit ebenso bewusst ist, wie ihrer Grenzen in der gleichen Autonomie aller anderen, auch derjenigen, die räumlich und zeitlich weit entfernt von uns sind".[313]

Ekardt verweist auf die Grenzziehung von Gerechtigkeit, Moral und Recht.

> „Gerechtigkeit und Moral, die beiden Themen der praktischen Philosophie, machen Aussagen über die Richtigkeit der gesellschaftlichen Grundordnung einerseits sowie des persönlichen Handelns andererseits."[314]

Auch das Recht erhebe, wie Gerechtigkeitsdenken und Moral, den Anspruch auf Richtigkeit, wobei das Recht mit Zwang durchsetzbar sei. Zudem sei das Recht präziser, es schaffe eine vorhersehbare und verlässliche Ordnung unseres Zusammenlebens. Gerechtigkeit und Moral brauchen somit das Recht, wenn sie auch im Einzelfall präzise und praktikabel sein wollen.[315]

Während jeglicher Liberalismus nahezu jedem Bürger ein bestimmtes Maß an Freiheitlichkeit und Wohlstand beschert habe, würden Recht und die Moral immer noch auf die Konfliktlösung unter zeitlich und räumlich zusammenlebenden Menschen beschränkt. Dies sei im Ergebnis nicht mit dem Zukunftspotenzial unseres Handelns kompatibel. Unsere Politik und unsere Gesetze würden dazu führen, dass wir die Grundlagen der Freiheit in ihrer dauerhaften Erhaltung für jüngere und zukünftige Menschen gefährden. Dies betreffe neben der aktuellen Entwicklung der Staatsverschuldung und Sozialversicherung insbesondere auch ökologische Ressourcen.[316]

Die Frage nach einer gerechten Gesellschaft leitet *Ekardt* von einer universalen Gerechtigkeit ab. (Nur) Auf der Frage nach universal einheitlichen Prinzipien der Gerechtigkeit aufbauend, könne man überhaupt sinnvoll fragen, was zwischen den Völkern der Erde – und zwischen den Generationen – gerecht sei. Erst komme die universale und dann die globale und intertemporale Gerechtigkeit.[317] *Ekardts* Ziel ist es somit, Gerechtigkeit global und intertemporal zu erweitern.[318] Er legt dabei einen Liberalismus zugrunde, den er vom heute verbreiteten Wirtschaftsliberalismus abgrenzt und als Lehre versteht, nach der diejenige Grundordnung gerecht ist, die der normativen Vernunft entspricht.[319]

Das Gedankenexperiment von *Rawls*, in einem fiktiven Urzustand fiktive gleichwertige Entscheider nach Gerechtigkeit suchen zu lassen, mangelt nach *Ekardt* daran, dass *Rawls* nicht berücksichtige, dass die Parteien im Urzustand kultur- und gesellschaftsabhängig entscheiden würden. Was für die Vertreter des Okzidents im Urzustand gerecht sein mag, ist für die Vertreter der südlichen Teils möglicherweise nicht gerecht.[320] Nach der These von *Ekardt* ist diese universale Gerechtigkeit eine Grund-

313 Ekardt, Das Prinzip der Nachhaltigkeit, S. 10; wiedergegeben auch bei Heubach, Generationengerechtigkeit, S. 177.
314 Ekardt, Das Prinzip der Nachhaltigkeit, S. 10.
315 Ders., a. a. O., S. 10.
316 Ders., a. a. O., S. 11.
317 Ders., a. a. O., S. 44.
318 Heubach, Generationengerechtigkeit, S. 178.
319 Ekardt, Das Prinzip der Nachhaltigkeit, S. 40; vgl. auch Heubach, Generationengerechtigkeit, S. 179.
320 In diesem Sinne Ekardt, Das Prinzip der Nachhaltigkeit, S. 55.

ordnung, die auf Würde, Unparteilichkeit und Freiheit aufbaut. Universale Gerechtigkeit gebe es,[321] sie sei universal unhintergehbar.[322] Hiervon ausgehend, kommt *Ekardt* zum zentralen Punkt seiner These, dass eine liberale Ordnung globale und Zukunftsbelange stärker beachten müsse, um die Bezeichnung ‚gerecht' wirklich zu verdienen.[323] Die Begründung für die Nachhaltigkeit leite sich von Rechten junger, künftiger und weit entfernt lebender Menschen ab, die uns verpflichten. Zukunft bezieht sich nach *Ekardt* auf künftige und junge Menschen, die als Opfer kurzzeitorientierten Handelns gelten. Bei der „Jahrhundertherausforderung Nachhaltigkeit"[324] gehe es nicht darum, mehr an die Gemeinschaft zu denken. Es gehe darum, „mehr an andere Menschen zu denken – dies allerdings auch über räumliche und zeitliche Grenzen hinweg"[325]. In Umformulierung der *Rawl*'schen Regeln entwickelt *Ekardt* das folgende Prinzip universaler Nachhaltigkeit:

> „Jedermann soll gleiches Recht auf das umfangreichste System gleicher Grundfreiheiten haben, das mit dem gleichen System für alle anderen einschließlich der jungen, künftigen und in anderen Ländern und Erdteilen lebenden Menschen verträglich ist. Die gleichen Freiheitsrechte garantieren dabei auch die Erhaltung der elementaren Freiheitsvoraussetzungen, ohne die ein menschenwürdiges Leben ausgeschlossen ist, sowie den Schutz gegen andere Bürger und ein Junktim von Freiheit und Handlungsfolgenverantwortlichkeit. Im Regelfall kann die Freiheit (…) nur um der Freiheit einschließlich ihrer elementaren Voraussetzungen und um des Junktims von Freiheit und Handlungsfolgenverantwortlichkeit willen beschränkt werden. Ausnahmsweise kommt bei Vorliegen guter Gründe eine Einschränkung der Freiheit auch um ihrer weiteren Voraussetzungen willen in Betracht. Freiheitseinschränkungen ohne Rechtfertigung in der Freiheit und ihren Voraussetzungen sind stets unzulässig".[326]

Die damit gewonnenen Prinzipien der Nachhaltigkeit garantieren somit zeit- und ortsübergreifende Menschenrechte und ihre wechselseitige Austarierung und Begrenzung.

Darüber hinaus fordert *Ekardt* eine ‚Institutionentheorie der Nachhaltigkeit'. Diese Theorie muss etwas darüber sagen, welche Institutionen und welches Zusammenspiel verschiedener Staatlichkeitsebenen für eine Nachhaltigkeit benötigt werden.[327] Diese Frage entscheide darüber, wer die Freiheit und die Rechte junger, künftiger und andernorts lebender Menschen administriert.

(e) *Jörg Tremmel* – A Theory of Intergenerational Justice

In einer jüngeren englischsprachigen Dissertation von *Tremmel*[328] [2009] wird eine am Wohl, nicht an den Rechten orientierte Gerechtigkeitskonzeption entwickelt. Kern der Studie von *Tremmel* ist die Entwicklung von Prinzipien für die Gerechtigkeit zwischen den Generationen bei Zugrundelegung des *Rawls*'schen Schleiers des Nichtwissens. *Tremmel* arbeitet heraus, dass sich die Vertragspartner in der *original position* gegen eine Gleichheit aller Generationen entscheiden würden, weil Gleichbehandlung wegen

321 Ekardt, Das Prinzip der Nachhaltigkeit, S. 68.
322 Ders., a. a. O., S. 83.
323 Ders., a. a. O., S. 83.
324 Ders., a. a. O., S. 144 f.
325 Ders., a. a. O., S. 144 f.
326 Ders., a. a. O., S. 152.
327 Ders., a. a. O.,, S. 153.
328 Tremmel, A Theory of Intergenerational Justice.

der Vorwärtsbewegung der Zeit bedeuten würde, das (niedrigere) Niveau der allerersten Generation auch auf weitere Generationen zu übertragen:

> „It was concluded that the individuals in the ‚original position‚ would not opt for all generations to be equal, as it would mean that late generations would have to remain on the low level of early generations. (...) Later generations will inevitably benefit from the experiences, innovations, and inventions of earlier ones. (...) Justice as ‚equality‚ is not an option, unless the participants behind the veil of ignorance ordered each generation to burn down all it libraries and destroy all innovations and inventions before its death. But then, all generations of mankind would vegetate on the lowest possible level of civilisation.“[329]

Tremmel stellt heraus, dass kein Fall denkbar sei, in dem frühere Generationen von der Entwicklung späterer Generationen profitieren könnten. Die Frage der Verteilungsgerechtigkeit scheint sich insofern auf eine grundlegende korrektive Gerechtigkeit zu beschränken, wenn man das Postulat zugrunde legt, dass man nachkommenden Generationen nicht schlechtere Bedingungen hinterlassen darf, als man selbst vorgefunden hat.

Auf Basis ethisch-moralischer Gerechtigkeitserwägungen kommt *Tremmel* somit zu dem Ergebnis, dass rein korrektive Gerechtigkeitserwägungen nicht ausreichen. Gerecht sei nur, wer seinen Nachkommen mehr hinterlasse, als er selbst vorgefunden habe. Von den Teilnehmern der *original position* würde festgelegt, dass jede Generation die Verantwortung habe, eine Besserstellung kommender Generationen durch die autonomen Fortschrittsfaktoren nicht zunichte zu machen. Anstelle der von *Rawls* proklamierten *saving rate* entwickelt *Tremmel* eine *preventive saving rate*, nämlich die Pflicht zur Vermeidung von ökologischen, sozialen oder technischen Zusammenbrüchen.

3.1.2.2. Anwendungsbereiche

Nach diesem kursorischen Überblick über ausgesuchte zeitgenössische Theorien der Generationengerechtigkeit stellt sich die Frage nach deren Anwendungsbereichen. Hierzu findet sich bei *Heubach* die Aussage, dass Anforderungen an eine Theorie der Generationengerechtigkeit – und somit im Ergebnis auch deren Anwendungsbereiche – äußerst vielschichtig seien. Generationengerechtigkeit sei in allen Lebensbereichen präsent. Sie umfasse Themenbereiche wie Erwerbstätigkeit, Altersversorgung, Ausbildung, technologischer Fortschritt, Artensterben, den respektvollen Umgang koexistierender Generationen miteinander, den Umgang mit Atomenergie, Friedenssicherung und das Weitergeben materieller sowie moralischer Schuld.[330]

Nach *Mazouz*[331] sind Schwerpunkte in der Diskussion zur intergenerationellen Gerechtigkeit der Umgang mit der Natur, insbesondere mit den natürlichen Ressourcen, der Aufbau von Sozialversicherungen und die Zulässigkeit von Staatsschulden. Demnach erlange die Diskussion um die Frage der Generationengerechtigkeit vor allem vor dem Hintergrund folgender Aspekte Bedeutung:

329 Tremmel, A Theory of Intergenerational Justice, S. 222.
330 Heubach, Generationengerechtigkeit, S. 131.
331 Mazouz, Gerechtigkeit, in: Düwell/Hübenthal/Werner (Hrsg.), Handbuch Ethik, S. 376.

- Technische Innovationen mit möglicherweise irreversiblen und zeitlosen Zukunftswirkungen, d. h., auch bei Veraltung der Innovation bestehen deren „Risiken und Nebenwirkungen" weiterhin fort.
- Sozialstaatliche Maßnahmen, die irreversible Zukunftswirkung haben, wie die Staatsverschuldung zulasten künftiger Generationen.[332]

Im Sinne der grundlegenden Überlegungen von *Kelsen*, wonach Gerechtigkeit im Kern auf einen Interessenkonflikt zurückgeht und letztlich abhängig von subjektiven Interessen ist, wird die Thematik der Generationengerechtigkeit auch auf einen solchen grundlegenden Interessenkonflikt zurückgeführt: Es gehe um eine chancengleiche Teilhabe am Sozialstaat[333] und an ökologischen Ressourcen. In der zeitlichen Dimension darf aber keine Generation bezogen auf ihre Lebenschancen schlechter gestellt werden als eine andere. Dieser Gedanke wird auch von *Möller*[334] aufgegriffen, der zudem auf ein weiteres Kriterium hinweist: die notwendige Berücksichtigung von Veränderungen der politischen Situation. Verändert sich in der Gesamtbevölkerung bzw. innerhalb der einzelnen Generationen der Anteil der Menschen, die für die Wertschöpfung sorgen, zu dem Anteil der sozial Bedürftigen, müssten konsequenterweise und selbstverständlich die Steuer- und Sozialsysteme an diese veränderten Umweltbedingungen angepasst werden. Wünschenswert wäre es demnach, bspw. die Steuer- und Sozialsysteme so an vorauszusehende Entwicklungen anzupassen, dass nicht nur auf diese Entwicklungen reagiert wird, sondern bereits heute eine Vorsorge betrieben wird. Insoweit erweist sich der Gedanke, dass nachrückende Generationen den heute lebenden Generationen jedenfalls gleichgestellt werden sollten, als durchaus tragfähig.

3.1.3. Einwände gegen eine Theorie der Generationengerechtigkeit

Gegen eine Theorie der Generationengerechtigkeit werden grundsätzliche Einwände vorgetragen. Die wichtigsten Argumente gegen eine intertemporale Generationengerechtigkeit hat *Heubach* zusammengestellt und diskutiert:[335] den Zukunftsliberalismus, die Unmöglichkeit der Rechte zukünftiger Individuen, das sog. Nicht-Identitäts-Problem (Future Individual Paradox), das Problem der Zukunftsdiskontierung und das Problem der Zukunftsungewissheit.[336] Im Einzelnen:

3.1.3.1. Zukunftsliberalismus

Es wird die Auffassung vertreten, dass keine speziellen politischen Maßnahmen notwendig seien, um sicherzustellen, dass die zukünftigen Generationen bekommen, was ihnen zustehe. Auch bestehe für die Verteilung zwischen gegenwärtigen und zukünftigen Generationen kein Regulierungsbedarf.[337] Die Gefahr von Umweltkatastrophen und des Zurneigegehens endlicher Ressourcen werde überschätzt. Entsprechende Pro-

332 Dies. a. a. O., S. 376.
333 So auch Möller, Generationengerechtigkeit im Steuerrecht, S. 35.
334 Möller, Generationengerechtigkeit im Steuerrecht, S. 35.
335 Heubach, Generationengerechtigkeit, S. 107 ff.
336 Einwände gegen die Frage der Generationengerechtigkeit schlechthin finden sich in einer jüngeren Dissertation von Klundt, Von der sozialen zur Generationengerechtigkeit?
337 Heubach, Generationengerechtigkeit, S. 107 f.

phezeiungen in der Vergangenheit hätten sich immer als falsch erwiesen. Er sei vielmehr davon auszugehen, dass die Bedürfnisse künftiger Generationen denen der heutigen Generationen gleichen werden. Die wirkliche Bedrohung für künftige Generationen bestehe vielmehr in der Eskalation möglicher Konflikte. Der wichtigste Beitrag für zukünftige Generationen bestehe darin, unsere heutige Gesellschaft toleranter und demokratischer zu gestalten, um so die friedliche Lösung potenzieller Konflikte zu ermöglichen und damit die Befriedigung der Grundbedürfnisse zukünftiger Generationen zu gewährleisten.[338]

Diese Form eines Zukunftsliberalismus wird von *Heubach* zu Recht in Frage gestellt.[339] Der Erhalt endlicher Ressourcen dürfte keineswegs einen Automatismus darstellen. *Birnbacher* verweist insofern auf die (unbewusste) Verkarstung der Mittelmeerlandschaft aufgrund der Abholzung der Wälder durch die antiken Griechen und Römer oder auf die (in Kauf genommene) Versalzung der Böden am unteren Nil, die Vernichtung der Sardinenfischerei vor dem Nildelta und Erosionsverluste am Nildelta aufgrund des Baus des Assuanstaudamms.[340] Auch erscheint die Aussage, dass die Bedürfnisse künftiger Generationen denen der heutigen Generationen entsprechen, zu simplifizierend. Mag dies auf elementare Grundbedürfnisse wie Leben, körperliche Unversehrtheit und Freiheit zutreffen, so ist es am Beispiel der Verfügbarkeit natürlicher Ressourcen bereits fraglich. Wie im Rahmen der Einleitung[341] bereits angedeutet, war es für einen Zeitgenossen der Steinzeit wohl nicht vorstellbar, dass Erdöl einmal einen höheren Stellenwert als den einer klebrigen schwarzen Masse einnehmen würde.[342] Niemand wird bestreiten wollen, dass dieser Rohstoff essenziell für die Befriedigung elementarer Grundbedürfnisse mehrerer Generationen war und ist. Richtig ist: Die Bedürfnisse einer Generation, sprich der Bedarf an bestimmten Rohstoffen, sind immer abhängig von der jeweiligen technischen Innovation. Es scheint daher nicht zielführend, die Bedürfnisse künftiger Generationen mit denen der heutigen Generation gleichzusetzen und auf einen Automatismus hoffend zu unterstellen, dass diese Bedürfnisse auch in Zukunft erfüllt werden, wenn wir die Bedürfnisse der heutigen Generation ausreichend befriedigen.

3.1.3.2. Zum Einwand der Unmöglichkeit der Rechte zukünftiger Generationen

Ein weiterer Einwand gegen eine Theorie der Generationengerechtigkeit ist jener der Unmöglichkeit zukünftiger Rechte.[343] Für zukünftige Generationen mögen zwar moralische Verpflichtungen bestehen, **Rechte** zukünftiger Generationen seien jedoch **mangels Existenz der jeweiligen Individuen nicht denkbar**. Eine Theorie der Gerechtigkeit setzte das Zuschreiben von Rechten, sei es an Personen, Institutionen oder Grup-

338 So die Ausführungen zu Beckermann, zu finden bei Heubach, Generationengerechtigkeit, S. 108.

339 Heubach, Generationengerechtigkeit, S. 109.

340 Birnbacher, Verantwortung für zukünftige Generationen, S. 14.

341 Siehe dort Tz. 2.1. Ziff. 5.

342 Natürlich vorausgesetzt, dass der Zeitgenosse von diesem Rohstoff gewusst hätte. Zur Frage der intertemporalen Allokation natürlicher, nicht erneuerbarer Ressourcen in Abgrenzung zu nachwachsenden, erneuerbaren Ressourcen vgl. Buchholz, Intergenerationelle Gerechtigkeit, S. 10.

343 Siehe Beckermann, Intergenerational Justice in: Intergenerational Justice 2/2004; Heubach, Generationengerechtigkeit, S. 111.

pen von Menschen, voraus. Eine Klasse von Individuen, der keine Rechte zugeschrieben werden können, könne auch nicht im Rahmen einer Gerechtigkeitstheorie geschützt werden. Eine solche Klasse von Individuen bilde die Gruppe zukünftiger, noch ungeborener Generationen.[344]

Die Frage nach der Existenz von Rechten zukünftiger Generationen wurde eingehend in der Dissertation von *Unnerstall* untersucht.[345] Bedeutung, Komplexität und Umfang dieser Fragestellung kann an dieser Stelle nur angedeutet werden und soll weiter unten[346] nochmals aufgegriffen werden. Es bietet sich an, zwischen ethisch-philosophischen und juristischen Begründungsansätzen zu unterscheiden.

(a) Ethisch-philosophische Begründungsansätze

Jonas weist darauf hin, dass eine Verpflichtung gegenüber dem, was noch gar nicht ist, und an sich auch nicht zu sein braucht, jedenfalls als nicht existent keinen Anspruch auf Existenz hat, theoretisch gar nicht leicht sei.[347] Anknüpfungen für Begründungen sind ethischer oder religiöser Natur.[348] Wer Kinder in die Welt setzt, übernehme die Verantwortung dafür, dass sie Hilfe erhalten und unter lebenswerten Verhältnissen aufwachsen.[349] Wer dieser Verantwortung nicht nachkommt, handle ungerecht, weil er die Lage der (naturgegebenen) Hilfsbedürftigkeit des Kindes selbst geschaffen habe. Wer dagegen in einer (Not-)Lage hilft, die er nicht verursacht hat, handle moralisch im Sinne einer verdienstlichen Mehrleistung.[350]

Unnerstall, der die Frage nach Rechten zukünftiger Menschen am wohl umfassendsten untersucht hat, kommt zu dem Ergebnis, dass, je nach zugrunde gelegter ethischer Theorie[351], zukünftigen Menschen Rechte zugesprochen werden können. Die formelle Integration zukünftiger Menschen in die verschiedenen Ethiktheorien erscheint relativ einfach.[352] Im Ergebnis, stellt sich dies als Ausfluss des Gebots und der Pflicht nachhaltiger Entwicklung gegenüber zukünftigen Menschen dar.[353] Doch selbst hier ergeben sich Schwierigkeiten, so z.B. bei Zugrundelegung der Diskursethik, weil zukünftige Menschen nicht sinnvoll als Mitglieder einer gegenwärtigen idealen Kommunikationsgemeinschaft gedacht werden können.[354]

344 Beckermann, Intergenerational Justice in: Intergenerational Justice 2/2004, S. 1.

345 Unnerstall, Rechte zukünftiger Generationen.

346 Kapitel 1, Tz. 3.4.

347 Jonas, Das Prinzip Verantwortung, S. 36.

348 Höffe (Hrsg.), John Rawls, Eine Theorie der Gerechtigkeit, S. 5; Jonas, Das Prinzip Verantwortung, S. 36.

349 Höffe, Gerechtigkeit zwischen den Generationen, in: SRzG (Hrsg.), Generationengerechtigkeit 4/2007, S. 5.

350 Ders., a. a. O. S. 5.

351 *Unnerstall* untersucht diese Frage sowohl vor dem Hintergrund des Utilitarismus, der Diskursethik, des *Rawls*'schen Modells eines Urzustands und dem kategorischen Imperatives im Sinne *Jonas* und vor dem Hintergrund positiver Gesetzestexte.

352 Unnerstall, Rechte zukünftiger Generationen, S. 450

353 Unnerstall, Rechte zukünftiger Generationen, S. 450.

354 Unnerstall, Rechte zukünftiger Generationen, S. 450.

Hösle[355] legt dar, dass die Rechte kommender Generationen nicht nur einen der individuellen Moralität überlassenen moralischen Anspruch bedeuten, sondern ein Recht im klassischen naturrechtlichen Sinne, also einen Anspruch, der aus moralischen Gründen mit Zwangsmitteln durchgesetzt werden darf oder soll. Die Pflicht zur rechtlichen Durchsetzung bestimmter moralischer Güter ergebe sich daraus, dass allein dadurch deren Verwirklichung garantiert werden könne – die meisten Menschen würden unmoralisch handeln, wenn sie nicht darauf vertrauen könnten, dass sie selbst vor analogen Ungerechtigkeiten geschützt würden, unter anderem durch die überzeugende Androhung negativer Sanktionen. Zwar sei es zutreffend, dass es Menschen gibt, deren moralischer Horizont über das faktische Recht hinausgeht. Aber das Ziel dieser Menschen müsse es eben sein, ihre moralischen Ideen in eine Rechtsform zu gießen, wenn das eine notwendige Voraussetzung dafür ist, dass sie Wirklichkeit gewinnen. Menschen, die über die faktische Sittlichkeit und Rechtsordnung ihrer Zeit hinausdenken, sind unabdingbar, aber eine Moralität, die ihre Institutionalisierung verweigert, könne nicht geschichtsmächtig werden.[356]

Im Hinblick auf die Frage nach der Rechtsfähigkeit zukünftiger, d. h. noch nicht geborener Menschen entwickelt *Ekardt* zunächst die folgenden Thesen:

- Es fehle an der konkreten Einklagbarkeit und Konkretisierung der Nachhaltigkeit, wie sie bspw. die Menschenrechte auszeichne. Ohne diese Einklagbarkeit sei die Nachhaltigkeit das Papier nicht wert, auf dem sie stehe.[357]
- Grundrechte noch nicht geborener (zukünftiger) Menschen seien in die Gegenwart vorwirkende Rechte zukünftiger Menschen.[358]

Die Existenz dieser ‚Zukunftsrechte' basiere auf drei Argumentationslinien:

Potenzialitätsargument: Achtung und Unparteilichkeit werden allen potenziellen Teilnehmern an Gerechtigkeitsdiskursen geschuldet. Da aber auch junge und künftige Menschen solche potenziellen Teilnehmer sind, verdienen sie auch gleiche Achtung und ergo gleiche Grundrechte. Eine moderne liberale Menschenrechtstheorie trage mit der Kategorie „Grund" schlicht das neue Paradigma der Nachhaltigkeit in sich. Dies sei ein fundamentaler Neuaufbruch.[359]

Ewigkeitsargument: Dieses Argument denkt vom künftigen Diskurs unter den künftigen Generationen her. Damit junge und zukünftige Menschen Gerechtigkeit im Diskurs suchen können, müssten auch sie mit Achtung und Unparteilichkeit behandelt werden, und zwar spätestens, wenn sie zu diskutieren beginnen. *Ekardt* bezieht sich insofern bspw. auf Art. 1 Abs. 2 GG, wo von Grundrechten als ewigen und unveräußerlichen Rechten die Rede ist, oder auf die Bill of Rights von 1776, in der von ‚Rechten, die den Erklärenden und ihrer Nachkommenschaft als Basis und Grundlage der Regierung zukommen', gesprochen wird. Wenn die liberale, auf Menschenrechten basierende Ordnung dem Anspruch nach als zeitlos gedacht werden soll, müsse erwar-

355 Hösle, Dimensionen der ökologischen Krise in: SRzG (Hrsg.), Handbuch Generationengerechtigkeit, S. 139.

356 Ders., a. a. O., S. 139 f.

357 Ekardt, Felix, Das Prinzip Nachhaltigkeit, S. 90.

358 Ders., a. a. O., S. 91.

359 Ders., a. a. O., S. 92.

tet werden, dass künftige Menschen Rechte haben werden, die heute nicht vereitelt werden dürfen.[360]

Ungewissheitsargument: Dieses Argument knüpft an den **fiktiven Diskurs** zwischen heutigen und künftigen Menschen an. Das Generationenverhältnis muss idealiter im rationalen Diskurs geklärt werden, weil vorab erst einmal ungewiss sei, wer die besten Argumente haben werde. Zwar könne ein intertemporaler Diskurs real nie stattfinden, weil künftige Menschen heute noch nicht diskutieren können. Allerdings könne dieser Diskurs durch Vertreter der Zukunftsinteressen geführt werden.[361] Zukünftige Menschen bzw. ihre Vertreter können wegen der offenen Vernunft die gegenseitige Achtung und Freiheit im Diskurs, als Beteiligungsrechte verlangen, jedenfalls soweit heutige Entscheidungen ernstlich in die Zukunft hineinreichen. Dabei legt *Ekardt* Wert darauf, dass sich diese Rechte nicht nur auf (quasi) prozessuale Verfahrensrechte beschränken, also etwa das Recht, am Diskursverlauf überhaupt beteiligt zu sein. Die einschlägigen Rechte sollen vielmehr materieller Natur sein, d. h., die Diskursprinzipien und die gefundenen Ergebnisse müssen an sich gerecht sein. *Ekardt* plädiert somit im Ergebnis für materielle Rechte zugunsten zukünftiger Generationen, die letztlich den Rang von Grundrechten erlangen.[362] Als einschlägige Rechte nennt er das Recht auf Leben, Gesundheit und Existenzminimum, ergo ein Freiheits- und Menschenrecht auf die elementaren Freiheitsvoraussetzungen.[363] Grundordnungen weltweit, also nicht nur das Grundgesetz, müssten, wenn sie die Zuschreibung ‚gerecht' verdienen wollen, sich so einrichten, dass ihre Verfassung die heutigen Menschen daran hindere, die Rechte zukünftiger Menschen durch ihr heutiges Handeln zu verunmöglichen. Fürsprecher und Interessenvertreter künftiger Generationen kann eine Person der Gegenwart sein.

Tremmel[364] vertritt die These, dass es für eine Theorie der intergenerationellen Gerechtigkeit gar nicht auf die Existenz von Rechten zukünftiger, noch nicht lebender Menschen ankomme. Stimme man den Thesen ganz oder teilweise zu, dass wir

(a) die gleichen Ansprüche (Interessen, Bedürfnisse, Vorlieben) zukünftiger Menschen zu respektieren haben,
(b) ihnen gegenüber nicht unfair sein sollen,
(c) unsere Verpflichtungen ihnen gegenüber zu erfüllen haben,
(d) sie nicht schädigen dürfen, sie nicht falsch behandeln dürfen und
(e) ihnen gegenüber nicht unmoralisch handeln dürfen,

müssten zukünftige Rechte noch nicht existierender Menschen erst gar nicht bemüht werden, um eine valide Theorie der Gerechtigkeit zu akzeptieren.[365] Selbst wenn man zukünftigen, noch nicht geborenen Menschen keine Rechte zubillige, wäre es moralisch nicht erlaubt, sie zu schädigen. Wenn die These zutrifft, dass zukünftige Menschen moralische Rechte haben, ließe sich argumentieren, dass diese eines Tages in geltendes Recht eingebettet sein werden. *Tremmel* erinnert daran, dass bei der Diskus-

360 Ders., a. a. O., S. 92 f.; vgl. auch Heubach, Generationengerechtigkeit, S. 182.
361 Ekardt, Felix, Das Prinzip Nachhaltigkeit, S. 94.
362 Ders., a. a. O., S. 95.
363 Ders., a. a. O., S. 95, 120; vgl. auch Heubach, Generationengerechtigkeit, S. 183.
364 Tremmel, A Theory of Intergenerational Justice, S. 49.
365 Ders., a. a. O., S. 49.

sion nicht von Rechten zukünftiger Generationen die Rede ist, sondern von künftigen Generationen, die Rechte haben werden.[366] Diese seien zweifelsfrei (einmal) existent. *Tremmel* befindet sich hierin auf einer Linie mit *Ekardt*, der „eine liberale, auf Menschenrechten basierende Ordnung dem Anspruch nach als zeitlos gedacht“[367] sehen möchte. Es müsse erwartet werden, dass künftige Menschen zumindest in ihrem künftigen Lebenszeitpunkt solche Rechte haben werden, und sichere künftige Rechte dürfen heute nicht vereitelt werden.[368]

Heubach führt aus, dass, wenn die Rechte zukünftiger Generationen in einer Verfassung verankert sind, diese Rechte zumindest positivrechtlich existent seien.[369] „Wenn diese Verfassungsregelung nun auch messbare praktische Auswirkungen hätte, die Rechte zukünftiger Generationen also auch de facto umgesetzt würden, dann könnte und müsste von der Existenz dieser Rechte gesprochen werden.“[370]

(b) Juristische Begründungsansätze

Der Begründungsansatz von *Heubach* leitet zur Betrachtungsweise der Jurisprudenz über. Im Gegensatz zur Ethik und der Philosophie tut sich diese mit der Begründung der Existenz zukünftiger Rechte schwer und der Begründungsansatz von *Heubach* offenbart diese Schwierigkeit. Ihr Argument, „wenn Rechte zukünftiger Generationen in einer Verfassung verankert sind, diese Rechte zumindest positivrechtlich existent sind“, besagt nichts anderes als „wenn es diese Rechte gibt, dann gibt es sie“. Damit ist aber für die Frage des ‚tatsächlichen *Ob* der Existenz dieser Rechte‘ nichts gewonnen.

Sollte es eine positivrechtliche Verankerung dieser Rechte tatsächlich nicht geben, impliziert dies auch den Verdacht, dass es sich bei der Generationengerechtigkeit um reine ethisch-moralische Debatte handelt, nicht dagegen auch um eine juristische. Auch *Tremmel* gibt zu bedenken, dass es den Rechtsordnungen der Moderne fremd sei, konkrete Rechte, die an bestimmte Sachverhalte anknüpfen, zu gewähren, wenn nicht feststehe, ob sie auch dann noch einschlägig bzw. relevant sein werden, wenn der Inhaber des Rechts erst geboren ist.[371] Auf die Frage der Generationengerechtigkeit aus Sicht der Jurisprudenz soll weiter unten gesondert eingegangen werden.[372]

3.1.3.3. Zukunftsdiskontierung

Des Weiteren wird die Frage diskutiert, ob Überlegungen zur intergenerationellen Gerechtigkeit in sich wiederum einer zeitlich begrenzten Betrachtungsweise unterzogen werden müssen. Wenn Menschen die Gegenwart für wichtiger als die Zukunft und die nahe Zukunft für wichtiger als die ferne Zukunft halten, geben sie der Zukunft einen Abschlag, einen Diskont, der mit wachsendem Abstand zur Gegenwart steige und einer zunehmenden Entwertung gleichstehe.[373] Zum Teil finden sich Argumente, dass es

---

366 Ders., a. a. O., S. 52.
367 Ekardt, Das Prinzip Nachhaltigkeit, S. 93.
368 Ders., a. a. O., S. 93.
369 Heubach, Generationengerechtigkeit, S. 113.
370 Dies., ebenda.
371 In diesem Sinne Tremmel, A Theory of Intergenerational Justice, S. 63.
372 Kapitel 1, Tz. 3.4.
373 Höffe, Ist die Demokratie zukunftsfähig?, S. 34.

ausreiche, auf die nächsten beiden Generationen, also die Kinder und die Enkelkinder zu achten.[374] Hierdurch werde das Interesse an einer kontinuierlichen Generationenfolge gewahrt. Es erscheine unmöglich, dass die Gegenwart mit der zehnt- oder zwanzigstnächsten Generation kommuniziere. Wegen der Ungewissheit, dass Menschen weder wissen, was die Zukunft bringt, noch ob sie sie erleben werden, sei ein Zukunftsdiskont durchaus vernünftig.[375] Im Grunde sei zwar nur die Gegenwart ‚real', die Zukunft dagegen ‚nur potenziell real'. Gleichwohl sei der nahen Zukunft zuzugestehen, dass sie ihre Wirklichkeit (Realität) beweisen wird. Nicht der bloße Zukunftsdiskont sei zu kritisieren, sondern ein zu hoher Diskontsatz.[376]

Um vor dem Hintergrund einer sozialverträglichen und pragmatisch möglichen Sparrate nicht überhöhte Anforderungen an das Sparverhalten einer Generation zu legen, lässt auch *Rawls* eine Diskontierung der Zukunft zu. „In den entsprechenden Berechnungen erhalten die zunehmend ferneren Generationen ein zunehmend geringeres Gewicht."[377] Um „sicherzustellen, dass die Parteien im Urzustand überhaupt einen Spargrundsatz beschließen, musste *Rawls* eine Veränderung der Ausgangsbedingungen vornehmen"[378]. Er erklärte die Parteien im Urzustand zu Vertretern von Nachkommen, denen ihre näheren Nachkommen nicht gleichgültig waren, bzw. die Parteien im Urzustand mögen den Wunsch haben, dass alle früheren Generationen dem Spargrundsatz gefolgt seien.[379] Nach Auffassung von *Höffe*[380] ist davon auszugehen, dass die entscheidenden Personen wissen, dass sie nur idealiter – um den Gerechtigkeitsstandpunkt darzustellen – Zeitgenossen sind, realiter aber verschiedenen Generationen angehören. Infolgedessen treffen sie ihre Wahl zum Zweck (und somit ‚gerecht'), nicht einer benachteiligten Generation anzugehören. Als Argumente gegen einen Zukunftsdiskont werden schließlich auch empirische und methodische Einwände vorgetragen.[381] Der empirische Einwand lautet, dass sich die Verhältnisse nach der (Wieder-)Entdeckung erschöpfbarer natürlicher Ressourcen geändert hätten. Es sei nicht mehr für alle Zeiten klar, dass es den Späteren besser gehen muss als den Früheren. Die Kritik der Methodik stellt darauf ab, dass die Diskontierung der Zeit tatsächlich eine (vielleicht gerechtfertigte) Berücksichtigung geringeren Grenznutzens sei. Im Grunde gehe es darum, einer unerwünschten Bevorzugung der Späteren entgegenzuwirken.[382]

3.1.3.4. Zum Nicht-Identitäts-Problem (Future Individual Paradox)

In engem Zusammenhang mit dem Problem der Zukunftsdiskontierung wird das Nicht-Identitätsproblem diskutiert,[383] auch „Future Individual Paradox"[384] genannt.

---

374 Höffe (Hrsg.), John Rawls, Eine Theorie der Gerechtigkeit, S. 174.
375 Höffe, Ist die Demokratie zukunftsfähig?, S. 34-37.
376 Ders., a. a. O., S. 36.
377 Höffe (Hrsg.), John Rawls, Eine Theorie der Gerechtigkeit, S. 178.
378 Ders., a. a. O., S. 178.
379 Ders., a. a. O., S. 179.
380 Ders., a. a. O., S. 179.
381 Hampicke, Ökologische Ökonomie, S. 285.
382 Ders. a. a. O., S. 285.
383 Dazu eingehend Heubach, Generationengerechtigkeit, S. 116-125.
384 Heubach, a. a. O., S. 116; Unnerstall, Rechte zukünftiger Generationen, S. 105 ff.

Die Grundlage des Nicht-Identitätsproblems fußt auf der Frage, ob man anderen Menschen durch Handlungen schaden kann, die, wären sie nicht geboren worden, nicht schlechter stünden. *Unnerstall* formuliert das Problem wie folgt:

> „Die Behauptung, daß eine jetzige Handlung ein zukünftiges Recht einer zukünftigen Person verletzten wird, ist problematisch, wenn diese Handlung selbst Einfluß darauf hat, welche Personen in Zukunft existieren werden und ob insbesondere diese Person in der Zukunft existieren wird.“[385]

Entscheidet sich bspw. eine Generation A für eine riskante Energiepolitik und sterben dadurch Angehörige der zukünftigen Generation B, ist es problematisch zu argumentieren, diese Menschen seien durch die Entscheidung der Generation A geschädigt worden, wenn wir nicht wissen, ob bei einer Entscheidung gegen die risikoträchtige Energiepolitik diese Menschen überhaupt jemals existiert hätten.[386] *Parfit* stellt hierzu die Frage, wie viele Menschen heute noch behaupten können, sie seien auch geboren worden, wären Eisenbahn und Automobil nie erfunden worden.[387]

Die Unsicherheit über die Existenz zukünftiger Generationen wird auch von *Tremmel* als „ernstzunehmendes Argument“ bezeichnet.[388] In seiner *Theory of Intergenerational Justice* führt er aus, dass das Nicht-Identitätsproblem in den 80er-Jahren dazu führte, dass die philosophische Diskussion um Generationengerechtigkeit fast zum Erliegen kam.[389] *Tremmel* wendet sich im Ergebnis gegen dieses Argument mit der These, dass es irreführend sei, aus einer einzigen kausalen Handlung eine multikausale Beziehungskette zu konstruieren.[390] So erscheine es überzogen, die Energiepolitik eines Landes für die Existenz jedes einzelnen Individuums verantwortlich zu machen. Werden die Kausalbedingungen so unklar gesetzt, könne es für kein Individuum mit absoluter Sicherheit ausgeschlossen werden, dass seine Identität durch die Energiepolitik (oder jede andere Politik) beeinflusst werde. Die Zeugung eines Menschen hänge von zahlreichen Vorbedingungen ab. Es sei irreführend, ein bestimmtes Ereignis herauszupicken, das schädlich bzw. verantwortlich für eine zukünftige Person sein soll.[391] Nach *Tremmel* basiert das Nicht-Identitätsproblem auf nicht nachgewiesenen Kausalketten, was nicht bedeutet, dass es sie nicht gibt. *Tremmel* verweist auf den Flügelschlag des Schmetterlings in Asien, der einen Tornado in der Karibik auslöst.[392] Entsprechend könne eine der zahlreichen Voraussetzungen für die Geburt eines Menschen dessen genetischen Code beeinflussen. Es sei jedoch irreführend, darauf basierend eine monokausale Beziehung zwischen *einem* schädigenden Ereignis und einer zukünftigen Person ableiten zu wollen.

---

385 Unnerstall, Rechte zukünftiger Generationen, S. 105.

386 Heubach, Generationengerechtigkeit, S. 117.

387 Parfit, Derek, Reasons and Persons, S. 356, 361.

388 Tremmel, Generationengerechtigkeit – Versuch einer Definition in: SRzG (Hrsg.), Handbuch Generationengerechtigkeit, S. 50.

389 Tremmel, A Theory of Intergenerational Justice, S. 34.

390 Ders., a. a. O., S. 34 ff.; vgl. ferner die Ausführungen bei Heubach, Generationengerechtigkeit, S. 120. Auch *Unnerstall* führt aus, dass ja nicht zwei alternative Zukünfte gleichzeitig realisiert werden können, wenngleich dies für manche Handlungen a priori nicht ausgeschlossen werden kann, Unnerstall, Rechte zukünftiger Generationen, S. 105.

391 Tremmel, A Theory of Intergenerational Justice, S. 41.

392 Ders., a. a. O.

Dem entspricht auch der Begründungsansatz von *Meyer,* für den sowohl die Zahl als auch die besondere Identität zukünftiger Menschen keine Rolle spielt, wenn es um die Fähigkeit geht, die Interessen zukünftiger Menschen zu schädigen und ihre Rechte zu verletzen. Überlegungen, die auf die Wohlfahrtsrechte zukünftig lebender Menschen abheben, können bei der Auswahl langfristiger Politiken anleiten.[393]

Aus den Thesen von *Ekardt* lässt sich dem Nicht-Identitätsproblem am ehesten mit dem Potenzialitätsargument begegnen, was von ihm im Zusammenhang mit der Frage nach der Existenz zukünftiger Rechte diskutiert wird.[394] Geht man davon aus, dass es auch zukünftig Menschen geben wird und sie somit auch potenzielle Teilnehmer an Gerechtigkeitsdiskursen sind, sind auch ihnen gleiche Achtung und gleiche Grundrechte beizumessen.

3.1.3.5. Zum Einwand der Zukunftsungewissheit

Ein weiteres Argument gegen eine Theorie der Generationengerechtigkeit besteht darin, dass man die Interessen künftiger Generationen nicht kenne.[395] Dem wiederum wird entgegengehalten, dass künftige Menschen ähnliche Grundbedürfnisse haben werden wie heute. Auch sie werden Luft atmen, Wasser trinken und Nahrungsmittel essen.[396] Teilweise wird auch argumentiert, dass gegenwärtige Generationen überhaupt nicht das Recht hätten, die Bedürfnisse der zukünftigen Generationen festzuschreiben und ihnen darüber hinaus die technologischen und sozialen Bedingungen zu diktieren.[397]

Das Problem der Zukunftsungewissheit erscheint als praktisches Problem, welches jedoch die Theorie der Generationengerechtigkeit in ihrem Kern nicht zu erschüttern vermag. Letztlich geht es um die Schwierigkeit, die Umstände, die eine gerechte oder ungerechte Situation ausmachen, vorherzusehen.[398] Dies ist eine Fragestellung nach der Umsetzung intergenerationeller Gerechtigkeit. Dass es intergenerationelle Gerechtigkeitserwägungen gibt, wird dadurch nicht in Frage gestellt.

3.1.4. Erste Schlussfolgerungen für Ansätze zu Möglichkeiten und Grenzen der Einbeziehung gemeinnütziger Stiftungen in eine generationengerechte Politik

Betrachtet man den vorliegenden Untersuchungsgegenstand (Möglichkeiten und Grenzen der Einbeziehung gemeinnütziger Stiftungen in eine generationengerechte Politik) vor dem Hintergrund der vorgestellten Gerechtigkeitstheorien, ergeben sich *prima facie* folgende Überlegungen und Fragestellungen:

---

393 Meyer, Intergenerationelle Suffizienzgerechtigkeit, in Goldschmidt (Hrsg.), Generationengerechtigkeit, S. 293.

394 Vgl. Ekardt, Das Prinzip Nachhaltigkeit, S. 92.

395 Siehe dazu Einzelheiten bei Heubach, Generationengerechtigkeit, S. 125.

396 Tremmel, Generationengerechtigkeit – Versuch einer Definition in: SRzG (Hrsg.), Handbuch Generationengerechtigkeit, S. 47.

397 Redclift, Michael, Sustainable Development: Needs, Values, Rights, in: Environmental Values 1, 1993, S. 3-20; zitiert nach Heubach, Generationengerechtigkeit, S. 127.

398 Heubach, Generationengerechtigkeit, S. 128.

Ist es zielführend und nutzbringend, gemeinnützige Stiftungen in ethische und politisch-philosophische Theorien zur Generationengerechtigkeit mit einzubeziehen? Können gemeinnützige Stiftungen bestehende Theorien ergänzen und/oder modifizieren? Können gemeinnützige Stiftungen dazu beitragen, diskutierte Einwände wie Zukunftsliberalismus, Unmöglichkeit von Rechten zukünftiger Generationen, Nicht-Identitäts-Paradoxon, Zukunftsdiskontierung und Zukunftsungewissheit zu beseitigen bzw. zumindest zu nivellieren? Können gemeinnützige Stiftungen dazu beitragen, Probleme der Zukunftsorientierung und Zukunftsverantwortung zu lösen? Könnte sich aufgrund der institutionell verankerten Unsterblichkeit einer Stiftung die Frage nach der Zukunftsdiskontierung erübrigen? Können sich Unwägbarkeiten aufgrund der Ungewissheit der Zukunft bei einer Körperschaft, deren Existenz von Anfang an auf Unsterblichkeit angelegt ist, bei entsprechend statutarisch verankerter Aufgabenstellung als ebenso redundant erweisen wie die Frage nach der Zukunftsungewissheit künftiger Regierungen?

Da gemeinnützige Stiftungen kraft ihrer Natur generationsübergreifend tätig sind und ihr Wirken, wie noch in Kapitel 2 der Untersuchung zu zeigen sein wird, zum Nutzen des Gemeinwohls erfolgt, stellt sich die Frage, ob gemeinnützige Stiftungen (zumindest auch) als ethisches Instrument im Sinne einer Verantwortungsethik einer (lebenden) Generation gegenüber künftigen Generationen qualifiziert werden können. Führt man diesen Gedanken fort und nimmt man an, dass diese Verantwortungsethik in konkrete Rechte eingebettet würde, stellt sich die Frage nach dem zu fordernden Inhalt dieser Rechte. Dies wiederum steht in unmittelbarem Zusammenhang mit der Frage, ob sich daraus neue Argumentationslinien für (weitere?) rechtliche Privilegierungen gemeinnütziger Stiftungen herleiten ließen. Dazu könnte ein an *Rawls* angelehntes Gedankenexperiment weiterhelfen. Ausgehend von der Prämisse, dass sich der Weg zu einer angemessenen Gerechtigkeitstheorie über die Analyse der Ungerechtigkeit ergibt[399], könnte ein **modifizierter Urzustand im Sinne von *Rawls*** auf Basis erster Überlegungen etwa wie folgt aussehen:

Geht man davon aus, dass die bestehende Gesellschaft im Urzustand bereits generationenungerecht ist, weil bspw. die derzeit lebende Generation bereits so viele Mittel und Ressourcen verbraucht hat, dass feststeht, dass nachkommende Generationen entsprechend weniger Mittel und Ressourcen zur Verfügung haben,[400] und geht man weiter davon aus, dass gemeinnützige Stiftungen grundsätzlich in der Lage wären, zur Nivellierung bzw. Kompensation dieser Ungerechtigkeit beizutragen, wäre dann eine besondere Förderung gemeinnütziger Stiftungen ‚gerecht'? Wie würden sich die Vertreter der jeweiligen Generation unter dem Schleier des Nichtwissens – d. h. nicht wissend, welcher Generation sie angehören – in dieser Frage entscheiden? Sind gemeinnützige Stiftungen geeignet, Kapital im Sinne des *Rawls*'schen *saving principle* für zukünftige Generationen einzusetzen?

Auf der anderen Seite stellt sich die Frage nach der Zulässigkeit eines solchen Gedankenexperiments, denn nach *Rawls* ist Altruismus im Urzustand keine Bedeutung

---

399 Vgl. bereits oben Tz. 3.1.3.

400 Hierbei handelt es sich, wie noch zu zeigen sein wird, keineswegs um eine unzulässige Prämisse; vgl. bspw. die nachfolgenden Ausführungen unter Kapitel 1, insbes. Tz. 3.2. und Tz. 3.3. sowie Kapitel 3, Tz. 1.1.1.2., dort Überlegungen zum ‚Urzustand 2'.

beizumessen.[401] Sind gemeinnützige Stiftungen also überhaupt taugliche Institutionen, die in einem Urzustand i. S. *Rawls* teilnehmen können? Wie wäre Altruismus in den Kontext des Wirkens gemeinnütziger Stiftungen einzuordnen?

Wenn sich dagegen gemeinnützige Stiftungen als ‚korrektive Institution' im Sinne einer Generationengerechtigkeit nutzbar machen ließen und somit als Interessenvertreter nachkommender Generationen fungieren könnten, welche Anforderungen würde man unter dem Schleier des Nichtwissens, d. h. nicht wissend, ob man der derzeit lebenden oder der zukünftigen Generation angehört, an die der Stiftung zuzuweisenden Rechte stellen?

Würde es sich bei den der Stiftung zuzuweisenden Rechte um materielle einklagbare Rechte[402] handeln (müssen), stellt sich die Frage nach einem Grundrechtskatalog (i. S. von *primary goods* im Sinne von *Rawls*) für zukünftige Menschen.

Daran knüpft sogleich die Frage an, ob gemeinnützige Stiftungen diese Rechte als Sachwalter/Vertreter einklagen könnten. In der Tat drängt sich die Frage auf, ob gemeinnützige Stiftungen aufgrund ihrer institutionell angelegten Unsterblichkeit besonders geeignete Vertreter zukünftiger Generationen sein könnten. Wenn ja, könnten sie dann bspw. einen fiktiven generationenübergreifenden Dialog im Sinne *Ekardts* führen?[403] Können gemeinnützige Stiftungen eine Institution i. S. der Institutionentheorie *Ekardts* sein und somit auch Teilnehmer einer Kommunikationsgemeinschaft zur Öffnung einer tauglichen Diskursethik sein?[404]

Knüpft man weitergehend an den Gedanken von *Heubach*[405] an, wonach man jedenfalls dann von Rechten zukünftiger Generationen sprechen muss, wenn diese in der Verfassung[406] verankert sind, stellt sich vor dem Hintergrund einer ergebnisorientierten politisch-philosophischen Sichtweise auch die Frage, ob gemeinnützige Stiftungen nicht nur Diskussionspartner bzw. Vertreter im Sinne *Ekardts* sein könnten, sondern auch Anwalt zukünftiger Generationen oder gar Träger dieser Rechte. Welche Befugnisse, Kompetenzen, welche prozessualen Rechte[407] wären ihnen für diesen Fall zuzusprechen? Wie wären diese inhaltlich auszugestalten?

Ausgehend von den Überlegungen *Birnbachers* zum NSU wäre dies auch die Frage danach, ob gemeinnützige Stiftungen dazu beitragen können, Praxisnormen umzusetzen. Wie würde sich eine Gesellschaft im Sinne einer modernen Moraltheorie entscheiden? Mit anderen Worten: Wo wären die Möglichkeiten und Grenzen für die Einbeziehung gemeinnütziger Stiftungen in eine generationengerechte Politik aus ethischer und politisch-philosophischer Sicht?

Diesen Fragen widmet sich **Kapitel 3** der Untersuchung.[408]

---

401 Vgl. die Ausführungen oben Tz. 3.1.2.1. (a) am Ende.

402 Ohne die laut *Ekardt* das Prinzip der Nachhaltigkeit „das Papier nicht wert ist, auf dem es steht"; Ekardt, Das Prinzip Nachhaltigkeit, S. 90.

403 Vgl. oben, Tz. 3.1.2. (d) in diesem Kapitel.

404 Vgl. nochmals Unnerstall, Rechte zukünftiger Generationen, S. 450.

405 Heubach, Generationengerechtigkeit, S. 113.

406 Und/oder wohl auch einfachgesetzlichen Regelungen.

407 *Ekardt* spricht insofern von „bloßen Verfahrenspositionen", ders., a. a. O., S. 94.

408 Vgl. insbes. Kapitel 3, Tz. 1. und Tz. 2.1.1.

3.2. Die ökonomische Sichtweise

3.2.1. Übersicht und Sachstand der Diskussion

3.2.1.1. Generational Accounting

Die ökonomische Sichtweise stellt zur Beantwortung der Frage nach Generationengerechtigkeit vornehmlich auf die Frage der **Finanzierbarkeit des deutschen Sozialstaats** ab.[409] Semantisch wird teilweise auch von ‚Nachhaltigkeit'[410] und nicht von ‚Generationengerechtigkeit' gesprochen. Der aus der Forstwirtschaft stammende Begriff ‚Nachhaltigkeit' beschreibt nach einer Definition der Enquete-Kommission ‚Globalisierung der Weltwirtschaft' „die Nutzung eines regenerierbaren Systems in einer Weise, dass dieses System in seinen wesentlichen Eigenschaften erhalten bleibt und sein Bestand auf natürliche Weise nachwachsen kann."[411] Davon zu trennen ist die Frage, ob ein an sich nachhaltiges System auch gerecht ist. Dies kann, muss aber nicht der Fall sein. Für die Ökonomen kommt die Frage nach Gerechtigkeit ins Spiel, wenn Finanzierungen auch zu Fiskallasten noch nicht geborener Generationen führen und diese im Betrachtungsjahr noch nicht geborener Generationen berücksichtigt werden.[412]

Aus ökonomischer Sicht wird die Frage der Generationengerechtigkeit somit hauptsächlich an einem **Vergleich der Leistungsströme** zwischen verschiedenen Generationen und dem Staat festgemacht. Mittels des Generational Accounting (Generationenbilanzierung) kann die Frage beantwortet werden, welche fiskalischen Lasten jungen und heute noch nicht lebenden Generationen überlassen werden.

Das Generational Accounting wurde Anfang der 90er-Jahre von den amerikanischen Ökonomen *Alan Auerbach*, *Jagadeesh Gokhale* und *Lawrence Kotlikoff* entwickelt.[413] In der Grundstruktur handelt es sich um

> „ein dynamisches Buchhaltungssystem, das die zukünftigen Nettozahlungsströme zwischen dem Staat und seinen Bürgern erfasst. Dies geschieht auf der Grundlage von ausschließlich in die Zukunft gerichteten Generationenkonten, die für jeden einzelnen Jahrgang die Nettobelastung durch das gegenwärtige Steuer- und Sozialsystem angeben."[414]

Für jedes Individuum der heute lebenden Jahrgänge wird ermittelt, was es in jedem Jahr seiner verbleibenden Lebenszeit an den Staat in Form von Steuern, Beiträgen, Gebühren etc. abführen wird. Dem werden alle entsprechenden Transfers der verbleibenden Lebensjahre gegenübergestellt.[415] Dabei ist die Ökonomie durch ihren mathematischen Ansatz in der Lage, intergenerative Gerechtigkeitsfragen jahrgangsmäßig darzustellen.

---

409 So Raffelhüschen/Feist, Der Sozialstaat in der Generationenbilanz, S. 9.
410 Vgl. dazu die Abgrenzung weiter unten unter Tz. 3.2.3. in diesem Kapitel.
411 Schlussbericht der Enquete-Kommission Globalisierung der Weltwirtschaft vom 12.06.2002.
412 In diesem Sinne Raffelhüschen/Feist, Der Sozialstaat in der Generationenbilanz, S. 18.
413 Raffelhüschen, Eine Generationenbilanz der deutschen Wirtschafts- und Sozialpolitik, S. 3.
414 Ders. a. a. O.
415 Dies umfasst sowohl Sachleistungen (wie Bildungs- und Gesundheitsausgaben) als auch die maßgeblichen monetären Transfers (wie Renten, Kindergeld oder Sozialhilfe), Raffelhüschen, Eine Generationenbilanz der deutschen Wirtschafts- und Sozialpolitik, S. 3-4.

Allerdings sage allein die Tatsache, dass ein Leistungssaldo positiv oder negativ ist, noch nichts aus. Erst aus einem Vergleich zweier Generationenkonten lasse sich ablesen, ob zukünftige Generationen für dieselben Ansprüche mehr oder weniger zahlen müssen als heute lebende Generationen.[416]

Eine neuere wissenschaftliche Aufarbeitung dieser komplexen Thematik findet sich bei *Bonin.*[417] Er beschreibt die Bedeutung des „Generational Accounting“ wie folgt:

> „Among the new methods to evaluate the long-term implications of current fiscal policy measures, certainly the concept of generational accounting (...) has become the most prominent. Generational accounting is based on the (...) notion (...) that fiscal policy is restricted by the requirement to balance the intertemporal budget of the public sector.“[418]

> „Within less than a decade, generational accounting has become a well-established concept among analysts to address issues of generational redistribution through public sector budgets. (...) The considerable success of the method is owed to the fact that it responds to growing concerns of policy debates about the long-term sustainability of public finances in a changing demographic and economic environment.“[419]

Schaubildlich stellt sich die Herangehensweise an die Problematik der Generationengerechtigkeit aus Sicht des Generational Accounting – simplifizierend – wie folgt dar:

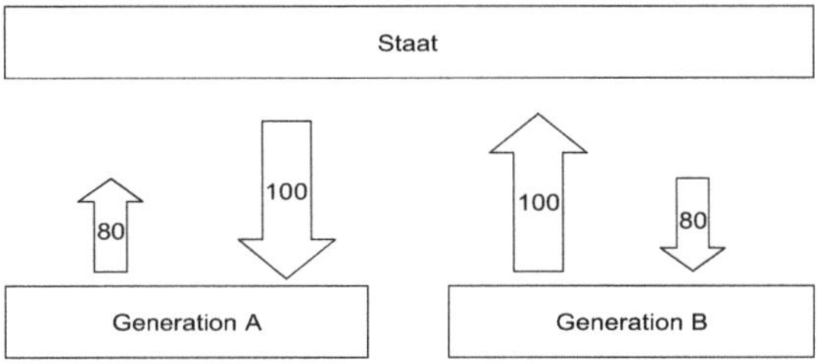

Abbildung 2: Generational Accounting – ungerechte Situation
Quelle: Eigene Darstellung.

In diesem Fall wäre von einer Ungerechtigkeit zulasten der Generation B auszugehen. Mit dem Zahlungsüberschuss der Generation B korrespondiert ein Leistungsüberschuss des Staates an die Generation A.

Von (ökonomischer) Gerechtigkeit zwischen Generation A und Generation B wäre dagegen in folgendem Fall auszugehen:

416 Raffelhüschen, Eine Generationenbilanz der deutschen Wirtschafts- und Sozialpolitik, S. 4.
417 Bonin, Holger, Generational Accounting.
418 Bonin, Generational Accounting, S. V (Preface).
419 Ders., a. a. O., S. 235.

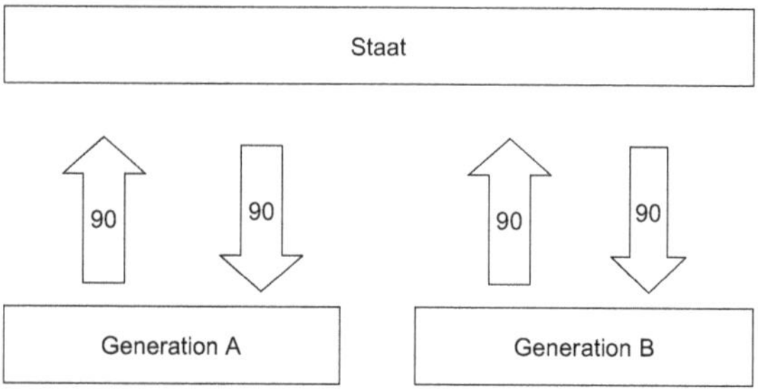

Abbildung 3: Generational Accounting – gerechte Situation
Quelle: Eigene Darstellung.

Die Aussagekraft einer Generationenbilanz hängt wesentlich davon ab, welche Beziehungen zwischen den Generationen als prägend erachtet werden und somit – in Form von Leistungsströmungen – überhaupt Zugang in die Bilanz finden. Die traditionelle öffentliche Haushaltsrechnung beziffert die Lasten zukünftiger Generationen dadurch, dass man die bestehende Staatsverschuldung pro Kopf hochrechnet und einem Neugeborenen Verbindlichkeiten in bestimmter Höhe zuweist.[420] Allerdings wird dadurch nur ein Teil der wirklichen Schuldenlast erfasst. Ökonomisch betrachtet sind Staatsschulden nichts anderes als Ansprüche gesellschaftlicher Gruppen an zukünftige staatliche Haushalte.[421] Hierzu gehört bspw. „der Anspruch auf zukünftige Rückzahlung nebst Verzinsung, der dem Inhaber aus einem verbrieften Staatspapier erwächst“[422].

Laut *Raffelhüschen* stellen aber auch unverbriefte Ansprüche eines heutigen Beitragszahlers auf zukünftige Renten-, Kranken- und Pflegeversicherungszahlungen Forderungen gegenüber zukünftigen Sozialversicherungshaushalten dar. Auch solche unverbrieften Forderungen aus einer ganzen Reihe von Generationenverträgen stellen Staatsschulden dar. Es handele sich um Ansprüche heute lebender Generationen an zukünftige Haushalte, die im Wesentlichen von zukünftigen Generationen finanziert werden müssen.[423] *Raffelhüschen* bezeichnet dies als die Hypothek, die implizite Staatsschuld.[424] Diese komme zu der verbrieften Staatsverschuldung hinzu. Die wahre Staatsverschuldung in Deutschland, die sich als Summe der expliziten und der impliziten Komponente ergibt, sei also deutlich höher als die reine explizite (verbriefte) Staatsverschuldung. Dies bedeute für zukünftige Generationen, dass diese die Rechnungen der heutigen Politik bezahlen müssten. Sie seien es, die die Zinszahlungen auf die ausstehende Staatsverschuldung erwirtschaften müssen.[425]

Durch die gleichmäßige und wachstumsbereinigte Verteilung von Gesamtzahlungsverpflichtungen auf alle zukünftige Jahrgänge, deren Größe in Bevölkerungs-

420 Raffelhüschen, Eine Generationenbilanz der deutschen Wirtschafts- und Sozialpolitik, S. 2.
421 Ders., a. a. O.
422 Ders., a. a. O.
423 Ders., a. a. O.
424 Ders., a. a. O., S. 19.
425 Ders., a. a. O., S. 2.

projektionen vorausgeschätzt wird, errechnet man für jeden einzelnen zukünftigen Jahrgang ein Generationenkonto. So könne bspw. dargelegt werden, dass ein im Jahr 1996 geborener Junge durchschnittlich im Laufe seines Lebens etwa 112.000 Euro mehr an den öffentlichen Sektor leisten muss, als er bekomme.[426]

Während in jungen Jahren noch ein Leistungsüberschuss zugunsten dieses Jungen bestehe, etwa durch ausbildungsbezogene Unterstützungsleistungen, stiegen mit zunehmendem Alter dessen Steuerzahlungen und Sozialversicherungsbeiträge an, so dass es en gros zur besagten Leistungsbilanz komme. Der Verlauf der Generationenkonten spiegle jedoch noch nicht *per se* eine Ungerechtigkeit wider, sondern nur die Altersstruktur von Steuer-, Beitrags- und Transferströmen über den Lebenszyklus hinweg.[427] Ob ungerechte intergenerationelle Umverteilungen bestehen, könne erst beurteilt werden, wenn das Generationenkonto eines im Basisjahr Geborenen mit dem zukünftiger Jahrgänge verglichen werde.[428] Aus diesem Vergleich zweier Generationenkonten lasse sich dann ablesen, ob zukünftige Generationen für dieselben Ansprüche mehr oder weniger zahlen müssten als heute lebende Generationen. Ganz konkret vergleicht man die Nettozahlungsverpflichtung eines im Basisjahr geborenen repräsentativen Individuums mit der eines ein Jahr später geborenen.[429] Ist das Generationenkonto der zukünftigen Generation höher als das der im Basisjahr Neugeborenen, wird auf eine Umverteilung der gegenwärtig herrschenden Fiskalpolitik zulasten zukünftiger Generationen geschlossen; ist es niedriger, werden diese begünstigt. Tendenziell werden zukünftige Generationen stärker mit Steuern, Beiträgen und Transfers belastet als derzeit lebende Generationen.[430]

Nach *Raffelhüschen* kann eine intergenerationell unausgewogene Fiskalpolitik keinen Bestand haben.[431] Zu irgendeinem Zeitpunkt müsse bei einer Benachteiligung zukünftiger Generationen gegengelenkt werden, da ansonsten die zusammengefassten Ansprüche aller lebenden Generationen an zukünftige staatliche Budgets „explodieren".[432] Die Methode der Generationenbilanzierung stelle somit aus ökonomischer Sicht einen bedeutungsvollen Ansatz zur Beurteilung der Erfüllung der einzelnen Dimensionen der Generationengerechtigkeit dar.[433]

Generational Accounting stößt aber auch an Grenzen, die sich aus der Methodik des Ansatzes ergeben:[434]

- Es werde unterstellt, dass die im Basisjahr gegebene Finanz- und Sozialpolitik beibehalten werde. Nach dem Basisjahr eintretende Veränderungen werden nicht berücksichtigt.

426 Haupt, Generationengerechtigkeit in Deutschland, S. 21 mit Verweis auf Bonin, Generational Accounting, S. 133-136.

427 Raffelhüschen/Feist, Der Sozialstaat in der Generationenbilanz, S. 18; Haupt, Generationengerechtigkeit in Deutschland, S. 23.

428 Haupt, a. a. O., S. 23.

429 Raffelhüschen, Eine Generationenbilanz der deutschen Wirtschafts- und Sozialpolitik, S. 4.

430 Haupt, Generationengerechtigkeit in Deutschland, S. 23.

431 Raffelhüschen, Eine Generationenbilanz der deutschen Wirtschafts- und Sozialpolitik, S. 5.

432 Ders., ebenda, S. 5.

433 Haupt, Generationengerechtigkeit in Deutschland, S. 14.

434 Entnommen bei Haupt, Generationengerechtigkeit in Deutschland, S. 19.

- Bei der konkreten Berechnung von Generationenkonten tauche das Problem der Datenverlässlichkeit auf. Damit verbunden sei eine Unsicherheit der gefundenen Ergebnisse.
- Die Ergebnisse der Generationenbilanzierung hingen stark von der Wahl des Basisjahrs ab. Dabei würden Sondereinflüsse wie ungünstige Arbeitsmarkt- und Konjunkturlagen nicht bereinigt, was zur Verzerrung der gefundenen Ergebnisse führen könne.

Auch *Tremmel* kritisiert in seiner *Theory of Intergenerational Justice* das Generational Accounting. Die Benachteiligung künftiger Generationen könne nicht von der Entwicklung nationaler Schulden abgeleitet werden, sondern allein von einem (Wert-) Verlust des Kapitals. Das Generational Accounting vergleiche Kapitalflüsse („a few accumulated flow figures“[435]), jedoch keine Kapitalbestände („but no stock figures“[436]).

Im Ergebnis handelt es sich beim Generational Accounting nicht um ein Instrument, mit dem die finanz- und sozialpolitische Entwicklung möglichst exakt nachvollzogen werden kann bzw. soll. Es dient vielmehr dazu, die Nachhaltigkeitswirkungen politischer Maßnahmen aufzuzeigen mit dem Ziel,

- die langfristigen Auswirkungen der gegenwärtigen Finanz- und Sozialpolitik zu beurteilen und[437]
- Effekte auf die Steuer-, Beitrags- und Transferzahlungen sowohl derzeit lebender als auch zukünftiger Generationen unter Beibehaltung einer bestimmten Politik festzustellen.[438]

3.2.1.2. Generational Accounting nach Hauser

Ein hiervon abweichendes Modell vertritt der Ökonom *Richard Hauser*.[439] Er ermittelt Kapitalveränderungen zwischen den Generationen und erkennt Wechselwirkungen zwischen Generationen und der öffentlichen Hand. Der wichtigste Kapitalfluss zwischen drei (lebenden) Generationen stellt sich nach ihm schaubildlich wie folgt dar:[440]

---

435 Tremmel, Jörg, A Theory of Intergenerational Justice, S. 82 f.

436 Ders., a. a. O., S. 82 f.

437 Siehe Bonin, Generational Accounting, S. 233 betr. Soziale Sicherungssysteme: „Generational accounting provides powerful tools for addressing issues of generational redistribution through Social Security. The method unveils unfunded liabilities accumulated by public pension schemes.”

438 Haupt, Generationengerechtigkeit in Deutschland, S. 20

439 Hauser, Generationengerechtigkeit, Volksvermögen und Vererbung, S. 29-44.

440 Vgl. hierzu auch Tremmel, A Theory of Intergenerational Justice, S. 83.

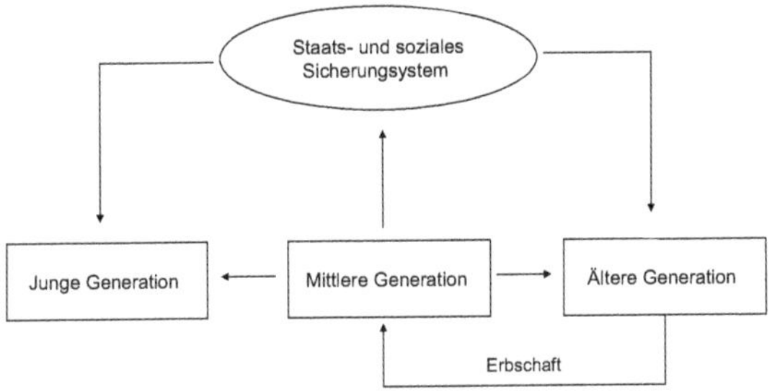

Abbildung 4: Generational Accounting nach Hauser
Quelle: Hauser, Richard, S. 32.

Hauser geht von der gleichzeitigen Existenz dreier Generationen aus, weist jedoch gleichzeitig darauf hin, dass damit „ein Blick auf ein Zeitfenster geworfen wird, bei dem nur ein Ausschnitt aus der unüberschaubaren Abfolge von Generationen sichtbar wird“[441]. Die junge Generation empfange positive Nettotransfers in direkter und indirekter Form, die überwiegend von der mittleren Generation aufgebracht würden. Hierbei handle es sich um direkte Transfers, die innerhalb der Familie geleistet werden, sowie indirekte Transfers, die über den Staat und die Sozialversicherungen laufen.[442] Die mittlere Generation weise einen negativen Nettotransferstrom auf: Neben familialen Leistungstransfers und Transfers, die über den Staat laufen, finanziere sie auch die direkten und indirekten Transfers an die alte Generation. Direkte familiale Transfers an die alte Generation kämen in geringem Ausmaß hinzu. Die mittlere Generation erhalte jedoch auch einen positiven Transfer in Form von Erbschaften und Schenkungen von Seiten der älteren Generation, die gleichzeitig wiederum direkte und indirekte positive Transfers in Form von Alterssicherungsleistungen erhalte, die von der mittleren Generation aufgebracht würden.

Nach Auffassung *Hausers* sind bei der Frage nach Generationengerechtigkeit Transfers über die gesamte Lebensdauer einer Generation akkumuliert und gegeneinander aufzurechnen. Nur wenn die Summe aller Transfers, die eine Generation empfangen hat, von der Summe aller Transfers, die sie abgegeben hat, abweicht, verbleibe ein Nettotransfer. Nur dieser Nettotransfer ist dann unter dem Aspekt der Generationengerechtigkeit zu würdigen.[443] *Hauser* hält das Generational Accounting für eine methodisch und politisch gefährliche Verengung. Beim Generational Accounting gehe es im Kern um eine Vorausberechnung der Staatsverschuldung unter Status-quo-Bedingungen, ohne über die Frage nach Gerechtigkeit zwischen den Generationen eine umfassende Antwort zu geben. Nach dem Gerechtigkeitspostulat *Hausers* sollte dagegen jede Generation an die nachfolgende einen positiven Nettotransfer leisten, der hö-

441 Hauser, Generationengerechtigkeit, Volksvermögen und Vererbung S. 30.
442 Hauser, Generationengerechtigkeit, Volksvermögen und Vererbung, S. 31.
443 Ders., a. a. O., S. 35.

her ist als jener, den sie selbst von ihrer Vorgängergeneration empfangen hat. *Hauser* präzisiert dieses Postulat in folgender Form:

> „Der quantifizierbare Teil der Generationenerbschaft sollte mindestens in gleicher Weise wachsen wie das Bruttoinlandsprodukt, und zwar netto gerechnet, d. h. unter Abzug des Zuwachses an Staatsschuld."[444]

Ein solches Kriterium könne dann eine Untergrenze bilden, die bei Aufrechterhaltung der Generationengerechtigkeit nicht unterschritten werden dürfe. *Hauser* unterstellt hierzu beispielhaft eine minimale Wachstumsrate von 1,5 % pro Jahr. Dann ergäbe sich innerhalb von 30 Jahren, d. h. beim Übergang von einer Generation zur nächsten, eine Vergrößerung des quantifizierbaren Teils der Generationenerbschaft um etwa die Hälfte. Als nicht quantifizierbare Elemente der Generationenerbschaft nennt *Hauser*

- die weitere Mehrung des Humankapitalbestandes und des technischen und organisatorischen Wissens,
- die Aufrechterhaltung der demokratischen Institutionen, des Rechtsstaats und des Systems der sozialen Sicherung und
- die Erhaltung des Umweltvermögens.[445]

Auf Basis dieser Grundlegung kommt er zu dem Ergebnis, dass die heute ältere Generation der heute mittleren Generation eine Generationenerbschaft hinterlasse bzw. hinterlassen werde, die ein Vielfaches dessen betrage, was sie selbst als mittlere Generation von der seinerzeit älteren Generation erhalten habe. *Hauser* geht hierzu von einem geschätzten Volksvermögen von etwa 1,5 Billiarden Euro im Jahr 1970 aus; die bereits übergebene Generationenerbschaft belaufe sich auf etwa das 1,4-Fache des damaligen Bruttoinlandsprodukts von 345 Mrd. Euro. Hinzuzurechnen wären die akkumulierten Ausgaben für die Humankapitalbildung bei der jetzt alten Generation und die akkumulierten Bildungsausgaben. Dies zugrunde gelegt kommt *Hauser* zu dem Schluss, dass die heute alte Generation ein Erbe hinterlassen werde, das um ein Vielfaches größer ist als jenes, das sie selbst vorgefunden hat, weshalb er eine Verletzung der Generationengerechtigkeit nicht befürchtet. *Hauser* geht auch davon aus, dass eine Generationenerbschaft im Jahr 2030 unter Abzug der von der mittleren Generation an die alte Generation geleisteten Alterssicherungstransfers mindestens das 2,9- bis 3,8-Fache des Bruttoinlandsprodukts betragen werde, was weit mehr sei als das, was die dann erbende (mittlere) Generation erhalten habe. *Hauser* weist jedoch auch darauf hin, dass aufgrund fehlender verlässlicher Volksvermögensrechnungen keine präzisen Aussagen möglich seien und insofern großer Forschungsbedarf bestehe.

3.2.1.3. Urteil des BVerfG vom 09.07.2007 zum Nachtragshaushalt des Jahres 2004

Im Kontext ökonomischer Aspekte der Generationengerechtigkeit ist auf das Urteil des Bundesverfassungsgerichts (BVerfG) vom 09.07.2007 hinzuweisen, in dem die Klage von Union und FDP gegen den Nachtragshaushalt des Jahres 2004 abgewiesen wurde.[446] Das BVerfG führte hierzu aus:

---

444 Ders., a. a. O., S. 36.
445 Ders., a. a. O., S. 36.
446 BVerfGE 119, 96 – 2 BvF 1/04.

„Eine übermäßige Staatsverschuldung und die damit verbundene wachsende Zinslast hemmen das langfristige Wachstum der Wirtschaft, verengen die aktuellen Handlungsspielräume des Staates und verlagern Finanzierungslasten in die Zukunft auf künftige Generationen. Vieles spricht deshalb dafür, die gegenwärtige Fassung des Art. 115 GG in ihrer Funktion als Konkretisierung der allgemeinen Verfassungsprinzipien des demokratischen Rechtsstaats für den speziellen Bereich der Kreditfinanzierung staatlicher Ausgaben (...) nicht mehr als angemessen zu werten und verbesserte Grundlagen für wirksame Instrumente zum Schutz gegen eine Erosion gegenwärtiger und künftiger Leistungsfähigkeit des demokratischen Rechts- und Sozialstaats zu schaffen."[447]

Allerdings führte das BVerfG weiter aus, dass die

„auf den ersten Blick naheliegende Schlussfolgerung, dass hier die Dichte der – in der Vergangenheit offenbar nicht hinreichend wirksamen – verfassungsgerichtlichen Kontrolle erhöht werden müsse, in die Irre führt. Verfassungsgerichtliche Beurteilungen des Vorliegens einer Störung des gesamtwirtschaftlichen Gleichgewichts und der angemessenen haushaltspolitischen Reaktionen darauf an die Stelle derjenigen des Gesetzgebers zu setzen, erhöhe nicht die Chance auf sachgerechte, den Zielen der Finanzverfassung bestmöglich entsprechende Entscheidungen. Notwendig ist vielmehr die Entwicklung von Mechanismen, die für gegebene Verschuldungsspielräume den erforderlichen Ausgleich über mehrere Haushaltsjahre sicherstellen. Die Auswahl und Institutionalisierung von Regeln, die dies leisten und dabei in geeigneter Weise dem Anreiz zur Verschiebung von Ausgleichslasten auf nachfolgende Legislaturen entgegenwirken, ist eine komplexe Aufgabe, für deren Lösung das geltende Verfassungsrecht keine ausreichend konkreten Direktiven liefert. Sie ist dem verfassungsändernden Gesetzgeber vorbehalten und aufgegeben."[448]

Im Ergebnis lässt sich diese Aussage dahin werten, dass die Vermeidung einer intergenerationell ungerechten Verschuldungspolitik des Bundes Aufgabe des Gesetzgebers ist. Es obliegt ihm, insofern eine Gesetzesänderung herbeizuführen. Drei der acht Verfassungsrichter vertraten dazu allerdings ein Mindervotum. Sie schlossen sich der Forderung der Sachverständigen an, die für einen engen, auf Nettoinvestitionen beschränkten Investitionsbegriff im Rahmen der für den „Normalfall" geltenden Begrenzung der jährlichen Neuverschuldung gemäß Art. 115 GG plädierten, mithin also für eine Engerfassung des Investitionsbegriffs in Art. 115 GG. Dies würde bedeuten, dass die Investitionen, die der Bund ausweist, um Abschreibungen, bloße Ersatzinvestitionen und Privatisierungseinnahmen gemindert werden müssten. Somit würde auch die Summe der erlaubten Neuverschuldung, die die Investitionen nicht überschreiten darf, erheblich gesenkt. ‚Zukunftsbegünstigend' sei nur der Teil der veranschlagten Ausgaben, der über die Haushaltsperiode hinaus einen werthaltigen Nutzen erbringe.[449] Das BVerfG konzedierte auch, dass es durchaus überzeugend sei, dass die Verschuldungsgrenze im Normalfall dem intertemporalen Ausgleich wie der generationsübergreifenden Verteilungsgerechtigkeit diene, was dem schematischen Ansatz von Bruttoinvestitionen widerspreche.[450] Gleichwohl war das BVerfG der Auffassung, dass diesen Bedenken nach geltendem Verfassungsrecht nicht Rechnung getragen werden könne.

447 BVerfGE, a. a. O., Tz. 134.
448 BVerfGE, a. a. O., Tz. 135.
449 BVerfGE, a. a. O., Tz 137.
450 BVerfGE, a. a. O., Tz. 138.

3.2.1.4. Änderung der Art. 109 und 115 GG durch Art. 1 des Gesetzes zur Änderung des Grundgesetzes vom 29.07.2009

Mit dem Gesetz zur Änderung des Grundgesetzes vom 29.07.2009, das am 01.08.2009 in Kraft getreten ist, wurden die Art. 109 und Art. 115 GG geändert.[451] Nach dem neuen Abs. 3 des Art. 109 GG sind nun die Haushalte von Bund und Ländern grundsätzlich ohne Einnahmen aus Krediten auszugleichen. Für den Bund gilt insofern ab dem Jahr 2016[452] eine Verschuldensgrenze von 0,35 % des nominalen Bruttoinlandsproduktes (Art. 115 Abs. 2 S. 2 GG i. d. F. des GGÄndG). Das entspricht derzeit rund 9 Mrd. Euro.[453] Mit dem Abbau des bestehenden Defizits soll im Haushaltsjahr 2011 begonnen werden.[454]

Zwar können Bund und Länder Regelungen zur im Auf- und Abschwung symmetrischen Berücksichtigung der Auswirkungen einer von der Normallage abweichenden konjunkturellen Entwicklung sowie eine Ausnahmeregelung für Naturkatastrophen oder außergewöhnliche Notsituationen, die sich der Kontrolle des Staates entziehen und die staatliche Finanzlage erheblich beeinträchtigen, vorsehen.[455] Hierbei handelt es sich jedoch um eine Ausnahmeregelung, wofür eine entsprechende Tilgungsregelung vorzusehen ist.[456] Abweichungen der tatsächlichen Kreditaufnahme von der zulässigen Kreditobergrenze sind auf einem Kontrollkonto zu erfassen; Belastungen, die den Schwellenwert von 1,5 % im Verhältnis zum nominalen Bruttoinlandsprodukt überschreiten, sind konjunkturgerecht zurückzuführen.[457]

Die Bundesländer dürfen ab 2020 gar keine neuen Kredite mehr aufnehmen. Nach Art. 109 Abs. 3 S. 5 GG (i. d. F. des GGÄndG) regeln die Länder die nähere Ausgestaltung ihrer Haushalte im Rahmen ihrer verfassungsrechtlichen Kompetenzen mit der Maßgabe, dass keine Einnahmen aus Krediten zugelassen werden.

Mit der Neuregelung im Grundgesetz ist nun erstmalig eine verfassungsrechtlich normierte Begrenzung der Neuverschuldung und die Pflicht zum Abbau von Haushaltsdefiziten mit dem Ziel des Schutzes nachrückender Generationen vorgesehen. Die Neuregelung soll die langfristige Tragfähigkeit der öffentlichen Haushalte sichern und damit finanzielle Handlungsspielräume zur Erfüllung staatlicher Aufgaben auch in Zukunft ermöglichen.[458]

---

451 Gesetz zur Änderung des Grundgesetzes (GGÄndG), BGBl. I, 2248.

452 Vgl. zur Anwendung der Art. 109 und 115 GG i. d. F. des GGÄndG Art. 143d GG. Für den Bund siehe Art. 143d Abs. 1 S. 5 GG, für die Länder siehe Art. 143d Abs. 1 S. 3, 4 GG.

453 Zum Vergleich: Die Neuverschuldung im Jahr 2010 betrug rund 80 Mrd. Euro; Quelle: Homepage des Bundesfinanzministeriums unter http://www.bundesfinanzministerium.de/nn4314/DE/Wirtschaft__und__Verwaltung/Finanz__und__Wirtschaftspolitik/Bundeshaushalt/240609HH2010Fragen.html; letzter Abruf April April 2012.

454 Siehe Art. 143d Abs. 1 S. 6 GG. Der Grund ist, dass die vollständige Einhaltung der neuen Grenzen, insbesondere angesichts der notwendigen Ausweitung der Staatsverschuldung im Rahmen der Bewältigung der aktuellen Finanz- und Wirtschaftskrise im Jahr 2010 als noch nicht möglich angesehen wird; vgl. Gesetzentwurf der Fraktionen CDU/CSU und SPD, Drucksache 16/12410 vom 24.03.2009.

455 Art. 109 Abs. 3 S. 2 GG i. d. F. des GGÄndG.

456 Art. 109 Abs. 3 S. 3 GG i. d. F. des GGÄndG.

457 Art. 115 Abs. 2 S. 4 GG i. d. F. des GGÄndG.

458 Vgl. Gesetzentwurf der Fraktionen CDU/CSU und SPD, a. a. O.

Ferner wurde mit dem Stabilitätsratsgesetz vom 10.08.2009[459] die Errichtung eines Stabilitätsrates geschaffen, bestehend aus dem Bundesminister der Finanzen und der Länder sowie dem Bundesminister für Wirtschaft und Technologie. Demnach bilden Bund und Länder einen Stabilitätsrat mit dem Ziel der Vermeidung von Haushaltsnotlagen. Er wird bei der Bundesregierung eingerichtet.[460] Seine Aufgabe wird die regelmäßige Überwachung der Haushalte des Bundes und der Länder sowie die Durchführung etwaig erforderlicher Sanierungsprogramme von Bund oder Ländern sein.[461]

3.2.1.5. Die Mackenroth-These

Der Sozialpolitikwissenschaftler *Gerhard Mackenroth* formulierte im Jahr 1952 eine grundlegend abweichende These. Nach ihm gibt es volkswirtschaftlich keine Ansammlung eines Konsumfonds, der bei Bedarf konsumiert werden kann. Vielmehr gilt

> „der einfache und klare Satz, dass aller Sozialaufwand immer aus dem Volksaufkommen der laufenden Periode gedeckt werden muss. Es gibt gar keine andere Quelle und hat nie eine andere Quelle gegeben, aus der Sozialaufwand fließen könnte, es gibt keine Ansammlung von Fonds, keine Übertragung von Einkommensteilen von Periode zu Periode, kein ‚Sparen' im privatwirtschaftlichen Sinne – es gibt einfach nichts anderes als das laufende Volkseinkommen als Quelle für den Sozialaufwand: Das ist auch nicht eine besondere Tücke oder Ungunst unserer Zeit, die von der Hand in den Mund lebt, sondern das ist immer so gewesen und kann nie anders sein."[462]

Nach dieser These ist es somit gar nicht möglich, durch Kapitaldeckung nachfolgenden Generationen etwas zu hinterlassen. Entsprechende Ansätze finden sich bei *Klundt*[463] und *Reuter.*[464] In der Tradition dieser „Mackenroth-These" argumentieren sie, dass aus der Staatsverschuldung sowohl Forderungen und Verbindlichkeiten an die nächste Generation resultieren. Im Falle einer längerfristigen Verschuldung würden beide Größen an die nächste Generation vererbt.[465] Staatsverschuldung berühre nicht das Verhältnis zwischen den Generationen (intergenerationelles Verhältnis), sondern betreffe ausschließlich das Verhältnis innerhalb der jeweiligen Generation (intragenerationelles Verhältnis). Einem Schuldner stehe notwendigerweise immer auch ein Gläubiger der gleichen Generation gegenüber. Die Forderungen des einen seien die Verbindlichkeiten des anderen. Ein Staat sei somit immer bei der aktuellen Generation verschuldet und gleichzeitig ist die jeweils aktuelle Generation Gläubiger des Staates. Da Forderungen und Verbindlichkeiten immer ausgeglichen sind, würden auch im gleichen Ausmaß Verbindlichkeiten und Forderungen vererbt. Nach *Klundt* gehe es bei dem ‚Schlagwort Generationengerechtigkeit' um die Beendigung der paritätischen

---

459 Gesetz zur Errichtung eines Stabilitätsrates und zur Vermeidung von Haushaltsnotlagen (Stabilitätsratsgesetz – StabiRatG), BGBl. I, 2702.

460 Vgl. Art. 1 § 1 StabiRatG.

461 Vgl. Art. 1, § 5 StabiRatG.

462 Mackenroth, Die Reform der Sozialpolitik, S. 41. Zu den Quellen dieser These siehe Schmähl, Über den Satz (...), S. 161 ff.

463 Klundt, Von der sozialen zur Generationengerechtigkeit?

464 Reuter, Stellungnahme Parlamentarischer Rat 15.10.2008 zum (sog.) ‚Generationengerechtigkeitsgesetz'; vgl. dazu nachfolgend unter Tz. 3.4.2.3. in diesem Kapitel.

465 Klundt, Von der sozialen zur Generationengerechtigkeit?, S. 236 f.

Finanzierung der Sozialsysteme und die Privatisierung der Sozialversicherungen, mithin um die Umstellung des Alterssicherungssystems von der gesetzlichen und sozialen Rentenversicherung auf die private Vorsorge, vom Umlageverfahren auf das Kapitaldeckungsverfahren.[466] Mit Begriffen wie ‚Generationengerechtigkeit' und ‚Nachhaltigkeit' würden letztlich die Beendigung der paritätischen Finanzierung der Sozialsysteme und die Privatisierung der Sozialversicherungen gefordert.[467] Die Debatte um Gerechtigkeit *zwischen* den Generationen verstelle den Blick auf das eigentliche Thema, die sozial-, verteilungs- und gesellschaftspolitisch gerechte Verteilung *innerhalb* von Generationen.

Von *Külp* wird dagegen dargelegt, dass „wir heute wissen, dass die Mackenroth-These nicht ganz der Wirklichkeit entspricht":[468] Eine marktwirtschaftlich organisierte Volkswirtschaft sei durchaus in der Lage zu sparen und damit Einkommensteile in die Zukunft zu transferieren und zwar dadurch, dass im Umfang der volkswirtschaftlichen Nettoersparnis Investitionen in Sachkapital durchgeführt werden. Dieser Prozess werde nur dann vereitelt, wenn eine Zunahme der Nettoersparnisse nicht zu einer gleichgroßen Zunahme in der Nettoinvestition führe.[469] Auch nach *Fuest* ist die These zwar „bis heute populär", dagegen nicht überzeugend.[470] Staatliches Handeln habe Auswirkungen auf den Realkapitalstock, der einer Volkswirtschaft zur Verfügung steht und dieser könne sehr wohl von einer Generation auf die nächste übertragen werden. Wenn staatliches Handeln die Kapitalakkumulation reduziert, stünden der nächsten Generation weniger Produktionskapazitäten zur Verfügung.[471] Verschuldet sich eine Volkswirtschaft im Ausland, gingen damit keine Forderungen zukünftiger Generationen (ebendieser Volkswirtschaft) einher.[472] *Fuest* hält die Erkenntnis, dass eine Volkswirtschaft mit alternder Bevölkerung zumindest Möglichkeiten hat, durch Kapitalanlage im In- und Ausland vorzusorgen, für die aktuelle sozialpolitische Diskussion von zentraler Bedeutung.[473]

3.2.2. Schnittstelle zwischen Ethik, politischer Philosophie und Ökonomie

Es soll an dieser Stelle dahingestellt bleiben, ob aus ethisch-philosophischer Sicht im Sinne *Kelsens*[474] der Ansatz des Generational Accounting und weitere ökonomische Gerechtigkeitserwägungen zwischen den Generationen den rational-wissenschaftlichen Gerechtigkeitstheorien zuzuordnen wäre. *Kelsen* bezeichnet ja Ansätze dieser Art im Ergebnis als „inhaltsleer".[475] Da die Menschen tatsächlich sehr verschieden seien und es nicht zwei Menschen gebe, die wirklich gleich seien, sei der einzig mögliche

466 Klundt, Von der sozialen zur Generationengerechtigkeit?, S. 264. Zu den Begriffen „Umlageverfahren" und „Kapitaldeckungsverfahren" s. Külp, Unterschiedliche Finanzierungssysteme der gesetzlichen Rentenversicherung.
467 Klundt, Von der sozialen zur Generationengerechtigkeit?, S. 260.
468 Külp, Unterschiedliche Finanzierungssysteme der gesetzlichen Rentenversicherung, S. 35, 37.
469 Ders., a. a. O., S. 37.
470 Fuest, Sind unsere sozialen Sicherungssysteme generationengerecht?, S. 155.
471 Ders. a. a. O., S. 155.
472 Ders. a. a. O., S. 156.
473 Ders. a. a. O., S. 156.
474 Kelsen, Was ist Gerechtigkeit?
475 Ders. a. a. O., S. 32 ff.

Sinn der Forderung nach Gerechtigkeit die Forderung, dass die Gesellschaftsordnung in der Gewährung von Rechten und Pflichten gewisse Unterschiede unberücksichtigt lasse.

Gleichwohl offenbart sich die Schnittstelle von Philosophie und Ökonomie an den ökonomischen Aspekten der Generationengerechtigkeit. Die – spätestens – mit *Rawls* beginnende ethisch-philosophische Debatte um Gerechtigkeit zwischen den Generationen wurde bereits früh von Ökonomen aufgegriffen[476] und dürfte auch dazu beigetragen haben, dass Neukonzeptionen wie die des Art. 109, 115 GG i. d. F. des GGÄndG Zugang in die Verfassungsmoderne finden konnten. Der ethischen Philosophie dürfte insofern eine entscheidende Stoßrichtung zuzusprechen sein.

Weitere Schnittflächen lassen sich bspw. auch festmachen in der Bewertung des sog. ‚Generationenvertrags', also der Frage, ob und inwieweit eine erwerbstätige Generation für die Altersversorgung der folgenden, nicht mehr erwerbstätigen Generation aufkommen soll bzw. muss, falls diese in ihrem Erwerbsleben mehr verbraucht als gespart hat und vielleicht sogar elementare Lebensgrundlagen wie die Natur angetastet hat.[477]

Die Altersvorsorge ist in Deutschland bekanntlich nach einem Umlageverfahren finanziert, das sich auf den ‚Generationenvertrag' beruft. Nach der Enquete-Kommission „Demografischer Wandel" 2002 bezeichnet der Generationenvertrag

> „die entweder auf gesellschaftlichen Werten und Normen basierende oder gesetzlich festgelegte Übereinkunft, der zufolge die mittlere Generation für den Unterhalt sowohl der noch nicht erwerbstätigen Kinder als auch der nicht mehr erwerbstätigen Älteren sorgt und dafür ihrerseits im Alter auf eine entsprechende Versorgung hoffen darf."[478]

Tatsächlich handelt es sich bei dem ‚Generationenvertrag' letztlich um eine bestimmte **Art der Finanzierung**: Anstatt die eingezahlten Rentenbeiträge in einen Kapitalfonds einfließen zu lassen und die Rente nach Maßgabe der Einzahlungen von deren Erträgen zu finanzieren, bezahlt man mit den Rentenbeiträgen der jetzt Tätigen die Renten der derzeitigen Rentner.[479] Wird der ‚Generationenvertrag' aus ökonomischer Sicht als Argument für die aktuell vorzufindenden ungleichen Leistungsströme (zu Lasten der heute berufstätigen Generation) herangezogen, wird er aus ethisch-philosophischer Sicht zunehmend kritisiert.

Höffe weist darauf hin, dass, solange die drei entscheidenden Parameter, nämlich die durchschnittliche Rentenzeit, die durchschnittliche Lebensarbeitszeit und die

---

476 Vgl. hierzu Buchholz, Intergenerationelle Gerechtigkeit, S. 12. Er stellt dar, dass „sich nicht nur einige renommierte Ökonomen mit Rawls auseinander setzten", sondern dessen Theorie der Gerechtigkeit auch „zu den in neueren wohlfahrtstheoretischen Arbeiten regelmäßig zitierten Werken" gehöre.

477 Aus philosophischer Sicht: Höffe (Hrsg.), John Rawls, Eine Theorie der Gerechtigkeit, S. 175, mit dem Hinweis, dass derartige Überlegungen bei *Rawls* keine Rolle gespielt haben. Aus ökonomischer Sicht statt vieler: Raffelhüschen/Feist, Der Sozialstaat in der Generationenbilanz, S. 9: „Die Zukunft des deutschen Sozialstaates wird zunehmend eine Frage seiner Finanzierbarkeit." Und: „Sind die Generationenverträge aber nicht tragfähig, dann kann auch von einer Generationengerechtigkeit im Sozialstaat keine Rede sein." Kritisch dagegen Klundt, Von der sozialen zur Generationengerechtigkeit?, S. 150 ff., 183 ff.

478 Vgl. bei Roloff, Demographischer Faktor, S. 81.

479 Siehe Höffe (Hrsg.), John Rawls, Eine Theorie der Gerechtigkeit, S. 176.

durchschnittliche Kinderzahl, in etwa gleich bleiben, sich an dieses Finanzierungssystem nur ökonomische, aber keine Gerechtigkeitsfragen anschließen. Anders sieht dies aber aus, wenn die durchschnittliche Lebensarbeitszeit kürzer wird und darüber hinaus noch die durchschnittliche Kinderzahl sinkt. Weil die jeweils arbeitende Generation geringere Renten erhält, als es ihren Beiträgen entspricht, lebe die Gegenwart auf Kosten der Zukunft, und ein derartiges System der Altersvorsorge sei – auch aus philosophischer Sicht – ungerecht.[480]

Kersting[481] vertritt die Auffassung, dass es der politischen Philosophie bislang gänzlich entgangen sei, dass auch die finanzielle Belastung von ökonomischen Lebensbedingungen zukünftiger Generationen ein Gerechtigkeitsproblem darstelle. Sozialstaatsprinzip und Generationengerechtigkeit führen sehr schnell zu einem Spannungsverhältnis, wenn die Etablierung des Sozialstaats zu explodierender Staatsverschuldung führe und die künftige Generationen in Zinsknechtschaft treibe.[482] Wenn – wie es *Kersting* fordert[483] – die intergenerationelle Gerechtigkeit die Kündigung eines Generationenvertrags verlangt, so sei das nichts anderes als die Forderung nach einer anderen, gerechteren Finanzierung der gesetzlichen Altersversorgung. Die Erwägungen *Kerstings* zeigen, dass sich an philosophische Fragestellungen direkt ökonomische Erkenntnisse anschließen. Umgekehrt führen ökonomische Erkenntnisse direkt zu philosophischen Fragestellungen. Wenn mathematisch nachgewiesen ist, dass eine Generation bereits mit Schulden zur Welt kommt, stellt sich die Frage, ob aus ethischer Sicht der Wert ‚Schuldenfreiheit bei Geburt' ein nicht disponibles Geburtsrecht (im Sinne der primary *goods* nach *John Rawls*) darstellt, welches hier in eklatanter Weise verletzt wird.

Gerhardt zufolge stammt der Begriff ‚Generationenvertrag' aus einer Zeit, „in der die Philosophie ihr Heil in Verträgen suchte".[484] Dieser Gedanke sei durch *John Rawls* zur „Obsession" geworden.[485] Der – auch von *Rawls* im Rahmen des Urzustands zugrunde gelegte – Vertrag und der „Generationenvertrag" haben nach *Gerhardt* eines gemeinsam:

> „Sie haben mit der politischen Wirklichkeit des politischen Lebens nichts gemein, denn die Ordnung, die der Vertrag zu begründen sucht, besteht bereits in den gegebenen Rechtsverhältnissen. In ihnen sind die Prinzipien schon wirksam, um deren Herleitung sich die Vertragstheoretiker bemühen."[486]

Auch *Gerhardt* plädiert daher für eine Selbstverpflichtung mit Verfassungsrang, was jedenfalls ehrlicher wäre als ein Generationenvertrag. Angesichts der milliardenschweren Konjunkturprogramme[487] habe sich der Generationenvertrag aus ökonomischer Sicht ohnehin erledigt. Das einzige Mittel der Zukunftssicherung liege darin, das Le-

480 Ders., a. a. O., S. 176; ebenso Kersting, Theorien sozialer Gerechtigkeit, S. 11-14 und S. 379.
481 Kersting, Theorien sozialer Gerechtigkeit, S. 11-12.
482 Ders., a. a. O., S. 11-12.
483 Ders., a. a. O., S. 13.
484 Gerhardt, Der Generationenvertrag: Eine bestenfalls naive Idee, Beitrag in Welt am Sonntag 15.03.2009, Forum, S. 13
485 Ders., a. a. O.
486 Ders., a. a. O.
487 Im Jahr 2009 insbesondere zur Bewältigung der Finanzkrise.

bensniveau der Gegenwart zu retten. *Gerhardt* plädiert für eine Abkehr des Fabulierens über ein „Parlament der Ungeborenen" und eine Zuwendung zu mehr bürgerlicher Mitwirkung und diese sowohl auf die Jungen und die Alten zu verteilen.

Im Ergebnis zeigt sich somit Folgendes: Ist der Generationenvertrag finanziell nicht tragfähig, da unausgewogen, kann weder aus ethisch-philosophischer Sicht noch aus ökonomischer Sicht von Gerechtigkeit zwischen den Generationen gesprochen werden. Die ökonomische Bewertung stimmt insofern mit der ethisch-philosophischen Bewertung überein, wenn es um die Frage geht, welche fiskalischen Lasten nachkommenden Generationen zu welchen Bedingungen hinterlassen werden. Diese ethisch-philosophisch veranlasste Diskussion hat mit der Änderung der Art. 109, 115 GG i. d. F. des GGÄndG Zugang in die Verfassungsmoderne gefunden.

3.2.3. Generationengerechtigkeit und Nachhaltigkeit

Zur begrifflichen Klarstellung und Abgrenzung soll an dieser Stelle nochmals auf den Begriff ‚Nachhaltigkeit' eingegangen werden. Der Begriff stammt aus der Forstwirtschaft[488] und besagt, dass durchschnittlich nur so viele Bäume geschlagen werden dürfen, wie nachwachsen. In diesem Kontext setzt das Konzept der Nachhaltigkeit den Fokus auf ökologische Generationengerechtigkeit. Das Begriffsverständnis von heute baut auf diesem engen Terminus auf.[489] Daneben gibt es eine Vielzahl von Definitionen. Das „Drei-Säulen-Modell der nachhaltigen Entwicklung" besagt bspw.:

> „Nachhaltigkeit ist die Konzeption einer dauerhaft zukunftsfähigen Entwicklung der ökonomischen, ökologischen und sozialen Dimension menschlicher Existenz. Diese drei Säulen der Nachhaltigkeit stehen miteinander in Wechselwirkung und bedürfen langfristig einer ausgewogenen Koordination."[490]

Im Hinblick auf die ökonomische Dimension wird ausgeführt, dass eine Gesellschaft wirtschaftlich nicht über ihre Verhältnisse leben darf, da dies zwangsläufig zu Einbußen der nachkommenden Generationen führt. Allgemein gilt eine Wirtschaftsweise dann als nachhaltig, wenn sie dauerhaft betrieben werden kann. Verwendet wird auch die Definition der World Commission on Environment and Development (sog. Brundtlandt-Kommission) aus dem Jahre 1987[491]:

> „Humanity has the ability to make development sustainable – to ensure that it meets the needs of the present without compromising the ability of future generations to meet their own needs."

Dieses Begriffsverständnis umfasst unter anderem die folgenden zentralen Prinzipien:[492]

---

488 Er geht zurück auf eine Publikation von Hans Carl von Carlowitz aus dem Jahr 1713, in der er von der „nachhaltenden Nutzung" der Wälder schrieb. Quelle: Wikipedia „Nachhaltigkeit", letzter Abruf Februar 2011.

489 Calliess, Stellungnahme Parlamentarischer Rat 15.10.2008, S. 6; vgl. dazu auch weiter unten Tz. 3.4.2. (c) in diesem Kapitel.

490 Abschlussbericht der Enquete-Kommission „Schutz des Menschen und der Umwelt" vom 26.06.1998.

491 Bückmann/Lee/Simonis, Nachhaltigkeit und das Recht in Politik und Zeitgeschichte 2003, S. 27.

492 Vgl. Calliess, Stellungnahme Parlamentarischer Rat 15.10.2008, S. 7.

- das Recht auf Wirtschaftswachstum,
- fairen Zugang zu Ressourcen und Erhöhung des Bildungsstandards,
- die Idee der zukunftsverträglichen Verteilung im Hinblick auf nachrückende Generationen,
- die Idee der Begrenztheit der Tragfähigkeit der Ökosysteme.

Aus rein ökonomischer Sicht wird die Maxime abgeleitet, dass Nachhaltigkeit dann vorliegt, wenn die heutigen Handlungsmuster in alle Zukunft beibehalten werden können.[493] Damit ist jedoch nicht zwingend gesagt, dass dies auch gerecht ist.[494] So führt *Raffelhüschen* in der gutachterlichen Stellungnahme des Forschungszentrums Generationenverträge zur Anhörung beim Parlamentarischen Beirat für nachhaltige Entwicklung des Deutschen Bundestags am 15.10.2008 aus:

> „Gemessen wird immer nur der Grad der fiskalischen Ungleichbehandlung. Dafür gibt es (…) Indikatoren, bzw. die (…) berechnete Nachhaltigkeitslücke. Die Nachhaltigkeitslücke ist aber kein normatives Maß für Generationengerechtigkeit. Ebenso wenig postuliert die Finanzwissenschaft, dass die berechnete Nachhaltigkeitslücke in Praxi vollständig geschlossen werden muss, denn schließlich ist unklar, ob kommende Generationen über eine größere oder kleinere Ressourcenausstattung verfügen werden (…). Die quantitative Erfassung all dieser intergenerativen Verteilungsdimensionen gehört noch zu den ungelösten Forschungsfragen."[495]

In diesem Punkt unterscheidet sich die ökonomische Betrachtungsweise von der ethisch-philosophischen. Während aus ethisch-philosophischer Sicht der Begriff ‚Nachhaltigkeit' mit Gerechtigkeit (mehr oder weniger) deckungsgleich diskutiert wird, geht es bei ökonomischen Betrachtungsweisen bei der Nachhaltigkeitsdiskussion im Grunde um die Frage der Finanzierbarkeit eines generationen*relevanten* Systems. So wäre aus ökonomischer Sicht ein ‚Dauerbetrieb', der nicht gerecht im Sinne einer Verteilungsgerechtigkeit ist, gleichwohl nachhaltig, wenn er finanzierbar ist. Deutlich wird dies an der Finanzierbarkeit des sog. ‚Generationenvertrags'. Das auf einem Umlageverfahren beruhende Rentensystem steht und fällt mit seiner Finanzierbarkeit. Werden Rentenbeiträge und Arbeitszeiten ‚justiert', indem Arbeitszeiten der Beitragszahler verlängert und ihre Rentenbeiträge erhöht werden, kann von einem nachhaltigen, da finanzierbaren System gesprochen werden. Eine andere Frage ist, ob ein solches System auch gerecht ist.[496] In Fortführung des weiter oben dargelegten Schaubildes[497] würde sich diese Differenzierung wie folgt darstellen:

493 Siehe Raffelhüschen, Stellungnahme Parlamentarischer Rat 15.10.2008, S. 3.

494 So wohl Raffelhüschen, Stellungnahme Parlamentarischer Rat 15.10.2008, S. 1.

495 Siehe Raffelhüschen, Stellungnahme Parlamentarischer Rat 15.10.2008, S. 3.

496 Vgl. dazu Tremmel, Stellungnahme Parlamentarischer Rat 15.10.2008, S. 13 f. als ‚quasi Replik' zu Raffelhüschen.

497 Vgl. oben Abbildung 2.

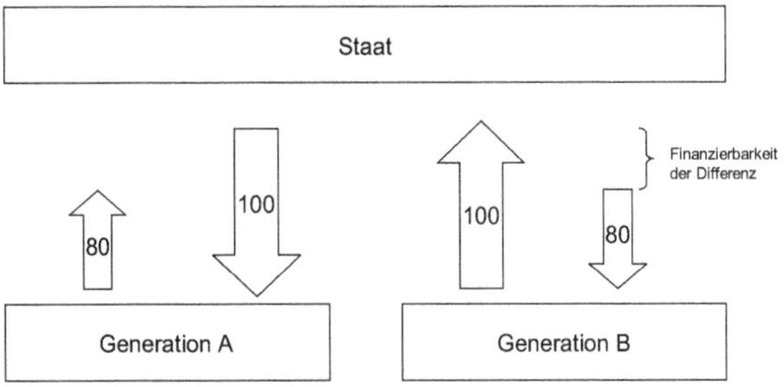

Abbildung 5: Generational Accounting – ungerechte Situation aber nachhaltig im ökonomischen Sinn
Quelle: Eigene Darstellung.

Ein solches System wäre zwar ungerecht, aber nachhaltig, wenn der Zahlungsüberschuss der Generation B i. H. v. 20 durch bestimmte Maßnahmen (wie bspw. erhöhte Rentenbeiträge oder längere Lebensarbeitszeit) auf Dauer finanzierbar ist oder gedeckt werden kann.

Während bspw. bei *Ekardt*[498] die Begriffe ‚Generationengerechtigkeit' und ‚globale Gerechtigkeit' die Nachhaltigkeit als gemeinsamen Oberbegriff aufweisen, dürfte dies somit aus ökonomischer Sicht keine Zustimmung finden. Dass die Ökonomie gleichwohl nicht ganz ohne Gerechtigkeitserwägungen auskommt, zeigt sich wiederum am Beispiel der Rentenpolitik. Nicht selten wird zur Rechtfertigung einer unausgewogenen Verteilungspolitik der Generationenvertrag bemüht, verbunden mit dem Vorwurf an die Generation B, sie habe die Situation selbst dadurch verursacht, dass sie zu wenig Kinder in die Welt gesetzt habe. Ob dieser Generationenvertrag tatsächlich jemals zustande gekommen ist oder nicht, kann an dieser Stelle nicht vertieft werden. Jedoch ist die Frage, ob ein Vertrag mit noch nicht geborenen Menschen wirksam abgeschlossen werden kann, genauso gerechtfertigt wie die Frage nach der Möglichkeit gegenwärtiger Rechte zukünftiger Generationen.[499]

3.2.4. Erste Schlussfolgerungen für Ansätze zu Möglichkeiten und Grenzen der Einbeziehung gemeinnütziger Stiftungen in eine generationengerechte Politik

Geht man, um zur gesetzten Aufgabenstellung zurückzukehren, nun davon aus, dass Leistungsströme zwischen zwei Generationen nicht nachhaltig und auch aus ökonomischer Sicht ungerecht sind, stellt sich die Frage, ob gemeinnützige Stiftungen zur Nachhaltigkeit und einer ökonomischen Gleichbehandlung beitragen können. Wären Systeme denkbar, in denen eine bestehende ökonomische Ungerechtigkeit zwischen verschiedenen Generationen durch das Wirken gemeinnütziger Stiftungen beseitigt oder nivelliert werden könnte?

498 Vgl. oben, Tz. 3.1.2. (d).
499 Vgl. dazu sogleich Tz. 3.4.1.2. in diesem Kapitel.

Könnten gemeinnützige Stiftungen als (ggf. ergänzendes) ‚Kapitalakkumulationsvehikel' dazu beitragen, ungerechte bzw. nicht nachhaltige Leistungsströme im Sinne des Generational Accounting zu nivellieren? Wie wäre diese Kapitalakkumulation auszugestalten? Verpflichtend im Sinne eines ‚Solidaritätszuschlags' für zukünftige Generationen oder freiwillig? Wenn freiwillig, wären entsprechende Leistungen förderungswürdig? Wie könnte eine solche Förderung aussehen? Könnte dies eine (weitere) steuerliche Förderung von Zuwendungen an gemeinnützige Stiftungen sein? Ließen sich gemeinnützige Stiftungen gezielt(er) zu einer alternativen oder ergänzenden Altersversorgung einsetzen?

Diesen Fragen widmet sich **Kapitel 3** der Untersuchung.

3.3. Die ökologische Sichtweise

3.3.1. Bedeutung, Begriffsklärung, Abgrenzungen

Nach *Tremmel* ist Generationengerechtigkeit „wohl die wichtigste Theorie zur Begründung, *warum* man Umwelt und Natur schützen sollte".[500] Auffallend ist dabei, dass sich diese Diskussion sowohl um den Begriff ‚Generationengerechtigkeit' als auch ‚Nachhaltigkeit' dreht. Wird der Begriff ‚Nachhaltigkeit' in anderen Teildisziplinen der Generationengerechtigkeitsdebatte[501] teils als Synonym, teils als Aliud zum Begriff ‚Generationengerechtigkeit' interpretiert[502], sind die Begriffe ‚Nachhaltigkeit' und ‚Generationengerechtigkeit' im Rahmen der Ökologie weitgehend deckungsgleich.[503] Eine klare Trennung dieser beiden Begrifflichkeiten ist nicht mehr festzustellen.

Tremmel hält eine themen- bzw. sektorenbezogene Anwendung zusätzlich zu einer allumfassenden Anwendung der Theorie der Generationengerechtigkeit für den ökologischen Bereich deshalb für gerechtfertigt, weil dies auch in zahlreichen anderen Feldern, wie z.B. der Rente gemacht werde.[504] Der Generationengerechtigkeit aus ökologischer Sicht sei daher eine eigenständige Bedeutung und nicht nur Annexfunktion beizumessen. Diesem Ansatz von *Tremmel* ist uneingeschränkt zuzustimmen. Ökologischer Raubbau führt nicht selten zu unwiderruflichen Folgen. Werden nicht erneuerbare Ressourcen[505] verbraucht oder zerstört, ist dies prima facie generationen*un*gerecht, da kommende Generationen nicht die Möglichkeit haben, auf diese Prozesse

500 Tremmel, Generationengerechtigkeit – Versuch einer Definition in: SRzG (Hrsg.), Handbuch Generationengerechtigkeit, S. 28.

501 Vgl. oben Tz. 3.2. – Die ökonomische Sichtweise, in diesem Kapitel 1.

502 Vgl. oben Tz. 3.2.1.1. und Tz. 3.2.3. in diesem Kapitel 1.

503 Tremmel, Generationengerechtigkeit – Versuch einer Definition in: SRzG (Hrsg.), Handbuch Generationengerechtigkeit, S. 38.

504 Tremmel, Bevölkerungspolitik im Kontext ökologischer Generationengerechtigkeit, S. 99.

505 Buchholz spricht dann von nicht erneuerbaren Ressourcen, wenn die Entnahme einer gewissen Ressourcenmenge aus dem vorgegebenen Bestand diesen in irreversibler Weise reduziert. Als typische Beispiele für solche erschöpfbaren Ressourcen können die fossilen Energieträger wie Öl oder Kohle gelten. Ressourcen hingegen, deren Bestände aufgrund natürlicher Vorgänge nachwachsen, bezeichnet er als regenerierbar. Beispiele hierfür sind Wald- und Fischbestände, siehe Buchholz, Intergenerationelle Gerechtigkeit, S. 10.

Einfluss auszuüben.[506] Da dies nicht nur die Lebensqualität, sondern auch Entwicklungsmöglichkeiten zukünftiger Generationen beeinträchtigt, ist es sachgerecht, der Ökologie im Rahmen der Generationengerechtigkeitsdebatte einen eigenen Stellenwert beizumessen. Ökologische Aspekte der Generationengerechtigkeit haben auf Grund des Potenzials ökologisch schädigender Handlungen eine herausragende Bedeutung.[507] Was kann als ökologisch generationengerecht bezeichnet werden? Nach *Tremmel* steht bei ökologischer Generationengerechtigkeit das *Ziel der Erhaltung* und nicht das Ziel der *Steigerung* im Vordergrund. Nach ihm ist ökologische Generationengerechtigkeit erreicht,

> „wenn Generation A ein Naturkapital in der gleichen Höhe an Generation B weitergibt, wie A es selbst empfangen hat."[508]

Das Naturkapital sei nicht vom Menschen gemacht worden, daher stehe er auch nicht in der Pflicht, es zu vermehren. Lediglich wenn die ökologischen Nachhaltigkeits-Regeln nicht eingehalten werden, sei eine Steigerung des Naturkapitals geboten. Diese Pflicht zu Steigerung ende aber, sobald sie erreicht worden ist.[509]

Nach *Hösle* gilt als ökologisch generationengerecht „eine Entwicklung, die eine Nutzung der Umwelt auch für kommende Generationen ermöglicht".[510] Er selbst räumt ein, dass diese Form der Begriffsbestimmung vage ist, weil bspw. bereits der Begriff ‚Nutzung' einen großen Spielraum zulasse. Hier kann es sich anbieten, ‚Nutzung' dahingehend zu verstehen, dass sie eine ebenso hohe Lebensqualität fordert, wie wir sie gegenwärtig haben.[511] Die grundlegende Bedeutung der Ökologie für die Frage nach Generationengerechtigkeit beschreibt *Hösle* wie folgt:

> „Gerade wenn wir jedem Menschen bestimmte Grundrechte zusprechen, ist es inakzeptabel, die Rechte zukünftiger Generationen so brutal zu verletzen, wie wir es etwa dadurch tun, dass wir z. B. Klimaveränderungen auslösen. Erkennen wir die Rechte nicht nur unserer eigenen Nachfahren, sondern auch der Nachkommen von Menschen an, die (räumlich) weit weg von uns leben, so handeln wir aufgrund moralischer Prinzipien, die archaischen Kulturen fremd waren und die wir den Universalreligionen und ihrer modernen Interpretation verdanken. Das Umweltproblem ist somit nicht ausschließlich, aber doch auch und gerade ein Gerechtigkeitsproblem, wenn nicht das Hauptproblem, das wir kommenden Generationen hinterlassen."[512]

Buchholz hat in seiner Dissertation aus dem Jahre 1984 herausgearbeitet, dass es letztlich um eine intertemporale Allokation, d.h. um die bestmögliche Verteilung der Roh-

---

506 So auch Wenske, Generationengerechtigkeit in politischen Konzepten, S. 23.

507 Hierzu gehören nicht nur der Abbau und der Verbrauch nicht erneuerbarer Ressourcen, sondern auch die Frage der Endlagerung von Atommüll und die globale Erwärmung durch den Klimawandel.

508 Tremmel, Bevölkerungspolitik im Kontext ökologischer Generationengerechtigkeit, S. 99.

509 Ders., ebenda.

510 Hösle, Dimensionen der ökologischen Krise in: SRzG (Hrsg.), Handbuch Generationengerechtigkeit, S. 140.

511 Hösle stellt die Frage nach dem Maßstab des „Wir" – die Reicheren, die Ärmeren, der Durchschnitt?, ders., a. a. O., S. 140.

512 Hösle, Dimensionen der ökologischen Krise in: SRzG (Hrsg.), Handbuch Generationengerechtigkeit, S. 135.

stoffnutzung über die Zeit gehe.[513] Auch er differenziert – wie *Tremmel* – zwischen dem Ziel der Erhaltung und dem Ziel der Steigerung. Allerdings leitet *Buchholz* daraus einen Begründungsansatz im Sinne des Utilitarismus ab, der nicht in Widerspruch zum Maximin-Prinzip i. S. *Rawls* stehe:

> „Bezieht man die Frage nach intergenerationeller Gerechtigkeit nicht auf das Problem der Kapitalakkumulation, sondern auf das des Bestandserhalts, (…) ergibt sich nämlich die Möglichkeit, dass ein zu hoher Konsum einer Generation nicht nur zu Ungerechtigkeit im eigentlichen Sinne führt, sondern darüber hinaus auch Beeinträchtigungen am über die Zeit hinweg erzielten Gesamtkonsum nach sich zieht. Die Forderung nach fairem Verhalten gegenüber zukünftigen Generationen lässt sich in den entsprechenden Fällen dann zusätzlich durch utilitaristische Gründe rechtfertigen und erscheint deshalb wesentlich überzeugender."[514]

Verhält sich beispielsweise eine Generation A gegenüber zukünftigen Generationen extrem unfair, indem sie einen vorhandenen Bestand an Ressourcen und die durch ihn gegebenen Konsummöglichkeiten irreversibel zerstört, hätten die zukünftigen Generationen nicht mehr die Möglichkeit, die von ihren Vorgängern begangenen Fehler zu korrigieren und durch zusätzliche Konsumverzichte den ursprünglichen Zustand wiederherzustellen. Die instinktive Ablehnung eines solchen irreversiblen Bestandsabbaus führt *Buchholz* auf utilitaristische Gründe zurück.[515] Gleichzeitig sieht er die Verhinderung von Kapitalverzehr als Hauptfunktion der Maximin-Regel *Rawls*, da das Maximin-Kriterium im intergenerationellen Falle mit der Absicht eingesetzt wird, die materiellen Ansprüche zukünftiger Generationen gegen eine mögliche Übernutzung der produktiven Bestände durch die heutige Generation zu schützen.[516] Nach *Buchholz* besteht insofern kein Zielkonflikt mehr zwischen Gerechtigkeitswünschen und utilitaristischen Ansätzen.[517] *Buchholz* erachtet jedoch einen Diskont als zulässig, sei es auf Grund des „Nicht-Identitätsproblems" oder auf Grund der „Zukunftsungewissheit":[518]

> „Selbst wenn man prinzipiell bereit ist, den zukünftigen Generationen zumindest die gleichen Ansprüche wie der heutigen zuzugestehen, wird man deshalb vielleicht doch einen Risikoabschlag einführen wollen. Die Anspruchsrechte der heutigen Generation werden dann stärker gewichtet als die ihrer Nachfolger."[519]

Buchholz diskutiert schließlich, inwieweit Fähigkeiten von Staat und Markt zur intergenerationell gerechten Allokation erschöpfbarer Ressourcen beitragen können. Seine Einschätzung dazu ist skeptisch.[520] Er plädiert daher für

> „eine Abkopplung der die Rohstoffallokation betreffenden Entscheidungen von den aktuell vorhandenen individuellen Präferenzen und dem „normalen" politischen Prozess. Stattdessen soll der Schutz zukünftiger Generationen einer im wesentlichen autonomen Körperschaft übertragen werden, deren Mitglieder sich nicht an Partikularinteressen orientieren, sondern ganz nach den Maßstäben von Vernunft und Gerechtigkeit handeln können. Für die

513 Buchholz, Intergenerationelle Gerechtigkeit, S. 10.
514 Buchholz, Intergenerationelle Gerechtigkeit, S. 41.
515 Ders., a. a. O., S. 51.
516 Ders., a. a. O., S. 53.
517 Ders., a. a. O., S. 54.
518 Vgl. hierzu bereits oben Tz. 3.1.3. in diesem Kapitel 1.
519 Buchholz, Intergenerationelle Gerechtigkeit, S. 54.
520 Ders., a. a. O., S. 107.

> Entscheidungsträger würde auf diese Weise eine Art ‚Urzustand' auf Dauer institutionalisiert. In Widerspruch zu demokratischen Vorstellungen muß dieser Vorschlag nicht unbedingt geraten. Denkbar ist ja, dass eine solche Institution durch eine ‚Verfassungswahl' (...) eine allgemeine Legitimation erhält, durch die ihr bei Einzelentscheidungen relativ weitgehende Freiheiten eingeräumt werden. Eine solche Einrichtung hätte dann in ihrer Konstruktion gewissen Ähnlichkeiten mit dem Bundesverfassungsgericht oder der Bundesbank."[521]

Vor dem Hintergrund des gesetzten Untersuchungsgegenstandes (Einbeziehung gemeinnütziger Stiftungen in eine generationengerechte Politik) drängt sich an dieser Stelle die **Frage** auf, **ob gemeinnützige Stiftungen diese institutionelle Funktion übernehmen könnten**.[522] Eine entsprechende Forderung wurde ja bereits von *Ekardt* im Rahmen dessen universal-liberaler Diskursethik gestellt.[523] Auf diese Frage ist näher einzugehen.[524] In der Tat erscheint es erforderlich, die Interessen künftiger Generationen in die aktuelle Politik einzubinden, will man auch deren ökologische Interessen wirksam wahrnehmen. *Hösle* zieht insofern die Analogie zu freien Marktwirtschaften:

> „In Marktwirtschaften ist der Preis eine Funktion von Angebot und Nachfrage, und es ist nicht leicht zu sehen, wie anders der Preis bestimmt werden sollte, wenn man an der Zielvorstellung eines Gleichgewichtes von Angebot und Nachfrage festhält. Nur das Steigen des Preises eines knapper werdenden Gutes schafft Anreize, mit dem Gut sparsamer umzugehen bzw. das Angebot zu erhöhen."[525]

Unsere Umweltprobleme hätten nicht damit zu tun, dass wir zu wenig Markt haben, sondern dass die Nachfrage kommender Generationen auf dem Markt nicht präsent sei, denn diese würde sofort dafür sorgen, dass mit den knapper werdenden Ressourcen sparsamer umgegangen würde. Könnten **gemeinnützige Stiftungen** als **Interessenvertreter zukünftiger Generationen** diese Nachfrage herbeiführen?

3.3.2. (Klage-)Rechte zukünftiger Generationen vor dem Hintergrund ökologischer Aspekte?

Der Frage nach (Grund-)Rechten zukünftiger Generationen soll in einem gesonderten Kapitel nachgegangen werden.[526] Allerdings werden auf Grund der herausragenden Bedeutung ökologischer Aspekte (Klage-)Rechte zukünftiger Generationen vornehmlich (auch) in diesem Kontext diskutiert. Die entsprechenden Überlegungen werden daher bereits an dieser Stelle aufgegriffen.

Hösle spricht von ‚Rechten' zukünftiger Generationen und teilt diese in ‚Abwehr- und Leistungsrechte' ein.[527] Leistungsrechte haben demnach mit positiven Handlungen zu tun, die wir zukünftigen Generationen schulden, also im Wesentlichen mit Investitionen. Abwehrrechte haben mit Unterlassungen zu tun. Die meisten Verletzungen der

---

521 Ders., a. a. O., S. 118.
522 Vgl. dazu auch sogleich nachfolgend in diesem Absatz.
523 Vgl. oben 3.1.2.1. (d) in diesem Kapitel.
524 Vgl. sogleich nachfolgend Tz. 3.3.4. in Kapitel 1 und Kapitel 3, Tz. 2.1.
525 Hösle, Dimensionen der ökologischen Krise in: SRzG (Hrsg.), Handbuch Generationengerechtigkeit, S. 145 f.
526 Siehe nachfolgend Tz. 3.4.
527 Hösle, Dimensionen der ökologischen Krise in: SRzG (Hrsg.), Handbuch Generationengerechtigkeit, S. 141.

Rechte kommender Generationen seien Verletzungen ihrer Abwehrrechte, etwa auf Leben, Gesundheit, Eigentum. Um ihre Abwehrrechte zu schützen, nennt *Hösle* drei allgemeine ökologische Zielsetzungen:[528]

(1) den Erhalt gewisser Elemente, deren Verlust irreversibel ist;
(2) die Beibehaltung der Selbstregulierungsfähigkeit der Biosphäre;[529]
(3) in einigen Fällen die Bewahrung eines bestimmten konstanten Zustandes, auch wenn die lebende Natur sich an ein anderes Klima anpassen könnte.

Hösle setzt bei diesen Überlegungen die Existenz von Rechten zukünftiger Generationen voraus. Ob diese Prämisse zutreffend ist, soll, wie angedeutet, im nachfolgenden Teil in diesem Kapitel eingehend untersucht werden.[530] Gleichwohl ist der Ansatz von besonderem Interesse, liegt ihm doch die Differenzierung von (subjektiven) Rechten einerseits und Klagerechten andererseits zugrunde. Die **Existenz von Klagerechten** dürfte Voraussetzung dafür sein, um überhaupt von einem effizienten Rechtsregime zugunsten zukünftiger Generationen sprechen zu können. So stellt *Hösle* an anderer Stelle zutreffend fest, dass die zukünftigen Menschen „ja noch nicht da sind und ihre Rechte somit naturgemäß nicht verteidigen können."[531] Er erachtet daher die Forderung nach einem ‚Klagerecht der Umweltverbände' für unbedingt sinnvoll.

Dabei ist festzustellen, dass das von *Hösle* geforderte Klagerecht bereits in einigen Gesetzen seinen Niederschlag gefunden hat. So findet sich bspw. in Art. 10 Abs. 2 Verfassung Sachsen (1992) der folgende Wortlaut:

> „Anerkannte Naturschutzverbände haben das Recht, nach Maßgabe der Gesetze an umweltbedeutsamen Verwaltungsverfahren mitzuwirken. Ihnen ist Klagebefugnis in Umweltbelangen einzuräumen; das Nähere bestimmt ein Gesetz."[532]

Die Existenz eines solchen Klagerechts im Sinne einer Drittklagebefugnis[533] ist deshalb von Bedeutung, weil sich an ihm die deutliche **Vorreiterrolle der Ökologie** gegenüber anderen Wissenschaftszweigen zeigt. Wenn anerkannten Naturschutzverbänden Mitwirkungs- und Klagebefugnisse in Umweltbelangen eingeräumt werden und diese Belange in unmittelbarem Kontext zur Verantwortung für zukünftige Generationen stehen, ist nicht ersichtlich, warum entsprechende Mitwirkungs- und Klagebefugnisse nicht auch anderen Institutionen, wie etwa gemeinnützigen Stiftungen, eingeräumt werden kann, die sich (auch) für weitergehende ‚Belange der Generationengerechtigkeit' einsetzen. Der Ökologie kann somit vor dem Hintergrund der Debatte er-

---

528 Entnommen bei demselben, a. a. O., S. 141.

529 Siehe dazu auch Hampicke, Ökologische Ökonomie, S. 314 ff.

530 Kapitel 1, Tz. 3.4. – Die juristische Sichtweise.

531 Hösle, Dimensionen der ökologischen Krise in: SRzG (Hrsg.), Handbuch Generationengerechtigkeit, S. 144.

532 Zur Verdeutlichung des Gesamtkontextes sei nochmals auf Art. 10 Abs. 1 Verfassung Sachsen (1992) hingewiesen, der lautet: „Der Schutz der Umwelt als Lebensgrundlage ist, auch in Verantwortung für kommende Generationen, Pflicht des Landes und Verpflichtung aller im Land. Das Land hat insbesondere den Boden, die Luft und das Wasser, Tiere und Pflanzen sowie die Landschaft als Ganzes einschließlich ihrer gewachsenen Siedlungsräume zu schützen. Es hat auf den sparsamen Gebrauch und die Rückgewinnung von Rohstoffen und die sparsame Nutzung von Energie und Wasser hinzuwirken."

533 Drittklagebefugnis, weil nicht eigene Rechte eingeklagt werden, sondern die eines Dritten.

gebnisorientierter Wissenschaften um Generationengerechtigkeit **Vorbildfunktion für andere Wissenschaftsbereiche** zugesprochen werden.

Des Weiteren wird aus ökologischer Sicht der Schutz kommender Generationen als Staatsziel gefordert.[534] Individualrechte der Mitglieder nachrückender Generationen sollen von der Verfassung anerkannt werden.[535] Dann könne und müsse sich nicht nur die Politik, sondern auch das Bundesverfassungsgericht für deren Rechte oder Interessen einsetzen. Als sinnvoll wird ein eigenes Staatsorgan erachtet, das aus ausgewiesenen Experten bestehe und die Rechte nachrückender Generationen in Analogie zur zivilrechtlichen Figur des Vormunds vertritt, sei es als Konsultativorgan, sei es unter Umständen sogar mit Vetorecht gegenüber Gesetzen und Parlamenten.[536]

3.3.3. Globale Auswirkungen als Alleinstellungsmerkmal

Die ökologische Sichtweise führt darüber hinaus zu einem weiteren Aspekt der Generationengerechtigkeit, dem in seiner Schärfe wohl ein Alleinstellungsmerkmal zukommt: Es sind die **globalen Auswirkungen** auf kommende Generationen. Möge das Kollabieren der sozialen Systeme auf die nationale Ebene beschränkt sein,[537] ökologische Auswirkungen sind global. In den öffentlichen Fokus gelangte dieser Aspekt vornehmlich durch den im Jahr 1991 vom Club of Rome veröffentlichten Bericht *Die Globale Revolution*. Darin kommt er nach einer eingehenden Analyse der Weltlage zu dem Schluss, dass nur eine globale Revolution den erforderlichen Umbau der wirtschaftlichen und sozialen Institutionen und ein revolutionärer Bewusstseinswandel der Menschen die Orientierung auf einen nachhaltigen Umgang mit den natürlichen Ressourcen sowie inter- und intragenerationelle Gerechtigkeit bewirken könne.[538] Der damit verbundene Paradigmenwechsel wird vornehmlich unter dem Schlagwort ‚Nachhaltigkeit' diskutiert, gewinnt aber auch unter dem Stichwort ‚Generationengerechtigkeit als eigenständiges Konzept, an Bedeutung.[539] Generationengerechtigkeit ist somit – zumindest in Teildisziplinen – ein weltumfassendes Problem. Die intensive Diskussion der Generationengerechtigkeit aus ökologischer Sicht blieb nicht ohne Auswirkungen auf die Philosophie. Während bei *Rawls' Theorie der Gerechtigkeit* ökologische Aspekte intergenerationeller Gerechtigkeit noch fehlen, werden aus philosophischer Sicht mittlerweile ergänzende bis weitreichende Überlegungen angestellt.[540]

Zusammenfassend zeigt sich somit folgendes:

---

534 Zum Wirkungsbereich des Art. 20b GG vergleiche nachfolgend Tz. 3.4./3.4.1.2. (d) in diesem Kapitel.

535 Hösle, Dimensionen der ökologischen Krise in: SRzG (Hrsg.), Handbuch Generationengerechtigkeit, S. 148.

536 Hösle, Dimensionen der ökologischen Krise in: SRzG (Hrsg.), Handbuch Generationengerechtigkeit, S. 148.

537 Was sie aufgrund globaler Vernetzung der Sozial- und Wirtschaftssysteme tatsächlich nicht sind.

538 Vgl. auch Kreibich, Generationengerechtigkeit im Zeitalter globaler Umweltkrisen in: SRzG (Hrsg.), Handbuch Generationengerechtigkeit, S. 234.

539 So dies., ebenda.

540 Bspw. zu finden bei Ekardt, Das Prinzip Nachhaltigkeit.

- Generationengerechtigkeit ist aus ökologischer Sicht ein grenzüberschreitendes Problem und unterscheidet sich insofern von anderen Teilaspekten, wie bspw. dem der ökonomischen Auswirkungen auf nationale soziale Sicherungssysteme.
- Kommende Generationen haben weder Stimmrechte noch Kaufkraft. Ein Ansatz für eine Vertreterfunktion lässt sich bei den klagebefugten Naturschutzverbänden erkennen, da die Vertretung ökologischer Interessen mittelbar auch (und gerade insbesondere) künftigen Generationen zugutekommt. Der Ökologie kann insofern eine Vorreiterrolle für andere Wissenschaftszweige zugesprochen werden.
- Das Erfordernis einer Vertreterinstitution für zukünftige Generationen ist ein Erfordernis, das nicht nur national, sondern auch international diskutiert und gefordert wird.

3.3.4. Erste Schlussfolgerungen für Ansätze zu Möglichkeiten und Grenzen der Einbeziehung gemeinnütziger Stiftungen in eine generationengerechte Politik

Vor dem Hintergrund einer ergebnisorientierten politisch-philosophischen Sichtweise stellt sich die Frage, ob gemeinnützige Stiftungen nicht nur Diskussionspartner, sondern gleichzeitig auch **Interessenvertreter** bzw. **Anwalt** zukünftiger Generationen sein können.[541] Die Frage nach diesem Interessenvertreter wird vornehmlich in der ökologischen Wissenschaftsdebatte gestellt. Es stellt sich also (wiederholt) die Frage, ob gemeinnützigen Stiftungen eine derartige Funktion zugesprochen werden kann und sollte.

Aufbauend auf der Erkenntnis der **Klagebefugnis von Naturschutzverbänden** (sog. Drittklagebefugnis) stellt sich die Frage, ob dieses Instrument auf bestimmte Aspekte die Generationengerechtigkeit betreffend erstreckt werden könnte. Könnte z. B. gemeinnützigen Stiftungen (auch) für die Frage der Staatsverschuldung ein Klagerecht auf Basis einer Drittklagebefugnis zugesprochen werden und wenn ja, unter welchen Voraussetzungen (Möglichkeiten und Grenzen)?

Angesichts der globalen Auswirkungen von Handlungen mit ökologischem Bezug stellt sich die Frage, ob die Wirkungsweisen gemeinnütziger Stiftungen auch ‚globaler' zu fassen wären. An dieser Stelle lässt sich der Bogen zur universal-liberalen Diskursethik *Felix Ekardts* schlagen.[542] Nach seiner These umfasst das Prinzip der Nachhaltigkeit ‚Generationengerechtigkeit' und ‚globale Gerechtigkeit'. Dazu gehören in erster Linie, aber nicht ausschließlich ökologische Aspekte. Werden Märkte, Politik, Wirtschafts- und Sozialsysteme, Kommunikationen, Medien, wissenschaftliche Debatten[543] etc. in ihren Auswirkungen mehr und mehr international, stellt sich auch die Frage, ob ‚Gerechtigkeit' und somit auch ‚Generationengerechtigkeit' nicht auch international werden müsse.[544] Muss sich also eine Analyse, die Möglichkeiten und Grenzen der Einbeziehung gemeinnütziger Stiftungen in eine generationengerechte

541 Vgl. bereits oben, Tz. 3.1.4. in diesem Kapitel 1.
542 Vgl. oben, Tz. 3.1.2.1.(d) in diesem Kapitel 1.
543 In diesem Sinne auch Ekardt, Das Prinzip Nachhaltigkeit, S. 104.
544 Vgl. Ekardt, Das Prinzip Nachhaltigkeit, S. 104.

Politik untersucht, auch der Frage der Internationalisierung gemeinnütziger Stiftungen widmen?

In **Kapitel 3** der Untersuchung soll auf diese Fragen eingegangen werden.

3.4. Die juristische Sichtweise

Die Frage nach der Verankerung des Postulats der intergenerationellen Gerechtigkeit in Verfassung und Gesetz steht in engem Zusammenhang mit der Frage nach den Rechten zukünftiger Menschen.[545] Dieser Abschnitt versucht eine Übersicht über den Status quo der Diskussion aus Sicht der Jurisprudenz zu geben, und zwar sowohl *de lege lata* betreffend als auch die Diskussion *de lege ferenda* betreffend.[546] Festzustellen ist, dass die Diskussion der Frage nach Generationengerechtigkeit und der Frage nach Rechten zukünftiger Generationen teilweise deckungsgleich geführt wird.

3.4.1. Rechtslage *de lege lata*

3.4.1.1. Ansätze in Landesverfassungen

In der Verfassungsmoderne gibt es mehrere Ansätze zur Verankerung eines Gerechtigkeitspostulats zwischen den Generationen.[547] So hat bspw. der 1984 geänderte Art. 141 Abs. 1 der Bayerischen Landesverfassung folgenden Wortlaut:

> „Der Schutz der natürlichen Lebensgrundlagen ist, auch eingedenk der Verantwortung für die kommenden Generationen, der besonderen Fürsorge jedes einzelnen und der staatlichen Gemeinschaft anvertraut.“

Dem ging die Urform der Präambel-Fassung des bayerischen Verfassungsgebers von 1946 voraus:

> „(…) in dem festen Entschluss, den kommenden deutschen Geschlechtern die Segnungen des Friedens, der Menschlichkeit und des Rechts dauernd zu sichern.“

Weitere Ansätze finden sich in den Landesverfassungen der neuen deutschen Bundesländer. So lautet Art. 39 Abs. 1 Verfassung Brandenburg:

> „Der Schutz der Natur, der Umwelt und der gewachsenen Kulturlandschaft als Grundlage gegenwärtigen und künftigen Lebens ist Pflicht des Landes und aller Menschen.“[548]

In der Präambel des Verfassungsentwurfs Mecklenburg-Vorpommern von 1990 findet sich der Passus auf den Erhalt ökologischer Lebensgrundlagen gerichtet:[549]

---

545 Zu dieser Frage vor dem Hintergrund zeitgenössischer Moraltheorien und der Ethik siehe oben, Tz. 3.1.3.2. und Tz. 3.3.2., jeweils in diesem Kapitel 1.

546 Um den Rahmen nicht zu sprengen, sind die nachfolgenden Ausführungen nicht als umfassend und erschöpfend zu verstehen. Weiterführend zu dieser Frage siehe Häberle, Ein Verfassungsrecht für künftige Generationen in: FS Zacher, S. 215 ff.; Lux-Wesener, Generationengerechtigkeit im Grundgesetz? in: SRzG, Handbuch Generationengerechtigkeit, S. 405-440; Saladin/Zenger, Rechte künftiger Generationen und insbes. Unnerstall, Rechte zukünftiger Generationen.

547 Häberle, Ein Verfassungsrecht für künftige Generationen in: FS Zacher, S. 215 ff.

548 Weitere Beispiele bei Häberle, Ein Verfassungsrecht für künftige Generationen in: FS Zacher.

„(...) erkennend, dass Menschen die Natur nie beherrschen können, vielmehr Teil des lebenserhaltenden Kreislaufs sind und es bleiben, wenn sie ihn nicht zerstören, sondern achten."

In der Präambel der Verfassung des Landes Mecklenburg-Vorpommern vom 23. Mai 1993 heißt es dann:

„Im Bewusstsein der Verantwortung aus der deutschen Geschichte sowie gegenüber den zukünftigen Generationen".

Art. 15 Abs. 4 der Landesverfassung Mecklenburg-Vorpommern formuliert folgendes Erziehungsziel:

„Das Ziel der schulischen Erziehung ist die Entwicklung zur freien Persönlichkeit, die aus Ehrfurcht vor dem Leben und im Geiste der Toleranz bereit ist, Verantwortung für die Gemeinschaft mit anderen Menschen und Völkern sowie gegenüber künftiger Generationen zu tragen."

Art. 10 Abs. 1 der Landesverfassung Sachsen vom 27. Mai 1992 besagt:

„Der Schutz der Umwelt als Lebensgrundlage ist, auch in Verantwortung für kommende Generationen, Pflicht des Landes und Verpflichtung aller im Land. Das Land hat insbesondere den Boden, die Luft und das Wasser, Tiere und Pflanzen sowie die Landschaft als Ganzes einschließlich ihrer gewachsenen Siedlungsräume zu schützen. Es hat auf den sparsamen Gebrauch und die Rückgewinnung von Rohstoffen und die sparsame Nutzung von Energie und Wasser hinzuwirken."

3.4.1.2. Ansätze im Grundgesetz

In der Literatur finden sich diverse Ansätze, aus bestehenden Grundrechtsnormen und Verfassungsprinzipien Rechte zukünftiger Generationen abzuleiten.[550] Diese Diskussion wird nachfolgend rudimentär aufgezeigt. Eine eigene Stellungnahme hierzu wird im Anschluss abgegeben.[551]

Gegenwärtige Rechte zukünftiger Menschen

Saladin/Zenger vertreten die Auffassung, dass Art. 1 GG in eine unbestimmte Zukunft gerichtet sei und damit auch die Grundrechte dem staatlichen Schutz unterstellt seien.[552] Es sei nicht einzusehen, warum künftigen Menschen Grundrechtssubjektivität abgesprochen werden sollte. Grundrechtssubjekte seien nach geltendem Recht alle Menschen. Die Verfassung mache keine Schnitte auf der Zeitgeraden und beziehe auch die Künftigen in ihren Schutz ein.[553]

In einem neueren, vorab von der ‚Stiftung für die Rechte zukünftiger Generationen' veröffentlichten, Thesenpapier[554] nimmt *Burns H. Weston*, emeritierter Rechts-

549 Häberle, a. a. O., S. 218.

550 Siehe Saladin/Zenger, Rechte künftiger Generationen; Lux-Wesener, Generationengerechtigkeit im Grundgesetz? in: SRzG, Handbuch Generationengerechtigkeit, S. 405-440. Vgl. dazu insgesamt Unnerstall, Rechte zukünftiger Generationen, S. 422-449.

551 Siehe. Tz. 3.4.3. in diesem Kapitel.

552 Saladin/Zenger, Rechte künftiger Generationen, S. 77.

553 Saladin/Zenger, Rechte künftiger Generationen, S. 77.

554 Weston, Climate Change and Intergenerational Justice.

professor der Universität Vermont, USA, vornehmlich vor dem Hintergrund ökologischer Aspekte, Stellung:

> „If future interests can generate moral obligations to be fulfilled by present-day duty-bearers, it also is true that proxy or surrogate right-holders, lawfully appointed, can cause future interests to be treated as *legally* recognized rights.“[555] „We have seen that both distributive and reciprocity-based theories of social justice support the concept of intergenerational justice in general and intergenerational ecological justice in particular. Each validates that future generations can have legal as well as moral claims of right against present generations and that, ipso facto, present generations can have legal as moral obligations of duty relative to future generations.“[556] „This essay is so dedicated, concluding that there is ample theory to establish that future generations can have legal as well as moral rights to protection from climate change harms, and that the ecological rights of future generations define the ecological duties of present generations. (...) Environmental guardianships, trusts (...) and more must be on the agenda, and at all levels of social organization from local to global.“[557]

Eigene Stellungnahme

Zunächst ist mit *Lux-Wesener* zwischen noch nicht gezeugten (Nasciturus) und gezeugten Menschen zu unterscheiden.[558] Während das BVerfG zur Rechtssubjektivität des Nasciturus die Frage der subjektiven Rechtsträgerschaft offen gelassen hat, hat es festgestellt, dass

> „die in Art. 1 Abs. 1 aller staatlichen Gewalt auferlegte Verpflichtung, dem Einzelnen Schutz gegen Angriffe auf seine Menschenwürde zu gewähren, nicht mit dem Tode endet.“[559]

Lux-Wesener interpretiert dies dahingehend, dass Art. 2 Abs. 1 GG auf lebende Personen beschränkt ist, während der „eher statische Anteil des Bestandsschutzes eines Lebensbildes in Art. 1 Abs. 1 GG verankert ist“[560] und auch dem Nasciturus zugute komme.[561] Die Rechtssubjektivität noch nicht Gezeugter sei aber „rechtskonstruktiv zweifelhaft“[562]. Die

> „Begründung der Grundrechtssubjektivität zukünftiger Menschen aus der Zukunftsgerichtetheit der objektiven Schutzpflicht des Staates (...) erscheint als eigentümliche Verkehrung der Grundrechte. Dies sind nämlich in erster Linie gerade subjektive Rechte.“[563]

Auch *Unnerstall* stellt fest, dass die Begründung im Sinne *Saladin/Zengers* „eigentümlich verkehrt“ sei, denn sie versuche, eine objektive Schutzpflicht des Staates für zukünftige Generationen zu begründen und leiten unter Berufung auf die Zeitdifferenz

---

555 Ders., a. a. O., S. 30.

556 Ders., a. a. O., S. 35-36.

557 Ders., a. a. O., S. 49.

558 Lux-Wesener, Generationengerechtigkeit im Grundgesetz? in: SRzG, Handbuch Generationengerechtigkeit, S. 419.

559 BVerGE 39, 1, 41.

560 Lux-Wesener, Generationengerechtigkeit im Grundgesetz? in: SRzG, Handbuch Generationengerechtigkeit, S. 419 f.

561 Vgl. hierzu auch Murswiek, in: Sachs (Hrsg.), Grundgesetz, 5. Aufl. 2009, Art. 2 Rdn. 146.

562 So Lux-Wesener, Generationengerechtigkeit im Grundgesetz? in: SRzG, Handbuch Generationengerechtigkeit, S. 419.

563 Dies., a. a. O., S. 420.

der Formulierungen des Grundgesetzes ab, dass den Zukünftigen Rechtssubjektivität zugesprochen werden müsse.[564]

Lux-Wesener und *Unnerstall* ist zuzustimmen. Nach der Rechtsprechung des BVerfG ist die postmortale Anwendung des Persönlichkeitsrechts i.S.d. Art. 2 Abs. 1 GG i.V.m. Art. 1 Abs. 1 GG möglich.[565] Allerdings steht einem toten Menschen nicht selbst das Grundrecht des Art. 1 Abs. 1 GG zu, da er nicht Rechtsträger ist und ihm kein subjektives Recht zukommen kann.[566] In diesem Fall stellt sich die Menschenwürde als ‚objektiv-rechtliche Schutzpflicht des Staates' dar.[567] Verstöße hiergegen können von den Nachkommen des Verstorbenen im Wege der Verfassungsbeschwerde geltend gemacht werden.[568]

In der pränatalen Phase ist nach der Rechtsprechung des BVerfG auch dem ungeborenen Leben die Menschenwürde gemäß Art. 1 Abs. 1 GG zuzusprechen,[569] wenngleich der genaue Zeitpunkt des Eintritts dieser Schutzwirkung nicht geklärt ist.[570] Noch nicht gezeugte Menschen werden demnach allerdings nicht in den persönlichen Schutzbereich der Grundrechte einbezogen. Es stellt sich somit die Frage, ob aus der Rechtsprechung des BVerfG zur postmortalen Anwendung des Persönlichkeitsrechts eine Analogie ‚in die andere Richtung', also im Sinne eines pränatalen Grundrechtsschutzes (bereits vor Zeugung) ableiten lässt. Dies ist zu verneinen. Der verfassungsrechtliche ‚postmortale Nachlauf' des Persönlichkeitsrechts erklärt sich durch die Tatsache, dass dieser Mensch jemals gelebt hat und somit auch zu seinen Lebzeiten Grundrechte hatte. An dieser jemals existierenden Rechtssubjektivität und der jemaligen Existenz von Grundrechten fehlt es im Fall noch nicht gezeugter Menschen. Wo ein Grundrecht niemals existierte, kann es auch keine ‚vorlaufenden Persönlichkeitsrechte' geben. Art. 1 Abs. 1 GG und Art. 2 Abs. 2 Satz 1 GG schützen das ‚Leben', welches zwar auch ungeborenes Leben umfasst,[571] welches mit der Befruchtung der Eizelle beginnt,[572] nicht dagegen vor einem Befruchtungsakt. Fragen die den Zeitraum davor betreffen, sind philosophischer und moralischer Natur, nicht dagegen juristischer.[573]

---

564 Unnerstall, Rechte zukünftiger Generationen, S. 423.

565 BVerfGE 30, 173, 196 (Mephisto); BVerfGE, NJW 2001, 594 (Willy-Brand-Gedenkmünze). Das allgemeine Persönlichkeitsrecht ist im Grundgesetz nicht ausdrücklich geregelt, sondern ergibt sich aus Art. 2 Abs. 1 GG, beeinflusst durch Art. 1 Abs. 1 GG, siehe Epping, Grundrechte, Rz. 613.

566 Epping, Grundrechte, Rz. 590.

567 BVerfGE 39, 1, 41; Epping, Grundrechte, Rz. 590.

568 BVerfGE NJW 2001, 594 (Willy-Brand-Gedenkmünze); Epping, Grundrechte, Rz. 590.

569 BVerfE 39, 1, 41; 88, 203, 251; Höfling, in: Sachs (Hrsg.), Grundgesetz, 5. Aufl. 2009, Art. 1 Rdn. 54 ff; Epping, Grundrechte, Rz. 589.

570 Mit der Befruchtung der Eizelle oder 14 Tage nach der Empfängnis, vgl. dazu Epping, Grundrechte, Rz. 589 mit weiteren Hinweisen in der Fußnote 18 zur Tz. 589; vgl. auch Höfling, in: Sachs (Hrsg.), Grundgesetz, 5. Aufl. 2009, Art. 1 Rdn. 23-30 und Rdn. 58-60.

571 Höfling, in: Sachs (Hrsg.), Grundgesetz, 5. Aufl. 2009, Art. 1 Rdn. 59 und Murswiek, in: Sachs (Hrsg.), Grundgesetz, 5. Aufl. 2009, Art. 2 Rdn. 143 ff.

572 Murswiek, in: Sachs (Hrsg.), Grundgesetz, 5. Aufl. 2009, Art. 2 Rdn. 143.

573 Vgl. dazu auch die Ausführungen von Murswiek, in: Sachs (Hrsg.), Grundgesetz, 5. Aufl. 2009, Art. 2 Rdn. 145a und Rdn. 145b.

Darüber hinaus fände die Spannbreite der im Zusammenhang mit der Frage nach intergenerationeller Gerechtigkeit diskutierten Grundrechte (Art. 2 Abs. 1 Satz 1, 3 Abs. 1, 6 Abs. 1, 14 Abs. 1 GG, auf die nachfolgend eingegangen wird) im Bereich des postmortalen Grundrechtsschutzes selbst auch gar keine Anwendung, da hier ausschließlich auf das Persönlichkeitsrecht des Verstorbenen Bezug genommen wird, nicht dagegen auf ein Recht auf – beispielhaft – Gleichbehandlung im Sinne des Art. 3 Abs. 1 GG.

Ansätze wie jene von *Burns H. Weston* oder *Saladin/Zenger* vermögen daher nicht zu überzeugen. Der Begründungsansatz von *Weston* ist ergebnisorientiert. Man könnte seinen Begründungsansatz auch beschreiben mit ‚angesichts der globalen und weitreichenden Auswirkungen des Klimawandels kann es doch nicht sein, dass zukünftige Generationen keine Rechte haben.' Sein Ansatz wirkt insofern bemüht. Gleichwohl kommt auch er zu Ansätzen, die vertraut erscheinen, denn auch er fordert einen Treuhänder, Interessenwalter und nimmt hierfür Bezug auf Beispiele aus der Rechtspraxis, wie bspw. die Verwaltung von Vermögen durch einen ‚Trust'. Hierbei handelt es sich um ein „universal einsetzbares Treuhandinstitut, welches in allen Privatrechtsgebieten des angloamerikanischen Rechts anzutreffen ist"[574]. Von der Überlegung *Westons*, einen Trust als Interessenwalter zukünftiger Generationen einzusetzen zur gemeinnützigen Stiftung mit entsprechender Funktion, ist es somit nur ein kleiner Schritt. Dennoch: *Weston* und *Saladin/Zenger* vermengen die Frage der Inhaberschaft von Rechten noch nicht gezeugter Menschen mit moralischen Pflichten Lebender. Letztere ließen sich allenfalls als objektiv-rechtliche Schutzpflicht des Staates diskutieren, die Grundlage für das postmortale Persönlichkeitsrecht ist.[575] Dieser Ansatz wäre allerdings ein Zirkelschluss, sind es doch gerade die Grundrechte selbst, die die objektive Wertordnung als dogmatische Basis für staatliche Schutzpflichten bilden.[576] Zu diesem Ergebnis gelangt auch *Unnerstall* bei der Frage, ob Rechte (wie das Leben) zukünftiger Menschen schon heute von gegenwärtigen objektiven Schutzpflichten des Staates erfasst sein können.[577] *Unnerstall* kommt zu dem Ergbebnis, dass dies (nur) dann der Fall ist, wenn es eine Grundgesetznorm gibt, die diesen Gegenstand schützt. Zukünftiges Leben und zukünftige Rechte sind dann ein gegenwärtiges grundgesetzliches Schutzgut, wenn Art. 2 Abs. 2 Satz 1 GG etwa heißen würde:

> „Die *zukünftige* Leben *zukünftiger* Menschen zu achten und zu schützen ist *jetzt* Verpflichtung aller *gegenwärtigen* staatlichen Gewalt."[578]

Mit anderen Worten: Wo keine Grundrechte existieren oder jemals existierten, kann auch keine einschlägige staatliche Schutzpflicht bestehen. Dieser Befund wird bestätigt, wenn man die Grundrechte selbst betrachtet.

(a) Art. 3 Abs. 1 GG

Nach der Rechtsprechung des BVerfG ist der allgemeine Gleichheitssatz dann verletzt,

574 Verstl, Der internationale Trust als Instrument der Vermögensnachfolge, S. 14 ff., S. 18 ff.
575 Vgl. nochmals Epping, Grundrechte, Rz. 590.
576 Siehe Epping, Grundrechte, Rz. 117.
577 Unnerstall, Rechte zukünftiger Generationen, S. 430 f.
578 Unnerstall, Rechte zukünftiger Generationen, S. 431.

> „wenn sich ein vernünftiger, sich aus der Natur der Sache ergebender oder sonstwie sachlich einleuchtender Grund für die gesetzliche Differenzierung oder Gleichbehandlung nicht finden lässt, kurzum, wenn die Bestimmung als willkürlich bezeichnet werden muss.“[579]

Das BVerfG interpretiert den allgemeinen Gleichheitssatz als Gerechtigkeitsgebot: „Gleiches ist gleich, Ungleiches seiner Eigenart entsprechend verschieden (ungleich) zu behandeln.“[580] Dabei ist die Bindung an den Gleichheitssatz nicht nur auf personenbezogene Differenzierungen beschränkt, sondern gilt auch dann, wenn eine Ungleichbehandlung von Sachverhalten mittelbar eine Ungleichbehandlung von Personengruppen bewirkt.[581]

Nach ständiger Rechtsprechung des BVerfG ist Art. 3 Abs. 1 GG dann verletzt, wenn es der Gesetzgeber versäumt hat, Ungleichheiten der zu ordnenden Lebenssachverhalte zu berücksichtigen, die so bedeutsam sind, dass sie bei einer am Gerechtigkeitsdenken orientierten Betrachtungsweise beachtet werden müssen.[582]

Ob „die hohe Staatsverschuldung und die zu erwartenden Rentenverpflichtungen, die zukünftige Generationen zu bedienen haben werden“,[583] vor dem Hintergrund des Gleichheitssatzes zu rechtfertigen sind, wurde eingehend von *Lenze* untersucht.[584] Hierbei gehe es

> „letztendlich um nicht weniger als die Frage, ob dem allgemeinen Gleichheitssatz ein derart wirkungsvoller Imperativ entnommen werden kann, dass der Entscheidungsrahmen eines demokratisch gewählten Parlaments in der Gegenwart durch die antizipierten Rechte zukünftiger Menschen eingegrenzt werden kann“[585].

Nach *Lenze* steht Art. 3 Abs. 1 GG für das Thema der Generationengerechtigkeit nur eingeschränkt zur Verfügung:[586]

- Die Vergleichbarkeit verschiedener Generationen in der Zeitabfolge sei kaum möglich, da sich die jeweiligen Schicksale und Lebensbedingungen einer Generation zu sehr unterscheiden.[587]
- Die für Art. 3 Abs. 1 GG erforderliche Vergleichsgruppenbildung[588] könne nicht gelingen, weil man die Renditeaussichten der heute jungen Beitragszahler mit den Renditen, die gegenwärtige Rentenbezieher realisieren können, vergleicht. Aus dem Ergebnis leitet man die Forderung ab, laufende Renten zu kürzen, um die Bilanzen zwischen den Generationen über die Zeit auszugleichen. Dabei bleibe jedoch die nachfolgende, noch unterhaltsabhängige Generation gänzlich außer Be-

579 BVerfGE 1, S. 14, 52; Lenze, Gleichheitssatz und Generationengerechtigkeit, S. 91.

580 BVerfGE 3, S. 58, 135; Lenze, Gleichheitssatz und Generationengerechtigkeit, S. 91.

581 BVerfGE 92, S. 53, 69; Lenze, Gleichheitssatz und Generationengerechtigkeit, S. 92.

582 Ständige Rechtsprechung seit BVerfGE 1, S. 14, 52; vgl. z. B. BVerfGE 103, S. 242, 258; Lenze, Gleichheitssatz und Generationengerechtigkeit, S. 91.

583 Lenze, Gleichheitssatz und Generationengerechtigkeit, S. 88.

584 Dies., a. a. O., S. 88-108.

585 Dies., a. a. O., S. 88.

586 Dies., a. a. O., S. 95.

587 Dies., a. a. O., S. 95 f.

588 Gleiches soll im Wesentlichen gleich behandelt werden.

tracht.[589] In die Generationenbuchhaltung würden allein die messbaren Leistungsströme eingestellt: einerseits Steuern und Sozialabgaben, andererseits Sozialleistungen.[590] Würden allerdings die Aufwendungen der Eltern für ihre Kinder in die Generationenbilanz einbezogen, dann dürften die Renditen der Kinderlosen in dem Maße steigen, wie die der Eltern sinken. Eine Überprüfung der Generationenbilanzierung vor dem Hintergrund des Art. 3 Abs. 1 GG müsste demnach eine differenziertere Bilanzierung der Leistungsströme fordern, bei welcher Angehörige einer Generation mit Kindern und Angehörige einer Generation ohne Kinder zu unterscheiden wären. Allerdings wäre auch dieser differenzierende Ansatz vor dem Hintergrund des Art. 3 Abs. 1 GG erneut zu überprüfen.[591]

Nach *Lenze* „scheint es herrschende Meinung zu sein, dass das Verfassungsrecht keinen Anspruch auf Gleichstellung über die Zeit hinweg vermittelt und dass speziell Art. 3 Abs. 1 GG kein Gebot der Renditegerechtigkeit zwischen aufeinanderfolgenden Generationen enthält“[592]. Auch habe sich das BVerfG „bislang nur am Rande mit dem Thema der Gerechtigkeit *zwischen* den Generationen beschäftigt“,[593] was nicht erstaune, handele es sich doch um ein antizipiertes Problem. Auch weist *Lenze* darauf hin, dass das BVerfG einer durch Art. 3 Abs. 1 GG vermittelten Gleichheit über die Zeit hinweg eine Absage erteilt habe, ohne dabei den Begriff der Generationengerechtigkeit zu erwähnen bzw. erwähnen zu müssen.[594] Im Rahmen der ‚Stichtagsrechtsprechung‘ sei es dem Gesetzgeber durch Art. 3 Abs. 1 GG grundsätzlich nicht verwehrt, zur Regelung bestimmter Lebenssachverhalte Stichtage einzuführen, obwohl jeder Stichtag unvermeidlich gewisse Härten mit sich bringe.[595] „Verbesserungen oder Verschlechterungen dürfen ab einem bestimmten Datum greifen und damit schwere Ungleichbehandlungen von gerade noch Begünstigten und zu spät Gekommenen verursachen.“[596] Sogar der zunächst vorgesehene Ausschluss der sog. Trümmerfrauen der Geburtsjahrgänge vor 1921 von rentenrechtlichen Leistungen für die Kindererziehung sei mit der Begründung gebilligt worden, dass gerade bei Leistungsgesetzen finanzielle Erwägungen und solche der Verwaltungspraktikabilität zulässig seien.[597]

Teilweise wird deshalb versucht, verfassungsrechtliche Ansätze für ein Gebot der Generationengerechtigkeit aus einem ‚Prinzip der Systemgerechtigkeit‘ herzuleiten,

---

589 Lenze, Gleichheitssatz und Generationengerechtigkeit, S. 96 f. Lenze orientiert sich dabei an der „Generationenbilanzierung/Generational Accounting“, siehe oben unter Tz. 3.2.1.1. in diesem Kapitel.

590 Lenze, Gleichheitssatz und Generationengerechtigkeit,, S. 97.

591 Dies., a. a. O., S. 97.

592 Dies., a. a. O., S. 99.

593 Dies., a. a. O., S. 99.

594 Dies., a. a. O., S. 99.

595 BVerfGE 87, 1, 43; BVerfGE 108, 157; Lenze, Gleichheitssatz und Generationengerechtigkeit, S. 99.

596 Lenze, Gleichheitssatz und Generationengerechtigkeit, S. 100.

597 BVerfGE 87, 1, 45; 75, 40, 72; Lenze, Gleichheitssatz und Generationengerechtigkeit, S. 99.

wonach bestimmte Renditen auch weiterhin zu gewähren seien.[598] Die Vertreter dieser Auffassung[599] gestehen jedoch selbst ein, dass es

> „offenbar sehr schwer ist, umfassend – d. h. losgelöst von einem bestimmten Rechtsgebiet oder für eine bestimmte Problemstellung – die intergenerative Geltung von Grundrechten und hier insbesondere die intergenerationelle Vergleichsgruppenbildung bei Art. 3 Abs. 1 GG hinreichend begründen zu können"[600].

Zur Herleitung eines intergenerationellen Gleichheitspostulats wird daher (in diesem speziellen Fall) auf das Rentenrecht selbst zurückgegriffen.[601] Indem der Rentengesetzgeber selbst eine intergenerative Einstandspflicht planend normiert habe, gewänne der Generationenvertrag mit Hilfe des Art. 3 Abs. 1 GG als „Transformator" verfassungsrechtliches Gewicht.[602] Demgegenüber weist *Lenze* darauf hin, dass der Gesetzgeber auf einfachgesetzlicher Ebene keine Generationengerechtigkeit in der Zeitenfolge proklamiere, sondern bislang vom Prinzip der Bedarfsgerechtigkeit ausging, wonach sich die Beiträge im Wesentlichen an dem Bedarf der Rentnergeneration orientierten.[603] Danach implizieren unterschiedliche Bedarfe von unterschiedlich stark besetzten Rentnerkohorten eben auch unterschiedliche Beiträge der Erwerbstätigen.[604] Ein einfachgesetzliches Prinzip der Gerechtigkeit zwischen den Generationen in der Zeitenfolge, das für die Verfassungsinterpretation zur Verfügung stünde, existiere damit nicht.[605]

Ein weiterer Ansatz zur Einbeziehung des Art. 3 Abs. 1 GG findet sich bei *Hofmann,*[606] wenngleich dies vor dem Hintergrund der gesetzten spezifischen Zielsetzung zu sehen ist.[607] Er ist der Auffassung, dass bestimmte Risiken für die Nachwelt nicht zu rechtfertigen seien, weil dem Nachteil für die (zukünftig) Betroffenen kein Vorteil entgegenstehe. Dies sei eine vor dem Hintergrund des Art. 3 Abs. 1 GG sachlich nicht zu rechtfertigende und damit willkürliche Risikobelastung zukünftiger Menschen. *Murswiek* zeigt allerdings, dass eine solche Konstellation praktisch nie vorkomme, denn die einschlägigen Risiken betreffen sowohl lebende als auch noch nicht lebende

---

598 Hebeler, Generationengerechtigkeit als verfassungsrechtliches Gebot in der sozialen Rentenversicherung, S. 81. Lenze, Gleichheitssatz und Generationengerechtigkeit, S. 100.

599 Hebeler, Generationengerechtigkeit als verfassungsrechtliches Gebot in der sozialen Rentenversicherung, S. 81.

600 Ders., a. a. O., S. 133.

601 Hebeler, Generationengerechtigkeit als verfassungsrechtliches Gebot in der sozialen Rentenversicherung, S. 137; Lenze, Gleichheitssatz und Generationengerechtigkeit,, S. 100.

602 Hebeler, Generationengerechtigkeit als verfassungsrechtliches Gebot in der sozialen Rentenversicherung, S. 138 f.; Lenze, Gleichheitssatz und Generationengerechtigkeit, S. 100.

603 Lenze, Gleichheitssatz und Generationengerechtigkeit, S. 100 mit Hinweis auf § 158 Abs. 1 Satz 1 SGB VI.

604 Lenze, Gleichheitssatz und Generationengerechtigkeit, S. 100.

605 Dies., a. a. O., S. 100.

606 Hofmann, Rechtsfragen der atomaren Entsorgung, S. 283 ff.

607 Hofmann untersucht den Anwendungsbereich dieses Grundrechts vor dem spezifischen Hintergrund der Langzeitwirkung atomarer Risiken.

Generationen.[608] In diesem Fall liege in der Gefährdung der später lebenden keine willkürliche Ungleichbehandlung.[609]

Eigene Meinung zu Art. 3 Abs. 1 GG und Generationengerechtigkeit

Für Zwecke dieser Untersuchung wurde ein bewusst extensives Verständnis des Begriffs der ‚Generation' zugrunde gelegt.[610] Der Begriff sollte sowohl alle bereits lebenden als auch noch nicht lebenden Menschen umfassen, die gleichzeitig einer Vielzahl sozialer Lagerungen und Gruppierungen zugehörig sein können, wobei die konkrete soziale Lagerung und Gruppierung auch aufgrund künftiger, bislang noch nicht bekannter und noch nicht denkbarer Ereignisse und Gegebenheiten entstehen kann.

Angehörige einer ‚Generation' in diesem weiten Sinne, taugen nicht für vergleichende Betrachtungen im Sinne des Art. 3 Abs. 1 GG. *Lenze* ist darin zuzustimmen, dass Versuche dieser Art bereits daran scheitern, als sich die jeweiligen Schicksale und Lebensbedingungen zu sehr unterscheiden.[611] Hinzu kommt, dass die künftigen Rahmenbedingungen noch viel zu unbestimmt bzw. sogar unbekannt sind. Eine grundrechtsrelevante richterliche Überprüfung zukunftsträchtigen staatlichen Handelns anhand Art. 3 Abs. 1 GG muss mangels Bekanntheit des zu prüfenden Sachverhalts scheitern. Einen hinreichend konkreten Sachverhalt gibt es schlichtweg nicht. Allenfalls die Disziplin der Ökonomie dürfte in der Lage sein, entsprechende Sachverhalte darzulegen, da vornehmlich diese Wissenschaftsdisziplin in der Lage ist, *verifizierbare* Grundlagen für zukunftsbezogene Maßnahmen zur Verfügung zu stellen.[612] Tatsächlich betrifft dies aber Fragen der Finanzierbarkeit staatlichen Handelns mit zukunftsträchtigem Bezug. Fragen dieser Art haben mittlerweile in Art. 109 Abs. 2 GG und Art. 115 Abs. 1 GG ihren Niederschlag gefunden. Mit Art. 3 Abs. 1 GG hat dies dagegen nichts zu tun.

Jedenfalls auf Basis der für Zwecke dieser Untersuchung zugrunde gelegten Definition der ‚Generation' vermag Art. 3 Abs. 1 GG daher kein Grundrecht auf Gerechtigkeit zwischen den Generationen begründen.

(b) Art. 6 Abs. 1 GG

Art. 6 Abs. 1 GG stellt die Ehe und die Familie unter den besonderen Schutz der staatlichen Ordnung.

Die **Ehe** wird unabhängig davon geschützt, ob Kinder vorhanden sind oder nicht. Es obliegt allein den Eheleuten, ob sie sich Kinder wünschen.[613] Allein ihnen obliegt die Entscheidung über ihre persönliche und wirtschaftliche Lebensführung.[614]

Betreffend den Schutzbereich der **Familie** wird das Vorhandensein unterschiedlicher Generationen für unerlässlich erachtet.[615] Nach *Epping* gilt: „Familie ist, wo Kin-

---

608 Murswiek, Die staatliche Verantwortung für die Risiken der Technik, S. 215.

609 Ders. a. a. O.

610 Vgl. oben Tz. 2.2. in diesem Kapitel.

611 Siehe bereits oben Tz. 3.4.1.2. (a) in diesem Kapitel.

612 Vgl. dazu auch weiter unten Tz. 6 in diesem Kapitel, wo – in tabellarischer Form – herausgearbeitet wird, dass ausschließlich die Ökonomie einen empirischen Ansatz zur Frage der Generationengerechtigkeit vertritt.

613 Möller, Generationengerechtigkeit im Steuerrecht, S. 79.

614 BVerfGE 61, 319, 347; Möller, Generationengerechtigkeit im Steuerrecht, S. 79.

der sind".[616] Für Art. 6 Abs. 1 GG ist somit ein ‚familialer Generationenbegriff' zugrunde zulegen. Gemeint ist die ‚Kernfamilie', denn der „gesamte Verwandtschaftsverband" (die „Sippe") und die Mehrgenerationen-Familie („Großfamilie") werden nicht erfasst.[617]

Für den Staat besteht daneben auch die Pflicht, Ehe und Familie zu schützen und zu fördern.[618] Diese Förderverpflichtung entfaltet Wirkung für die gesamte Rechtsordnung.[619] In der Schutzpflichtdimension wird die institutionelle Garantie von Ehe und Familie als Teilhaberecht deutlich. Aus Art. 6 Abs. 1 GG selbst folgen jedoch keine konkreten Ansprüche auf Teilhabe an bestimmten staatlichen Leistungen[620] bzw. regelmäßig keine konkreten Leistungsansprüche.[621]

Art. 6 Abs. 1 GG enthält einen besonderen Gleichheitssatz. So untersagt Art. 6 Abs. 1 GG eine Benachteiligung von Ehegatten gegenüber Ledigen, von Eltern gegenüber Kinderlosen sowie von ehelichen gegenüber anderen Erziehungsgemeinschaften.[622]

Eigene Meinung zu Art. 6 Abs. 1 GG und Generationengerechtigkeit

Der Art. 6 Abs. 1 GG zugrunde liegende ‚familiale Generationenbegriff' ist für die Frage der Einbeziehung gemeinnütziger Stiftungen in eine generationengerechte Politik zu eng. Wie eingangs herausgearbeitet wurde,[623] bietet der ‚familiale Generationenbegriff' allenfalls Lösungen auf der Mikroebene, nicht dagegen auch auf der Makroebene.[624] Die Erfassung intergenerationeller Gerechtigkeitsthemen ist nicht Zielsetzung von Art. 6 Abs. 1 GG, sondern eher ein vom Verfassungsgeber unbeabsichtigter ‚Nebeneffekt'. So dürfte die Norm eine Sozialpolitik verbieten, bei denen Kinderlose im Hinblick auf ihre Altersversorgung bessergestellt sind als Familien mit Kindern.

(c) Art. 14 Abs. 1 GG

Nach *Häberle* bietet der verfassungsrechtliche Schutz des Erbrechts in Art. 14 Abs. 1 GG einen Hinweis auf das Zeit- bzw. Generationendenken des Verfassungsgebers.[625] *Häberle* weist auf die im Laufe der Verfassungsstaatsgeschichte sich immer mehr verdichtenden Jugendschutz-Klauseln hin.[626] Hinzu kämen die jüngst entstehenden Ver-

---

615 Schmitt-Kammler/von Coelln, in: Sachs (Hrsg.), Grundgesetz, 5. Aufl. 2009, Art. 6 Rdn. 15.

616 Epping, Grundrechte, Rz. 496.

617 Schmitt-Kammler/von Coelln, in: Sachs (Hrsg.), Grundgesetz, 5. Aufl. 2009, Art. 6 Rdn. 16.

618 BVerfGE 6, 55, 76; 87, 1, 35; 105, 313, 346; Möller, Generationengerechtigkeit im Steuerrecht, S. 83.

619 BVerfGE 6, 55, 72; Möller, Generationengerechtigkeit im Steuerrecht, S. 83.

620 BVerfGE 12, 151, 167; Möller, Generationengerechtigkeit im Steuerrecht, S. 83;

621 BVerfGE 82, 60, 81; Schmitt-Kammler/von Coelln, in: Sachs (Hrsg.), Grundgesetz, 5. Aufl. 2009, Art. 6 Rdn. 31.

622 BVerfGE 9, 237, 247; BVerfGE 99, 216, Leitsatz 1; Möller, Generationengerechtigkeit im Steuerrecht, S. 82; Schmitt-Kammler/von Coelln, in: Sachs (Hrsg.), Grundgesetz, 5. Aufl. 2009, Art. 6 Rdn. 32.

623 Kapitel 1, Tz. 2.2.

624 Vgl. bereits oben Kapitel 1, Tz. 2.1. und (nochmals) Heubach, Generationengerechtigkeit, S. 29.

625 Häberle, Ein Verfassungsrecht für künftige Generationen in: FS Zacher, S. 229.

626 Ders., a. a. O., S. 229.

fassungsthemen den „alten Menschen“[627] betreffend.[628] Das Sowohl-als-auch des Schutzes von Jung und Alt in derselben Verfassung könne als Belegtext für die ideell verbundenen Generationen gewertet werden.

Eigene Meinung zu Art. 14 Abs. 1 GG und Generationengerechtigkeit

Die Ausführungen von *Häberle* zum verfassungsrechtlichen Schutz des Erbrechts Art. 14 Abs. 1 GG vermögen nicht zu überzeugen, denn nach dem materialen Grundsatz der Testierfreiheit[629] kann der Erblasser „mit seinem Vermögen (…) letztwillig tun und lassen, was er will“.[630] Zukünftigen Erben, insbesondere noch nicht Geborenen, sind – aus erbrechtlicher Sicht – weder Ansprüche noch Rechte, ja noch nicht einmal Anwartschaftsrechte oder berechtigte Erwartungen auf einen pfleglich hinterlassenen Nachlass zuzusprechen. Was bleibt ist die Verantwortung, Solidarität und die Moral des Übergebenden, nicht dagegen subjektive Rechte.

(d) Art. 20a GG

Art. 20a GG wurde im Jahr 1994 in die Verfassung eingeführt. Er lautet:

> „Der Staat schützt auch in Verantwortung für die künftigen Generationen die natürlichen Lebensgrundlagen und die Tiere im Rahmen der verfassungsmäßigen Ordnung durch die Gesetzgebung und nach Maßgabe von Gesetz und Recht durch die vollziehende Gewalt und die Rechtsprechung.“

Diese Verfassungsnorm beschränkt sich sowohl nach dem Wortlaut als auch nach der gesetzgeberischen Zielsetzung auf den Erhalt ökologischer Grundlagen und Tiere.[631] Art. 20a GG normiert ein Staatsziel.[632] Im Unterschied zu einem Grundrecht bietet die Norm keinen subjektiven Anspruch des Einzelnen, sondern (nur) eine objektive Verpflichtung des Staates, allerdings auch nicht lediglich ein „unverbindlicher Programmsatz“.[633] Nach *Murswiek* kommt dem Schutz der natürlichen Lebensgrundlagen mit der Aufnahme dieses Staatszwecks in das positive Verfassungsrecht „eine hervorragende Bedeutung zu“.[634] Umweltschutz habe den Rang eines Verfassungsprinzips, das als solches nicht zur Disposition der Staatsorgane steht.[635]

Eigene Meinung zu Art. 20a GG und Generationengerechtigkeit

Aspekte der Generationengerechtigkeit haben mit dem Schutz der Natur gemäß Art. 20a GG Zugang in die Verfassungsmoderne gefunden. Aufgrund der beschränkten Reichweite der Norm wird damit allerdings nicht Generationengerechtigkeit im umfassenden Sinn erreicht. Art. 20a GG kann kein Gerechtigkeitspostulat dahingehend entnommen werden, welches auch die Gerechtigkeit der Sozialversicherungssysteme

---

627 Häberle, Altern und Alter des Menschen als Verfassungsproblem in: FS Lerche, S. 189.
628 Ders., a. a. O., S. 189 ff.
629 Siehe dazu eingehend Muscheler, Erbrecht Band 1, Rz. 327.
630 Muscheler, Erbrecht Band 1, Rz. 337.
631 Murswiek, Staatsziel Umweltschutz (Art. 20a GG), NVwZ 1996, S. 222 ff.
632 Murswiek, in: Sachs (Hrsg.), Grundgesetz, 5. Aufl. 2009, Art. 20a Rdn. 12.
633 Murswiek, in: Sachs (Hrsg.), Grundgesetz, 5. Aufl. 2009, Art. 20a Rdn. 12.
634 Murswiek, in: Sachs (Hrsg.), Grundgesetz, 5. Aufl. 2009, Art. 20a Rdn. 15.
635 Murswiek, in: Sachs (Hrsg.), Grundgesetz, 5. Aufl. 2009, Art. 20a Rdn. 15.

gewährleistet.[636] Zwischen dem Rechtsgut Natur und dem Rechtsgut soziale Sicherheit lassen sich keine analogiefähigen Rückschlüsse ziehen. Art. 20a GG lässt sich somit vorrangig die Funktion einer ökologischen Zielsetzung im Sinne eines Staatsziels entnehmen und weniger die Zielsetzung der Schaffung von Gerechtigkeit zwischen den Generationen, auch wenn ökologische Aspekte bei Letzterem eine wichtige Rolle spielen.[637]

(e) Art. 2 Abs. 2 Satz 1 GG

Lux-Wesener ist der Auffassung, dass sich aus Art. 2 Abs. 2 Satz 1 GG „wenn auch in geringem Maße, konkrete staatliche Pflichten zum Schutz zukünftiger Generationen ableiten"[638] lassen.[639] Der Staat müsse z.B. für den Erhalt lebensnotwendiger natürlicher Ressourcen Sorge tragen und dürfe lebensnotwendige erneuerbare Ressourcen nur im Rahmen ihrer Regenationsfähigkeit verbrauchen.[640]

Nach *Murswiek* gilt die „Pflicht zum Schutz vor lebens- und gesundheitsgefährdenden Umweltbeeinträchtigungen (...) nicht nur im Hinblick auf die heute lebenden Menschen, sondern auch in Bezug auf künftige Generationen."[641] Es gehe dabei „verfassungsrechtlich gesehen (...) nicht um irgendeine Globalverantwortung für ‚die Umwelt'; sondern es geht um den Schutz verfassungsrechtlicher Schutzgüter."[642] Für die Zukunft gelte insofern nichts anderes als für die Gegenwart. Es gehe um den Schutz des menschlichen Lebens, den Art. 2 Abs. 2 Satz 1 GG gebiete.[643] Und wenn die heutigen technischen Möglichkeiten so weit in die Zukunft reichen, dass man dadurch das Leben von Menschen in Hundert oder tausend Jahren gefährden kann, müsse sich diese Gefährdung an Art. 2 GG messen lassen.[644]

Eigene Meinung zu Art. 2 Abs. 2 Satz 1 GG und Generationengerechtigkeit

Mit *Unnerstall* ist zwischen gegenwärtigen Rechten zukünftiger Menschen einerseits und zukünftigen Rechten zukünftiger Menschen andererseits zu unterscheiden.[645] Während Ersteres an der fehlenden Rechtssubjektivität noch nicht Gezeugter scheitert,[646] ist Letzteres unstreitig, wenn das Grundgesetz in der Zukunft noch gilt.[647] Mit

---

636 Lenze, Gleichheitssatz und Generationengerechtigkeit, S. 98.

637 In diesem Sinne auch Murswiek, der die Frage der Verantwortung für die künftigen Generationen im Kontext des Art. 20a GG ausschließlich vor dem Hintergrund ökologischer Aspekte diskutiert, vgl. Murswiek, in: Sachs (Hrsg.), Grundgesetz, 5. Aufl. 2009, Art. 20a Rdn. 32.

638 Lux-Wesener, Generationengerechtigkeit im Grundgesetz? in: SRzG, Handbuch Generationengerechtigkeit, S. 419 f.

639 Dies. ebenda.

640 Dies. ebenda.

641 Murswiek, in: Sachs (Hrsg.), Grundgesetz, 5. Aufl. 2009, Art. 2 Rdn. 202; ders. in: Die staatliche Verantwortung für die Risiken der Technik, S. 206 ff.; ebenso Hofmann, Rechtsfragen der atomaren Entsorgung, S. 258 ff.

642 Murswiek, Die staatliche Verantwortung für die Risiken der Technik, S. 211.

643 Ders. ebenda.

644 Ders. ebenda.

645 Unnerstall, Rechte zukünftiger Generationen, S. 423 ff.

646 Vgl. soeben Tz. 3.4.1.2. vor (a) – Gegenwärtige Rechte zukünftiger Menschen/Eigene Stellungnahme; vgl. auch umfassend Unnerstall, S. 52-107.

647 Unnerstall, Rechte zukünftiger Generationen, S. 424.

Unnerstall ist davon auszugehen, dass es sich bei Letzterem um Rechte handelt, die auf einen *zukünftigen* Zustand bezogen sind, *sofern* die Zukünftigen in der Zustandsbeschreibung auftauchen.[648] Eine andere Frage ist, ob ein zukünftiges, also gegenwärtig nicht existierendes Recht heute normative Konsequenzen für ein Urteil haben kann.[649] *Unnerstall* bejaht dies am Beispiel einer Zeitbombe, die in einem Kindergarten gelegt wird. Auch wenn hier das Recht der Kinder erst mit ihrer Existenz entsteht, ist die Installierung der Bombe bereits heute verboten.[650] *Unnerstall* liegt somit auf einer Linie mit *Murswiek*. Sofern es um den Schutz objektiver verfassungsrechtlicher Schutzgüter geht, verbieten sich gefahrgeneigte Maßnahmen schon heute. Diese Pflicht ergibt sich allerdings aus einem heute bestehenden Schutzgut und ist nicht zuletzt eine Frage der allgemeinen Gefahrenabwehr, nicht dagegen eine Frage von Rechten noch nicht gezeugter Menschen.

(f) Art. 109 Abs. 2 GG und Art. 115 Abs. 1 GG

Weitere Ansatzpunkte zur Verankerung der Problematik der Generationengerechtigkeit lassen sich dem Gesamtkontext der Regelungen des X. Abschnitts des Grundgesetzes („Finanzwesen", Art. 104a ff. GG) entnehmen. Zu differenzieren ist zwischen der Rechtslage vor dem GGÄndG vom 29.07.2009[651] und der Rechtslage danach.

(aa) Rechtslage vor dem GGÄndG vom 29.07.2009

Nach Art. 109 Abs. 2 GG a. F. galt, dass Bund und Länder bei ihrer Haushaltswirtschaft den Erfordernissen des gesamtwirtschaftlichen Gleichgewichts Rechnung zu tragen haben. Nach Art. 115 Abs. 1 Satz 2 GG war eine staatliche Kreditaufnahme grundsätzlich zulässig, durfte aber zum einen gemäß Art. 115 Abs. 1 S. 2, 1. Halbsatz GG die Summe der im Haushaltsplan veranschlagten Ausgaben für Investitionen nicht überschreiten und war zum anderen gemäß Art. 109 Abs. 2 GG nach Maßgabe dessen eingeschränkt, was in Wahrung der Erfordernisse des gesamtwirtschaftlichen Gleichgewichts geboten erschien. Mit Art. 109 und 115 GG a. F. wurde auch die Frage der Zulässigkeit der Staatsverschuldung zulasten kommender Generationen als ein (wesentlicher) Teilaspekt der Frage nach Gerechtigkeit zwischen den Generationen unmittelbar verbunden.[652]

Eine (Staats-)Ausgabe i. S. des Art. 115 Abs. 1 Satz 2 GG a. F. wurde als zulässig angesehen, wenn sie die voraussichtlich eintretende staatskreditbedingte Wachstumseinbuße durch einen mit vergleichbarer Wahrscheinlichkeit eintretenden Wachstums-

648 Unnerstall, Rechte zukünftiger Generationen, S. 116.
649 Unnerstall, Rechte zukünftiger Generationen, S. 117.
650 Unnerstall, Rechte zukünftiger Generationen, S. 117.
651 GGÄndG vom 29.07.2009, BGBl. I, 2248; vgl. auch bereits oben, Tz. 3.2.1.4. in diesem Kapitel.
652 Dieses Problem wird aus ethischer Sicht auch unter dem Stichwort „Verteilungsgerechtigkeit" diskutiert, vgl. Tremmel, Generationengerechtigkeit – Positivrechtliche Verankerung der Rechte nachrückender Generationen, in: SRzG (Hrsg.), Handbuch Generationengerechtigkeit, S. 351; Lux-Wesener, Generationengerechtigkeit im Grundgesetz? in: SRzG, Handbuch Generationengerechtigkeit, S. 407, führt aus, dass „die Idee intergenerationeller Gerechtigkeit im Finanzverfassungsrecht Tradition" habe.

impuls kompensiert.[653] Ausnahmen wurden nur für den Fall als zulässig angesehen, als es um den Fall einer Störung des gesamtwirtschaftlichen Gleichgewichts ging (Art. 115 Abs. 1 S. 2, 2. Halbsatz GG a. F.). Zur Abwehr einer solchen Störung war eine Überschreitung der sich aus Art. 115 Abs. 1 S. 2, 1. Halbsatz GG a. F. ergebenden Kreditobergrenze zulässig. Aus Art. 109 Abs. 2 GG a. F. konnte sich sogar eine Verpflichtung zur Kreditaufnahme ergeben.[654] Durch die ausdrückliche Herstellung einer Verknüpfung zwischen Krediten und Investitionen erlaubte Art. 115 Abs. 1 S. 2, 1. Halbsatz GG a. F. für die gesamtwirtschaftliche Normallage eine Verlagerung von Lasten in die Zukunft insoweit, als zukünftige Generationen auch Nutznießer sind.[655] Zu einer entsprechenden gleichmäßigen Lastenverteilung käme man, wenn jede Generation die Lasten der ihr nachfolgenden Generation tragen würde, ihrerseits dann aber auch Nutznießer der Vorgängergeneration wäre.[656] Art. 115 Abs. 1 S. 2 GG a. F. galt somit als eine von mehreren Möglichkeiten eines Lastenverteilungskonzepts. Aufgrund der Unbestimmtheit der Normen in Art. 109 und Art. 115 Abs. 1 GG ließ sich jedoch keine bestimmte Aussage bzw. keine einklagbaren Rechte über die Lastenverteilung zwischen Generationen entnehmen.[657] Auf das an vorderer Stelle[658] dargestellte Urteil des BVerfG vom 09.07.2007[659] zum Nachtragshaushalt des Jahres 2007 sei nochmals verwiesen.

(bb) Rechtslage nach dem GGÄndG vom 29.07.2009

Wie bereits weiter oben[660] ausgeführt wurde, ist das Kernstück der Reformierung der Art. 109 und Art. 115 GG eine verfassungsrechtliche Begrenzung der Staatsverschuldung.

Art. 109 Abs. 2 und Art. 115 Abs. 2 S. 2 GG waren in ihrer bisherigen Fassung durch den unbestimmten Verfassungsbegriff[661] ‚gesamtwirtschaftliches Gleichgewicht' geprägt. Daran ändert sich insofern nichts, als Art. 109 Abs. 2 GG i. d. F. GGÄndG ebenfalls an diesem Begriff festhält. Demgegenüber enthalten die Art. 109 Abs. 3 i. V. m. Art. 115 Abs. 2 GG i. d. F. GGÄndG eine nunmehr konkrete und quantitativ messbare Vorgabe die Staatsverschuldung betreffend. In Bezug auf die Frage der ökonomischen Belastung künftige Generationen betreffend kann somit von einer **dogmatischen Neuausrichtung der Norm** gesprochen werden: vom unbestimmten Verfassungsbegriff weg, hin zum **konkreten** und **qualitativ messbaren politischen Programmsatz**. War die Norm bislang kein „wirksames Instrument zum Schutz gegen eine Erosion gegenwärtiger und künftiger Leistungsfähigkeit des demokratischen

653 Lux-Wesener, Generationengerechtigkeit im Grundgesetz? in: SRzG, Handbuch Generationengerechtigkeit, S. 409 mit weiteren Hinweisen.
654 Lux-Wesener, Generationengerechtigkeit im Grundgesetz? in: SRzG, Handbuch Generationengerechtigkeit, S. 410.
655 Dies., a. a. O., S. 410 f.
656 Dies., a. a. O., S. 411.
657 Dies., a. a. O., S. 413.
658 Siehe oben Tz. 3.2.1.3. in diesem Kapitel.
659 BVerfGE 119, 96 – BvF 1/04.
660 Vgl. Tz. 3.2.1.3. in diesem Kapitel.
661 Vgl. Hillgruber, in: v. Mangoldt/Klein/Starck, GG III, Art. 109 Rdnr. 49.

Rechts- und Sozialstaats“[662], bestehen nun konkrete verfassungsrechtliche Direktiven, die die Verschiebung von Finanzierungslasten auf zukünftige Generationen verhindern. Damit hat sich auch gleichzeitig die Dichte der verfassungsgerichtlichen Kontrolle für den Bereich der Kreditfinanzierung staatlicher Ausgaben erhöht.

Angesichts der bislang gewonnenen Erkenntnisse zur Frage der Verankerung der Generationengerechtigkeit im Grundgesetz stellt diese Reform ein echtes Novum dar, da das Grundgesetz in seiner bisherigen Fassung – nach den bisherigen Erkenntnissen – keinen Anspruch auf Gerechtigkeit zwischen den Generationen vermittelt haben dürfte.[663]

(cc) Staatsverschuldung als der Demokratie innewohnendes strukturelles Problem

Das Problem der Staatsverschuldung wird von *Boettcher/Tremmel* auch als ein der Demokratie innewohnendes strukturelles Problem bezeichnet.[664] So lasse sich in der Politik eine Tendenz zur Bevorzugung der Gegenwart und zur Vernachlässigung der Zukunft feststellen.[665] Es liege die Vermutung nahe, dass generationenübergreifende Fragestellungen im Hinblick auf eine demgegenüber, demokratisch bedingte, relativ kurze Wahlperiode politisch tendenziell dahingehend gelöst werden, dass die Interessen der Wiederwähler vorrangig vor denen der Noch-nicht-Wähler oder gar der Noch-nicht-Geborenen bedient werden. *Boettcher/Tremmel* führen aus, dass sich der Erfolg eines Politikers oder einer politischen Partei an seiner Wahl bzw. Wiederwahl messe und die Partei, die die nächste Wahl gewinnen will, einen Anreiz habe, Schulden aufzunehmen oder zukünftige Einnahmen vorzuziehen, anstatt heute die Ausgaben zu kürzen.[666] Die positiven Folgen sind für die Wählerschaft sofort spürbar, die negative Hypothek wird kommenden Generationen überlassen.[667]

Boettcher/Tremmel verweisen in diesem Zusammenhang auf eine empirische Untersuchung[668], die belege, dass die Neuverschuldung umso höher ausfalle, je mehr Parteien in der Regierungskoalition vertreten seien, je unterschiedlicher die Programme der Koalitionspartner seien, je wahrscheinlicher die Abwahl einer Regierung und je kürzer die durchschnittliche Amtszeit einer Regierung sei. *Boettcher/Tremmel* leiten daraus die ‚Faustformel‘ ab: „Je schwächer die Regierung, desto stärker die Wahrscheinlichkeit, dass der Zusammenhalt der Regierung mit zusätzlichen, kreditfinanzierten Budgetmitteln ‚erkauft, werden muss.“[669] Diesem Missstand ließe sich durch eine konstitutionelle Verankerung von Generationengerechtigkeit entgegenwirken.[670]

---

662 Vgl. BVerfG Entscheidung vom 09.07.2007, 2 BvF 1/04, vgl. oben, Tz. 3.2.1.3. in diesem Kapitel.

663 Vgl. dazu auch das Fazit in Tz. 3.4.3. in diesem Abschnitt.

664 Boettcher/Tremmel, Generationengerechtigkeit in der Finanzverfassung, S. 6.

665 Dies., a. a. O., S. 6.

666 Dies., a. a. O., S. 9.

667 Dies., a. a. O., S. 9.

668 Dies., S. 9, mit Hinweis auf Scherf, Wolfgang, Politische Ursachen und Möglichkeiten einer konstitutionellen Begrenzung der staatlichen Verschuldung in: Staatswissenschaften und Staatspraxis 3/1996, S. 365-386.

669 Boettcher/Tremmel, Generationengerechtigkeit in der Finanzverfassung, S. 6.

670 Boettcher/Tremmel, a. a. O., S. 6.

Demnach können „Wahlperioden nicht allzu lang sein, ohne das Wesen der Demokratie an sich zu gefährden".[671] Auf der anderen Seite stehe jede Partei „vor der Notwendigkeit, sich Mehrheiten zu beschaffen und sich dabei an den Interessen der heutigen Wähler zu orientieren".[672] Bei der Beschaffung dieser Wählerstimmen würden nachrückende Generationen (also Noch-nicht-Wähler) zwangsläufig verlieren, wenn deren Interessen diametral zu denjenigen der heutigen Wähler stehen. Vor diesem Hintergrund weisen *Boettcher/Tremmel* auf die Erforderlichkeit verfassungsrechtlicher Reformen hin.[673]

(g) Generationengerechtigkeit und Sozialstaatsprinzip

Lux-Wesener vertritt die Auffassung, dass auch das in Art. 20 Abs. 1 GG verankerte Sozialstaatsprinzip unter anderem staatliches Handeln in Verantwortung für künftige Generationen fordere.[674] Die Verpflichtung zur Daseinsvorsorge schließe die Aufgabe mit ein, durch weitsichtige Entscheidungen in der Gegenwart für das Dasein in der Zukunft zu sorgen (Zukunftsvorsorge). Der Staat sei damit aufgerufen, sein Handeln auch am Wohl zukünftiger Menschen auszurichten. Gleichwohl sei es schwierig, wenn nicht gar unmöglich, dem Sozialstaatsprinzip konkrete staatliche Pflichten zum Schutz künftiger Generationen zu entnehmen.[675]

In diesem Kontext finden sich auch Ausführungen des ehemaligen Präsidenten des Bundesverfassungsgerichts *Papier*. Im Rahmen eines Vortrags bei der Stiftung Ordnungspolitik am 17. September 2009 in Freiburg i. Br.[676] führte er dazu aus, dass das Sozialstaatsprinzip als unbestimmtes und offenes Staatsziel[677] zu verstehen ist, das auf eine gerechte Sozialordnung abzielt. Damit sei nicht nur nach sozialem Ausgleich in der Gegenwart, sondern auch im Hinblick auf eine angemessene Lastenverteilung zwischen den Generationen und mit Blick auf die Zukunft anzustreben.[678] Nach *Papier* ist gerade das Sozialstaatsprinzip der verfassungsrechtliche Ausgangspunkt für intergenerationelle Ansätze in der Verfassung, da bei der Bewertung sozialer Gerechtigkeit zunehmend auch die zukünftigen Auswirkungen eine erhebliche Rolle im Gesamtsystem spielen. *Papier* benennt dazu den Bereich der Sozialversicherung, in dem die Erhaltung der Funktions- und Leistungsfähigkeit der Sozialversicherungssysteme regelmä-

---

671 Dies., a. a. O., S. 10.

672 Dies., a. a. O., S. 10.

673 Dies., a. a. O., S. 13.

674 Lux-Wesener, Generationengerechtigkeit im Grundgesetz? in: SRzG, Handbuch Generationengerechtigkeit, S. 417.

675 Dies., a. a. O., S. 418.

676 Skript zu beziehen über /www.sop-cep.de/Vorträge 2008. Es gilt das gesprochene Wort.

677 Art. 20 Abs. 1 GG definiert die Bundesrepublik Deutschland als einen „demokratischen und sozialen Bundesstaat"; Art. 28 Abs. 1 S. 1 GG spricht von „Grundsätzen des republikanischen, demokratischen und sozialen Rechtsstaates" und nach Art. 23 Abs. 1 GG ist die Bundesrepublik Deutschland ermächtigt, an der Entwicklung der Europäischen Union an der Verwirklichung eines vereinten Europas mitzuwirken. Jene ist demokratischen, rechtsstaatlichen, sozialen und föderativen Grundsätzen und dem Grundsatz der Subsidiarität verpflichtet.

678 So Papier, Sozialstaat und Generationengerechtigkeit, Vortragsmanuskript bei Stiftung Ordnungspolitik am 17. September 2009 in Freiburg i. Br.

ßig als Argument für die Veränderung bestehender Standards aufgeführt wird.[679] Das Erhaltungsziel sei untrennbar mit der Zukunftsorientierung verbunden. Jedenfalls im Bereich der Sozialversicherung sieht *Papier* daher generationenübergreifende Gerechtigkeit – über das Sozialstaatsprinzip – als Staatsziel. Das Sozialstaatsprinzip habe eben auch eine „zeitliche Dimension".[680] Auch werde dieses Prinzip nicht durch das Demokratieprinzip eingeschränkt. *Papier* verweist dazu auf eine Entscheidung des BVerfG vom 18.04.1989, wonach folgendes festgehalten wurde:

> „Zwar entspricht der Demokratie der Gedanke der Herrschaft auf Zeit und die Achtung der Entscheidungsfreiheit auch künftiger Generationen. Es gehört aber ebenso zu den Aufgaben des demokratischen Gesetzgebers, über die Amtsperioden hinauszusehen, Vorsorge für die dauerhafte Befriedigung von Gemeinschaftsinteressen zu treffen und damit auch die Entscheidungsgrundlagen nachfolgender Amtsträger inhaltlich vorauszubestimmen."[681]

Zusammenfassend kommt *Papier* zu der Schlussfolgerung, dass das Sozialstaatsprinzip dem Gesetzgeber gebiete, in seine Entscheidungsfindung zukunftsorientierte Gedanken generationenübergreifender sozialer Gerechtigkeit einfließen zu lassen. Allerdings habe der Gesetzgeber dabei auch einen hohen Gestaltungsspielraum und weitgehend die Wahl der Mittel.[682]

Diese Aussage deckt sich mit der Antwort der Bundesregierung vom 2.11.2010[683] zur „kleinen Anfrage" mehrerer Abgeordneter und der Fraktion von BÜNDNIS 90/DIE GRÜNEN vom 13.10.2010 zu ‚Generationengerechtigkeit im politischen Handeln der Bundesregierung'.[684] Diese Anfrage enthält einen Katalog mit 35 Fragen. Die Frage 9 lautet:

> „Hält es die Bundesregierung für richtig, künftige Generationen und ihre Interessen grundgesetzlich zu schützen und das Ziel Generationengerechtigkeit als Staatsziel oder in anderer Form im Grundgesetz zu verankern?"

Die Antwort der Bundesregierung dazu lautet:

> „Die Bundesregierung ist der Auffassung, dass dem Ziel der Generationengerechtigkeit durch das Sozialstaatsprinzip in Artikel 20 Absatz 1 GG und Artikel 28 Absatz 1 Satz 1 GG Rechnung getragen werden kann. Die sozialstaatliche Verpflichtung zur Daseinsvorsorge schließt die Aufgabe ein, durch weitsichtige Entscheidungen in der Gegenwart auch für das Dasein in der Zukunft zu sorgen. Daraus ergibt sich, dass der Staat, insbesondere der Gesetzgeber, im Sinne intergenerationeller Gerechtigkeit aufgerufen ist, sein Handeln auch am Wohl künftiger Generationen auszurichten."[685]

Calliess gibt zu bedenken, dass das Sozialstaatsprinzip viel zu unbestimmt sei, um Lösungen im Sinne von Nachhaltigkeit und Generationengerechtigkeit ableiten zu kön-

679 Papier, a. a. O., S. 10 mit Verweis auf BVerfGE 100, 1, 52 vom 28.04.1999 – DDR-Rentenanwartschaften; BVerfGE 103, 172, 192, 193 vom 20.3.2001 – Altersgrenze für Kassenärzte.

680 Papier, a. a. O., S. 10.

681 BVerGE 79, 311, 343 – Staatsverschuldung.

682 Papier, Sozialstaat und Generationengerechtigkeit, Vortragsmanuskript bei Stiftung Ordnungspolitik am 17. September 2009 in Freiburg i. Br., S. 11.

683 BT-Drucksache 17/3606 vom 02.11.2010.

684 BT-Drucksache 17/3298 vom 13.10.2010.

685 BT-Drucksache 17/3298 vom 13.10.2010.

nen.[686] Eine verfassungsrechtliche Verpflichtung zur Herstellung intergenerationeller Ausgewogenheit in den Sozialversicherungen sei dem Prinzip nicht zu entnehmen. Das Sozialstaatsprinzip enthalte gerade keine genauen Vorgaben, so dass der Gesetzgeber zur Verwirklichung sozialer Ziele einen weiten Handlungsspielraum habe. Nach *Calliess* kann das Sozialstaatsprinzip daher nicht als verfassungsrechtlicher Anknüpfungspunkt für das Konzept der nachhaltigen Entwicklung und damit für Generationengerechtigkeit angesehen werden.[687]

3.4.1.3. Ansätze in der konsolidierten Fassung des Vertrags über die Europäische Union

In der konsolidierten Fassung des Vertrags über die Europäische Union heißt es in Art. 3 (3):

> „Sie [die Union, Anm.: Verf.] (…) fördert (…) die Solidarität zwischen den Generationen (…).“[688]

Hier zeigt sich zunächst, dass die europäische Verfassung insofern ‚weiter‘ ist als die deutsche, als die Thematik der intergenerationellen Gerechtigkeit bereits semantischen Zugang in den Verfassungstext gefunden hat.

3.4.1.4. Ansätze im Zivil-, insbesondere dem Erbrecht zugunsten des ‚nondum conceptus‘

Ansätze, die zwar nicht unmittelbar mit der Generationengerechtigkeit, jedoch mit Rechten noch nicht gezeugter Menschen (*nondum conceptus*) in Zusammenhang stehen, finden sich im Zivilrecht, insbesondere im Erbrecht. Zu nennen sind der Vertrag zugunsten Dritter (§ 331 Abs. 2 BGB), die Einsetzung des noch nicht gezeugten Nacherben (§ 2101, § 2106 Abs. 2 BGB) und das Vermächtnis zugunsten des noch nicht Gezeugten (§ 2162 Abs. 2, § 2178 BGB).[689]

(a) Vertrag zugunsten Dritter, § 331 Abs. 2 BGB

Stirbt im Fall eines Vertrags zugunsten Dritter der Versprechensempfänger vor der Geburt des Dritten, so kann das Versprechen, an den Dritten zu leisten, nur dann noch aufgehoben oder geändert werden, wenn die Befugnisse dazu vorbehalten sind, § 331 Abs. 2 BGB. Ist der Dritte beim Tod des Versprechensempfängers nicht geboren oder gezeugt, kann ein Rechtserwerb noch nicht stattfinden. § 331 Abs. 2 BGB begründet aber für den Ungeborenen oder den noch nicht Erzeugten eine i.d.R. unentziehbare Anwartschaft, die mit der Geburt zum Vollrecht erstarkt. Für den Dritten kann gem. §§ 1912, 1913 BGB ein Pfleger bestellt werden.[690]

---

686 Calliess, Stellungnahme Parlamentarischer Rat 15.10.2008, S. 10.
687 Calliess, Stellungnahme Parlamentarischer Rat 15.10.2008, S. 10.
688 Siehe Amtsblatt der Europäischen Union vom 30.03.2010, C 83/13, 17.
689 Vgl. Palandt/Ellenberger, § 1, RdNr. 9.
690 Vgl. Palandt/Grüneberg, § 331, RdNr. 6.

(b) Einsetzung als Nacherbe, § 2101, § 2106 Abs. 2 BGB

Nach § 2101 Abs. 1 BGB kann eine noch nicht gezeugte Person (nur) als Nacherbe eingesetzt werden. Die Erbschaft fällt ihm mit dessen Geburt an, § 2106 Abs. 2 Satz 1 BGB.

§ 1923 BGB stellt klar, dass Erbe nur werden kann, wer zur Zeit des Erbfalls lebt (§ 1923 Abs. 1 BGB) oder zum Zeitpunkt des Erbfalls bereits gezeugt war (§ 1923 Abs. 2 BGB). Dem Nichtgezeugten ist somit im Erbrecht – auch vor dem Hintergrund der §§ 2101, 2106 Abs. 2 BGB – keine Rechtssubjektivität zuzusprechen.[691]

Entscheidet sich der Gesetzgeber für die Einbeziehung nicht existenter Rechtssubjekte als Erbe, verwendet er hierfür eine **gesetzliche Fiktion**. Im Fall des Nasciturus oder der juristischen Person die nicht Stiftung ist, ist dies die Fiktion der Nacherbschaft gemäß § 1923 Abs. 2 BGB.[692] Im Fall der Stiftung ist es die Fiktion der Vollerbschaft gemäß § 84 BGB.[693] In beiden Fällen kann bzw. ist ein Pfleger zu bestellen, vgl. § 1960 BGB für den Fall der Stiftung[694] und § 1913 BGB in den anderen Fällen.[695] Für den **Nasciturus** ändert die fiktive Rückwirkung der Rechtsbeziehung nichts daran, dass das Erb*recht* tatsächlich *erst mit der Geburt* erlangt wird. Der Erbe muss also außerhalb des Mutterleibs tatsächlich gelebt haben, wenn auch nur kurz.[696] Die **noch nicht gezeugte Person** wird in rechtsdogmatischer Hinsicht als „Zuordnungssubjekt für rechtliche Beziehungen und für ein Vertreterhandeln (Pfleger) betrachtet".[697] Auch die noch nicht gezeugte Person erlangt seine Rechtsfähigkeit erst mit der Geburt, § 2106 Abs. 2 Satz 1 BGB.

(c) Vermächtnis, § 2162 Abs. 2, § 2178 BGB

Ist ein durch ein Vermächtnis Bedachter zur Zeit des Erbfalls noch nicht gezeugt, so wird das Vermächtnis (erst) mit dem Ablauf von 30 Jahren nach dem Erbfall unwirksam, wenn nicht vorher der Bedachte gezeugt wird, § 2162 Abs. 2 BGB. Der Anfall des Vermächtnisses erfolgt mit der Geburt, § 2178 BGB. Für die Zeit zwischen dem Erbfall und dem Anfall des Vermächtnisses gelten die Vorschriften, die für den Fall gelten, dass eine Leistung unter einer aufschiebenden Bedingung geschuldet wird, § 2179 BGB.

(d) Stellungnahme

Die aufgezeigten Rechtsinstitute des Vertrags zugunsten Dritter, der Erbeinsetzung und der Anordnung eines Vermächtnisses zugunsten noch nicht gezeugter Menschen zeigen, dass es rechtskonstruktivistisch möglich ist, noch nicht gezeugten Menschen

691 MünchKommBGB/Leipold § 1923 RdNr. 24.

692 MünchKommBGB/Leipold § 1923 RdNr. 27 und 29.

693 Sog. „Städel-Paragraf", siehe dazu Kapitel 2, Tz 4.4.3. Siehe ferner § 2101 Abs. 2 2. Halbsatz BGB und MünchKommBGB/Leipold § 1923 RdNr. 28.

694 MünchKommBGB/Grunsky § 2101 RdNr. 7.

695 MünchKommBGB/Grunsky § 2101 RdNr. 5.

696 Palandt/Edenhofer, § 1923, RdNr. 6.

697 MünchKommBGB/Leipold § 1923 RdNr. 26. *Leipold* spricht insofern unter Berufung auf RGZ 65, 277, 281 von der „Zuerkennung einer beschränkten Rechts- und Parteifähigkeit"; siehe dazu nochmals MünchKommBGB/Leipold § 1923 RdNr. 26, dort Fußnote 22.

zwar nicht Rechte, aber doch rechtsähnliche Positionen im Sinne von Anwartschaftsrechten[698] bzw. aufschiebend bedingten Rechten[699] zuzusprechen. Der Konstruktion einer fingierten Rechtsfähigkeit noch nicht gezeugter Menschen bedarf es dazu nicht.[700] Interessen und Positionen dieser Art können sogar dinglich besichert werden.[701] Gemeinsam ist diesen Instituten jedoch folgendes:

(1) Es bedarf einer positivrechtlichen Normierung.

(2) Es bedarf einer Interessenvertretung, die von einem Pfleger wahrgenommen wird.

3.4.2. Rechtslage *de lege ferenda*

3.4.2.1. Generationenschutz als materielles Verfassungsproblem

De lege ferenda fordert *Häberle*, dass der Begriff ‚Generationen' nicht auf die direkten Kontexte der verfassungsrechtlichen Verwendung dieses Begriffs z. B. im Umweltverfassungsrecht bzw. bei den Erziehungszielen beschränkt bleiben darf.[702] Der Begriff müsse vielmehr verallgemeinert, d. h. zur Grundlage eines gewandelten Verständnisses von Verfassung, Staat, Gesellschaft und Volk gemacht werden. Dieser Ansatz eröffne künftigen Generationen den erforderlichen Freiheitsraum, eine Belastung künftiger Generationen auch als Verletzung der verfassungsmäßigen Ordnung werten zu können.[703] Versteht man das „Volk als Summe von Generationen"[704], werde eine Verfassung in der Regel dem Anspruch nach nicht nur für die heute lebende, sondern auch für künftige Generationen entworfen bzw. in Kraft gesetzt.[705] Auf der anderen Seite erfordere das regulative Prinzip des Generationenvertrags als dynamischer Gesellschaftsvertrag hinreichende Konkretisierung.[706] So zeige sich deutlich am Beispiel der Rentenpolitik, dass eine Generation weder überlastet noch aus der Pflicht entlassen werden dürfe. Es gelte, einen fairen Ausgleich zu suchen. Die zu definierende Rechte- und Pflichtenverteilung sei – auch aus verfassungsrechtlicher Sicht – im Lichte der klassischen und neueren Gerechtigkeitslehren von *Aristoteles* bis *Rawls* zu lösen.[707] Hierzu gehörten unter anderem Fragen des Naturschutzes, der zulässigen Staatsverschuldung, der Einwanderungspolitik, der Kultur- und Familienpolitik.

Häberle betont ferner, dass sich ein dosiertes Maß an ‚Generationenverfassungsrecht' als normaler Ausdruck der Wachstumsphase des Verfassungsstaates von heute

---

698 So Palandt/Grüneberg, § 331, RdNr. 6 für den Fall des Vertrags zugunsten Dritter; MünchKommBGB/Grunsky § 2101 RdNr. 5: „Die Rechtsfolgen der Einsetzung eines noch nicht Gezeugten als Nacherben entsprechen denen bei der Nacherbschaft eines schon Lebenden." Dies ist ein Anwartschaftsrecht, vgl. MünchKommBGB/Grunsky § 2100 RdNr. 34.

699 MünchKommBGB/Schlichting § 2178 RdNr. 2 für den Fall des Vermächtnisses.

700 Palandt/Ellenberger, § 1, RdNr. 9.

701 MünchKommBGB/Grunsky § 2101 RdNr. 5; Palandt/Edenhofer § 2101 RdNr. 2.

702 Häberle, Ein Verfassungsrecht für künftige Generationen in: FS Zacher, S. 219 f.

703 Ders., a. a. O., S. 227 i. V. m. 225.

704 Ders., a. a. O., S. 229: „Das deutsche Volk ist per se ein Mit-, Neben- und Nacheinander mehrerer Generationen."

705 Häberle, Ein Verfassungsrecht für künftige Generationen in: FS Zacher, S. 228.

706 Ders., a. a. O., S. 231.

707 Ders., a. a. O., S. 231.

erweise.[708] Es gelte hierbei, einen mittleren Weg als vernünftiges Maß zwischen der Freiheit der heutigen und Bindung im Interesse der künftigen Generation(en) zu suchen. Generationenschutz sei dabei als materielles Verfassungsproblem zu verstehen. Aus verfassungspolitischer Sicht ergebe sich das **Postulat**, den **Generationenaspekt in den Verfassungstexten maßvoll einzusetzen**. Ein Zuviel laufe Gefahr, die Gestaltungsfreiheit der derzeit lebenden Generation(en) zu stark einzuschränken; ein Zuwenig berge die Gefahr, künftige Generationen auf Kosten der derzeit lebenden Generation(en) zu belasten.[709]

3.4.2.2. Implementierung eines Bundesschuldenrats

Schließlich wird die Errichtung einer neuen, verfassungsrechtlich verankerten Institution, des Bundesschuldenrats (BSchR) diskutiert.[710] Die Mitglieder des BSchR sollten – ebenso wie diejenigen des Bundesrechnungshofs – richterliche Unabhängigkeit besitzen. Als solchermaßen souveränes Kontrollgremium soll der BSchR den Schuldenstand des Bundes sowie die Rechtmäßigkeit und Erforderlichkeit der Kreditaufnahme überwachen. Dabei müsse dem BSchR bei jeder Kreditaufnahme Gelegenheit zur Stellungnahme gegeben werden. Darüber hinaus solle der BSchR ein materielles Sanktionsrecht gegenüber dem Haushaltsgesetzgeber besitzen. In bestimmten Fällen soll dem BSchR ein Zustimmungsrecht zugewiesen werden.[711]

Die Verfassungskonformität der Implementierung eines BSchR wird jedoch kritisch gesehen.[712] Da die Befugnisse des BSchR mit dem Kreditbewilligungsrecht einen Aufgabenkreis berühren, der zu dem Kernbereich parlamentarischer Zuständigkeit, dem Haushaltsgesetzgebungsrecht, gehöre, würde der Gesetzgeber einen beachtlichen Teil seiner Macht delegieren.[713] Die Bedeutung dieses Verlusts parlamentarischer Macht wäre im Grunde umfassend, da fast jede politische Entscheidung eine finanzielle Kehrseite (und umgekehrt) habe. Demokratieprinzip und BSchR stünden letztlich in einem Spannungsverhältnis, das sich vor dem Hintergrund der gegenwärtigen staatsrechtlichen Situation nicht zugunsten des BSchR lösen lasse. Auch *Calliess* stellt daher die Frage nach der demokratischen Legitimation einer derart kompetenten parlamentsfremden Institution.[714] Er diskutiert daher eine – weniger weitreichende – prozedurale Reformoption, welche die „bloße Verschärfung der Abstimmungsmodalitäten im Parlament“[715] in Erwägung zieht.[716] So könnte eine Zweidrittelmehrheit erforderlich sein, wenn die Neuverschuldung des Bundes eine definierte Höhe übersteigt.[717]

708 Ders., a. a. O., S. 232 f.
709 So ders., a. a. O., S. 232 f.
710 Boettcher/Tremmel, Generationengerechtigkeit in der Finanzverfassung, S. 21.
711 Dies., a. a. O., S. 21 f.
712 Vgl. Calliess, Stellungnahme Parlamentarischer Rat 15.10.2008, S. 27.
713 Boettcher/Tremmel, Generationengerechtigkeit in der Finanzverfassung, S. 24.
714 Calliess, Stellungnahme Parlamentarischer Rat 15. Oktober 2008, S. 27.
715 Ders., a. a. O., S. 27.
716 Ders., a. a. O., S. 27.
717 Ders., a. a. O., S. 27.

3.4.2.3. Entwurf eines ‚Generationengerechtigkeitsgesetzes' – Art. 20b GG-Entwurf

Besondere Erwähnung verdient der Entwurf zum ‚Generationengerechtigkeitsgesetz'. Hierbei handelte es sich um eine Gesetzesinitiative[718] in der 16. Legislaturperiode[719], die von über 100 Abgeordneten aus fast allen Parteien unterzeichnet wurde. Diese Initiative wurde gemäß § 125 der Geschäftsordnung des Deutschen Bundestages mit dem Zusammentreten des 17. Deutschen Bundestages am 27. Oktober 2009 formell hinfällig.[720] Dennoch ist auf diese Initiative einzugehen, da zum einen die politische Bedeutung dieser Fragestellung mit dem Zusammentreten der 17. Legislaturperiode ja keineswegs obsolet geworden ist[721] und zum anderen mit dieser Initiative die konkrete Forderung nach der Berücksichtigung von ‚Interessen künftiger Generationen' verbunden war. So forderte die Initiative zum Generationengerechtigkeitsgesetz die Aufnahme eines **neuen Artikels 20b GG** mit folgendem Wortlaut:

> „Der Staat hat in seinem Handeln das Prinzip der Nachhaltigkeit zu beachten und die Interessen künftiger Generationen zu schützen."

Zudem sollte **Art. 109 Abs. 2 GG** wie folgt **ergänzt** werden (Änderung *kursiv*):[722]

> „Bund und Länder haben bei ihrer Haushaltswirtschaft den Erfordernissen des gesamtwirtschaftlichen Gleichgewichts, *dem Prinzip der Nachhaltigkeit sowie den Interessen der künftigen Generationen* Rechnung zu tragen."

(a) Zwecksetzung des ‚Generationengerechtigkeitsgesetzes'

Der neuzufassende Art. 20b GG wurde als Ergänzung zum in Art. 20 Abs. 1 GG definierten Sozialstaatsprinzip und dem sich aus Art. 20a GG ergebenden Schutzbereich gesehen.[723] Das Konzept der Generationengerechtigkeit wurde als Teil eines umfassenden Nachhaltigkeitskonzeptes definiert, welches sich – ähnlich dem Sozialstaatsprinzip – auf nahezu alle Politikfelder beziehe. Die Interessen künftiger Generationen seien daher möglichst umfassend zu schützen.[724] Auch wurde konzediert, dass politischen Entscheidungen ein Strukturproblem innewohne, nämlich eine Tendenz zur Bevorzugung der Gegenwart und zur Vernachlässigung der Zukunft. Lösungsansätze der

---

718 Bundestags-Drucksache 16/3399 vom 09.11.2006.

719 Der 17. Deutsche Bundestag wurde am 27. September 2009 gewählt und trat am 27. Oktober 2009 erstmalig zusammen. Damit endete die 16. Wahlperiode.

720 § 125 der Geschäftsordnung des Deutschen Bundestages bezieht sich auf „Unerledigte Gegenstände" und lautet: „Am Ende der Wahlperiode des Bundestages gelten alle Vorlagen als erledigt." Das bedeutet, dass alle bislang nicht verabschiedeten Anträge der Bundestagsabgeordneten der 16. Wahlperiode verfielen (sog. Diskontinuitätsprinzip).

721 Diese politische Realität wird nicht zuletzt dokumentiert durch die bereits weiter oben (Tz. 3.4.1.2.g – Generationengerechtigkeit und Sozialstaatsprinzip) erwähnte Anfrage mehrerer Abgeordneter und der Fraktion von BÜNDNIS 90/DIE GRÜNEN mit BT-Drucksache 17/3298 vom 13.10.2010 zur Frage „Generationengerechtigkeit im politischen Handeln der Bundesregierung". Die Anfrage enthält einen Katalog mit 35 Fragen. Die Antwort erfolgte mit BT-Drucksache 17/3606 vom 02.11.2010.

722 Änderungsvorschlag berücksichtigt nicht die Änderung dieser Norm durch das GGÄndG vom 29.07.2009; vgl. dazu oben Tz. 3.4.1.2. (f) in diesem Kapitel.

723 Siehe Gesetzentwurf Drucksache 16/3399 vom 09.11.2006, Einzelbegründung zu Artikel 1.

724 Siehe Gesetzentwurf Drucksache 16/3399 vom 09.11.2006, ebenda.

politisch Handelnden müssten bisher nicht explizit die Auswirkungen des Handelns für künftige Generationen berücksichtigen.[725] Dem sollte mit der Einführung des Art. 20b GG entgegengewirkt werden. Art. 20b GG sollte im Ergebnis eine Rechtslücke schließen, da, wie obige Ausführungen gezeigt haben, die Interessen künftiger Generationen von der Verfassung nicht hinreichend geschützt werden.

Mit der Modifikation des Art. 109 Abs. 2 GG sollte nicht nur das gesamtwirtschaftliche Gleichgewicht berücksichtigt werden, sondern auch die Interessen der künftigen Generationen. Die Beurteilung der Haushaltswirtschaft sollte somit um eine zukunftsbezogene Komponente erweitert werden. Diesem Änderungsvorschlag lag die Erkenntnis zugrunde, dass

> „Lasten heutiger Entscheidungen auf morgen verschoben werden. Dies betrifft insbesondere die impliziten und die expliziten Schulden der staatlichen Ebenen und der Sozialversicherungssysteme, die künftigen Generationen die Freiheit zu eigenständiger Gestaltung der Politik nehmen, und Investitionen in die Zukunft zugunsten von konsumtiven Ausgaben nicht getätigt werden. Bereiche wie Bildung und Forschung seien ein unverzichtbarer Bestandteil generationengerechter Politik. Sie ermöglichen und sichern Entwicklungs- und Verwirklichungsmöglichkeiten der jungen und künftigen Generation und künftiger Generationen."[726]

In der theoretischen Konzeption von Art. 109 Abs. 2 GG sollte die öffentliche Kreditaufnahme demnach nicht mehr nur (oder in erster Linie) auf ihre gesamtwirtschaftliche Wirkung geprüft werden, bspw. ob sie mit dem Ziel der Geldwertstabilität oder dem Wachstumserfordernis von Art. 109 Abs. 2 GG vereinbar ist. Stattdessen sollte diese auch den langfristigen Zielen der Nachhaltigkeit und Generationengerechtigkeit genügen.

(b) Expertenanhörungen zum ‚Generationengerechtigkeitsgesetz'

Die erste Lesung des Antrags fand im Oktober 2007 statt. Am 15. Oktober 2008 erfolgte eine öffentliche Anhörung; diese konnte auf der Homepage des Deutschen Bundestages verfolgt werden.[727] Die schriftlichen Stellungnahmen und mündlichen Ausführungen der eingeladenen Experten dokumentieren die Interdisziplinarität und damit auch die Komplexität der Thematik. Für den Zweck der vorliegenden Untersuchung ist folgende Aussage aus der Stellungnahme von *Calliess* hervorzuheben,[728] worin ausgeführt wird:

> „Festzuhalten bleibt, dass Art. 20a GG – begrenzt auf den Bereich der ökologischen Nachhaltigkeit – gute Ansätze für eine generationengerechte Politik enthält, die praktische Umsetzung jedoch erheblichen Mängeln unterliegt. Der Grund hierfür liegt nicht in der materiellen Fassung der Norm, die durchaus konkretisierbar ist, sondern beruht auf institutionellen Schwächen, insbesondere der Gegenwartsbezogenheit der Entscheidungsträger. Hier bedarf es Reformen, um sicherzustellen, dass der Gesetzgeber die notwendigen Entscheidungen trifft, um Interessen künftiger Generationen besser zu schützen."

In Bezug auf die Neuschaffung eines Art. 20b GG führt *Calliess* weiter aus:[729]

---

725 Siehe Gesetzentwurf Drucksache 16/3399 vom 09.11.2006 unter „A. Problem".

726 So Bundestags-Drucksache 16/3399 unter „A. Problem".

727 www.bundestag.de/parlament/gremien/beiraete/parl.-beirat/anhoerungen, Abruf April 2009.

728 Damit soll eine implizite Wertung gegenüber Aussagen/Stellungnahmen anderer beteiligter Experten nicht verbunden sein.

729 Calliess, Stellungnahme Parlamentarischer Rat 15.10.2008, S. 29 f.

„Eine wirklich effiziente prozedurale Umsetzung des Nachhaltigkeitsprinzips kann jedoch nur von einem mit verfassungsrechtlicher Autorität ausgestattetem Rat für nachhaltige Entwicklung (Nachhaltigkeitsrat) erwartet werden. Dieser könnte in einem Absatz 2 des neuen Art. 20b GG (...) verankert werden."

Hervorzuheben ist, dass die Sichtweise der Jurisprudenz insofern mit der Sichtweise der politischen Philosophie und auch der Ökologie übereinstimmt: Es bedarf einer Institution, eines Interessenvertreters bzw. eines Anwaltes, der die Rechte und Interessen künftiger Generationen wahrnimmt. Vor dem Hintergrund des vorliegenden Untersuchungsgegenstands drängt sich erneut die Frage auf, ob gemeinnützige Stiftungen geeignet wären, diese Funktion zu übernehmen, um bestehende institutionelle Schwächen der Verfassungsmoderne zu beseitigen.

(c) Generationengerechtigkeit und Nachhaltigkeit aus juristischer Sicht am Beispiel des ‚Generationengerechtigkeitsgesetzes'

Es fällt auf, dass der Entwurf zum ‚Generationengerechtigkeitsgesetz' selbst nicht den Terminus ‚Gerechtigkeit' bzw. ‚Generationengerechtigkeit' vorsah, sondern die Begriffe ‚Nachhaltigkeit' und ‚Interessen künftiger Generationen'.

Calliess weist darauf hin, dass es sich bei dem Begriff ‚Nachhaltigkeit' aus juristischer Sicht einerseits – wie beim Begriff ‚Generationengerechtigkeit' – um einen unbestimmten Rechtsbegriff handele. Allerdings könne – im Gegensatz zum Begriff ‚Generationengerechtigkeit' – beim Begriff ‚Nachhaltigkeit' von einem juristisch etablierten Begriff ausgegangen werden.[730] So finde sich der Begriff ‚Nachhaltigkeit' in Vorschriften des BWaldG, des BJagdG, des WHG, BNatG, BauGB, ROG.[731] Auf EU-Ebene habe der Begriff Zugang in die Präambel des EG-Vertrags, in Art. 2 EUV sowie in Art. 2, 6, 174 EG gefunden. Auch gehe die überwiegende Meinung in der juristischen Diskussion davon aus, dass mit Art. 6 EG eine vollinhaltliche Aufnahme des Nachhaltigkeitsprinzips in das europäische Recht stattgefunden hat.[732] Diese Einbeziehung ergibt sich z. B. im Rahmen der Richtlinie über die strategische Umweltprüfung.[733] Als weitere Beispiele sind die EG-Wasserrahmenrichtlinie (WRRS)[734] und die Fauna-Flora-Habitat Richtlinie zu nennen (FFH-Richtlinie).[735]

Die Jurisprudenz ist somit auf einer Linie mit der ökonomischen Betrachtungsweise, wonach Nachhaltigkeit messbar, d. h. berechenbar ist, während Gerechtigkeit zwischen den Generationen einer wertenden Entscheidung unterliegt.[736] Wohl vornehmlich aus diesem Grund wurde empfohlen, nicht den Begriff ‚Generationengerechtigkeit', sondern den Begriff ‚Nachhaltigkeit' in das Grundgesetz aufzunehmen.

---

730 Ders., a. a. O., S. 8.

731 Ders., a. a. O., S. 8.

732 Ders., a. a. O., S. 8.

733 Bückmann/Lee/Simonis, Nachhaltigkeit und das Recht in Politik und Zeitgeschichte 2003, S. 29.

734 Richtlinie 2000/60/EG des europäischen Parlaments und des Rates vom 23.10.2000.

735 FFH-RL vom 21.05.1992, 92/43/EWG, zuletzt geändert durch die Richtlinie 97/62/EWG vom 27.10.1997 zur Erhaltung der natürlichen Lebensräume sowie der wildlebenden Tiere und Pflanzen.

736 Raffelhüschen, Stellungnahme Parlamentarischer Rat 15.10.2008, S. 1.

Zudem ist festzustellen, dass der Entwurf zum ‚Generationengerechtigkeitsgesetz' anstelle von ‚Rechten' von ‚Interessen' künftiger Generationen spricht. *Tremmel* ist in der schriftlichen Stellungnahme zur Anhörung beim Parlamentarischen Beirat der Auffassung, dass dies akzeptabel sei, wenngleich er den Begriff ‚Bedürfnisse' bevorzuge.[737] Die Frage nach der Verwendung der Begriffe ‚Rechte' (i. S. einer Generationengerechtigkeit) oder ‚Interessen' (künftiger Generationen) erinnert an die Erkenntnistheorie von *Kelsen*.[738] Er gelangt in seiner Analyse *Was ist Gerechtigkeit?* bekanntlich zu der Erkenntnis, dass es absolute Gerechtigkeit nicht gebe und es vielmehr um die Lösung von Interessenkonflikten gehe. Gerechtigkeit wird erst dann zum Problem, wenn Interessenkonflikte zu lösen sind. Gleichwohl stellt sich sowohl aus ethisch-philosophischer Sicht wie auch aus rechtlich-ökonomischer Sicht immer dieselbe Frage, sei es, ob man nun von ‚Interessen' oder von ‚Rechten zukünftiger Generationen' spricht. Es besteht – zumindest im Rahmen einer praxisorientierten Vorgehensweise – Einigkeit darüber, dass ‚Interessen' oder auch ‚Rechte' antizipierbar sein müssen.

3.4.3. Fazit aus juristischer Sicht *de lege lata* und *de lege ferenda*

Nach wohl ganz herrschender Meinung vermittelt das Verfassungsrecht *de lege lata keine Rechte* auf Gerechtigkeit zwischen den Generationen. Der Aspekt der Generationengerechtigkeit findet aus Sicht der Verfassungsmoderne vornehmlich im Sozialstaatsprinzip, dem Staatsziel des Umweltschutzes gemäß Art. 20a GG sowie in Präambeln diverser Landesverfassungen und der konsolidierten Fassung des Vertrags über die Europäische Union Berücksichtigung. Mit Art. 109, 115 GG durch das GGÄndG vom 29.07.2009 wurden spezielle Teilaspekte der Generationengerechtigkeit im Grundgesetz verankert. Das GGÄndG dürfte insofern über den Reformansatz des ‚Generationengerechtigkeitsgesetzes Art. 109 Abs. 2 GG betreffend' hinausgehen. Allerdings werden damit, nach wie vor, weder derzeit geltende Grundrechte zukünftiger Menschen noch ‚Generationengerechtigkeit im umfassenden Sinne' begründet.

Zivilrechtliche Institute zum *nondum conceptus* zeigen, dass es rechtskonstruktivistisch möglich ist, berechtigte Interessen noch nicht gezeugter Menschen bereits heute rechtlich geltend zu machen. Hierfür bedarf es allerdings der positivrechtlichen Verankerung eines derartigen ‚Instituts'. Im Hinblick auf die Generationengerechtigkeit gibt es ein solches de lege lata nicht. De lege lata fehlt es auch an der rechtlichen Verankerung einer Interessenvertretung. So ist im Rahmen der bisherigen Untersuchung mehrfach die Frage nach der Interessenvertretung und Treuhandschaft zukünftiger Generationen aufgetreten.[739] Auch die aufgezeigten Institute zum *nondum conceptus* kommen ohne eine derartige Interessenvertretung (Pfleger) nicht aus.

Will man die Debatte der Generationengerechtigkeit weiter ‚voranzubringen', dürfte daher den Fragen nach der Schaffung gegenwärtiger subjektiver Rechte zukünftiger (d.h. auch noch nicht gezeugter) Generationen, zumindest aber der materiellen

737 Tremmel, Stellungnahme Parlamentarischer Rat 15.10.2008, S. 15. Er weist ferner in einer Fußnote (44) darauf hin, dass in früheren Textstadien dieses Gesetzesentwurfs „Rechte" an der Stelle stand, wo jetzt „Interessen" stehe.

738 Vgl. obige Ausführungen unter Tz. 3.1.1.(b).

739 Vgl. oben Tz. 3.1.4. und 3.3.3. in diesem Kapitel.

Erweiterung existierender Staatsziele, besondere Bedeutung zukommen. Dass dies gesetzestechnisch gar nicht unmöglich ist, zeigt auch ein Blick in die Rechtsgeschichte. So findet sich im Preußischen Allgemeinen Landrecht im Ersten Teil § 10 die folgende Regelung:

> „Die allgemeinen Rechte der Menschheit gebühren auch den noch ungebornen Kindern, schon vor der Zeit ihrer Empfängniß."

Entsprechende Forderungen zur Reformen sind somit nicht nur rechtspolitisch, sondern auch rechtshistorisch legitimiert. Ohne entsprechende Rechte wäre auch die Stellung eines Interessenvertreters bzw. Treuhänders deutlich geschwächt, denn wie sollte er Interessen oder ähnliches vertreten, wenn seine ‚Klientel' gar keine Rechte für sich in Anspruch nehmen kann?

Aktuelle Reformbestrebungen wie der Entwurf zum ‚Generationengerechtigkeitsgesetz' lassen vermuten, dass ein Prozess im Entstehen begriffen ist, auch wenn dieses Gesetz nicht verwirklicht worden ist. So weist auch *Häberle*[740] darauf hin, dass mit der wissenschaftlichen Erschließung des verfassungsrechtlichen Begriffs ‚Generation(en)', soweit ersichtlich, bisher kaum begonnen wurde. Entsprechendes müsse dann erst recht für die Frage der Generationengerechtigkeit aus verfassungsrechtlicher und einfachgesetzlicher Sicht gelten. Ein Blick in die Verfassungswirklichkeit zeigt, dass dieser Aussage zuzustimmen ist. So kündigte der Ministerpräsident des Landes Baden-Württemberg zum Auftakt des Nachhaltigkeitskongresses 2009 in Stuttgart am 25.03.2009 an, dass man

> „als bundesweit erstes Land künftig wichtige landespolitische Entscheidungen wie neue Landesgesetze, Verordnungen und Richtlinien auf ihre Umwelt- und Sozialverträglichkeit sowie auf mögliche Folgen für die wirtschaftliche Entwicklung hin überprüfen will."[741]

Dem liegt offensichtlich eine Orientierung am Drei-Säulen-Prinzip der Nachhaltigkeit[742] zugrunde, wonach die Konzeption einer dauerhaft zukunftsfähigen Entwicklung die ökonomische, ökologische und soziale Dimension menschlicher Dimension erfasst.[743] Dies zeigt, dass sich Verfassungsorgane der Frage der Generationengerechtigkeit thematisch weiter öffnen, als dies bislang der Fall war.

3.4.4. Erste Schlussfolgerungen für Ansätze zu Möglichkeiten und Grenzen der Einbeziehung gemeinnütziger Stiftungen in eine generationengerechte Politik

De lege lata haben zukünftige Generationen – sofern noch nicht gezeugt – weder Rechte, noch gibt es rechtskonstruktivistische Institute, die berechtigte Interessen zu-

740 Häberle, Ein Verfassungsrecht für künftige Generationen in: FS Zacher, S. 224 m. w. N. in Fußnote 32.

741 Pressemitteilung 20099325_2 des Staatsministeriums Baden-Württemberg vom 25.03.2009, abzurufen unter http://www2.um.baden-wuerttemberg.de/servlet/is/44063, letzter Abruf August 2011.

742 Vgl. oben, Tz. 3.2.3. in diesem Kapitel.

743 Nochmals: Abschlussbericht der Enquete-Kommission „Schutz des Menschen und der Umwelt" vom 26.06.1998 sowie Ausführungen oben Tz. 3.2.3.

künftiger Generationen wahrnehmen oder sicherstellen, geschweige denn einklagen könnten. Eine Reform muss sich somit mit der Frage beschäftigen, ob Klagerechte im Hinblick auf einen umfassenden Rechtsschutz zukünftiger Generationen möglich, wenn nicht gar notwendig sind. Um der Thematik der Generationengerechtigkeit gerecht zu werden, wären Klagerechte nicht nur im ökologischen Sektor zu fordern, sondern auch themen- bzw. ressortübergreifend, also auch im Hinblick auf Fragen der Staatsverschuldung und der Rentenpolitik etc.

Es drängt sich die Frage auf, ob gemeinnützige Stiftungen als Interessenvertreter zukünftiger Generationen in Frage kommen könnten. Dies könnte durch Zuweisung eigener Rechte, als Inhaber von Drittklagebefugnissen oder als ‚Pflegerinstitut' analog zu einem zivilrechtlichen Institut zum *nondum conceptus* erfolgen (Möglichkeiten). Dies impliziert gleichzeitig auch die Frage, ob damit nicht auch eine Instrumentalisierung gemeinnütziger Stiftungen einherginge (Grenzen). Diese Gedanken sollen in **Kapitel 3** aufgegriffen werden.

3.5. Fazit zum Begriff der Generationengerechtigkeit aus interdisziplinärer Sicht – Begriffsfestlegung für Zwecke dieser Untersuchung

3.5.1. Fazit zum Begriff der Generationengerechtigkeit aus interdisziplinärer Sicht

Die Entwicklung einer umfassenden ‚Theorie der Generationengerechtigkeit' ist bislang nicht gelungen. Dies erschwert es der Politik – aber auch jedem Einzelnen –, ‚richtig' im Sinne der intergenerationellen Gerechtigkeit zu handeln. So verwundert es nicht, dass *Kersting* in seinem Werk *Theorien der sozialen Gerechtigkeit* bereits an vorderster Stelle darauf hinweist, dass es dem Sozialstaat an einer zuverlässigen normativen Hintergrundtheorie fehle. Es fehle an einer grundlegenden Verständigung darüber, was unter einer gerechten Verteilung ökonomischer Güter zu verstehen sei. Dieses im Grunde anspruchsvolle sozialstaatliche Legitimationsprogramm sei aus **politikphilosophischer Sicht** bis heute nicht eingelöst worden, was dazu führe, dass statt eines

> „begrifflich scharfen und politisch orientierungskompetenten legitimatorischen Profils der herrschende Sozialstaat nur eine diffuse, erheblich gefühlslastige (...) Gerechtigkeitspräsumtion vorweist"[744].

Aus **ökonomischer Sicht** ist festzustellen, dass man sich dem Problem der Generationengerechtigkeit mit finanzmathematischen Ansätzen nähert. Die Frage, was ist generationengerecht, kann jedoch mit rein mathematischen Instrumentarien alleine nicht beantwortet werden, wenngleich diese hilfreich und notwendig sind, um politische Maßnahmen mit intergenerationellem Bezug auf ihre finanz- und haushaltspolitischen Auswirkungen hin zu bewerten.

---

744 Kersting, Theorien sozialer Gerechtigkeit, S. 1.

Aus **Sicht der Jurisprudenz** ist festzustellen, dass das geltende Recht kommenden Generationen weder entsprechende Rechte geschweige denn einklagbare Ansprüche zuweist. Generationengerechtigkeit im umfassenden Sinne ist – nicht mehr aber auch nicht weniger – vom Sozialstaatsprinzip umfasst.

Dies wiederum wirft die Frage auf, ob vor diesem Hintergrund überhaupt von Ungerechtigkeit gesprochen werden kann. Wird Gerechtigkeit in ihrer grundlegendsten Form als ‚gemäß den Gesetzen oder gemäß den Regeln' bestimmt und ist Gerechtigkeit demnach ‚abhängig von den bestehenden Gesetzen und Regeln einer Gesellschaft'[745], stellt sich die Frage, ob die proklamierte Ungerechtigkeit nicht tatsächlich eher als unmoralisches oder unverantwortliches Handeln einzustufen ist. Zwar scheint die Definition von *Heubach*, „Generationengerechtigkeit ist erreicht, wenn niemand aufgrund seiner Zugehörigkeit zu einer bestimmten Generation benachteiligt wird"[746], im juristischen Kontext eines Art. 3 Abs. 1 GG durchaus überzeugend.[747] Im Sinne einer ergebnisorientierten Umsetzung oder Empfehlung politischer Maßnahmen stellt sich aber sogleich (wieder) die Frage nach (a) der gesetzlichen Verankerung dieses Gleichheitsgebots und (b) der Messung und Bewertung potenzieller Benachteiligungen.

Tremmel fordert ein Gerechtigkeitsbild, das – sehr vereinfacht und plakativ – mit der Forderung ‚Unseren Kindern soll es einmal besser gehen' umrissen werden kann.[748] *Tremmel* argumentiert damit, dass andernfalls die Generation A ihre Errungenschaften und Werte niederbrennen dürfte und dabei immer noch dem Gleichheitsgebot gerecht würde.[749] Die Generation A würde dann dasselbe hinterlassen, was sie selbst erhalten hat. Wie wäre aber der Fall zu beurteilen, in dem die Generation A bereits über ihre Verhältnisse lebt und sich somit ungerecht gegenüber nachfolgenden Generationen verhält? Die Generation A hinterließe also nicht nur kulturelle Werte, technische Errungenschaften und Innovationen, sondern auch Schulden. Was nun, wenn die nachfolgende Generation B ihre Lebensverhältnisse wieder zurückschraubt (bzw. zurückschrauben muss), um sich gerecht im Sinne eines weitergehenden Generationenkontextes zu verhalten? Wäre es in diesem Fall generationengerecht, wenn die Generation B weniger hinterlässt, als sie erhalten hat, bzw. weniger hinterlassen kann, weil sie die von der Generation A hinterlassenen Schulden begleichen musste?

Es ist davon auszugehen, dass eine **allgemeingültige** und vor allem auch **zeitlose Definition** von Gerechtigkeit zwischen den Generationen **nicht gelingen kann**. Dies dürfte im Wesentlichen damit zusammenhängen, dass es nicht möglich ist, die Zukunft vorherzusehen. Ob eine Handlung oder Entscheidung generationengerecht ist bzw. war, lässt sich im Grunde erst dann beurteilen, wenn alle Parameter der Entscheidung (Vergleichsgrößen) existent sind bzw. zugrunde liegen. Dies wird deutlich am vielzitierten Generationenvertrag. Ob die hierfür relevanten Gerechtigkeitsparameter (Geburtenzahl und Beitragszahler) vorliegen, lässt sich erst dann feststellen und bewerten,

745 Vgl. obige Ausführungen unter Tz. 3.1.1.1. in diesem Kapitel.

746 Vgl. Heubach, Generationengerechtigkeit, S. 44.

747 Auch wenn die Untersuchung von Heubach nicht auf eine juristische Definitionsfindung angelegt ist.

748 Tremmel, A Theory of Intergenerational Justice.

749 Tremmel, A Theory of Intergenerational Justice, S. 222.

wenn diese vorliegen, sprich Beitragszahler existieren. Dies ist zum Zeitpunkt der auf den ‚Vertragsschluss'[750] folgenden Generation.

3.5.2. Begriffsfestlegung für Zwecke dieser Untersuchung

Generationengerechtigkeit ist daher auf **zwei verschiedenen Zeitachsen** zu diskutieren: der Zeitachse der Generation A und der Zeitachse der Generation B. Eine Diskussion über Generationengerechtigkeit aus Sicht der Generation A ist daher immer eine Diskussion um antizipierte Gerechtigkeit. Dies bedeutet nun nicht, dass diese Debatte nicht geführt werden soll, im Gegenteil. Allerdings ist die Diskussion nur zielführend, wenn sie die Ungewissheit und Offenheit der Zukunft berücksichtigt. Vor diesem Hintergrund kann eine Bestimmung des Begriffs ‚Generationengerechtigkeit' auch nur entsprechend (zukunfts-)offen gehalten sein.

Für Zwecke dieser Untersuchung soll dem Begriff ‚Generationengerechtigkeit' daher folgendes Begriffsverständnis zugrunde gelegt werden:

Generationengerechtigkeit liegt vor, wenn niemand wegen seiner Zugehörigkeit zu einer Generation benachteiligt wird. Ob eine Benachteiligung gegeben ist, ist auf zwei Zeitachsen zu beurteilen: der Zeitachse der handelnden Generation und der Zeitachse der künftigen, betroffenen Generationen. Rechte, Interessen und Bedürfnisse künftiger Generationen sind zu antizipieren. Dabei ist zu berücksichtigen, dass diese aufgrund künftiger technologischer und/oder sozialer Innovationen nicht abschließend vorhersehbar sind. Daher ist auf den Erhalt von Chancen für spätere Generationen besonderer Wert zu legen. Diese Chancen würden bspw. genommen, wenn vermutlich geeignete ökologische Ressourcen vollständig verbraucht werden oder der derzeitige Sozialstaat eine Organisationsform findet, die nachfolgenden Generationen der Möglichkeit zu einer wirtschaftlichen und sozialen Selbstbestimmung verwehrt.

4. Zum Begriff generationengerechte Politik

Wurden nun Begriffslegungen zur ‚Generation' und ‚Generationengerechtigkeit' vorgenommen, bleibt noch die Frage nach einer ‚generationengerechten Politik'. Damit in unmittelbarem Zusammenhang steht die Frage nach einer zukunftsfähigen Politik. Nach *Höffe* darf man von einer Politik mit Blick auf die Zukunft „eine Elementar- und Rahmenverantwortung" erwarten.[751] (Nur) Ein Gemeinwesen, das Verantwortungen für die Zukunft wahrnimmt, dürfe zukunftsfähig heißen.[752] Eine zukunftsfähige Politik erfordert den Willen, den Lauf der Dinge mit zu beeinflussen. Konkret geht es bei einer zukunftsbezogenen Politik – wie auch bei einer generationengerechten Politik – um die Schaffung von **Rahmenbedingungen**, die der Generationengerechtigkeit auch zur **praktischen Durchsetzung verhilft**. Es geht somit um politische Rahmenbedingungen, die zur **Umsetzung politischer Maßnahmen** führen können. *Höffe* sagt dazu: „Zukunftsfähigkeit bedeutet die Fähigkeit eines Gemeinwesens, sowohl anstehende als

750 Sofern ein solcher überhaupt jemals existierte.

751 Höffe, Ist die Demokratie zukunftsfähig?

752 Ders., a. a. O., S. 9.

auch neu aufkommende Probleme unter Berücksichtigung der Handlungsspielräume zu lösen."[753]

Höffe arbeitet vier Faktoren heraus, die auf die Zukunftsfähigkeit Einfluss haben:[754]

(1) Emotionale Einstellungen (Pathos)
(2) Grundhaltungen (Ethos)
(3) Institutionen (Nomos)
(4) Das Überlegen und Planen (Logos).

Im Hinblick auf den Faktor der Institutionen arbeitet er heraus, dass im Rahmen der Politik Institutionen der öffentlichen Gewalt, also staatliche Institutionen, von Institutionen der Zivil- bzw. Bürgergesellschaft zu unterscheiden sind. Nur im Hinblick auf die elementarsten Aufgaben erscheine es sinnvoll, diese auf staatliche Institutionen zu übertragen und nur die Ergänzungen der Bürgergesellschaft zu überantworten. Wiederum stellt sich die Frage, ob gemeinnützige Stiftungen als eine solche Institution zu einer zukunftsfähigen Politik beitragen können.

Anknüpfend an die Differenzierung von *Höffe* stellt sich aber auch eine weitere Frage: Ist für eine zukunftsfähige – und somit auch eine generationengerechte – Politik auf **staatliche Stiftungen** (als Institution der öffentlichen Gewalt) oder auch auf **Stiftungen des privaten Rechts** (als Institution i. S. einer Zivil- bzw. Bürgergesellschaft) zurückzugreifen? Wie könnte ggf. eine Funktionsverteilung aussehen? Lassen sich hieraus Ansätze für eine Differenzierung von generationengerechter Politik (Institutionen der öffentlichen Gewalt) einerseits und der Schaffung von Rahmenbedingungen für eine generationengerechte **Solidarität** (Institutionen der Zivil- bzw. Bürgergesellschaft) andererseits entnehmen?

Im Hinblick auf die Zukunftsfähigkeit der Politik zeichnet sich bei *Höffe* ein weiteres Element ab, das hier schlicht mit der **Maxime zum Handeln** umschrieben werden soll. Nach *Höffe* zeigt sich die Zukunftsfähigkeit einer Politik

> „nicht in den Finten und Finessen, mit denen sie die Scharmützel der Tagesquerelen besteht oder das nächste Wahlgefecht zu gewinnen hofft. Zukunftsfähigkeit verlangt die weit größere Planungs- und Gestaltungsfähigkeit jener echten Strategien, die die Zukunft zu gestalten, zumindest für sie Vorsorge zu treffen suchen, freilich ohne einen Erfolg zu garantieren. Gemeint sind Grundformen des politischen, zukunftsgerichteten Vernunftgebrauchs."[755]

Politik beweist Zukunftsfähigkeit, wenn sie die wichtigen Aufgaben ihres Gemeinwesens rechtzeitig wahrnimmt, nach wirksamen Lösungen sucht und schließlich Entscheidungen trifft. „Zukunftsunfähig ist sie dagegen, wenn sie die wichtigen Entscheidungen (…) aussitzt."[756]

Diese Überlegungen gelten auch für Anforderungen an eine generationengerechte Politik. Problemlösungen müssen sich zunächst am Problem orientieren und nicht an gegebenen Rahmenbedingungen. Sind Letztere nicht geeignet, Problemlösungen zu ermöglichen oder herbeizuführen, kommt es zu einem Konflikt: Entweder man behält

753 Höffe, Ist die Demokratie zukunftsfähig? S. 29.
754 Ders., a. a. O., S. 33 f.
755 Ders., a. a. O., S. 124.
756 Ders., a. a. O., S. 212.

die gegebenen Rahmenbedingungen bei und das Problem bleibt ungelöst, oder man ändert die gegebenen Rahmenbedingungen, um neue Wege zu Lösungsansätzen zu ermöglichen.

So erfordert eine generationengerechte Politik zum Beispiel einen von Wahlperioden unabhängigen Planungshorizont. Dem dürfte aus praktischer Sicht nur dann zum Durchbruch zu verhelfen sein, wenn man entsprechenden Gerechtigkeitserwägungen nicht nur den Rang politischer Absichtserklärungen einräumt, sondern politischen Programmsätzen auch den Rang einer formellen Gesetzeswirklichkeit einräumt. Das wiederum setzt Mut voraus, da man sich auf ein Anspruchsdenken, auf Interessen und sogar Rechtsgüter einlässt, die in ihrer konkreten Form noch gar nicht feststehen. Dies rechtfertigt und bedingt sogar entsprechend ‚offene Programmsätze' – so ‚offen' eben, wie die Zukunft nur sein kann. Wie im Rahmen der Begriffslegungen zur Generationengerechtigkeit aufgezeigt wurde, geht es darum, Rechte, Interessen und Bedürfnisse zu antizipieren. Es geht um den von *Höffe* proklamierten ‚politischen und zukunftsgerichteten Vernunftgebrauch'.

Ist eine generationengerechte Politik somit naturgemäß offen, heißt dies nicht, dass Maßnahmen nicht zu treffen wären. Die Fähigkeit, Probleme im Kontext der Generationengerechtigkeit zu lösen, setzt vielmehr die Bereitschaft voraus, entsprechend zukunftsfähige (offene) Rahmenbedingungen nicht nur zu diskutieren, sondern auch zu implementieren.

Ausgehend von diesen Prämissen soll an dieser Stelle eine Begriffslegung vorgenommen werden, die (auch und insbesondere) durch den besonderen Untersuchungsgegenstand motiviert ist. Demnach ist eine **generationengerechte Politik** insbesondere von drei Kriterien geprägt:

(1) Sie soll über politische Absichtserklärungen hinausgehen und Rahmenbedingungen setzen, die mutmaßliche Rechte, Interessen und Bedürfnisse künftiger Generationen bereits heute zur Durchsetzbarkeit verhelfen.
(2) Sie soll Rahmenbedingungen schaffen, die berücksichtigen, dass es zur heutigen Durchsetzbarkeit handlungsfähiger und wirksamer Interessenvertreter bzw. Institutionen bedarf.
(3) Sie soll Rahmenbedingungen schaffen, die berücksichtigen, dass die zugrunde liegenden Rechte, Interessen und Bedürfnisse generationsübergreifend sind und sich nicht an Wahlperioden orientieren können.

Es ist letztlich eine Frage der politischen Kultur und auch der gegebenen Mehrheitsverhältnisse, ob diese Begriffslegung in ihrer Konsequenz praktikabel und real erscheint. Insbesondere die Frage nach **Rechten, Interessen und/oder Bedürfnissen zukünftiger Generationen** wird hier implizit höchst kontrovers zu diskutieren sein. Allerdings soll der gesetzte Untersuchungsbereich ja auch die politischen Implikationen der Einbeziehung gemeinnütziger Stiftungen zur Förderung intergenerationeller Gerechtigkeitsüberlegungen in Form möglicher politischer Strategien, Programme und Gerechtigkeitsforderungen untersuchen und Auswirkungen erforderlicher Veränderungen auf wichtige Rechtsgebiete wie bspw. das Verfassungsrecht, das Stiftungsverwaltungsrecht, das Erbrecht und das Steuerrecht beleuchten. Dies impliziert eine Grundlegung, die über rein politische Absichtserklärungen hinausgeht und obige Begriffslegung einer generationengerechten Politik nicht nur rechtfertigt, sondern geradezu voraussetzt. Dieser Untersuchung wird daher implizit ein Politikverständnis zugrunde gelegt, das die oben beschriebene **Maxime zum Handeln** als eine erforderliche Maßnahme akzeptiert.

5. Generationengerechtigkeit in der Realität politischer Grundsatzprogramme

Nach dieser Begriffslegung soll nun noch ein kurzer Blick in die Realität politischer Grundsatzprogramme geworfen werden. Sofern diese die Thematik der Generationengerechtigkeit aufgreifen, sollte man – zumindest theoretisch – von einer Akzeptanz entsprechender Lösungsvorschläge ausgehen können. Gleichzeitig wird damit die zu Beginn der Einleitung[757] proklamierte These von *Tremmel*, ‚die Generationengerechtigkeit erobere die politische Agenda'[758], verifiziert.

5.1. Grundsatzprogramm der CDU

Im Grundsatzprogramm der CDU, beschlossen vom 21. Parteitag in Hannover,[759] wird Generationengerechtigkeit den eigenen (drei) Grundwerten zugrunde gelegt: Freiheit, Gerechtigkeit und Solidarität. Letztere wird als eine Verpflichtung gegenüber künftigen Generationen gesehen; ohne Solidarität zwischen den Generationen wird Generationengerechtigkeit als nicht erreichbar angesehen.[760] Alle politischen Entscheidungen müssten dieser Verantwortung gerecht werden. Der Aspekt der Generationengerechtigkeit findet sich ferner im Kontext zur Familie[761] und dem demografischen Wandel.[762] Die Herausforderungen des demografischen Wandels werden als Querschnittsaufgabe gesehen.[763] So werden bspw. die sozialen Sicherungssysteme als nicht zeitgemäß bewertet. Zu ihrer Gestaltung orientiert man sich an dem Grundsatz der Stärkung des Prinzips der Eigenverantwortung, dem Prinzip der Generationengerechtigkeit und dem Prinzip der Leistungsgerechtigkeit.

Im Bereich der Familienpolitik wird unter Berufung auf den Generationenvertrag die Verantwortung der Erwachsenen besonders hervorgehoben. Den ‚Ruhestand' will man abschaffen und anstatt dessen die Lebenserfahrung der Älteren nutzbar machen.[764] Auch unternehmerischem Handeln wird Gerechtigkeit gegenüber zukünftigen Generationen zugesprochen. Der Generationenvertrag soll auf eine neue, stabile Basis gestellt werden, die den jüngeren Menschen eine sichere Lebensplanung ermöglichen

757 Siehe oben ‚Einleitung' Tz. 1.
758 Tremmel in: SRzG (Hrsg.), Handbuch Generationengerechtigkeit, S. 17.
759 Beschlossen am 3.-4. Dezember 2007.
760 Grundsatzprogramm CDU Tz. 22.
761 Grundsatzprogramm CDU Tz. 29.
762 Grundsatzprogramm CDU Tz. 51.
763 Grundsatzprogramm CDU Tz. 53.
764 Grundsatzprogramm CDU Tz. 62.

soll.[765] Weitere Bezugspunkte gibt es zur Umweltpolitik[766], zur Pflegeversicherung[767], Staatsverschuldung[768] und Fragen der Integration[769].

5.2. SPD – Hamburger Programm

Im Hamburger Programm[770] der SPD ist der Begriff der Generationengerechtigkeit als solcher nicht zu finden. Gleichwohl gibt es zahlreiche Ansätze für die programmatisch einschlägige Zielsetzung. So wird in der Einleitung darauf abgestellt, dass es gelte, die **natürlichen Lebensgrundlagen** auch für künftige Generationen zu sichern.[771] **Solidarität** als wechselseitige Verbundenheit, Zusammengehörigkeit und Hilfe gelte (auch) zwischen Generationen.[772] Im Bereich **sozialer Stadtpolitik** plädiert man für barrierefreie und generationsübergreifende Wohnformen, um auch eine „älter werdende Stadt lebensfähig" zu halten.[773] Im Bereich der **Finanzpolitik** lauten die Postulate die Verschuldung der öffentlichen Haushalte zu senken und gleichzeitig mehr Geld in Bildung, Forschung und Infrastruktur zu investieren.

5.3. BÜNDNIS 90/DIE GRÜNEN

Im Berliner Grundsatzprogramm BÜNDNIS 90/DIE GRÜNEN[774] wurde der Generationengerechtigkeit ein eigener Unterabschnitt gewidmet. Im Bereich der **Finanzpolitik** wird eine nachhaltige Politik angestrebt, die übermäßige Verschuldung abbauen soll, um eine Verschuldungsfalle zu vermeiden. Der Investitionsbegriff müsse im Sinne der Nachhaltigkeit neu gefasst werden und auch Ausgaben für Bildung, Wissenschaft und vorsorgenden Umweltschutz umfassen.[775] Generationengerechtigkeit wird als Chancengleichheit und Teilhabegerechtigkeit gesehen.[776] **Umwelt-** und **Klimaschutz** ist eine Frage der Gerechtigkeit zwischen den heutigen und den zukünftigen Generationen. Im Bereich der **sozialen Sicherungssysteme** will man Sozialsysteme nachhaltig für alle Generationen gerecht gestalten.[777] Nachhaltigkeit und Generationengerechtigkeit müssen die Prinzipien einer kinderfreundlichen Politik und Gesellschaft sein. Da die Veränderung der Altersstruktur der Gesellschaft sich stark auf das Leben junger Menschen auswirke, müssten die Interessen der jungen Menschen und

---

765 Grundsatzprogramm CDU Tz. 190.
766 Grundsatzprogramm CDU Tz. 41, 234, 239, 255.
767 Grundsatzprogramm CDU Tz. 196 ff.
768 Grundsatzprogramm CDU Tz. 209.
769 Grundsatzprogramm CDU Tz. 303.
770 Grundsatzprogramm der SPD, beschlossen auf dem Hamburger Bundesparteitag der SPD am 28. Oktober 2007.
771 Hamburger Programm S. 5, 42.
772 Hamburger Programm S. 16.
773 Hamburger Programm S. 34.
774 Verabschiedet am 17. März 2002 in Berlin.
775 Grundsatzprogramm BÜNDNIS 90/DIE GRÜNEN 17. März 2002, S. 58.
776 Grundsatzprogramm BÜNDNIS 90/DIE GRÜNEN 17. März 2002, S. 62.
777 Grundsatzprogramm BÜNDNIS 90/DIE GRÜNEN 17. März 2002, S. 74.

künftigen Generationen in den Sicherungssystemen angemessen berücksichtigt werden, was bspw. den Umbau der **Altersvorsorge** fordere.[778]

In dem auf der 29. Ordentlichen Bundesdelegiertenkonferenz[779] beschlossen **Europawahlprogramm** ist der Begriff ‚Generationengerechtigkeit' nicht zu finden. Bezug genommen wird aber auf die „demografische Entwicklung mit ihren Auswirkungen für die sozialen Sicherungssysteme, den Arbeitsmarkt und das Zusammenleben der Generationen".[780] Hierin sieht man Herausforderung und Chance, die man aktiv gestalten will. Im Bereich der Umwelt- und Verbraucherpolitik will man – auf europäischer Ebene – vorausschauend handeln, um Kindern eine lebenswerte Welt mit vielen Entfaltungschancen zu hinterlassen. Politik müsse daher nachhaltig sein. Eine Agrarpolitik, die zur Industrialisierung der Landwirtschaft, Monokulturen und Einsatz von Pestiziden führt, verlagere die Kosten für die Naturzerstörung gleichzeitig in das Gesundheitswesen, was zukünftige Generationen belaste.[781]

Die demografische Entwicklung wird als europäische Herausforderung gesehen. „Potenziale des Alters" sollen daher ausgeschöpft werden, die belastenden Auswirkungen des demografischen Wandels solidarisch auf die Generationen verteilen und die Risiken des Alters reduzieren.[782]

5.4. FDP – Programm zur Bundestagswahl 2009

Auch im Programm der FDP zur Bundestagswahl 2009 findet die Frage der Generationengerechtigkeit Zugang zu gleich mehreren Politikbereichen. Zu nennen sind Fragen der Haushaltskonsolidierung[783], der Sozialpolitik und Alterssicherung[784], der Rentenpolitik[785], der Kranken-[786] und Pflegeversicherung[787] und der Staatsverschuldung[788]. Die FDP bekennt sich in ihrem Grundsatzprogramm zur Verankerung der Interessen kommender Generationen im Grundgesetz.[789] Diese Verankerung soll in der Finanzverfassung und in den Staatszielbestimmungen erfolgen. Die FDP fordert eine offizielle Generationenbilanz für Deutschland. Darin sollen Leistungen für nachfolgende Generationen – wie Ausgaben für Bildung, Infrastruktur und soziale Sicherheit – ihren Belastungen durch Staatsverschuldung, Pensionslasten und Verpflichtungen aus Generationenverträgen gegenübergestellt werden. In der Gesetzgebung sollen alle Gesetze einer Nachhaltigkeitsprüfung hinsichtlich ökologischer, ökonomischer und sozialer

778 Grundsatzprogramm BÜNDNIS 90/DIE GRÜNEN 17. März 2002, S. 78, 89.
779 Beschlossen am 23. bis 25. Januar 2009 in Dortmund.
780 Europawahlprogramm BÜNDNIS 90/DIE GRÜNEN, S. 21.
781 Europawahlprogramm BÜNDNIS 90/DIE GRÜNEN, S. 48.
782 Europawahlprogramm BÜNDNIS 90/DIE GRÜNEN, S. 86.
783 Programm FDP, S. 8.
784 Programm FDP, S. 16.
785 Programm FDP, S. 17.
786 Programm FDP, S. 18.
787 Programm FDP, S. 22.
788 Programm FDP, S. 77.
789 Programm FDP, S. 52.

Folgen für kommende Generationen überprüft werden. Für finanzielle Auswirkungen soll die Generationenbilanzierung zugrunde gelegt werden.[790]

5.5. CSU – Grundsatzprogramm

Im Grundsatzprogramm der CSU[791] ist der Thematik „Nachhaltigkeit – Generationengerechtigkeit" ein eigener Unterabschnitt gewidmet. Der demografische Wandel wird als neue Herausforderung für die soziale Frage der nächsten Jahrzehnte und für die gerechte Partnerschaft der Generationen in einem zukunftsfesten Sozialstaat gesehen. Im Bereich der Umweltpolitik wird dem Klimawandel besondere Bedeutung beigemessen. Mit ihm werden sowohl ökologische, soziale und wirtschaftliche Folgen verbunden.[792] Gegenüber Nachkommen wird, unter gleichbleibender Rückbesinnung auf Leistungen der älteren Generation, eine besondere Verantwortung formuliert.[793] Die CSU steht zur Bereitschaft zur Selbstbeschränkung und zur Pflicht für gute Investitionen in die Zukunft. Für die CSU ist Nachhaltigkeit ein grundlegender Handlungsmaßstab, in dem Lebenschancen der künftigen Generationen gemehrt und nicht verzehrt werden.[794] Als betroffene Ressorts werden neben der Sozialpolitik, die Umwelt-, Wirtschafts-, Haushalts- und Finanzpolitik, Familienpolitik genannt. Die CSU sieht sich hierbei als „Anwalt der kommenden Generationen".[795] Jedes politische Handeln der Gegenwart müsse an seinen positiven und negativen Folgen für die kommenden Generationen gemessen werden.[796] Die Haushaltsverschuldung soll abgebaut werden, Finanzpolitik nachhaltig gestaltet werden.[797] Im Grundsatzprogramm der CSU ist sogar eine Begriffsbestimmung für Generationengerechtigkeit zu finden. Demnach heißt Generationengerechtigkeit für die CSU

> „aus Verantwortung für die kommenden Generationen zu handeln und nicht auf deren Kosten zu leben. Keine Generation hat das Recht, ihren Lebensstandard zu Lasten der jeweils anderen zu sichern.
> (...) die von der älteren Generation im Laufe ihres Lebens erbrachten Leistungen für Gesellschaft und Staat anzuerkennen.
> (...) Familien mit Kindern umfassend zu fördern und ihre Leistung für unser Gemeinwesen besser zu honorieren."[798]

Auch auf den Generationenvertrag wird Bezug genommen. Der bisherige sei auf Grund des demografischen Wandels in Schieflage geraten und daher zur reformieren und zu ergänzen. Man sieht insofern die Notwendigkeit, zeitnah in ein System der Finanzierung der Renten durch das Kapitaldeckungsprinzip einzusteigen.

---

790 Programm FDP, S. 53.
791 Beschlossen vom Parteitag der CSU am 28. September 2007.
792 Grundsatzprogramm CSU, S. 22, S. 113 ff., S. 138.
793 Grundsatzprogramm CSU, S. 23.
794 Grundsatzprogramm CSU, S. 31.
795 Grundsatzprogramm CSU, S. 32.
796 Grundsatzprogramm CSU, S. 32.
797 Grundsatzprogramm CSU, S. 33.
798 Grundsatzprogramm CSU, S. 105.

5.6. Koalitionsvertrag zwischen CDU, CSU und FDP zur 17. Legislaturperiode

Im Koalitionsvertrag zwischen CDU, CSU und FDP zur 17. Legislaturperiode wird der Begriff ‚Generationengerechtigkeit' als solcher zweimal verwendet.[799] Daraus die Schlussfolgerung zu ziehen, dass die Thematik der Generationengerechtigkeit in seiner Bedeutung abgenommen habe, wäre gleichwohl verfehlt. Analysiert man den Koalitionsvertrag nicht begriffs- sondern themenbezogen, zeigt sich wiederum die Vielschichtigkeit der Thematik und die ressortübergreifende Bedeutung.

So wird in der Präambel[800] das Ziel definiert, „kommenden Generationen ein Leben in Wohlstand, Gerechtigkeit und Sicherheit zu ermöglichen" und hierfür eine „generationengerechte **Finanzpolitik** zu praktizieren". Die im Grundgesetz neu verankerte Schuldenbremse soll umgesetzt werden, womit man sich dem Ziel eines ausgeglichenen Bundeshaushaltes nähern möchte.[801] Die Sicherung der Tragfähigkeit der öffentlichen Finanzen wird vor dem Hintergrund der demografischen Entwicklung als zentrale Herausforderung der kommenden Legislaturperiode gesehen.[802] Die neue, im Grundgesetz verankerte Schuldenregel[803] qualifiziert zum Vernunfts- und Verantwortungspostulat für zukünftige Generationen.

Im Bereich der **Familienpolitik** wird das Miteinander der Generationen in den Kontext zur sozialen Gerechtigkeit gestellt. Die sozialen Sicherungssysteme sollen zukunftsfest gemacht werden. Die wirtschaftliche und soziale Leistungsfähigkeit der Familien soll gestärkt werden. In Lebensgemeinschaften wie der Familie soll das hohe Gut des Miteinanders der Generationen gesichert werden.[804] Generationenübergreifende Verantwortung in der Familie wird als tragendes Leistungselement der Gesellschaft gesehen. Konkrete politische Maßnahmen zielen auf die Förderung der Kinderbetreuung, Tagespflege, Familienzentren und Mehrgenerationenhäuser ab.[805]

Der **Thematik ‚generationengerechte Finanzen'** widmet der Koalitionsvertrag einen eigenen Absatz. Generationengerechtigkeit stellt sich hier als Problem der Staatsverschuldung zu Lasten zukünftiger Generationen dar. Es sei ein Gebot der Generationengerechtigkeit die Sicherung der Trägfähigkeit der öffentlichen Finanzen – vor allem vor dem Hintergrund des demografischen Wandels – zu sichern.[806]

Im Kontext zur **Umwelt-, Klima- und Energiepolitik** wird der Themenbereich vornehmlich unter dem Stichwort **Nachhaltigkeit** behandelt. Mit einer vom Prinzip der Nachhaltigkeit geprägten Politik will man gute Lebensbedingungen für kommende Generationen schaffen.[807] Die bestehende nationale Nachhaltigkeitsstrategie will man weiterentwickeln. Die Nachhaltigkeitsprüfung soll durch eine **offizielle Generatio-**

799 Präambel, S. 6 und Abschnitt 2, S. 19, jeweils im Kontext zur Finanzpolitik.
800 Koalitionsvertrag, S. 5-6.
801 Koalitionsvertrag, S. 6.
802 Koalitionsvertrag, S. 19.
803 Art. 115 GG.
804 Koalitionsvertrag, S. 7.
805 Koalitionsvertrag, S. 68, 70.
806 Koalitionsvertrag, S. 19.
807 Koalitionsvertrag, S. 25.

nenbilanz ergänzt werden, die die monetarisierbaren Leistungen und Lasten heutiger Politik für kommende Generationen transparent macht.[808] Auch die Aufarbeitung der Umweltlasten der ehemaligen DDR wird als Generationenaufgabe verstanden.[809]

Im Bereich der **Seniorenpolitik** will man den durch den demografischen Wandel bedingten Veränderungen in Deutschland durch eine Koordination der Beschäftigung mit demografischen Fragen begegnen.[810] Hierfür soll ein **interministerieller Ausschuss** zum Einsatz kommen. Die Chancen des demografischen Wandels sollen verstärkt in der Öffentlichkeitsarbeit der Bundesregierung mit der Veröffentlichung eines ‚Berichts der Bundesregierung zur demografischen Lage und künftigen Entwicklung des Landes' im Jahre 2011 berücksichtigt werden.[811]

Im Bereich der **Rentenpolitik** soll die kapitalgedeckte Altersvorsorge gestärkt werden, Altersarmut bekämpft werden.[812] Im Bereich der **Gesundheitspolitik** will man aufgrund des medizinischen und medizinisch-technischen Fortschritts und des demografischen Wandels Struktur, Organisation und Finanzierung der gesetzlichen Krankenversicherung anpassen. Dabei dürfe „keine Generation über Gebühr belastet werden".[813] Im Bereich der **Pflegeversicherung** soll das bestehende Umlageverfahren durch eine verpflichtende, individualisierte und generationengerechte Kapitaldeckung ergänzt werden.[814]

Weitere Bezugnahmen finden sich in den Politikfeldern Bildung[815], EU-Finanzen und Beitragsgerechtigkeit[816] und schließlich sogar der Wehrpflicht.[817]

808 Koalitionsvertrag, S. 30.
809 Koalitionsvertrag, S. 58.
810 Koalitionsvertrag, S. 73.
811 Koalitionsvertrag, S. 73.
812 Koalitionsvertrag, S. 84.
813 Koalitionsvertrag, S. 85.
814 Koalitionsvertrag, S. 93.
815 Koalitionsvertrag, S. 59.
816 Koalitionsvertrag, S. 116.
817 Koalitionsvertrag, S. 125.

6. Zusammenfassung der Erkenntnisse in tabellarischer Übersicht

Nachfolgende Tabelle zeigt die in der Generationengerechtigkeitsdebatte verwendeten Begriffe und ihre Wertung abhängig von der jeweiligen wissenschaftlichen Disziplin.

Disziplin	*Sprachgebrauch / Kriterien*	*Wertung*
Ethik und politische Philosophie	Gerechtigkeit und Nachhaltigkeit, letztere eher nachrangig und gleichwohl auf normativer Basis.	Normativ
Ökonomie	Nachhaltigkeit, Gleichheit, Finanzierbarkeit.	Empirisch
Ökologie	Nachhaltigkeit und Gerechtigkeit (gleichwertig); Reproduzierbarkeit.	Normativ und empirisch
Jurisprudenz	Gleichheit, Gerechtigkeit, Nachhaltigkeit, Finanzierbarkeit.	Normativ und empirisch

Abbildung 6: Sprachgebrauch und Wertung in der Generationengerechtigkeitsdebatte aus Sicht involvierter Wissenschaften
Quelle: Eigene Darstellung.

Die nachfolgende Tabelle zeigt die **politischen Ressorts**, die von den jeweiligen Parteien mit der Thematik der Generationengerechtigkeit in Zusammenhang gebracht werden (einschließlich Koalitionsvertrag zwischen CDU/CSU und FDP zur 17. Legislaturperiode).

CDU	Familienpolitik, Sozial- und Gesundheitspolitik (Pflegeversicherung), Wirtschaftspolitik, Umweltpolitik, Finanz- und Haushaltspolitik (Staatsverschuldung, EU-Finanzen), Ausländerpolitik (Fragen der Integration), Umwelt-, Klima- und Energiepolitik, Senioren- und Rentenpolitik, Bildungspolitik, Wehrpflicht.
SPD	Umweltpolitik, Stadtpolitik, Finanz- und Haushaltspolitik, Bildungspolitik, Forschung und Infrastruktur.
BÜNDNIS 90/ DIE GRÜNEN	Finanzpolitik, Umwelt- und Klimaschutz, Sozialpolitik (soziale Sicherungssysteme), Familienpolitik, Umwelt- und Verbraucherpolitik, Agrarpolitik, Gesundheitspolitik.
FDP	Haushaltskonsolidierung, Sozialpolitik, Alterssicherung, Rentenpolitik, Kranken- und Pflegeversicherung, Staatsverschuldung. Forderung nach einer offiziellen Generationenbilanz für Deutschland.
CSU	Umwelt-, Sozial-, Finanz-, Wirtschafts-, Haushalts-, und Familienpolitik.
DIE LINKE	Umweltpolitik.

Abbildung 7: Tabellarische Übersicht über die vom Thema Generationengerechtigkeit betroffenen politischen Ressorts nach Parteiprogrammen
Quelle: Eigene Darstellung.

Zusammenfassung

Im **Kapitel 1** wurden die Begriffe ‚Generation', ‚Generationengerechtigkeit' und ‚generationengerechte Politik' abgegrenzt und für Zwecke dieser Untersuchung definiert. Ausgesuchte zeitgenössische Theorien zur Generationengerechtigkeit aus ethischer und politisch-philosophischer Sicht wurden ebenso aufgezeigt wie dagegen vorgetragene Einwände. Ferner wurde der Begriff der Generationengerechtigkeit ganzheitlich, d.h. (hier) aus Sicht der politischen Philosophie, der Ökonomie, der Ökologie und der Jurisprudenz analysiert. Es hat sich gezeigt, dass die genannten wissenschaftlichen Disziplinen Ansätze zu Möglichkeiten und Grenzen der Einbeziehung gemeinnütziger Stiftungen bieten. Die praktisch große politische Bedeutung wurde anhand einer Analyse der existierenden politischen Programmsätze nachgewiesen.

Im folgenden **Kapitel 2** sollen nun die aktuellen Rahmenbedingungen für gemeinnützige Stiftungen untersucht werden. Dabei sollen intergenerationelle Generationengerechtigkeitsaspekte besondere Berücksichtigung finden. Das Kapitel 2 ist daher nicht als ‚allgemeine Darstellung des Stiftungsrechts' zu verstehen. Mit Kapitel 2 sind dann die Vorarbeiten für die Frage nach Möglichkeiten und Grenzen der Einbeziehung gemeinnütziger Stiftungen in eine generationengerechte Politik abgeschlossen. Dieser Frage soll dann anschließend in **Kapitel 3** der Untersuchung nachgegangen werden.

Kapitel 2 – Aktuelle Rahmenbedingungen für gemeinnützige Stiftungen unter besonderer Berücksichtigung intergenerationeller Gerechtigkeitsaspekte

Bevor die aktuellen Rahmenbedingungen für gemeinnützige Stiftungen im besonderen Kontext zur Frage nach Gerechtigkeit zwischen den Generationen einer deskriptiven Analyse unterzogen werden, sind die Grundlagen zu bestimmen und begriffliche Abgrenzungen vorzunehmen. Vorab wird, im Wege einer Übersicht, die **geschichtliche Entwicklung** vom Stiftungsgedanken zur Stiftung im heutigen Sinne dargestellt (nachfolgend 1.). Daran anschließend sollen **Grundbegriffe** herausgearbeitet und die **Erscheinungsformen** von **Stiftungen** und deren **Ersatzformen** dargestellt werden (nachfolgend 2.). Dies erweist sich als notwendig, da, wie zu zeigen sein wird, der Stiftungsbegriff und die Erscheinungsformen von Stiftungen mehr- bis vielschichtig sind. Wer Lösungsansätze zur Einbeziehung gemeinnütziger Stiftungen diskutiert, kommt einerseits nicht umhin, festzuhalten, von welcher Stiftungsart er spricht. Andererseits kann es gerade diese Vielfalt der Stiftungsformen sein, die zur Lösung eines vielschichtigen Problems beizutragen vermag.

Im Anschluss daran (nachfolgend 3.) werden das **aktuelle politische Reformbild** und **ökonomische Rahmenbedingungen** dargestellt. Anschließend (4.) werden die **Grundlagen des Stiftungsrechts** umrissen, wobei sowohl auf verfassungs- und verwaltungsrechtliche als auch zivil- und steuerrechtliche Aspekte eingegangen wird. Eine **Bewertung der Verwaltungspraxis zur Anerkennung von Stiftungen** wird versucht (5.). Im Anschluss daran (6.) soll ein **Fazit** zu diesem Abschnitt unter Bezugnahme auf den gesetzten Untersuchungsgegenstand gezogen werden.

Eine eingehende Darstellung der gesetzlichen Rahmenbedingungen gemeinnütziger Stiftungen steht nicht im Zentrum der vorliegenden Arbeit. Dieser Teil der Arbeit ist daher vor dem Hintergrund zu sehen, dass die Darstellung der genannten Rahmenbedingungen eine ausreichende Grundlage für die Diskussion im Kapitel 3 der Arbeit bieten soll, in der Möglichkeiten und Grenzen der Einbeziehung gemeinnütziger Stiftungen in eine generationengerechte Politik diskutiert werden. Die Darstellung der Rahmenbedingungen orientiert sich somit an dem gesetzten Untersuchungsgegenstand. Sie ist daher teilweise fragmentarisch und ergebnisorientiert.

1. Geschichtlicher Hintergrund

Der **Stiftungsgedanke** wird bezeichnet als „Drang der menschlichen Natur, Komplexe ihres Vermögens einem Zweck zu widmen, der über den eigenen Tod hinausgehen soll“.[818] Dieser Gedanke reiche „so weit zurück, dass man sagen möchte, es habe die

818 Jakob, Schutz der Stiftung, S. 11.

Stiftung immer gegeben".[819] Es handle sich dabei um ein „viele Kulturen übergreifendes Phänomen".[820]

Folglich handelte es sich bei den **ersten Erscheinungsformen stiftungsähnlicher Gebilde** nicht um rechtsfähige Stiftungen im heutigen Sinn, sondern um ein **antikes Phänomen**.[821] Stiftungen traten als religiöse Tempel- und Kultstiftungen in Erscheinung.[822] Sie existierten bereits in der vorchristlichen Antike des alten Ägypten, der griechisch-römischen Antike und später der islamischen Welt.[823] Vermögen wurde Priestern anvertraut mit der Auflage, Erträge für meist kultische oder religiöse Anlässe zu verwenden.[824] Diese wurden für ihre Tätigkeit mit Mitteln aus diesem Vermögen entlohnt. Frühzeitliche Stiftungsvermögen dieser Art verfügten nicht über eine eigene Rechtsfähigkeit und werden daher im weiteren Sinne als Ursprünge der heutigen Treuhandstiftungen bezeichnet.[825] Aus heutiger Sicht handelte es sich um Schenkungen unter Lebenden oder von Todes wegen.[826]

Mit dem **Christentum** kam der Gedanke der christlichen Nächstenliebe (caritas) als Motiv hinzu,[827] was zur frühchristlichen Vermögensverwaltung zugunsten Bedürftiger führte.[828] Bemerkenswert ist, dass bereits im **1. und 2. Jahrhundert nach Christus** Stiftungen in Erscheinung traten, deren **Zweck** auf **die politische Lösung demografisch verursachter Probleme** gerichtet war. Hierbei handelte es sich um **„kaiserlich-römische Alimentenstiftungen"**,[829] vorwiegend gegründet von den Kaisern *Trajan* (98-117), *Hadrian* (117-138) und *Marc Aurel* (161-180), deren Zweck die Unterstützung freigeborener armer Kinder, vorwiegend aus der unteritalienischen Bevölkerung, durch Gewährung von Unterhalt war. Die Kaiser förderten auf diese Weise die Geburtenfreudigkeit in dem an Bevölkerungszahl abnehmenden Italien.[830] Nach *Savigny* hatten die damaligen „Anstalten der Wohlthätigkeit"[831] weniger einen menschlichen, als einen politischen Charakter.[832]

Mit Beginn der christlichen Kaiserzeit fand das Stiftungsrecht im Codex des byzantinischen Kaisers *Justinian*[833] eine erste, wenngleich unvollständige gesetzliche

819 Dies., a. a. O.

820 Schulze, Die Gegenwart des Vergangenen in: Hopt/Reuter (Hrsg.), Stiftungsrecht in Europa, S. 55.

821 Dieterich, Von Wohltäterinnen und Mäzenen, S. 22.

822 Dies., a. a. O., S. 22.

823 v. Campenhausen in Seifart/v. Campenhausen (2009), § 5 Rz. 4.

824 Liermann, Handbuch des Stiftungsrechts, S. 24, Dieterich, Von Wohltäterinnen und Mäzenen, S. 22.

825 Dieterich, Von Wohltäterinnen und Mäzenen, S. 22-23.

826 v. Campenhausen in Seifart/v. Campenhausen (2009), § 5 Rz. 4.

827 v. Campenhausen in Seifart/v. Campenhausen (2009) § 5 Rz. 4. Staudinger/Hüttemann/Rawert (2001) Vorbem 50 zu §§ 80-88 bezeichnen die Christianisierung als „qualitativen Sprung" für die geschichtliche Entwicklung der Stiftung.

828 Liermann, Handbuch des Stiftungsrechts, S. 25.

829 Savigny, System des Römischen Rechts, S. 264; Toepke, Staatsaufsicht über Stiftungen im Deutschen und Anglo-Amerikanischen Recht, S. 27, dort Fußnote 83.

830 Toepke, ebenda; Liermann, Handbuch des Stiftungsrechts, S. 22 f.

831 Savigny, System des Römischen Rechts, S. 264

832 Ders., ebenda.

833 Codex Justinians 527-562 n. C.

Regelung.[834] Privatpersonen wurde das Recht eingeräumt, Stiftungen mit eigenem Vermögen und eigener Rechtspersönlichkeit ins Leben zu rufen, jedoch nur in Gestalt der **piae causae**.[835] Unter diesem Begriff[836] entstand eine erste institutionalisierte Grundform[837] des dauerhaften Erhalts und der Verwendung von Vermögen zu frommen Zwecken, womit jedoch noch nicht die Anerkennung als rechtliche Institution durch das weltliche Recht verbunden war.[838] Im Codex *Justinians* fanden sich verschiedene Vorschriften über die von Todes wegen erfolgenden Zuwendungen eines Christen für kirchlich-soziale Zwecke und für das Heil der eigenen unsterblichen Seele, was Ursprung für die Entwicklung der piae causae gelten dürfte.[839] Hierbei handelte es sich um kirchlich-religiöse und soziale Angelegenheiten, deren materielle Förderung von Anfang an ein Anliegen der christlichen Gemeinden war.[840] Aus diesen Anfängen heraus entwickelte sich im Mittelalter dann das Institut der Stiftung.[841] (Nur) vor diesem Hintergrund ist auch die Aussage zu verstehen, dass die Entstehung der Stiftungen bis „weit in das Mittelalter zurückgehe."[842] *Schulte* weist auch darauf hin, dass es bereits unter dem Kaiser *Justinian* erste Anfänge einer staatlichen Stiftungsaufsicht gab, namentlich in der Kontrolle über die kaiserlich-römischen Alimentenstiftungen und in dem Schutz der Stiftungen vor stiftungswidrigen Maßnahmen durch ungetreue Vermögensverwalter.[843]

Im **Hoch- und Spätmittelalter** vollzog sich zunehmend ein Wechsel zur **Verweltlichung des Stiftungswesens** und damit auch der Stiftungsaufsicht, da in den „immer größer werdenden Städten des hohen Mittelalters ein Massenelend in der Bevölkerung entstand, welches dringend nach öffentlicher Wohlfahrtspflege verlangte."[844] Das damit einhergehende Stiftungs- und Spitalwesen stand einerseits institutionell außerhalb der Kirche und unterlag weltlicher Verwaltung und städtischer Beaufsichtigung.[845] Andererseits setzten sich die konzeptionellen Ansätze der piae causae im Mittelalter fort[846], weil nach dem Untergang des antiken römischen Reichs keine ver-

834 Schulte, Staat und Stiftung, S. 23.

835 Danckwerth, Das Recht der unselbständigen Stiftungen, S. 9 ff. m.w.H. auf die einschlägige Gesetzgebung Justinians; Lingelbach, Stiftungen und Stiftungsrecht, S. 26.

836 „Um der Frömmigkeit oder Gottgefälligkeit willen", siehe Jakob, Schutz der Stiftung, S. 12 f. Der Begriff der piae causae stand bis in die Neuzeit für Stiftungen, so v. Campenhausen in Seifart/v. Campenhausen (2009), § 5 Rz. 7.

837 In diesem Sinne wohl Jakob, Schutz der Stiftung, S. 12 und Lingelbach, Stiftungen und Stiftungsrecht, S. 26. Nach Liermann, Handbuch des Stiftungsrechts, S. 30 handelte es sich um eine „Anerkennung der auf kirchlichem Boden gewachsenen selbständigen Stiftung durch das weltliche Recht".

838 Jakob, Schutz der Stiftung, S. 13. Es handelte sich eher um „Vulgarrecht", das von den klassischen Juristen kaum beachtet wurde; vgl. Staudinger/Hüttemann/Rawert (2011) Vorbem 49 zu §§ 80-88.

839 In diesem Sinne Schauhoff, Handbuch der Gemeinnützigkeit, S. 10.

840 Schauhoff, Handbuch der Gemeinnützigkeit, S. 10.

841 Schauhoff, Handbuch der Gemeinnützigkeit, S. 11.

842 Hillebrecht, Zwei Menschenalter Gemeinnützigkeitsrecht der Stiftungen, S. 11.

843 Schulte, Staat und Stiftung, S. 23.

844 Ders., a. a. O., S. 25.

845 Vgl. hierzu v. Campenhausen in Seifart/v. Campenhausen (2009), § 5 Rdn. 19-33.

846 Lingelbach, Stiftungen und Stiftungsrecht, S. 27.

gleichbare Staatlichkeit mehr bestand und am ehesten die Kirchen aus der Spätantike eine funktionsfähige Verwaltungsstruktur in das Mittelalter retteten.[847] So konnte sich im älteren gemeinen Recht die Lehre von der piae causae zurückgehend auf den Codex Justinians fortentwickeln,[848] wenngleich das germanische Recht der weiteren Entwicklung Konturen verschaffte.[849] Orientierten sich die Zwecksetzungen zunächst noch am kanonischen Recht, entwickelten sich bereits im Mittelalter die ersten Ansätze zur Verweltlichung des Stiftungswesens heraus.[850] Angesichts der expansiven Entwicklung des Stiftungswesens im Hoch- und Spätmittelalter wird dieses auch als das „Zeitalter der Stiftungen" bezeichnet.[851] Die Aufklärung setzte dieser Entwicklung den philosophischen Unterbau.[852] Die piae causae trat hinter den Zweck des gemeinen Nutzens zurück.[853] Was zu einem Stiftungsrecht im modernen Sinne fehlte, war die eigene Rechtspersönlichkeit des einem bestimmten Zwecke gewidmeten Vermögens.[854]

Im sich anschließenden Zeitalter der **Reformation** und **Aufklärung** kam es zu einem deutlichen Rückgang der Bedeutung des Stiftungswesens. Der Grund hierfür wird in der „Entstehung der omnipotenten Staatsgewalt des territorialen Fürstenstaats" gesehen.[855] Das totalitaristische Streben nach Ausdehnung des eigenen Machtbereichs ergriff auch das „weitgehend wehrlose" Stiftungswesen.[856] Damit einher ging die Umwandlung von Stiftungszwecken, die im Zeitalter der Aufklärung seitens der Staatsgewalt nach dem „Nützlichkeitsprinzip" vorgenommen werden konnten.[857] Einhergehend mit der zwangsweisen Zentralisierung der Stiftungsverwaltung auf Ebene der territorialen Fürstengewalt und der damit mittelbar einhergehenden Verstaatlichung von Stiftungsvermögen kam es schließlich zu einem bis zu diesem Zeitpunkt unbekannten Niedergang des selbstständigen Stiftungswesens.[858]

Im Nachgang zu dieser Periode wird das **19. Jahrhundert** als „Zeit des Umbruchs und der **Neubegründung des Stiftungsrechts**" bezeichnet.[859] So herrschte zu Beginn des 19. Jahrhunderts in der Rechtswissenschaft allgemein die Überzeugung, dass einzig und allein der Vereinigung natürlicher Personen die Eigenschaft einer juristischen

847 Schulze, Die Gegenwart des Vergangenen in: Hopt/Reuter (Hrsg.), Stiftungsrecht in Europa, S. 59.

848 Schauhoff, Handbuch der Gemeinnützigkeit, S. 10. Vgl. auch v. Campenhausen in Seifart/v. Campenhausen (2009), § 5 Rz. 9.

849 Nach dem mittelalterlichen Stiftungsbild ist bspw. der korporative Personenverband konstitutiv, vgl. Jakob, Schutz der Stiftung, S. 13.

850 Vgl. v. Campenhausen in Seifart/v. Campenhausen (2009), § 5 Rz. 22; Lingelbach, Stiftungen und Stiftungsrecht, S. 27.

851 Schulte, Staat und Stiftung, S. 25.

852 Jakob, Schutz der Stiftung, S. 14.

853 Jakob, Schutz der Stiftung, S. 14.

854 v. Campenhausen in Seifart/v. Campenhausen (2009), § 5 Rz. 4; Jakob, Schutz der Stiftung, S. 13.

855 Schulte, Staat und Stiftung, S. 26.

856 Toepke, Staatsaufsicht über Stiftungen im Deutschen und Anglo-Amerikanischen Recht, S. 44 f.; Schulte, Staat und Stiftung, S. 26.

857 Toepke, Staatsaufsicht über Stiftungen im Deutschen und Anglo-Amerikanischen Recht, S. 48 f.

858 Schulte, Staat und Stiftung, S. 26.

859 Ders., a. a. O., S. 27.

Person zuzuerkennen sei.[860] Diese „moralische Person“[861] bestand aus mehreren „physischen Personen“[862]. In der ersten Hälfte des 19. Jahrhunderts wurde der das BGB prägende Stiftungsbegriff von der Historischen Rechtsschule herausgebildet.[863] Der Umschwung im Denken, der schließlich zur Anerkennung der Stiftung als juristische Person geführt hat, ging zunächst von einer Grundrissabhandlung von *Arnold Heise* aus.[864] Hierbei handelte es sich um ein Buch[865], das von mehreren Dozenten in deren Vorlesungen zugrunde gelegt wurde.[866] Darin fand sich im Abschnitt „Von der juristischen Person“ ein Unterabschnitt „Von den gemeinnützigen Stiftungen“. Über diese vier Worte hinaus fanden sich in diesem Grundriss allerdings keine weiteren Ausführungen zum Stiftungsrecht. Gleichwohl führt *Liermann* aus, dass mit diesem Grundriss „offenbar eine völlige Wandlung der Ansichten in Theorie und Praxis eingetreten“ sei.[867]

Ein systematisch angelegter rechtstechnischer Begriff der juristischen Person im heutigen Sinne wurde allerdings erst von *Savigny* entwickelt.[868] Er sah seine Aufgabe darin, die juristische Person von der Lehre von der „persona moralis“ abzuheben und systematisch zu entwickeln. Die Verweltlichung der Stiftung setzte er dabei bereits voraus.[869] *Savigny* entwickelte den dogmatischen Ansatz einer notwendigen Differenzierung zwischen der Rechtssphäre der juristischen Person und der Rechtssphäre ihrer Mitglieder.[870] Darüber hinaus – und das dürfte der wesentlichste Meilenstein in der weiteren Entwicklung des Stiftungs*rechts* gewesen sein – unterteilte *Savigny* die juris-

860 Liermann, Handbuch des Stiftungsrechts, S. 235.

861 In damaliger Terminologie „persona moralis“, vgl. auch v. Campenhausen in Seifart/v. Campenhausen (2009), § 5 Rz. 42.

862 Liermann, Handbuch des Stiftungsrechts, S. 235.

863 Richter, Rechtsfähige Stiftung und Charitable Corporation, S. 42. Er betont, dass es sich um den romanistischen Zweig der historischen Schule handelte, vgl. a. a. O., S. 41, dort Fußnote 5. Vgl. auch v. Campenhausen in Seifart/v. Campenhausen (2009), § 5 Rz. 42, wonach es entsprechende Ansätze bereits im Preußischen Allgemeinen Landrecht gab. Gemäß II 19 § 42 des Allgemeinen Landrechts für die Preußischen Staaten von 1794 galt: „Die vom Staate ausdrücklich oder stillschweigend genehmigten Armen- und andere Vermögensanstalten haben die Rechte einer moralischen Person.“

864 Liermann, Handbuch des Stiftungsrechts, S. 236; v. Campenhausen in Seifart/v. Campenhausen (2009), § 5 Rz. 45.

865 Im Jahr 1823 in dritter Auflage erschienen.

866 Liermann, Handbuch des Stiftungsrechts, S. 236.

867 Ders., ebenda: „Ein Buch zum Einpauken von Studenten“ habe „eine eindeutige Wendung im Rechtsdenken herbeigeführt.“

868 Richter, Rechtsfähige Stiftung und Charitable Corporation, S. 55, dort in Fußnote 84. „Fiktionstheorie“; siehe aber auch Lingelbach, Stiftungen und Stiftungsrecht, S. 32, nach dem die Fiktionstheorie auf Carl Ferdinand Mühlenbruch zurückgeht.

869 Savigny, System des heutigen Römischen Rechts, S. 262: „Stiftungen, oder unsichtbare juristische Personen (…). Seitdem die christliche Religion herrschend wurde, kamen jene in der größten Ausdehnung und Mannichfaltigkeit vor, und wurden mit vieler Begünstigung behandelt. Einen gemeinsamen Namen führen sie in den Rechtsquellen nicht, und erst die Neueren haben dafür den Ausdruck pia corpora.“ Zum Begriff pia corpora vgl. auch Lingelbach, Stiftungen und Stiftungsrecht, S. 28.

870 Richter, Rechtsfähige Stiftung und Charitable Corporation, S. 56.

tischen Personen in Korporationen[871] und Stiftungen.[872] Diese Dichotomie beruhte in *Savignys* Ordnungsschema auf dem formalen Abgrenzungskriterium der Mitgliedschaft,[873] während andere Rechtsgelehrte seiner Zeit[874] insofern noch den Stiftungszweck zugrunde legten.[875] Die Lehre von der Trennung der Vermögenssphäre der juristischen Person von der Vermögenssphäre ihrer Mitglieder wurde zur Grundlage der Dogmatik der juristischen Person.[876] Betreffend die Stiftung wurde die Lehre der vermögensrechtlichen Eigenständigkeit der juristischen Person von der Historischen Rechtsschule dadurch vollendet, indem sie die Existenz einer juristischen Person von dem Vorhandensein von Mitgliedern löste.[877] Die somit gewonnene Anerkennung der Stiftung als juristische Person[878] setzte sich in Rechtslehre und Gesetzgebung durch und fand auch in Landesgesetzen ihren Niederschlag.[879] Das neue Verständnis der Stiftung führte auch dazu, dass sich aus rechtsdogmatischer Sicht ‚die Wege' zwischen rechtsfähiger und nichtrechtsfähiger Stiftung ‚trennten'. Erstere sind in §§ 80-89 BGB (Abschnitt juristische Personen) geregelt, letztere im Schuldrecht.[880] Das Stiftungsmodell prägt das Stiftungsrecht bis heute und wurde international rezipiert.[881]

871 Gemeinden, Innungen, Gesellschaften. Subjekt der Rechte besteht nicht in den einzelnen Mitgliedern, sondern in dem idealen Ganzen, vgl. Savigny, System des heutigen Römischen Rechts, S. 243 f.

872 Savigny, System des heutigen Römischen Rechts, S. 244 – die hauptsächlichen Zwecke beschrieb Savigny noch mit Religionsausübung, Wohltätigkeit und Geistesbildung. Zumindest letzteres dokumentiert auch die Ablösung von der piae causae. Vgl. zum Stiftungsbegriff Savignys auch v. Campenhausen in Seifart/v. Campenhausen (2009), § 5 Rz. 46.

873 Savigny, System des heutigen Römischen Rechts, S. 262; Richter, Rechtsfähige Stiftung und Charitable Corporation, S. 59.

874 Christian Friedrich Mühlenbruch (1785-1843).

875 Vgl. dazu Richter, Rechtsfähige Stiftung und Charitable Corporation, S. 62-65. *Mühlenbruch* stellte auf das Kriterium des Stiftungszwecks ab und machte einen Unterschied zwischen karitativ-kirchlichen und weltlichen Stiftungszwecken, im weiteren Sinne also differenzierte er zwischen „pia causae" und „pia corpora". Damit vertrat *Mühlenbruch* einen materiellen Stiftungsbegriff, *Savigny* dagegen einen formellen. Vgl. dazu auch Becker, Der Städel-Paragraph in: FS Hübner, S. 25 f.

876 Richter, Rechtsfähige Stiftung und Charitable Corporation, S. 60 mit weiterem Quellenhinweis in Fußnote 121 auf dieser Seite 60.

877 Richter, Rechtsfähige Stiftung und Charitable Corporation, S. 61.

878 Diese Entwicklung wird auch als „Gestaltwandel von der pia corpora zu einer einheitlichen rechtsfähigen Stiftungsform" bezeichnet, vgl. Richter, Rechtsfähige Stiftung und Charitable Corporation, S. 119.

879 Privatrechtliches Gesetzbuch für den Kanton Zürich (1853). Das Stiftungsrecht des Kantons Zürich wird als die älteste deutschsprachige Kodifikation des Stiftungswesens bezeichnet, vgl. *Riemer* in Hopt/Reuter (Hrsg.), Stiftungsrecht in Europa, S. 512. Ferner: Sächsisches Gesetz, die juristischen Personen betreffend (1868), Badisches Stiftungsgesetz 1870; Quellen siehe bei v. Campenhausen in Seifart/v. Campenhausen (2009), § 5 Rz. 47 sowie bei Richter, Rechtsfähige Stiftung und Charitable Corporation, S. 121, insbes. Fußnoten 521 und 522.

880 v. Campenhausen in Seifart/v. Campenhausen (2009), § 5 Rz. 50.

881 So Richter, Rechtsfähige Stiftung und Charitable Corporation, S. 138. Einschlägig z.B. für Liechtenstein, vgl. Lampert/Taisch, Stiftungen im liechtensteinischen Recht in: Hopt/Reuter (Hrsg.), Stiftungsrecht in Europa, S. 521 f. und für Spanien, vgl. Andrés, Stiftungen im spanischen Recht, in: Hopt/Reuter (Hrsg.), Stiftungsrecht in Europa S. 475, 477 f.: Übernahme der deutschen Pandektistik des 19. Jhdts. in das spanische Zivilgesetzbuch von 1889.

Nach dem **Ende der Monarchie** waren es hauptsächlich großbürgerliche Mäzene, die das Stiftungswesen in Deutschland prägten.[882] Hatten sie bis dahin durch ihr Engagement immer auch die Nähe zur kaiserlichen Familie gesucht und sich dadurch Prestige und wirtschaftliche Vorteile verschafft, blieben sie auch nach Ausrufung der Republik ihren mäzenatischen Aktivitäten treu. Es wird vermutet, dass sie damit ihren gesellschaftlichen Bedeutungsverlust durch den Untergang der Monarchie 1918 zu überwinden hofften.[883] Auch wird die Zeit vor dem ersten Weltkrieg als Blütezeit des Stiftungs- und Spendenwesens bezeichnet.[884] Die Industriellen wollten mit Spenden und Stiftungen für Kultur und Wissenschaft unter anderem bestätigen, dass sie zum Bildungsbürgertum gehören.[885]

Bedingt durch die Inflation nach dem **Ersten Weltkrieg** kam es zu zahlreichen Liquidationen bis dahin bestehender Stiftungen.[886] Es dauerte bis zum Ende der **Währungsreform 1948,** bis sich das Stiftungswesen wieder erholen konnte.

Das bürgerliche Mäzenatentum fand seinen vorläufigen Abschluss im aufkommenden **Nationalsozialismus**. Zunächst versuchte man Einfluss auf die personelle Zusammensetzung der Stiftungsverwaltungen zu nehmen und die freie Wohlfahrtspflege wurde zu einer Arbeitsgemeinschaft zusammengeschlossen.[887] Den damit einhergehenden Widerstand versuchte man insbesondere durch eine Verschärfung der Steuerpolitik einzudämmen. Spendenabzug für Zuwendungen und steuerliche Vergünstigungen für Stiftungen wurden nur noch für Stiftungen gewährt, deren Zweckverfolgung mit der nationalsozialistischen Weltanschauung in Einklang stand.[888] Des Weiteren kam es zu einer umfassenden nachteiligen Änderung der gesamten stiftungsrechtlichen Rahmenbedingungen, wie bspw. des Kommunal-, Zivil- und Erbrechts. Mit dem Ende des Zweiten Weltkriegs war auch das Vermögen tausender Stiftungen vernichtet.[889] Stiftungen in der sowjetischen Besatzungszone wurden weitgehend zwangsaufgelöst. Seitdem ist wieder ein stetiges Wachstum des Stiftungswesens in Deutschland zu verzeichnen, welches bereits Ende der 80er-Jahre (wieder) als „Blütezeit“ der Stiftungen bezeichnet wurde.[890]

---

882 Dieterich, Von Wohltäterinnen und Mäzenen, S. 141.

883 Dieterich, Von Wohltäterinnen und Mäzenen, S. 141: „Im Stiften konnte sich die Elite weiterhin finden und definieren.“

884 Schauhoff, Handbuch der Gemeinnützigkeit, S. 13.

885 Ders., a. a. O., S. 13.

886 Schulte, Staat und Stiftung, S. 28.

887 Dieterich, Von Wohltäterinnen und Mäzenen, S. 142.

888 Dies., a. a. O., S, S. 144.

889 Dies., a. a. O., S. 149.

890 Schulte, Staat und Stiftung, S. 28. Weitere Aspekte die aktuellere Entwicklung betreffend finden sich weiter unten, Tz. 3. in diesem Kapitel.

2. Grundbegriffe und Erscheinungsformen

2.1. Grundbegriffe

Eine Legaldefinition der Stiftung gibt es weder in Bundes- noch in Landesgesetzen.[891] Entsprechend vielfältig sind die Begriffsannäherungen und Definitionen.

2.1.1. Tatsächliche Begriffsbeschreibungen

Im allgemeinen Sprachgebrauch wird der Begriff „Stiftung" mit ganz unterschiedlichem Bedeutungsgehalt verwendet.[892] Das althochdeutsche *stiftan* bedeutete so viel wie „etwas einrichten, in eine feste Ordnung bringen"[893] bzw. „Erbauen, Gründen", „ein Bauwerk mit Holzpfählen (Stiften)" errichten.[894] Nach dem Duden heißt „stiften" zum einen „etwas aufbauen, begründen, bilden, errichten, institutionalisieren und konstituieren" und zum anderen „etwas spenden, leisten, schenken oder zuwenden".[895] Bereits in dieser allgemeinen Sprachdeutung kommt der binäre Charakter des Stiftungsbegriffs zum Ausdruck, der sich auch in der Begriffsbestimmung von *v. Campenhausen* widerspiegelt. Nach ihm[896] versteht man unter einer Stiftung in tatsächlicher Hinsicht

- einerseits den Vorgang der Widmung einer Vermögensmasse für einen vom Stifter festgelegten Zweck durch das „Stiftung" genannte Rechtsgeschäft,
- andererseits die aus diesem Vorgang hervorgegangene Einrichtung, die die Aufgabe hat, den vom Stifter festgelegten Zweck mit Hilfe des dazu gewidmeten Vermögens dauernd zu fördern.[897]

Auch *Schulte* stellt darauf ab, dass der Begriff der Stiftung nicht nur das Rechtsinstitut der juristischen Person oder den Vorgang ihrer Entstehung bezeichnet, sondern auch in einem weiten Sinne als „Akt der freiwilligen Entäußerung von Vermögensgegenständen" verstanden werde.[898]

Frühere Untersuchungen[899] stellen zunächst auf den **Stiftungsbegriff im gewöhnlichen Sprachgebrauch** ab, mit dem verschiedene Vorstellungen verbunden sein können. Darunter verstehe man zunächst zweckbestimmte Zuwendungen ohne eigene Rechtsfähigkeit. Dieser „weite Stiftungsbegriff" umfasse allgemein alle Zuwendungen finanzieller Mittel oder anderer nutzbarer Vermögenswerte an einen die Öffentlichkeit in irgendeiner Form berührenden Zweck. Er umschließe sogar Einzelmaßnahmen ohne Dauerwirkung und schließlich auch den Akt selbst, durch den die Widmung erfolge.

891 Siehe Andrick/Suerbaum, Stiftung und Aufsicht, S. 14.
892 Schulte, Staat und Stiftung, S. 5 m. w. N.
893 Dieterich, Von Wohltäterinnen und Mäzenen, S. 19.
894 Muscheler, Erbrecht Band 1, Rz. 26 unter Hinweis auf die Etymologie des Wortes Stiften.
895 Duden Band 8, Das Synonymwörterbuch.
896 v. Campenhausen in Seifart/v. Campenhausen (2009), § 1 Rdn. 1.
897 In diesem Sinne auch Hillebrecht, Zwei Menschenalter Gemeinnützigkeitsrecht der Stiftungen, S. 9.
898 Schulte, Staat und Stiftung, S. 5 m. w. N.
899 Toepke, Staatsaufsicht über Stiftungen im Deutschen und Anglo-Amerikanischen Recht, S. 15.

„Stiftung“ in diesem Sinn sei also „eine Vermögenswidmung für einen bestimmten Zweck“, und zwar einen „nach den Vorstellungen der Allgemeinheit achtungswürdigen Zweck.[900] Nach *Schlüter/Stolte*[901] ist die Stiftung ein Ausdruck des Strebens nach Wirkung über den eigenen Tod hinaus. Die Stiftung ist theoretisch unvergänglich und „gereicht dem Stifter dauerhaft zur Ehre“. Nach *Andrick/Suerbaum*[902] besteht das Charakteristikum einer Stiftung darin, dass sich jemand (der Stifter) seines Vermögens oder eines Vermögensteils zugunsten eines Zwecks entäußert, der nach seinem Willen von einem anderen zu erfüllen ist und weder seinem eigenen Nutzen noch dem Nutzen eines Treuhänders[903] dient. *Wachter*[904] wiederum definiert die Stiftung als eine mitgliederlose Organisation, die bestimmte, durch das Stiftungsgeschäft festgelegte Zwecke mit Hilfe eines ihr dauerhaft gewidmeten Vermögens verfolgt.

2.1.2. Der Stiftungsbegriff

Nach *Staudinger/Hüttemann* wird eine **rechtsfähige Stiftung** i. S. der §§ 80 ff. BGB von der wohl herrschenden Meinung definiert als

> „selbständiger, nicht auf einem Personenverband beruhenden Rechtsträger, welcher in einem Stiftungsgeschäft festgelegte Zwecke mit Hilfe eines diesen Zwecken gewidmeten Vermögens dauerhaft verfolgt“.[905]

Nach der Rechtsprechung des BVerwG handelt es sich um eine

> „auf Ausstattung mit einem Vermögen angelegte, nicht in einem Personenverband bestehende selbständige juristische Person zur Erreichung eines dauernden Zwecks, der nur durch den Willen des Errichters bestimmt wird.“[906]

Nach *Campenhausen* ist eine Stiftung im Rechtssinne

> „die vom Stifter geschaffene Institution, nämlich die rechtsfähige Organisation, die die Aufgabe hat, mit Hilfe des der Stiftung gewidmeten Vermögens den festgelegten Stiftungszweck dauernd zu verfolgen“.[907]

Der Unterschied zur Körperschaft besteht darin, dass Letztere vom Willen der jeweiligen Mitglieder getragen bzw. geführt wird, die Stiftung dagegen ausschließlich vom Willen des Stifters geprägt, getragen und geleitet wird. Die Stiftung und die ihr vom Stifter oktroyierte Zweckbestimmung verselbstständigen sich mit der Konstituierung der Stiftung, denn sie hat weder Mitglieder noch Gesellschafter. Zwar hat eine Stiftung Destinatäre,[908] also die durch die Stiftung begünstigten Personen. Diese haben jedoch keinerlei mitgliedschafts- oder gesellschafterähnliche Rechte. Die Stiftung und das Stiftungsvermögen gehören der Stiftung selbst. Die damit verbundene Unabhängigkeit

---

900 Ders., a. a. O., S. 16.

901 Schlüter/Stolte, Stiftungsrecht, S. 23.

902 Andrick/Suerbaum, Stiftung und Aufsicht, S. 14 m. w. N. in Fußnote 5.

903 Gemeint ist hier derjenige, der das Vermögen entsprechend dem Stiftungszweck verwaltet.

904 Wachter, Stiftungen, S. 5.

905 Staudinger/Hüttemann/Rawert (2011) Vorbem 1 zu §§ 80-88 m.w.N.

906 BVerwG v. 12.2.1998 – 3 C 55-96 (Münster), NJW 1998, 2545, 2546.

907 v. Campenhausen in Seifart/v. Campenhausen (2009), § 1 Rdn. 6; vgl. auch BayObLG NJW 1973, 249.

908 Vgl. zu diesem Begriff sogleich unter Tz. 2.1.7.

der Stiftung ist uneingeschränkt zu verstehen. Eine einmal errichtete Stiftung entzieht sich auch der Einflussnahme oder späteren Willensänderung des Stifters selbst. Insofern wird eine Trennlinie zur Anstalt gezogen, da bei ihr Zweckbildung, Organisation, Fortbestand und Verwaltung stets der Beherrschung durch den Anstaltsträger unterworfen sind.[909]

Nach *Berndt/Götz* kann nur das „wirtschaftliche Gebilde ‚Stiftung' mit eigenem Zweck, eigener Vermögensmasse und eigener Organisation" eine Stiftung im Rechtssinne darstellen.[910] Nach *Schlüter/Stolte* ist eine Stiftung in der juristischen Bedeutung eine „vermögensbasierte Einrichtung, die einen vom Stifter festgelegten Zweck auf Dauer fördern soll".[911]

Hüttemann/Rawert sprechen auch vom formalen (engen) Stiftungsbegriff des BGB, der zunehmend um einen funktionalen (weiten) Stiftungsbegriff ergänzt wird. Demnach ist Stiftung

> „ein Vermögen, das aufgrund eines freiwilligen und endgültigen Übertragungsaktes auf einen vom Stifter zu wählenden aber von ihm verschiedenen Rechtsträger beliebiger Art übergeht und von diesem nach Maßgabe bestimmter Zwecke als Sondervermögen dauerhaft zu verwalten ist."[912]

Der binäre Charakter der rechtsfähigen Stiftung, auch als „doppelter Stiftungsbegriff" bezeichnet,[913] kommt zum Ausdruck durch (a) die aus einem Stiftungsakt hervorgehende Vermögensmasse und (b) im Sonderfall der §§ 80 ff. BGB die zugleich aus dem Errichtungsakt hervorgehende juristische Person namens Stiftung.

Als **wesentliche Elemente** für eine Stiftung im juristischen Sinn werden letztlich übereinstimmend die drei folgenden konstituierenden Merkmale genannt:[914]

- der in einer Satzung definierte Zweck (Stiftungszweck),
- die eigenständige Organisation (Stiftungsorganisation) und
- das selbstständige Vermögen (Stiftungsvermögen).

Diese drei Kriterien werden auch von *Schulte* als die „tragenden und kennzeichnenden Wesensmerkmale der Stiftung als juristische Person" herausgearbeitet.[915] Dabei bringe der Stiftungszweck den Willen des Stifters zum Ausdruck, wobei diesem in der Institutionalisierung als juristische Person Dauerwirkung verliehen werde.

Weitere Begriffsbestimmungen finden sich bei den **Sozialwissenschaften**. Hier werden Stiftungen vor dem Hintergrund ihrer sozialen Bedeutung in der Gesellschaft eingeordnet und beschrieben. *Adloff* führt dazu aus, dass „Stiftungen Institutionen sind, die sich unmittelbar mit dem Problem der Zeit beschäftigen"[916] und damit eine „eingehende Interaktion zwischen Gegenwart, erwarteter Zukunft und Vergangenheit,

---

909 v. Campenhausen in Seifart/v. Campenhausen (2009), § 1 Rdn. 8.

910 Berndt/Götz, Stiftung und Unternehmen, Rz. 17.

911 Schlüter/Stolte, Stiftungsrecht, S. 23.

912 Staudinger/Hüttemann/Rawert (2011) Vorbem 3 zu §§ 80-88 m.w.N.

913 Staudinger/Hüttemann/Rawert (2011) Vorbem 3 und 32 zu §§ 80-88.

914 v. Campenhausen in Seifart/v. Campenhausen (2009), § 1 Rdn. 6; Staudinger/Hüttemann/Rawert (2011) Vorbem 4-12 zu §§ 80-88.

915 Schulte, Staat und Stiftung, S. 6.

916 Adloff, Philanthropisches Handeln, S. 74.

die auf die kreative Fortschreibung des Willens drängt",[917] einhergeht. Er schlägt folgende soziologische Definition der Stiftung vor:

> „Wenn eine Gabe eine soziale Beziehung kreiert und institutionalisiert, die vom Schenkenden maßgeblich definiert und strukturiert wird und nach dem Ableben des Schenkenden fortbesteht und immer wieder aktualisiert wird."[918]

2.1.3. Der Stiftungszweck

Der **Stiftungszweck** wird als „die Seele der Stiftung" bezeichnet.[919] Er bildet die **Leitlinie für die künftige Tätigkeit** der Stiftung.[920] In ihm verwirklicht sich der **Stifterwille**. Der Stifterwille reicht so weit, dass mit seinem Fortfall auch die Stiftung als solche verfällt.[921] Der Stifter kann grundsätzlich frei bestimmen, welche Ziele die Stiftung verfolgen soll.[922] Unzulässig sind lediglich rechtswidrige Zwecke, was als „Leitbild der gemeinwohlkonformen Allzweckstiftung" bezeichnet wird.[923] Als unzulässig werden angesehen die „Stiftung für den Stifter"[924] und die „Selbstzweckstiftung".[925]

Nach der Anerkennung[926] der Stiftung ist dieser Wille in Form des Stiftungszwecks verselbstständigt, da auch der Stifter selbst keinen Einfluss mehr auf eine etwaige Änderung dieses Zwecks nehmen kann.[927] Eine derartige ‚Verewigung' des Stifterwillens bedeutet, dass der Stiftungszweck von Anfang an so gewählt werden muss, dass er auch grundsätzlich geeignet sein kann, auf Dauer Geltung zu haben. Ist dies nicht der Fall, kann der Stiftung die Anerkennung versagt werden, ebenso wenn die Stiftung das Gemeinwohl gefährden würde.[928] Eine Zweckänderung ist zwar möglich, allerdings nur unter den engen Voraussetzungen und mit staatlicher Genehmi-

---

917 Ders., a. a. O., S. 73.

918 Ders., a. a. O., S. 72.

919 v. Campenhausen in Seifart/v. Campenhausen (2009), § 1 Rdn. 9, vgl. dort auch Fußnote 11 m. w. N. Ebenso Staudinger/Hüttemann/Rawert (2011) Vorbem 5 zu §§ 80-88 m.w.N.

920 *Hüttemann/Rawert* sprechen von der Zentralfunktion unter den drei Elementen des Stiftungsbegriffs, vgl. Staudinger/Hüttemann/Rawert (2011) Vorbem 5 zu §§ 80-88.

921 Schulte, Staat und Stiftung, S. 6 m. w. N.

922 Schlüter/Stolte, Stiftungsrecht, S. 32.

923 Staudinger/Hüttemann/Rawert (2011) Vorbem 7 zu §§ 80-88. Äußerst kritisch zum Tatbestandsmerkmal der Gemeinwohlgefährdung in § 80 Abs. 2 BGB durch das Gesetz zur Modernisierung des Stiftungsrechts v. 15.7.2002, BGBl. I S. 2634: Muscheler, Stiftung und Gemeinwohlgefährdung, in: Stiftungsrecht, S. 117-129.

924 Das wäre eine Stiftung, die aus Sicht des Stifters eigennützigen Charakter hat; vgl. Staudinger/Hüttemann/Rawert (2011) Vorbem 8 zu §§ 80-88.

925 Dies wäre eine Stiftung, deren Vermögen nur der Stiftung selbst dient, vgl. Staudinger/Hüttemann/Rawert (2011) Vorbem 8 und 150ff. zu §§ 80-88.

926 Ab dem Jahr 2002 ‚Anerkennung', früher ‚Genehmigung'; vgl. hierzu Staudinger/Hüttemann/Rawert (2011) § 80 Rn 3 ff.

927 Als möglich wird allerdings die Erweiterung der Satzung anerkannt, d. h., der bestehenden Zweckverfolgung wird ein weiterer Zweck hinzugefügt. In der Praxis verlangen die Aufsichtsbehörden bei rechtsfähigen Stiftungen hierzu allerdings eine weitere Vermögenszuführung. Die vom Stifter angeordnete Zweckverfolgung soll durch eine Ausweitung mit weiteren Zwecken nicht verwässert werden. Die Leistungsfähigkeit der Stiftung in Bezug auf angeordnete Zweckverfolgung soll durch eine „Zweck-Diversifizierung" nicht geschmälert werden.

928 Schlüter/Stolte, Stiftungsrecht, S. 32.

gung, wenn nämlich die Erfüllung des Stiftungszwecks unmöglich geworden ist oder das Gemeinwohl gefährdet wird, § 87 BGB.[929]

2.1.4. Die Stiftungsorganisation

Eine Stiftung muss, um überhaupt handlungsfähig zu sein, über eine vom Stifter festgelegte Organisation verfügen.[930] Diese wird vom Stifter durch die Stiftungssatzung bestimmt. Die Satzung ist das eigentliche Verfassungsrecht der Stiftung.[931] Die Mindestanforderungen an eine Satzung werden durch das BGB (§§ 80 ff. BGB) und durch das Landesrecht bestimmt. Für Zwecke der Stiftungsorganisation ist als notwendiges Organ ein Vorstand zu bestellen.[932] Dieser kann aus lediglich einer Person bestehen. Der Stifter kann durch das Stiftungsgeschäft und die Stiftungssatzung weitere Organe errichten, z.B. den sog. Beirat, der auch Kuratorium genannt wird. Je nach Ausgestaltung hat dieses Organ die Funktion, den Vorstand zu beraten, zu beaufsichtigen oder zu kontrollieren.

2.1.5. Das Stiftungsvermögen

Das Vermögen der Stiftung ist im Kontext des Stiftungszwecks zu sehen. Die Erfüllung des Stiftungszwecks ist letztlich abhängig davon, ob ausreichend Vermögen vorhanden ist. So besagt § 80 Abs. 2 BGB, dass eine Stiftung als rechtsfähig[933] anzuerkennen ist,

> „wenn das Stiftungsgeschäft den Anforderungen des § 81 Abs. 1 BGB genügt, die dauernde und nachhaltige Erfüllung des Stiftungszwecks gesichert erscheint und der Stiftungszweck das Gemeinwohl nicht gefährdet."

Die Vermögensausstattung hat somit auch Auswirkungen auf die rechtliche Anerkennung einer Stiftung selbst. Das Stiftungsvermögen nimmt gegenüber dem die Stiftung prägenden Stiftungszweck eine „dienende" Rolle ein.[934] Dabei ist zu berücksichtigen, dass das Stiftungsvermögen auf Dauer zu erhalten ist. Zur Erfüllung des Stiftungszwecks stehen lediglich die Erträge des Stiftungsvermögens zur Verfügung. Dieser sog. ‚Grundsatz der Vermögenserhaltung' ist in praktisch allen Landesstiftungsgesetzen enthalten.[935] Das Stiftungsvermögen wird auch **Grundstockvermögen** genannt.[936] Als solches kommen alle vermögenswerten Güter in Betracht.[937] Erforderlich ist allein, dass die vermögenswerten Güter und Rechte übertragbar sind.

---

929 v. Campenhausen in Seifart/v. Campenhausen (2009), § 1 Rdn. 9.

930 Schlüter/Stolte, Stiftungsrecht, S. 33.

931 v. Campenhausen in Seifart/v. Campenhausen (2009), § 1 Rdn. 9.

932 Vgl. § 81 Abs. 1 S. 3 Nr. 5 BGB, § 86 BGB i. V. m. § 26 Abs. 1 S. 1 BGB.

933 Zum Begriff „rechtsfähige Stiftung" siehe sogleich unter Tz. 2.2. in diesem Kapitel.

934 v. Campenhausen in Seifart/v. Campenhausen (2009), § 1 Rdn. 12; ebenso Staudinger/Hüttemann/Rawert (2011) Vorbem 9 zu §§ 80-88.

935 Zur Ausnahme der sog. Verbrauchsstiftung siehe unter Tz. 2.2.10 in diesem Kapitel 2.

936 Schlüter/Stolte, Stiftungsrecht, S. 59; ebenso Staudinger/Hüttemann/Rawert (2011) Vorbem 9 zu §§ 80-88.

937 Schlüter/Stolte, Stiftungsrecht, S. 59.

Auch wenn ein gesetzlich definiertes Mindestvermögen nicht existiert, werden je nach Bundesland bestimmte Grenzen für das geltende Mindestvermögen einer Stiftung verlangt. So werden für die Errichtung einer rechtsfähigen Stiftung in der Regel 50.000 Euro Mindestvermögen gefordert.[938] Aus Gründen des Bestandsschutzes für Stiftungen und deren Aufgabe der dauerhaften Zweckverfolgung und aus Gründen des Gläubigerschutzes wird teilweise eine Mindestkapitalausstattung für unternehmensverbundene Stiftungen[939] gefordert.[940] Auch hier soll aber auch ein Richtwert von ca. 50.000 Euro gelten, der sich an § 7 AktG orientiert.[941]

Im **Verhältnis Stiftungszweck, Stiftungsorganisation und Stiftungsvermögen** nehmen die beiden letzteren Kriterien eine zwar untergeordnete, aber keineswegs unbedeutende Rolle ein.[942] So kann das Stiftungsvermögen zumindest zeitweise ganz fehlen, wenngleich die Stiftung auf Dauer mit einem – sei es auch nur geringen – Vermögen ausgestattet sein muss.[943] Die Stiftungsorganisation vermittelt die Grundlage zur Erfüllung des statutarisch vorgegebenen Stifterwillens in Form der statutarischen Zwecksetzung.

2.1.6. Das Stiftungsgeschäft

Das **Stiftungsgeschäft unter Lebenden** ist in § 81 BGB geregelt. Mit dem Gesetz zur Modernisierung des Stiftungsrechts vom 15.07.2002[944] wurde in § 81 Abs. 1 S. 2 BGB auch der **Stiftungsakt** als solcher (erstmalig) legal definiert.[945] Der Stiftungsakt – die Vermögenswidmung – ist demnach ‚die verbindliche Erklärung des Stifters, ein Vermögen zur Erfüllung eines von ihm vorgegebenen Zweckes zu widmen', § 81 Abs. 1 Satz 2 BGB. Mit dem Stiftungsgeschäft bestimmt der Stifter die Verfassung der Stiftung, §§ 81, 85 BGB und legt im Rahmen der gesetzlichen Rahmenbedingungen den Handlungsspielraum der Stiftung fest. [946]

Das Stiftungsgeschäft unter Lebenden ist ein einaktiges und einseitiges Rechtsgeschäft[947], mithin eine einseitige nicht empfangsbedürftige Willenserklärung.[948] Im Kern liegt dem Stiftungsgeschäft kein Vertrag, auch kein Schenkungsvertrag, zugrunde.[949] Es handelt sich um den Fall einer mit Anerkennung der Stiftung entstehende

938 Schlüter/Stolte, Stiftungsrecht, S. 33 m. w. H. auf Palandt/Heinrichs, 66. Auflage, § 80 Rn. 5.
939 Vgl. hierzu unten unter Tz. 2.2.7. in diesem Kapitel 2.
940 Kirmse, Mindestkapital für unternehmensverbundene Stiftungen? in: Mecking/Schulte, Grenzen der Instrumentalisierung von Stiftungen, S. 27.
941 § 7 AktG lautet: „Der Mindestnennbetrag des Grundkapitals ist fünfzigtausend Euro."
942 Schulte, Staat und Stiftung, S. 6.
943 Schulte, Staat und Stiftung, S. 6 m. w. N.
944 Bundesgesetzblatt 2002 I, S. 2634.
945 Siehe Muscheler, Vorrang des Bundesstiftungsrechts vor dem Landesstiftungsrecht, in: Stiftungsrecht, S. 713. Ebenso Staudinger/Hüttemann/Rawert (2011) § 81 Rn 1.
946 Andrick/Suerbaum, Stiftung und Aufsicht, S. 75; Schlüter/Stolte, Stiftungsrecht, S. 32.
947 Muscheler, Das vertragliche Stiftungsgeschäft, in: Stiftungsrecht, S. 95, 115 und S. 185; Staudinger/Hüttemann/Rawert (2011) § 81 Rn 2.
948 Staudinger/Hüttemann/Rawert (2011) § 81 Rn 2.
949 Eingehend Muscheler, Stiftung und Schenkung, in: Stiftungsrecht, S. 186-192.

Verpflichtung durch einseitiges Rechtsgeschäft.[950] Außer im Fall des § 82 S. 2 BGB wird die Stiftung mit ihrer Entstehung somit nur mit einer schuldrechtlichen Erwerbsforderung ausgestattet.[951] Die Stiftung wird durch das Stiftungsgeschäft nicht unentgeltlich bereichert. Sie kommt vielmehr mit dem vom Stifter für sie vorgesehen Vermögen auf die Welt.[952] Der Stifter will „zwar sich selbst ärmer, nicht aber eine bereits existierende Person reicher machen".[953] Diese einseitige, nicht empfangsbedürftige Willenserklärung zur Errichtung einer Stiftung kann auch im Rahmen eines Vertrags abgegeben werden, nicht jedoch durch einen solchen ersetzt werden.[954]

Bei **Stiftung von Todes wegen** wird das Stiftungsgeschäft als letztwillige Verfügung qualifiziert, § 83 Satz 1 BGB. Dieses Stiftungsgeschäft kann in einem Testament oder im Rahmen eines Erbvertrags vorgenommen werden.[955]

2.1.7. Weitere Grundbegriffe

Von einer **Zustiftung** spricht man, wenn dem Stiftungsvermögen/Grundstockvermögen weiteres Vermögen zugeführt wird, was mit einer Erhöhung des Stiftungsvermögens/Grundstockvermögens verbunden ist.[956] Zustiftungen werden im Gegensatz zur Spende dem Stiftungskapital zugeschlagen.[957] Folglich muss die Zustiftung – im Gegensatz zur Spende – zum Inhalt der Stiftungssatzung werden[958]. Eine Zuführung kann vom Stifter selbst oder von Dritten erfolgen.

---

950 Muscheler, Stiftung und Schenkung, in: Stiftungsrecht, S. 187, dort Fußnote 6 m. H. auf Vergleich zur Auslobung.

951 Muscheler, Stiftung und Schenkung, in: Stiftungsrecht, S. 188.

952 Muscheler, Stiftung und Schenkung, in: Stiftungsrecht, S. 191.

953 Ders., a. a. O., S. 191 mit Hinweis auf die Gesetzesmaterialien in Fußnote 18.

954 Staudinger/Hüttemann/Rawert (2011) § 81 Rn 2; streitig, vgl. Muscheler, Das vertragliche Stiftungsgeschäft, in: Stiftungsrecht, S. 95 ff., insbesondere dessen Ausführungen zum Stiftungsgeschäft unter Lebenden, a. a. O. S. 104 ff.

955 Staudinger/Hüttemann/Rawert (2011) § 83 Rn 2; Muscheler, Das vertragliche Stiftungsgeschäft, in: Stiftungsrecht, S. 95. Zum Streit, ob der Erblasser in einem Erbvertrag die Errichtung einer Stiftung als ‚vertragsmäßige Verfügung' i.S.d. §§ 2278 ff. BGB (‚vertragsmäßige Verfügungen') vornehmen kann oder lediglich gem. § 2299 BGB (‚einseitige Verfügung') siehe Muscheler ebenda. *Muscheler* kommt zu dem Ergebnis, dass das Stiftungsgeschäft von Todes wegen ein „eigenständiger, neben Erbeinsetzung, Vermächtnis, Auflage tretender erbrechtlicher Verfügungstypus ist, auf den entweder die Regeln über die Erbeinsetzung oder diejenigen über das Vermächtnis analog anzuwenden sind", *ders.* in Stiftungsrecht, S. 95-116. Dagegen Staudinger/Hüttemann/Rawert (2011) § 83 Rn 4.

956 Muscheler, Stiftung und Schenkung, in: Stiftungsrecht, S. 192.

957 Ders., a. a. O., S. 193.

958 So Muscheler, Das Wesen der Zustiftung, WM 2008, 1669. Es handle sich „um eine echte cofundatio und nicht um eine donatio". Vgl. dazu auch Schauhoff/Kirchhain, Das Gesetz zur weiteren Stärkung des bürgerlichen Engagements, DStR 2007, 1985, 1987: „Eine Zuwendung in das Grundstockvermögen kann aber nur bei entsprechender satzungsmäßiger Verankerung anerkannt werden. Daher ist bei Zustiftungen darauf zu achten, dass der in der Stiftungssatzung angegebene Bestand und Wert des Grundstockvermögens um den Wert erhaltener Zustiftungen erhöht wird."

Umstritten ist die rechtsdogmatische Qualifikation der Zustiftung. Nach wohl überwiegender Auffassung wird sie als Schenkung (§ 516 BGB) qualifiziert.[959] Die Stiftung erwirbt diese Schenkung mit der Auflage (§ 525 BGB), das zugewendete Vermögen in seinem Bestand zu erhalten und es selbst oder seine Erträge dem Zweck der Stiftung entsprechend zu verwenden.[960] Erfolgt die Zustiftung letztwillig, handelt es sich um eine Erbeinsetzung oder ein Vermächtnis unter Auflage (§§ 1940 f., 2192 ff. BGB).[961]

Hiergegen wendet sich *Muscheler*, der die Zustiftung, in Abgrenzung zur Spende und zur unselbständigen Stiftung als „Mitstiftung“ sieht.[962] Das Wesen einer echten Zustiftung zeichne sich – im Gegensatz zur Treuhand – dadurch aus, dass der Zuwendende zum echten Mitstifter wird. Der Zustifter wolle „co-fundator“ werden und nicht „donator“.[963] *Muscheler* wendet daher für die Zustiftung die Regelungen der §§ 80 ff. BGB analog an. In der Folge handelt es sich nach dieser Auffassung auch bei der Zustiftung um ein einseitiges, nicht empfangsbedürftiges Rechtsgeschäft, das um wirksam zu werden, der Zustimmung durch die Stiftung und durch die Stiftungsaufsicht bedarf.[964]

Nach anderer Auffassung[965] bleibt *Muscheler* den Nachweis schuldig, dass die für eine Analogie erforderlichen Voraussetzungen vorliegen. Auch verkenne er, dass die Zustiftung stets eines Annahmecharakters bedarf und damit notwendig Vertragscharakter habe.

Der Meinungsstreit kann vorliegend offen bleiben. Relevant ist das Vorliegen einer Zustiftung oder Spende für § 10b Abs. 1a EStG. Dort ist von *Spenden* „in den Vermögensstock einer Stiftung“ die Rede. Aus (rein) steuerlicher Sicht spricht dies dafür, die Zustiftung als Spende zum Verbleib im Vermögensstock der Stiftung zu definieren, was im Ergebnis für eine ‚Schenkung unter Auflage‘ und somit für die Auffassung von *Staudinger/Hüttemann* spricht. Die zivilrechtliche Einordnung des Begriffs der Zustiftung mittels einer ertragsteuerlichen Norm ist allerdings nicht zwingend, im Sinne der Wahrung der „Einheit der Rechtsordnung“ allerdings wünschenswert.[966]

Die **Spende** grenzt sich von einer Zustiftung dadurch ab, dass sie gerade nicht im Vermögen der Stiftung verbleiben soll, sondern im Wege der sofortigen Ausgabepflicht für die Zweckverfolgung der Stiftung eingesetzt zu werden.[967] Nach *Muscheler*

---

959 Vgl. Staudinger/Hüttemann/Rawert (2011) Vorbem 265 zu § 80 m. w. H.; Muscheler, Stiftung und Schenkung, in: Stiftungsrecht, S. 193.

960 Staudinger/Hüttemann/Rawert (2011) Vorbem 265 zu § 80.

961 Staudinger/Hüttemann/Rawert (2011) Vorbem 265 zu § 80.

962 Muscheler, Das Wesen der Zustiftung, WM 2008, 1669. Anders noch *ders.* in Stiftung und Schenkung, in: Stiftungsrecht, S. 192 f.

963 Muscheler, Das Wesen der Zustiftung, WM 2008, 1669; dagegen Staudinger/Hüttemann/Rawert (2011) Vorbem 266 zu § 80.

964 Muscheler, Das Wesen der Zustiftung, WM 2008, 1669, 1670.

965 Staudinger/Hüttemann/Rawert (2011) Vorbem 265 zu § 80.

966 Zu Einzelheiten betr. § 10b Abs. 1a EStG vgl. Ausführungen weiter unten unter Tz. 4.5.2.4. in diesem Kapitel 2.

967 Muscheler, Stiftung und Schenkung, in: Stiftungsrecht, S. 193.

handelt es sich um Schenkungen unter Auflage.[968] In der faktischen Regel wird die Spende zur Verwirklichung des Stiftungszwecks gegeben.[969]

Wie bereits angedeutet hat eine Stiftung keine Gesellschafter oder Mitglieder. Sie hat Begünstigte bzw. Nutznießer des Stiftungsvermögens. Diese werden **Destinatäre** genannt. In aller Regel haben diese Destinatäre keine mitgliedschaftlichen Rechte und auch keine Ansprüche auf Zuwendungen aus dem Stiftungsvermögen. Es ist jedoch möglich, dass der Stifter entsprechende Rechte der Destinatäre in der Satzung verankert.[970]

Des Weiteren finden sich Begriffe wie **Mäzenatentum** und **Philanthropie**. Hierbei handelt es sich nicht um juristische Termini. Nach *Adloff* ist der Begriff *Mäzenatentum* stärker auf die Förderung von Kunst und Kultur angelegt, während *stifterisches Handeln* seinen Schwerpunkt im sozialen Bereich fand und findet.[971] Der Begriff der Philanthropie[972] wird als „Oberbegriff für alle Formen des Gebens über den engen Familienkreis hinaus verstanden“[973], also als Oberbegriff zur Spende und zur Stiftung.[974]

2.2. Erscheinungsformen

In der einschlägigen Fachliteratur finden sich mehrere Kriterien zur Unterscheidung von Stiftungstypen. In dogmatischer Hinsicht ist weder die eine noch die andere Herangehensweise zu beanstanden. *Andrick/Suerbaum*[975] klassifizieren bspw. wie folgt:

- Stiftungen des privaten und des öffentlichen Rechts,
- gemeinnützige und privatnützige Stiftungen,
- Klassifizierung nach dem Stiftungsvermögen,
- Klassifizierung nach der sozialen Gemeinschaft,
- Klassifizierung nach der Stiftungsorganisation.

Von grundlegender Bedeutung ist die Differenzierung von **rechtsfähigen** und **nichtrechtsfähigen** Stiftungen. Hierauf soll nachfolgend im Wege des Vor-die-Klammer-Ziehens eingegangen werden.

Rechtsfähige Stiftungen sind Stiftungen, die nach den Normen der §§ 80-88 BGB errichtet werden. Rechtsfähige Stiftungen sind eigenständige juristische Perso-

968 Ders., a. a. O., S. 192.

969 Ders., a. a. O., S. 193.

970 Zur Rechtsstellung des Stiftungsdestinatärs vgl. Muscheler, Die Rechtsstellung der Stiftungsdestinatäre, in: Stiftung, S. 223 ff.

971 Adloff, Philanthropisches Handeln, S. 12.

972 Begriffe dieser Art werden weiterentwickelt zu neuen Wortschöpfungen wie „Philanthrocapitalism“, womit – grob gesagt – unternehmerisches Handeln im gemeinnützigen Sektor verstanden werden soll, vgl. Bishop/Green, Philanthrocapitalism.

973 Adloff, Philanthropisches Handeln, S. 12. Nochmals Adloff, Die Institutionalisierung und Sakralisierung des Gebens: Ein kultursoziologischer Blick auf das Stiften und Spenden, in: Adloff/Priller/Strachwitz (Hrsg.), Prosoziales Verhalten, S. 225.

974 Adloff, Philanthropisches Handeln, S. 12 f.

975 Ders., a. a. O., S. 21 ff.

nen. Sie sind Träger von Rechten und Pflichten, weshalb sie auch als ‚selbstständige Stiftungen' bezeichnet werden.[976] Sie treten im eigenen Namen auf und können klagen und verklagt werden. Sie erlangen ihre Rechtsfähigkeit durch staatliche Anerkennung, § 80 Abs. 1 BGB, was einem **Konzessionssystem** entspricht.[977] Damit unterscheidet sich die rechtsfähige Stiftung von anderen juristischen Personen, wie beispielsweise der GmbH, dem eingetragenen Verein oder der Aktiengesellschaft, bei denen sich die staatliche Mitwirkung auf die Registereintragung beschränkt, was einem **Normativsystem** entspricht.[978] Für rechtsfähige Stiftungen gibt es kein staatlich geführtes Register.

Rechtsfähige Stiftungen werden durch ihre **Organe** vertreten. Sie unterliegen der **staatlichen Aufsicht**. Die einschlägigen Rechtsgrundlagen hierfür finden sich in den einschlägigen Landesstiftungsgesetzen. Sie können als rechtsfähige Stiftungen des privaten Rechts[979] oder als rechtsfähige Stiftung des öffentlichen Rechts[980] in Erscheinung treten.

Nichtrechtsfähige Stiftungen sind keine juristischen Personen. Sie werden auch als unselbstständige, treuhänderische oder fiduziarische Stiftungen bezeichnet.[981] Nach *Campenhausen* handelt es sich um

> „Zuwendungen von Vermögenswerten durch einen Stifter an eine natürliche oder juristische Person (Stiftungsträger) mit der Maßgabe, die übertragenen Werte dauerhaft zur Verfolgung eines vom Stifter festgelegten Zwecks zu nutzen".[982]

Für die vertragstypologische Einordnung wird auf den Auftrag, eine Geschäftsbesorgung oder auf eine Schenkung unter Auflage zurückgegriffen.[983] Sie bedürfen eines rechtsfähigen Trägers, um rechtswirksam handeln zu können.[984] Der Bundesgerichtshof (BGH) hatte in seinem Urteil vom 12.03.2009[985] erstmals Gelegenheit, zur rechtlichen Einordnung der nichtrechtsfähigen Stiftung Stellung zu nehmen.[986] Entsprechend der bis dahin geltenden Auffassung in der Literatur können nichtrechtsfähige Stiftun-

---

976 Schlüter/Stolte, Stiftungsrecht, S. 31; v. Campenhausen in Seifart/v. Campenhausen (2009), § 2 Rdn. 1, 4.

977 Staudinger/Hüttemann/Rawert (2011) § 80 Rn 2.

978 Zur Frage Normativ- oder Konzessionssystem im Stiftungsrecht – einschließlich der rechtshistorischen Entwicklung – vgl. eingehend Muscheler, Normativ- oder Konzessionssystem im Stiftungsrecht?, in: Stiftungsrecht, S. 41 ff.

979 Vgl. §§ 80 ff BGB.

980 Vgl. § 89 BGB; vgl. aber auch v. Campenhausen in Seifart/v. Campenhausen (2009), § 2 Rdn. 1, mit dem Hinweis, dass keine bundeseinheitliche Kodifikation zur öffentlich-rechtlichen Stiftung besteht. Insofern sind die jeweils geltenden Landesstiftungsgesetze einschlägig.

981 Vgl. Staudinger/Hüttemann/Rawert (2011) Vorbem 241-251 zu § 80 m. w. H.; Wochner, Die unselbständige Stiftung, ZEV 1999, S. 125.

982 v. Campenhausen in Seifart/v. Campenhausen (2009), § 2 Rdn. 4 m. w. N.

983 Staudinger/Hüttemann/Rawert (2011) Vorbem 241 zu § 80 m. w. H. Gegen ein Auftragsverhältnis dies. a. a. O. Vorbem 242.

984 Schulte, Staat und Stiftung, S. 14.

985 BGH III ZR 142/08, WM 2009, S. 909 ff; vgl. dazu Feick, BGH zur unselbständigen Stiftung, Stiftung & Sponsoring 2009, Heft 3, S. 48.

986 Diese Aussage ist nicht unkritisch, da auch in Abrede gestellt wird, dass dieses Urteil für das Stiftungsrecht überhaupt Bedeutung hat, siehe Staudinger/Hüttemann/Rawert (2011) Vorbem 245 zu § 80.

gen entweder durch Schenkung unter Auflage[987] oder als Treuhandverhältnis in Form des Auftrags bzw. (bei Entgeltlichkeit) des Geschäftsbesorgungsvertrags errichtet werden, wobei keiner dieser Vertragstypen als zwingend angesehen wird.[988]

Nichtrechtsfähige Stiftungen können entweder durch Rechtsgeschäft unter Lebenden oder durch Verfügung von Todes wegen[989] errichtet werden. In letzterem Fall kann der Erblasser den Erben durch Vermächtnis oder Auflage verpflichten, mit den Erträgen des Nachlasses bestimmte Zwecke zu fördern. Bei Errichtung einer nichtrechtsfähigen Stiftung geht das Eigentum am übertragenen Vermögen über. Es ist bei der empfangenden Person als Sondervermögen von dessen übrigem Vermögen getrennt zu halten. Der praktische Bedarf dieser Erscheinungsform liegt weitgehend darin, dass für die Entstehung einer nichtrechtsfähigen Stiftung ein behördliches Genehmigungsverfahren nicht erforderlich ist und eine Stiftungsaufsicht entfällt.[990] Auch wird bei nur kleinem Stiftungsvermögen[991] zur unselbstständigen Stiftung geraten.[992]

2.2.1. Stiftungen des privaten und des öffentlichen Rechts

Nach *Schulte*[993] stellt das **Kriterium des Rechtsträgers** eines der wichtigsten Kriterien im Stiftungswesen dar. Hiervon ist abhängig, ob es sich um eine Stiftung des privaten Rechts oder eine Stiftung des öffentlichen Rechts handelt. Sowohl bei Stiftungen des privaten als auch bei Stiftungen des öffentlichen Rechts ist zwischen rechtsfähigen und nichtrechtsfähigen Stiftungen zu unterscheiden. Nach *Andrick/Suerbaum*[994] ist diese Unterscheidung bedeutsam für die Stellung der Stiftung im Rechtsverkehr und wesentlich für die einschlägigen Rechtsgrundlagen. Die für die rechtsfähige Stiftung geltenden Rechtsnormen gelten nicht auch gleichzeitig für nichtrechtsfähige Stiftungen.[995]

2.2.1.1. Stiftungen des privaten Rechts

Eine **rechtsfähige/selbstständige Stiftung des privaten Rechts** ist eine Stiftung, die nach den Vorschriften der §§ 80-88 BGB errichtet wurde. Sie wird als das Leitbild aller Stiftungen bezeichnet.[996] Zu den rechtsfähigen Stiftungen des privaten Rechts zählen sowohl gemeinnützige als auch nicht gemeinnützige Stiftungen. Während die

987 Für diese Auffassung Staudinger/Hüttemann/Rawert (2011) Vorbem 248 zu § 80.

988 So Feick, BGH zur unselbständigen Stiftung, Stiftung & Sponsoring 2009, Heft 3, S. 48

989 Testament oder Erbvertrag.

990 v. Campenhausen in Seifart/v. Campenhausen (2009), § 2 Rdn. 5; ebenso Wochner, Die unselbständige Stiftung, ZEV 1999, S. 125.

991 „Kleines Stiftungsvermögen" wird z. T. bei weniger als 500.000 DM angenommen, vgl. Wochner, Die unselbständige Stiftung, ZEV 1999, S. 125, der in diesem Fall von einer „Kleinstiftung" spricht. Zum Teil wird auch bei weniger als 100.000 DM bzw. weniger als 50.000 DM von kleinem Vermögen in diesem Sinne ausgegangen, vgl. Turner, Die Stiftung – ein selbständig und individuell gestaltbarer Wunscherbe, ZEV 1995, 206.

992 Siehe Wochner, Die unselbständige Stiftung, ZEV 1999, S. 125 und Turner, a. a. O., m. w. H.

993 Schulte, Staat und Stiftung, S. 11.

994 Andrick/Suerbaum, Stiftung und Aufsicht, S. 23.

995 Andrick/Suerbaum, Stiftung und Aufsicht, S. 23.

996 v. Campenhausen in Seifart/v. Campenhausen (2009), § 2 Rdn. 1.

gemeinnützige Stiftung gemeinnützigen, mildtätigen oder kirchlichen Zwecken dient[997], verfolgt die nicht gemeinnützige Stiftung wirtschaftliche oder privatnützige[998] Zwecke. Eine **nichtrechtsfähige/unselbstständige Stiftung des privaten Rechts** ist eine Stiftung, die ohne behördliches Genehmigungsverfahren im Sinne einer Treuhandschaft errichtet wurde.

2.2.1.2. Stiftungen des öffentlichen Rechts

Die **Stiftung des öffentlichen Rechts** (auch ‚öffentlich-rechtliche Stiftung') ist keinem einheitlichen Regelungskomplex unterworfen.[999] Es gibt auf bundesgesetzlicher Ebene keine gesetzliche Definition. Der Begriff wird in § 89 BGB schlicht vorausgesetzt.[1000] Gesetzliche Definitionen finden sich allerdings in den Landesstiftungsgesetzen. So werden nach § 3 Abs. 4 Satz 1 des Landesstiftungsgesetzes Rheinland Pfalz vom 19. Juli 2004 öffentlich-rechtliche Stiftungen definiert als

> „rechtsfähige Stiftungen, die zum Land, zu einer kommunalen Gebietskörperschaft oder zu einer sonstigen Körperschaft des öffentlichen Rechts in einer solchen Beziehung stehen, dass sie als öffentliche Einrichtung erscheinen, und als Stiftung des öffentlichen Rechts errichtet oder anerkannt worden sind."[1001]

Nach der Legaldefinition in § 46 Abs. 1 SchlHolLVwG sind Stiftungen des öffentlichen Rechts

> „auf einen Stiftungsakt gegründete, aufgrund öffentlichen Rechts errichtete oder anerkannte Verwaltungseinheiten mit eigener Rechtspersönlichkeit, die mit einem Kapital- oder Sachbestand Aufgaben der öffentlichen Verwaltung erfüllen."[1002]

Nach § 1 Abs. 3 Satz 1 des Bayerischen Stiftungsgesetzes i.d.F. vom 26. September 2008 sind Stiftungen des öffentlichen Rechts

> „Stiftungen, die ausschließlich öffentliche Zwecke verfolgen und mit dem Staat, einer Gemeinde, einem Gemeindeverband oder einer sonstigen unter der Aufsicht des Staates stehenden Körperschaft oder Anstalt des öffentlichen Rechts in einem organischen Zusammenhang stehen, der die Stiftung selbst zu einer öffentlichen Einrichtung macht."[1003]

Rechtsfähige Stiftungen des öffentlichen Rechts werden von rechtsfähigen Stiftungen des privaten Rechts, insbesondere durch deren Errichtung und deren Zweck,[1004] abgegrenzt. Im Grunde handelt es sich ebenfalls um eine rechtsfähige Stiftung, die über die wesentlichen materiellen Stiftungsmerkmale (Stiftungszweck, -vermögen und

---

997 Vgl. dazu Ausführungen unter Tz. 4.5.1. in diesem Kapitel.

998 So im Fall der Familienstiftung, vgl. dazu weiter unten Tz. 2.2.7. in diesem Kapitel.

999 Schlüter/Stolte, Stiftungsrecht, S. 37.

1000 So auch Andrick/Suerbaum, Stiftung und Aufsicht, S. 57. Diese Norm existiert seit 1899, was der Grund dafür sein könnte, dass die Einrichtung der Stiftung des öffentlichen Rechts bis heute existiert; so Alscher, Die Stiftung des öffentlichen Rechts, S. 8.

1001 Vgl. Andrick/Suerbaum, Stiftung und Aufsicht, S. 57 f.

1002 Vgl. auch Staudinger/Hüttemann/Rawert (2011) Vorbem 300 zu §§ 80-88.

1003 GVBl 2008, S. 834. Vgl. des Weiteren § 2 Abs. 1 Hessisches StiftG, § 2 Abs. 4, 5 StiftG Rheinland-Pfalz, § 17 ff. StiftG für Baden-Württemberg, § 32 StiftG für das Land Brandenburg, § 2 Hessisches StiftG, §§ 22-24 StiftG für Mecklenburg-Vorpommern.

1004 Vgl. z. B. für Baden-Württemberg § 17 Abs. 2 StiftG BW: Erfüllung öffentlicher Aufgaben von besonderem Interesse.

-organisation) verfügt.[1005] Die Errichtung der öffentlich-rechtlichen Stiftung erfolgt gegenüber der Errichtung einer rechtsfähigen Stiftung des privaten Rechts durch einen Stiftungsakt aufgrund des öffentlichen Rechts.[1006] Nach *Schulte*[1007] und *Campenhausen*[1008] geht die heute vorherrschende Auffassung zur Abgrenzung von öffentlich-rechtlicher und privatrechtlicher Stiftung davon aus, dass die Charakterisierung einer Stiftung als öffentlich-rechtliche dann unproblematisch ist, wenn ihr der öffentlich-rechtliche Status durch Gesetz oder Verwaltungsakt verliehen wurde. Fehlt es daran, was bei älteren Stiftungen durchaus möglich ist, kann sich der öffentlich-rechtliche Charakter der Stiftung auch daraus ergeben, dass die Stiftung mit öffentlich-rechtlichen Strukturmerkmalen ausgestattet ist und in den Bereich der öffentlichen Ordnung einbezogen ist. Die wahrzunehmenden Aufgaben der Stiftung werden somit dem Bereich der mittelbaren Staatsverwaltung zugeordnet.[1009] Sie ist in das staatliche Verwaltungssystem eingeordnet.[1010]

Der wesentliche Unterschied zur Stiftung privaten Rechts besteht darin, dass die öffentlich-rechtliche Stiftung hoheitliche Aufgaben ausüben kann.[1011] Nach *Alscher* muss eine Stiftung des öffentlichen Rechts keine besonderen hoheitlichen Befugnisse wahrnehmen, aber sie hat als juristische Person öffentliche Aufgaben in eigener Verantwortung wahrzunehmen.[1012] Nach *Forsthoff*[1013] kommt eine öffentlich-rechtliche Stiftung nur in Betracht, wenn der Staat oder ein sonstiger Verwaltungsträger öffentlichen Rechts ein Vermögen unter rechtlicher Verselbstständigung für einen Zweck zur Verfügung stellt, der in den Funktionsbereich der Stifterbehörde fällt. In diesem Sinne äußert sich auch die Rechtsprechung[1014], die eine öffentlich-rechtliche Stiftung auch dann annimmt, wenn „im Nachhinein", d. h. nach Errichtung der Stiftung, private Be-

---

1005 Schlüter/Stolte, Stiftungsrecht, S. 37 mit Hinweis auf BGHZ 20, S. 119 ff. (124); differenzierend aber im Ergebnis gleich: Alscher, Die Stiftung des öffentlichen Rechts, S. 118 ff. und 122 ff.

1006 Vgl. z. B. für Baden-Württemberg §§ 17 Abs. 1, 18 des StiftG BW Errichtung der Stiftung durch Stiftungsakt der Landesregierung. *Alscher*, spricht vom institutionalisierten Gesetzesvorbehalt als wichtigste Voraussetzung für die Errichtung einer Stiftung des öffentlichen Rechts, Alscher, Die Stiftung des öffentlichen Rechts, S. 61 ff., 199. Er besagt, dass die Übertragung hoheitlicher und sonstiger Aufgaben an rechtsfähige Verwaltungsträger der gesetzlichen Grundlage bedarf, was seinen Grund in der Gewaltenteilung hat. Die Exekutive darf nicht ihren eigenen verfassungsrechtlichen Status verändern, indem sie sich staatlicher Hoheitsrechte entäußert, dies. a. a. O., S. 65 m. w. N.

1007 Schulte, Staat und Stiftung, S. 11 f.

1008 v. Campenhausen in Seifart/v. Campenhausen (2009), § 16 Rdn. 5.

1009 v. Campenhausen in Seifart/v. Campenhausen (2009), § 15 Rdn. 1; vgl. auch Schulte, Staat und Stiftung, S. 11.

1010 Staudinger/Hüttemann/Rawert (2011) Vorbem 300 zu §§ 80-88.

1011 Schlüter/Stolte, Stiftungsrecht, S. 27.

1012 Alscher, Die Stiftung des öffentlichen Rechts, S. 65.

1013 Forsthoff, Lehrbuch des Verwaltungsrechts, S. 447.

1014 OVG NW, Urteil v. 23.3.1984 – 15 A 1620/81, entnommen bei Schulte, Staat und Stiftung, S. 12, dort Fußnote 40.

lange die öffentlichen überwiegen sollten. Entscheidendes Kriterium für die Klassifizierung einer Stiftung des öffentlichen Rechts ist somit der Errichtungsakt.[1015]

Die Stiftung des öffentlichen Rechts ist im Ergebnis eine öffentlich-rechtlich gestaltete Institution und gehört als solche zum öffentlich-rechtlichen Verwaltungssystem der mittelbaren staatlichen oder kommunalen Verwaltung.[1016] Die rechtsfähige Stiftung des öffentlichen Rechts genießt zudem die Besonderheit, dass ihre verwaltungsorganisatorische Verselbstständigung sie befähigt und berechtigt, als eigenständiger Verwaltungsträger neben Körperschaft und Anstalt des öffentlichen Rechts[1017] bestimmte Verwaltungsaufgaben durch eigenes Verwaltungshandeln wahrzunehmen.[1018] Bei **nichtrechtsfähigen Stiftungen des öffentlichen Rechts** wird die Trägerschaft meistens von Staat, Gemeinde oder Kirche ausgeübt.[1019]

Als Beispiele für eine Stiftung des öffentlichen Rechts dienen die Stiftung Preußischer Kulturbesitz[1020] und die Stiftung „Erinnerung, Verantwortung und Zukunft" zur Entschädigung von Zwangsarbeitern und anderen NS-Opfern.[1021]

An dieser Stelle sollen keineswegs Argumente unterschlagen werden, die grundsätzlich gegen die Stiftung des öffentlichen Rechts und somit gegen den Staat als Stifter vorgetragen werden. So ist nach *Muscheler* die Wirklichkeit von „Staatsstiftungen" – und damit der Stiftung des öffentlichen Rechts – durch „Steuerersparnis", „Etikettenschwindel" und „immer" durch eine „Verletzung des Demokratieprinzips" geprägt.[1022] Letztere ergebe sich insbesondere daraus, dass Vermögenswerte privatisiert werden und Verwaltungsaufgaben in eine vom Willen des konkreten Stifters auf Dauer beherrschte Stiftung ausgelagert werden. Regierung und Verwaltung können somit auf Grund der Perpetuierung von öffentlichem Vermögen ihrer Verantwortung gegenüber wechselnden parlamentarischen Mehrheiten nicht mehr gerecht werden. Man bilde Schattenhaushalte, die sich öffentlichrechtlicher Finanzkontrolle weitgehend entziehen.[1023] Nach *Muscheler* lässt sich sagen, dass der Staat mit der Stiftung des öffentlichen Rechts *„nicht stiftet, sondern stiften geht"*.[1024] Am Beispiel der baden-württembergischen Landesstiftung spricht *Muscheler* von der „Pervertierung des Steuerrechts", dessen Vorschriften Anreize dafür enthalten, dass ein Bundesland Staatsaufgaben eher in mittelbarer Form, also durch Stiftungen, als in unmittelbarer Form, etwa durch

---

1015 Schulte, Staat und Stiftung, S. 13. Staudinger/Hüttemann/Rawert (2011) Vorbem 301 zu §§ 80-88.

1016 Schlüter/Stolte, Stiftungsrecht, S. 27.

1017 Vgl. zur Abgrenzung hierzu auch Alscher, Die Stiftung des öffentlichen Rechts, S. 115 f. sowie Staudinger/Hüttemann/Rawert (2011) Vorbem 302 zu §§ 80-88.

1018 Schulte, Staat und Stiftung, S. 14.

1019 Ders., a. a. O., S. 14.

1020 Vgl. BGBl. 1957 I, 841.

1021 Vgl. BGBl. 2000 I S. 1263; vgl. dazu BMF v. 5.9.2001 BStBl. 2001 I S. 863; weitere Bsp. siehe bei Staudinger/Hüttemann/Rawert (2011) § 89 Rn 21.

1022 Muscheler, Plädoyer für ein staatsfreies Stiftungsrecht, in: Stiftungsrecht, S. 27, 36 f.

1023 Ders. a. a. O., S. 37.

1024 Ders. a. a. O., S. 37.

Schuldentilgung und direkte Verwendung der eingesparten Zinsen verwirklicht.[1025] Er schließt mit der Konsequenz: „Staatsstiftungen des öffentlichen Rechts sind überflüssig, Staatsstiftungen des Privatrechts sind schädlich.“[1026]

Auch *Ossenbühl* kritisiert das Wesen der Stiftung des öffentlichen Rechts.[1027] Er beanstandet insbesondere, dass keines der drei Wesenselemente der Stiftung (Stifterwille, Stiftungsvermögen und Stiftungsautonomie) „mit der Einbindung von Verwaltungseinheiten in die Hierarchie der öffentlichen Verwaltung verträglich“[1028] sei. Gleichwohl würden sie „unbekümmert der mittelbaren Staatsverwaltung zugeschlagen“.[1029] In Wirklichkeit handele es sich um einen Fonds oder Anstalt, mithin eine Verwaltungseinheit die als ‚Stiftung‘ bezeichnet wird.[1030] Der Staat wolle gar keine Stiftung errichten, sondern lediglich an dem guten Ruf dieses Rechtsinstituts partizipieren.[1031] Auch *Ossenbühl* verwendet daher den Begriff des „Etikettenschwindels“.[1032]

2.2.2. Öffentliche und gemeinnützige Stiftungen – privatnützige Stiftungen

2.2.2.1. Öffentliche und gemeinnützige Stiftungen

Die ‚öffentliche Stiftung‘ ist zunächst von der ‚Stiftung des öffentlichen Rechts‘ abzugrenzen.[1033] Bei der öffentlichen Stiftung kommt es ausschließlich auf den Zweck an, während es bei der letzteren auf den Entstehungstatbestand ankommt.[1034]

Die Begriffe ‚öffentliche‘ und ‚gemeinnützige Stiftung‘ werden teilweise synonym verwendet. Diese Begriffe sind jedoch nur teilweise deckungsgleich. So ist der Kreis der öffentlichen Stiftungen weiter als jener der gemeinnützigen Stiftungen.[1035] Eine öffentliche Stiftung dient immer der Allgemeinheit. Um auch als gemeinnützige Stiftung anerkannt zu werden, müssen zusätzliche, steuerliche Voraussetzungen erfüllt werden.[1036] Der Begriff der Gemeinnützigkeit ist ein steuerrechtlicher Begriff (§ 51 Abs. 1, § 52 AO) und enger als der des gemeinen Nutzens bzw. des öffentlichen

1025 Konkret geht es um die Zuwendung von Aktien an der Energie Baden-Württemberg AG in eine gemeinnützige Stiftung des öffentlichen Rechts zwecks anschließender (steuerfreier) Veräußerung von Aktien an die Electricité de France.

1026 Muscheler, Plädoyer für ein staatsfreies Stiftungsrecht, in: Stiftungsrecht, S. 38.

1027 Ossenbühl, Die Stiftungen des öffentlichen Rechts – sinnvolle Vielfalt oder Chaos? in: FS Starck, S. 351-369.

1028 Ders., a. a. O., S. 353.

1029 Ders., a. a. O., S. 353.

1030 Ders., a. a. O., S. 359.

1031 Ders., a. a. O., S. 359.

1032 Ders., a. a. O., S. 363.

1033 Staudinger/Hüttemann/Rawert (2011) Vorbem 117, 118 und 120 zu §§ 80-88.

1034 Vgl. soeben Tz. 2.2.1.2. und Staudinger/Hüttemann/Rawert (2011) Vorbem 120 zu §§ 80-88.

1035 Hüttemann/Rawert, Pflichtteil und Gemeinwohl, ZEV 2007, 107, 111.

1036 Zum Beispiel Gebot der Selbstlosigkeit (§ 55 AO), Ausschließlichkeit (§ 56 AO) und das Gebot der Unmittelbarkeit (§ 57 AO). Dazu auch weiter unten, vgl. Tz. 4.5.1. in diesem Kapitel.

Wohls.[1037] Sowohl öffentliche als auch gemeinnützige Stiftungen können als rechtsfähige wie auch als nichtrechtsfähige Stiftungen in Erscheinung treten.

2.2.2.2. Privatnützige Stiftungen

Die Stiftungsgesetze der meisten Bundesländer unterscheiden zwischen Stiftungen, die private Zwecke, und solchen, die öffentliche Zwecke verfolgen.[1038] Privatnützige Stiftungen sind Stiftungen, die – im Gegensatz zu öffentlichen und gemeinnützigen Stiftungen – nicht dem Gemeinwohl, sondern privaten Interessen dienen. Klassisches Beispiel hierfür ist die Familienstiftung.[1039] Sie dient dem privaten Interesse einer Familie. Schätzungen zufolge sind lediglich 5 % aller rechtsfähigen Stiftungen privatnützig und ca. 95 % gemeinnützig.[1040]

2.2.3. Kirchliche Stiftungen

Auch kirchliche Stiftungen treten in Form von rechtsfähigen als auch nichtrechtsfähigen Stiftungen auf. Möglich sind kirchliche Stiftungen des öffentlichen wie des privaten Rechts.[1041] Die Besonderheit kirchlicher Stiftungen besteht darin, dass bei ihrer Errichtung oder ihrer Zweckverfolgung die Kirche beteiligt ist, die nach Art. 140 GG i. V. m. Art. 137 Abs. 3 WRV eine Sonderstellung im Staat einnimmt.[1042] Nach den Regelungen der Landesstiftungsgesetze sind kirchliche Stiftungen solche Stiftungen, die ausschließlich oder überwiegend kirchliche Aufgaben erfüllen und gleichzeitig eine besondere organisatorische Verbindung zu einer Kirche aufweisen.[1043] Kirchliche Stiftungen werden durch eine Kirche errichtet. Sie werden satzungsmäßig der kirchlichen Aufsicht unterstellt. Die Zwecksetzung ist sinnvollerweise nur in Verbindung mit einer Kirche erfüllbar.[1044]

2.2.4. Kommunale Stiftungen

Kommunale Stiftungen zeichnen sich dadurch aus, dass sie einer kommunalen Gebietskörperschaft zugeordnet sind, ihre Zweckbestimmung im Rahmen öffentlicher Aufgaben liegt und dass sie in der Regel durch die Organe der kommunalen Gebiets-

---

1037 Seer/Wolsztynski, Steuerrechtliche Gemeinnützigkeit der öffentlichen Hand, S. 18 m. w. H. auf BStBl. BStBl. II 1972, 911; 1977, 213, 214f. Zur Entwicklung des Gemeinnützigkeitsrechts siehe Buchna/Seeger/Brox, Gemeinnützigkeit im Steuerrecht, S. 19-24.

1038 Vgl. Hüttemann/Rawert, Pflichtteil und Gemeinwohl, ZEV 2007, 107, 111 mit Hinweis auf § 10 Abs. 1 BerlStiftG; § 17 BremStiftG; § 2 Abs. 1 HambStiftG; § 21 HessStiftG; § 6 Abs. 3 NRWStiftG; § 19 SHStiftG.

1039 Vgl. dazu sogleich nachfolgend unter Tz. 2.2.7. in diesem Kapitel.

1040 Lex, Das neue Stiftungsrecht, ZEV 2002, 405, 407.

1041 v. Campenhausen in Seifart/v. Campenhausen (2009), § 23 Rdn. 29.

1042 So Schlüter/Stolte, Stiftungsrecht, S. 40.

1043 Schlüter/Stolte, Stiftungsrecht, S. 1; v. Campenhausen in Seifart/v. Campenhausen (2009), § 23 Rdn. 20.

1044 Schlüter/Stolte, Stiftungsrecht, S. 1; v. Campenhausen in Seifart/v. Campenhausen (2009), § 23 Rdn. 13 ff. mit Hinweisen auf Legaldefinitionen in den jeweils einschlägigen Landesstiftungsgesetzen.

körperschaft verwaltet werden.[1045] Aufgrund des kommunalen Bezugs werden sie auch als „örtliche Stiftungen" bezeichnet.[1046] Eine Besonderheit der kommunalen Stiftungen besteht darin, dass sie in das Gefüge einer öffentlichen Verwaltung eingebunden sind.[1047] Durch entsprechende Verweisungsnormen in den Landesstiftungsgesetzen folgt die Aufsicht über kommunale Stiftungen den Regeln des Kommunalrechts.[1048] Sie unterliegen daher der Kommunalaufsicht und nicht der Stiftungsaufsicht.[1049] Auch kommunale Stiftungen treten als rechtsfähige und nichtrechtsfähige Stiftungen in Erscheinung.[1050] Kommunale Stiftungen werden in diversen Landesstiftungsgesetzen explizit erwähnt.[1051]

2.2.5. Bürgerstiftungen

Bürgerstiftungen werden i. d. R. von Bürgern einer Stadt, Kommune oder Gemeinde gegründet und auch als Gemeinschaftsstiftung bezeichnet.[1052]

Wie die kommunale Stiftung sind sie auch in einem regional begrenzten Gebiet tätig.[1053] Typische Engagements betreffen die lokale Kultur, Jugend und Soziales, das Bildungswesen, Natur und Umwelt und den Denkmalschutz. Im Gegensatz zur kommunalen Stiftung fallen jedoch nicht alle ihre Zwecke notwendig in den Rahmen kommunaler Aufgaben.[1054] *Hüttemann/Rawert* bezeichnen es als geradezu typisch für Bürgerstiftungen, dass sie sich nach ihrer Zielsetzung dem gesetzlichen Regime kommunaler Stiftungen gerade nicht unterwerfen wollen. „Das Selbstverständnis moderner Bürgerstiftungen" gehe von „staatsfreier Gemeinwohlpflege aus".[1055] *Schlüter/Stolte* bezeichnen die Bürgerstiftung als „dezidierten Ausdruck" der Zivilgesellschaft.[1056] Die Bürgerstiftung verfüge dadurch „über ein korporatives und demokratisch-partizipatorisches Wesen, das der Stiftung des europäischen Rechtskreises ansonsten fremd" sei. Die jüngere Entwicklung der Bürgerstiftung kann als rasant bezeichnet werden. So wurden in Deutschland seit 1996[1057] Bürgerstiftungen mit einem Stiftungskapital von insgesamt über 130 Mio. Euro gegründet.[1058] In der Literatur findet sich die Aussage,

---

1045 v. Campenhausen in Seifart/v. Campenhausen (2009), § 2 Rdn. 9; Staudinger/Hüttemann/Rawert (2011) Vorbem 226 zu §§ 80-88.

1046 Schlüter/Stolte, Stiftungsrecht, S. 39.

1047 Vgl. z.B. Staudinger/Hüttemann/Rawert (2011) Vorbem 226 zu §§ 80-88.

1048 v. Campenhausen in Seifart/v. Campenhausen (2009), § 2 Rdn. 9.

1049 Die Stiftungsaufsicht ist den Regierungspräsidien zugeordnet. Vgl. i. Ü. Schlüter/Stolte, Stiftungsrecht, S. 39.

1050 v. Campenhausen in Seifart/v. Campenhausen (2009), § 31 Rdn. 1 ff.

1051 Zum Beispiel Art. 35 Abs. 1 BayStiftG; § 19 Abs. 1 NdsStiftG; § 39 RhPfStiftG; § 20 Abs. 1 SlStiftG; § 17 Abs. 1 SHStiftG.

1052 Vgl. Schlüter/Stolte, Stiftungsrecht, S. 39.

1053 Vgl. auch Staudinger/Hüttemann/Rawert (2011) Vorbem 133 zu §§ 80-88 („...in ihrem Aktionsgebiet geografisch begrenzt ...") sowie Vorbem 190 ff. zu §§ 80-88.

1054 Staudinger/Hüttemann/Rawert (2011) Vorbem 230 zu §§ 80-88.

1055 Staudinger/Hüttemann/Rawert (2011) Vorbem 230 zu §§ 80-88.

1056 Schlüter/Stolte, Stiftungsrecht, S. 39.

1057 Die erste Bürgerstiftung Deutschlands wurde in Gütersloh errichtet, siehe Adloff, Philanthropisches Handeln, S. 123.

1058 Quelle: www.buergerstiftungen.de, letzter Abruf Juni 2011.

dass Bürgerstiftungen den derzeit am stärksten wachsenden Teil des deutschen Stiftungswesens darstellen.[1059] Dies wird von neueren soziologischen Untersuchungen bestätigt. So zeigt *Adloff* die Entwicklung der Bürgerstiftung aus den USA heraus auf.[1060] Seit Gründung der ersten Bürgerstiftung als *community foundation* in Cleveland im Jahr 1914 hat sich diese Stiftungsform über Großbritannien auch in Europa etabliert. Allein in den USA haben sie im Jahr 2007 4,1 Milliarden Dollar verausgabt.[1061]

2.2.6. Politische Stiftungen

Politische Stiftungen, auch parteinahe Stiftungen genannt, erfüllen im Auftrag des Staates demokratische und gesellschaftspolitische Bildungsarbeit. Sie betreiben wissenschaftliche Forschung sowie Begabtenförderung und widmen sich der internationalen Zusammenarbeit. Sie unterhalten Archive und Bibliotheken, veröffentlichen Arbeitsmaterialien und Schriften und stellen Tagungsstätten bereit.[1062] Sie verstehen sich als Teil der politischen Kultur in Deutschland, parteipolitisch orientiert und zugleich unabhängig.[1063] Beispiele für derartige Stiftungen sind die Konrad-Adenauer-Stiftung, die Heinrich-Böll-Stiftung, die Friedrich-Ebert-Stiftung, die Hanns-Seidel-Stiftung oder die Friedrich-Naumann-Stiftung für die Freiheit. Mit Ausnahme der Friedrich-Naumann-Stiftung für die Freiheit handelt es sich bei den genannten ‚Stiftungen' um eingetragene Vereine, die als Stiftung firmieren. Die Finanzierung dieser Stiftungen erfolgt mit Haushaltsmitteln, was gemäß dem Urteil des BVerfG vom 14.07.1986 unter der Voraussetzung, dass sie rechtlich und tatsächlich unabhängig sind und in ausreichender Distanz zu ihren Bezugsparteien agieren, nicht zu beanstanden ist.[1064]

2.2.7. Familienstiftung

Der Zweck einer Familienstiftung ist darauf gerichtet, Angehörige des Stifters und Abkömmlinge dieser Angehörigen zu unterstützen.[1065] Man spricht auch von einer Stiftung für die Familie.[1066] Sie kann als rechtsfähige oder nichtrechtsfähige Stiftung in Erscheinung treten.

1059 Vgl. Ausführungen im Rahmen der Einleitung unter Tz. 2.1., Ziffer 4 nebst den dort angegebenen Quellen.

1060 Adloff, Philanthropisches Handeln, S. 120 ff.

1061 Ders., ebenda.

1062 BVerfGE 2 BvE 5/83 v. 14. Juli 1986.

1063 Quelle: Die Bildungsarbeit der Politischen Stiftungen in Deutschland, Seite 2.

1064 BVerfGE 2 BvE 5/83 v. 14. Juli 1986.

1065 Sorg, Die Familienstiftung, S. 28. Begrifflich wird z. T. auch von einer privatnützigen Stiftung gesprochen, z. B. Werkmüller, Steuerliche Aspekte der ausländischen Familienstiftung, ZEV 1999, 138 ff. Zur steuerlichen Begriffsbestimmung siehe Pöllath/Richter in Seifart/v. Campenhausen (2009), § 13 Rdn. 43ff. sowie Korezkij, Familienstiftung im neuen Erbschaftsteuerrecht, ZEV 1999, 132.

1066 Pöllath/Richter in Seifart/v. Campenhausen (2009), § 13 Rdn. 2.

2.2.8. Unternehmensstiftung, unternehmensverbundene Stiftung, Doppelstiftung

Unternehmensstiftungen sind eine Anwendungsform der Rechtsform Stiftung im unternehmerischen Bereich.[1067] Der Begriff deutet auf die Anlage von Vermögen der Stiftung in einem Unternehmen und die Herkunft von Mitteln aus einem Unternehmen hin.[1068]

Als **unternehmensverbundene Stiftung** bezeichnet man eine Stiftung, die ein Unternehmen betreibt oder zu deren Vermögen ein Unternehmen oder eine Beteiligung an einem Unternehmen gehört. So bezeichnet die unternehmensverbundene Stiftung eine Stiftung, die Anteile an weiteren Unternehmen hält.[1069] Die unternehmensverbundene Stiftung wird auch als Unternehmensträgerstiftung, gewerbliche, unternehmensbezogene oder Beteiligungsträgerstiftung bezeichnet.[1070]

Die **Doppelstiftung** ist im Kontext der Unternehmens-, Familien- und gemeinnützigen Stiftung zu sehen.[1071] Die Vorzüge[1072] einer (steuerfreien) gemeinnützigen Stiftung können mit denen einer (steuerpflichtigen) Unternehmens(träger)- und/oder Familien(träger)stiftung kombiniert werden, indem Anteile und Stimmrechte an einem (zu vererbenden) Unternehmen[1073] reziprok auseinanderfallend auf eine gemeinnützige und eine Unternehmens- bzw. Familienstiftung übertragen werden. Hierbei werden lediglich so viele Anteile[1074] an einem Unternehmen auf eine Familien- bzw. Unternehmens(träger)stiftung übertragen, als es für die finanzielle Unterstützung der Familie des Stifters erforderlich erscheint, wobei dieser (Zwerg-)Anteil mit Stimmrechten[1075] ausgestattet wird.[1076] Reziprok hierzu werden die verbleibenden (wesentlichen) Anteile an dem zu vererbenden Unternehmen auf eine gemeinnützige Stiftung übertragen.[1077] Sinn und Zweck dieser Gestaltung ist es, die (weitgehend) steuerfreie Übertragung des zu vererbenden Unternehmens zu sichern, gleichzeitig aber der Familie – über die Familienstiftung – die Einflussmöglichkeit über den Geschehensablauf des Unternehmens weiterhin zu sichern.[1078]

1067 Dies., a. a. O., § 12 Rdn. 1.

1068 Dies., a. a. O., § 12 Rdn. 1; Staudinger/Hüttemann/Rawert (2011) Vorbem 136ff. zu §§ 80-88.

1069 Beteiligungen an Personen- oder Kapitalgesellschaften mit der Möglichkeit als oberstes Organ für die Verwaltung eines Konzerns fungieren zu können (Holdingstiftung), vgl. Staudinger/Hüttemann/Rawert (2011) Vorbem 132 zu §§ 80-88.

1070 v. Campenhausen in Seifart/v. Campenhausen (2009), § 2 Rdn. 16 sowie Pöllath/Richter in Seifart/v. Campenhausen (2009), § 12 Rdn. 74.

1071 Pöllath/Richter in Seifart/v. Campenhausen (2009), § 12 Rdn. 201 ff.

1072 Vgl. kritisch zur Doppelstiftung Rawert, Der Einsatz der Stiftung zu stiftungsfremden Zwecken, ZEV 1999, S. 294, m. w. N.; umfassend dazu Schuck, Die Doppelstiftung.

1073 Bei einer Unternehmensgruppe bietet sich an, hierfür eine Spitzenholding zu schaffen.

1074 Im Extremfall auch 0,1 %.

1075 Gegebenenfalls auch mit allen.

1076 Vgl. auch Rawert, Der Einsatz der Stiftung zu stiftungsfremden Zwecken, ZEV 1999, 294 f. Zur Frage des steuerlichen Missbrauchs s. auch Schnittger, Die Gestaltungsform der Doppelstiftung und ihre Probleme, ZEV 2001, 104-106. Eingehend Schuck, Die Doppelstiftung.

1077 Erbschaftsteuerfrei, § 13 Abs. 1 Nr. 16 b ErbStG, vgl. Kapitel 3, Tz. 2.3.5.

1078 Kritisch zu diesem Modell äußert sich Rawert, Der Einsatz der Stiftung zu stiftungsfremden Zwecken, ZEV 1999, S. 294; dagegen Schiffer, Die unternehmensverbundene Stiftung ist im

2.2.9. Europäische Stiftung

Die Rechtsform einer Europäische Stiftung bzw. einer Stiftung Europäischen Rechts gibt es (derzeit) nicht.[1079] Nach einem Aktionsplan der europäischen Union aus dem Jahre 2003 wurde der Bedarf an einer solchen Rechtsform geprüft.[1080] Der Stiftungssektor begrüßt eine solche zusätzliche Rechtsform[1081] und auch das Europäische Parlament hat sich hierfür ausgesprochen.[1082] Im Auftrag der Kommission wurde eine Durchführbarkeitsstudie über den möglichen Status der Europäischen Stiftung erstellt.[1083] Die EU-Kommission hat nunmehr am 8.2.2012 einen Vorschlag über das Statut der Europäischen Stiftung (Fundatio Europaea/FE = FE-VO-E) vorgelegt. Vorgesehen ist die Schaffung einer EU-weit einheitlichen Rechtsform für die Verfolgung gemeinnütziger Zwecke.[1084] Vorgesehen ist ein abschließender Katalog zur Verfolgung gemeinnütziger Zwecke (Art. 5 Abs. 2 FE-VO-E). Die Zweckverfolgung muss sich auf mindestens zwei Mitgliedstaaten erstrecken (Art. 6 FE-VO-E). Zielsetzung ist im Wesentlichen die Errichtung und Funktionsweise von Stiftungen im Binnenmarkt zu erleichtern und zivil- und steuerrechtliche Hindernisse, die derzeit für die grenzüberschreitende Tätigkeit und Mittelbeschaffung von gemeinnützigen Organisationen bestehen, zu beseitigen.

Gerede, ZEV 1999, S. 424, mit Replik Rawert, Kirchmann, Wittgenstein und die unternehmensverbundene Stiftung, ZEV 1999, S. 426. Eingehend Schuck, Die Doppelstiftung.

1079 Im Gegensatz zur Rechtsform der europäischen Aktiengesellschaft, der „Societas Euopaea“, sog. „SE“, die mit der SE-VO am 08.10.2004 in Kraft getreten ist, VO (EG) Nr. 2157/2001 des Rates vom 08.10.2001 über das Statut der Europäischen Gesellschaft (SE), ABlEU v. 10.11.2001, L 294/1.

1080 Baums, Aktuelle Entwicklungen im Europäischen Gesellschaftsrecht, AG 2007, S. 57, 63.

1081 Vgl. Baums, a. a. O., S. 63; ebenso Bayer/Schmidt, Aktuelle Entwicklungen im Europäischen Gesellschaftsrecht, BB 2008, S. 454, 455.

1082 Ders. a.a.O., S. 63 mit Verweis auf den Aktionsplan der EU-Kommission vom 21.5.2003 (Aktionsplan „Modernisierung des Gesellschaftsrechts und Verbesserung der Corporate Governance in der Europäischen Union“).

1083 Vgl. Bekanntmachung der EU-Kommission vom 29.07.2007 im ABlEU 2007/S 250-305667. Die Studie wurde von der Max-Planck-Gesellschaft zur Förderung von Wissenschaften in Consortium mit der Ruprecht-Karls-Universität Heidelberg erstellt. Gegenstand der Studie war die Durchführbarkeit einer echten europäischen Rechtsform für Stiftungen. Anlass für die Studie sind die derzeit bestehenden unterschiedlichen nationalen Regelungen in der EU, z.B. bei grenzüberschreitenden Tätigkeiten und der grenzüberschreitenden Anerkennung der Rechtspersönlichkeit und der Gemeinnützigkeit. Die Studie ist abrufbar unter http://ec.europa.eu/internal_market/company/ docs/eufoundation/ feasibilitystudy_en.pdf; letzter Abruf im Juli 2011.

1084 Siehe Vorschlag der EU-Kommission für eine Verordnung über das Statut der Europäischen Stiftung (Fundatio Europaea – FE), abrufbar unter http://ec.europa.eu/internal_market/company/eufoundation/index_de.htm (letzter Abruf im April 2012); siehe dazu Stöber, DStR 2012, 804 ff. m. w. H.

2.2.10. Weitere Stiftungsformen

Wie bereits ausgeführt, haben Stiftungen ihr Vermögen auf Dauer zu erhalten. Dieser Grundsatz der Vermögenserhaltungspflicht stellt sicher, dass eine Stiftung ihre Zwecke auf Dauer erfüllen kann. Nur ein dauerhaft vorhandener Vermögensstock kann auf Dauer ausreichend Erträge (Mittel) generieren. Hiervon gibt es – in engen Grenzen – Ausnahmen. In einigen Bundesländern kann es einer Stiftung mit Zustimmung der Stiftungsaufsichtsbehörden gestattet sein, ihr Vermögen in Teilen oder gänzlich innerhalb einer bestimmten Zeit zu verbrauchen.[1085] Diese Stiftungen werden als **Verbrauchsstiftung** oder auch als **Stiftung auf Zeit** bezeichnet.[1086]

Von **Sammelstiftungen** spricht man, wenn eine Stiftung mit niedrigem Vermögen errichtet wird, um sodann um Zustiftungen zu werben. Sie sind nur genehmigungsfähig, wenn bereits das Anfangsvermögen nachhaltiges Tätigwerden gewährleistet.[1087]

Von **Vorratsstiftungen** spricht man, wenn der Stifter eine Stiftung zu Lebzeiten errichtet, um ihr mit seinem Todesfall das eigentlich vorgesehene Vermögen zuzuwenden.[1088] Auch diese Stiftungen benötigen, als rechtsfähige Stiftung, eine hinreichende Vermögensausstattung, um auch bereits zu Lebzeiten eine (mutmaßliche) Zweckverfolgung sicherstellen zu können. Von **Einkommens- oder Zuwendungsstiftungen** spricht man, wenn sich eine Stiftung aus laufenden Zuwendungen Dritter speisen soll. Sie ist, in der Form der rechtsfähigen Stiftung, nur anerkennungsfähig, wenn auf diese Zuwendungen ein durchsetzbarer Anspruch besteht.[1089]

Eine **Förderstiftung** ist eine Stiftung, deren Zweck in der Mittelbeschaffung für andere steuerbegünstigte Körperschaften besteht. Eine Förderstiftung muss selbst nicht operativ tätig sein und kann nach § 58 Nr. 1 AO steuerbegünstigt sein.[1090] Sie erfüllt ihren Zweck durch finanzielle Zuwendungen an andere Personen oder Einrichtungen.[1091] **Operative Stiftungen** erfüllen ihren Zweck selbst, z.B. indem sie eigene Projekte auf dem Gebiet ihres Zwecks selbst durchführen oder Einrichtungen unterhalten.[1092]

Ein **Stiftungsverein** oder eine **Stiftungs-GmbH**[1093] ist ihrer Natur nach **keine Stiftung**, sondern ein Verein oder eine GmbH, die als Stiftung firmiert, d. h. den Be-

---

1085 Vgl. z. B. § 7 Abs. 1 S. 2 Stiftungsgesetz für Nordrhein-Westfalen; § 27 Abs. 1 Nr. 2 i. V. m. § 10 Abs. 2 Bayerisches Stiftungsgesetz; § 7 Abs. 2 Stiftungsgesetz für Baden-Württemberg.

1086 Vgl. dazu Andrick/Suerbaum, Stiftung und Aufsicht, S. 147 f. Dazu auch Lex, Das neue Stiftungsrecht, ZEV 2002, S. 405, 407 mit dem Beispiel einer Stiftung, die als alleinigen Zweck den aufwendigen Wiederaufbau eines kulturhistorischen Ensembles hat und mit Vollendung des Wiederaufbaus wieder aufgelöst wird, oder eine Stiftung, die ihr Vermögen bestimmungsgemäß zur Zweckerfüllung aufzehrt, z. B. an die Opfer eines bestimmten Unglücks. Vgl. ferner Wallenhorst in Wallenhorst/Halaczynski, Die Besteuerung gemeinnütziger Vereine, Stiftungen und der juristischen Personen des öffentlichen Rechts, Kap. E Rz. 83, dort auch FN 313.

1087 Staudinger/Hüttemann/Rawert (2011) Vorbem 127 zu §§ 80-88.

1088 Staudinger/Hüttemann/Rawert (2011) ebenda.

1089 Staudinger/Hüttemann/Rawert (2011) ebenda.

1090 Staudinger/Hüttemann/Rawert (2011) Vorbem 328 zu §§ 80-88.

1091 Staudinger/Hüttemann/Rawert (2011) Vorbem 128 zu §§ 80-88.

1092 Staudinger/Hüttemann/Rawert (2011) Vorbem 128 zu §§ 80-88.

1093 Auch eine Stiftungs-Aktiengesellschaft wäre denkbar.

griff „Stiftung“ als Namen führt.[1094] Die Rechtslehre spricht insofern auch von Stiftungsersatzformen.[1095] In der Literatur findet sich die Aussage, dass die „Flucht in die Stiftungsersatzformen“ eine Irreführung der Öffentlichkeit und eine Beeinträchtigung des goodwill der Stiftungen oder sogar eine Täuschung im Rechtsverkehr bewirken könne.[1096] In institutioneller Hinsicht unterscheidet sich die Stiftung von diesen Ersatzformen dadurch, dass die Stiftung keinen Rechtsträger hat. Dies ist beim Verein ein Personenverband als Rechtsträger und bei der Kapitalgesellschaft der bzw. die Gesellschafter. Das Schicksal einer Stiftung kann daher auch nicht wie das eines Vereins eigengesetzlich vom Willen der Personenmehrheit bzw. des Gesellschafters bestimmt werden. Es hängt vielmehr von dem in der Stiftungsurkunde niedergelegten Willen des Stifters ab.[1097]

Bei der **Auslandsstiftung** handelt es sich um eine im Ausland errichtete und dort ansässige Stiftung.[1098] Es kann sich hierbei sowohl um eine gemeinnützige als auch privatnützige Stiftung (Auslandsfamilienstiftung) handeln.

2.2.11. Differenzierung nach dem Zeitpunkt der Entstehung einer Stiftung

Eine Differenzierung nach dem Zeitpunkt der Entstehung einer Stiftung führt zu den Begriffen der Stiftung unter Lebenden (§ 81 BGB) und der Stiftung von Todes wegen (§ 83 BGB).[1099] Im ersten Fall errichtet der Stifter bereits zu seinen Lebzeiten eine Stiftung. Im Fall der Errichtung einer Stiftung von Todes wegen wird ihre Errichtung dagegen vom Stifter im Rahmen des Testaments oder eines Erbvertrags verfügt.[1100]

2.2.12. Klassifizierung nach Stiftungsvermögen und -funktion

Die Klassifizierung nach dem Stiftungsvermögen ist vor dem Kriterium der Bedeutung von Stiftungen für das Wirtschaftsleben sinnvoll.[1101] Hier haben sich folgende Kategorien herausgebildet: die Anstaltsstiftung, die Kapitalstiftung, die Funktionsträgerstiftung und die Unternehmensträgerstiftung. Bei der **Anstaltsstiftung** wird das Vermögen zur Schaffung bestimmter Einrichtungen oder Anstalten verwendet, die unmittelbar die Verwirklichung des Stiftungszwecks durch ihren Betrieb verfolgen.[1102] Der Stiftungszweck wird hier nicht durch das Ausschütten von Erträgnissen erfüllt, son-

---

1094 Zur Zulässigkeit dieser Namensführung oder Firmierung siehe Staudinger/Hüttemann/Rawert (2011) Vorbem 294 zu §§ 80-88; ferner Beschluss des OLG Stuttgart vom 12.02.1964, BB 1964, S. 1146.

1095 Schulte, Staat und Stiftung, S. 21, m. w. N.; ebenso Staudinger/Hüttemann/Rawert (2011) Vorbem 291 zu §§ 80-88.

1096 Vgl. z. B. Schulte, Staat und Stiftung, S. 22.

1097 Toepke, Staatsaufsicht über Stiftungen im Deutschen und Anglo-Amerikanischen Recht, S. 63.

1098 Vgl. hierzu z. B. Werkmüller, ZEV 1999, S. 138; Thömmes/Stockmann, Familienstiftung und Gemeinschaftsrecht, IStR 1999, 261ff.

1099 Staudinger/Hüttemann/Rawert (2011) Vorbem 116 zu §§ 80-88.

1100 Vgl. hierzu Staudinger/Hüttemann/Rawert (2011) § 83 Rn 1 ff.; ferner auch Muscheler, Das vertragliche Stiftungsgeschäft, in: Stiftungsrecht, S. 95 ff.

1101 In diesem Sinne Andrick/Suerbaum, Stiftung und Aufsicht, S. 32.

1102 Andrick/Suerbaum, a. a. O., S. 32.

dern durch den Einsatz der Vermögenssubstanz selbst.[1103] Häufig handelt es sich um Gebäudebesitz mit vorgegebener Nutzungsart (z. B. Krankenhaus, Altersheim, Fürsorgeanstalt oder auch Kunstbesitz).[1104] Die **Kapitalstiftung**, die auch als Hauptgeldstiftung bezeichnet wird[1105], finanziert ihren Zweck mit Hilfe der aus dem Grundstockvermögen erwirtschafteten Beträge.[1106] Das Vermögen als solches (der Grundstock) bleibt dagegen unangetastet. Von einer **Funktionsträgerstiftung** spricht man, wenn eine Stiftung mit ihren eigenen Mitteln den ihr zugewiesenen Leistungsauftrag bis in dessen letzte Konsequenz selbst verwirklicht.[1107] Ihre Funktion ist im Wesentlichen die Verfolgung eines Auftrags von sozialer, politischer oder kultureller Bedeutung. Stiftungen dieser Art sollen Mittler, Schiedsmann und Bindeglied zwischen Interessengruppen sein oder vernachlässigte Anliegen von öffentlichem Interesse bearbeiten und für ihre Berücksichtigung im sozialen Bereich und politischen Prozess werben.[1108] Der Vermögensbestand dieser Stiftungen spielt insofern eine Rolle, als die Erfüllung bzw. Verfolgung der Auftragsfunktion materieller Mittel bedarf. Die **Unternehmensträgerstiftung** ist – wie bereits ausgeführt – eine Stiftung, die Anteile an einem Unternehmen hält.

2.2.13. Klassifizierung nach der sozialen Gemeinschaft

Die Klassifizierung nach der sozialen Gemeinschaft orientiert sich an dem Stifter. Dies kann eine **Einzelperson** oder eine **Gesamtheit von Einzelpersonen** sein.[1109] Auch ein Unternehmen kann Stifter sein. Eine stichprobenartige Informationsbeschaffung von im DAX gelisteten **Unternehmen** zeigt bspw., dass diese zahlreiche gemeinnützige Stiftungen errichtet haben. So verfolgen bspw. die Allianz AG,[1110] die Altana AG,[1111] die BASF AG,[1112] die Bayer AG,[1113] die Dresdner Bank AG,[1114] die DaimlerChrysler

1103 Dies., a. a. O.

1104 v. Campenhausen in Seifart/v. Campenhausen (2009), § 2 Rdn. 18.

1105 Ders., a. a. O.

1106 Ders., a. a. O.

1107 Siehe bei Andrick/Suerbaum, Stiftung und Aufsicht, S. 32, m. w. N.

1108 Andrick/Suerbaum, Stiftung und Aufsicht, S. 33.

1109 Zum Beispiel die Bürgerstiftung, vgl. oben.

1110 Die Allianz Gruppe hat allein 12 Stiftungen, die sich in sechs Aktionsbereichen engagieren wie „Education & Science“, „Society & Economic“, „Environment“, „Health“, „Social Commitment“ und „Culture“, vgl. unter http://www.allianz.com / Allianz Group / Responsibility / Sustainability. Stiftungen der Allianz AG sind: Allianz Umweltstiftung, Allianz Kulturstiftung, Allianz Foundation for North America, Stiftung Allianz Direct Help. Stiftungen der Allianz Gesellschaften sind: Jürgen-Ponto-Foundation, RAS Fondazione Umana Mente, Kulturstiftung Dresden, Allianz Care Foundation Indonesia, AGF Athena Foundation, Fireman‘s Fund Foundation, PIMCO Foundation, AGF Brasil Charity and Relief Association.

1111 Die Altana AG konzentriert ihr kulturelles und gesellschaftliches Engagement auf die Förderung von Wissenschaft, Bildung und Kunst. Die drei Säulen dieses Engagements sind die Herbert Quandt Stiftung, das „Kulturforum“ und das Altana Forum für Bildung & Wissenschaft; vgl. www.altana.de / Corporate Citizenship.

1112 Zu nennen ist hier bspw. die 1941 gegründete Dr. Heinrich von Brunck – Gedächtnisstiftung für Werksangehörige der BASF.

AG,[1115] die ESSO AG[1116] und die Volkswagen AG[1117] umfangreiches gemeinnütziges Engagement.[1118] Stellvertretend sei hierzu auch auf ein Interview mit Dr. Hubertus Erlen,[1119] Vorstandsvorsitzender der Schering AG hingewiesen, wonach Unternehmensstiftungen[1120] auch dazu dienen, „das mäzenatische Engagement des Unternehmens nach innen und außen sichtbar zu machen“[1121]. Als eine besondere Erscheinungsform ist im Bereich ‚großer mittelständischer Unternehmen‘[1122] auch der Einsatz von Stiftungsmodellen zur Sicherung der unternehmerischen Nachfolgeplanung zu verzeichnen.[1123] Wenn die demografische Entwicklung in Deutschland[1124] dazu führt,

1113 Zu nennen sind hier die Dr.-Carl-Duisberg-Stiftung für das Auslandsstudium, die Dr.-Carl-Duisberg-Stiftung für Medizinstudenten, die Bayer Studienstiftung, die Kurt-Hansen-Stiftung, die H.-Grünewald-Stiftung zur Förderung des Behindertensports, die Hermann-Strenger-Stiftung, die Otto-Bayer-Stiftung, die Familie-Hansen-Stiftung und die Bayer-Stiftung für deutsches und internationales Recht; vgl. www.bayer.de/ueber-bayer/gesellschaftliche-verantwortung/stiftungen/portraits.

1114 Schwerpunkte liegen hier im Bereich der gesellschaftlichen Verantwortung, Kultur und Sport. Förderungen erfolgen bspw. über die Jürgen-Ponto-Stiftung und die Kulturstiftung Dresden; vgl. www.dresdnerbank.de/dresdnerbank/engagement.

1115 Als Beispiel für die vielfältigen Engagements der DaimlerChrysler AG im gemeinnützigen Bereich sei die Mitgründerschaft der Stiftung World Childhood Foundation (WCF) im Jahr 2000 genannt.

1116 Die ESSO AG zeigt bspw. ein großes Engagement in den Bereichen Umweltschutz, Sicherheit und Schutz der Gesundheit, vgl. www.esso.de/ueber uns/umweltschutz.

1117 Die vielfältigen Fördermaßnahmen der Volkswagen AG lassen sich nachverfolgen unter www.volkswagen-umwelt.de. Zu nennen ist an dieser Stelle auch die im Jahr 1961 errichtete Volkswagen Stiftung, die nach der Robert Bosch Stiftung GmbH als zweitvermögenste Stiftung Deutschlands eingestuft wird, vgl. Haibach, Handbuch Fundraising, a. a. O., Fußnote 9, S. 166, sowie www.volkswagen-stiftung.de.

1118 Die Aufzählung ist nur exemplarisch und ließe sich umfangreich fortsetzen, was den Rahmen dieser Arbeit sprengen würde.

1119 Erlen, Corporate Citizenship, Stiftung & Sponsoring 2003, Heft 2, S. 3 ff.

1120 Gemeint sind hier von Unternehmen errichtete Stiftungen.

1121 Diese Motivation, Unternehmen im öffentlichen Erscheinungsbild als „Förderer“ erscheinen zu lassen, wird zunehmend auch als „Corporate Citizenship“ bezeichnet, vgl. dazu Stiftung & Sponsoring 2003, Heft 2, S. 3, sowie Habisch, Corporate Citizenship, Stiftung & Sponsoring 2004, Heft 2, S. 3 ff. Nach Habisch (a. a. O.) beschreibt der Begriff „Corporate Citizenship“ Formen der Zusammenarbeit von Unternehmen und Partnern (Sozial- und Bildungseinrichtungen, Bürgergruppen etc.) zur Lösung konkreter Probleme ihres gesellschaftlichen Umfelds. Viele Unternehmen hätten dieses gesellschaftliche Engagement auf Stiftungen übertragen. Nach einer Befragung des Bonner Instituts für Mittelstandsforschung sei dieses gesellschaftliche Engagement von kleinen und mittleren Unternehmen (KMU) relativ zu ihrer Ertragskraft sogar noch stärker ausgeprägt als bei Großkonzernen. Zu weitergehenden Informationen hierzu siehe auch unter www.corporatecitizen.de..

1122 Während bereits der Begriff des Mittelstands nicht einheitlich definiert ist, ist auch der Begriff des ‚großen‘ Mittelstands nur schwer abgrenzbar. Entsprechende Kriterien sollen an dieser Stelle bewusst nicht genannt werden. Angesichts der in der Praxis anzutreffenden Beispiele handelt es sich jedoch um Unternehmen von substanziell bedeutsamem Wert.

1123 Berndt/Götz bezeichnen hierbei den Erhalt eines bereits vorhandenen und lebensfähigen Unternehmens über die Schaffenszeit des Unternehmers hinaus als eines der wichtigsten Motive für den Einsatz von Stiftungen im Rahmen der unternehmerischen Nachlassplanung. Die Sicherung der Unternehmenskontinuität wird Zweck der Stiftung, Berndt/Götz, Rz. 1621. Allen

dass inhabergeführte Unternehmer immer weniger Nachfolger aus der eigenen Familie rekrutieren können, dürfte der Einsatz von Stiftungen zum Zweck der unternehmerischen Nachfolgeplanung in Zukunft eine noch größere Bedeutung erhalten.

2.2.14. Klassifizierung nach der Stiftungsorganisation

Teilweise findet sich auch das Abgrenzungskriterium der Staatsorganisation.[1125] Nach dieser Perspektive wird zwischen kirchlichen und weltlichen Stiftungen unterschieden. Als Abgrenzungskriterien werden drei Merkmale genannt: die spezifische Zweckbestimmung der Stiftung, das Maß ihrer organisatorischen Zuordnung zu einer Kirche und die Anerkennung der Stiftung durch die zuständige kirchliche Behörde.[1126] Die spezifisch kirchliche Zweckbestimmung stellt darauf ab, ob die Stiftung überwiegend kirchlichen Aufgaben dient. Für die Frage der Zuordnung und Verflechtung mit der Kirche wird auf die Gesamtumstände ihrer Gründung, die Beteiligung im kirchlichen Dienst stehender Personen an der Erfüllung des Stiftungszwecks sowie das Ausmaß der Stiftungsverwaltung und -beaufsichtigung durch kirchliche Organe abgestellt.[1127] Für die Anerkennung einer kirchlichen Stiftung ist die kirchliche Anerkennung erforderlich. Die staatliche Genehmigung kann diese nicht ersetzen.[1128]

2.2.15. Abgrenzung der Stiftung zu Körperschaften und Anstalten

Die Stiftung unterscheidet sich von der **Körperschaft** im allgemeinen Sinne vor allem dadurch, dass sie nicht intern von einer Vielzahl von Mitgliedern getragen wird, sondern dass der oder die Träger der Organisation ihr nicht angehören.[1129] Dieser auch als ‚externe Trägerschaft‘ bezeichnete Umstand beinhaltet die Errichtung einer von dem oder den Trägern der Organisation verschiedenen sozialen und rechtlichen Handlungseinheit, ohne dass diese ihr mitgliedschaftlich angehören.[1130]

Zur Abgrenzung der Stiftung gegenüber der **Anstalt** gibt es mehrere Ansätze.[1131] Nach *Wallenhorst/Halaczynski* verbindet sich mit der Stiftung die Vorstellung eines

---

voran dient als Beispiel hierfür die im Jahr 1889 von Prof. Ernst Abbe errichtete Carl-Zeiss-Stiftung in Jena; vgl. bspw. Berndt/Götz, ebenda. Als jüngeres Beispiel sei der inhabergeführte Konzern GLOBUS mit Sitz in St. Wendel genannt, der erst im Jahr 2005 eine Doppelstiftung zur Sicherung der unternehmerischen Nachfolge implementierte; vgl. FAZ vom 23.06.2004, S. 14.

1124 Vgl. hierzu: Berlin-Institut, Die demografische Lage der Nation.

1125 Schulte, Staat und Stiftung, S. 16 f.

1126 Schulte, Staat und Stiftung, S. 16.

1127 Schulte, Staat und Stiftung, S. 18 unter Hinweis auf BVerfG, Beschluss vom 11.10.77 – 2 BvR 209/76 u. a.

1128 Vgl. § 20 Abs. 1 Satz 2 NdsStiftG; § 19 Abs. 2 Nr. 1 SlStiftG; § 18 Abs. 1 Satz 2 SHStiftG; ferner: v. Campenhausen in Seifart/v. Campenhausen (2009), § 23 Rdn. 25; Schulte, Staat und Stiftung, S. 18.

1129 Schulte, Staat und Stiftung, S. 7, m. w. N.

1130 Schulte, Staat und Stiftung, S. 7.

1131 Vgl. im Einzelnen hierzu Schulte, Staat und Stiftung, S. 7 f.

„ruhenden Vermögens".[1132] Im Gegensatz zur Anstalt werde bei der Stiftung des öffentlichen Rechts nur der Ertrag des Stiftungsvermögens den Bezugsberechtigten bzw. der Allgemeinheit zur Verfügung gestellt. Das Stiftungsvermögen selbst diene also nur mittelbar öffentlichen Aufgaben. *Wolff* misst insbesondere dem Kriterium der Fremdnützigkeit des Stiftungszwecks besondere Bedeutung bei.[1133] Während bei der Anstalt deren Zweckbestimmung, Organisation, Verwaltung und Fortbestand der dauernden Einflussnahme und Dispositionsbefugnis des Trägers unterworfen bleiben, wird bei der Stiftung deren Verfassung, Vermögensverwaltung und -verwendung von der Fremdnützigkeit ihres Zwecks bestimmt. Der Einfluss des Stifters auf die Organisationsform der Stiftung beschränkt sich auf den Stiftungsakt, bei der Anstalt ist der Einfluss des Trägers von Dauer.[1134] Teilweise findet sich auch der Begriff ‚Anstaltsstiftung'. Hierunter versteht man eine Stiftung, deren Vermögen dem Betrieb einer Benutzungseinrichtung dient.[1135] Der Stiftungszweck wird dabei durch den Einsatz der Vermögenssubstanz, teilweise auch durch die Dienstleistungen des Stiftungspersonals erreicht. Der Begriff ‚Anstaltsstiftung' ist aktuell nicht mehr gebräuchlich, lebt aber in der Trennung zwischen den der mittelbaren Staatsverwaltung zuzurechnenden Organisationsformen ‚Anstalt' und ‚Stiftung' fort.[1136]

3. Statistik und ökonomische Rahmenbedingungen

Nach statistischen Erhebungen des Bundesverbands Deutscher Stiftungen existierten im Jahr 2011 knapp 19.000 rechtsfähige gemeinnützige Stiftungen.[1137] Wie bereits in der Einleitung erwähnt, ist festzustellen, dass ab dem Jahr 2000 eine deutliche Zunahme von Stiftungsgründungen zu verzeichnen ist.[1138] Waren im Jahr 2000 noch 681 Stiftungsneugründungen zu verzeichnen, waren es 2006 bereits über 880[1139], in den

1132 Wallenhorst in Wallenhorst/Halaczynski, Die Besteuerung gemeinnütziger Vereine, Stiftungen und der juristischen Personen des öffentlichen Rechts, Kap. A Rz. 85.

1133 Schulte, Staat und Stiftung, S. 9; Wolff, Verwaltungsrecht II, § 102 I.a) 3., S. 297.

1134 Schulte, Staat und Stiftung, S. 10.

1135 Ders., a. a. O., S. 20.

1136 Ders., a. a. O., S. 20.

1137 Quelle: Pressemitteilung des Bundesverbands Deutscher Stiftungen vom 02.02.2012 [betr. „Stiftungssektor stabil auf Wachstumskurs", bereits benannt, siehe bereits vor Kapitel 1, Einleitung Tz. 1.

1138 Vgl. hierzu Mecking, Stiftungslandschaft in Deutschland, Stiftung & Sponsoring 2005, Heft 2, S. 5.

1139 Vgl. hierzu Mecking, Stiftungslandschaft in Deutschland, Stiftung & Sponsoring 2005, Heft 2, S. 5; ferner: Pressemitteilung des Bundesverbandes Deutscher Stiftungen vom 23.02.2006 [betr. „Rekordjahr der Stiftungen"].

Jahren 2007 und 2008 jeweils über 1.000[1140], im Jahr 2009 914[1141], im Jahr 2010 823[1142] und im Jahr 2011 817.[1143]

Diese Steigerung der verzeichneten Stiftungsgründungen wird auf mehrere Gründe zurückgeführt. Zum einen sei es die verbesserte Datenlage, die auf eine verbesserte Recherche und eine stärkere Unterstützung seitens der Stiftungsaufsichtsbehörden zurückzuführen sei. Ferner sei der Aufbau erheblicher Privatvermögen nach dem Zweiten Weltkrieg mitursächlich, ferner eine gute Öffentlichkeitsarbeit, schließlich aber auch Erleichterungen im Stiftungszivil- und Stiftungssteuerrecht.[1144] Steuerliche Rahmenbedingungen sind für die private Finanzierung gemeinnütziger Körperschaften zwar nicht alleine ausreichend, deren gewichtiges Motiv ist jedoch aufgrund vorbezeichneter Datenlage empirisch nachgewiesen. Gerade in den Reformjahren 2000[1145] und 2007[1146] sind ‚Spitzen' in der Errichtung gemeinnütziger Stiftungen zu verzeichnen. *Schlüter/Stolte*[1147] weisen darauf hin, dass von den bis Ende 2006 vom Bundesverband Deutscher Stiftungen erfassten Stiftungen über die Hälfte in den Jahren seit 1995 gegründet wurden. Das bedeutet, „dass allein in den letzten 10 Jahren in Deutschland mehr Stiftungen errichtet wurden, als in der davor liegenden über 1.000-jährigen Geschichte des Stiftungswesens"[1148].

Zahlen über Spenden und Stiftungen in Deutschland sind nicht abschließend, unvollständig und nur teilweise zugänglich[1149] und daher unter Vorbehalt zu sehen. Zahlen über das Spendenaufkommen in Deutschland können der Bundesstatistik[1150] zur Einkommensteuer entnommen werden, wonach sich zeige, dass im Jahr 2001 8,5 Mil-

1140 Konkret waren es im Jahr 2007: 1.134 und im Jahr 2008: 1.020; Quelle: Pressemitteilung des Bundesverbands Deutscher Stiftungen vom 11.02.2008 [betr. „Rekord: Erstmals weit mehr als 1.000 Stiftungen pro Jahr gegründet"].

1141 Quelle: Pressemitteilung des Bundesverbands Deutscher Stiftungen vom 03.02.2010 [betr. „Stiftungswachstum weiterhin auf hohem Niveau"].

1142 Quelle: Pressemitteilung des Bundesverbands Deutscher Stiftungen vom 10.02.2011 [betr. „Zahl der deutschen Stiftungen klettert auf über 18.100"].

1143 Quelle: Pressemitteilung des Bundesverbands Deutscher Stiftungen vom 02.02.2012 [betr. „Stiftungssektor stabil auf Wachstumskurs"].

1144 Mecking, Stiftungslandschaft in Deutschland, Stiftung & Sponsoring 2005, Heft 2, S. 5.

1145 Gesetz zur weiteren steuerlichen Förderung von Stiftungen vom 26.07.2000, BStBl. 2000 I, S. 1424.

1146 Gesetz zur weiteren Stärkung des bürgerschaftlichen Engagements vom 10.10.2007, BGBl. 2007 Teil I, 2332.

1147 Schlüter/Stolte, Stiftungsrecht, S. 26.

1148 Dies., ebenda.

1149 So Adloff, Philanthropisches Handeln S. 100, der darauf hinweist, dass ein Großteil der Erhebungen von privaten Meinungsforschungsinstituten durchgeführt wird und diese nur wenige Informationen an die Öffentlichkeit preisgeben. Ähnlich Priller/Schupp, Empirische Sondierung. Zur Empirie des Spendens in: Adloff/Priller/Strachwitz (Hrsg.), Prosoziales Verhalten, S. 41, die ebenfalls konstatieren, dass die empirische Basis des Spendenwesens nach wie vor unzureichend ist und eine weitere Verbesserung bei der Bereitstellung inhaltlich fundierter und methodisch belastbarer Daten dringend erforderlich sei. Gleichwohl habe die Zunahme von empirischen Untersuchungen zur Spendenthematik zu einer Verbreiterung der Datenbasis beigetragen.

1150 Weitere Quellen für Statistiken finden sich bei Priller/Schupp, Empirische Sondierung. Zur Empirie des Spendens in: Adloff/Priller/Strachwitz (Hrsg.), Prosoziales Verhalten, S. 43 ff.

lionen Steuerpflichtige abzugsfähige Spenden in Höhe von 2,9 Mrd. Euro getätigt haben.[1151] Das tatsächliche Spendenaufkommen wird allerdings höher beziffert, da nicht jede Spende steuerlich geltend gemacht wird.[1152] In einer weiteren Untersuchung auf Basis der Einkommensteuerveranlagungen 2001 bis 2004[1153] habe sich gezeigt, dass von einem Spendenvolumen pro Jahr von ca. 4 Mrd. Euro ausgegangen werden könne.[1154] Auffallend sei dabei, dass sich in diesen Daten die steuerrechtliche Reform des Stiftungsrechts widerspiegle.[1155] Zwischen 2003 und 2004 habe sich die Anzahl der Spenden an Stiftungen fast verdoppelt und die Summe der Zuwendungen an Stiftungen sei im Jahr 2003 im Vergleich zum Vorjahr um fast 80% gestiegen.[1156]

Das Gesamtvermögen gemeinnütziger Stiftungen ist laut einem Bericht des *Handelsblatts*[1157] auf mittlerweile mehr als 60 Mrd. Euro angewachsen. Diese Tendenz sei steigend, da die Zahl älterer Menschen mit Vermögen, aber ohne direkte Nachkommen steige. Auch diese Zahlen sind mit Vorsicht zu verwenden. Aktuelle umfassende soziologische Untersuchungen[1158] zeigen, dass „eine Einschätzung über das Vermögen der deutschen Stiftungen schwer zu treffen"[1159] ist. Erschwerend komme hinzu, dass es kein einheitliches Maß zur Vermögensbewertung gibt. Bei Unternehmensbeteiligungen lägen die Buchwerte bspw. deutlich unter den Verkehrswerten. Wertangaben bezogen auf Unternehmensträgerstiftungen seien daher nicht weiterführend.[1160]

Auch die Betrachtung der Ausgabenseite von Stiftungen ist mit Schwierigkeiten behaftet, da bspw. Förderstiftungen ihre Mittel direkt verausgaben, operative Stiftungen ihre statutarischen Zwecke in Form der Durchführung von Projekten erfüllen, ein Großteil der Stiftungen aber sein Vermögen anlegt und nur die Erträge für seine statutarischen Zwecke verauslagt. Im Allgemeinen verfolgen deutsche Stiftungen eine konservative Anlagestrategie.[1161] Hierbei wird von einem jährlichen Zinssatz von 3 bis 5% ausgegangen.[1162] Der Beitrag der deutschen Stiftungen zum Finanzvolumen des deutschen Nonprofit-Sektors wird aus rein ökonomischer Sicht als gering bewertet.[1163] Der Enquete-Kommission zur Förderung des bürgerschaftlichen Engagements zufolge wird der Stiftungsanteil am Finanzvolumen des Sektors insgesamt auf etwa 0,3% geschätzt, wobei unklar sei, wie diese Zahl berechnet wurde.[1164]

1151 Adloff, Philanthropisches Handeln, S. 101.

1152 Ders., a. a. O., S. 101.

1153 Quellennachweise bei Adloff, Philanthropisches Handeln, S. 102.

1154 Vgl. dazu die Angaben von Priller/Schupp, Empirische Sondierung. Zur Empirie des Spendens in: Adloff/Priller/Strachwitz (Hrsg.), Prosoziales Verhalten, S. 50 f., wonach sich je nach Erhebung unterschiedliche Spendenvolumen ergeben. Die Zahlen sind aber mit jenen von Adloff (a. a. O.) weitgehend vereinbar.

1155 Adloff, Philanthropisches Handeln, S. 102.

1156 Ders., a. a. O., S. 102.

1157 Bericht vom 11.06.2007, S. 39, „Stiftungsvermögen steigt – Steuervergünstigungen und die demografische Entwicklung fördern Wachstum von Stiftungen".

1158 Adloff, Philanthropisches Handeln.

1159 Ders., a. a. O., S. 116.

1160 Ders., a. a. O., S. 116.

1161 Ders., a. a. O., S. 117.

1162 Ders., a. a. O., S. 117 unter differenzierender Betrachtungsweise des Stiftungsvermögens.

1163 Adloff, Philanthropisches Handeln, S. 119.

1164 Ders., a. a. O., S. 119.

Diese rein ökonomische Bewertung muss nicht enttäuschen. Zunächst ist zu sehen, dass es sich trotz der langen Stiftungshistorie bei dem Thema ‚Philanthropie durch Stiften' um eine noch junge Entwicklung handelt.[1165] Diese Aussage wird auch durch neuere Entwicklungen wie die Bürgerstiftung bekräftigt.[1166] Auch ist zu berücksichtigen, dass in den letzten Jahren ein rapides Wachstum im Stiftungswesen zu verzeichnen ist. Allein ein Drittel aller Stiftungen wurde in den letzten zehn Jahren gegründet.[1167] Zu berücksichtigen ist schließlich auch, dass der gesamte (sog.) ‚Dritte Sektor'[1168] keineswegs finanziell unabhängig vom ‚ersten Sektor', dem staatlichen, zu sehen ist. So zeigt *Adloff*, dass sich die Einnahmen des Dritten Sektors aus Gebühren, öffentlichen Zuschüssen und Spenden zusammensetzen.[1169] Dabei machen Gelder der öffentlichen Hand in Deutschland allein 64,3% der Finanzierungsmittel aus, nur 3,4% resultieren aus Spenden.[1170] Es gilt daher die Aussage *Adloffs*, dass die Leistungen von Stiftungen – zumindest in ökonomischer Hinsicht – zwar regelmäßig überbetont werden, es aber vielmehr darauf ankomme „zu verstehen, welchen Beziehungsgehalt Stiftungen transportieren und durchsetzen"[1171]. Unter Zugrundelegung dieser ökonomischen Rahmenbedingungen ist auch der Aussage zuzustimmen, dass auf Grund der begrenzten Ressourcen „Stiftungen objektiv ergänzen und nicht substituierend"[1172] wirken, auch wenn das Selbstverständnis der Stiftung hiervon abweichen mag.[1173]

Im Kontext zum vorliegenden Untersuchungsgegenstand bestärkt dies allerdings auch die Vermutung, dass sich der Staat aus seiner Verantwortung zu einer generationengerechten Politik durch Einbeziehung gemeinnütziger Stiftungen gar nicht entziehen *kann*. Gemeinnützige Stiftungen wären als surrogative Institution schlichtweg überfordert.

4. Grundlagen des Stiftungsrechts

4.1. Vorbemerkung

Das Stiftungsrecht im Sinne einer Grundrisslegung darzustellen, stellt insofern eine Herausforderung dar, als die verschiedenen Stiftungsarten ganz oder zum Teil deutlich unterschiedlichen Rechtsregimes folgen.[1174] Vor dem Hintergrund des gesetzten Untersuchungsgegenstands ist eine Darstellung der Rechtsgrundlagen des Stiftungsrechts gleichwohl notwendig, denn nur dann ist deren Bewertung im Hinblick auf die

1165 Ders., a. a. O., S. 119.
1166 Vgl. oben Tz. 2.2.5. in diesem Kapitel 2.
1167 Adloff, Philanthropisches Handeln, S. 119.
1168 Hiermit wird ein gesellschaftlicher Bereich bezeichnet, der unabhängig neben dem Staat und der Wirtschaft steht und vornehmlich aus gemeinnützigen Organisationen besteht, vgl. dazu eingehend Adloff, Philanthropisches Handeln, S. 86 ff.
1169 Adloff, Philanthropisches Handeln, S. 91.
1170 Ders., ebenda.
1171 Adloff, Philanthropisches Handeln, S. 407 f.
1172 Ders., a. a. O., S. 377.
1173 Ders., a. a. O., S. 377.
1174 Andrick/Suerbaum, Stiftung und Aufsicht, S. 57.

Zielsetzung der Generationengerechtigkeit möglich. Auf der anderen Seite muss sich eine Darstellung auf das Einschlägige und Notwendige beschränken, um den gesetzten Rahmen der Untersuchung nicht zu verlassen. Die nachfolgende Darstellung bezieht sich daher auf Aspekte gemeinnütziger Stiftungen, die einerseits für das grundlegende Verständnis ihrer Einbeziehung in politische Maßnahmen von Bedeutung erscheinen und andererseits Ansatzpunkte für eine generationengerechte Politik versprechen können. Primär sind dies das Verfassungsrecht, das Verwaltungsrecht, das Zivil- und das Steuerrecht. Auf besondere Ansatzpunkte in Spezialgesetzen wird gesondert eingegangen.

Im Sinne einer Vorbemerkung ist festzuhalten, dass das aktuelle Bild durch mehrere **Gesetzesreformen** gekennzeichnet ist. Die jüngere Entwicklung beginnt mit der steuerlichen Spendenreform 2000,[1175] die im Wesentlichen die Abschaffung des Spendendurchlaufverfahrens zum 01.01.2000 zum Inhalt hatte.[1176] Am 26.07.2000 trat sodann das Gesetz zur weiteren steuerlichen Förderung von Stiftungen in Kraft.[1177] Mit diesem Gesetz wurden für Stifter unter anderem zusätzliche steuerliche Abzugsmöglichkeiten für Zuwendungen, die anlässlich der Neugründung in den Vermögensstock einer Stiftung des öffentlichen Rechts oder einer gemeinnützigen Stiftung des privaten Rechts geleistet werden, eingeführt. In zivilrechtlicher Hinsicht wurden diese gesetzgeberischen Maßnahmen ergänzt durch das Gesetz zur Modernisierung des Stiftungsgesetzes vom 15.07.2002.[1178] Nachdem im Jahr 2000 die Reform des Stiftungssteuerrechts beschlossen wurde, sollte der darauf folgende Aufschwung bei der Errichtung von Stiftungen durch die Reform des Stiftungszivilrechts konsolidiert werden.[1179] Dieses Gesetz trat am 01.09.2002 in Kraft.[1180] Hintergrund dieser Zivilrechtsreform[1181] war die Tatsache, dass das Bürgerliche Gesetzbuch in den §§ 80-88 BGB lediglich einen bundesrechtlichen Rahmen für die Errichtung rechtsfähiger Stiftungen des Privatrechts vorsah. Dagegen regelten die Länder das stiftungsrechtliche Genehmigungsverfahren, die Stiftungsaufsicht sowie die inhaltliche Ausgestaltung der Satzung von Stiftungen. Stiftungspraktiker führten diese Zersplitterung der Rechtsgrundlagen als Grund dafür an, dass trotz der Stiftungssteuerreform im Jahr 2000 die Stiftungsfreudigkeit in Deutschland immer noch als „mäßig" zu bezeichnen sei.[1182]

1175 Vgl. dazu Thiel, Die Neuordnung des Spendenrechts, DB 2000, S. 392 ff.

1176 Deren Verfassungsmäßigkeit wurde vom BFH mit Urteilen vom 24.11.1993, X R 5/91, BStBl. II 1994, S. 683, und vom 11.06.1997, X R 242/93, BStBl. II 1997, 612 in Frage gestellt.

1177 BStBl. 2000 I, S. 1424; vgl. hierzu statt vieler: Hüttemann, Das Gesetz zur weiteren steuerlichen Förderung von Stiftungen, DB 2000, S. 1584 ff.

1178 Siehe BGBl. 2002 I, S. 2634 f.

1179 Siehe DB Heft 30 vom 26.07.2002, XII (Nachrichten „Wirtschaftsrecht").

1180 Art. 5, Gesetz zur Modernisierung des Stiftungsrechts vom 15.07.2002 (a. a. O.). Zur Entwicklung der zivilrechtlichen Reformdiskussion zum Stiftungszivilrecht bereits ab 1962 vgl. Pluskat, Auf dem Weg zur Modernisierung des deutschen Stiftungsprivatrechts, DStR 2002, S. 915, 917 ff.

1181 Vgl. dazu i. E. bspw. Muscheler, Vorrang des Bundesstiftungsrechts vor dem Landesstiftungsrecht, in: Stiftungsrecht, S. 71 ff.; Pluskat, Auf dem Weg zur Modernisierung des deutschen Stiftungsprivatrechts, DStR 2002, S. 915 ff.

1182 So Rawert, in Financial Times vom 06.11.2001, S. 32.

Diese Verbesserung der rechtlichen, insbesondere aber auch steuerrechtlichen Rahmenbedingungen fand ihren Fortgang in dem Gesetz zur weiteren Stärkung des bürgerschaftlichen Engagements vom 10.10.2007.[1183] Es verfolgt das Ziel, steuerliche Erleichterungen für gemeinnützige Körperschaften und damit für das bürgerschaftliche Engagement zu schaffen.[1184] Bereits im Koalitionsvertrag zwischen CDU, CSU und SPD vom 11.11.2005 wurde die Weiterentwicklung des Stiftungsrechts und Steuerrechts vereinbart, um Anreize zu schaffen, sich durch Stiftungen an der Förderung des Gemeinwohls zu beteiligen.[1185] Das Stiftungsrecht sollte vereinfacht werden, um die Errichtung von Stiftungen zu erleichtern und zusätzliche Anreize für Zuwendungen zu schaffen.[1186] Mit diesem Gesetz wurden insbesondere weitere steuerliche Fördertatbestände für Stifter geschaffen. Wegen der besonderen Bedeutung des Steuerrechts für Stiftungen werden die Einzelheiten weiter unten[1187] dargestellt.

4.2. Verfassungsrechtliche Aspekte

4.2.1. Stiftungsrecht und Grundgesetz

Nach Art. 70 GG haben die Länder das Recht der Gesetzgebung, soweit das Grundgesetz nicht dem Bund Gesetzgebungskompetenz verleiht. Soweit das bürgerliche Recht betroffen ist, hat der Bund gemäß Art. 74 Abs. 1 Nr. 1 GG die konkurrierende Gesetzgebungskompetenz. Darunter fallen Regelungen hinsichtlich der Strukturmerkmale der bürgerlich-rechtlichen Stiftung als einer juristischen Person privaten Rechts, ihrer Organisationsstruktur, ihrer Entstehung und Stiftungsverfassung, wie sie das geltende Recht im BGB getroffen hat.[1188] Da es sich bei dem Sachgebiet bürgerliches Recht um eine konkurrierende Gesetzgebungsbefugnis handelt, ist im Einzelfall zu klären, in welchem Umfang der Bund von dieser Kompetenz Gebrauch gemacht hat mit der Folge der Sperrwirkung für die Länder.[1189] Soweit diese nicht vorliegt, können die Länder stiftungsrechtliche Regelungen auf landesrechtlicher Basis verabschieden, was in den jeweiligen Stiftungslandesgesetzen erfolgt ist.

4.2.2. Grundrechte

Das Verhältnis von Stiftungsrecht und Grundgesetz wird in der Fachliteratur neben der Fragestellung zur gesetzgeberischen Kompetenzverteilung[1190] vor allem vor dem Hintergrund der Grundrechtsträgerschaft diskutiert.[1191] Zu differenzieren ist zwischen der

1183 BGBl. 2007 Teil I, 2332; vgl. auch BT-Drucksachen 16/5200 und 16/5985.
1184 Buchna/Seeger/Brox, Gemeinnützigkeit im Steuerrecht, S. 22.
1185 Siehe Koalitionsvertrag, S. 110, Rz. 5373.
1186 Siehe Koalitionsvertrag, S. 113, Rz. 5528.
1187 Siehe Tz. 4.5. in diesem Kapitel.
1188 Andrick/Suerbaum, Stiftung und Aufsicht, S. 59. Ebenso bereits Ballerstedt/Salzwedel, Gutachten für den 44. DJT, S. 52.
1189 Andrick/Suerbaum, Stiftung und Aufsicht, S. 60.
1190 Dies., a. a. O., S. 58.
1191 Hof in Seifart/v. Campenhausen (2009), § 4 Rdn. 8 ff.

Frage nach der Grundrechtsträgerschaft der **Stifter** und der Grundrechtsträgerschaft der **Stiftung**.

4.2.2.1. Stifter als Träger von Grundrechten

(a) Natürliche Personen als Stifter

Betreffend die Frage, ob eine natürliche Person ein Grundrecht auf Stiftung hat, ist zwischen der Rechtslage vor und nach dem Gesetz zur Modernisierung des Stiftungsrechts vom 15.07.2002[1192] zu unterscheiden.

(aa) Rechtslage vor dem Gesetz zur Modernisierung des Stiftungsrechts vom 15.07.2002

Die Frage, ob eine natürliche Person ein Grundrecht auf Stiftung hat, wird insbesondere seit den grundlegenden Beiträgen von *Ballerstedt/Salzwedel* (1962)[1193] und *Frowein* im Jahre 1976[1194] diskutiert. Während *Ballerstedt/Salzwedel* sich noch gegen ein Grundrecht auf Stiftung aussprachen[1195] sprach sich *Frowein* für ein solches aus. Nach dem Vorwort von *Kuhnke* zum Beitrag von *Frowein* war es

> „Zeit, an das Grundrecht des Menschen auf ein zeitgerechtes Stiftungswesen zu erinnern, da kein Instrument geeigneter als eine Stiftung erscheine, dem allseits gewünschten Pluralismus helfender Maßnahmen Möglichkeiten zur Förderung (...) zu geben“[1196].

Das Stiftungswesen sei „eine deutlich erkennbare Nahtstelle zwischen individueller Freiheit und gesellschaftlichem Verantwortungsbewusstsein des einzelnen Menschen“[1197].

Ausgangspunkt der Diskussion um das Grundrecht auf Stiftung war der Tatbestand des § 80 BGB vor der Reformierung des Stiftungszivilrechts durch das (besagte) Stiftungsmodernisierungsgesetz. § 80 BGB lautete vor seiner Reformierung wie folgt:

> „Zur Entstehung einer rechtsfähigen Stiftung ist außer dem Stiftungsgeschäft die Genehmigung des Bundesstaates erforderlich, in dessen Gebiet die Stiftung ihren Sitz haben soll. Soll die Stiftung ihren Sitz nicht in einem Bundesstaate haben, so ist die Genehmigung des Bundesrats erforderlich. Als Sitz der Stiftung gilt, wenn nicht ein anderes bestimmt ist, der Ort, an welchem die Verwaltung geführt wird.“

Inhaltlich war damit ein **Konzessionssystem** verbunden, das die besagte staatliche Genehmigung für die rechtliche Entstehung einer rechtsfähigen Stiftung voraussetzte. Im Gegensatz dazu steht ein **Normativsystem**, welches für das rechtliche Entstehen bestimmte materielle Voraussetzungen festlegt, bei deren Vorliegen ihnen die Rechtsfähigkeit zusteht.[1198] Letzteres findet sich bspw. bei den juristischen Personen des Zi-

---

1192 BGBl. I 2002, 2634.

1193 Ballerstedt/Salzwedel, Gutachten für den 44. DJT (1962).

1194 Frowein, Grundrecht auf Stiftung.

1195 Vgl. sogleich Ausführungen zur Gegenauffassung der wohl herrschenden Meinung.

1196 Siehe Vorwort zu Frowein, Grundrecht auf Stiftung.

1197 Siehe ebenda.

1198 Eingehend hierzu Muscheler, Normativ- oder Konzessionssystem im Stiftungsrecht?, in: Stiftungsrecht, S. 41 ff., insbes. S. 47 ff.

vil- und Handelsrechts (wirtschaftlicher und nicht wirtschaftlicher Verein, GmbH, AG, Genossenschaft). Diese grundlegende Systemunterscheidung war nach *Frowein* Grund für den Diskussionsansatz, die Genehmigung stehe im Ermessen der Behörde.[1199] *Frowein* kam demgegenüber zu dem Ergebnis, dass sich natürliche Personen auf ein „Grundrecht auf Stiftung" berufen können. In Betracht kommende Grundrechte sind Art. 14 GG (Stiftung von Todes wegen)[1200], Art. 7 Abs. 4 GG (Privatschulstiftungen), Art. 5 Abs. 1 Satz 2 GG (Pressestiftungen), Art. 5 Abs. 3 GG (Wissenschaftsstiftungen), Art. 4 Abs. 1, 2 GG (kirchliche Stiftungen) und Art. 2 Abs. 1 GG (allgemeine Handlungsfreiheit).[1201]

Nach der Gegenauffassung[1202] lässt sich ein Grundrecht auf Stiftung aus keiner Norm des Grundgesetzes herleiten. Nach dieser Auffassung gibt es „weder ein grundrechtsunmittelbares Bewirkungsrecht, stiften zu können, noch eine grundrechtliche Garantie entsprechender gesetzlicher Möglichkeiten"[1203]. Bei den für die Stiftung in Frage kommenden Grundrechten handele es sich um Freiheitsrechte, die auf ungehinderte Betätigung ausgerichtet seien und daher als Abwehrrechte staatlichen Freiheitsbeschränkungen entgegenstehen. Ansprüche auf Leistungen, insbesondere auf Erteilung staatlicher Genehmigungen, ergeben sich aus diesen Grundrechten allein nicht.[1204] Unter Berufung auf *Ballerstedt/Salzwedel* bleibe es „bei dem nüchternen Befund"[1205] dass es sich (zumindest im Rahmen des Art. 2 Abs. 1 GG) darum handle,

> „die Privatautonomie des Lebenden zu wahren, der auf diesem Wege seine Individualität verwirklichen will. Niemand hat indes einen grundrechtlichen ‚Anspruch' darauf, seine Individualität auch noch künftigen Generationen aufzuzwingen"[1206].

Auch „Versuche, einen grundrechtlichen Anspruch auf stifterische Privatautonomie auf Art. 14 GG zu stützen", seien „von vornherein zum Scheitern verurteilt"[1207].

1199 Frowein, Grundrecht auf Stiftung, S. 17. Vgl. auch Staudinger/Hüttemann/Rawert (2011) Vorbem 20 zu §§ 80-88.

1200 Ist die in der Erbrechtsgarantie des Art. 14 Abs. 1 GG enthaltene Testierfreiheit Ausfluss der Eigentumsnutzungs- und -verfügungsfreiheit, stellt sich der Stiftungsakt als eine rechtlich vorgesehene und von der verfassungsrechtlichen Garantie umschlossene Form der Vermögensperpetuierung dar; vgl. Frowein, Grundrecht auf Stiftung, S. 16.

1201 Vgl. auch Schulte, Staat und Stiftung, S. 35. Vgl. eingehend hierzu auch Staudinger/Hüttemann/Rawert (2011) Vorbem 22 ff. zu §§ 80-88 sowie Volkholz, Geltung und Reichweite der Privatautonomie bei der Errichtung von Stiftungen, S. 161 ff.

1202 Sachs, Kein Recht auf Stiftungsgenehmigung, in: FS Leisner, S. 955, 965; Muscheler, Normativ- oder Konzessionssystem im Stiftungsrecht?, in: Stiftungsrecht, S. 41 ff., 51; Manssen, Privatrechtsgestaltung durch Hoheitsakt, S. 218 f.

1203 Muscheler, Normativ- oder Konzessionssystem im Stiftungsrecht?, in: Stiftungsrecht, S. 51.

1204 Sachs, Kein Recht auf Stiftungsgenehmigung, in: FS Leisner, S. 957; Manssen, Privatrechtsgestaltung durch Hoheitsakt, S. 218 f.

1205 So Sachs, Kein Recht auf Stiftungsgenehmigung, in: FS Leisner, S. 961.

1206 Ballerstedt/Salzwedel, Gutachten für den 44. DJT, S. 67; Sachs, Kein Recht auf Stiftungsgenehmigung, in: FS Leisner, S. 961. Unter Berufung auf Ballerstedt/Salzwedel ebenso Manssen, Privatrechtsgestaltung durch Hoheitsakt, S. 219: „Skepsis gegenüber eines Rechts zur zeitlich unbeschränkten Willensherrschaft über spätere Generationen, einer Vermögensbindung an die ‚Tote Hand', bleibt bestehen."

1207 Ballerstedt/Salzwedel, Gutachten für den 44. DJT, S. 68.

„Eigentumsfreiheit bedeutet: grundsätzliche Freiheit der Verfügung über privates Vermögen unter Lebenden. Vererbungsfreiheit bedeutet: grundsätzliche Freiheit der Verfügung über privates Vermögen von Todes wegen zugunsten anderer Lebender. Die Vermögensbindung an die ‚tote Hand' unter Ausschluß jeglicher Korrektur durch gegenwärtig oder künftige Lebende hat weder mit dem einen noch mit dem anderen etwas zu tun."[1208]

Im Ergebnis erschöpfe sich die Bedeutung der Grundrechte darin, den freien Gebrauch der Stiftungsmöglichkeiten zu gewährleisten, die ohne verfassungsrechtliche Notwendigkeit gesetzlich geschaffen worden seien. Es gebe lediglich ein kraft einfachen Rechts begründetes subjektiv-öffentliches Recht auf fehlerfreie Ermessensentscheidung, weil die entsprechenden landesrechtlichen Errichtungsnormen Schutznormen auch zugunsten des Stifters sind.[1209] Soweit es an einschlägigen gesetzlich begründeten Möglichkeiten fehle, können die Grundrechte keine Wirksamkeit entfalten.[1210]

(bb) Rechtslage nach dem Gesetz zur Modernisierung des Stiftungsrechts vom 15.07.2002

Mit dem Gesetz zur Modernisierung des Stiftungsrechts vom 15.07.2002 wurde § 80 BGB geändert und mit folgendem Wortlaut versehen:[1211]

(1) Zur Entstehung einer rechtsfähigen Stiftung sind das Stiftungsgeschäft und die Anerkennung durch die zuständige Behörde des Landes erforderlich, in dem die Stiftung ihren Sitz haben soll.

(2) Die Stiftung ist als rechtsfähig anzuerkennen, wenn das Stiftungsgeschäft den Anforderungen des § 81 Abs. 1 genügt, die dauernde und nachhaltige Erfüllung des Stiftungszwecks gesichert erscheint und der Stiftungszweck das Gemeinwohl nicht gefährdet.

Mit der Ersetzung des Tatbestandsmerkmals ‚Genehmigung' durch das Tatbestandsmerkmal ‚Anerkennung' wurde nach der wohl ganz herrschenden Meinung das bereits vor dieser Gesetzesänderung anerkannte subjektive (Grund-)Recht auf Stiftung redaktionell bestätigt. Eine Änderung der geltenden Rechtslage als solcher sollte damit nicht verbunden sein.[1212] Die positivrechtliche Verankerung eines Rechtsanspruchs auf Anerkennung einer Stiftung wurde aus Gründen der Rechtsklarheit und Rechtssicherheit für geboten erachtet.[1213] Die Anerkennung stellt einen privatrechtsgestaltenden Verwaltungsakt der Stiftungsbehörde dar. Sie wirkt, wie die Genehmigung, konstitutiv

1208 Ballerstedt/Salzwedel, Gutachten für den 44. DJT, S. 68. Vgl. dagegen Staudinger/Hüttemann/Rawert (2011) Vorbem 33 zu § 80-88: „Auch für die Erbrechtsgarantie ist anerkannt, dass sie als Ausdruck nachwirkenden Eigentumsschutzes das Recht umfasst, die Vermögenszuordnung nach dem Tode zumindest mitzugestalten (vgl. BVerfGE 19, 202, 206; 67, 329, 340; 91, 346, 358)."

1209 Sachs, Kein Recht auf Stiftungsgenehmigung, in: FS Leisner, S. 965; Muscheler, Normativ- oder Konzessionssystem im Stiftungsrecht?, in: Stiftungsrecht, S. 51 f.

1210 Sachs, Kein Recht auf Stiftungsgenehmigung, in: FS Leisner, S. 965.

1211 Von der Darstellung des 3. Absatzes des § 80 BGB wurde abgesehen.

1212 Staudinger/Hüttemann/Rawert(2011) § 80 Rn 3: „Die Änderung ist rein begrifflicher Natur". Dieselben a. a. O. zur Diskussion der Ersetzung des Begriffs Anerkennung durch Genehmigung.

1213 Staudinger/Hüttemann/Rawert(2011) § 80 Rn 2 m. H. a. BT-Drucksache 14/8765, S. 8.

für die rechtliche Entstehung einer Stiftung. Das bisherige **Konzessionssystem** wurde damit weitgehend einem **Registrierungsverfahren** angeglichen.[1214]

Dieser Gesetzesänderung wird in der Praxis nur wenig praktische Bedeutung beigemessen.[1215] Es wird darauf verwiesen, dass Stiftungen in der Praxis auch bislang genehmigt wurden, wenn ihr Zweck nicht gegen das Gemeinwohlinteresse verstieß. Auch die Gesetzesbegründung führt aus, dass „die schon nach früherer Rechtslage bestehende Zulässigkeit der gemeinwohlkonformen Allzweckstiftung festgeschrieben werden soll“[1216]. Auch wird darauf hingewiesen, dass der Wechsel vom Genehmigungs- zum Anerkennungsverfahren nicht durchgängig bis hin zu den Landesstiftungsgesetzen vollzogen wurde.[1217] So sehen diverse Landesstiftungsgesetze für Satzungsänderungen nach wie vor einen Genehmigungsvorbehalt vor.[1218]

Die Tatsache der gesetzlichen Verankerung eines bundesgesetzlichen Rechts auf Stiftung führt jedenfalls nach wohl ganz herrschender Meinung dazu, dass sich auch eine natürliche Person gemäß Art. 2 Abs. 1 GG auf ein Recht auf Stiftung berufen kann. Art. 2 Abs. 1 GG beinhaltet auch das Recht zur Nutzung von Rechtsformen, die der Gesetzgeber vorsieht.[1219] Grenze bzw. Anforderung ist das Tatbestandsmerkmal der Gemeinwohlgefährdung durch den Stiftungszweck gemäß § 80 Abs. 2 BGB.[1220] Teilweise wird das Recht auf Stiftung nach der Reform des Gesetzes zur Modernisierung des Stiftungsrechts vom 15.07.2002 auch auf die Eigentumsgarantie des Art. 14 Abs. 1 GG gestützt.[1221]

Dennoch kann diese Aussage nicht als einhellige Auffassung bezeichnet werden. Nach *Rawert* ist auch nach dem Gesetz zur Modernisierung des Stiftungsrechts vom 15.07.2002 „die Diskussion um das Grundrecht auf Stiftung (...) keineswegs erledigt“[1222]. Die als Verfassungsersatz dienenden einfachgesetzlichen Freiheiten müssten entweder ein von verwaltungsbehördlicher Mitwirkung befreites Gründungssystem vorsehen oder tatbestandlich so eindeutig normiert sein, dass sie Gewähr für eine vorhersehbare und justiziable Rechtsanwendung durch staatliche Behörden bieten. An

1214 Staudinger/Hüttemann/Rawert(2011) § 80 Rn 2.

1215 Vgl. Lex, Das neue Stiftungsrecht, ZEV 2002, 405, 406, der von einem „Reförmchen“ anstelle einer Reform spricht.

1216 Entwurf der Fraktionen SPD und BÜNDNIS 90/DIE GRÜNEN, BT-Dr 14/8277, S. 6.

1217 Siehe Lex, Das neue Stiftungsrecht, ZEV 2002, 405, 406.

1218 Siehe z. B. § 14 Abs. 2 StiftG Baden-Württemberg; § 5 Abs. 1 Satz 3 StiftG Berlin; § 14 Abs. 1 Satz 2 StiftG Brandenburg; § 8 Abs. 2 StiftG Berlin etc.; siehe Lex, Das neue Stiftungsrecht, ZEV 2002, 405, 406, m. w. N. *Lex* weist i. Ü. darauf hin, dass das im Jahr 1995 in Kraft getretene StiftG Brandenburg in § 6 zwar von einem Rechtsanspruch des Stifters auf Genehmigung ausgehe. Problematisch seien allerdings die in § 6 vorgesehenen Versagungsgründe. Es stelle sich die Frage, ob diese vor dem Hintergrund des Stiftungsreformgesetzes noch verfassungsgemäß seien.

1219 Siehe BVerfGE 80, 137, 152 ff; in diesem Sinne wohl auch Andrick/Suerbaum, Stiftung und Aufsicht, S. 63 f.

1220 Vgl. dazu Muscheler, Stiftung und Gemeinwohlgefährdung, in: Stiftungsrecht, S. 117-129 sowie die Ausführungen weiter unten unter Tz. 4.3.3. in diesem Kapitel.

1221 Schröder, Stiftungsaufsicht im Spannungsfeld von Privatautonomie und Staatskontrolle, DVBl. 2007, 207, 215.

1222 Staudinger/Hüttemann/Rawert(2011) Vorbem 21 zu §§ 80-88.

Letzterem bestünden angesichts des mangelhaft gefassten Tatbestands der §§ 80 Abs. 2, 81 Abs. 1 BGB nach wie vor „erhebliche Zweifel“[1223].

Auch *Walz*[1224] (2004) und ihm sich anschließend *Kübler*[1225] (2008) stellen in jüngeren Beiträgen (auch vor dem Hintergrund der Bezugnahme auf Art. 10 EMRK) die Frage, ob Art. 2 Abs. 1 GG auch für den Vorrang der Individualität verstorbener Stifter vor den Bedürfnissen lebender Generationen stehen könne. Immerhin kenne das Erbrecht insoweit in § 2210 BGB eine Dreißigjahresgrenze, während Stiftungen auf ewig errichtet werden.[1226] *Walz* führt hierzu aus:

> „Die Wertung, dass die generationsübergreifende Bindung anzuerkennen und zu schützen ist, entstammt (...) einem qualitativ neuen Zusammenklang von privater Initiative und öffentlichem Wohl, also nicht einseitig aus dem Schutz der Privatautonomie und nicht einseitig aus der Verwirklichung des Staatsziels Gemeinwohl, sondern von etwas Drittem, das man öffentliches Bürgerrecht nennen könnte; einem Recht der Zivilgesellschaft, das zum Bestandteil oder zur Funktionspraxis der modernen demokratischen Ordnung geworden ist. Im Kern haben wir es nicht mit einer Erweiterung der Privatautonomie zu tun, (...), sondern mit einem Wandel unseres Verständnisses dafür, dass neben dem Staat auch der individuelle mündige Bürger über vom Staat autonome Organisationen für das öffentliche Wohl zuständig ist. (...) Eine Bindung künftiger Generationen kann nur in der langfristigen öffentlichen Ordnung angelegt sein (...).“[1227]

Nach *Walz* und *Kübler* kann daher nicht jede gemeinwohlkonforme Allzweckstiftung vom Schutzzweck des verfassungsrechtlichen Rechts auf Stiftung erfasst sein.

> „Nur solche Stifter können sich auf dieses Recht berufen, die Zwecke anstreben, die generationenübergreifend in der objektiven Ordnung des Grundgesetzes angelegt sind.“[1228]

> „Ein Grundrecht auf Stiftung wird nicht jeder, und noch nicht einmal jeder gemeinwohlkonformen Allzweckstiftung zuteil; die Rechtsposition des Stifters erscheint vielmehr als Reflex der besonderen Grundrechtsaffinität von bestimmten – aber keineswegs allen – Stiftungszwecken.“[1229]

Die generationsübergreifende Funktion der Stiftung, wird nach dieser Auffassung nicht durch marktbezogene Freiheiten bzw. Marktgrundrechte getragen, sondern durch die Grundrechte geschützt, auf die die Stiftungen sich im Rahmen ihrer gemeinschaftsbezogenen Aktivität nach ihrer Gründung berufen können, also z.B. Meinungsfreiheit, Kunstfreiheit, Privatschulfreiheit. *Kübler* versteht dies auch als Ansatz einer verfassungsrechtlich induzierten Einschränkung des Ermessens der Stiftungsaufsicht. Diese dürfe die Anerkennung einer Stiftung nicht versagen bzw. den Stiftungszweck nicht ändern, wo dieser der Förderung der in den Grundrechten (oder auch Menschen-

---

1223 Staudinger/Hüttemann/Rawert(2011) Vorbem 21 zu §§ 80-88. Vgl. hierzu auch eingehend Muscheler, Stiftung und Gemeinwohlgefährdung, in: Stiftungsrecht, S. 117-129.

1224 Walz, Grundrecht oder Menschenrecht auf Anerkennung der gemeinwohlkonformen Allzweckstiftung, ZSt 2004, S. 133 ff.

1225 Kübler, Generationengerechtigkeit und Stiftung, S. 373 ff.

1226 Walz, Grundrecht oder Menschenrecht auf Anerkennung der gemeinwohlkonformen Allzweckstiftung, ZSt 2004, S. 134.

1227 Ders., a. a. O., S. 140.

1228 Ders., a. a. O., S. 140.

1229 Kübler, Generationengerechtigkeit und Stiftung, S. 382.

rechten) angelegten Wertordnung dient.[1230] Die Besonderheit der Stiftung, Vermögen unbefristet an die vom Stifter festgesetzten Zwecke zu binden, führe zu einem Entzug der Rechtsmacht nachfolgender Generationen. Nach der liberalen Konzeption des BGB würde „dieses Problem durch eine Stiftungsaufsicht entschärft, die nicht nur die Rechtmäßigkeit, sondern auch die Gemeinwohlkonformität der Stiftung zu gewährleisten" habe.[1231] Es sei

> „ein wichtiger Teil dieser Aufgabe, darauf zu achten, daß die im Laufe der Zeit eintretenden Diskrepanzen zwischen dem Stiftungszweck und den Gemeinwohlvorstellungen späterer Generationen bereinigt werden können. Die Strategie, diese Mitwirkung durch ein Konstrukt eines Grundrechts auf Stiftung zur bloßen Rechtsaufsicht zu reduzieren, zerstört (...) ein Korrektiv, das die Entmündigung der späteren Generationen in Grenzen halten soll."[1232]

Gegen diese Auffassung wendet sich *Volkholz*.[1233] Bei der Errichtung einer selbständigen juristischen Person handele es sich nicht um die Ausübung eines der genannten speziellen Grundrechte durch den Stifter. Es gehe nicht vornehmlich um den Schutz eines bereits existierenden, sondern um die Schaffung eines neuen Grundrechtssubjekts. Wegen seiner Reichweite könne dieses rechtsgeschäftliche Tätigwerden, wenn überhaupt, nur unter ein speziell auf die Schaffung eines Rechtssubjektes zielendes Grundrecht oder aber unter ein allgemeines Freiheitsrecht, also Art. 2 Abs. 1 GG, subsumiert werden.[1234]

(cc) Zwischenfazit für Zwecke der vorliegenden Untersuchung

Nach der wohl ganz herrschenden Meinung besteht, zumindest seit dem Gesetz zur Modernisierung des Stiftungsrechts vom 15.07.2002, ein Grundrecht auf Stiftung. Grenze ist die Gefährdung des Gemeinwohls (§ 80 Abs. 2 BGB). Teilweise wird demgegenüber die Auffassung vertreten, dass ein solches Grundrecht nur solchen Stiftungsvorhaben zu gewähren ist, die Zwecke verfolgen, „deren generationenübergreifende Verwirklichung in der objektiven Wertordnung des Grundgesetzes angelegt und von ihr geschützt ist"[1235].

Für Zwecke dieser Untersuchung kann somit zum einen davon ausgegangen werden, dass ein Grundrecht auf Errichtung einer rechtsfähigen Stiftung mit dem Zweck der Förderung von ‚Gerechtigkeit zwischen den Generationen' existiert. Eine Gefährdung des Gemeinwohls ist nicht ersichtlich.

Andererseits stellt sich die Frage, ob sich vor dem Hintergrund der Fragestellung nach Möglichkeiten und Grenzen der Einbeziehung gemeinnütziger Stiftungen in eine generationengerechte Politik weitere Argumentationsansätze für die Auffassung von

1230 Ders., ebenda.

1231 Ders., ebenda.

1232 Ders., ebenda.

1233 Volkholz, Geltung und Reichweite der Privatautonomie bei der Errichtung von Stiftungen, S. 162. Dieser Auffassung zustimmend Staudinger/Hüttemann/Rawert (2011) Vorbem 23 zu §§ 80-88.

1234 Volkholz, Geltung und Reichweite der Privatautonomie bei der Errichtung von Stiftungen, S. 163.

1235 Walz, Grundrecht oder Menschenrecht auf Anerkennung der gemeinwohlkonformen Allzweckstiftung, ZSt 2004, S. 133 ff.; Kübler, Generationengerechtigkeit und Stiftung, S. 373, 382.

Walz und *Kübler* ergeben könnten, mit der Folge, dass ein Grundrecht auf Stiftung einschränkend dahingehend zu sehen ist, dass es nur noch solchen Stiftungsvorhaben zuzusprechen ist, deren Zweck den Gemeinwohlvorstellungen späterer Generationen entspricht. Dieser Fragestellung soll – vor dem Hintergrund der in **Kapitel 1** gewonnenen Erkenntnisse und Begriffsfestlegungen – in **Kapitel 3**[1236] der Untersuchung nachgegangen werden.

(b) Juristische Personen als Stifter

Die Frage nach dem Grundrechtsschutz juristischer Personen als Stifter beantwortet sich vor dem Hintergrund des Art. 19 Abs. 3 GG. Demnach genießen im Inland ansässige juristische Personen insofern Grundrechtsschutz, als dies nach dem Wesen des betreffenden Grundrechts in Betracht kommt. Nach allgemeiner Meinung[1237] können sich juristische Personen auf ein Grundrecht auf Stiftung berufen, wobei im Hinblick auf Art. 19 Abs. 3 GG auf die spezifische Zwecksetzung der Grundrechte besondere Rücksicht zu nehmen ist.[1238] Inwieweit Grundrechte juristischer Personen letztlich geltend gemacht werden können, hängt auch davon ab, inwieweit sie ihrem Wesen nach auf Privatrechtsorganisationen anwendbar sind, was letztlich eine Frage der Einzelfallbetrachtung ist.[1239] Vor dem Hintergrund der Fragestellung nach dem Grundrecht auf Stiftung kommt neben den speziellen Grundrechten **Art. 2 Abs. 1 GG** in Betracht. Die Stifterfreiheit besteht hier als allgemeine Handlungsfreiheit, als Regelungsfreiheit und Freiheit von verfassungswidrigen Eingriffen.[1240] Als **spezielle Grundrechte** werden **Art. 3, 4, 5 Abs. 1** und **Abs. 3, 7 Abs. 4, 9 und 14 GG** genannt.[1241] **Art. 4 GG** findet insoweit Anwendung, als es sich um eine juristische Person mit bestimmter religiöser Bindung handelt, wie bspw. eine Religionsgemeinschaft, Kirchen und religiös oder weltanschaulich geprägte Organisationen.[1242] Von der praktischen Bedeutung dieser Grundrechtsfreiheit zeugen die weiter oben[1243] genannten Beispiele mäzenatischen Engagements deutscher Konzerne und Unternehmen.

4.2.2.2. Stiftungen als Träger von Grundrechten

Neben dem soeben dargelegten Themenkomplex, ob **Stifter** Träger von Grundrechten sein können, stellt sich die entsprechende Frage auch für die **Stiftung** selbst.

1236 Siehe Kapitel 3, Tz. 1.1.2.

1237 Nach Schulte, Staat und Stiftung, S. 46 f., besteht insofern „weitgehender Konsens“.

1238 Hof in Seifart/v. Campenhausen (2009), § 4 Rdn. 95 ff.; ferner: Andrick/Suerbaum, Stiftung und Aufsicht, S. 67 m. w. H. auf BVerfGE 46, 73, 83; 57, 220, 240; 70, 138, 160 und BVerwGE 40, 347, 348 f.

1239 Schulte, Staat und Stiftung, S. 47.

1240 Hof in Seifart/v. Campenhausen (2009), § 4 Rdn. 98 ff. m. w. N.

1241 Noch weitgehender Schulte, Staat und Stiftung, S. 47.

1242 Hof in Seifart/v. Campenhausen (2009), § 4 Rdn. 83.

1243 Siehe Tz. 2.2.13. in diesem Kapitel.

(a) Stiftung des privaten Rechts

Vor dem Hintergrund des Art. 19 Abs. 3 GG wird auch der rechtsfähigen Stiftung des privaten Rechts Grundrechtsfähigkeit zugesprochen.[1244] In Frage kommende Grundrechte sind Art. 2 Abs. 1, 3 Abs. 1, 4 Abs. 1 und 2, 5 Abs. 1, 6 Abs. 1, 7 Abs. 4, 11 und 12 Abs. 1, 13 Abs. 1 und 14 Abs. 1 GG.

(b) Stiftung des öffentlichen Rechts

Die **Grundrechtsfähigkeit** von **juristischen Personen des öffentlichen Rechts** wird nur **ausnahmsweise** und in **engen Grenzen** anerkannt.[1245] Grundrechte haben die Funktion, subjektive (Individual-)Rechte zu gewähren. Dies gelte nicht nur, wenn der Staat unmittelbar in Erscheinung tritt -als Staatsgewalt des Bundes oder eines Landes-, sondern grundsätzlich auch, wenn er sich zur Erfüllung seiner Aufgaben eines selbstständigen Rechtsgebildes bedient.[1246] Ob er sich dabei der Organisationsform der Gebietskörperschaft wie einer Gemeinde[1247] oder einer Anstalt oder Stiftung des öffentlichen Rechts oder einer nicht rechtsfähigen Verwaltungseinheit oder eines beliehenen Unternehmens bedient, ist aus Sicht der Menschen und Bürger irrelevant; aus deren Sicht handelt es sich jeweils um eine besondere Erscheinungsform der einheitlichen Staatsgewalt.[1248] Es bestehen daher grundsätzliche Bedenken dagegen, die Grundrechtsfähigkeit auf juristische Personen des öffentlichen Rechts zu erstrecken.[1249] Letztlich geht es hier auch gar nicht um Grundrechtsschutz, sondern um Zuständigkeits- oder Kompetenzfragen, da sich einschlägige Konflikte mit der Staatsgewalt „innerhalb der staatlichen Sphäre“[1250] abspielen

Die Inanspruchnahme von Grundrechten durch juristische Personen des öffentlichen Rechts komme nur dann in Betracht, wenn der Durchgriff auf die hinter ihnen stehenden natürlichen Personen dies als sinnvoll und erforderlich erscheinen lasse.[1251] Juristische Personen des öffentlichen Rechts erfüllen diese Voraussetzungen grundsätzlich nicht, da sich die Erledigung öffentlicher Aufgaben in aller Regel nicht in Wahrnehmung unabgeleiteter, ursprünglicher Freiheiten vollziehe, sondern aufgrund von Kompetenzen, die vom positiven Recht zugeordnet sowie inhaltlich bemessen und begrenzt sind. Durch die Anerkennung der Grundrechtsfähigkeit juristischer Personen des öffentlichen Rechts würde eine sinnvolle Ordnung der staatlichen Aufgabenerfüllung und eine Anpassung der Staatsorganisation an wechselnde Erfordernisse erheb-

---

1244 Hof in Seifart/v. Campenhausen (2009), § 4 Rdn. 110 ff. m. w. N.; BVerwGE 40, 347; BVerfGE 46, 73; BVerfGE 70, 138.

1245 Vgl. zu diesem Themenkomplex insgesamt Zimmermann, Der grundrechtlichen Schutzanspruch juristischer Personen des öffentlichen Rechts.

1246 BVerfGE 21, 362, 370.

1247 Vgl. BVerfGE 61, 82 zur Verneinung der Anwendbarkeit des Eigentumsrechts aus Art. 14 Abs. 1 Satz 1 GG für eine Gemeinde.

1248 BVerfGE 21, 362, 370 m. Hinweis auf BVerfGE 4, 27, 30; 6, 445, 448.

1249 BVerfGE 21, 362, 369; BVerfGE 77, 340, 344; weitere Nachweise bei Sachs, in: Sachs (Hrsg.), Grundgesetz, 5. Aufl. 2009, Art. 19 Rdn. 91, dort Fußnoten 280-282.

1250 Sachs, in: Sachs (Hrsg.), Grundgesetz, 5. Aufl. 2009, Art. 19 Rdn. 91.

1251 Vgl. BVerfGE 21, 362, 373; BVerfGE 61, 82, 102 f.; BVerfGE 68, 193, 205 ff.

lich erschwert.[1252] Eine Grundrechtsfähigkeit von juristischen Personen des öffentlichen Rechts wird vom BVerfG ausnahmsweise nur für solche juristischen Personen des öffentlichen Rechts anerkannt, die wie Universitäten und Fakultäten (Kunst- und Wissenschaftsfreiheit), Rundfunkanstalten (Rundfunkfreiheit) oder Kirchen (Religions- und Weltanschauungsfreiheit)

> „von der ihnen durch die Rechtsordnung übertragenen Aufgabe her unmittelbar einem durch bestimmte Grundrechte geschützten Lebensbereich zugeordnet sind oder (...) kraft ihrer Eigenart ihm von vornherein zugehören“[1253].

Auch auf die justiziellen Grundrechte sowie das Willkürverbot kann sich die Stiftung des öffentlichen Rechts berufen.[1254] Dies rechtfertige sich daraus, dass es sich bei den benannten juristischen Personen um staatsunabhängige, zumindest aber staatsdistanzierte Einrichtungen handele, die den Bürgern (auch) zur Verwirklichung ihrer Grundrechte dienen. Schwerpunkt ihrer Tätigkeit sei nicht der von Gesetzes wegen zugewiesene Vollzug hoheitlicher Aufgaben, sondern die Ausübung grundrechtlicher Freiheiten.[1255] Diese juristischen Personen dienen also gerade der Verwirklichung grundrechtlich geschützter Interessen.[1256]

Eine grundlegende Entscheidung zur **Grundrechtsfähigkeit** der **Stiftung des öffentlich-rechtlichen Rechts** steht aus.[1257] Das BVerfG hat diese Frage ausdrücklich offen gelassen.[1258] Die Frage wird in der Literatur kontrovers diskutiert.

- Nach *Hof*[1259] ist zu berücksichtigen, dass es für Art. 19 Abs. 3 GG nicht nur auf das Wesen des jeweiligen Grundrechts ankomme, sondern auch auf die organisatorischen Eigenarten der juristischen Person. Dementsprechend ist zu berücksichtigen, dass eine Stiftung des öffentlichen Rechts einem anderen Rechtsregime als die Stiftung des privaten Rechts folgt. Während das BGB die Stiftung des öffentlichen Rechts nicht definiert, jedoch in § 89 BGB voraussetzt, finden sich in den Landesstiftungsgesetzen besondere Regelungen.[1260]

  Öffentlich-rechtliche Stiftungen seien somit selbst Teil der Staatsgewalt, die selbst die Grundrechte und den Grundsatz der Verhältnismäßigkeit beachten müss-

1252 Vgl. auch Schulte, Staat und Stiftung, S. 48.

1253 BVerGE 61, 82, 102. Siehe auch BVerfGE 10, 20, 35 ff.; BVerfGE 12, 205, 259 f.; 15, 46, 59 ff., BVerfGE 15, 256, 262; BVerfGE 31, 314, 322; BVerfGE 39, 302, 314; BVerfGE 68, 193, 207 ff.; vgl. Alscher, Die Stiftung des öffentlichen Rechts, S. 105; Schulte, Staat und Stiftung, S. 49; Zimmermann, Der grundrechtliche Schutzanspruch juristischer Personen des öffentlichen Rechts, S. 20 ff.

1254 Staudinger/Hüttemann/Rawert (2011) Rn 308 Vorbem zu §§ 80-88.

1255 Vgl. Hof in Seifart/v. Campenhausen (2009), § 4 Rdn. 203.

1256 BVerfGE 21, 362, 373 f.; 45, 63, 79; 61, 82, 102; 68, 193, 207; 75, 192, 196; vgl. auch Alscher, Die Stiftung des öffentlichen Rechts, S. 105.

1257 Andrick/Suerbaum, Stiftung und Aufsicht, S. 89; Zimmermann, Der grundrechtliche Schutzanspruch juristischer Personen des öffentlichen Rechts, S. 198 ff.

1258 Siehe BVerfGE 61, 82, 102-103: „Ob dies auch noch auf andere juristische Personen des öffentlichen Rechts, etwa auf bestimmte Arten von Stiftungen zutrifft, bedarf hier nicht der Entscheidung.“ Vgl. insgesamt auch Sachs, in: Sachs (Hrsg.), Grundgesetz 5. Aufl. 2009, Art. 19 Rdn. 99 sowie dort Fußnote 301.

1259 Hof in Seifart/v. Campenhausen (2009), § 4 Rdn. 203.

1260 Vgl. bereits oben Tz. 2.2.1.2. in diesem Kapitel 2.

ten. Im Vergleich mit der Stiftung des privaten Rechts stelle sich daher *prima facie* die Frage, ob sie damit weniger (Grund-)Rechte und einen erweiterten Pflichtenkreis haben (müssen).[1261] Unter Berücksichtigung dieser besonderen Stellung der Stiftung des öffentlichen Rechts wird die Frage nach ihrer Grundrechtsfähigkeit auch hier unter dem Stichwort „keine Flucht ins Privatrecht" diskutiert.[1262] Auf der anderen Seite vertritt *Hof* auch die Auffassung, dass die Grundrechtsfähigkeit einer Stiftung des öffentlichen Rechts ausnahmsweise anzuerkennen sei.[1263] Die entscheidende Frage sei,

> „ob die betreffende Stiftung in einem Lebensbereich tätig wird und gegenüber dem Staat die für Grundrechtsträger typische Autonomie und Selbstständigkeit geltend machen kann. Für solche Autonomie ist grundsätzlich schon die Errichtung einer Stiftung, also eines zweckgebundenen Sondervermögens mit eigener Aufgabenstellung und organisatorischer Verselbständigung gegenüber der eigentlichen staatlichen Organisation ein wichtiges Indiz."[1264]

Allerdings reiche es nicht aus, dass die Stiftung Aufgaben wahrnehme, die Grundrechte tangiere. Wenn es nicht gerade die Organisation selbst ist, die direkt zur Grundrechtsverwirklichung beiträgt, soll die Grundrechtsfähigkeit im Bereich der öffentlichen Gewalt (auch hier) sehr restriktiv gehandhabt werden.[1265]

Hof diskutiert vor diesem Hintergrund konsequent die Anwendbarkeit mehrerer Grundrechte. Die Anwendung von **Art. 2 GG** wird von ihm grundsätzlich verneint, da einer öffentlich-rechtlichen Stiftung schon von ihrer spezifischen öffentlich-rechtlichen Aufgabenstellung her keine umfassende Handlungsfreiheit zukommen kann. Allerdings komme Art. 2 GG in Betracht, wenn die Stiftung außerhalb ihres eigentlichen öffentlich-rechtlichen Aufgabenbereichs autonom agieren könne und zur Wahrung dieser Autonomie grundrechtlichen Schutzes bedürfe.[1266]

Der allgemeine Gleichheitsgrundsatz gemäß **Art. 3 Abs. 1 GG** stehe Stiftungen des öffentlichen Rechts dahingehend zu, als sie gleiche Behandlung im Sinne sachgerechter Differenzierung verlangen können und das Willkürverbot zu ihren Gunsten in Anspruch nehmen können.[1267]

Kirchliche Stiftungen des öffentlichen Rechts genießen den Schutz des Grundrechts aus **Art. 4 GG** und über **Art. 140 GG** auch den Schutz kirchlicher Autonomie gemäß **Art. 137 Weimarer Reichsverfassung**.[1268]

Bei entsprechender Zwecksetzung können, nach *Hof*, Stiftungen des öffentlichen Rechts den Schutz der Presse- und Rundfunkfreiheit gemäß **Art. 5 Abs. 1 Satz 2 GG** und das Grundrecht aus **Art. 5 Abs. 3 Satz 1 GG** geltend machen.[1269]

1261 Hof in Seifart/v. Campenhausen (2009), § 4 Rdn. 202.

1262 Ders., § 4 Rdn. 101-103. In dieselbe Richtung Muscheler, Plädoyer für ein staatsfreies Stiftungsrecht, in: Stiftungsrecht, S. 27 ff., insbes. S. 36 ff.: „Bei vielen seiner Stiftungen stiftet der Staat nicht, sondern er geht stiften."

1263 Hof in Seifart/v. Campenhausen (2009), § 4 Rdn. 203 ff. m. w. H.

1264 Ders. § 4 Rdn. 203 ff.

1265 Alscher, Die Stiftung des öffentlichen Rechts, S. 106.

1266 Hof in Seifart/v. Campenhausen (2009), § 4 Rdn. 205 unter Verweis auf BVerfGE 68, 193, 213 f.; kritisch dazu Andrick/Suerbaum, Stiftung und Aufsicht, S. 89.

1267 Hof in Seifart/v. Campenhausen (2009), § 4 Rdn. 208.

1268 Ders., a. a. O., § 4 Rdn. 210.

1269 Ders., a. a. O., § 4 Rdn. 211.

Umstritten sei die Anwendbarkeit des Grundrechts auf Eigentum gemäß **Art. 14 Abs. 1 GG**. Die Befürworter stellen darauf ab, dass das Grundstockvermögen für die Stiftung existenznotwendig sei.[1270] Dies erfordere geradezu Rechte zur Abwehr von Eingriffen der öffentlichen Hand, die wegen der Einbindung dieser Stiftungen in die staatliche Verwaltung vor allem in Krisenzeiten sonst nicht auszuschließen wären.[1271]

Auch die sog. Justizgrundrechte gemäß **Art. 101 Abs. 1 Satz 2 GG, Art. 103 Abs. 1 GG** kommen in Betracht. Diese stehen juristischen Personen des öffentlichen Rechts grundzusätzlich zu. Sie gehören zwar formell nicht zu den Grundrechten im Sinne von Art. 19 GG, sind mithin also keine echten Individualgrundrechte, sondern als objektive Verfahrensgrundsätze einzustufen. Sie gelten für jedes gerichtliche Verfahren und müssen daher auch jedem zugute kommen, der nach den Verfahrensnormen parteifähig ist oder von dem Verfahren unmittelbar betroffen wird.[1272] Dieser Grundsatz komme auch insoweit zur Anwendung, als juristische Personen des öffentlichen Rechts als Stifter auftreten.[1273]

- *Schulte* verlangt für die Anerkennung der Grundrechtsfähigkeit der Stiftung des öffentlichen Rechts, „dass sie gegenüber dem Staat die für Grundrechtsträger typische Autonomie und Selbständigkeit besitzt“[1274]. Entscheidend ist für ihn das

  > „Maß ihrer Abhängigkeit vom Staat als Stifter. Als maßgeblich erscheine die tatsächliche Reichweite des Selbstverwaltungsrechts einer solchen Stiftung und das Maß ihrer Abhängigkeit vom Staat als Stifter.“[1275]

- Zur Frage der Grundrechtsfähigkeit öffentlich-rechtlicher Stiftungen hat auch *Zimmermann*[1276] Stellung genommen. Für ihn ist entscheidend, ob

  > „das Handeln der konkret agierenden juristischen Person als Ausübung staatlicher Gewalt zu bewerten ist. Sofern dies zu bejahen ist, kann eine Geltung der Grundrechte nicht in Betracht kommen. In allen übrigen Sachkonstellationen steht der juristischen Person der von der Verfassung über Art. 19 Abs. 3 GG zuerkannte Grundrechtsschutz zu.“[1277]

  Unter Zugrundelegung dieser Maxime sei die Frage nach dem Grundrechtsschutz sowohl öffentlich-rechtlicher als auch privatrechtlicher Stiftungen einheitlich zu

---

1270 Hof in Seifart/v. Campenhausen (2009), § 4 Rdn. 214.

1271 Ders., a. a. O., § 4 Rdn. 214; auch unter Hinweis auf Art. 12 des Bayerischen Stiftungsgesetzes, wonach Stiftungsvermögen unter keinem Vorwand dem Vermögen des Staates, einer Gemeinde, eines Gemeindeverbands oder einer sonstigen Körperschaft oder Anstalt des öffentlichen Rechts einverleibt werden darf. Zur Auffassung der Nichtanwendbarkeit von Grundrechten auf juristische Personen mit Ausnahme des Art. 138 Abs. 2 WRV i. V. m. Art. 140 GG auf Stiftungen in kirchlicher Trägerschaft vgl. auch Hinweise in Fußnote 399 bei Hof in Seifart/v. Campenhausen (2009), § 4 Rdn. 214.

1272 BVerfGE 21, 363, 373 mit Hinweis auf BVerfGE 3, 359, 363; 12, 6, 8; siehe ferner Schulte, Staat und Stiftung, S. 49.

1273 Hof in Seifart/v. Campenhausen (2009), § 4 Rdn. 214.

1274 Schulte, Staat und Stiftung, S. 59.

1275 Ders., a. a. O., S. 59.

1276 Zimmermann, Der grundrechtliche Schutzanspruch juristischer Personen des öffentlichen Rechts, S. 198 ff.

1277 Ders., a. a. O., S. 204 f.

beantworten. Kriterium ist also nicht die isolierte (personale) Sicht auf die Rechtsform der Stiftung als solche, sondern die Sicht auf ihre **Funktion**, die Frage also, ob sie überhaupt staatliche Gewalt ausüben kann und – wenn dies der Fall ist – ob sie dies in der konkreten Sachkonstellation auch tut.[1278] *Zimmermann* hat des Weiteren herausgearbeitet, dass die Nichterwähnung der Stiftung des öffentlichen Rechts in den Art. 86 f. GG den Rückschluss zulasse, dass die öffentlich-rechtliche Stiftung gar nicht geeignet sei, staatliche Verwaltungstätigkeiten zu verrichten. Die Stiftung des öffentlichen Rechts diene nicht der Staatsverwaltung, sondern verwalte ihre eigenen, im Gründungsakt vorformulierten Interessen. Ihre gesellschaftliche Funktion rechtfertige und bedinge ihre Ausgliederung aus dem Staatsbereich. Dementsprechend würden Stiftungen regelmäßig nicht errichtet, um Gesetze auszuführen, sondern sie hätten diese lediglich zu beachten.[1279] *Zimmermann* will Stiftungen des öffentlichen Rechts daher sogar einen gesteigerten Grundrechtsschutz zusprechen.[1280]

- *Andrick/Suerbaum*[1281] vertreten demgegenüber die Auffassung, dass weder die Staatsferne noch die Nichterwähnung der Stiftung des öffentlichen Rechts in Art. 86 f. GG als tragendes Argument dafür dienen könne, dass sie Grundrechtsträger sein können. Sie halten im Ergebnis die These fest[1282], dass einer Stiftung des öffentlichen Rechts im Verhältnis zu anderen juristischen Personen des öffentlichen Rechts keine erweiterte Grundrechtsfähigkeit zuzuordnen sei. Unter Zugrundelegung der Leitlinien des Bundesverfassungsgerichts zur Grundrechtsberechtigung juristischer Personen des öffentlichen Rechts gilt auch für die Stiftung des öffentlichen Rechts, dass diese nicht regelmäßig, sondern nur ausnahmeweise Träger materieller Grundrechte sein könne. Auch für sie gilt daher, dass sie nur dann grundrechtsberechtigt ist, wenn sie
  - funktional außerhalb der Staatsverwaltung steht und
  - sich daher in einer der Stellung der natürlichen Person vergleichbaren Situation im Verhältnis zur Staatsgewalt befindet und
  - und sie in einem Bereich tätig ist, der dem sachlichen Schutzbereich eines Grundrechts zuzuordnen ist.

- Auch *Campenhausen* geht auf die Streitfrage zur Grundrechtsfähigkeit von Stiftungen des öffentlichen Rechts ein. Er betont, dass die Stiftungen des öffentlichen Rechts nicht nur Träger staatlicher Verwaltungsfunktionen, sondern auch Sachwalter der individuellen Interessen der Stifter sind und möglicherweise darüber hinaus Rechte der Destinatäre vertreten. Danach könne eine Stiftung des öffentlichen Rechts als Trägerin von Grundrechten in Betracht kommen, wenn sie weder als Hoheitsträger öffentlich-rechtliche Funktionen ausübt noch lediglich Interessen des

1278 Ders., a. a. O., S. 205.

1279 Zimmermann, Der grundrechtliche Schutzanspruch juristischer Personen des öffentlichen Rechts, S. 212.

1280 Ders., a. a. O., S. 221.

1281 Andrick/Suerbaum, Stiftung und Aufsicht, S. 90.

1282 Dies., a. a. O., S. 92.

öffentlichen Gemeinwohls wahrnimmt, sondern als Sachwalterin der (privaten) Stifter auftritt.[1283]

- *Sachs* weist darauf hin, dass es für die Zuweisung von Grundrechten an eine juristische Person des öffentlichen Rechts nicht ausreichend sei, wenn ihre Aufgabenwahrnehmung der Verwirklichung der Grundrechte betroffener Bürger förderlich ist. Allein diese mache den Verwaltungsträger nicht zum grundrechtsgeschützten Sachwalter des Einzelnen.[1284] Die Aufgabenwahrnehmung bleibe maßgeblich dem Gemeinwohl verpflichtet.[1285] Auch schließt das BVerfG eine Grundrechtsträgerschaft auf Grund einer Sachwalterrolle aus, soweit eine juristische Person den Bereich der Wahrnehmung öffentlicher Aufgaben verlässt.[1286] Eine derartige Vertretung würde nach Ansicht des BVerfG

  > „eine gefährliche Einbruchstelle in die Individualfreiheit eröffnen; die grundrechtlich verbürgten Freiheiten des Menschen sollen prinzipiell nicht von der Vernunfthoheit öffentlicher Einrichtungen verwaltet werden"[1287].

(c) Zwischenfazit und abzuleitende Fragen für Zwecke der vorliegenden Untersuchung

Stiftungen des öffentlichen Rechts können nur in Ausnahmefällen Träger von Grundrechten sein. Auf Basis der Rechtsprechung des BVerfG kommen hierfür die Bereiche Rundfunkfreiheit, Kunst- und Wissenschaftsfreiheit und Religions- und Weltanschauungsfreiheit in Betracht. Diese Grundrechtsfähigkeit kann auf weitere Bereiche erstreckt werden. Diese Erstreckungsmöglichkeit ist jedoch restriktiv zu sehen.

Vor dem Hintergrund des gesetzten Untersuchungsgegenstands impliziert dies die Frage, ob Stiftungen (Grund-)Rechte zukünftiger Generationen – deren Existenz unterstellt – geltend machen könnten und ob sich hieraus zielführende Überlegungen für die Frage der Einbeziehung gemeinnütziger Stiftungen in eine generationengerechte Politik ableiten lassen. Es stellt sich auch die Frage, ob eine Stiftung des öffentlichen Rechts ein entsprechendes politisches Instrument darstellen könnte.

Diesen Fragen soll in **Kapitel 3** nachgegangen werden.

4.3. Verwaltungsrechtliche Aspekte

Das Stiftungsverwaltungsrecht ist geprägt vom Spannungsverhältnis zwischen der Stiftungsautonomie und der Stiftungsaufsicht.[1288] *Schröder* spricht insofern von einem „ständigen Reizthema in der stiftungsrechtlichen Literatur"[1289].

1283 v. Campenhausen in Seifart/v. Campenhausen (2009), § 19 Rdn. 11.
1284 Sachs, in: Sachs (Hrsg.), Grundgesetz, 5. Aufl. 2009, Art. 19 Rdn. 101.
1285 Sachs, in: Sachs (Hrsg.), Grundgesetz, 5. Aufl. 2009, Art. 19 Rdn. 101.
1286 BVerfGE 61, 82, 104; Sachs, in: Sachs (Hrsg.), Grundgesetz, 5. Aufl. 2009, Art. 19 Rdn. 101.
1287 BVerfGE 61, 82, 104.
1288 Andrick/Suerbaum, Stiftung und Aufsicht, S. 46.
1289 Schröder, Stiftungsaufsicht im Spannungsfeld von Privatautonomie und Staatskontrolle, DVBl. 2007, 207. Stellvertretend für die Kritik an dem bestehenden Konzessionssystem siehe Muscheler, Plädoyer für ein staatsfreies Stiftungsrecht, in: Stiftungsrecht, S. 27-39.

4.3.1. Rechtfertigung der Stiftungsaufsicht

Die staatliche Stiftungsaufsicht geht bereits auf das Preußische Allgemeine Landrecht 1794 (PrALR) zurück. So regelte II 19 § 42 des PrALR 1794 dass „die vom Staate ausdrücklich oder stillschweigend genehmigten Armen- und andere Vermögensanstalten" die „Rechte einer moralischen Person"[1290] haben. Für die Stiftung von Armenhäusern und Hospitälern sah das PrALR 1794 weiter vor, dass das Vorhaben dem „Staate zur Prüfung der Grundsätze ihrer Verfassung"[1291] anzuzeigen sei. Von diesem stiftungsfreundlichen Regime der bloßen Anzeigepflicht rückte der Preußische Staat in einem Gesetz vom 13. Mai 1833 jedoch wieder ab, wonach eine landesherrliche Genehmigung verlangt wurde, wenn „durch eine Zuwendung eine neue öffentliche Anstalt gestiftet oder einer vorhandenen Anstalt etwas zu einem anderen als dem bisher genehmigten Zweck gewidmet werden sollte"[1292].

Richter vermutet, dass sich *Savigny* im Rahmen seiner Arbeiten zur Entwicklung der Stiftung als eigenständige juristische Person[1293] auch auf die realen Verhältnisse in Preußen gestützt hat.[1294] *Savigny* plädierte für einen staatlichen Genehmigungsvorbehalt und für weitreichende Aufsichts- und Kontrollrechte des Staates über die juristischen Personen.[1295] Er führte hierfür sowohl praktische Gründe an wie das Bedürfnis des Rechtsverkehrs, die Zuordnung eines Sondervermögens erkennen zu können[1296] aber auch dogmatische wie dass die Begründung juristischer Personen durch Privatdisposition undenkbar sei.[1297] Im Ergebnis ging es *Savigny* darum, die staatliche Kontrolle nicht nur auf die Genehmigungsphase, sondern auch auf bestehende Stiftungen zu erstrecken.[1298] Wohl aus diesem Grund dürfte sich die Stiftungsaufsicht der Sache nach auch nur auf rechtsfähige Stiftungen, nicht dagegen auch auf nichtrechtsfähige Stiftungen erstrecken.[1299] Letztere sind gerade nicht juristische Personen.[1300]

Auch heute noch stellt die staatliche Aufsicht über die Stiftungen privaten Rechts eine rechtfertigungsbedürftige Ausnahme dar,[1301] da bspw. ein eingetragener Verein oder eine Kapitalgesellschaft, ebenfalls eine juristische Person des privaten Rechts,

1290 Siehe bei v. Campenhausen in Seifart/v. Campenhausen § 5 Rdn. 42.

1291 PrALR II, 19, § 33.

1292 Richter, Rechtsfähige Stiftung und Charitable Corporation, S. 109 mit Hinweis in Fußnote 447 auf § 5 des Gesetzes vom 13. Mai 1833 betreffs Genehmigung zu Schenkungen usw. an juristische Personen.

1293 Vgl. oben Tz. 1 in diesem Kapitel 2.

1294 Ders., S. 109.

1295 Richter, Rechtsfähige Stiftung und Charitable Corporation, S. 62 mit Hinweis auf Primärquellen in Fußnote 128.

1296 Richter, Rechtsfähige Stiftung und Charitable Corporation, S. 105 mit Hinweis auf Savigny, System des heutigen Römischen Rechts, S. 278 in Fußnote 423.

1297 Richter, Rechtsfähige Stiftung und Charitable Corporation, S. 107 mit Hinweis auf Mühlenbruch, Glücks Kommentar, Band 40 in Fußnote 429. Zu weiteren Gründen siehe bei Richter, Rechtsfähige Stiftung und Charitable Corporation, S. 107-109.

1298 Richter, Rechtsfähige Stiftung und Charitable Corporation, S. 109.

1299 Hof in Seifart/v. Campenhausen § 10 Rdn. 76.

1300 Vgl. oben Tz. 2.2. in diesem Kapitel.

1301 Andrick/Suerbaum, Stiftung und Aufsicht, S. 50.

keiner staatlichen Aufsicht oder Überwachung unterliegt.[1302] Insofern hat sich der Gesetzgeber für ein Normativsystem entschieden, wonach das Gesetz selbst abschließend formulierte Voraussetzungen für die Errichtung der juristischen Person aufstellt. Liegen diese vor, was richterlich überprüft wird, ist die juristische Person – ohne Ermessen einer staatlichen Behörde – einzutragen.[1303] Lediglich wenn deren Tätigkeit geeignet ist, besondere Gefahren für Verbraucher zu begründen, werden sie einer besonderen (Fach-)Aufsicht unterstellt (z. B. Bankenaufsicht oder Versicherungsaufsicht).

Die staatliche Stiftungsaufsicht wird auch heute noch mit der besonderen Eigenart und Struktur dieser Rechtsfigur gerechtfertigt.[1304] Der Stiftung des bürgerlichen Rechts fehle es an einem internen Kontrollorgan, da die Einhaltung damit einhergehender Vorstandsbindungen überwache.[1305] Der Staat müsse daher einer „stiftungsspezifischen Gefährdungslage durch geeignete Vorkehrungen für die Verwirklichung des Stiftungszwecks entgegentreten"[1306]. Gleichwohl seien staatliche Aufsichtsmaßnahmen subsidiär sowohl zum Handeln der Stiftungsorgane als auch zum Willen des Stifters.[1307]

Die Rechtsaufsicht der Stiftungsbehörden wird als Garant für die Umsetzung des Stifterwillens gesehen.[1308] Nach den Arbeitsergebnissen der Bund-Länder-Arbeitsgruppe im Rahmen der Modernisierung des Stiftungsrechts zum 15.07.2002 werden auch strenge Aufsichtsmittel als berechtigt erachtet, da sie notwendig seien, um die Stiftungsorgane bei Bedarf zu einem gesetz- und satzungsmäßigen Verhalten anzuhalten.[1309] Die staatliche Aufsicht habe sich grundsätzlich bewährt. Auch sei davon abzusehen, Kontroll- und Überwachungsbefugnisse der Stiftungsaufsichtsbehörden einzuschränken oder zur Disposition des Stifters zu stellen bzw. die Aufsicht in die Hand unabhängiger Kontrollorgane zu legen. Dies widerspräche der Funktion der Aufsicht als Garant des Stifterwillens. Der Staat stelle die Rechtsform der Stiftung zur Verfügung. Ihm obliege daher auch die Genehmigung der Stiftung als juristische Person. Ansehen und Zuverlässigkeit der Stiftungen in der Öffentlichkeit seien gerade wegen der gewährleisteten staatlichen Aufsicht so hoch.[1310]

Stellvertretend für die Kritik an der Stiftungsaufsicht und dem Konzessionssystem ist jene von *Muscheler*.[1311] Nach ihm sollte sich der Staat vollständig aus dem Stiftungswesen zurückziehen. Stiftungen seien

> „das finanzielle und organisatorische Ferment einer aktiven, sich selbständig und autonom konstituierenden Bürgergesellschaft. Sie fördern Ideen auch dort, wo der Staat, weil er auf

---

1302 Ders., a. a. O., S. 47.

1303 Muscheler, Plädoyer für ein staatsfreies Stiftungsrecht, in Stiftungsrecht, in: Stiftungsrecht, S. 29.

1304 Andrick/Suerbaum, Stiftung und Aufsicht, S. 47.

1305 Schröder, Stiftungsaufsicht im Spannungsfeld von Privatautonomie und Staatskontrolle, DVBl. 2007, S. 201, 2015.

1306 Ders., a. a. O.

1307 Ders., a. a. O.

1308 Lex, Das neue Stiftungsrecht, ZEV 2002, S. 405, 408.

1309 Ders., a. a. O.; kritisch hierzu Muscheler, Plädoyer für ein staatsfreies Stiftungsrecht, in: Stiftungsrecht, S. 27 ff.

1310 Lex, Das neue Stiftungsrecht, ZEV 2002, S. 405, 408.

1311 Muscheler, Plädoyer für ein staatsfreies Stiftungsrecht, in: Stiftungsrecht, S. 27-39.

> demokratische Legitimation angewiesen ist, Förderung endgültig oder noch verweigern muss. Sie begleiten etwa im Bereich der Wissenschaftsförderung die ‚Ketzerei von heute' auf ihrem Weg zur „lex artis von morgen'."[1312]

Der Staat dürfe daher nicht monopolistischer Verwalter des Gemeinwohls sein, auch sei er nicht als „Kontrolleur privater Gemeinwohlinitiative"[1313] geeignet.[1314]

Die Kritik von *Muscheler* weist Parallelen zu jenen Stimmen auf, die die Thematik der Generationengerechtigkeit zunehmend vor dem Hintergrund vermehrter Übernahme von Eigenverantwortung führen.[1315] Hieraus wurde die Frage abgeleitet, ob sich vor diesem Hintergrund eine liberalistische Theorie der Generationengerechtigkeit ableiten lässt. In Kombination mit der Streitfrage zur Stiftungsaufsicht und dem geltenden Konzessionssystem stellt sich die Anschlussfrage, ob eine derartige liberalistische Theorie auch mit Forderungen nach einer Erweiterung der Rechte der Stiftungsaufsicht einherzugehen hat. Diese Frage soll in **Kapitel 3** aufgegriffen werden.[1316]

4.3.2. Stiftungsverwaltung und Grundrechtsträgerschaft der Stiftung

Zum **Verhältnis Stiftungsverwaltung und Grundrechtsträgerschaft der Stiftung** hat das Bundesverwaltungsgericht in seiner Entscheidung vom 22.09.1972[1317] grundlegend Stellung genommen und dazu ausgeführt, dass die Handlungsfreiheit der Stiftung und ihre grundrechtliche Gewährleistung als Trägerin von Grundrechten eine Stiftungsaufsicht nicht grundsätzlich ausschließt. Allerdings dürfe die Aufsicht die erwähnte Gewährleistung nicht antasten und die Handlungsfreiheit der Stiftung nur insoweit einschränken, als dies erforderlich ist, um sicherzustellen, dass die Angelegenheiten der Stiftung in Übereinstimmung mit dem Gesetz und der Stiftungssatzung besorgt werden. Die Handlungsfreiheit der Stiftung und die Grundrechtsfähigkeit der Stiftung werden nicht bereits dadurch beeinträchtigt, dass die Stiftung der Aufsicht des Staates unterliegt. Das öffentliche Interesse an einer Stiftungsaufsicht ergebe sich aus der Tatsache, dass die Stiftung die einzige juristische Person sei, die nicht durch an ihr korporations- oder vermögensrechtlich beteiligte natürliche Personen kontrolliert wird. Die staatliche Aufsicht habe somit die wesentliche Funktion, den in der Stiftungssatzung niedergelegten Willen zu wahren und ihm zur Umsetzung zu verhelfen. Es bestehe ein gesteigertes öffentliches Interesse daran, dass Organe von Stiftungen, die öffentlichen Zwecken gewidmet sind, auch dem Stiftungszweck entsprechend tätig werden. Da ausschließlich das öffentliche Interesse an der Verwirklichung des Stiftungszwecks den Eingriff in die Handlungsfreiheit der Stiftungsorgane durch Aufsicht und Genehmigungsvorbehalt rechtfertige, könne auch nur die Verletzung oder Gefährdung des Stiftungszwecks Prüfungsmaßstab bei der Entscheidung über die Erteilung oder

---

1312 Ders. a. a. O., S. 28.

1313 Ders. a. a. O., S. 28.

1314 Ders. a. a. O., S. 28.

1315 Vgl. oben Einleitung Tz. 2.1., Ziff. 4 mit Hinweis in Fußnote auf Kersting, Theorien sozialer Gerechtigkeit, S. 6 ff. und S. 376.

1316 Kapitel 3, Tz. 2./2.2.

1317 BVerwGE 40, S. 347, 350.

Nichterteilung einer Genehmigung sein.[1318] Nach *Hof* ist diese Entscheidung dahingehend auszulegen, dass der Stifterwille „oberste Richtschnur aufsichtsrechtlichen Handelns“ ist, andererseits aber der Staatsaufsicht die Genehmigung einzelner Rechtsgeschäfte vorbehalten ist.[1319]

4.3.3. Inhalt und Reichweite der Stiftungsaufsicht

Inhalt und Umfang der Stiftungsaufsicht wird durch die **Rechtsaufsicht** und die **betreuende Fürsorgepflicht** bestimmt.

Im Rahmen der **Rechtsaufsicht** kommt der bereits dargelegten Thematik der Grundrechtsfähigkeit von Stiftungen eine besondere Bedeutung zu.[1320] *Andrick/Suerbaum* betonen in diesem Zusammenhang, dass

> „gerade eine Stiftung, die als ständige Einrichtung bei der Gestaltung von Gegenwart und Zukunft mitwirken soll, für die Betätigung im Rahmen dieser ihr vom Stifter gesetzten Aufgabe des Schutzes der Grundrechte gegen unberechtigte Eingriffe des Staats bedarf“[1321].

Es ist genau dieses Spannungsverhältnis, das zur Schlussfolgerung des BVerwG[1322] führt, dass die Handlungsfreiheit einer Stiftung nur so weit eingeschränkt werden darf, als sichergestellt ist, dass die Angelegenheiten der Stiftung in Übereinstimmung mit dem Gesetz und der Stiftungssatzung besorgt werden. Werden einzelne Staatsaufgaben auf juristische Personen des öffentlichen Rechts[1323] übertragen, korrespondiert damit eine Aufsicht durch die unmittelbare Staatsverwaltung, die prinzipiell mindestens Rechtsaufsicht ist.[1324]

Inhalt der **betreuenden Fürsorgepflicht** ist die Pflicht des Staates, dafür zu sorgen, dass die Stiftung nach Maßgabe der Gesetze und der Satzung ordnungsgemäß verwaltet und der Stiftungszweck erfüllt wird. Eventuell erforderlich werdende Maßnahmen dürfen nicht von Bevormundung, sondern vom Schutz- und Förderungsgedanken geprägt sein.[1325] Stiftungsorgane sind aus diesem Grunde nicht vollkommen frei, sondern bedürfen in bestimmten Fällen der vorherigen staatlichen Genehmigung ihrer Maßnahmen.[1326] Diese Genehmigungsvorbehalte im Stiftungsrecht sollen gewährleisten, dass die Stiftungsorgane ihre Kompetenzen nicht entgegen dem in der Stiftungssatzung niedergelegten Willen des Stifters oder sonst von der Rechtsordnung vorgegebener Handlungsweisen ausnutzen.[1327] Sie ermächtigen die Stiftungsaufsichtsbehörde jedoch nicht dazu, nach Belieben Genehmigungen zu erteilen oder zu versagen.[1328] Die Stiftungsaufsichtsbehörde kann bei der Prüfung, ob die Stiftungsorgane in

1318 BVerwGE 40, S. 347, 350.
1319 Hof in Seifart/v. Campenhausen § 4 Rdn. 224.
1320 Andrick/Suerbaum, Stiftung und Aufsicht, S. 51.
1321 Dies., a. a. O., S. 51.
1322 BVerwGE 40, S. 347, 350.
1323 So auch eine Stiftung des öffentlichen Rechts.
1324 Andrick/Suerbaum, Stiftung und Aufsicht, S. 48.
1325 Dies., a. a. O., S. 52.
1326 Dies., a. a. O., S. 52.
1327 Dies., a. a. O., S. 53, mit Verweis auf BVerwGE 40, S. 347, 350.
1328 Andrick/Suerbaum, Stiftung und Aufsicht, S. 53, mit Verweis auf BayVGH, StiftRspr. II, Nr. 51, S. 18 (23 f., 25).

ihrer Handlungsweise dem Stiftungszweck gerecht werden, nicht ihr Ermessen an die Stelle der Stiftungsorgane setzen.[1329] Maßnahmen obliegen somit dem Grunde nach der Entscheidungskompetenz der Stiftungsorgane (Vorstand, Beirat). Die Stiftungsaufsichtsbehörde hat sich im Fall einer erforderlich werdenden Genehmigung am Stifterwillen und an der Rechtsordnung zu orientieren. Soll die Genehmigung verweigert werden, sind hierfür tragende Gründe erforderlich.[1330]

Die Reichweite der Stiftungsaufsicht bezieht sich nicht nur auf den Entstehungsakt der Stiftung und damit deren Existenz schlechthin,[1331] sondern auch auf das Vermögen der Stiftung und die Mitglieder der Stiftungsorgane.[1332] Zwischen Entstehung und Erlöschen der Stiftung verfügt die Stiftungsaufsicht über ein Instrumentarium möglicher Maßnahmen, die darauf abzielen, die Erfüllung des Stiftungszwecks zu sichern.[1333] Dazu gehören insbesondere Informationsansprüche,[1334] das Recht auf Prüfung der Verwaltung,[1335] Überwachungsrechte[1336] das Recht zur Beanstandung von Entscheidungen und Maßnahmen der Stiftungsorgane,[1337] die Anordnung erforderlicher Maßnahmen,[1338] die Erhebung von Zwangsgeldern,[1339] die Ersatzvornahme,[1340] die Abberufung von Organmitgliedern[1341] und Geltendmachung von Schadensersatzansprüchen gegen Organmitglieder.[1342] Die Einzelheiten ergeben sich aus den jeweiligen Landesstiftungsgesetzen.

4.3.4. Zwischenfazit für Zwecke der vorliegenden Untersuchung

Diese rudimentäre Darstellung der Eckpunkte zum Stiftungsverwaltungsrecht führen im Kontext zur Frage nach Möglichkeiten und Grenzen der Einbeziehung gemeinnütziger Stiftungen in eine generationengerechte Politik zu weiteren Fragen:

Welche Rolle kommt der Stiftungsaufsicht bei der Einbeziehung gemeinnütziger Stiftungen in eine generationengerechte Politik zu? Lassen sich aus der Frage nach Gerechtigkeit zwischen den Generationen neue Aspekte für eine Rechtfertigung oder eine Ablehnung der Stiftungsaufsicht herleiten? Genügt gegebenenfalls das bisherige rechtliche Instrumentarium der Stiftungsaufsicht oder ist es zu erweitern? Diesen Fragen widmet sich **Kapitel 3**.[1343]

1329 Dies., a. a. O., S. 53, mit Verweis auf BVerwGE 40, S. 347, 352.

1330 Dies., a. a. O., S. 53.

1331 Siehe Hof in Seifart/v. Campenhausen § 10 Rdn. 124: „Unter den Instrumenten der Stiftungsaufsicht nimmt die Anerkennung der Stiftung den ersten Rang ein."

1332 Andrick/Suerbaum, Stiftung und Aufsicht, S. 140.

1333 Dies., a. a. O., S. 140.

1334 Hof in Seifart/v. Campenhausen § 10 Rdn. 146 mit jeweils weiteren Hinweisen.

1335 Hof in Seifart/v. Campenhausen § 10 Rdn. 152 mit jeweils weiteren Hinweisen.

1336 Hof in Seifart/v. Campenhausen § 10 Rdn. 181 mit jeweils weiteren Hinweisen.

1337 Hof in Seifart/v. Campenhausen § 10 Rdn. 192 mit jeweils weiteren Hinweisen.

1338 Hof in Seifart/v. Campenhausen § 10 Rdn. 203 mit jeweils weiteren Hinweisen.

1339 Hof in Seifart/v. Campenhausen § 10 Rdn. 208 mit jeweils weiteren Hinweisen.

1340 Hof in Seifart/v. Campenhausen § 10 Rdn. 210 mit jeweils weiteren Hinweisen.

1341 Hof in Seifart/v. Campenhausen § 10 Rdn. 214 mit jeweils weiteren Hinweisen.

1342 Hof in Seifart/v. Campenhausen § 10 Rdn. 235 mit jeweils weiteren Hinweisen.

1343 Kapitel 3, Tz. 2.2.

4.4. Zivilrechtliche Aspekte

4.4.1. Grundlagen

Das Stiftungszivilrecht umfasst insbesondere die Normen, welche die Entstehung und das rechtliche Handeln gegenüber anderen Rechtsträgern betreffen.[1344] Das Recht die **rechtsfähige Stiftung** betreffend ist in den §§ 80-89 BGB geregelt. Dieses ‚spartanische Rechtsgerüst' regelt in §§ 80-84 BGB die Entstehung der Stiftung, in den §§ 85, 86 und § 89 finden sich Regelungen über das Handeln der Stiftung durch ihre Organe und insbesondere die dabei entstehenden Haftungstatbestände, und die §§ 87, 88 BGB enthalten Regelungen für das Ende einer Stiftung. Über § 88 Satz 3 BGB wird teilweise auf Vorschriften des Vereinsrechts verwiesen. Explizite zivilrechtliche Regelungen die **nichtrechtsfähige Stiftung** betreffend gibt es nicht. Die einschlägigen Regelungen hierzu ergeben sich aus den allgemeinen Regelungen zur Schenkung unter Auflage (§ 525 BGB), das Auftragsverhältnis betreffend (§§ 662 BGB) oder die allgemeine Vertragsfreiheit betreffend (Treuhandschaft, § 311 Abs. 1 BGB).[1345] Der Gesetzgeber hat im Rahmen der Reform zur Modernisierung des Stiftungsrechts (vgl. dazu sogleich weiter unten) bewusst darauf verzichtet, spezielle Regelungen für die nichtrechtsfähige Stiftung einzuführen, um deren Flexibilität zu erhalten.[1346]

Die Regelungen zum Stiftungszivilrecht werden ergänzt durch landesrechtliche Vorschriften. Die Länder haben jeweils Stiftungsgesetze erlassen. Soweit das BGB keine Regelungen die Stiftung betreffend beinhaltet, kommen die Landesstiftungsgesetze ergänzend zur Anwendung.

4.4.2. Stiftungszivilrechtsreform 2002

Zur Stiftungszivilrechtsreform 2002[1347] wurde bereits weiter oben im Kontext verfassungsrechtlicher Fragestellungen Bezug genommen.[1348] Zweck dieser Zivilrechtsreform war, den durch die Stiftungssteuerreform[1349] im Jahr 2000 eingeleiteten Aufschwung bei der Errichtung von Stiftungen weiter zu fördern. Das Stiftungsrecht sollte insgesamt transparenter und einfacher gestaltet werden und somit zur Förderung des Stiftungswesens beitragen. Auch die Stifterfreiheit sollte gestärkt werden. Mit dieser Zivilrechtsreform wurde ferner eine bundeseinheitliche Regelung für die rechtlichen Anforderungen für die Entstehung einer Stiftung eingeführt. Die Voraussetzungen, unter denen eine Stiftung Rechtsfähigkeit erlangt, werden nunmehr im Bürgerlichen Gesetzbuch bundeseinheitlich und abschließend geregelt. Dem Stifter wurde zudem

---

1344 Schlüter/Stolte, Stiftungsrecht, S. 34.

1345 Vgl. auch weiter oben, BGH Urteil vom 12.03.2009 (III RZ 142/08), WM 2009, S. 909 ff.; Feick, BGH zur unselbständigen Stiftung, Stiftung & Sponsoring 2009, Heft 3, S. 48; Staudinger/Hüttemann/Rawert (2011) Vorbem 242-251 zu §§ 80-88.

1346 Vgl. Lex, Das neue Stiftungsrecht, ZEV 2002, S. 405, 408.

1347 Gesetz zur Modernisierung des Stiftungsrechts vom 15.07.2002, BGBl. 2002 I, 2634, in Kraft getreten zum 01.09.2002.

1348 Vgl. Tz. 4.2.2.1. in diesem Kapitel.

1349 Gesetz zur weiteren steuerliche Förderung von Stiftungen, BGBl. 2000, BGBl. 2000 I, S. 1034.

ein ausdrücklicher Rechtsanspruch auf Anerkennung seiner Stiftung zuerkannt. Rechtsfähige Stiftungen können demnach zu jedem gemeinwohlkonformen Zweck errichtet werden.

Nach *Muscheler* sind insgesamt fünf wichtige Neuerungen festzuhalten, die mit dieser Gesetzesreform einhergehen:[1350]

- Bundeseinheitliche und abschließende Regelung der Anforderungen an Stiftungsgeschäft und Stiftungssatzung, § 81 Abs. 1 BGB.
- Rechtsanspruch auf Erteilung der Anerkennung bei Vorliegen der gesetzlichen Voraussetzungen ohne weiteres Ermessen der Behörde, § 80 Abs. 2 BGB.
- Bundeseinheitliche und abschließende Normierung der Voraussetzungen der Anerkennung (Normativkatalog), § 80 Abs. BGB.
- Gesetzliche Definition des Stiftungsaktes als solcher, § 81 Abs. 1 Satz 2 BGB.
- Gesetzliche Verankerung des (sog.) Prinzips der Allzweckstiftung. Demnach sind alle nicht das Gemeinwohl gefährdenden Zwecke zulässig.

4.4.3. Die Regelungen des BGB zum Stiftungsrecht im Überblick

§ 80 BGB regelt die Voraussetzungen für das Entstehen einer rechtsfähigen Stiftung bürgerlichen Rechts. Sie entsteht durch das **Stiftungsgeschäft** und die **Anerkennung**[1351] durch die zuständige Behörde des Landes, in dem die Stiftung ihren Sitz haben soll. Gemäß **§ 80 Abs. 2 BGB** ist die Stiftung als rechtsfähig anzuerkennen, wenn das Stiftungsgeschäft den Anforderungen des § 81 Abs. 1 BGB genügt, die dauernde und nachhaltige Erfüllung des Stiftungszwecks gesichert erscheint und der Stiftungszweck das Gemeinwohl nicht gefährdet. Eine Gemeinwohlgefährdung in diesem Sinne liegt vor,

> „wenn es hinreichend wahrscheinlich, also eine nicht bloß entfernt liegende Möglichkeit ist, dass die Erlangung der Rechtsfähigkeit und die damit verbundene Verfolgung des Stiftungszwecks durch die dann rechtsfähige Stiftung zu einer Beeinträchtigung von Verfassungsrechtsgütern führen würde“[1352].

Mit dieser Negativabgrenzung trifft der Gesetzgeber bundesgesetzlich eine abschließende Regelung in Bezug auf den Stiftungszweck,[1353] was zum ‚Stichwort‘ der Zulässigkeit der gemeinwohlkonformen Allzweckstiftung[1354] führt. Im Übrigen enthalten weder die Vorschriften des BGB noch die Landesstiftungsgesetze Einschränkungen, so

1350 Diese Aufzählung ist sinngemäß entnommen bei Muscheler, Vorrang des Bundesstiftungsrechts vor dem Landesstiftungsrecht, in: Stiftungsrecht, S. 71 ff.

1351 Staudinger/Hüttemann/Rawert (2011) § 80 Rn 1-13.

1352 BVerwGE 106, S. 177 (Republikaner-Stiftung); siehe auch eingehend Staudinger/Hüttemann/Rawert (2011) § 80 Rn 28-35 m.w.N.; des weiteren statt Vieler: Lex, Das neue Stiftungsrecht, ZEV 2002, S. 405, 407; Muscheler, Stiftung und Gemeinwohlgefährdung, in: Stiftungsrecht S. 117-129.

1353 Andrick/Suerbaum, Das Gesetz zur Modernisierung des Stiftungsrechts, NJW 2002, S. 2905, 2907.

1354 Siehe Muscheler, Stiftung und Gemeinwohlgefährdung, in: Stiftungsrecht S. 117 mit Hinweis in Fußnote 2 auf Gesetzesentwurf der Fraktionen SPD und BÜNDNIS 90/DIE GRÜNEN, BT-Dr 14/8277, S. 6.

dass der Stifter den Stiftungszweck inhaltlich frei, sofern ‚gemeinwohlkonform', gestalten kann.

Das **Stiftungsgeschäft unter Lebenden** bedarf der schriftlichen Form (§ 81 Abs. 1 Satz 1, § 121 Abs. 1 BGB). Das Stiftungsgeschäft muss die verbindliche Erklärung des Stifters enthalten, ein Vermögen zur Erfüllung eines von ihm vorgegebenen Zwecks zu widmen. Durch das Stiftungsgeschäft muss die Stiftung eine Satzung erhalten mit Regelungen über Namen, Sitz, Zweck und Vermögen der Stiftung sowie die Bildung des Vorstands der Stiftung. Dem Stifter steht es frei, weitere Regelungen in die Satzung mit aufzunehmen.

Ab der Anerkennung der Stiftung kann das Stiftungsgeschäft nicht mehr **widerrufen** werden, § 81 Abs. 2 BGB. Ab diesem Zeitpunkt verselbstständigt sich die durch das Stiftungsgeschäft ins Leben gerufene Stiftung. Wird die Stiftung als rechtsfähige Stiftung anerkannt, ist der Stifter verpflichtet, das in dem Stiftungsgeschäft zugesicherte Vermögen auf die Stiftung zu übertragen. Rechte, zu deren Übertragung der Abtretungsvertrag genügt, gehen mit der Anerkennung auf die Stiftung über, sofern nicht aus dem Stiftungsgeschäft sich ein anderer Wille des Stifters ergibt (§ 82 BGB).

Die Vorschrift des **§ 83 BGB** regelt die **Errichtung einer Stiftung von Todes wegen**. Bei einem Stiftungsgeschäft von Todes wegen verfügt eine Person durch Testament, Vermächtnis oder Auflage, dass bestimmte Vermögensgegenstände nach ihrem Tode auf eine nach ihrem Tode zu errichtende Stiftung übertragen werden. Das Nachlassgericht hat dies der zuständigen Behörde zur Anerkennung mitzuteilen, sofern die Anerkennung nicht von dem Erben oder dem Testamentsvollstrecker beantragt wird. Die Erben sind, anders als der Stifter bei der Errichtung einer Stiftung zu Lebzeiten, nicht zum Widerruf berechtigt. Genügt das Stiftungsgeschäft in diesem Fall nicht den Anforderungen gemäß § 81 Abs. 1 Satz 3 BGB, gibt die zuständige Stiftungsbehörde der Stiftung eine Satzung oder ergänzt eine unvollständige Satzung. Dabei soll der Wille des Stifters berücksichtigt werden.

Wie bereits weiter oben ausgeführt[1355], ist das Stiftungsgeschäft selbst keine Schenkung, sondern ein einaktiges und **einseitiges Rechtsgeschäft,**[1356] mithin eine einseitige nicht empfangsbedürftige Willenserklärung.[1357] Dem Stiftungsgeschäft liegt „*im Kern kein Vertrag* zugrunde"[1358]. Dies gilt sowohl für das Stiftungsgeschäft bei Errichtung einer Stiftung unter Lebenden als auch im Fall der Errichtung einer Stiftung von Todes wegen.[1359] Mangels Vorliegen einer Schenkung finden die Regelungen zum Schenkungsrecht keine Anwendung.[1360] Es handelt sich um den Fall einer mit Anerkennung der Stiftung entstehenden Verpflichtung durch einseitiges Rechtsgeschäft.[1361]

1355 Vgl. Tz. 2.1.6. in diesem Kapitel.

1356 Muscheler, Errichtung der Stiftung, in: Stiftungsrecht, S. 95, 115 und S. 185; Staudinger/Hüttemann/Rawert (2011) § 81 Rn 2.

1357 Staudinger/Hüttemann/Rawert (2011) § 81 Rn 2.

1358 Muscheler, Stiftung und Schenkung, in: Stiftungsrecht, S. 185.

1359 Ders., a. a. O., S. 185.

1360 Diskutiert wird die analoge Anwendung bestimmter Vorschriften zur Schenkung, Einzelheiten siehe bei Muscheler, Stiftung und Schenkung, in: Stiftungsrecht, S. 185-221, insbesondere S. 205 ff.

1361 Muscheler, Stiftung und Schenkung, in: Stiftungsrecht, S. 187, dort Fußnote 6 m. H. auf Vergleich zur Auslobung.

Die Vermögens-Widmung, das Stiftungsgeschäft, „ist Voraussetzung für die Schaffung einer neuen Person, aber nicht Bereicherung einer schon existierenden Person“[1362]. Die Stiftung wird durch das Stiftungsgeschäft nicht unentgeltlich bereichert. Sie kommt vielmehr mit dem vom Stifter für sie vorgesehenen Vermögen auf die Welt.[1363] Der Stifter will „zwar sich selbst ärmer, nicht aber eine bereits existierende Person reicher machen“[1364].

Nach § 84 BGB gilt die Stiftung für die Zuwendung des Stifters als schon vor dessen Tod entstanden.[1365] Diese **gesetzliche Fiktion des § 84 BGB** („gilt die Stiftung … als schon vor dessen Tod entstanden“) berücksichtigt den Umstand, dass das der Stiftung zugewandte Vermögen bei der Errichtung einer Stiftung von Todes wegen nicht kraft Gesetzes auf die Stiftung übergeht, sondern – auch hier – erst mit Anerkennung der Stiftung ein Anspruch auf Vermögensübertragung entsteht.

§ 87 BGB regelt die Frage der **Zweckänderung** und der **Aufhebung einer Stiftung**. Ist die Erfüllung des Stiftungszwecks unmöglich geworden oder gefährdet sie das Gemeinwohl, so kann die zuständige Behörde der Stiftung eine andere Zweckbestimmung geben oder sie aufheben. Bei der Zweckumwandlung soll der Wille des Stifters berücksichtigt werden; insbesondere soll dafür gesorgt werden, dass die Erträge des Stiftungsvermögens dem Personenkreis, dem sie zustatten kommen sollten, im Sinne des Stifters erhalten bleiben. Die Behörde kann in diesem Fall die Verfassung der Stiftung ändern, soweit die Umwandlung des Zwecks es erfordert. Vor der Umwandlung des Zwecks und der Änderung der Verfassung soll der Vorstand der Stiftung gehört werden, § 87 BGB.

Erlischt die Stiftung, fällt das Vermögen an die in der Verfassung bestimmten Personen, § 88 Satz 1 BGB. Fehlt es an einer Bestimmung der Anfallsberechtigten, fällt das Vermögen an den Fiskus des Landes, in dem die Stiftung ihren Sitz hatte, oder an einen anderen nach dem Recht dieses Landes bestimmten Anfallsberechtigten.

4.4.4. Zwischenfazit zu den §§ 80 ff. BGB für Zwecke der vorliegenden Untersuchung

Auf Basis dieser wiederum bewusst rudimentären Darstellung der Eckpunkte zum Stiftungszivilrecht stellen sich im Kontext zur Frage nach Möglichkeiten und Grenzen der Einbeziehung gemeinnütziger Stiftungen in eine generationengerechte Politik folgende Erkenntnisse und Fragen:

Eine rechtsfähige Stiftung mit dem Zweck der Förderung von Gerechtigkeit zwischen den Generationen wäre anzuerkennen. Ein Verstoß gegen das Gemeinwohlerfordernis ist nicht zu erkennen.

1362 Muscheler, Stiftung und Schenkung, in: Stiftungsrecht, S. 191.

1363 Ders., a. a. O., S. 191.

1364 Ders., a. a. O., S. 191 mit Hinweis auf die Gesetzesmaterialien in Fußnote 18.

1365 § 84 BGB wird als der sog. „Städel-Paragraf“ bezeichnet; vgl. dazu Becker, Der Städel-Paragraph in: FS Hübner, S. 21 ff.; Liermann, Handbuch des Stiftungsrechts, S. 243, Muscheler, § 84 BGB und die lebzeitige Schenkung, in: Stiftungsrecht, S. 147 ff.

Das Stiftungsgeschäft selbst ist kein Vertrag. Es stellt sich die Frage, ob und ggf. welche Auswirkungen sich hieraus auf die Frage der Einbeziehung gemeinnütziger Stiftungen in vertragstheoretische Gerechtigkeitstheorien im Sinne *Rawls*' ergeben.

Das Zivilrecht sieht in § 87 BGB eine gewisse ‚Flexibilität über die Zeit hinweg' vor. Bei Unmöglichkeit der Zweckverfolgung oder der Gemeinwohlgefährdung kann die zuständige Behörde der Stiftung eine andere Zweckbestimmung geben oder sie aufheben. Es stellt sich die Frage, ob dies ein ‚Mindestmaß an Flexibilität' begründet, um auch auf potenzielle Bedürfnisse und Interessen künftiger Generationen eingehen zu können.[1366]

Diesen Fragen soll in **Kapitel 3**[1367] der Untersuchung nachgegangen werden. die Frage, ob dies für das im Rahmen der Einleitung angesprochene

4.4.5. Stiftungen und Erbrecht

Rechtsfähige Stiftungen sind erbberechtigt. Das Grundrecht auf Erbrecht gemäß Art. 14 Abs. 1 GG gilt auch für Stiftungen.[1368] Da Stiftungen weder nach dem Prinzip der Privaterbfolge[1369], noch nach dem Prinzip des Familien- und Verwandtenerbrechts[1370], noch nach dem Staatserbrecht (§ 1936 BGB) erben können,[1371] ist ihre Einsetzung als Erben nur im Wege einer Verfügung von Todes wegen, d.h. durch Testament oder Erbvertrag möglich.[1372]

Vor dem Hintergrund des gesetzten Untersuchungsgegenstands sollen drei Themen aus dem Erbrecht herausgegriffen werden: Stiftungen und Testierfreiheit (4.4.5.1.), Pflichtteilsrecht und gemeinnützige Stiftungen (4.4.5.2.) und das gesetzliche Erbrecht des Fiskus (4.4.5.3.). Schließlich soll noch auf die Norm des § 35 WpÜG eingegangen werden (4.4.5.4.).

4.4.5.1. Stiftungen und Testierfreiheit

Testierfreiheit ist die zentrale erbrechtliche Ausprägung der Privatautonomie.[1373] Es handelt sich um die „Freiheit *zum* Testieren, *beim* Testieren, *im* Testieren und *durch*

1366 Vgl. hierzu die im Rahmen der Einleitung Tz. 2.1., Ziff. 5. gestellte Frage.

1367 Siehe Kapitel 3, Tz. 1.2.4. und Tz. 2.2.

1368 Staudinger/Hüttemann/Rawert (2011) Vorbem 43 zu §§ 80-88.

1369 Muscheler, Erbrecht Band 1, Rz. 289 ff.; 292: „Erster materialer Grundsatz des deutschen Erbrechts ist das Prinzip der Privaterbfolge. Das Erbrecht des BGB verfolgt das Ziel, das Vermögen des Erblassers (…) in private Hände zu leiten."

1370 „Zweiter materialer Grundsatz des Erbrechts…", siehe Muscheler, Erbrecht Band 1, Rz. 316.

1371 Beim Staatserbrecht gemäß § 1936 BGB unter dem Vorbehalt des Art. 138 EGBGB. Die Vorschrift wurde mit Rücksicht auf entsprechende Regelungen des Partikularrechts in das Einführungsgesetz aufgenommen. Sie hat heute jedoch neben § 1936 BGB keine praktische Bedeutung mehr. Siehe MünchKommBGB/Schlichting, Art. 139 EGBGB RdNr. 1. Vgl. aber auch die Ausführungen weiter unten, Kapitel 2, Tz. 4.4.5.3. sowie Kapitel 3, Tz. 2.3.3. und Tz. 3.2.5.

1372 Möglich ist auch die Einsetzung eines Vermächtnisses oder einer Auflage zugunsten einer Stiftung, womit die Stiftung aber nicht Erbe wird, sondern das Recht erwirbt, ein Vermögen zu erhalten. Grundlegend hierzu auch Muscheler, Erbrecht Band 1, Rz. 116.

1373 MünchKommBGB/Leipold Einleitung RdNr. 17.

Testieren"[1374]. Auf dieser Grundlage sind Institute möglich, die zu einer langdauernden Bindung des hinterlassenen Vermögens führen.[1375] Hierzu gehört insbesondere auch die Möglichkeit der Errichtung einer Stiftung von Todes wegen (§§ 80, 83 BGB).[1376] Die Entwicklung und der rechtsphilosophische Hintergrund des dem BGB zugrunde liegenden Prinzips der Testierfreiheit werden von *Muscheler* eingehend beschrieben.[1377] Hervorzuheben ist dabei ein utilitaristischer Begründungsansatz zur Einschränkung der Testierfreiheit. *Mill* schlägt eine personale Beschränkung der Testierfreiheit vor, da es doch jedermann einleuchten müsse,

> „dass hinsichtlich des Wohlbefindens seines Besitzers[1378] der Unterschied zwischen einem mäßigen Reichtum und einem fünf Mal größeren Vermögen unbedeutend erscheint, wenn man ihn gegen den Genuss und die dauernden Wohltaten abwägt, die durch eine anderweitige Verfügung über die vier Fünftel hätten verschafft werden können. Die Vorteile für die Allgemeinheit wären bedeutend: Vermögen, das nicht länger zur Bereicherung einiger weniger dienen könne, werde entweder zu Zwecken öffentlicher Nützlichkeit bestimmt (Stiftungen oder Vermächtnisse an den Staat) oder (...) unter eine größere Anzahl verteilt werden. Demokratiegefährdende Vermögens- und Machtzusammenballungen wären erschwert."[1379]

Muscheler schlussfolgert daraus, dass (selbst) utilitaristische Begründungsversuche zur Einschränkung der Testierfreiheit beim Einsatz gemeinnütziger Stiftungen eine vollumfängliche, unbeschränkte Testierfreiheit konzedieren.[1380] Spricht somit alles für eine unbeschränkte Testierfreiheit betreffend die Einsetzung gemeinnütziger Stiftungen als Erbe, werden entsprechende Grenzen und Einschränkungen von *Kübler* in seinem Beitrag *Generationengerechtigkeit und Stiftung* diskutiert.[1381] Nach *Kübler* verbiete es das BGB, Vermögen über Generationen hinweg festzulegen. Es bekenne sich zu dem allgemeinen Grundsatz, der „freilich als solcher nicht ausgesprochen"[1382] werde,

> „dass die Verfügung des Erblassers unwirksam werde, wenn sie die Überlebenden über dreißig Jahre nach dem Erbfall hinaus an seinen Willen binden will"[1383].

So könne bspw. eine Erbengemeinschaft nicht länger als für drei Jahrzehnte im Hinblick auf ihre Auseinandersetzung beschränkt werden, § 2044 Abs. 2 BGB, eine Testamentsvollstreckung für nicht länger als 30 Jahre angeordnet werden, § 2210 BGB und die Stiftung bleibe in die staatliche Kontrolle eingebunden. Sie unterliege dem

1374 Muscheler, Erbrecht Band 1, Rz. 327.
1375 Ders., a. a. O., Rz. 580.
1376 Ders., a. a. O.„ Rz. 580. *Muscheler* benennt a. a. O. des Weiteren die Dauertestamentsvollstreckung (§§ 2209, 2010 BGB), die Vor- und Nacherbschaft (§§ 2100 ff., 2109 BGB), das Vor- und Nachvermächtnis (§§ 2191, 2162 BGB), die zeitlich unbefristete Auflage (§ 2192 ff. BGB) und den Aufschub der Auseinandersetzung (§ 2044 BGB).
1377 Muscheler, Erbrecht Band 1, Rz. 327-516.
1378 Anmerkung *Verf.* (nicht im Originalzitat): Gemeint ist das Wohlbefinden betreffend der Vorteile eines Vermögens.
1379 Mill, John Stuart in „Principals of Political Economy" (1848); Textpassage entnommen bei Muscheler, Erbrecht Band 1, Rz. 371.
1380 In diesem Sinne Muscheler, Erbrecht Band 1, Rz. 371 in Fußnote 38.
1381 Kübler, Generationengerechtigkeit und Stiftung, S. 373, 374.
1382 Ders., a. a. O., S. 374, dort in Fußnote 9.
1383 Kübler, Generationengerechtigkeit und Stiftung, S. 374.

Konzessionssystem (§ 80 BGB) und der Möglichkeit ihrer späteren Aufhebung oder Änderung ihres Zwecks (§ 87 BGB).[1384]

Die funktionale Entsprechung zu dieser „zeitlichen Begrenzung der Testierfreiheit“[1385] sieht *Kübler* in der Rule Against Perpetuities (RAP) im Common Law. Diese RAP, die ihren Ursprung im Richterrecht des späten 17. Jahrhunderts hat, besagt, dass eine Verfügung unwirksam wird, wenn sie nicht spätestens 21 Jahre nach dem Tod einer zum Zeitpunkt der Verfügung lebenden Person vollzogen ist.[1386] Nach der Zielrichtung dieser Regel sollen Wirtschaftsgüter übertragbar bleiben, d. h. nicht dem Markt entzogen werden. Auch soll eine ‚Herrschaft der Toten über die Lebenden‘, die „Herrschaft der toten Hand“[1387], unterbunden werden, weil sie die Lebenden daran hindere, mit den Gütern dieser Welt ihren Vorstellungen und Bedürfnissen entsprechend zu verfahren.[1388]

Kübler folgert daraus:

> „(...) das kodifizierte Zivilrecht des europäischen Kontinents und das Richterrecht des Common Law übernehmen und konkretisieren den aufklärerisch-liberalen Grundsatz der normativen Generationengerechtigkeit, daß die den Nachgeborenen auferlegten Beschränkungen in der Verfügung über die ihnen hinterlassenen Güter zeitlich strikt zu begrenzen sind.“[1389]

Die Nachkommen seien zur Selbstbestimmung berufen. Sie müssten individuell und/oder kollektiv in der Lage sein, die Zwecke festzulegen und bei Bedarf zu modifizieren, die für den Gebrauch dieser Güter maßgeblich sein sollen.[1390] Ob die RAP auch auf Zuwendungen an charitable trusts und foundations, d.h. an wohltätige Einrichtungen, anzuwenden sei, sei eine Zweifelsfrage, die allerdings mittlerweile überwiegend verneint werde.[1391]

Für das BGB gelte, dass dieses zwar erlaube, „Vermögen unbefristet an die vom Stifter festgesetzten Zwecke zu binden“[1392], wodurch den nachfolgenden Generationen die Rechtsmacht entzogen werde, über diese Güter ihren Vorstellungen und Bedürfnissen entsprechend zu verfügen.[1393] Nach der „liberalen Konzeption des BGB“[1394] werde dieses Problem aber „durch eine Stiftungsaufsicht entschärft, die nicht nur die Rechtmäßigkeit, sondern auch die Gemeinwohlkonformität der Stiftung gewährleistet“[1395]. Das deutsche BGB sehe somit davon ab, die der Testierfreiheit im Erbrecht auferlegten zeitlichen Begrenzungen auf das Stiftungsgeschäft zu übertragen. Gleichwohl will

1384 Ders., a. a. O., S. 374 f.
1385 Kübler führt auch das Familienfideikomißverbot an.
1386 Kübler, Generationengerechtigkeit und Stiftung, S. 375.
1387 Ders., a. a. O., S. 375.
1388 Ders., a. a. O., S. 375.
1389 Ders., a. a. O., S. 375 f.
1390 Ders., a. a. O., S. 376.
1391 Ders., a. a. O., S. 376.
1392 Ders., a. a. O., S. 383.
1393 Ders., a. a. O., S. 383.
1394 Ders., a. a. O., S. 383.
1395 Ders., a. a. O., S. 383.

Kübler unter Berufung auf *Walz*[1396] der Verewigung der Vermögensbindung dadurch begegnen, in dem er das Grundrecht auf Stiftung (Art. 2 Abs. 1 GG[1397]) nur solchen Stiftungen gewähren will, die Zwecke verfolgen, deren generationenübergreifende Verwirklichung in der objektiven Wertordnung des Grundgesetzes angelegt und von ihr geschützt sind.[1398] Die Rechtsposition des Stifters erscheine hier als „Reflex der besonderen Grundrechtsaffinität von bestimmten Stiftungszwecken"[1399].

Vor dem Hintergrund des gesetzten Untersuchungsgegenstandes stellt sich die Frage, ob der Aussage *Küblers* zugestimmt werden kann bzw. ob die Frage nach der Einbeziehung gemeinnütziger Stiftungen in eine generationengerechte Politik die These *Küblers* stützt. Kann die Frage nach Gerechtigkeit zwischen den Generationen zu einer Einschränkung der Testierfreiheit bei Einsetzung gemeinnütziger Stiftungen als Erbe führen? Ist der Stiftungsaufsicht hierbei eine besondere Rolle beizumessen? Ist die Reichweite Testierfreiheit vor diesem Hintergrund vom Tatbestandsmerkmal ‚Gemeinwohlkonformität der Stiftung' abhängig? Diese Fragen stehen in engem Zusammenhang mit der nachfolgenden Frage des Pflichtteilsrechts. Sie sollen in **Kapitel 3** untersucht und beantwortet werden.[1400]

4.4.5.2. Pflichtteilsrecht und gemeinnützige Stiftungen

(a) Grundsätzliche Aspekte des deutschen Pflichtteilsrechts

Das deutsche Pflichtteilsrecht gewährt Ehegatten, Lebenspartnern[1401], rechtlichen Abkömmlingen und rechtlichen Eltern einen Mindestanteil am Nachlass, wenn der Erblasser sie von der Teilhabe an seinem Vermögen ausgeschlossen hat (§ 2303 BGB, § 10 Abs. 6 LPartG[1402]). Das Pflichtteilsrecht ist somit abhängig vom „formal-rechtlichen Bestand von Statusverhältnissen"[1403]. Diese ergeben sich – wie das gesetzliche Erbrecht – aus den familienrechtlichen Beziehungen der Beteiligten. Es wird auch als Recht der Kernfamilie bezeichnet.[1404]

Der Pflichtteil besteht in einem Geldanspruch, der sich nach der Hälfte des Wertes des gesetzlichen Erbteils berechnet (§ 2303 Abs. 1 S. 2 BGB). Durch den sog. Pflichtteilsergänzungsanspruch, dessen Regime in den §§ 2325 ff. BGB geregelt ist, soll verhindert werden, dass der Erblasser durch Schenkungen zu Lebzeiten das Pflichtteilsrecht und die hierdurch garantierte Mindestbeteiligung der Pflichtteilsberechtigten an seinem Vermögen aushöhlt. Der Pflichtteilsberechtigte kann deshalb wegen einer vom Erblasser gegenüber einem Dritten vollzogenen Schenkung als Ergänzung des Pflicht-

---

1396 Walz, Grundrecht oder Menschenrecht auf Anerkennung der gemeinwohlkonformen Allzweckstiftung, ZSt 2004, 133 f.; ferner: Kübler, Generationengerechtigkeit und Stiftung, S. 383.

1397 Vgl. oben, Tz. 4.2.2.1. – Stifter als Träger von Grundrechten.

1398 Walz, Grundrecht oder Menschenrecht auf Anerkennung der gemeinwohlkonformen Allzweckstiftung, ZSt 2004, 133 f.; Kübler, Generationengerechtigkeit und Stiftung, S. 383.

1399 Kübler, Generationengerechtigkeit und Stiftung, S. 382.

1400 Kapitel 3, Tz. 2.3.2.

1401 Lebenspartner i. S. des Lebenspartnerschaftsgesetzes, vgl. §10 LPartG.

1402 Einzelheiten siehe bspw. bei MünchKommBGB/Lange § 2303 RdNr. 41-43.

1403 Muscheler, Erbrecht Band 1, Rz. 422.

1404 Ders., a. a. O.,, Rz. 423.

teils den Betrag verlangen, um den sich der Pflichtteil erhöht, wenn der verschenkte Gegenstand dem Nachlass hinzugerechnet wird. Dieser Pflichtteilsergänzungsanspruch ist rechtlich selbstständig, d. h. von der Entstehung und dem Bestehen des Pflichtteilsanspruchs unabhängig.[1405] Eine Schenkung bleibt für Pflichtteilsergänzungsansprüche jedoch dann irrelevant, wenn die Schenkung zur Zeit des Erbfalls mehr als 10 Jahre zurückliegt.

Mit der am 2. Juli 2009 verabschiedeten Erbrechtsreform wurde das Pflichtteilsrecht reformiert.[1406] Wesentliche Änderungen sind Erleichterungen in der Zahlungsmodalität und die Einführung gesetzlicher Stundungsmöglichkeiten von Pflichtteilsansprüchen. Ferner wurde eine gleitende Ausschlussfrist für den Pflichtteilsergänzungsanspruch eingeführt. Demnach werden Schenkungen für die Berechnung des Ergänzungsanspruchs graduell immer weniger berücksichtigt, je länger sie zurückliegen. Der pflichtteilsrelevante Zeitraum von 10 Jahren bleibt bestehen.[1407]

Das Pflichtteilsrecht stellt eine materielle Einschränkung der Testierfreiheit dar.[1408] Als solches bedarf es der rechtspolitischen Legitimation.[1409] Legitimationsgründe dieser Art werden von *Muscheler* dargestellt.[1410] Exemplarisch sei auf die folgenden Aspekte verwiesen, die hier in Anlehnung an die Ausführungen von *Muscheler* verkürzt und auszugsweise wiedergegeben werden. Diskutiert wird die Legitimation des Pflichtteils aus den folgenden Prinzipien heraus:

(aa) aus dem Gedanken des Familienvermögens,
(bb) aus familienrechtlicher Solidaritätsgemeinschaft,
(cc) aus den Interessen von Staat und Gesellschaft,
(dd) aus der Beziehung zu Ehegatten/Lebenspartnern und rechtlichen Eltern.

(aa) Legitimation des Pflichtteils aus dem Gedanken des Familienvermögens

Nach dieser Auffassung habe der Pflichtteilsberechtigte selbst einen Beitrag zur Schaffung des Erblasservermögens geleistet (Äquivalenzgedanke). Im Nachlass befinden sich immer auch Werte, „die der Erblasser seinerseits von der vorangegangenen Generation erhalten hat und über die er daher nicht völlig frei verfügen kann (Originitätsgedanke)“[1411].

Muscheler legt dar, dass diese, auf *Hegel* und *Gans* zurückgehende Lehre, heute nicht mehr überzeugen kann, da sie den sittlichen Charakter des Individualeigentums verkenne und dem heutigen Verständnis von Familie als einer Gruppe gleichberechtigter Individuen nicht gerecht werde. War zu Beginn des 19. Jahrhunderts eine Familie sowohl Produktions- und Versorgungsgemeinschaft als auch Erziehungs-, Erlebnis-

---

1405 BGHZ 103, 333.

1406 BGBl. I 2009, 3142 3144. Vgl. auch Beschluss des Bundeskabinetts vom 30.01.2008, BT-Drucksache 96/08 vom 01.02.2008.

1407 Eine Schenkung im ersten Jahr vor dem Erbfall wird demnach voll in die Berechnung einbezogen, im zweiten Jahr nur noch zu 9/10, im dritten Jahr zu 8/10 usw. Damit soll sowohl dem Erben als auch dem Beschenkten mehr Planungssicherheit eingeräumt werden.

1408 Muscheler, Erbrecht Band 1, Rz. 423.

1409 Ders., a. a. O., Rz. 423, 424.

1410 Ders., a. a. O., Rz. 431 ff.

1411 Ders., a. a. O., Rz. 431.

und Konsumgemeinschaft, sind die Produktions- und Versorgungscharaktere heute (in aller Regel) nicht mehr vorzufinden. Die Familie nach heutigem Bild sei keine intern hierarchisierte und nach außen geschlossene Einheit.[1412]

(bb) Legitimation des Pflichtteils aus familienrechtlicher Solidaritätsgemeinschaft

Unter dem Prinzip der familienrechtlichen Solidaritätsgemeinschaft „versteht man die wechselseitige, zumeist durch familiäres Zusammenleben untermauerte, durch eine familienrechtliche Beziehung und deren rechtliche Ausformung begründete Pflicht zu Beistand und Rücksichtnahme“[1413]. Im Pflichtteilsrecht wird eine „erbrechtliche Verlängerung“[1414] dieser familienrechtlich begründeten Verantwortungs- (bzw. Solidaritäts-)gemeinschaft gesehen.[1415] Eine (von mehreren) Argumentationslinien zielt auf die „familienrechtliche Beziehungen des Erblassers bzw. des Verpflichteten“[1416] ab, die „die durch die Abstammung rechtlich geordnete Solidarität zwischen den Generationen aktualisieren“[1417].

Muscheler zeigt, dass die Parallelisierung von Unterhaltsrecht und Pflichtteilsrecht fehlschlägt. Das Unterhaltsrecht ist eine familienrechtliche Grundpflicht. Daraus ein Prinzip der Solidarität abzuleiten ist eine Induktion, hieraus wiederum ein Prinzip für das Erbrecht abzuleiten ist eine Deduktion – ein klassischer Fall von „Inversionsverfahren“[1418]. *Muscheler* kommt somit zum Ergebnis, dass das Pflichtteilsrecht auch im Prinzip der familienrechtlichen Solidarität keine Stütze findet.[1419]

(cc) Legitimation des Pflichtteils aus den Interessen von Staat und Gesellschaft

Völlige materielle Testierfreiheit ohne Begrenzung durch Pflichtteile gab es im republikanischen Rom und dem englischen Recht.[1420] Neben England sind heute die USA das Hauptgebiet der uneingeschränkten Testierfreiheit. *Muscheler*[1421] beschreibt, wie die aus England eingewanderten Puritaner zur Kultur mäzenatischer Wohltätigkeit in den USA beitrugen. Dabei arbeitet *Muscheler* heraus, dass sich der amerikanische Kapitalismus von allen anderen Formen der Marktwirtschaft dadurch unterscheide, dass Wohlstand nicht nur durch Unternehmertum, sondern auch durch Philanthropie geschaffen werde.[1422]

1412 Ders. a.a.O., Rz. 434, dort mit weiteren Ausführungen und Begründungen.

1413 Muscheler, Erbrecht Band 1, Rz. 473 mit Hinweis auf BVerfG NJW 2005, 1561, 1564 sowie weitergehenden Ausführungen auch zu positivrechtlichen (familienrechtlichen) Verankerungen dieses Prinzips.

1414 Muscheler, Erbrecht Band 1, Rz. 474.

1415 Siehe die Hinweise bei Muscheler, Erbrecht Band 1, Rz. 474, dort Fußnote 148.

1416 Muscheler, Erbrecht Band 1, Rz. 475.

1417 Ders., a. a. O., Rz. 475.

1418 Ders., a. a. O., Rz. 476.

1419 Auf die hierzu mit Beschluss vom 19.04.2005 vertretende abweichende Auffassung des Bundesverfassungsgerichts wird sogleich nachfolgend unter Tz. b) eingegangen.

1420 Muscheler, Erbrecht Band 1, Rz. 486.

1421 Ders., a. a. O., Rz. 486.

1422 Ders., a. a. O., Rz. 486.

„Die Wohltätigkeit bleibt Teil eines impliziten Gesellschaftsvertrags, nach dem Reichtum, der über ein bestimmtes Maß hinausgeht, an die Gesellschaft zurückgegeben werden muss."[1423]

Diesem gesellschaftlichen System würden Pflichtteilsrechte zuwiderlaufen. Milliardenschwere gemeinnützige Stiftungen wie die Bill & Melinda Gates Foundation oder die Zustiftung von Warren Buffet[1424] wären bei Geltung unseres Pflichtteilsrechts nicht möglich gewesen.[1425] Nach *Muscheler* zeigt sich am Beispiel der USA, dass in einem System, das die Akkumulation großer Vermögen begünstigt oder fördert, das öffentliche Wohl nicht auf der Strecke bleiben müsse. In Wahrheit gehe es in derartigen Gesellschaftssystemen um die Verhinderung von Vermögensdynastien und die Förderung von Chancengleichheit. Genauso wie die Erwirtschaftung großer Vermögen toleriert und sogar gewollt und begrüßt wird, wird das Vererben großer Vermögen und damit auch Pflichtteil von großen Vermögen als (zumindest moralisch) fragwürdig eingestuft.[1426]

Diese Ausführungen von *Muscheler* werden bestätigt von den Gedanken und Aussagen Warren Buffets, die in dessen Biografie von *Alice Schroeder* wiedergegeben sind.[1427] Darin wird Warren Buffet wie folgt zitiert:

„Ich hatte sehr viel Glück. (…) Wäre ich vor langer Zeit zur Welt gekommen oder in einem anderen Land, dann hätten sich meine ganz persönlichen Eigenschaften nicht auf diese Weise bezahlt gemacht. Aber in einem marktwirtschaftlichen System, wo es wichtig ist, sich auf die Allokation von Kapital zu konzentrieren, haben sie sich ausgezahlt wie sonst nirgends. Alles in allem bin ich zu der Auffassung gelangt, dass dieses Geld nur Gutscheinen entspricht, die an die Gesellschaft zurückgehen sollten. Ich halte nichts von dynastischem Reichtum, vor allem, wenn die Alternative ist, dass sechs Milliarden Menschen, die viel ärmer sind als wir, die Chance bekommen können, von diesem Geld zu profitieren. Und meine Frau war ganz meiner Meinung."[1428]

Diese Auffassung scheint ‚herrschende Meinung' zu sein. *Bishop/Green* führen dazu in ihrem Buch *Philanthrocapitalism* (bezogen auf die USA) aus:

„Among the superrich, there is a growing sense that philanthropy is not an option but a responsibility of wealth."[1429]

Im selben Kontext wird Bill Gates wie folgt zitiert:

„I was not lucky, in the sense that I found the (…) code sitting on a desk, but in terms of circumstances. That I could write the best code and hire the best people was in part due to the time and country I was born in. There is a responsibility to give something back."[1430]

1423 Ders., a. a. O., Rz. 486.

1424 Warren Buffet wendet im Rahmen seines „Estate Planning" den wesentlichen Teil seines Vermögens der Bill & Melinda Gates Foundation zu. Am 26. Juni 2006 kündigte Buffet an, dass er 85% seiner Aktien an seiner Firma Berkshire Hathaway auf andere Stiftungen übertragen werde. Das entsprach einem Wert von ca. 36 Mrd. Dollar. 5/6 davon sollen an die Bill & Melinda Gates Foundation gehen. Quelle: Schroeder, Warren Buffet – Das Leben ist wie ein Schneeball, S. 1101. Vgl. hierzu auch Adloff, Philanthropisches Handeln, S. 337.

1425 Muscheler, Erbrecht Band 1, Rz. 486.

1426 Ders., a. a. O., Rz. 486.

1427 Schroeder, Warren Buffett – Das Leben ist wie ein Schneeball.

1428 Schroeder, Warren Buffett – Das Leben ist wie ein Schneeball, S. 1103.

1429 Bishop/Green, Philanthrocapitalism, S. 46.

Große Vermögen konzentrieren sich in derartigen Rechtssystemen also nicht innerhalb von Familien, sondern werden für Zwecke des Allgemeinheit eingesetzt. Das Fehlen von Pflichtteilsrechten führt zu einer Dekonzentration von Vermögen nach Ableben der vermögensaufbauenden Generation. Es gilt die conclusio: Das Fehlen von Pflichtteilsrechten fördert gemeinnütziges Handeln und somit auch die Errichtung gemeinnütziger Stiftungen.

(dd) Legitimation des Pflichtteilsrechts von Ehegatten/Lebenspartnern und Eltern

Nach *Muscheler* schlagen alle Versuche zur Begründung des Ehegattenpflichtteils fehl.[1431] Ehe und Lebenspartnerschaft sind ohne große Schwierigkeit auflösbar (Scheidung bzw. Aufhebung) und vermögen somit aus dem geltenden Familienrecht heraus keine Legitimation für erbrechtliche Vermögensteilhabe zu begründen.[1432] Pflichten treten allenfalls als Unterhaltspflichten, nicht dagegen als (quotale) Vermögensteilhabepflichten in Erscheinung.[1433] Entsprechendes gelte für das Elternpflichtteilsrecht.[1434] Die den Eltern geschuldete Pflicht erweise sich allenfalls als Unterhaltspflicht, mehr aber auch nicht.[1435]

Im Rahmen der Erbrechtsreform 2009 hat man an der familiären Verantwortung innerhalb der Familie – und damit am Pflichtteilsrecht als solchem – festgehalten, da man eine Mindestbeteiligung *zumindest der Kinder* am Nachlass der Eltern als verfassungsrechtlich für geboten erachtete.[1436]

(b) Pflichtteilsrecht und gemeinnützige Stiftungen

Nachdem nun die Prinzipen zur Legitimation des Pflichtteilsrechts dargestellt wurden, soll auf die Stellung gemeinnütziger Stiftungen im Kontext zum Pflichtteilsrecht eingegangen werden. Diese Fragestellung wurde in jüngster Zeit verstärkt diskutiert. Stellvertretend für den Ausgangspunkt dieser Diskussion soll an dieser Stelle das Urteil des OLG Dresden vom 02.05.2002 sein.[1437] Diesem Verfahren lag der Fall zugrunde, dass ein Erblasser einer gemeinnützigen Stiftung[1438] zu Lebzeiten Vermögen schenkte. Diese Schenkungen erfolgten innerhalb eines Zeitraums von drei und weniger Jahren vor seinem Tod. Die Alleinerbin des Verstorbenen machte Pflichtteilsergänzungsansprüche gegen die Stiftung geltend. Während die vorinstanzlichen Gerichte die Klage noch abwiesen, gab der BGH der Klage im Revisionsverfahren statt.[1439]

Das OLG Dresden stellte darauf ab, dass die Stiftung aufgrund der Verwendung der geschenkten Geldbeträge für gemeinnützige Zwecke vollständig entreichert sei.

1430 Dies., a. a. O., S. 47.
1431 Muscheler, Erbrecht Band 1, Rz. 490.
1432 Ders., a. a. O., Rz. 491.
1433 Ders., a. a. O., Rz. 494.
1434 Ders., a. a. O.,, Rz. 495.
1435 Ders., a. a. O., Rz. 496.
1436 Pressemitteilung des Bundestags vom 02.07.2009 zur Verabschiedung der Erbrechtsreform.
1437 OLG Dresden, Urteil vom 02.05.2002, 7-U-2905/01, ZEV 2002, 415 ff. mit Anmerkung Muscheler.
1438 Konkret handelte es sich um die Stiftung Frauenkirche Dresden.
1439 BGH Urteil vom 10.12.2003, IV-ZR-249/02, BGHZ 157, 178.

Auch handele es sich bei dem Stiftungsvermögen nur um treuhänderisch gehaltenes (fiduziarisches) Vermögen mit der Zweckbestimmung, dieses unmittelbar zur Förderung des Stiftungszwecks zu verwenden. Bereits das Reichsgericht habe mit Urteil vom 06.02.1905[1440] ausgeführt, dass im Falle von Spenden an eine Anstalt oder Vereinigung, welche diese zugunsten wohltätiger oder sonstiger ideeller Zwecke verwenden solle, keine Schenkung an diese Anstalt oder Vereinigung vorliege. Vielmehr sei von einem treuhänderischen Vermögen auszugehen, das als Durchgangseigentum nicht zu einer beständigen Bereicherung des Sammlungsträgers führe.[1441] Diese Rechtsauffassung hätte im Ergebnis dazu geführt, dass Schenkungen an gemeinnützige Stiftungen generell nicht vom pflichtteilsschützenden Regime gemäß §§ 2303 ff. BGB erfasst würden. Pflichtteilsberechtigte Erben hätten bei dieser Rechtsauffassung im Fall pflichtteilsbeeinträchtigender Schenkungen an gemeinnützige Stiftungen keinerlei Ansprüche gegen diese Stiftungen.

Der Bundesgerichtshof widersprach dieser Rechtsauffassung und hob das Urteil der Vorinstanz auf. Nach Auffassung des BGH ist es nicht zutreffend, dass eine gemeinnützige Stiftung treuhänderisches Vermögen hält.[1442] Treuhandverhältnisse seien dadurch gekennzeichnet, dass die dem Treuhänder nach außen eingeräumte Rechtsmacht im Innenverhältnis zum Treugeber durch eine schuldrechtliche Treuhandabrede beschränkt ist. Es ist von einer endgültigen Vermögensübertragung – und somit einer endgültigen Schenkung – auszugehen. Dies gelte sowohl für unentgeltliche Zuwendungen, die dem Stiftungskapital zuzuschlagen sind (stiftungskapitalerhöhende Zustiftungen), als auch unentgeltliche Zuwendungen, die zum zeitnahen Einsatz für die Stiftungszwecke (Mittelverwendung) dienen. Für das Bestehen von Pflichtteilsergänzungsansprüchen sei es unerheblich, ob der Stifter bei Zuwendung eine stiftungskapitalerhöhende Zustiftung oder eine Zuwendung zum Zwecke der (ggf. sofortigen) Mittelverwendung erklärt habe. Der BGH hat mit diesem Urteil das Spannungsverhältnis, das im Fall pflichtteilsrelevanter Schenkungen zwischen gemeinnütziger Stiftung[1443] und pflichtteilsberechtigter Personen entsteht, zugunsten des Pflichtteilsberechtigten entschieden.

Dieser Rechtsstreit war Ausgangspunkt für eine Debatte zur Reformierung des Pflichtteilsrechts zugunsten gemeinnütziger Stiftungen. *Hüttemann/Rawert*[1444] bezeichnen den Kern des diesem Urteil zugrunde liegenden Konflikts wie folgt:

> „Wer mit privaten Mitteln als (…) Stifter der Allgemeinheit dienende Zwecke fördert, mindert die Erbaussichten seiner Angehörigen. Soweit die Teilhabe am Familienvermögen geschützt ist, kommt es zu einem Konflikt: Der gesellschaftlich erwünschten (…) Gemeinwohlförderung werden durch Ansprüche der nahen Angehörigen Schranken gesetzt."[1445]

1440 RGZ 62, 391.

1441 OLG Dresden, a. a. O.

1442 BGH, a. a. O.; s. auch Palandt/Heinrichs, Überblick vor § 104 Rn. 25; Palandt/Bassenge, § 903 RN 33. Es ist darauf hinzuweisen, dass diesem Fall eine rechtsfähige Stiftung zugrunde lag. Im Fall einer nichtrechtsfähigen, fiduziarischen Stiftung wäre dieses Argument, das die Vorinstanz vertrat, wohl zutreffend gewesen.

1443 Entsprechendes gilt für andere gemeinnützige Körperschaften wie etwa ein gemeinnütziger Verein oder die gemeinnützige GmbH.

1444 Hüttemann/Rawert, Pflichtteil und Gemeinwohl, ZEV 2007, 107.

1445 Hüttemann/Rawert, Pflichtteil und Gemeinwohl, ZEV 2007, 107.

De lege ferenda diskutiert man daher Möglichkeiten, die auf eine Änderung des Pflichtteilsrechtsregimes zugunsten gemeinnütziger Stiftungen abzielen.[1446] Auch der Bundesverband Deutscher Stiftungen regt entsprechende Änderungen an. So wies *Hüttemann* als Vorstandsmitglied des Bundesverbandes Deutscher Stiftungen im Rahmen einer Ansprache bei der Gründungssitzung zum Parlamentarischen Beirat des Bundesverbandes Deutscher Stiftungen am 27.02.2007[1447] darauf hin, dass das Erbrecht, genauer das Pflichtteilsrecht, für den Ausbau des Stiftungswesens in Deutschland immer wichtiger werde.[1448] Wer Zuwendungen an gemeinnützige Einrichtungen mache, verkürze auch die Erbaussichten seiner Abkömmlinge und gerate damit – wie der Prozess um die Spende an die Dresdner Frauenkirche gezeigt habe – leicht in Konflikt mit dem Pflichtteilsrecht. Das **Pflichtteilsrecht** erweist sich somit als **konfliktbehaftete Materie** zwischen **Gemeinnützigkeitsrecht** einerseits und **Generationensolidarität** (im Sinne pflichtteilsberechtigter Personen) andererseits.

Dabei ist die **Rechtsprechung des BVerfG** – zumindest in Bezug auf das Pflichtteilsrecht von Kindern – so rigide wie eindeutig. Mit Beschluss vom 19.04.2005[1449] führte das BVerfG aus, dass das Pflichtteilsrecht grundsätzlich unentziehbar und bedarfsunabhängig sei und durch die Erbrechtsgarantie des Art. 14 Abs. 1 S. 1 i. V. m. Art. 6 Abs. 1 GG gewährleistet sei. In diesem Beschluss führt das BVerfG aus, dass das Pflichtteilsrecht der Erblasserkinder in den letzten Jahren in der juristischen Literatur unter verschiedenen Gesichtspunkten kontrovers diskutiert wurde. Kritisiert wurde, dass sich seit Schaffung des Bürgerlichen Gesetzbuches sowohl die gesellschaftlichen Verhältnisse als auch die soziale Funktion von Familie und Verwandtschaft grundlegend geändert hätten. Mit dem Anstieg der durchschnittlichen Lebenserwartung der Menschen und den sozialen Sicherungssystemen habe die Bedeutung der sozialen Absicherung durch den Familienverband weitgehend abgenommen.[1450] Auf der anderen Seite weist das BVerfG darauf hin, dass es bereits bei Schaffung des Bürgerlichen Gesetzbuches nicht die Funktion des Pflichtteilsrechts gewesen sei, den Unterhalt und die Ausstattung der Kinder des Erblassers zu sichern. Das Pflichtteilsrecht diene vielmehr der Festigung innerfamiliärer Beziehungen. Seine Beseitigung wäre damit ein Beitrag zur Erosion der Familie.[1451] Auf die Kritik an dieser Auffassung wurde bereits hingewiesen.[1452] Im Ergebnis teilt das BVerfG diese Kritik nicht und weist – zumindest – den Kindern eines Erblassers die besagte grundsätzlich unentziehbare und bedarfsun-

1446 Hüttemann/Rawert, Pflichtteil und Gemeinwohl, ZEV 2007, 109, z. T. auch unter Berufung auf die Rechtslage in Österreich, wo der beschriebene Interessenkonflikt *zugunsten* gemeinnütziger Einrichtungen gelöst wird.

1447 Vgl. bereits Einleitung und Bundesverband Deutscher Stiftungen: Pressemitteilung vom 28.02.2007 [betr. Bundesverband Deutscher Stiftungen gründet Parlamentarischen Beirat], www.stiftungen.org, letzter Abruf Juli 2011.

1448 Ders., ebenda.

1449 BVerfGE 112, 332 ff. (= 1 BvR 1644/00 und 1 BvR 188/03), NJW 2005, 1561, ZEV 2005, 301.

1450 BVerfGE, a. a. O., m. w. N.

1451 BVerfGE, a. a. O., mit Hinweisen auf Otte, Das Pflichtteilsrecht, AcP 202, 2002, S. 317, 335-340, 353-355.

1452 Siehe Muscheler, Erbrecht Band 1, Rz. 473 ff. sowie obige Ausführungen unter Tz. a).

abhängige wirtschaftliche Mindestbeteiligung am Nachlass zu. Diese wird durch die Erbrechtsgarantie des Art. 14 Abs. 1 S. 1 i. V. m. Art. 6 Abs. 1 GG geschützt.

Diese – im Ergebnis rechtspolitische – Debatte kulminierte schließlich in einem Beitrag von *Röthel*, tituliert mit der Fragestellung *„Pflichtteil und Stiftungen: Generationengerechtigkeit versus Gemeinwohl?“*[1453]. *Röthel* stellt in diesem Beitrag – insbesondere auch unter Bezugnahme auf den BVerfG-Beschluss – heraus, dass die durch das Pflichtteilsrecht gesicherte familiäre Vermögensteilhabe der Stifterfreiheit *de lege lata* empfindliche Grenzen setze, und zwar auch zulasten gemeinnütziger Stiftungen. Im Konflikt zwischen Pflichtteilsberechtigten und Stiftungen besäßen Erstere nach geltendem Recht einen gesicherten wertungsmässigen Vorrang. Dabei sei nicht nur der Versorgungs- und Ausstattungsgedanke entscheidend, denn die Pflichtteilsberechtigten stünden heute oft bereits im Berufsleben und seien daher wirtschaftlich nicht auf den Pflichtteil angewiesen.[1454] Einen größeren Beitrag zur inneren Rechtfertigung des Pflichtteilsrechts mag daher der **Verteilungsgedanke** leisten: Durch die Mindestteilhabe der Pflichtteilsberechtigten soll einer Konzentration von Vermögen in der Hand von Oligarchen entgegengewirkt werden.[1455] Entscheidend sei schließlich aber die Familienbindungsfunktion, womit der Gedanke der Familiengebundenheit des Vermögens bzw. „eine aus familiärer Solidarität resultierende Teilhabe zu verstehen ist“[1456]. So erklärt auch das BVerfG im zitierten Beschluss das Pflichtteilsrecht als Ausdruck der ‚Solidarität zwischen den Generationen im Bereich des Erbrechts‘, das die Funktion habe,

> „die Fortsetzung des ideellen und wirtschaftlichen Zusammenhangs von Vermögen und Familie – unabhängig von einem konkreten Bedarf des Kindes – über den Tod des Vermögensinhabers hinaus zu ermöglichen“[1457].

Nach *Röthel* ist Kernpunkt dieser Entscheidung somit die Feststellung, dass die grundsätzlich unentziehbare und bedarfsunabhängige Mindestbeteiligung der Kinder des Erblassers an dessen Nachlass durch die Erbrechtsgarantie (Art. 14 GG) und den Schutz der Familie (Art. 6 Abs. 1 GG) nach Maßgabe des Grundgesetzes gewährleistet ist. Während auf der einen Seite die Abschaffung des Pflichtteilsrechts damit ausscheidet, habe das BVerfG dem Gesetzgeber gleichzeitig einen weiten Spielraum bei der Ausgestaltung des Pflichtteilsrechts im Einzelnen zugestanden.[1458] Damit habe das BVerfG den Zusammenhang zwischen Pflichtteilsrecht und Familienbindung nicht nur grundrechtlich, sondern auch rechtspolitisch vorgegeben.[1459] Wenn das Pflichtteilsrecht seine innere Rechtfertigung – und die damit verbundenen Eingriffe in die Testierfreiheit des Erblassers – maßgeblich aus dem Gedanken der Generationengerech-

1453 Röthel, Pflichtteil und Stiftungen: Generationengerechtigkeit versus Gemeinwohl?, ZEV 2006, S. 8 ff.

1454 Dies., a. a. O., S. 10.

1455 Dies., a. a. O., S. 11, m. w. Quellenhinweisen, vgl. dort Fußnote 44.

1456 Dies., a. a. O., S. 11, m. w. Quellenhinweisen, vgl. dort Fußnote 50.

1457 Dies., a. a. O., S. 11; BVerfG, ZEV 2005, 301, 304.

1458 BVerfGE 112, 332, 355.

1459 Röthel, Pflichtteil und Stiftungen: Generationengerechtigkeit versus Gemeinwohl?, ZEV 2006, S. 11.

tigkeit herleitet, beschränkt dies laut *Röthel* gleichzeitig den Gesetzgeber.[1460] Eine Einschränkung des Pflichtteilsrechts zugunsten gemeinnütziger Stiftungen scheitere daher vor dem Hintergrund des Art. 6 Abs. 1 GG. Gleichwohl verbleibe ein gewisser Gestaltungsspielraum im Hinblick auf die Ausgestaltung des Pflichtteilsergänzungsanspruchs. So sei es bspw. zulässig, den für die Geltendmachung des Pflichtteilsergänzungsanspruchs maßgeblichen Zeitraum von 10 Jahren zu verkürzen.

Dass diese Schlussfolgerung, basierend auf dem Argument der familienrechtlichen Solidaritätsgemeinschaft, nicht zu überzeugen vermag, wurde bereits weiter oben dargelegt.[1461] Auch wurde bereits aufgezeigt, dass ein Pflichtteilsrechtsregime gerade nicht dazu beiträgt, einer „Konzentration von Vermögen in der Hand von Oligarchen entgegenzuwirken“[1462].

Auch *Hüttemann/Rawert* wenden sich gegen eine entsprechend rigide Betrachtungsweise des Pflichtteilsrechts.[1463] Der Gesetzgeber sei zwar vor dem Hintergrund des Art. 6 Abs. 1 GG eingeschränkt, aber wohl nur hinsichtlich zweier Extrempositionen: 1. der ersatzlosen Abschaffung des Pflichtteilsrechts der Kinder und 2. der Beschränkung anhand der konkreten Bedürftigkeit eines Berechtigten.[1464] Auch wenn der Gesetzgeber die Pflicht habe,

> „den Gehalt der Struktur bildenden Merkmale sowohl der Testierfreiheit wie des Pflichtteilsrechts der Kinder differenzierend und konkretisierend in für die Beteiligten unmittelbar verbindliches Recht umzusetzen“[1465],

verbleibe es dabei, dass der Gesetzgeber bei der

> „konkreten einfachrechtlichen Ausgestaltung der Einzelheiten einen weiten Gestaltungsspielraum hat. Ganz so schnell muss das Gemeinwohl also womöglich nicht kapitulieren vor familiären Teilhabeerwartungen, die jenseits echter Bedürftigkeit nun offenbar zu einer Frage von ‚Generationengerechtigkeit‚ stilisiert werden soll.“[1466]

In der Tat dürfte die Dominanz des Pflichtteilsrechts gegenüber Gemeinwohlbestimmungen vor dem Hintergrund des Art. 6 Abs. 1 GG – jedenfalls in seiner Rigidität – nicht zutreffend sein. Wie die Aufarbeitung in Kapitel 1 der Untersuchung gezeigt hat, ist der Begriff der Generationengerechtigkeit zu vielschichtig und umfassend, als dass er mit der Thematik des Pflichtteilsrechts und, damit verbunden, den Pflichtteilsberechtigten i. S. der §§ 2303 BGB gleichgesetzt werden kann. Dies gilt auch vor dem Hintergrund des Schutzbereichs des Art. 6 Abs. 1 GG. *Hüttemann/Rawert* ist daher zuzustimmen, wenn dem **Gesetzgeber** ein **weites Ermessen** bei der **Ausgestaltung des Pflichtteilsrechts** zuzusprechen ist.

1460 Dies., a. a. O.

1461 Vgl. oben Tz. 4.4.5.2.(a) sowie die Ausführungen von Muscheler, Erbrecht Band 1, Rz. 473.

1462 Vgl. oben Tz. 4.4.5.2.(a)/(cc) in diesem Kapitel 2.

1463 Hüttemann/Rawert, Pflichtteil und Gemeinwohl, ZEV 2007, S. 107, 110.

1464 Dies., a. a. O., mit Verweis auf Gaier, Die Bedeutung der Grundrechte für das Erbrecht, ZEV 2006, S, 2, 8.

1465 Dies., a. a. O., mit Verweis auf den Beschluss des BVerfG ZEV 2005, S. 301, 304.

1466 So Hüttemann/Rawert, Pflichtteil und Gemeinwohl, ZEV 2007, S. 107, 110.

Vor dem Hintergrund demografischer oder auch sozialfamilialer Entwicklungen[1467] ist daher die Frage, ob **gemeinnützige Stiftungen** nicht zumindest dann **pflichtteilsrechtlich „privilegiert“**[1468] werden können, wenn der direkte Nachkomme im Sinne familiärer Bande fehlt, mehr als legitim.[1469] Der Beschluss des BVerfG[1470] betrifft ausdrücklich nur das Pflichtteilsrecht der Abkömmlinge.

Im Rahmen der Erbrechtsreform 2009 hat man gleichwohl von einer entsprechenden Lockerung pflichtteilsrechtsrelevanter Normen zugunsten gemeinnütziger Stiftungen abgesehen. Der beschriebene Konflikt zwischen Pflichtteilsrecht und Gemeinwohl wurde zugunsten eines **personell umfassenden Pflichtteilsrechtsregimes** gelöst. Eltern- und Ehegattenpflichtteilsrechte werden weiterhin wie Pflichtteilsrechte der Kinder behandelt (§ 2333 Abs. 2 BGB). Sein bestehendes Ermessen hat der Gesetzgeber (lediglich) durch die zitierten Regelungen zu Stundungsmöglichkeiten und eine ratierliche Abschmelzung des Pflichtteilsergänzungsanspruches (‚1/10-Regelung‘) ausgeübt. Damit ist der Gesetzgeber zwar der Forderung des BVerfG nach einer grundsätzlich unentziehbaren und bedarfsunabhängigen Mindestbeteiligung der Kinder des Erblassers an dessen Nachlass nachgekommen. Der Gesetzgeber hat jedoch darüber hinaus in seiner Begründung zum Gesetzesentwurf ausgeführt, dass er auch die Eltern und Ehegatten als pflichtteilsberechtigt ansieht,[1471] was tatsächlich nicht der Vorgabe des BVerfG entspricht.

Allerdings kommt die Reform betreffend Pflichtteilsergänzungsansprüche[1472] auch gemeinnützigen Stiftungen zugute. Auch gemeinnützige Körperschaften werden von der Schutzwirkung der ratierlichen Berücksichtigung von Pflichtteilsergänzungsansprüchen erfasst, wenn sie Erbe sind. Und schließlich kann auch eine gemeinnützige Stiftung als Erbin Stundung des Pflichtteils verlangen, wenn die sofortige Erfüllung des gesamten Anspruchs für sie wegen der Art der Nachlassgegenstände eine unbillige Härte wäre (§ 2331a Abs. 1 BGB).

1467 Wie bspw. der Zunahme sog. „Patchworkfamilien“. Nach der bei wikipedia.de zu findenden Begriffsbeschreibung ist dies „eine Familie, bei der mindestens ein Elternteil ein Kind aus einer früheren Beziehung in die neue Familie miteingebracht hat“.

1468 Von einer „Privilegierung“ würde man nur dann sprechen, wenn man die Einschränkung der Testierfreiheit durch ein Pflichtteilsrechtsregime überhaupt anerkennt. Wie aufgezeigt, ist dies jedoch keinesfalls unstreitig, vgl. nochmals die grundlegenden Ausführungen von Muscheler, Erbrecht Band 1, Rz. 421 ff.

1469 Dass diese Möglichkeit einerseits besteht, andererseits auch juristisch und wohl auch rechtspolitisch umstritten sein dürfte, zeigt die Beschlussfassung des 64. Deutschen Juristentages in Berlin 2002, wonach der Vorschlag, das Pflichtteilsrecht auf Deszendenten zu beschränken, mit 29 gegen 20 Stimmen abgelehnt wurde. Hierauf weist *Röthel* in ihrem Beitrag Pflichtteil und Stiftungen: Generationengerechtigkeit versus Gemeinwohl?, ZEV 2006, S. 11 (dort Fußnote 52) hin.

1470 Beschluss vom 19.04.2005, BVerfGE 112, 332 ff., vgl. bereits weiter oben.

1471 So der Gesetzentwurf der Bundesregierung zum „Entwurf eines Gesetzes zur Änderung des Erb- und Verjährungsrechts“ vom 22.01.2008, dort Ziff. A.I.3. des Begründungsteils.

1472 Pflichtteilsbeeinträchtigende Schenkungen innerhalb eines Zeitraums von 10 Jahren vor dem Erbfall werden nicht mehr uneingeschränkt zu 100 %, sondern nur noch anteilig, d. h. ratierlich zu einem Zehntel für jedes Jahr, das seit der Schenkung verstrichen ist, auszugleichen sein.

Gleichwohl könnten Gesetzesreformen darauf abzielen, gemeinnützige Stiftungen insofern zu ‚privilegieren', als Zuwendungen an sie nur noch dann pflichtteilsrelevant sind, wenn Kinder vorhanden sind. Pflichtteilsrechte von Ehegatten, Lebenspartnern und Eltern sind nach den Vorgaben des BVerfG nicht zwingend relevant.

Aufbauend auf dieser Grundlegung soll in **Kapitel 3** der Frage nach einer Reform des Pflichtteilsrechts[1473] vor dem Hintergrund der Frage nach Möglichkeiten und Grenzen der Einbeziehung gemeinnütziger Stiftungen in eine generationengerechte Politik eingegangen werden.[1474] Rechtfertigt die Frage nach Gerechtigkeit zwischen den Generationen eine Reform des Pflichtteilsrechts? Wie weit müssten entsprechende Reformen gehen (Möglichkeiten und Grenzen)?

4.4.5.3. Gesetzliches Erbrecht des Fiskus

Das gesetzliche Erbrecht des Fiskus ist in § 1936 BGB verankert. Diese Vorschrift lautet:

> „Ist zur Zeit des Erbfalls kein Verwandter, Ehegatte oder Lebenspartner des Erblassers vorhanden, erbt das Land, in dem der Erblasser zur Zeit des Erbfalls seinen letzten Wohnsitz oder, wenn ein solcher nicht feststellbar ist, seinen gewöhnlichen Aufenthalt hatte. Im Übrigen erbt der Bund."

Nach Art. 138 EGBGB kann der Landesgesetzgeber anstelle des Fiskus eine Körperschaft, Stiftung oder Anstalt des öffentlichen Rechts als gesetzlichen Erben bestimmen.[1475]

Vor dem Hintergrund des gesetzten Untersuchungsgegenstandes drängt sich die Frage auf, ob sich das gesetzliche Erbrecht des Fiskus durch ein gesetzliches Erbrecht gemeinnütziger Stiftungen ersetzen lässt oder – entsprechend der Möglichkeit des Art. 138 EGBGB – gezielter von der Möglichkeit der Einsetzung einer Stiftung des öffentlichen Rechts Gebrauch gemacht werden könnte. Die Überlegung, das gesetzliche Erbrecht des Fiskus durch ein ebensolches gemeinnütziger Stiftungen zu ersetzen, wird in der Literatur als „noch nicht einmal besonders neu" diskutiert.[1476] Laut *Röthel* lassen sich entsprechende Ansätze bereits in der juristische Literatur des ausgehenden 19. Jahrhunderts finden, „als im Umfeld der Kodifikationsbemühungen mehrfach vorgeschlagen wurde, anstelle eines Staatserbrechts den Nachlass besonderen Wohltätigkeitsorganisationen für gemeinnützige Zwecke zufließen zu lassen, wie z. B. den neugegründeten Sozialversicherungen oder Schulen"[1477]. Auf die Einzelheiten und die Erfolgschancen dieser Überlegungen unter besonderer Berücksichtigung intergenerationeller Gerechtigkeitserwägungen soll ebenfalls in **Kapitel 3** der Untersuchung eingegangen werden.[1478]

1473 die auch von *Hüttemann/Rawert* vorgeschlagen wird, vgl. Hüttemann/Rawert, Pflichtteil und Gemeinwohl, ZEV 2007, S. 107, 113.

1474 Vgl. Kapitel 3, Tz. 2.3.2.

1475 Vgl. bereits oben, Kapitel 2, Tz. Siehe Muscheler, Erbrecht Band 1, Rz. 1632 einschließlich dortige Fußnote 1. Zur Ratio und dem missverständlichen Wortlaut der Norm siehe ders., a. a. O.

1476 Röthel, Stiftungserbrecht statt Staatserbrecht?, in: Non Profit Law Yearbook 2007, S. 189 ff.

1477 Dies., a. a. O., S. 189 mit Hinweis auf von Miaskowski, S. 235 ff.

1478 Siehe Kapitel 3, Tz. 2.3.3.

4.4.5.4. Gemeinnützige Stiftungen und § 35 WpÜG

Auf ein spezielles Problem das Wertpapiererwerbs- und Übernahmegesetz (WpÜG) betreffend weisen *Söffing/Thoma*[1479] hin. Nach § 35 WpÜG müssen Personen, die an einer börsennotierten Aktiengesellschaft maßgeblich beteiligt sind, bei ihrer Nachfolgeplanung beachten, dass eine Schenkung, ein Erwerb von Todes wegen oder ein Erwerb im Wege der Erbauseinandersetzung ein Pflichtangebot i. S. des § 35 Abs. 2 WpÜG auslösen kann. Das Pflichtangebot soll den übrigen Aktionären des Zielunternehmens die Möglichkeit geben, ihre Beteiligung zu einem angemessenen Preis zu veräußern. Der Erwerber hat die Erlangung der Kontrolle über das Unternehmen innerhalb von sieben Tagen zu veröffentlichen, nachdem er von dem Erwerb der Kontrolle über das Unternehmen (dies sind mindestens 30 % der Stimmrechte der börsennotierten Aktiengesellschaft, § 29 Abs. 2 WpÜG) Kenntnis erlangt hat, § 35 Abs. 1 WpÜG. Innerhalb von vier Wochen nach der Veröffentlichung ist der Bundesanstalt für Finanzdienstleistungsaufsicht (BaFin) eine Angebotsunterlage zu übermitteln. Unverzüglich nachdem die Bundesanstalt das Angebot gestattet hat bzw. eine Frist von zehn Tagen verstrichen ist, ist ein Übernahmeangebot zu veröffentlichen, § 35 Abs. 2 i. V. m. § 14 Abs. 2 Satz 1 WpÜG. Das Pflichtangebot kann im Einzelfall zu existenzbedrohenden Folgen für den Angebotsverpflichteten führen. Für Nachfolgeregelungen sieht § 36 Nr. 1 WpÜG eine Befreiungsmöglichkeit von einem Pflichtangebot gemäß § 35 WpÜG vor. So bleiben Stimmrechte aus Aktien bei der Berechnung des Stimmrechtsanteils unberücksichtigt, wenn die Aktien durch Erbgang, Erbauseinandersetzung oder unentgeltliche Zuwendung unter Ehegatten, Lebenspartnern oder Verwandten bis zu einem bestimmten Grade erlangt wurden. Sofern gemeinnützige Stiftungen als Unternehmensträgerstiftung eingesetzt werden sollen, greift diese Ausnahmevorschrift nicht, da gemeinnützige Stiftungen in dieser Ausnahmeregelung nicht explizit genannt werden. In diesen Fällen stützt sich ein Antrag auf § 37 WpÜG i. V. m. § 9 WpÜG-AngV.[1480] In diesem Fall wird die Befreiung von einem Pflichtangebot in das Ermessen der BaFin gestellt, was zu einer hohen Planungsunsicherheit bei der Nachfolgeplanung unter Einbeziehung gemeinnütziger Stiftungen führen kann.

Es stellt sich insgesamt die Frage, ob das bestehende Nachfolgeregime in Bezug auf gemeinnützige Stiftungen vor dem Hintergrund der gesetzten Aufgabenstellung geeignet erscheint. Überlegungen hierzu werden in **Kapitel 3** aufgegriffen.[1481]

1479 Söffing/Thoma, Ausgewählte Beratungsaspekte im Gemeinnützigkeits- und Stiftungsrecht, BB 2003, 1091 ff.

1480 WpÜG-Angebotsverordnung (WpÜG-AngV) = Verordnung über den Inhalt der Angebotsunterlage, die Gegenleistung bei Übernahmeangeboten und Pflichtangeboten und die Befreiung von der Verpflichtung zur Veröffentlichung und zur Abgabe eines Angebots vom 27.12.2001 (BGBl. I 2001, S. 4263, zuletzt geändert durch Art. 7 des Übernahmerichtlinie-Umsetzungsgesetzes vom 08.07.2006 (BGBl. I 2006, S. 1426).

1481 Siehe Kapitel 3, Tz. 2.3.4.

4.5. Steuerrechtliche Aspekte

Aufgrund der Tatsache, dass das Steuerrecht gemeinhin als ein wesentliches politisches Steuerungsmittel für politische Änderungen gesehen wird,[1482] erscheint die Auseinandersetzung mit dieser Teildisziplin unabkömmlich, um dem angelegten Untersuchungsgegenstand gerecht zu werden. Im Rahmen dieser Ausarbeitung ist jedoch eine Beschränkung auf die aktuellen steuerlichen Rahmenbedingungen erforderlich.[1483] Der Blick wird insgesamt erschwert durch den Umstand, dass bei dem ‚Stiftungssteuerrecht' nicht von einem geschlossenen System gesprochen werden. Es gibt kein „Stiftungssteuergesetzbuch". Vielmehr handelt es sich hierbei um eine Reihe von steuerlichen Vorschriften, die sich auf das genannte Rechtsgebilde ‚Stiftung' beziehen.[1484] Im Rahmen der nachfolgenden Darstellung wird zwischen zwei Besteuerungsregimen unterschieden: dem Besteuerungsregime die gemeinnützige Stiftung betreffend und dem Besteuerungsregime deren Finanzierung betreffend, was auf den Stifter abzielt.

4.5.1. Besteuerungsregime gemeinnütziger Stiftungen

4.5.1.1. Grundlagen

Nach *Hüttemann* liegt dem steuerlichen Gemeinnützigkeitsrecht „die gesetzgeberische Entscheidung zugrunde, freiwilliges gemeinwohlbezogenes Engagement mit den Mitteln des Steuerrechts anzuregen und anzuerkennen"[1485]. Das Steuerrecht trage damit der Tatsache Rechnung, „dass nicht nur der Staat, sondern auch die Bürger vielfältige und nachhaltige Beiträge zum Gemeinwohl leisten"[1486]. *Seer* stellt unter Berufung auf *Jellinek* heraus, dass dem Staat selbst nur wenige Aufgaben vorbehalten seien.[1487] In dieser Kernaufgabe finde „das den Staat als solchen kennzeichnende *staatliche Gewaltenmonopol* seinen Ausdruck"[1488]. Daneben bestehen die konkurrierenden Gemeinwohlaufgaben von Staat und Privaten wie z.B. die soziale Daseinsvorsorge, der Umweltschutz, die Kultur- und Sportpflege. „Zur Erfüllung dieser konkurrierenden Gemeinwohlaufgaben ist der Staat mehr oder weniger auf die Mitwirkung der gesellschaftlichen Kräfte angewiesen."[1489] Die Wahrnehmung dieser Aufgaben ist geprägt durch das Subsidiaritätsprinzip, d.h. „der Staat hat die private Initiative und gesellschaftliche Selbstregulierung zu respektieren"[1490]. „Die Steuerentlastung für gemeinnützige, aus der Gesellschaft heraus entfaltete Tätigkeiten ist Folge dieser Wechselbe-

1482 In diesem Sinne Paqué, Philanthropie und Steuerpolitik, S. 380 ff.

1483 Die Geschichte des Stiftungssteuerrechts beginnt im Prinzip mit der Schaffung der Reichsfinanzordnung im Jahr 1919 und war in der Folgezeit einer permanenten Umgestaltung unterworfen; hierzu eingehend Hillebrecht, Zwei Menschenalter Gemeinnützigkeitsrecht der Stiftungen.

1484 Hillebrecht, Zwei Menschenalter Gemeinnützigkeitsrecht der Stiftungen, S. 9.

1485 Hüttemann, Gemeinnützigkeits- und Spendenrecht, § 1 Rz. 8.

1486 Hüttemann, Gemeinnützigkeits- und Spendenrecht, § 1 Rz. 8.

1487 Seer, Gemeinwohlzwecke und steuerliche Entlastung, S. 19.

1488 Ders., a. a. O., S. 19, m. w. H. in Fußnote 58.

1489 Ders., a. a. O., S. 19.

1490 Ders., a. a. O., S. 21.

ziehung zwischen Steuerstaat und Leistungsstaat der *Subsidiarität* des Staates."[1491] Letztlich ist es die finanzielle Entlastung der öffentlichen Hand, die steuerliche Privilegien rechtfertigt.[1492] Nach *Seer* vermeidet das Gemeinnützigkeitsrecht, dass „Mittel lediglich vom gesellschaftlichen in den staatlichen Gemeinwohlsektor via Steuer umgeleitet werden"[1493]. „Wird der Staat entlastet (substituiert), so benötigt er weniger Steuern. Die Staatsentlastung entspricht qualitativ der Steuerentlastung."[1494] Übereinstimmend wird festgehalten, dass Vergünstigungen nur in den Fällen zu gewähren sind, in denen ein selbstloses Handeln vorliegt.[1495]

Die steuerliche Behandlung gemeinnütziger Körperschaften[1496] orientiert sich an den vier steuerlichen Sphären:[1497]

(1) die ideelle Sphäre,
(2) die Sphäre der Vermögensverwaltung,
(3) die Sphäre des Zweckbetriebs,
(4) die Sphäre des wirtschaftlichen Geschäftsbetriebs.

Je nachdem, welcher Sphäre Einnahmen oder Tätigkeiten der gemeinnützigen Körperschaft zuzuordnen sind, sind unterschiedliche steuerliche Konsequenzen abzuleiten.

In der **ideellen Sphäre** übt die gemeinnützige Körperschaft die Tätigkeit aus, die ihr laut Satzung als ihre Hauptaufgabe zugewiesen sind. Dieser Sphäre sind damit die Tätigkeiten zuzuordnen, die eine selbstlose, ausschließliche und unmittelbare Förderung der gemeinnützigen, mildtätigen oder kirchlichen Zwecke der Körperschaft darstellen.[1498] Ist die gemeinnützige Körperschaft in dieser Sphäre tätig, erbringt sie nicht Leistungen, um dafür eine Gegenleistung zu erhalten. Es fehlt ein wirtschaftliches Leistungsaustauschverhältnis. Einnahmen, die dieser Sphäre zuzuordnen sind, sind für Zwecke der Ertragsteuer steuerbefreit.[1499] Typische Einnahmen, die in dieser Sphäre

1491 Ders., a. a. O., S. 22.

1492 Buchna/Seeger/Brox, Gemeinnützigkeit im Steuerecht, S. 17 (Vorwort); Hüttemann, Gemeinnützigkeits- und Spendenrecht, § 1 Rz 80.

1493 Seer, Gemeinwohlzwecke und steuerliche Entlastung, S. 24.

1494 Ders., a. a. O., S. 24.

1495 Buchna/Seeger/Brox, Gemeinnützigkeit im Steuerecht, S. 17 (Vorwort); Hüttemann, Gemeinnützigkeits- und Spendenrecht, § 1 Rz. 80; Seer, Gemeinwohlzwecke und steuerliche Entlastung, S. 33-35.

1496 Zu nennen wären hier der gemeinnützige Verein, die gemeinnützige GmbH oder die gemeinnützige AG.

1497 Auch „Sphärentheorie" genannt, siehe bei Hüttemann, Gemeinnützigkeits- und Spendenrecht, § 1 Rz. 113 ff., m. w. N.

1498 Fritz, Aufnahme, Strukturwandel und Beendigung wirtschaftlicher Tätigkeiten von gemeinnützigen Körperschaften, S. 35. Siehe ferner Buchna/Seeger/Brox, Gemeinnützigkeit im Steuerrecht, S. 289ff. sowie Hüttemann, Gemeinnützigkeits- und Spendenrecht, § 6 Rz. 115-161.

1499 Für die Körperschaftsteuer gilt dies gem. § 5 Abs. 1 Nr. 9 Satz 1 KStG, für die Gewerbesteuer gem. § 3 Nr. 6 Satz 1 GewStG. Für die Umsatzsteuer ergibt sich die Nichtsteuerbarkeit daraus, dass der Steuertatbestand nach § 2 Abs. 1 UStG („... Leistungen eines Unternehmers ...") nicht erfüllt ist.

erzielt werden, sind „Spenden, Mitgliedsbeiträge, Erbschaften, Schenkungen und andere Zuwendungen wie bspw. echte Zuschüsse der öffentlichen Hand“[1500].

Der Bereich der **Vermögensverwaltung** betrifft die bloße Nutzung von Vermögen, z. B. durch verzinsliches Anlegen von Kapitalvermögen oder Vermieten oder Verpachten von unbeweglichem Vermögen.[1501] Aus steuerlicher Sicht ist dieser Bereich vergleichbar mit dem der privaten Vermietungstätigkeit einer natürlichen Person, die nicht gewerblich tätig ist. Von besonderer Bedeutung ist die Klassifikation der Tätigkeit einer gemeinnützigen Stiftung als Vermögensverwaltung im vorbezeichneten Sinne deshalb, weil sie, ebenfalls wie der ideelle Bereich, als ertragsteuerfrei anzusehen ist.[1502] Lediglich für den Bereich der Umsatzsteuer wird ein Leistungsaustauschverhältnis und eine unternehmerische Tätigkeit unterstellt, was bedeutet, dass Leistungen einer gemeinnützigen Stiftung, die der Sphäre der Vermögensverwaltung zuzuordnen sind, der Umsatzsteuer unterliegen. Allerdings unterliegen diese Leistungen einem reduzierten Umsatzsteuersteuersatz von 7 %, § 12 Abs. 2 Nr. 8 UStG.

Ein steuerpflichtiger **wirtschaftlicher Geschäftsbetrieb** setzt eine selbstständige nachhaltige Tätigkeit voraus, durch die Einnahmen oder andere wirtschaftliche Vorteile erzielt werden und die über den Rahmen einer Vermögensverwaltung hinausgehen.[1503] Eine Gewinnerzielungsabsicht ist nicht erforderlich.[1504] Regelungszweck dieser Sphäre ist die Identifizierung wirtschaftlich relevanter Tätigkeiten, die über die Vermögensverwaltung hinausgehen, und deren Ausgrenzung aus der grundsätzlichen Steuerbefreiung gemeinnütziger Körperschaften. Damit wird eine wettbewerbsneutrale Besteuerung erreicht, indem die steuerliche Erfassung der wettbewerbsrelevanten unternehmerischen Tätigkeiten von grundsätzlich steuerbefreiten Körperschaften ermöglicht wird.[1505] Einnahmen, die die gemeinnützige Körperschaft in diesem Bereich erzielt, sind somit konsequenterweise ertragsteuerpflichtig.[1506] Die Abgrenzung zum Bereich der ertragsteuerfreien Sphäre der Vermögensverwaltung erfolgt nach der Rechtsprechung des Bundesfinanzhofs nach den allgemeinen ertragsteuerlichen Kriterien.[1507] Demnach wird die Sphäre der ertragsteuerfreien Vermögensverwaltung überschritten, wenn

> „nach dem Gesamtbild der Verhältnisse und unter Berücksichtigung der Verkehrsauffassung die Ausnutzung substantieller Vermögenswerte durch Umschichtung gegenüber der Nutzung von vorhandenem Vermögen im Sinne einer Fruchtziehung aus den zu erhaltenden Substanzwerten in den Vordergrund tritt.“[1508]

1500 Fritz, Aufnahme, Strukturwandel und Beendigung wirtschaftlicher Tätigkeiten von gemeinnützigen Körperschaften, S. 35.

1501 § 14 Satz 3 AO.

1502 § 5 Abs. 1 Nr. 9 Satz 1 KStG, § 3 Nr. 6 Satz 1 GewStG.

1503 § 14 S. 1 AO.

1504 § 14 S. 2 AO.

1505 Fritz, Aufnahme, Strukturwandel und Beendigung wirtschaftlicher Tätigkeiten von gemeinnützigen Körperschaften, S. 37.

1506 Vgl. § 5 Abs. 1 Nr. 9 Satz 2 KStG, § 3 Nr. 6 Satz 2 GewStG.

1507 Vgl. z. B. BFH vom 21.05.1997, I R 164/94, BFH/NV 1997, S. 826; BFH vom 24.07.1996, I R 35/94, BStBl. II 1996, S. 583; BFH vom 26.02.1992, I R 149/90, BStBl. II 1992, S. 693.

1508 Fritz, Aufnahme, Strukturwandel und Beendigung wirtschaftlicher Tätigkeiten von gemeinnützigen Körperschaften, S. 36, insbesondere Fußnote 56 m. w. H.

Im Bereich des wirtschaftlichen Geschäftsbetriebs werden Leistungen aus umsatzsteuerlicher Sicht mit dem normalen, d. h. nicht privilegierten, ordentlichen Umsatzsteuersatz von derzeit 19 % besteuert.[1509]

Bei dem **steuerbegünstigten Zweckbetrieb** handelt es sich der Sache nach um einen wirtschaftlichen Geschäftsbetrieb, der jedoch bei Vorliegen bestimmter Voraussetzungen steuerlich dem begünstigten Bereich der Körperschaft zugerechnet wird, weil die zugrunde liegende Tätigkeit aufgrund ihrer besonderen Bedeutung für das Gemeinwohl des Staates trotz Wirtschaftlichkeit als steuerbegünstigt angesehen wird.[1510] Ein Zweckbetrieb entsteht immer dann, wenn der steuerbegünstigte Satzungszweck und der wirtschaftliche Geschäftsbetrieb eine derartige untrennbare Einheit bilden, dass die Verwirklichung des konkreten Satzungszwecks nur durch die Unterhaltung eines entsprechenden Geschäftsbetriebs denkbar ist.[1511] Nach der Gesetzesregelung in § 65 AO liegt ein Zweckbetrieb vor, wenn der wirtschaftliche Geschäftsbetrieb in seiner Gesamtrichtung dazu dient, die steuerbegünstigten satzungsmäßigen Zwecke der Körperschaft zu verwirklichen.[1512] Ferner ist Voraussetzung, dass diese Zwecke nur durch einen solchen Geschäftsbetrieb erreicht werden können.[1513] Hierbei ist entscheidend, ob die Körperschaft den Zweckbetrieb zur Verwirklichung ihrer satzungsmäßigen Zwecke unbedingt und unmittelbar benötigt.[1514] Als Beispiel dienen die Mensen der Studentenwerke oder der entgeltliche Musikunterricht einer gemeinnützigen Musikschule.[1515]

Schaubildlich stellt sich diese Besteuerung in Abhängigkeit von den Sphären einer gemeinnützigen Körperschaft wie folgt dar, wobei die steuerpflichtigen Sphären der gemeinnützigen Körperschaft dunkel hinterlegt sind. Es zeigen sich die unterschiedlichen Besteuerungssphären im Hinblick auf Ertragsteuern (Körperschaft- und Gewerbesteuer) und Umsatzsteuer.

1509 § 12 Abs. 1, 2 Nr. 8a Satz 2 UStG.

1510 Seer/Versin, Die gemeinnützige Stiftung im Steuerrecht, Steuer und Studium 2007, S. 588, 592; vgl. hierzu ferner die Ausführungen der Finanzverwaltung in dem Anwendungserlass zur Abgabenordnung – AEAO – zu § 65 Nr. 1 AO.

1511 Seer/Versin, Die gemeinnützige Stiftung im Steuerrecht, Steuer und Studium 2007, S. 588, 592.

1512 § 65 Nr. 1 AO.

1513 § 65 Nr. 2 AO.

1514 AEAO zu § 65 Nr. 3.

1515 Seer/Versin, Die gemeinnützige Stiftung im Steuerrecht, Steuer und Studium 2007, 588, 592.

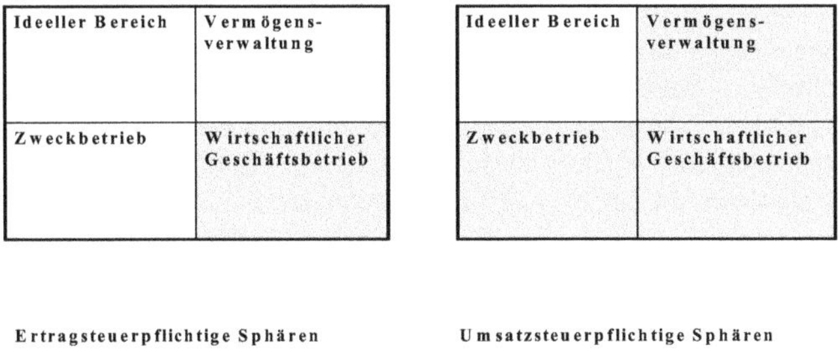

Abbildung 8: Steuerliche Sphären gemeinnütziger Körperschaften
Quelle: Herfurth/Dehesselles[1516]

4.5.1.2. Besteuerung gemeinnütziger Stiftungen

Nachfolgend werden (nur) ausgesuchte und grundlegende Aspekte des steuerlichen Gemeinnützigkeitsrechts dargestellt.

(a) Steuerpflicht

Rechtsfähige Stiftungen unterliegen gemäß § 1 Abs. 1 Nr. 4 KStG, nichtrechtsfähige Stiftungen gemäß § 1 Abs. 1 Nr. 5 KStG der unbeschränkten **Körperschaftsteuerpflicht**, wenn sie ihre Geschäftsleitung oder ihren Sitz **im Inland** haben. Gemeinsam ist beiden die **Körperschaftsteuerbefreiung**,[1517] wenn es sich um eine Stiftung handelt, die nach der Satzung, dem Stiftungsgeschäft oder der sonstigen Verfassung und nach der tatsächlichen Geschäftsleitung ausschließlich und unmittelbar gemeinnützigen, mildtätigen oder kirchlichen Zwecken dient. Die einschlägige Vorschrift des § 5 Abs. 1 Nr. 9 S. 1 KStG verweist hierzu auf die §§ 51-69 der Abgabenordnung (AO), die in den genannten Paragrafen das eigentliche Kernstück des steuerlichen Gemeinnützigkeitsrechts regeln. Dieser Grundsatz gilt entsprechend für die Gewerbesteuer, § 3 Nr. 6 Satz 1 GewStG. Unterhält die gemeinnützige Körperschaft einen wirtschaftlichen Geschäftsbetrieb, ist gemäß § 5 Abs. 1 Nr. 9 S. 2 KStG, § 3 Nr. 6 Satz 2 GewStG die Steuerbefreiung insoweit ausgeschlossen.

Handelt es sich um eine gemeinnützige Körperschaft, die ihren Sitz und ihre Geschäftsleitung **im Ausland** hat, unterliegt sie der sog. beschränkten Steuerpflicht. Diese bedeutet, dass die ausländische Körperschaft nur mit inländischen Einkünften der deutschen Besteuerung unterliegt. Insofern hat das Körperschaftsteuergesetz in § 5 Abs. 2 KStG mit dem Jahressteuergesetz 2009[1518] eine Änderung erfahren. Diese Regelung besagt, dass eine im EU-Ausland ansässige gemeinnützige Körperschaft ebenfalls die Steuerbefreiungen (im Hinblick auf ihre inländischen und somit in Deutschland steuerpflichtigen Einkünfte) wegen Gemeinnützigkeit in Anspruch nehmen kann, wenn sie die Voraussetzungen der §§ 51 AO ff. erfüllt. Hintergrund dieser

1516 Herfurth/Dehesseles, Stiftung-Verein-Verband, S. 59.
1517 § 5 Abs. 1 Nr. 9 Satz 1 KStG.
1518 Gesetz vom 19.12.2008, BGBl. 2008 Teil I, S. 2794.

Regelung ist das Urteil des Europäischen Gerichtshofs *Stauffer*[1519], in welchem der EuGH die Behandlung ausländischer und inländischer gemeinnütziger Körperschaften als EG-rechtliche Diskriminierung feststellte.[1520] Vor der Neufassung des § 5 Abs. 2 KStG i.d.F. durch das Jahressteuergesetz 2009 waren ausländische gemeinnützige Körperschaften von der deutschen Steuerbefreiung ausgeschlossen, was im Fall *Stauffer* als nicht mit der EG-vertraglich garantierten Kapitalverkehrsfreiheit vereinbar erachtet wurde.[1521]

(b) Steuerliches Gemeinnützigkeitsrecht, §§ 51- 69 AO

Das steuerliche Gemeinnützigkeitsrecht ist in den Vorschriften der §§ 51-69 AO geregelt. Die Regelungen zur steuerlichen Qualifizierung und Privilegierung sind weitgehend rechtsformunabhängig,[1522] d. h., sie gelten nicht nur für gemeinnützige Stiftungen, sondern auch für gemeinnützige Vereine, GmbHs und Aktiengesellschaften. Allerdings gibt es auch besondere steuerliche Privilegien, die ausschließlich für gemeinnützige Stiftungen gelten. Auf diese wird nachfolgend an geeigneter Stelle eingegangen.

(c) Allgemeines, § 51 AO

Als steuerbegünstigte Zwecke nennt § 51 AO gemeinnützige, mildtätige und kirchliche Zwecke. Diese müssen von einer Körperschaft ausschließlich und unmittelbar verfolgt werden, will diese Steuervergünstigungen erhalten.[1523] § 51 AO stellt klar, dass dies nur für Körperschaften i.S.d. Körperschaftsteuergesetzes gilt, wozu auch Stiftungen gehören.

Mit dem Jahressteuergesetz 2009[1524] wurde auch § 51 Abs. 2 AO neu gefasst:

> „Werden die steuerbegünstigten Zwecke im Ausland verwirklicht, setzt die Steuervergünstigung voraus, dass natürliche Personen, die ihren Wohnsitz oder ihren gewöhnlichen Aufenthalt im Geltungsbereich dieses Gesetzes haben, gefördert werden oder die Tätigkeit der Körperschaft neben der Verwirklichung der steuerbegünstigten Zwecke auch zum Ansehen der Bundesrepublik Deutschland im Ausland beitragen kann."

Obwohl diese Regelung unter Berücksichtigung des Rechtssache *Stauffer* eingeführt wurde, beinhaltet sie einen Inlandsbezug[1525], der in der steuerrechtlichen Literatur insbesondere wegen mutmaßlicher Unvereinbarkeit mit unionsrechtlichen Grundfreihei-

---

1519 EuGH-Urteil vom 14.09.2006 – Rs. C-386/04, Centro die Musicologia Walter Stauffer, EuGHE 2006, S. 8203; vgl. dazu auch Drüen/Liedtke, Die Reform des Gemeinnützigkeits- und Zuwendungsrechts, FR 2008, S. 1, 5 ff.

1520 Vgl. dazu Hüttemann, Die steuerliche Förderung gemeinnütziger Tätigkeiten im Ausland – eine Frage des „Ansehens"? in DB 2008, S. 1061.

1521 Drüen/Liedtke, Die Reform des Gemeinnützigkeits- und Zuwendungsrechts, FR 2008, S. 6.

1522 Wachter, Stiftungen, S. 77.

1523 Insbes. § 5 Abs. 1 Nr. 9 Satz 1 KStG, § 3 Nr. 6 Satz 1 GewStG, § 13 Abs. 1 Nr. 16b ErbStG, § 3 Abs. 1 Nr. 3b GrStG, § 12 Abs. 2 Nr. 8a UStG, § 3 Nr. 5a KraftStG.

1524 Vgl. bereits soeben unter Tz. 4.5.1.2. lit. (a) in diesem Kapitel.

1525 "Sachlicher Inlandsbezug", siehe Schmidt/Heinicke EStG § 10b Rz 27; vgl. auch BMF, Schreiben vom 17.1.2012 (Änderung des Anwendungserlasses zur AO) Nr. 7 zu § 51 Abs. 2, DStR 2012, S. 298. Zum „persönlichen Inlandsbezug" des Spendenempfängers siehe weiter unten Ziff. 4.5.2.3. in diesem Kapitel sowie nochmals Schmidt/Heinicke a.a.O.

ten kritisiert wird.[1526] *Hüttemann*[1527] führt zudem aus, dass das gesetzliche Tatbestandsmerkmal „zum Ansehen der Bundesrepublik Deutschland im Ausland beitragen kann" nicht praktikabel, inhaltsleer und für die praktische Rechtsanwendung völlig ungeeignet sei.[1528]

Bei inländischen gemeinnützigen Stiftungen geht die Finanzverwaltung jedoch davon aus, dass der Inlandsbezug schon dadurch erfüllt ist, „dass sie sich personell, finanziell, planend, schöpferisch oder anderweitig an der Förderung gemeinnütziger und mildtätiger Zwecke im Ausland beteiligen (Indizwirkung)"[1529] Für inländische gemeinnützige Körperschaften ändert sich somit durch § 51 Abs. 2 AO nichts.[1530]

In der Einleitung[1531] wurde die Frage aufgeworfen, ob sich angesichts der globalen Auswirkungen ökologischer Veränderungen und der damit verbundenen internationalen Komponente der Debatte um Generationengerechtigkeit Forderungen für eine Öffnung der institutionellen Rahmenbedingungen ableiten lassen. Es wurde auch die Frage gestellt, ob dies, wenn nötig, im Abbau grenzüberschreitender Restriktionen, z.B. aufgrund des Steuerrechts oder gar in der Forderung nach einer gemeinnützigen Stiftung Europäischen Rechts als neuer Rechtsform bestehen könnte.

Ob die Norm des § 51 Abs. 2 KStG vor dem Hintergrund des gesetzten Untersuchungsgegenstandes Reformansätze bietet, soll in **Kapitel 3**[1532] näher untersucht werden. An dieser Stelle sei bereits auf die mit dieser Thematik in engem Zusammenhang stehende Frage des steuerlichen Spendenabzugs für gemeinnützige Körperschaften mit Sitz im EU-Ausland verwiesen.[1533]

(d) Gemeinnützige Zwecke, § 52 AO

Eine Körperschaft verfolgt gemeinnützige Zwecke, wenn ihre Tätigkeit darauf gerichtet ist, die Allgemeinheit auf materiellem, geistigem oder sittlichem Gebiet selbstlos zu fördern.[1534] Die Allgemeinheit fördert nicht, wer eine Familie, die Mitarbeiter eines Unternehmens oder einen anderen (z. B. nach räumlichen oder beruflichen Merkmalen) abgegrenzten Personenkreis begünstigt.[1535] Mit Einführung des Gesetzes zur weiteren Stärkung des bürgerschaftlichen Engagements vom 10.10.2007[1536] wurde in § 52

1526 Hüttemann, Der neue Anwendungserlass zum Abschnitt „Steuerbegünstigte Zwecke", DB 2012, S. 250; Schauhoff/Kirchhain, Was bringt der neue AO-Anwendungserlass für gemeinnützige Körperschaften?, DStR 2012, S. 261.

1527 Hüttemann, Die steuerliche Förderung gemeinnütziger Tätigkeiten im Ausland – eine Frage des „Ansehens"? in DB 2008, S. 1061, 1062, dort noch zum Referentenentwurf zum Jahressteuergesetz 2009.

1528 Ders. ebenda.

1529 AEAO Nr. 7 Satz 6 zu § 51 Abs. 2 AO gemäß BMF, Schreiben vom 17.01.2012, DStR 2012, S. 298 ff.

1530 Hüttemann, Der neue Anwendungserlass zum Abschnitt „Steuerbegünstigte Zwecke", DB 2012, S. 250.

1531 Siehe oben, Einleitung Tz. 2.1. Tz. 10.

1532 Vgl. Kapitel 3, Tz. 2.6.

1533 Vgl. weiter unten, Kapitel 2, Tz. 4.5.2.3.

1534 § 52 Abs. 1 Satz 1 AO.

1535 § 52 Abs. 1 Satz 2 AO; vgl. auch Wachter, Stiftungen, S. 78.

1536 BGBl. I, 2007, 2332-2336; vgl. dazu im Einzelnen Hüttemann, Das Gesetz zur weiteren Stärkung des bürgerschaftlichen Engagements und seine Auswirkungen auf das Gemeinnützig-

Abs. 2 Satz 1 AO der folgende Katalog eingeführt, der regelt, was als Förderung der Allgemeinheit im Sinne des Steuerrechts anzuerkennen ist:

1. die Förderung von Wissenschaft und Forschung;
2. die Förderung der Religion;
3. die Förderung des öffentlichen Gesundheitswesens und der öffentlichen Gesundheitspflege, insbesondere die Verhütung und Bekämpfung von übertragbaren Krankheiten, auch durch Krankenhäuser im Sinne des § 67, und von Tierseuchen;
4. die Förderung der Jugend- und Altenhilfe;
5. die Förderung von Kunst und Kultur;
6. die Förderung des Denkmalschutzes und der Denkmalpflege;
7. die Förderung der Erziehung, Volks- und Berufsbildung einschließlich der Studentenhilfe;
8. die Förderung des Naturschutzes und der Landschaftspflege im Sinne des Bundesnaturschutzgesetzes und der Naturschutzgesetze der Länder, des Umweltschutzes, des Küstenschutzes und des Hochwasserschutzes;
9. die Förderung des Wohlfahrtswesens, insbesondere der Zwecke der amtlich anerkannten Verbände der freien Wohlfahrtspflege, ihrer Unterverbände und ihrer angeschlossenen Einrichtungen und Anstalten;
10. die Förderung der Hilfe für politisch, rassisch oder religiös Verfolgte, für Flüchtlinge, Vertriebene, Aussiedler, Spätaussiedler, Kriegsopfer, Kriegshinterbliebene, Kriegsbeschädigte und Kriegsgefangene, Zivilbeschädigte und Behinderte sowie Hilfe für Opfer von Straftaten; Förderung des Andenkens an Verfolgte, Kriegs- und Katastrophenopfer; Förderung des Suchdienstes für Vermisste;
11. die Förderung der Rettung aus Lebensgefahr;
12. die Förderung des Feuer-, Arbeits- Katastrophen- und Zivilschutzes sowie der Unfallverhütung;
13. die Förderung internationaler Gesinnung, der Toleranz auf allen Gebieten der Kultur und des Völkerverständigungsgedankens;
14. die Förderung des Tierschutzes;
15. die Förderung der Entwicklungszusammenarbeit;
16. die Förderung von Verbraucherberatung und Verbraucherschutz;
17. die Förderung der Fürsorge für Strafgefangene und ehemalige Strafgefangene;
18. die Förderung der Gleichberechtigung von Frauen und Männern;
19. die Förderung des Schutzes von Ehe und Familie;
20. die Förderung von Kriminalprävention;
21. die Förderung des Sports (Schach gilt als Sport);
22. die Förderung der Heimatpflege und Heimatkunde;
23. die Förderung der Tierzucht, der Pflanzenzucht, der Kleingärtnerei, des traditionellen Brauchtums einschließlich des Karnevals, der Fastnacht und des Faschings, der Soldaten- und Reservistenbetreuung, des Amateurfunkens, des Modellflugs und des Hundesports;
24. die allgemeine Förderung des demokratischen Staatswesens im Geltungsbereich dieses Gesetzes; hierzu gehören nicht Bestrebungen, die nur bestimmte Einzelinteressen staatsbürgerlicher Art verfolgen oder die auf den kommunalpolitischen Bereich beschränkt sind;
25. die Förderung des bürgerschaftlichen Engagements zugunsten gemeinnütziger, mildtätiger und kirchlicher Zwecke.

§ 52 Abs. 2 Satz 2 AO enthält zudem eine **Öffnungsklausel.**[1537] Demnach kann ein von der Körperschaft verfolgter Zweck, der nicht unter den vorbezeichneten Katalog gemäß § 52 Abs. 2 Satz 1 AO fällt, aber die Allgemeinheit auf materiellem, geistigem

---

keits- und Spendenrecht, DB 2007, S. 2053-2059 sowie Schauhoff/Kirchhain, Das Gesetz zur weiteren Stärkung des bürgerlichen Engagements, DStR 2007, S. 1985-1992.

1537 Vgl. hierzu z.B. Wallenhorst in Wallenhorst /Halaczynski, Die Besteuerung gemeinnütziger Vereine, Stiftungen und der juristischen Personen des öffentlichen Rechts, Kap. D Rz. 153.

oder sittlichem Gebiet entsprechend selbstlos fördert, für gemeinnützig erklärt werden. Die obersten Finanzbehörden der Länder haben jeweils eine Finanzbehörde im Sinne des Finanzverwaltungsgesetzes zu bestimmen, die hierüber zu entscheiden hat.

Mit dieser Öffnungsklausel wollte man den Finanzbehörden Gelegenheit geben, auf sich ändernde gesellschaftliche Verhältnisse reagieren zu können.[1538] Ein abschließender Katalog der gemeinnützigen Zwecke wäre angesichts gesellschaftlicher Entwicklungen nicht durchzuhalten gewesen.[1539] Der Gesetzgeber hat sich also für eine bewusste Öffnung des Steuerrechts für gesellschaftspolitische Entwicklungen mit gemeinwohlorientiertem Bezug entschieden. In der steuerrechtlichen Literatur[1540] wird darauf hingewiesen, dass der Finanzverwaltung im Rahmen dieser Öffnungsklausel – entgegen dem insofern missverständlichen Wortlaut ‚kann' – kein Ermessen zukomme. Die Finanzverwaltung müsse vielmehr die Anerkennung der steuerlichen Gemeinnützigkeit aussprechen, wenn die Allgemeinheit auf materiellem, geistigem oder sittlichem Gebiet entsprechend selbstlos gefördert wird. Ermessensregeln sind dem deutschen Steuerrecht fremd.[1541] Das Wort ‚kann' sei daher nur als besondere Kompetenzregelung innerhalb der Finanzverwaltung zu sehen.[1542]

Wenngleich an dieser Stelle noch keine Bewertung des steuerlichen Regelungssystems vor dem Hintergrund der gestellten Thematik der Generationengerechtigkeit erfolgen soll, fällt ungeachtet der Öffnungsklausel auf, dass der Katalog für gemeinnützige Zwecke die Thematik der ‚Gleichberechtigung von Generationen' nicht explizit benennt. Der Katalog enthält einige Elemente und Förderzwecke, die einen Bezug zu Problembereichen der Generationengerechtigkeit aufweisen. Hierzu gehören insbesondere die oben zitierten Textziffern 1, 4, 8, 9, 24 und 25. Die Frage der Gerechtigkeit zwischen den Generationen wird jedoch am ehesten von der Öffnungsklausel des § 52 Abs. 2 Satz 2 AO erfasst, was bedeutet, dass eine Aktivität mit diesem Tätigkeitsfokus dem (zumindest formellen) Zustimmungsvorbehalt der Finanzbehörden unterliegt. Dieser vorläufige Befund erstaunt, da der Gesetzgeber somit – zumindest aus steuerlicher Sicht – dem Hundesport oder dem Schach als Sport einen formell höheren Stellenwert einräumt als der Thematik der Generationengerechtigkeit. Angesichts der in der Einleitung dargestellten politischen Agenden politischer Parteien[1543] ist dies im Grunde nicht nachvollziehbar.[1544]

1538 Hüttemann, Das Gesetz zur weiteren Stärkung des bürgerschaftlichen Engagements und seine Auswirkungen auf das Gemeinnützigkeits- und Spendenrecht, DB 2007, S. 2053, 2054 unter Hinweis auf die BT-Drucksache 16/5400.

1539 Wallenhorst in Wallenhorst /Halaczynski, Die Besteuerung gemeinnütziger Vereine, Stiftungen und der juristischen Personen des öffentlichen Rechts, Kap. D. Rz. 151.

1540 Hüttemann, Das Gesetz zur weiteren Stärkung des bürgerschaftlichen Engagements und seine Auswirkungen auf das Gemeinnützigkeits- und Spendenrecht, DB 2007, S. 2053, 2054; Wallenhorst in Wallenhorst/Halaczynski, Die Besteuerung gemeinnütziger Vereine, Stiftungen und der juristischen Personen des öffentlichen Rechts, Kap. D Rz. 153.

1541 Hüttemann, Das Gesetz zur weiteren Stärkung des bürgerschaftlichen Engagements und seine Auswirkungen auf das Gemeinnützigkeits- und Spendenrecht, DB 2007, S. 2055.

1542 Hüttemann, ebenda.

1543 Vgl. Einleitung Tz. 1. und Kapitel 1, Ziff. 5.

1544 Zur Kritik an dieser Liste anhand des Versuchs einer systematischen Klassifizierung der geförderten Zwecke nach Politikbereichen siehe Strachwitz, Spenden und bürgerschaftliches En-

(e) Das Gebot der Selbstlosigkeit, § 55 AO

(aa) Grundsätze

Das in § 55 Abs. 1 AO verankerte Gebot der Selbstlosigkeit besagt, dass eine gemeinnützige Körperschaft nicht in erster Linie eigenwirtschaftliche Zwecke – zum Beispiel gewerbliche Zwecke oder sonstige Erwerbszwecke – verfolgen darf. Dieses Gebot der Selbstlosigkeit umfasst das Postulat, dass Mittel der gemeinnützigen Körperschaft nur zu satzungsmäßigen Zwecken verwendet werden dürfen. Eine Stiftung muss somit „uneigennützig, altruistisch“[1545] handeln. Die Tätigkeit einer Stiftung darf nicht darauf angelegt sein, ihr Vermögen und ihre Einkünfte zu vermehren. Das Gebot der Selbstlosigkeit wurde von der Rechtsprechung entwickelt[1546] und ist für alle steuerbegünstigten Zwecke (gemeinnützige Zwecke gemäß § 52 AO, mildtätige Zwecke gemäß § 53 AO und kirchliche Zwecke gemäß § 54 AO) gesetzlich ausdrücklich vorgeschrieben.[1547]

(bb) Gebot der Mittelverwendung, § 55 Abs. 1 Nr. 1, 3 AO

Das Gebot der Mittelverwendung besagt, dass steuerbegünstigte Körperschaften ihre Mittel nur (ausschließlich) für die satzungsmäßigen Zwecke verwenden (verbrauchen) dürfen.[1548] Verstöße gegen das Mittelverwendungsgebot können die Gemeinnützigkeit gefährden.

(cc) Grundsatz der Vermögensbindung, § 55 Abs. 1 Nr. 2, 4 AO

Der Grundsatz der Vermögensbindung besagt, dass für den Fall der Auflösung oder Aufhebung der Körperschaft oder für den Fall des Wegfalls steuerbegünstigter Zwecke das Vermögen der Körperschaft nur für steuerbegünstigte Zwecke verwendet werden darf. Diese Voraussetzung ist auch erfüllt, wenn das Vermögen einer anderen steuerbegünstigten Körperschaft oder einer Körperschaft des öffentlichen Rechts für steuerbegünstigte Zwecke übertragen werden soll, § 55 Abs. 1 Nr. 4 Satz 2 AO.

Im Rahmen der Einleitung[1549] sowie in Kapitel 1[1550] der Untersuchung wurde auf das Argument eingegangen, dass Interessen und Bedürfnisse zukünftiger Generationen oft nicht bekannt seien, weshalb eine Theorie der Generationengerechtigkeit per se fraglich sein könnte.

Dem Grundsatz der Vermögensbindung könnte insofern Bedeutung zukommen. In Kombination mit der Öffnungsklausel gemäß § 52 Abs. 2 Satz 2 AO und § 87 Abs. 1 BGB, könnte sich ein Gesetzesregime abzeichnen, welches die Flexibilität ermöglicht,

---

gagement: Aspekte einer politischen Kontextualisierung in: Adloff/Priller/Strachwitz (Hrsg.), Prosoziales Verhalten, S. 11-15. Nach *Strachwitz* fehlt es an theoretisch fundierten Bezugspunkten einer Spendenpolitik. Ansätze, was aus Sicht der Politik spendenwürdig ist, seien nicht ersichtlich.

1545 Siehe Wachter, Stiftungen, S. 79.

1546 RFH vom 17.07.1939, RStBl. 930, S. 702.

1547 Vgl. Buchna/Seeger/Brox, Gemeinnützigkeit im Steuerrecht, § 55 Ziff. 2.5.1 (S. 122); Hüttemann, Gemeinnützigkeits- und Spendenrecht, § 4 Rz. 71 ff.

1548 Buchna/Seeger/Brox, Gemeinnützigkeit im Steuerrecht, § 55 Ziff. 2.5.3. (S. 115).

1549 Vgl. Einleitung, Tz. 2.1., Ziff. 5.

1550 Vgl. Kapitel 1, Tz. 3.1.3.

auf Interessen und Bedürfnisse zukünftiger Generationen reagieren zu können. Gleichwohl hätte sich diese gesetzgeberische Flexibilität am Willen des Stifters zu orientierten, § 87 Abs. 2 BGB. Dieser Untersuchungsansatz und das sich abzeichnende Spannungsverhältnis zwischen generationsübergreifender Gemeinwohlorientierung und Stifterwille soll in **Kapitel 3** vertieft werden.[1551]

(dd) Pflicht zur zeitnahen Mittelverwendung, § 55 Abs. 1 Nr. 5 AO

Nach dem Gebot zur zeitnahen Vermögensverwendung muss eine steuerbegünstigte Körperschaft ihre Mittel grundsätzlich **zeitnah** für ihre steuerbegünstigten Zwecke verwenden. Das Gebot zur zeitnahen Mittelverwendung wurde im Jahr 2000 ausdrücklich in § 55 Abs. 1 Nr. 5 AO geregelt.[1552] Dieser gesetzlichen Normierung wird jedoch eine rein klarstellende Funktion beigemessen, da das Gebot schon vor Einführung dieser Norm als gesetzlich vorgegeben erachtet wurde.[1553] So wies *Thiel* bereits in einem 1992 erschienen Beitrag auf die aus steuerlicher Sicht erforderliche zeitgerechte Erfüllung der steuerbegünstigten Satzungszwecke hin.[1554] Nach *Thiel* prämiert das Gemeinnützigkeitsrecht nicht schon die Sparsamkeit im Dienst der guten Sache, sondern erst die tatkräftige Erfüllung der Satzungszwecke.[1555] Auch *Hüttemann*[1556] arbeitete bereits 1991 heraus, dass dem Gesetz der Gedanke zugrunde liegt, dass die steuerliche Förderung gemeinnütziger Körperschaften eine gegenwärtige Zweckverfolgung voraussetzt. Die Förderung der Allgemeinheit sei gegenwärtig oder zumindest zeitnah anzustreben. Daraus folge,

> „daß die Körperschaft ihre Mittel ‚zeitnah', d.h. gegenwärtig, für die Erfüllung ihrer Zwecke einsetzen muß und die Bildung von Vermögensrücklagen auf Kosten der gegenwärtigen Tätigkeit nur soweit zulässig ist, wie dies zur gegenwartsnahen Erfüllung notwendig ist."[1557]

Bis zur ausdrücklichen gesetzlichen Klarstellung im Jahr 2000 wurde die Pflicht zur zeitnahen Mittelverwendung aus dem Zusammenspiel der Regelungen zur Rücklagenbildung, § 58 Nr. 6, 7 Buchstabe a und b AO i. V. m. § 63 Abs. 4 AO, abgeleitet.[1558] In der Literatur findet sich die Aussage, dass das Gebot zu den „tragenden Grundsätzen des Gemeinnützigkeitsrechts" gehöre.[1559]

Gegenwärtige, d. h. zeitnahe Mittelverwendung ist konkret dann gegeben, wenn die Mittel spätestens in dem auf den Zufluss folgenden Kalender- oder Wirtschaftsjahr für die steuerbegünstigten satzungsmäßigen Zwecke verwendet werden.[1560] Dies bedeutet, jedenfalls im Grundsatz, dass gemeinnützige Körperschaften und somit auch Stiftungen gehalten sind, ihre Mittel jährlich – und somit kurzfristig – für gemeinnüt-

---

1551 Vgl. Kapitel 3, Tz. 1.2.4. und Tz. 2.2.

1552 Pöllath/Richter in Seifart/v. Campenhausen (2009), § 43 Rdn. 50.

1553 Dies., a. a. O.; ebenso Buchna/Seeger/Brox, Gemeinnützigkeit im Steuerrecht, § 55 Ziff. 2.5.9.

1554 Thiel, Die zeitnahe Mittelverwendung, DB 1992, 1900 ff.

1555 Ders., a. a. O., S. 1900.

1556 Hüttemann, Wirtschaftliche Betätigung und steuerliche Gemeinnützigkeit, S. 79, 80.

1557 Ders. ebenda.

1558 Buchna/Seeger/Brox, Gemeinnützigkeit im Steuerrecht, § 55 Ziff. 2.5.9.

1559 Thiel/Eversberg, Zur Reichweite des Gebots der zeitnahen Mittelverwendung im Gemeinnützigkeitsrecht, DB 2007, S. 191, 196.

1560 Vgl. § 55 Abs. 1 Nr. 5 Satz 3 AO.

zige Zwecke zu verwenden.[1561] Verwendung für gemeinnützige Zwecke ist auch die Verwendung der Mittel für die Anschaffung oder Herstellung von Vermögensgegenständen, die satzungsmäßigen Zwecken dienen (§ 55 Abs. 1 Nr. 5 S. 2 AO).[1562]

Vor dem Hintergrund des gesetzten Untersuchungsgegenstandes drängt sich die Frage auf, ob das derzeit geltende Gemeinnützigkeitsrecht mit seinem Gebot der zeitnahen Mittelverwendung die den Stiftungen immanente Nachhaltigkeitsfunktion nicht konterkariert. Ist es kontraproduktiv im Sinne einer generationsübergreifend angelegten gemeinwohlorientierten Tätigkeit, wenn Mittel jährlich auszugeben sind? Ist es kontraproduktiv, wenn einem Institut, das institutionell-bedingt dauerhaft wirken soll (und muss), nur eingeschränkte Möglichkeiten einer Mittelthesaurierung zugesprochen werden, was letztlich die Möglichkeit einer ‚Innenfinanzierung' der Körperschaft schwächt? Oder vermeidet die Mittelverwendungspflicht gerade die teilweise befürchtete ‚Herrschaft der Toten über die Lebenden'?[1563]

Auf diese Fragen soll in **Kapitel 3** eingegangen werden.[1564]

(f) Möglichkeiten zur Bildung von Rücklagen

(aa) Stifterrücklage, § 58 Nr. 5 AO

Nach dieser Vorschrift wird die Steuervergünstigung nicht dadurch ausgeschlossen, dass eine Stiftung einen Teil, jedoch höchstens ein Drittel ihres Einkommens dazu verwendet, um in angemessener Weise den Stifter und seine nächsten Angehörigen zu unterhalten, ihre Gräber zu pflegen und ihr Andenken zu ehren.

(bb) Gebundene Rücklage, § 58 Nr. 6 AO

Nach dieser Vorschrift wird die Steuervergünstigung nicht dadurch ausgeschlossen, dass eine Körperschaft ihre Mittel ganz oder teilweise einer Rücklage zuführt, soweit dies erforderlich ist, um ihre steuerbegünstigten satzungsmäßigen Zwecke nachhaltig erfüllen zu können.

(cc) Freie Rücklage, § 58 Nr. 7 AO

Werden Mittel der gemeinnützigen Körperschaft in Rücklagen eingestellt, wird dem Grunde nach dem Gebot der Selbstlosigkeit, d. h. der zeitnahen und zweckgebundenen Verwendung von Mitteln, eigentlich nicht entsprochen, da Mittel nicht für die satzungsmäßigen Zwecke verwendet, sondern thesauriert werden. § 58 Nr. 7 AO sieht insofern folgende Regelungen vor:

Nach **§ 58 Nr. 7 Buchstabe a AO** kann eine Körperschaft höchstens ein Drittel des Überschusses der Einnahmen über die Unkosten aus Vermögensverwaltung und darüber hinaus höchstens 10 % ihrer sonstigen nach § 55 Abs. 1 Nr. 5 zeitnah zu verwendenden Mittel einer freien Rücklage zuführen. Diese Regelung die Rücklagenbil-

---

1561 Zu den Möglichkeiten der Rücklagenbildung sogleich weiter unten.

1562 Vgl. auch Thiel/Eversberg, Zur Reichweite des Gebots der zeitnahen Mittelverwendung im Gemeinnützigkeitsrecht, DB 2007, 191ff. Sie weisen in diesem Zusammenhang auf Aktivitäten im Bereich Forschung, Lehre, Kranken- und Wohlfahrtspflege hin, die entsprechend hergerichtete Räume, Betriebsvorrichtungen und Einrichtungsgegenstände voraussetzen.

1563 Vgl. Kapitel 2, Tz. 4.4.5.1.

1564 Vgl. Kapitel 3, Tz. 2.4.2.1. (b).

dung betreffend bezieht sich lediglich auf die Überschüsse von Einnahmen über Kosten aus Vermögensverwaltung. Möglich sind daneben die Möglichkeiten zur Rücklagenbildung nach § 58 Nr. 6 und Nr. 7 b AO.[1565]

Nach **§ 58 Nr. 7 Buchstabe b AO** kann eine Körperschaft Mittel zum Erwerb von Gesellschaftsrechten zur Erhaltung der prozentualen Beteiligung an Kapitalgesellschaften ansammeln oder im Jahr des Zuflusses verwenden; diese Beträge sind auf die nach § 58 Nr. 7 Buchstabe a AO in demselben Jahr oder künftig zulässigen Rücklagen anzurechnen.

Die Vorschriften zur Zulässigkeit von Rücklagenbildungen sind im Kontext der oben beschriebenen Pflicht zur zeitnahen Vermögensverwendung zu sehen. Die Möglichkeiten zur Bildung von Rücklagen sind Ausnahmen zum Grundsatz der zeitnahen Mittelverwendung. Auf die Frage, ob sich insofern Reformansätze anbieten können, wird in **Kapitel 3** eingegangen.[1566]

(dd) Zuführung von Mitteln zum Grundstockvermögen, § 58 Nr. 11 AO

Diese Regelung enthält vier Falltypen (Buchstaben a bis d), die sich alle auf Maßnahmen zur Stärkung des Vermögensstocks der Stiftung beziehen und eine damit verbundene Gefährdung der Gemeinnützigkeit aufgrund eines Verstoßes gegen den Grundsatz der Selbstlosigkeit ausschließen. In der Sache geht es somit um eine Ausnahmeregelung zum Grundsatz der Selbstlosigkeit (§ 55 Abs. 1 AO), die systematisch bei § 58 AO angesiedelt ist. Für den angelegten Untersuchungsgegenstand sind diese Regelungen von Bedeutung, weil sie zur **Innenfinanzierung** einer Stiftung und somit zur **Nachhaltigkeit ihrer Finanzierungsmöglichkeiten** beitragen können. Von einer Innenfinanzierung im klassischen Sinne ist auszugehen, wenn die zur Verfügung stehenden Mittel vom Betrieb selbst über den betrieblichen Umsatzprozess erwirtschaftet werden. Was nicht ausgegeben wird, steht als ‚Innenfinanzierungsvolumen' zur Verfügung. Es erhöht sich, wenn nicht alle Aufwendungen in der gleichen Periode, sondern erst in der Zukunft auszahlungswirksam sind. Das Innenfinanzierungsvolumen wird durch die Dotierung von Rückstellungen erhöht.[1567]

§ 58 Nr. 11a AO

Nach § 58 Nr. 11a AO ist die Steuervergünstigung einer gemeinnützigen Körperschaft nicht dadurch ausgeschlossen, wenn ihr Zuwendungen von Todes wegen zufließen und einbehalten werden, sofern der Erblasser keine Verwendung für den laufenden Aufwand der Körperschaft vorgeschrieben hat.

§ 58 Nr. 11b AO

Nach § 58 Nr. 11b AO können Mittel dem Vermögensstock der Stiftung zugeführt werden, wenn der Zuwendende bei der Zuwendung ausdrücklich erklärt hat, dass die

1565 Vgl. hierzu insgesamt Schmithuisen, NWB Fach 4, S. 4239; zum Anrechnungserfordernis auf die Rücklage nach § 58 Nr. 7 a AO vgl. AEAO zu § 58 Nr. 14, und Schmithuisen, a. a. O., S. 4243.

1566 Kapitel 3, Tz. 2.4.2.

1567 Wöhe, Einführung in die Allgemeine Betriebswirtschaftslehre, 22. Auflage, S. 709.

Zuwendung zur Ausstattung der Körperschaft mit Vermögen oder zur Erhöhung ihres Vermögens bestimmt ist.

§ 58 Nr. 11c AO

Zuwendungen können ferner thesauriert werden, wenn sie aufgrund eines Spendenaufrufs der Körperschaft vereinnahmt werden, aus dem ersichtlich hervorgegangen ist, dass Spenden zur Aufstockung des Stiftungsvermögens und nicht zur Verwendung gemeinnütziger Zwecke erbeten werden.

§ 58 Nr. 11d AO

Diese Vorschrift erfasst Sachzuwendungen, die ihrer Natur nach zum Vermögen gehören.[1568] Diese fallen – wie bisher – nicht unter die Verwendungsverpflichtung, sondern können ebenfalls dem Grundstock des Stiftungsvermögens zugeführt werden.

(ee) Vermögenszuführungen bei Stiftungen, § 58 Nr. 12 AO

Nach dieser Vorschrift wird die Steuervergünstigung nicht dadurch ausgeschlossen, dass eine Stiftung im Jahr ihrer Errichtung und in den zwei folgenden Kalenderjahren Überschüsse aus der Vermögensverwaltung und die Gewinne aus wirtschaftlichen Geschäftsbetrieben ganz oder teilweise ihrem Vermögen zuführt. Stiftungen haben somit in den ersten drei Jahren ihres Bestehens die Möglichkeit, ihren Vermögensstock aufzubauen, ohne gegen das Gebot der zeitnahen Verwendung zu verstoßen.[1569]

Mit dieser Vorschrift sind insbesondere Stiftungen mit kleinerem Vermögen angesprochen, die in der Praxis oft auch als unselbstständige Stiftungen in Erscheinung treten. Gleichwohl findet die Vorschrift auf alle Stiftungen Anwendung, unabhängig von der Höhe der Vermögensausstattung. Auch diese Vorschrift stellt eine Ausnahme zum Grundsatz des Gegenwartsbezugs des Gemeinnützigkeitsrechts dar.

Auf die Frage, ob sich hieraus Möglichkeiten zur Einbeziehung gemeinnütziger Stiftungen in eine generationengerechte Politik ergeben können, wird in **Kapitel 3** eingegangen.[1570]

4.5.1.3. Besteuerung einer Stiftung des öffentlichen Rechts

Gemeinnützige Stiftungen sind, sei es als rechtsfähige oder als nicht rechtsfähige Stiftung, mit ihrem gesamten Einkommen **steuerpflichtig.**[1571] Lediglich soweit die Voraussetzungen des Gemeinnützigkeitsrechts vorliegen, sind sie steuerbefreit

---

1568 Vgl. hierzu AEAO zu § 55 Nr. 11 d: z. B. Schenkung eines Mietwohngrundstücks. Dies gehört – auch ohne ausdrückliche Willensbezeugung des Zuwendenden – der Natur der Sache nach zum Vermögensstock der Stiftung und unterliegt somit nicht der Verwendungspflicht. Zu verwenden sind lediglich die (Miet-)Erträge.

1569 § 55 Abs. 1 AO.

1570 Kapitel 3, Tz. 2.4.2.

1571 § 1 Abs. 1 Nr. 4 und Nr. 5 KStG, vgl. Kapitel 2, Tz. 4.5.1.2. sowie Staudinger/Hüttemann/Rawert (2011) Vorbem 318 zu §§ 80-88.

(§ 5 Abs. 1 Nr. 9 S. 1 KStG).[1572] Gemeinnützigen Stiftungen des privaten Rechts kommt die „Rolle des Geförderten" zu.[1573]

Die **Stiftung des öffentlichen Rechts** ist im Gegensatz dazu **nicht steuerpflichtig**. Lediglich wirtschaftliche Betätigungen in Form eines (sog.) ‚Betriebs gewerblicher Art'[1574] unterliegen gemäß § 1 Abs. 1 Nr. 6 KStG der Steuerpflicht.[1575] Der Stiftung des öffentlichen Rechts obliegt, als staatliche Einrichtung, die „Rolle der Förderinstanz"[1576].

Gegenüber gemeinnützigen Stiftungen des privaten Rechts ist insofern ein **umgekehrtes Regel-Ausnahme-Verhältnis** von Steuerpflicht und Steuerbefreiung festzustellen.

Gemeinnützige Stiftungen müssen sich ihre steuerrechtliche Privilegierung erst ‚erarbeiten' bzw. sich ‚verdienen', in dem sie gemeinnützige Zwecke ‚verfolgen' (§ 52 Abs. 1 Satz 1, 56 AO), die Allgemeinheit selbstlos ‚fördern' (§ 52 Abs. 1 Satz 1, § 55 AO), Personen ‚unterstützen' (§ 53 AO) und ihre Mittel ‚verwenden' (§ 53 Abs. 1 Nr. 1 AO) und ihre Zwecke selbst ‚verwirklichen' (§ 57 AO). Von dieser (Aktivitäts-)Pflicht zur Mittelverwendung sind nur unter bestimmten Voraussetzungen Ausnahmen vorgesehen (vgl. 58 AO), was, wie dargestellt, auf die Finanzierung, insbesondere die Möglichkeit zur Innenfinanzierung, Auswirkungen hat.[1577]

Für die **Stiftung des öffentlichen Rechts** bedarf es eines Regimes zur Steuerbefreiung wie im Fall der gemeinnützigen Stiftungen nicht. Folglich finden auch die Regelungen zur Zulässigkeit der Bildung von Rücklagen keine Anwendung. Die Stiftung des öffentlichen Rechts hat somit weitreichendere Möglichkeiten der Innenfinanzierung, sprich der Kapitalakkumulation. Gesetzliche Einschränkungen bestehen insofern nicht.

Es drängt sich die Frage auf, ob eine Stiftung des öffentlichen Rechts (noch) besser als intergenerationelle Verteilungsagentur in Frage kommen könnte als eine gemeinnützige Stiftung des privaten Rechts, weil die Stiftung des öffentlichen Rechts Kapital und Vermögen uneingeschränkt für zukünftige Generationen akkumulieren könnte. Auf der anderen Seite deutet sich hier ein Spannungsverhältnis zu dem von *Kübler* proklamierten Verbot der dauerhaften Vermögensbindung an.[1578]

1572 Betreiben sie einen wirtschaftlichen Geschäftsbetrieb sind sie mit diesem steuerpflichtig, § 64 AO, § 5 Abs. 1 Nr. 9 Satz 2 KStG, Vgl. Kapitel 2, Tz. 3.4.1.1.

1573 Seer/Wolsztynski, Steuerrechtliche Gemeinnützigkeit der öffentlichen Hand, S. 51.

1574 Ein Betrieb gewerblicher Art ist gem. § 4 Abs. 1 KStG definiert als ‚Einrichtungen, die einer nachhaltigen wirtschaftlichen Tätigkeit zur Erzielung von Einnahmen außerhalb der Land- und Forstwirtschaft dienen und die sich innerhalb der Gesamtbetätigung der juristischen Person wirtschaftlich herausheben. Die Absicht, Gewinn zu erzielen, und die Beteiligung am allgemeinen wirtschaftlichen Verkehr sind nicht erforderlich.' Gem. § 4 Abs. 3 KStG gehören zu den Betrieben gewerblicher Art auch Betriebe, die der Versorgung der Bevölkerung mit Wasser, Gas, Elektrizität oder Wärme, dem öffentlichen Verkehr oder dem Hafenbetrieb dienen.

1575 Für die Gewerbesteuer vgl. § 2 GewStDV i. V. m. § 2 Abs. 1 S. 2 GewStG; vgl. auch Alscher, Die Stiftung des öffentlichen Rechts, S. 238.

1576 Seer/Wolsztynski, Steuerrechtliche Gemeinnützigkeit der öffentlichen Hand, S. 51.

1577 Vgl. oben Tz. 4.5.1.2. (f)/(dd).

1578 Vgl. Kapitel 2, Tz. 4.4.5.1. – Stiftungen und Testierfreiheit.

Ob sich aus diesen Überlegungen gewinnbringende Ansätze zur Frage nach Möglichkeiten und Grenzen der Einbeziehung gemeinnütziger Stiftungen in eine generationengerechte Politik ergeben können, soll in **Kapitel 3** untersucht werden.[1579]

4.5.1.4. Erbschaft- und schenkungsteuerliche Aspekte

An dieser Stelle möge der Hinweis auf die Vorschrift des § 13 Abs. 16b ErbStG genügen, wonach Zuwendungen an inländische Körperschaften, Personenvereinigungen und Vermögensmassen, die nach der Satzung, dem Stiftungsgeschäft oder sonstigen Verfassung und nach ihrer tatsächlichen Geschäftsführung ausschließlich und unmittelbar kirchlichen, gemeinnützigen oder mildtätigen Zwecken dienen, von der Erbschaft- und Schenkungsteuer befreit sind. Nach Satz 2 der Norm entfällt die Steuerbefreiung, mit Wirkung für die Vergangenheit, wenn die gemeinnützigkeitsrechtlichen Voraussetzungen für die Anerkennung der Körperschaft, Personenvereinigung oder Vermögensmasse innerhalb von zehn Jahren nach der Zuwendung entfallen und das Vermögen nicht begünstigten Zwecken zugeführt wird.

Aufgrund des Inlandsbezugs dürfte die Norm gegen die Kapitalverkehrsfreiheit gemäß Art. 63 AEUV (ex-Art. 56 EG) verstoßen. Die EU-Harmonisierung der Norm, wie sie bspw. mit dem Jahressteuergesetz 2009 in § 51 Abs. 2 AO – wenn auch nur unzulänglich – erfolgt ist,[1580] wurde wohl schlicht übersehen.

Der Frage nach der Einbeziehung gemeinnütziger Stiftungen in Überlegungen der Nachfolgeplanung, insbesondere auch die Frage des Zusammenspiels zu übrigen Vorschriften das ErbStG betreffend, soll – vor dem Hintergrund des gesetzten Untersuchungsgegenstands – in **Kapitel 3** nachgegangen werden.[1581] Dies erscheint wegen der Komplexität der zugrunde zu legenden Normen[1582] am sachgerechtesten zu sein.

4.5.2. Besteuerungsregime der Finanzierung gemeinnütziger Stiftungen

4.5.2.1. Grundbegriffe

Gemeinnützige Körperschaften finanzieren ihre Aufgaben aus einer ganzen Reihe verschiedener Einnahmequellen. Dazu gehören staatliche Zuwendungen bzw. Subventionen, Zuwendungen von Stiftungen (d.h. anderen gemeinnützige Organisationen), Lotterien, Leistungsentgelte, Entgelte aus dem Verkauf von Waren und Dienstleistungen, Einnahmen aus Sponsoring und Merchandising, Spenden, Zustiftungen, Erbschaften sowie Gebühren und Mitgliedsbeiträge. Diese Vielfalt der Finanzierungsquellen führt zu der für gemeinnützige Körperschaften spezifischen Finanzierungsstruktur, die auch als „Finanzierungsmix“ oder „Finanzierungsportfolio“ bezeichnet wird.[1583] Nachfolgend wird auf die Spende und die Stiftung eingegangen.

1579 Vgl. Kapitel 3, Tz. 3.

1580 Vgl. Kapitel 2, Tz. 4.5.1.2. (c).

1581 Vgl. Kapitel 3, Tz. 2.3.

1582 Insbes. §§ 13a, b ErbStG, auf die wegen des Sachzusammenhangs in Kapitel 3 eingegangen wird.

1583 Vilain, Finanzierungslehre für Nonprofit-Organisationen, S. 31.

4.5.2.2. Spende als Finanzierungselement

Der Begriff der Spende findet sich in § 10b Abs. 1 S. 1 EStG und § 9 Abs. 1 Nr. 2 KStG und § 9 Nr. 5 GewStG.[1584] Dort heißt es:

> „Zuwendungen (Spenden und Mitgliedsbeiträge) zur Förderung steuerbegünstigter Zwecke im Sinne der §§ 52 bis 54 der Abgabenordnung an (...) eine nach § 5 Abs. 1 Nr. 9 des Körperschaftsteuergesetzes steuerbefreite Körperschaft (...) können insgesamt bis zu (...) als Sonderausgaben abgezogen werden."

Der BFH definiert die steuerlich abzugsfähige Spende als „Ausgabe, die freiwillig und ohne Gegenleistung zur Förderung der gesetzlich festgelegten Zwecke geleistet wird"[1585]. Zur steuerlichen Anerkennung einer Spende ist eine freiwillige, unentgeltliche Wertabgabe an eine als gemeinnützig anerkannte Körperschaft zu deren Verwendung für ihre gesetzlich spendenbegünstigten Zwecke erforderlich.[1586]

4.5.2.3. Auslandsbezug und Spende

Spenden an **ausländische Körperschaften** waren bis zum 01.01.2009 in Kraft getretenen Jahressteuergesetz steuerlich nicht abzugsfähig. Wesentlicher Grund für diese gesetzliche Einschränkung war, dass die deutsche Finanzverwaltung die ordentliche Zweckverfolgung mangels hoheitlicher Befugnisse im Ausland nicht überprüfen konnte. Steuerlich abzugsfähig war dagegen die Spende an eine inländische gemeinnützige Körperschaft, die gemeinnützige Zwecke im Ausland verfolgt.[1587] Insofern hat sich jedoch mit dem Urteil des Europäischen Gerichtshofs (EuGH) vom 27.01.2009 in der Rechtssache „Hein Persche" ein Wandel vollzogen.[1588] Der EuGH hatte in diesem Urteil entschieden, dass der freie Kapitalverkehr (63 AEUV, ex-Art. 56 EG) der Regelung eines Mitgliedstaats entgegensteht, wonach bei Spenden an als gemeinnützig anerkannte Einrichtungen nur Spenden an im Inland ansässige Einrichtungen von der Steuer abgezogen werden können. Der EuGH stellte aber auch fest, dass es jedem Mitgliedstaat freistehe, die Regelungen der steuerlichen Abzugsfähigkeit von Spenden, also auch die Anforderungen an die Gemeinnützigkeit, selbstständig zu regeln. Damit

---

1584 Diese gesetzliche Begriffsbestimmung ist relativ neu und wurde durch das „Gesetz zur weiteren Stärkung des bürgerlichen Engagements" vom 10.10.2007, BGBl. 2007 I, S. 2332, mit Wirkung zum 01.01.2007 eingeführt. Bis dahin wurde in § 10b EStG zwischen den Begriffen „Ausgaben" und „Zuwendungen" unterschieden. Der Begriff „Zuwendungen" soll sowohl die Geldspende als auch die Sachspende umfassen; Richter/Eichler, Änderungen des Spendenrechts aufgrund des Gesetzes zur weiteren Stärkung des bürgerschaftlichen Engagements, FR 2007, S. 1037, 1038.

1585 BFH vom 12.09.1990 I R 65/86, BStBl. II 1991, S. 258.

1586 § 10a EStG, § 9 Abs. 1 Nr. 2 KStG und § 9 Nr. 5 GewStG.

1587 Einzelheiten siehe bei Schmidt/Heinicke EStG § 10b Rz. 27.

1588 EuGH C-318/07; vgl. auch zum Vorabentscheidungsersuchen des XI. Senats des BFH (Beschl. v. 09.05.2007, XI R 56/05 = HFR 2007, S. 971 oder IStR 2007, S. 599), Drüen/Liedtke, Die Reform des Gemeinnützigkeits- und Zuwendungsrechts, FR 2008, S. 9 ff. und Hüttemann/Helios, Abzugsfähigkeit von Direktspenden an gemeinnützige Einrichtungen im EU-Ausland, IStR 2008, S. 39. Vgl. ferner Tiedtke/Möllemann, Spendenabzug und Europarecht, IStR 2007, S. 837 ff. und *dies.* Gemeinnützigkeit und Europäische Grundfreiheiten, DStZ 2008, S. 69 ff; siehe aber auch FG Münster vom 8.03.2012 2 K 2608/09, worin das FG zu den Voraussetzungen des Spendenabzugs an einen ausländischen Empfänger Stellung nimmt.

bestätigte der EuGH auch die innerstaatliche Steuersouveränität bei den direkten Steuern und die Verfahrensautonomie der Mitgliedstaaten.

Die Norm des § 10b Abs. 1 EStG wurde mit dem Gesetz zur Umsetzung steuerlicher EU-Vorgaben sowie zur Änderung steuerlicher Vorschriften[1589] im Hinblick auf die europarechtlich erforderliche Begünstigung von Auslandszuwendungen neu gefasst (vgl. insbesondere § 10b Abs. 1 Satz 2 bis 6 EStG). Die größten Bedenken zur Frage der Vereinbarkeit mit Europarecht wurden damit beseitigt, wenngleich die Regelung in Randbereichen noch Diskriminierungswirkung entfalten kann.[1590]

Zur bereits oben[1591] aufgeworfenen Frage, ob sich insofern vor dem Hintergrund der gesetzten Aufgabenstellung Reformansätze ergeben können, wird in **Kapitel 3** eingegangen.[1592]

4.5.2.4. Stiftung als Finanzierungselement

Vor dem Hintergrund der jüngsten Reformen im Stiftungssteuerrecht bietet sich die Betrachtung der Rechtslage bis zum 31.12.2006 und ab dem 01.01.2007 an.

(a) Rechtslage bis zum 31.12.2006

Bis zum 31.12.2006 war das Steuerregime zur Errichtung einer gemeinnützigen Stiftung geprägt durch das Gesetz zur weiteren steuerlichen Förderung von Stiftungen vom 14.07.2000[1593], das im Hinblick auf seine begünstigenden Auswirkungen rückwirkend ab dem 01.01.2000 zur Anwendung kam. Dieses Gesetz sah neben den allgemeinen Fördertatbeständen eine besondere steuerliche Förderung für Stifter vor. Die Regelungen gelten für gemeinnützige rechtsfähige Stiftungen als auch für gemeinnützige nichtrechtsfähige Stiftungen, nicht dagegen für Kapitalgesellschaften oder Vereine, die als Stiftung firmieren (also Stiftungs-GmbH oder Stiftungsverein).

Grundförderung

Bei der Einkommensteuer waren Ausgaben zur Förderung kirchlicher, religiöser, wissenschaftlicher und der als besonders förderungswürdig anerkannten gemeinnützigen Zwecke begrenzt bis zur Höhe von 5 % des Gesamtbetrags der Einkünfte als Sonderausgaben abzugsfähig (§ 10b Abs. 1 Satz 1 EStG).[1594] Für wissenschaftliche, mildtätige und als besonders förderungswürdig anerkannte kulturelle Zwecke erhöhte sich der Prozentsatz von 5 auf 10.[1595] Bis zum 31.12.2006 definierte § 48 Einkommensteuer-Durchführungsverordnung (EStDV) nebst einer Anlage (1) zur EStDV die Zwecke, die als besonders förderungswürdig im Sinne des § 10b Abs. 1 Satz 2 des EStG galten und somit zum 10%igen Abzug berechtigten.

1589 BGBl. I 2010, 386 ff.; BStBl. I 2010, 334 ff.

1590 Vgl. hierzu Kulosa in Herrmann/Heuer/Raupach, § 10b EStG Anm. 8 m.w.N. und Anm. 46 ff.

1591 Vgl. Kapitel 2, Tz. 4.5.1.2. (c).

1592 Vgl. Kapitel 3, Tz. 2.6.

1593 BGBl. I 2000, 1034; BStBl. I 2000, S. 1192.

1594 Alternativ zu 5 % des Gesamtbetrags der Einkünfte konnten auch 2 von Tausend der Summe der gesamten Umsätze und der im Kalenderjahr aufgewendeten Löhne und Gehälter als Sonderausgabe abgezogen werden.

1595 § 10b Abs. 1 Satz 2 EStG i. d. F. des Gesetzes vom 14.7.2000, BGBl. I 2000, S. 1034.

Großspendenregelung

Überschritt eine Einzelzuwendung von mindestens 25.565 Euro zur Förderung wissenschaftlicher, mildtätiger oder als besonders förderungswürdig anerkannter kultureller Zwecke diese Höchstsätze, war sie im Rahmen der Höchstsätze im Veranlagungszeitraum der Zuwendung im vorangegangenen und in den fünf folgenden Veranlagungszeiträumen abzuziehen.[1596] Eine solche sog. Großspende konnte somit auf insgesamt 7 Jahre steuerlich verteilt werden. Ein danach steuerlich nicht ausgenutzter Spendenbetrag (sog. Spendenüberhang) wirkte sich steuerlich nicht mehr aus.

Besondere steuerliche Fördertatbestände für Stifter nach dem Gesetz zur weiteren steuerlichen Förderung von Stiftungen vom 14.07.2000

Die Förderung einer Stiftung war zunächst nach den allgemeinen steuerlichen Fördertatbeständen für Zwecke der Einkommensteuer in § 10b EStG geregelt (vgl. obige Ausführungen zur Grundförderung). Diese Förderregelung fand in § 9 Abs. 1 Nr. 2 KStG ihre Entsprechung für die Körperschaftsteuer und gemäß § 9 Nr. 5 GewStG für die Gewerbesteuer.

Die **Errichtung** einer gemeinnützigen Stiftung unter Lebenden wurde durch das Gesetz zur weiteren steuerlichen Förderung von Stiftungen vom 14.07.2000 wesentlich verbessert. Nach dem neu eingeführten § 10b Abs. 1a EStG konnten Zuwendungen, die anlässlich der Neugründung in den Vermögensstock einer gemeinnützigen Stiftung des öffentlichen oder privaten Rechts geleistet wurden, im Jahr der Zuwendung und in den folgenden neun Veranlagungszeiträumen nach Antrag des Steuerpflichtigen bis zu einem Betrag i. H. v. 307.000 Euro[1597] zusätzlich zu dem als Sonderausgaben i. S. des § 10 b Abs. 1 EStG zulässigen Umfang abgezogen werden. Darüber hinaus konnten Zuwendungen an Stiftungen des öffentlichen Rechts und an gemeinnützige Stiftungen des privaten Rechts bis zur Höhe von 20.450 Euro abgezogen werden (§ 10b Abs. 1 Satz 3 EStG). Der Gründungshöchstbetrag i. H. v. 307.000 Euro konnte nur einmal in 10 Jahren geltend gemacht werden. Die Zuwendung musste bis zum Ablauf des Jahres der Gründung geleistet worden sein.[1598] Nach Ablauf des 10-Jahres-Zeitraums konnte der Stifter erneut den Stiftungsförderbetrag i. H. v. 307.000 Euro in Anspruch nehmen, er musste zu diesem Zweck jedoch eine neue Stiftung errichten. Nach der Rechtsprechung des BFH konnten Ehegatten sowohl im Fall der steuerlichen Zusammenveranlagung als auch im Fall der getrennten Veranlagung jeweils diese steuerlichen Fördertatbestände geltend machen.[1599]

(b) Rechtslage ab dem 01.01.2007

Die steuerliche Privilegierung wurde im Jahr 2007 durch das Gesetz zur weiteren Stärkung des bürgerschaftlichen Engagements vom 10.10.2007[1600] nochmals verbessert. Dieses Gesetz trat rückwirkend zum 01.01.2007 in Kraft. Im Jahr 2007 hatte der Steu-

1596 § 10b Abs. 1 Satz 4 EStG i. d. F. des Gesetzes vom 14.7.2000, BGBl. I 2000, S. 1034.

1597 Vor dem 01.01.2002: 600.000 DM.

1598 Siehe § 10b Abs. 1a Satz 2 EStG i. d. F. des Gesetzes vom 14.7.2000, BGBl. I 2000, S. 1034.

1599 BFH Urteil vom 03.08.2005, XI R 76/03, DStRE 2006, S. 10.

1600 BGBl. 2007 I, S. 2332.

erpflichtige ein Wahlrecht zwischen der Anwendung des alten und des neuen Rechts. Insgesamt wurde das gesamte Spendenrecht einfacher und übersichtlicher gestaltet.[1601]

Regelungen zu gemeinnützigen Zwecken der Abgabenordnung und Zwecke, die nach dem EStG und der EStDV zum Spendenabzug berechtigen, wurden vereinheitlicht. Vor dieser Regelung wurde zwischen gemeinnützigen und spendenbegünstigten Zwecken unterschieden und diese in der AO[1602] und dem Einkommensteuergesetz definiert.[1603] Bis zur Gesetzesänderung durch das Gesetz zur weiteren Stärkung des bürgerschaftlichen Engagements waren nur Ausgaben zur Förderung ‚mildtätiger, kirchlicher, religiöser, wissenschaftlicher und der als besonders förderungswürdig anerkannten gemeinnützigen Zwecke' innerhalb bestimmter Höchstgrenzen steuerlich abziehbar. Bei Spenden an eine gemeinnützige Körperschaft i. S. von § 52 AO reichte es nicht aus, dass gemeinnützige Zwecke i. S. des § 52 AO verfolgt wurden. Der Spendenabzug war zusätzlich davon abhängig, ob der gemeinnützige Zweck in der Anlage 1 zu § 48 Abs. 2 EStDV als ‚besonders förderungswürdig' anerkannt war.[1604] Zuwendungen für gemeinnützige Zwecke, die in dieser Anlage nicht genannt wurden, waren vom Spendenabzug ausgenommen (sog. kleine Gemeinnützigkeit).[1605] Hierzu zählte z. B. die ‚Förderung des demokratischen Staatswesens', ein Zweck, der in § 52 Abs. 2 Nr. 3 AO a. F. ausdrücklich als gemeinnützig benannt war, jedoch nicht als besonders förderungswürdig im Sinne der steuerlichen Abzugsfähigkeit für Spenden anerkannt war. Die Förderung des demokratischen Staatswesen ist nunmehr (ab dem 01.01.2007) in § 52 Abs. 2 Satz 1 Nr. 24 AO explizit genannt und somit auch spendenbegünstigt.

Diese Unstimmigkeiten zwischen den Regeln zum steuerlichen Gemeinnützigkeitsrecht der Abgabenordnung und den ertragsteuerlichen Regeln zu spendenbegünstigten Zwecken wurden mit dem Gesetz zur weiteren Stärkung des bürgerschaftlichen Engagements vom 10.10.2007 beseitigt. Das EStG verweist nunmehr auf § 52 AO und somit auf den dortigen Katalog. Die Vorschriften des § 48 und § 49 EStDV sind nebst der Anlage zu § 48 EStDV entfallen. Der nunmehr geltende Katalog des § 52 Abs. 2 EStG wurde bereits weiter oben dargestellt.[1606]

Die nachfolgende Tabelle stellt ausgewählte Aspekte der bisherigen Rechtslage der neuen Rechtslage gegenüber. Besonders hinzuweisen ist auf die Erhöhung des Förderbetrags für die steuerliche Förderung gemeinnütziger Stiftungen.

1601 Richter/Eichler, Änderungen des Spendenrechts aufgrund des Gesetzes zur weiteren Stärkung des bürgerschaftlichen Engagements, FR 2007, S. 1037, 1038.

1602 Siehe § 52 AO.

1603 § 10b EStG bzw. Einkommensteuer-Durchführungsverordnung (§ 48 EStDV und Anlage 1 zu § 48 EStDV).

1604 Vgl. Hüttemann, Das Gesetz zur weiteren Stärkung des bürgerschaftlichen Engagements und seine Auswirkungen auf das Gemeinnützigkeits- und Spendenrecht, DB 2007, S. 2053.

1605 Ders., a. a. O.

1606 Vgl. Kapitel 2, Tz. 4.5.1.2. (d).

	Rechtslage bis zum 31.12.2006	*Rechtslage ab dem 01.01.2007*
Regelungskomplex betreffend die als besonders förderungswürdig anerkannten gemeinnützigen Zwecke	Anlage 1 zu § 48 Abs. 2 EStDV.	§ 52 Abs. 2 AO.
Steuerliche Grundförderung/ Höchstbetragsbegrenzung	5 % des Gesamtbetrags der Einkünfte, 10 % des Gesamtbetrags der Einkünfte für wissenschaftliche, mildtätige und kulturelle Zwecke.	Einheitlich 20 % der Einkünfte.
Alternative Höchstbetragsbegrenzung	2 ‰ der Summe der Umsätze, Löhne und Gehälter (im betrieblichen Bereich).	4 ‰ der Summe der Umsätze, Löhne und Gehälter (im betrieblichen Bereich).
Besonderer Höchstbetrag für steuerliche Förderung von Stiftungen	307.000 Euro (nur bei Neuerrichtung einer Stiftung), 20.450 Euro (bei Zustiftungen an bestehende Stiftungen).	1 Mio. Euro sowohl bei Neuerrichtung einer Stiftungen als auch bei Zustiftungen an bestehende Stiftungen).
Großspendenregelung	Verteilung auf maximal 7 Jahre, wenn die Spende größer 25.565 Euro war und für wissenschaftliche, mildtätige und kulturelle Zwecke geleistet wurde.	Uneingeschränkter Spendenvortrag, unabhängig vom Zweck.
Spendennachweis ohne gesonderte Zuwendungsbestätigung	Bei Spenden bis zu 100 Euro.	Bei Spenden bis zu 200 Euro.

Die Norm des § 10b Abs. 1a EStG ist insofern von Bedeutung, als der Höchstbetrag steuerlich abziehbarer Spenden in den Vermögensstock einer gemeinnützigen Stiftung von 307.000 Euro auf 1 Mio. Euro erhöht wurde. Galt dies vor der Reform des Spendenrechts nur bei Neuerrichtung einer Stiftung, gilt dies nunmehr auch für Zuwendungen an bestehende Stiftungen. Spenden Ehegatten, können diese, auch im Fall der Zusammenveranlagung, jeweils für sich den Förderhöchstbetrag i.H.v. 1 Mio. Euro geltend machen.[1607] Auch die Erhöhung des Spendenabzugs auf 20% (bisher 5% bzw. 10%) wird als Anreiz zur Finanzierung der laufenden Stiftungstätigkeit gesehen.[1608] Von Bedeutung für das Spendenwesen ist auch die Neufassung der (sog.) Großspendenregelung. Vor der Reform war die steuerliche Abzugsfähigkeit von Großspenden der Höhe nach beschränkt (s. obige Darstellung in tabellarischer Form). Ab dem 01.01.2007 wird dies durch einen zeitlich unbegrenzten Spendenvortrag ersetzt.[1609] Zuwendungen, die sich in einem Veranlagungszeitraum steuerlich nicht auswirken, können zeitlich unbegrenzt in die folgenden Veranlagungszeiträume vorgetragen wer-

1607 Orth, Stiftungssteuerrecht, WpG 2007, S. 969.

1608 Ders., a. a. O.

1609 Dies gilt sowohl für die Einkommen-, Körperschaft- und Gewerbesteuer, § 10b Abs. 1 Satz 4 EStG, § 9 Abs. 1 Nr. 2 Satz 3 KStG, § 9 Nr. 5 Satz 2 GewStG, jeweils i.d.F. des Gesetzes zur weiteren Stärkung des bürgerschaftlichen Engagements vom 10.10.2007.

den. Ein Spendenrücktrag in einen zeitlich vorherigen Veranlagungszeitraum ist nicht mehr möglich.[1610]

Überlegungen der Reformierung des § 10b Abs. 1a EStG vor dem Hintergrund des gesetzten Untersuchungsgegenstands finden sich in **Kapitel 3** der Untersuchung.[1611]

5. Stiftungspraxis vor dem Hintergrund der jüngsten Reformbewegungen

Die Reformen zugunsten des Stiftungswesens haben zu einem verstärkten Anstieg von Stiftungsgründungen in Deutschland geführt.[1612] Dies soll auch mit einer grundlegend verwaltungsfreundlichen Praxis der Stiftungsaufsichtsbehörden einhergehen. Nach *Fritz*[1613] würde das bürgerschaftliche Engagement keine Stärkung erlangen, wenn langwierige Abstimmungsprozesse eher die Regel als die Ausnahme seien. Nach *Lex*[1614] sprechen die in jüngster Zeit zu verzeichnenden Stiftungsgründungen eher für eine positive Einstellung der Stifter zur Behörde und zum Gründungsverfahren als solchem. Allein von 1991 bis Ende 2000 wurden 4.151 Stiftungen des bürgerlichen Rechts oder ca. 43 % des Ende 2000 vorhandenen Bestandes von 9.674 Stiftungen errichtet.

Im Rahmen der Vorarbeiten zur Reformierung des Gesetzes zur Modernisierung des Stiftungsrechts vom 15.07.2002 hat sich eine Bund-Länder-Arbeitsgruppe mit Vorschlägen für eine Verkürzung des Genehmigungs-, mittlerweile Anerkennungsverfahrens, auseinandergesetzt. Man erwog dabei, vom Genehmigungsverfahren ganz abzurücken und zu einem Registrierungsverfahren bei den Amtsgerichten überzugehen. Die erhoffte Verkürzung des Verwaltungsverfahrens sah die Bund-Länder-Arbeitsgruppe jedoch auch dann gewährleistet, wenn im Genehmigungs- oder Anerkennungsverfahren verschiedene entbehrliche Anforderungen an den Stifter entfallen, wie z. B. der Nachweis des zugesicherten Vermögens, die Bereitschaftserklärung vorgesehener Organmitglieder, der Wirtschaftsplan für das erste Haushaltsjahr oder die Vorlage beglaubigter Unterschriftsproben der vertretungsberechtigten Organe.[1615]

Entscheidend für die – modifizierte – Beibehaltung des bisherigen Errichtungssystems war auch das Ergebnis der Untersuchung über die Dauer des Genehmigungsverfahrens und die Bearbeitungszeit der Behörden. Im Bundesdurchschnitt dauerte es von der ersten Befassung der Behörde bis zur Erteilung der Genehmigung 192,7 Kalendertage. Hiervon entfielen 149 Tage auf die Wartezeit der Stiftungsbehörde auf Antworten, wobei sich hiervon wiederum 137 Tage auf Stellungnahmen und Unterlagen bezogen, die vom Stifter zu erbringen waren. Der Behörde waren 44 Tage zuzurechnen, davon 12 Tage reine Bearbeitungszeit und 3,8 Stunden Beratung. Dies wurde als an-

---

1610 Vgl. Richter/Eichler, Änderungen des Spendenrechts aufgrund des Gesetzes zur weiteren Stärkung des bürgerschaftlichen Engagements, FR 2007, S. 1037, 1039.

1611 Siehe Kapitel 3, Tz. 2.4.3.

1612 Vgl. bereits in der Einleitung Tz. 1. und Kapitel 2, Tz. 3.

1613 Fritz, Gesetz zur weiteren Stärkung des bürgerschaftlichen Engagements, BB 2007, S. 2550.

1614 Lex, Das neue Stiftungsrecht, ZEV 2002, S. 405, 408.

1615 Lex, Das neue Stiftungsrecht, ZEV 2002, S. 405, 408.

gemessen erachtet. Ein Registrierungsverfahren hätte demgegenüber einen neuen Behördenweg eröffnet, und in der Registrierung bei den Stiftungsbehörden sah man wegen des identischen Verfahrens keinen Vorteil für den Stifter.

Auch eine Verfahrensoptimierung durch Zusammenlegung von Stiftungsaufsichtsbehörde und steuerbehördlichen Verfahren wurde verworfen. Grund war zum einen die Tatsache, dass für Fragen der Steuerbegünstigung gemäß Art. 108 GG die Finanzbehörden zuständig sind, und zum anderen, dass die meisten Stiftungsgenehmigungsbehörden ohnehin die erforderliche Bestätigung bei der zuständigen Finanzbehörde einholen.

6. Fazit zu Kapitel 2 der Untersuchung

Nach dieser Bestandsaufnahme zum geschichtlichem Hintergrund, zu Grundbegriffen, Erscheinungsformen, statistischen und ökonomischen Erkenntnissen sowie den rechtlichen Rahmenbedingungen lassen sich im Hinblick auf die Frage nach Möglichkeiten und Grenzen der Einbeziehung gemeinnütziger Stiftungen in eine generationengerechte Politik folgende Fazits ziehen.

6.1. Fazit zur Stiftungshistorie

Vor der Stiftung existierte der Stiftungsgedanke. Dieser zielte darauf ab, Zwecke, die über den eigenen Tod hinausgehen, zu verfolgen. Das Wirken über den eigenen Tod hinaus – und somit auch das Wirken für zukünftige Generationen – war und ist eine den Stiftungen immanente Funktion. Diese Funktion wurde von Stiftern von jeher bewusst genutzt. Während das generationsübergreifende Wirken der Stiftung zunächst aus egoistischen Motiven, wie der Sicherung des eigenen Seelenheils, erfolgte, nutzte man diese Funktion bereits im 1. und 2. Jahrhundert nach Christus auch für gesellschaftspolitische Zwecke. Römische Kaiser setzten ‚Alimentenstiftungen' zur Lösung demografisch verursachter Probleme und zur Steigerung der Geburtenrate in geburtenschwachen Gebieten ein. Dieser Befund belegt, dass der gesetzte Untersuchungsgegenstand, gemeinnützige Stiftungen in Lösungsansätze für Gerechtigkeitsfragen mit intergenerationellem Bezug einzubeziehen, so fernliegend nicht ist.

In Deutschland hat die Errichtung gemeinnütziger Stiftungen durch vermögende Privatpersonen eine lange Tradition. Ein mäzenatisch motiviertes Stiftungswesen lässt sich bereits mit dem Niedergang der Monarchie feststellen. Heute wird das Stiftungswesen von allen Bevölkerungsschichten angenommen. So zeigen sowohl mittelständische Unternehmen als auch börsennotierte Aktiengesellschaften ein hohes Spenden- und Stiftungsengagement. Auch zeigt sich ein stetig wachsendes stiftungsspezifisches Engagement privater Personen, die nicht über mäzenatisch anmutendes Vermögen verfügen. Beleg hierfür ist die zunehmende Anzahl von Bürgerstiftungen. Dies dokumentiert ein sozialpolitisches Umfeld, das durch ein hohes Maß an Solidarität und Eigenverantwortung geprägt ist. Es liegt nahe, dieses sozialpolitische Umfeld für politische Konzepte nutzbar zu machen.

Der historische Abriss belegt in seiner Gänze, dass Reformen mit der Zielsetzung der Einbeziehung gemeinnütziger Stiftungen zur Lösung intergenerationeller Gerechtigkeitsproblematiken grundsätzlich erfolgversprechend sind.

6.2. Fazit zu Grundbegriffen und Erscheinungsformen von Stiftungen

6.2.1. Stiftungszweck

Auf Basis des § 80 Abs. 2 BGB könnte eine Stiftung den Zweck verfolgen, Interessen künftiger Generationen zu vertreten und wahrzunehmen. Eine ‚Gemeinwohlgefährdung' dieser Zweckverfolgung ist nicht ersichtlich.

Es hat sich allerdings auch gezeigt, dass eine solche Interessenvertretung ein Mindestmaß an Flexibilität erfordert, denn die Bedürfnisse und Interessen künftiger Generationen sind heute noch nicht bekannt.[1616] Intergenerationelle Verteilungsmechanismen müssten daher so ausgestaltet sein, dass sie flexibel auf (auch potenzielle) Bedürfnisse und Interessen künftiger Generationen eingehen können.

Den gesetzlichen Ansatz de lege lata bieten § 87 BGB und § 52 Abs. 2 AO. § 87 BGB sieht in Grenzen und in Abhängigkeit des Stifterwillens die Möglichkeit der Änderung oder Aufhebung der Zweckbestimmung vor. Das Steuerrecht enthält hierzu mit dem Katalog in § 52 Abs. 2 Satz 1 AO die gemeinnützigkeitsrechtliche Komponente. Die Öffnungsklausel in § 52 Abs. 2 Satz 2 AO lässt eine gewisse Flexibilität, auf künftige Interessen und Bedürfnisse reagieren zu können, vermuten. Es stellt sich aber die Frage, ob das Steuerrecht für diese Fragestellung das richtige Medium ist. Auch stellt sich die Frage, ob dieses Rechtsregime de lata ausreichend ist, um die mutmaßlich erforderliche Flexibilität zu gewährleisten.

Was sich insofern andeutet, ist das Spannungsverhältnis zur ‚Maßgeblichkeit des Stifterwillens'.[1617] Es stellt sich die Frage, ob es zulässig ist, das Wirken gemeinnütziger Stiftungen in derartige Überlegungen einzubeziehen oder ob hiermit eine ‚überschießende Instrumentalisierung' derselben verbunden ist.

6.2.2. Stiftungsgeschäft

Das Stiftungsgeschäft ist ein einaktiges und einseitiges Rechtsgeschäft. Es stellt sich die Frage, ob bzw. welche Auswirkungen dieser Befund auf die Frage nach der Einbindung gemeinnütziger Stiftungen in eine politisch-philosophische Begründungstheorie hat bzw. haben kann. Zumindest aus formaler Sicht drängt sich diese Frage bei Zugrundelegung vertragstheoretischer Begründungsansätze im Sinne *Rawls*' auf, da es im Fall der Errichtung einer Stiftung an einem entsprechenden ‚Vertrag' gerade fehlt. Dies ist die Frage nach der Entwicklung einer validen politisch-philosophischen Begründungstheorie für die Einbeziehung gemeinnütziger Stiftungen in eine generationengerechte Politik.

1616 Vgl. Einleitung Tz. 2.1., Gliederungspunkt 5.
1617 Vgl. oben Tz. 2.1.3. in diesem Kapitel.

6.2.3. Stiftungsvermögen

Gemeinnützige Stiftungen müssen ihre Mittel verwenden. Gleichzeitig sind sie autonom und autark. Besondere Bedeutung kommt daher Möglichkeiten der Innenfinanzierung zu. Es stellt sich die Frage, ob sich das steuerrechtliche Gebot der Mittelverwendung gemäß § 55 Abs. 1 Nr. 1, 3 AO nicht kontraproduktiv zum nachhaltigen Wirken gemeinnütziger Stiftungen ist. Sind die bestehenden Möglichkeiten zur Bildung von Rücklagen vor dem Hintergrund der gesetzten Aufgabenstellung ausreichend? Bieten sich weitergehende steuerliche Privilegierungen i.S.d. § 10b Abs. 1a EStG für Stifter an, wenn diese dazu beitragen, Stiftungsvermögen aufzubauen? Wären diese Privilegien aus Sicht einer politisch-philosophischen Begründungstheorie gerecht?

6.2.4. Erscheinungsformen

Die Vielfalt der Erscheinungsformen gemeinnütziger Stiftungen impliziert eine entsprechende Vielfalt von Lösungsansätzen. Ausgehend von der grundsätzlichen Differenzierung zwischen **Stiftungen des privaten Rechts** in der Form der **rechtsfähigen** und **nichtrechtsfähigen** Stiftungen sowie **Stiftungen des öffentlichen Rechts** bietet es sich bspw. an, Maßnahmen zu untersuchen, die an eben diese Differenzierung anknüpfen. Dies bedeutet, dass Untersuchungsansätze nicht nur auf fördernde Tätigkeiten vermögender Privatpersonen oder Unternehmen abzielen sollten, sondern auch auf die öffentliche Hand. So ist es eine Sache, gesetzliche und politische Maßnahmen zu untersuchen, die darauf abzielen, das soziale Engagement von Bürgern und Unternehmen (noch weiter) zu *fördern*. Eine andere Sache ist es, Maßnahmen zu diskutieren, die darauf abzielen, staatliches Engagement zu *fordern*. Könnte dies mit einer Stiftung des öffentlichen Rechts erreicht werden? Könnte eine solche Stiftung des öffentlichen Rechts der vielfach geforderte Interessenvertreter (Anwalt) zukünftiger Generationen sein? Oder würde man dem Staat mit einer Stiftung des öffentlichen Rechts nicht vielleicht gerade die Gelegenheit geben, „stiften zu gehen“?[1618]

Ergeben sich weitere Ansätze durch Einbeziehung einer **Funktionsträgerstiftung,** da deren grundsätzliche Funktion in der Verfolgung eines Auftrags von sozialer, politischer oder kultureller Bedeutung besteht. Auch soll die Funktionsträgerstiftung Mittler, Schiedsmann und Bindeglied zwischen Interessengruppen sein oder vernachlässigte Anliegen von öffentlichem Interesse bearbeiten und für ihre Berücksichtigung im sozialen Bereich und politischen Prozess werben.[1619] Wäre diese Funktion auf die Frage nach Gerechtigkeit zwischen den Generationen nicht passend? Und wäre die Funktion von größerer Bedeutung als das Stiftungsvermögen?

In dieselbe Stoßrichtung zielt auch die Frage nach einer **Bürgerstiftung** oder einer **Stiftung Europäischen Rechts**. Es stellt sich die Frage, ob Stiftungen dieser Erscheinungsformen Besonderes zur Generationengerechtigkeit beitragen können und wenn ja

---

1618 Vgl. hierzu nochmals die bereits oben dargestellte Kritik von *Muscheler* an der Stiftung des öffentlichen Rechts, Kapitel 2, Tz. 2.2.1.2. sowie Muscheler, Plädoyer für ein staatsfreies Stiftungsrecht, in Stiftungsrecht, S. 37.

1619 Vgl. Kapitel 2, Tz. 2.2.12.

was. Auch stellt sich die Frage nach der Einbeziehung von **Unternehmensstiftungen** im weiteren Sinne,[1620] insbesondere um eventuell sinnhafte Reformansätze für gemeinnützige Stiftungen in Nachfolgeplanungen verifizieren zu können.

6.3. Fazit zum Stiftungsrecht

6.3.1. Grundrechte

Grundrecht auf Stiftung

Wie bereits im Rahmen eines Zwischenfazits aufgezeigt,[1621] entspricht es der herrschenden Meinung, dass ein Grundrecht auf Stiftung besteht. Nach einer Mindermeinung[1622] soll ein Grundrecht auf Stiftung nur noch solchen Stiftungsvorhaben zuzusprechen sein, deren Zweck den Gemeinwohlvorstellungen späterer Generationen entspricht. Es wurde die Frage aufgeworfen, ob die Erkenntnisse, die im Rahmen dieser Arbeit gewonnen werden, zu diesem Meinungsstreit beitragen können.

Stiftungen als Träger von Grundrechten

Wie bereits im Rahmen eines Zwischenfazits[1623] aufgezeigt, können Stiftungen des privaten Rechts Träger von Grundrechten sein.

Stiftungen des öffentlichen Rechts können nur in Ausnahmefällen Träger von Grundrechten sein. Auf Basis der Rechtsprechung des BVerfG kommen hierfür die Bereiche Rundfunkfreiheit, Kunst- und Wissenschaftsfreiheit und Religions- und Weltanschauungsfreiheit in Betracht. Diese Grundrechtsfähigkeit kann auf weitere Bereiche erstreckt werden. Diese Möglichkeit der Erweiterung ist jedoch restriktiv zu sehen.

Vor dem Hintergrund des gesetzten Untersuchungsgegenstands wurde bereits die Frage gestellt, ob Stiftungen (Grund-)Rechte zukünftiger Generationen – deren Existenz unterstellt – geltend machen könnten und ob sich hieraus zielführende Überlegungen für die Frage der Einbeziehung gemeinnütziger Stiftungen in eine generationengerechte Politik ableiten lassen. Es stellt sich auch die Frage, ob eine Stiftung des öffentlichen Rechts ein entsprechendes politisches Instrument darstellen kann.

6.3.2. Verwaltungsrecht

Die Darstellung der Eckpunkte zum Stiftungsverwaltungsrecht hat gezeigt, dass das Wesen und die Funktion der Stiftungsverwaltung umstritten sind. Es fragt sich, welche Rolle der Stiftungsaufsicht bei der Einbeziehung gemeinnütziger Stiftungen in eine generationengerechte Politik zukommen kann? Lassen sich aus der Frage nach Gerechtigkeit zwischen den Generationen neue Aspekte für eine *Rechtfertigung* oder eine

---

1620 Siehe Tz. 2.2.8. in diesem Kapitel.

1621 Siehe Tz. 4.2.2.1. (a)/(cc) in diesem Kapitel.

1622 Kübler, Generationengerechtigkeit und Stiftung in Anlehnung an Walz, Grundrecht oder Menschenrecht auf Anerkennung der gemeinwohlkonformen Allzweckstiftung, ZSt 2004, S. 133 ff.; siehe oben Tz 4.2.2.1. (a)/(bb).

1623 Siehe Tz. 4.2.2.2. (c) in diesem Kapitel.

Ablehnung der Stiftungsaufsicht herleiten? Genügt gegebenenfalls das bisherige rechtliche Instrumentarium der Stiftungsaufsicht oder ist es zu erweitern?

6.3.3. Zivilrecht, insbesondere das Erbrecht betreffend

Potenzielle Maßnahmen das **Erbrecht** betreffend zielen insbesondere auf das Pflichtteilsrecht, das gesetzliche Erbrecht des Fiskus und ein insgesamt stiftungsfreundliches Nachfolgeregime ab. Zu untersuchen ist auch, ob die Frage nach Gerechtigkeit zwischen den Generationen zu einer Einschränkung der Testierfreiheit bei Einsetzung gemeinnütziger Stiftungen als Erben führen kann und ob der Stiftungsaufsicht hierbei eine besondere Rolle beizumessen ist.[1624]

Das **Erbrecht** und das **Erbschaft- und Schenkungsteuerrecht** erscheinen besonders virulent für Ansätze für eine generationengerechte Politik. So könnten Überlegungen zur Einbeziehung gemeinnütziger Stiftungen in die private und unternehmerische Nachfolgeplanung angesichts der steigenden Zahl vermögender Personen ohne Nachkommen in Deutschland weiterhin zunehmen. Wenn die Zweckverfolgung gemeinnütziger Stiftungen (auch) auf Fragestellungen mit intergenerationellem Gerechtigkeitsbezug gerichtet ist, stellt sich die Frage, ob die derzeit gegebenen Rahmenbedingungen verbessert werden könnten. Beim **Pflichtteilsrechtsregime** sind verfassungsrechtliche Hürden zu verzeichnen. Diese beziehen sich jedoch nur auf Abkömmlinge und auf deren Bedarfsunabhängigkeit, nicht dagegen auch auf Ehegatten, Lebenspartner und Eltern. Ob in einer kommenden ‚Erblassergeneration ohne Kinder' das bestehende Pflichtteilsrechtsregime bei kinderlosen Erblassern zugunsten gemeinnütziger Stiftungen geöffnet werden sollte, ist eine politische Entscheidung, die verfassungsrechtlich jedenfalls möglich wäre.

6.3.4. Steuerrecht

Während das Zivilrecht vom ‚Leitbild der gemeinwohlkonformen Allzweckstiftung' geprägt ist,[1625] ist der Begriff der Gemeinnützigkeit ein rein steuerrechtlicher Begriff. Das Gemeinnützigkeitsrecht verhilft der gemeinwohlkonformen Stiftung insofern zur existentiellen Realität, als es die *gemeinnützige* gemeinwohlkonforme Stiftung eben nur bei Vorliegen der steuerlichen Voraussetzungen gibt. Mit der Gemeinnützigkeit lässt sich daher eine Gemeinwohlvermutung verbinden.[1626]

Es kann als empirisch erwiesen gelten, dass Reformen zur Förderung gemeinnütziger Stiftungen ‚angenommen' werden und zu einem vermehrten Stiftungsaufkommen und einem erhöhten Stiftungsvermögen führen. Reformen im Steuerrecht erscheinen daher besonders geeignet, das Stiftungswesen zu fördern. Das Steuerrecht ist jedoch von einer hohen Komplexität und Regelungsdichte geprägt, was sich kontraproduktiv zu steuerlichen Fördertatbeständen auswirken kann. Auch ist festzustellen, dass es kein geschlossenes steuerliches Gemeinnützigkeitsrecht in einem ‚Rechtsbuch' gibt.

1624 Siehe Kapitel 2, Tz. 4.4.5.1.
1625 Vgl. Kapitel 2, Tz. 2.1.3.
1626 Vgl. Adloff, Philanthropisches Handeln, S. 134.

Die einschlägigen steuerlichen Tatbestände sind in mehreren Steuergesetzen verstreut aufzufinden, was die Rechtsanwendung zusätzlich erschwert.

Ad hoc stellen sich Fragen nach einer weiteren **Erhöhung** steuerlich abziehbarer **Spenden- bzw. Stiftungszuwendungen**, sofern dies im Sinne der Sache ist, d. h. einer generationengerechten Politik dient. Auch stellt sich die Frage, ob der Grundsatz der zeitnahen Mittelverwendung, d. h. der **Gegenwartsbezug des Gemeinnützigkeitsrechts** und die damit verbundene Pflicht zur zeitnahen Vermögensverwendung nicht kontraproduktiv zu einem nachhaltigen Wirken gemeinnütziger Stiftungen ist. Die Funktion eines „saving principle" i. S. von *Rawls* bzw. die Funktion einer Kapitalakkumulation für zukünftige Generationen scheint mit diesen Grundsätzen jedenfalls nicht vereinbar zu sein. Dieses Fazit steht in unmittelbarem Zusammenhang mit dem Fazit zum Stiftungsvermögen.

Insgesamt stellt sich die Frage, ob man gemeinnützigen Stiftungen, die spezifische Themen mit intergenerationellem Bezug fördern, eine **verstärkte Kapitalakkumulation** erlauben sollte mit der Folge, dass Mittel der Stiftung zeitlich gestreckt über eine zu definierende Dekade einer Generation thesauriert werden dürfen, ohne dadurch das steuerliche Privileg der Gemeinnützigkeit zu gefährden.

Kapitel 3 – Möglichkeiten und Grenzen der Einbeziehung gemeinnütziger Stiftungen in eine generationengerechte Politik

Im nachfolgenden Kapitel 3 sollen nun, basierend auf den in den Kapiteln 1 und 2 gewonnenen Erkenntnissen, Möglichkeiten und Grenzen der Einbeziehung gemeinnütziger Stiftungen in eine generationengerechte Politik untersucht werden. Bevor Details erörtert werden, ist eine Theorie zu entwickeln, die auf die Rechtfertigung dieser Frage abzielt (nachfolgend 1.). Im Anschluss daran (weiter unten 2.) werden Möglichkeiten und Grenzen der Legislative untersucht, um anschließend (unter 3.) auf Möglichkeiten und Grenzen von Maßnahmen der Exekutive einzugehen.

1. Begründungstheorie für die Einbeziehung gemeinnütziger Stiftungen in eine generationengerechte Politik

Zur Entwicklung einer Begründungstheorie für die Einbeziehung gemeinnütziger Stiftungen in eine generationengerechte Politik soll zweistufig vorgegangen werden. Zunächst ist die allgemeine Frage zu untersuchen, ob gemeinnützige Stiftungen überhaupt, also dem Grunde nach, in zeitgenössische Theorien zur Generationengerechtigkeit einbezogen werden können (nachfolgend 1.1. und 1.2.). Sodann ist die Frage zu beantworten, warum politische Programmsätze für eine generationengerechte Politik nicht auch gemeinnützige Vereine oder andere gemeinnützige Körperschaften einbeziehen können bzw. sollten. Welche Kriterien zeichnen gemeinnützige Stiftungen insofern gegenüber anderen gemeinnützigen Körperschaften aus? Die Frage nach den Alleinstellungsmerkmalen gemeinnütziger Stiftungen für Zwecke einer generationengerechten Politik soll beantwortet werden (nachfolgend 1.3.).

1.1. Einbeziehung gemeinnütziger Stiftungen in eine generationengerechte Politik vor dem Hintergrund zeitgenössischer Moralethiken und Theorien der politischen Philosophie

1.1.1. Versuch einer Begründungstheorie

In Kapitel 1 der Untersuchung wurden zeitgenössische Moralethiken und Theorien der politischen Philosophie zur Generationengerechtigkeit diskutiert und dargestellt. Es fragt sich, ob gemeinnützige Stiftungen bestehende Ethiken und Theorien ergänzen, modifizieren und ggf. zu ihrer Weiterentwicklung beitragen können. Dabei ist auch die Frage zu untersuchen, ob und inwieweit gemeinnützige Stiftungen vorgetragenen Einwänden gegen Theorien der Generationengerechtigkeit begegnen können. Damit wird gleichzeitig eine Forderung im Hinblick auf die zu berücksichtigende Interdisziplinarität der Thematik erfüllt: Eine bestehende Wissenschaftskonkurrenz ist dahingehend zu lösen, dass die ethische Philosophie normativ ‚vor die Klammer‘ gezogen wird.[1627] Damit soll sichergestellt werden, dass politische Lösungsansätze ethisch-moralischen Anforderungen gerecht werden können. Zunächst soll somit die Frage diskutiert werden, ob gemeinnützige Stiftungen vor dem Hintergrund zeitgenössischer Moralethiken – generell – zu Gerechtigkeit zwischen den Generationen beitragen können.

1.1.1.1. Semantische Begründungsversuche

Stellt man die institutionellen Besonderheiten gemeinnütziger Stiftungen in den Vordergrund, zeigt sich Folgendes: Stiftungen sind auf Dauer, d. h. über Generationen hinweg existent. Diese Funktion ist im Zweck einer jeden Stiftung angelegt.[1628] Die Analyse von Funktion und Bedeutung des Stiftungszwecks[1629] hat gezeigt, dass es im Grunde um eine **Verewigung des Stifterwillens** geht. Der Stiftungszweck muss von Anfang an so gefasst werden, dass er dem Grunde nach geeignet ist, **auf Dauer** Geltung zu haben. Ist dies nicht der Fall, wird der Stiftung in aller Regel die Anerkennung versagt. Dies bedeutet, dass *jedem* Errichtungsakt einer Stiftung eine Idee mit generationenübergreifendem Bezug zugrunde liegt. Mit anderen Worten: Stiftungen sind immer intergenerationell tätig. Mehr noch: Eine Stiftung ohne intergenerationell wirkende Tätigkeit ist nicht denkbar.[1630]

Zu dieser Aussage muss man nicht einmal so sehr die Dauerhaftigkeit ihres Wirkens im Sinne von ‚auf ewig angelegt‘ bemühen. Für Zwecke dieser Untersuchung wurde ja ein bewusst extensives Verständnis vom Begriff der Generation zugrunde gelegt, wonach alle bereits lebenden, aber auch noch nicht lebenden Menschen einbezogen werden sollen.[1631] Eine gemeinnützige Stiftung, deren Zweck die Förderung der Jugend- oder Altenhilfe ist, handelt daher genauso intergenerationell wie eine Stiftung, deren Zweck auf die Forschung zukunftsorientierter Umwelttechniken gerichtet ist.

Die Frage ist, ob eine derart institutionell angelegte intergenerationelle Tätigkeit auch als gerecht i. S. der Generationengerechtigkeit bezeichnet werden kann. Hierzu wurde weiter oben[1632] folgende Definition zugrunde gelegt:

Generationengerechtigkeit liegt vor, wenn niemand wegen seiner Zugehörigkeit zu einer Generation benachteiligt wird. Ob eine Benachteiligung gegeben ist, ist auf zwei Zeitachsen zu beurteilen: der Zeitachse der handelnden Generation und der Zeitachse der künftigen, betroffenen Generationen. Rechte, Interessen und Bedürfnisse künftiger Generationen sind zu antizipieren. Dabei ist zu berücksichtigen, dass diese aufgrund künftiger technologischer und/oder sozialer Innovationen nicht abschließend vorhersehbar sind. Daher ist auf den Erhalt von Chancen für spätere Generationen besonderer Wert zu legen. Diese Chancen würden bspw. genommen, wenn vermutlich geeignete ökologische Ressourcen vollständig verbraucht werden oder der derzeitige Sozialstaat eine Organisationsform findet, die nachfolgenden Generationen Möglichkeiten zur wirtschaftlichen und sozialen Selbstbestimmung verwehrt.

1627 Vgl. oben, Einleitung, 1.

1628 Ausgenommen Verbrauchsstiftungen, vgl. Kapitel 2, Tz. 2.2.10.

1629 Vgl. Kapitel 2, Tz. 2.1.2. – Der Stiftungsbegriff.

1630 Wiederum Verbrauchsstiftung außen vor, vgl. Kapitel 2, Tz. 2.2.10.

1631 Vgl. Kapitel 1, Tz. 2.2.

1632 Vgl. Kapitel 1, Tz. 3.5.

Zur Beantwortung der Frage, ob die intergenerationelle Tätigkeit gemeinnütziger Stiftungen generationengerecht ist, ist auf ihre besondere Zweckverfolgung abzustellen. Gemeinnützige Stiftungen verfolgen Zwecke, die sich am Gemeinwohl orientieren (§ 80 Abs. 2 BGB). Dabei nimmt das Stiftungs*vermögen* gegenüber dem die Stiftung prägenden Stiftungs*zweck* eine dienende Rolle ein[1633], weshalb das Vermögen auch auf Dauer zu erhalten ist. Nur bei dauerhaftem Vermögenserhalt ist auch eine dauerhafte Zweckverwirklichung möglich. Mit dem gesetzlich verankerten Postulat des dauerhaften Vermögenserhalts ist zunächst eine *Nachhaltigkeit* implizit vorgegeben. Gemeinnützige Stiftungen können nur dann und soweit fördernd tätig werden, als sie mit ihrem Vermögen Erträge erwirtschaften. Werden bei geringem Vermögen nur geringe Erträge erwirtschaftet, mag die Tätigkeit der Stiftung zwar der Höhe nach begrenzt sein, gleichwohl ist sie nachhaltig. Diese Nachhaltigkeit lässt sich im Sinne einer zunächst rein deduktiven Begriffsableitung sowohl im Kontext ethisch-philosophischer als auch ökonomischer Begründungsansätze belegen:

Vor dem Hintergrund der universal-liberalen Diskursethik *Ekardts* setzt sich Nachhaltigkeit aus Generationengerechtigkeit und globaler Gerechtigkeit zusammen.[1634] Eine intergenerationell wirkende Nachhaltigkeit zur Förderung des Gemeinwohls lässt sich daher auch als generationengerecht bezeichnen, jedenfalls dann, wenn das geförderte Gemeinwohl Güter mit intergenerationellem Bezug betrifft.

Nach der Theorie *Tremmels*[1635] reichen rein korrektive Gerechtigkeitserwägungen nicht aus, sondern jede Generation hat die Verantwortung, eine Besserstellung kommender Generationen zu ermöglichen, was insbesondere die Möglichkeit zur Weiterentwicklung bedeutet.[1636] In seiner *Theory of Intergenerational Justice* führt er dazu aus:

> „The core element of a convincing theory of generational justice, however, is the demand for making improvement possible for the next generation. Our duties to posterity are stronger than is often supposed. Intergenerational justice has only been achieved if the opportunities of the average member of the next generation to fulfil his needs are better than those of the average member of the preceding generation."[1637]

Hinterlässt eine Generation durch Verselbstständigung von Vermögensmassen, mithin also durch Stiftungen, künftigen Generationen Mittel und Werte, die ihnen Chancen zur Bedürfniserfüllung eröffnen, ist dies als generationengerecht auch in obigem Sinne *Tremmels* zu bezeichnen. Die stiftende Generation (‚preceding generation') hinterlässt der nachfolgenden Generation (‚next generation') Mittel, die dazu dienen, das Gemeinwohl auch und insbesondere kommender Generationen zu fördern und zu verbessern. Da die stiftende Generation die gestifteten Mittel nicht selbst verbraucht und

---

1633 Vgl. Kapitel 2, Tz. 2.1.5. sowie v. Campenhausen in Seifart/v. Campenhausen (2009), § 1 Rdn. 12.

1634 Vgl. Kapitel 1, Tz. 3.1.2.1. (d).

1635 Tremmel, A Theory of Intergenerational Justice, Kapitel 1, Tz. 3.1.2.1. (e).

1636 Tremmel, Stellungnahme Parlamentarischer Rat 15. Oktober 2008.

1637 Tremmel, A Theory of Intergenerational Justice, S. 222. *Ders.* in Stellungnahme Parlamentarischer Rat 15.10.2008, S. 8: „Generationengerechtigkeit ist erreicht, wenn die Chancen der Angehörigen der nächsten Generation, sich ihre Bedürfnisse erfüllen zu können, im Durchschnitt besser sind als die der Angehörigen ihrer Vorgänger-Generation."

gleichzeitig dem Gemeinwohl zukommen, sind die Chancen der Angehörigen der nächsten Generation ‚im Durchschnitt' besser, als die der stiftenden Generation. Der Forderung der ‚Durchschnittsbetrachtung' liegen utilitaristische Überlegungen[1638] zu Grunde, die vorliegend eingelöst werden: War Vermögen zunächst bei einer Person konzentriert, kommt es mit dem stiften dem Gemeinwohl zugute. ‚The average member of the next generation' hat dann mehr als ‚the average member of the preceding one'.

Im Hinblick auf die **ökonomische** Sichtweise zu Generationengerechtigkeit und Nachhaltigkeit wurde die Maxime herausgearbeitet, dass Nachhaltigkeit dann vorliegt, wenn die heutigen Handlungsmuster in alle Zukunft beibehalten werden können[1639], womit nicht zwingend gesagt ist, dass sie dann auch gerecht sind.[1640] Bezogen auf die Tätigkeit gemeinnütziger Stiftung zeigt sich dazu Folgendes:

Stiftungen dürfen zur Förderung ihrer Zwecke nur die Früchte ihres Kapitals (Vermögensstock) verwenden (Zinsen, Dividenden etc.), nicht dagegen den Vermögensstock selbst, was sich aus dem in § 80 Abs. 2 BGB und den Landesstiftungsgesetzen niedergelegten Grundsatz der Vermögenserhaltung ergibt.[1641]

Dies bedeutet, dass dem Wirken einer Stiftung – aus rein ökonomischer Sicht – ein institutionalisiertes, auf Nachhaltigkeit angelegtes Finanzierungssystem zugrunde liegt. Wer nur das ausgibt, was er einnimmt, handelt nachhaltig. Zur sich anschließenden Frage, ob dies auch gerecht ist, lässt sich aus ökonomischer Sicht folgende These aufstellen: Gemeinnützige Stiftungen basieren auf einem freiwilligen Errichtungsakt und haben keine Gläubiger[1642], sondern Destinatäre. Sie haben somit im Hinblick auf ihr Stiftungsvermögen keine Verpflichtungen auf Basis eines Leistungsaustauschverhältnisses zu erfüllen. Dem Wirken einer Stiftung liegt Altruismus zugrunde, nach dem *Duden* „eine Denk- und Handlungsweise, die durch Rücksicht auf andere und durch Selbstlosigkeit gekennzeichnet ist"[1643]. Zumindest mit einer ‚Austauschgerechtigkeit' im engeren Sinne hat dies nichts zu tun. Konsequenterweise haben auch die Tätigkeiten von Stiftungen aus ökonomischer Sicht *prima facie* nichts mit Gerechtigkeit zu tun. Allerdings würde sich im Kontext der Nachhaltigkeit die Frage stellen, ob das Wirken gemeinnütziger Stiftungen – und darüber hinaus jenes des gesamten gemeinnützigen Sektors – als Leistungsstrom i. S. des General Accounting berücksichtigt werden kann. Es muss allerdings den Finanzwissenschaften überlassen bleiben, ob dieser Ansatz zutreffend und von Bedeutung wäre.

1638 Diese werden im Zusammenhang mit der Theorie Birnbachers zum intergenerationellen Nutzensummenutilitarismus (NSU), siehe Kapitel 1, Tz. 3.1.2.1. (b), noch genauer untersucht, siehe Tz. 1.1.1.5. in diesem Kapitel.

1639 Siehe Kapitel 1, Tz. 3.2. und Raffelhüschen, Stellungnahme Parlamentarischer Rat 15.10.2008, S. 3.

1640 Vgl. Kapitel 1, Tz. 3.2.2.

1641 Vgl. Kapitel 2, Tz. 2.1.5.

1642 Jedenfalls keine originären Gläubiger im Hinblick auf den verfügten Stiftungszweck. Natürlich kann es Gläubiger aus eingegangenen Schuldverhältnissen geben. Diese sind jedoch nicht gemeint.

1643 Duden, Das Fremdwörterbuch, S. 33.

Auf Basis **semantischer Begründungsversuche** zeigt sich somit, dass gemeinnützige Stiftungen zumindest **nachhaltig** handeln. Da sich ihr Handeln am Gemeinwohl orientiert, kann es vor dem Hintergrund zeitgenössischer Moralethiken auch als **generationengerecht** bezeichnet werden.

1.1.1.2. Vertragstheoretische und ethisch-philosophische Begründungsversuche

(a) Begründungsversuche unter Einbeziehung gemeinnütziger Stiftungen des privaten Rechts

(aa) Erkenntnisse aus Kapitel 1 und 2 als Grundlegung

Im Rahmen der Grundlegungen in Kapitel 1 und 2 wurden im Kontext zur Frage nach der Einbeziehung gemeinnütziger Stiftungen in vertragstheoretische Gerechtigkeitstheorien die folgenden Erkenntnisse gewonnen:

Zur Erinnerung der Erkenntnisse aus Kapitel 1[1644]

Rawls geht davon aus, dass jeder *seine* Interessen schützen möchte. So gebe es für niemanden einen Grund, sich selbst mit einem dauernden Verlust zufrieden zu geben, um insgesamt mehr Befriedigung hervorzubringen.[1645] Nach *Rawls* orientieren sich die Parteien im Urzustand „an ihren eigenen Interessen“[1646] und haben kein Bedürfnis, die Gesamtsumme des Nutzens zu maximieren.[1647] Sie sind nicht „mitfühlend, sondern aneinander desinteressiert“[1648]. Utilitaristen dagegen würden einen idealen Beobachter als „unparteiisch“[1649] und „mitfühlend“[1650] beschreiben, der „gegenüber den Bedürfnissen und dem Wohl jedes Mitglieds des Gesellschaftssystems aufgeschlossen gegenüber steht“[1651]. Hier führt „vollständiges Wissen und Mitgefühl zur richtigen Wahrnehmung der Nutzensumme“[1652]. „Vollkommener Altruismus“[1653] hat für *Rawls* nichts mit Gerechtigkeit zu tun, denn „damit überhaupt ein Gerechtigkeitsproblem entsteht, müssen wenigstens zwei Menschen etwas anderes wollen“[1654]. Die Personen im Urzustand müssten, neben dem Altruismus „einige weitere Interessen haben, die zueinander in einem Gegensatz stehen können“[1655]. Diesen gibt *Rawls* in seiner Theorie der Gerechtigkeit „als Fairneß in Form der Voraussetzung der gegenseitigen Desinteressiertheit im Urzustand wieder“[1656]. *Rawls* unterscheidet zwischen „Menschenliebe und

1644 Vgl. Kapitel 1, Tz. 3.1.2.1. (a).
1645 Rawls, Eine Theorie der Gerechtigkeit 1971, S. 31.
1646 Ders., a. a. O., S. 211.
1647 Ders., a. a. O., S. 211.
1648 Ders., a. a. O., S. 214.
1649 Ders., a. a. O., S. 213.
1650 Ders., a. a. O., S. 213.
1651 Ders., a. a. O., S. 213.
1652 Ders., a. a. O., S. 214.
1653 Ders., a. a. O., S. 216 f.
1654 Ders., a. a. O., S. 216 f.
1655 Ders., a. a. O., S. 217.
1656 Ders., a. a. O., S. 217.

Gerechtigkeitssinn"[1657]. Es bringe gar nichts ein, wenn man den Parteien im Urzustand Altruismus unterstellen würde.[1658]

Es hat sich daher die Frage gestellt, ob und ggf. wie gemeinnützige Stiftungen in eine kontraktualistische Gerechtigkeitstheorie im Sinne *Rawls'* integriert werden können.

Zur Erinnerung der Erkenntnisse aus Kapitel 2[1659]

Das Stiftungsgeschäft ist ein einaktiges und einseitiges Rechtsgeschäft. Es hat sich daher die Frage gestellt, ob bzw. welche Auswirkungen dieser Befund für die Frage der Einbeziehung gemeinnütziger Stiftungen in vertragstheoretische Gerechtigkeitstheorien hat bzw. haben kann. Da es im Fall der Errichtung einer Stiftung an einem entsprechenden ‚Vertrag' gerade fehlt, drängt sich diese Frage zumindest aus formaler Sicht auf.

(bb) Einbeziehung gemeinnütziger Stiftungen in einen fiktiven Urzustand im Sinne *Rawls'*

Zur Frage der Einbeziehung gemeinnütziger Stiftungen in vertragstheoretische Überlegungen soll – unter Berücksichtigung obiger Erkenntnisse aus Kapitel 1 und 2 – das *Rawls*'sche Gedankenexperiment zur Vertragstheorie im Urzustand modifiziert werden. Eine Modifikation des Urzustandes ist – auch nach *Rawls* – legitim:

> „Von ihm [Anm. *Verf.*: gemeint ist von dem Urzustand] gibt es unendlich viele mögliche Abwandlungen, und daher gibt es ohne Zweifel unendlich viele Sätze der moralischen Geometrie."[1660]

Der modifizierte ‚Urzustand 1' soll daher wie folgt aussehen:

Urzustand 1: Unterstellt man Vertreter zweier oder mehrerer Generationen in einem Urzustand unter dem Schleier des Nichtwissens, nicht wissend also, welcher Generation sie angehören. Diese Vertreter sind gleichgestellt und besitzen keine Kenntnisse über die Umstände, die die Unterschiede zwischen ihnen bestimmen. Sie wissen nicht, ob sie leistungsfähig oder hilfsbedürftig, alt oder jung sind, gleichzeitig oder in zeitlich verschiedenen Generationen leben. Sie haben auch keine Kenntnisse darüber, ob eine Generation bereits Ressourcen zulasten zukünftiger Generationen verbraucht hat. Die Vertreter haben Kenntnis über das Institut der gemeinnützigen Stiftung[1661], d. h., sie wissen, dass es leistungsfähige Menschen, Unternehmen, Institutionen gibt, die freiwillig und mit eigenen Mitteln Stiftungen errichten, die sowohl intragenerationell als auch intergenerationell Zwecke des Gemeinwohls fördern.

Zu welchem Werturteil über das Institut der gemeinnützigen Stiftung würden die Vertreter wohl gelangen?

1657 Ders., a. a. O., S. 219.

1658 Ders., a. a. O., S. 219.

1659 Vgl. Kapitel 2, Tz. 2.1.6.

1660 Rawls, Eine Theorie der Gerechtigkeit 1971, S. 148.

1661 In diesem Urzustand 1 soll eine Differenzierung zwischen einer Stiftung des öffentlichen Rechts und einer Stiftung des privaten Rechts noch außen vor bleiben.

Es ist davon auszugehen, dass die Vertreter im Urzustand dieses Institut sowohl aus ethischer und moralischer Sicht bedingungslos begrüßen würden. Dafür spricht zum einen die Tatsache, dass die Vertreter nicht wissen, ob sie selbst bedürftig sind oder nicht. Wären sie es, würden sie vom Wirken der Stiftung profitieren. Das gilt übrigens sowohl dann wenn sie der Generation des Stifters angehören als auch dann, wenn sie einer späteren angehören. Es ist davon auszugehen, dass sich die Vertreter im Urzustand nicht nur auf Förderzwecke zugunsten noch nicht lebender Generationen einigen würden, sondern auch auf Förderzwecke zugunsten noch lebender. Ein Vertreter im Urzustand weiß bspw. nicht, ob er in der gegenwärtigen Generation alt und/oder bedürftig ist oder an einer Behinderung leidet oder schlichtweg arm ist und deshalb von der fördernden Tätigkeit einer Stiftung profitiert bzw. sogar auf sie angewiesen ist. Dabei wird es ihm auch egal sein, ob die Stiftung in seiner Generation errichtet wurde oder in einer früheren. Eine differenzierende Wertung zwischen der fördernden Tätigkeit von noch nicht lebenden und noch lebenden Angehörigen einer Generation wäre aus ethisch-moralischer Sicht auch gar nicht leicht und *prima facie* allenfalls auf Basis der Argumentation des Zukunftsdiskonts[1662] überzeugend. Sind die Vertreter im Urzustand dagegen leistungsfähig, würden sie keinerlei Nachteile durch eine Stiftung erlangen, da deren Errichtung und Förderung freiwillig wäre. Sie unterlägen bei ihrer Entscheidungsfindung im Urzustand also keinerlei ‚Risiko' in dem Sinne, dass mit der Institution der gemeinnützigen Stiftung ein Nachteil für sie verbunden sein könnte. Der soeben beschriebene ‚Urzustand 1' lässt sich plakativ umschreiben mit ‚wer will, kann Gutes tun', was ethisch und moralisch auf keinerlei Bedenken trifft. In vertragstheoretischer Hinsicht läge eine ‚Freiwilligkeit' vor, auf die sich alle Teilnehmer eines Urzustandes wohl einlassen würden. Dieser Befund ist zunächst wenig überraschend, da ‚Freiwilligkeit' für das stiften und spenden gerade wesensimmanent ist.

Wer aber freiwillig gibt (i. S. von spenden oder stiften), handelt *in vertragstheoretischer Hinsicht* prima facie nicht *gerecht*, da er für die freiwillige Hingabe eigener Mittel keine Gegenleistung im Sinne einer Austauschgerechtigkeit erhält.[1663] Freiwilliges Verhalten mit altruistischer Zielsetzung hat mit gerechtem Verhalten im Sinne einer vertragstheoretischen Betrachtungsweise, zumindest jener im Sinne *Rawls'*, im Grunde nichts zu tun. Gemeinnützige Stiftungen scheinen bei erster Betrachtung nicht in die *Rawls*'sche Theorie der Gerechtigkeit integrierbar zu sein.

(cc) Altruismus, Freiwilligkeit und Stiften in einem kontraktualistisch angelegten Urzustand im Sinne *Rawls'*

Martha C. Nussbaum identifiziert in ihrem Werk *„Die Grenzen der Gerechtigkeit"* den Umstand, dass nach *Rawls* altruistisches Verhalten mit gerechtem Verhalten im Sinne einer vertragstheoretischen Betrachtungsweise nichts zu tun habe, als Schwachpunkt vertragstheoretischer Begründungsversuche. In *Rawls* Analyse würden mit ‚frei, gleich und unabhängig' drei Eigenschaften der Vertragsparteien eines Gesellschaftsvertrags genannt, die traditionell kontraktualistischen Theorien zugrunde zu legen sei-

1662 Vgl. dazu sogleich nachfolgend Tz. 1.2.2. in diesem Kapitel sowie Kapitel 1, Tz. 3.1.3.

1663 Es zeigt sich eine gewisse Parallelität zu den ökonomischen Gerechtigkeitstheorien, die Nachhaltigkeit und Gerechtigkeit klar voneinander trennen, vgl. Kapitel 1, Tz. 3.2.2.

en.[1664] Diese Theorie unterstelle somit (u.a.) die Gleichheit der Vermögen und Fähigkeiten der Teilnehmer im Urzustand, was jedoch insbesondere bei Teilnehmern unterschiedlicher Nationen, Behinderten und (sogar) Tieren nicht der Fall sei.[1665] Insbesondere am Erfordernis der *Unabhängigkeit* der Vertragsparteien im Urzustand zeige sich die Untauglichkeit vertragstheoretischer Kriterien bei Einbeziehung altruistischer Handlungsweisen. *Nussbaum* kritisiert, dass *Rawls* gänzlich darauf verzichte, den Vertragsparteien Altruismus oder Wohlwollen zu unterstellen. Eine Kooperation zwischen Vertragsparteien, zur Sicherstellung von allseitigen Vorteilen, könne aber ohne soziale Kooperation nicht erlangt werden.[1666] *Nussbaum* kommt in ihrer Untersuchung zum Ergebnis, dass sich der Kontraktualismus i. S. *Rawls* hier besonders einschränkend erweise:

> „Rawls ist sich dieses Problems sehr wohl bewusst. Aus diesem Grund räumt er ein, eine der von seiner Theorie nur schwer zu beantwortende Frage betreffe, was wir denjenigen schuldig sind, die seiner Konzeption zufolge nicht als normale und uneingeschränkt kooperative Gesellschaftsmitglieder gelten können, da sie die entsprechenden Anforderungen entweder zeitweilig oder dauerhaft nicht erfüllen, was auf eine Vielzahl von Fällen zutrifft."[1667]

Bevor man daher das Scheitern eines Begründungsversuchs der Einbeziehung gemeinnütziger Stiftungen in vertragstheoretische Theorien ausruft, muss die Frage gestellt werden, ob ein solches Ergebnis nicht von der Definition und der Begriffsbestimmung von ‚Freiwilligkeit' und ‚Altruismus' schlechthin abhängig ist.

(α) Zum Begriff der Gabe aus soziologischer Sicht nach *Mauss* und dessen Weiterentwicklung nach *Adloff*

Hierzu mag vorab eine Besinnung auf das im Jahr 1925 erschienene grundlegende Werk von *Marcel Mauss – Die Gabe* sinnvoll sein.[1668] *Mauss* analysierte die Form und Funktion der Gabe als soziales Phänomen in archaischen Gesellschaften und kam zu dem Ergebnis, dass Gaben zwischen Gruppen auf den ersten Blick zwar als freiwillig erscheinen, gleichzeitig aber einen verpflichtenden Charakter haben und reziprok aufeinander bezogen sind.[1669] Der archaische Gabentausch umfasst einen Zyklus von Geben, Annehmen und Erwidern, was ein System totaler Leistungen darstellt. *Mauss* stellte nicht nur „heraus, wie vormoderne Gesellschaften fundamental von der Gabe und den damit verbundenen Austauschbeziehungen gekennzeichnet und durch diese konstituiert sind"[1670], sondern erkannte auch ein Prinzip der Solidarität, „eine Form wechselseitiger Anerkennung durch Gabentausch, welche auf sozialen Bindungen und Verschuldungen beruht"[1671]. Die grundlegende Bedeutung dieses Werks und die sich

1664 Nussbaum, Die Grenzen der Gerechtigkeit, S. 52 f.
1665 Auf diesen drei Aspekten fußt die Analyse von Martha C. Nussbaum.
1666 Nussbaum, Die Grenzen der Gerechtigkeit, S. 59.
1667 Siehe bei Nussbaum, Die Grenzen der Gerechtigkeit, S. 173.
1668 Mauss, Die Gabe.
1669 Siehe Adloff, Philanthropisches Handeln, S. 38 ff. sowie Adloff/Mau, Zur Theorie der Gabe und Reziprozität in: Adloff/Mau (Hrsg.), Vom Geben und Nehmen, S. 9, 12 ff.
1670 Adloff, Philanthropisches Handeln, S. 40.
1671 Adloff, Philanthropisches Handeln, S. 41.

daran anschließende Entwicklung ist von *Adloff*[1672] aufgearbeitet und eingehend beschrieben. *Adloff* überträgt diese Erkenntnisse zur Gabe auf das konkrete Feld des Stiftens und Spendens. Er identifiziert dabei indirekte Reziprozitätsketten wie die Erwiderung von „*peers* innerhalb einer spendenden Elite“[1673], was bedeute, dass man innerhalb einer bestimmten Bezugsgruppe Prestige erlangen will.[1674] Auch gehe es um den Ausdruck von Individualität und Personalisierung.[1675] Nach *Adloff* scheinen Spenden und Stiftungen insbesondere für Eliten „Vehikel ihrer Identität“ zu sein.[1676] In Anlehnung an *Mauss* entwickelt *Adloff* eine soziologische Definition der Stiftung, wonach die „Gabe eine soziologische Beziehung kreiert und institutionalisiert“[1677]. Ein mögliches Modell von Spendenverhalten kann also auf interaktionistischen Annahmen sozialen Handelns aufbauen.[1678] Für das Stiften gilt darüber hinaus, dass dieses eine „herausragende Organisationsform des institutionalisierten Gebens“[1679] zu sehen ist, für welches das Reziprozitätsprinzip „konstitutiv“ ist, „denn es setzt Verkettungen der Dankbarkeit nicht nur voraus, sondern meist auch in Gang“[1680]. Bereits vor diesem Hintergrund muss die Einbeziehung gemeinnütziger Stiftungen in vertragstheoretische Gerechtigkeitstheorien i. S. *Rawls* also nicht scheitern.

(β) Altruismus und Egoismus

In der grundlegenden Untersuchung von *C. Daniel Batson* zur Frage des Altruismus[1681] ist dieser Begriff nicht zwingend im Sinne einer absoluten Selbstlosigkeit zu verstehen, denn

> „(…) egoism and altruism have much in common.“[1682] „By these definitions, helping another person might be egoistically motivated, altruistically motivated, both, or neither.“[1683]

In einer Abhandlung von *Stutz* und *Bauer*[1684] wird auf das ökonomische Begriffsverständnis von Altruismus verwiesen. Demnach wird Altruismus in der Ökonomie nicht gleich definiert wie in anderen Sozialwissenschaften.

1672 Ders., a. a. O., S. 34-55. Vgl. auch ders. (Adloff), Theorien des Gebens – Nutzenmaximierung, Altruismus und Reziprozität, in: Hopt/Hippel/Walz (Hrsg.), Nonprofit-Organisationen in Recht, Wirtschaft und Gesellschaft, S. 139, 147 ff.

1673 Adloff, Philanthropisches Handeln, S. 58 f.

1674 Ders., a. a. O., S. 59.

1675 Ders., a. a. O., S. 60.

1676 Ders., a. a. O., S. 60.

1677 Ders., a. a. O., S. 72. Vgl. auch ders. (Adloff), Theorien des Gebens – Nutzenmaximierung, Altruismus und Reziprozität, in: Hopt/Hippel/Walz (Hrsg.), Nonprofit-Organisationen in Recht, Wirtschaft und Gesellschaft, S. 139, 149 ff.

1678 Adloff, Philanthropisches Handeln, S. 61.

1679 Adloff/Sigmund, Die *gift economy* moderner Gesellschaften, in: Adloff/Mau (Hrsg.), Vom Geben und Nehmen, S. 225.

1680 Dies., ebenda.

1681 Batson, The Altruism Question – Toward A Social-Psychological Answer.

1682 Ders., a. a. O., S. 8.

1683 Ders., a. a. O., S. 9.

1684 Stutz/Bauer, Erben und Vererben in der ökonomischen Theorie, in: Lettke (Hrsg.), Erben und Vererben. Gestaltung und Regulation von Generationenbeziehungen, S. 79.

„Altruistisch sind hier Menschen, die beim Maximieren des Nutzens die eigenen Präferenzen gleichzeitig mit denen anderer Personen berücksichtigen, also quasi den Nutzen anderer in die eigene Nutzenfunktion integrieren. Altruismus kann als rationales Verhalten interpretiert werden, als Absicherung einer Person gegen die Ungewissheit der Zukunft: Ein Individuum verhält sich altruistisch, weil es hofft, dass andere sich dann ihm gegenüber auch so verhalten werden. Altruismus ist ökonomisch effizient, weil er dazu führt, dass die Leute sich weniger ‚übers Ohr hauen', und so die Kosten des Tausches sinken."[1685]

Stutz und *Bauer* kommen vor diesem Hintergrund sogar zu dem Ergebnis, dass im Fall einer rein familialen Generationenbetrachtung nur im Altruismus-Modell die Verteilungswirkung von Erbschaften Ungleichheiten zwischen den Generationen ausgleichen könne. Altruisten versuchen Unterschiede im Lebensstandard der Kinder auszugleichen, strategisch Motivierte verteilen das Erbe nach Gutdünken.[1686]

Altruistisches Verhalten von Menschen ist somit vielschichtig und selten frei von egoistischen Motiven. *C. Daniel Batson* verweist auf die Schnittmenge von Egoismus und Altruismus, wenn er ausführt:

„In (...) any (...) case in which we help, we can think of possible egoistic motives to explain why we helped. The empirical evidence is equivocal. (...) There are some cases of helping where the motivation is clearly egoistic; there are a large number of cases where the motivation might be egoistic, altruistic, or both.[1687] (...) Now we must accept the existence of both egoistic and altruistic motives (...)."[1688]

Entsprechende Aussagen finden sich auch in neueren Untersuchungen. So weist *Jonas* auf Studien hin, die gezeigt haben, dass Versuchspersonen sogar dann noch spendeten, „wenn das Spendenziel an sich schon erreicht war, aber ihre Spende noch ihnen zugeordnet werden konnte, sie also dafür positiv bewertet wurden"[1689]. Er kommt zu dem Ergebnis, dass Spendenverhalten in der *Minder*heit der Fälle altruistisch geprägt ist und überwiegend einem individuellen oder gruppenbezogenen Selbstnutzenprinzip folgt.[1690]

Auch in neueren Untersuchungen zur Hirnforschung[1691] wird festgestellt, dass es den „heroischen Altruismus", bei dem sich ein Mensch in uneingeschränkter Selbstlo-

---

1685 Dies., a. a. O. S. 79 mit Verweis auf Cabrillo, Francisco (1999): The economics oft he family and family policy, S. 11.

1686 Stutz/Bauer, Erben und Vererben in der ökonomischen Theorie, in: Lettke, Frank (Hrsg.), Erben und Vererben. Gestaltung und Regulation von Generationenbeziehungen, S. 84.

1687 Batson, The Altruism Question, S. 207.

1688 Ders., a. a. O., S. 208.

1689 Jonas, Psychologische Determinanten des Spendenverhaltens, in: Adloff/Priller/Strachwitz, Prosoziales Verhalten, S. 197.

1690 Ders. a. a. O., S. 208.

1691 Dieser interdisziplinäre Ansatz ist gerechtfertigt. So zeigt *Rössel*, dass „prosoziales Handeln im Allgemeinen und Spenden im Besonderen nur aus einer interdisziplinären Perspektive erklärt werden können, wobei die verschiedenen Disziplinen unterschiedliche Bausteine für ein integriertes Erklärungsmodell liefern. Kann die Evolutionsbiologie vor allem die spezifischen biologischen Bedingungen menschlichen Handelns und ihre evolutionäre Herkunft erklären, so wendet sich die Ökonomie vor allem der Relevanz ökonomischer Anreize zu." Siehe Rössel, Spenden und prosoziales Handeln. Eine Einschätzung aus soziologischer Perspektive in: Adloff/Priller/Strachwitz (Hrsg.), Prosoziales Verhalten, S. 222.

sigkeit für andere opfert, sehr selten sei.[1692] *An der Heiden* kommt (u.a.) zu dem Ergebnis, dass Altruismus auch deshalb praktiziert werde, weil das menschliche Gehirn darauf angelegt ist, Rahmenbedingungen für ein gemeinschaftliches, kooperatives Zusammenleben anzustreben. Kooperation und Hilfsbereitschaft stehen in engem und unmittelbarem Zusammenhang mit Altruismus.[1693] Auch verweist *an der Heiden* auf einen Artikel von DER SPIEGEL zu neueren Forschungen der sog. Soziobiologie, worin im Wesentlichen die These vertreten wird, dass Altruismus letztendlich von egoistischen Motiven angetrieben wird, etwa nach dem Prinzip: „Wenn ich dir helfe, wird später auch mir jemand helfen."[1694] Nach *Muscheler* leitet die Evolutionsbiologie die Existenz von Altruismus daraus ab, das es in der Evolution nicht um das Überleben von Individuen gehe, sondern um die Weitergabe von Replikatoren (Genen). Bei der Evolution komme es auf das Überleben der Gene an und nicht auf das Überleben von Individuen oder auch nur Arten.[1695] Diesem Altruismus läge somit ein wahrhaft eigensüchtiges Motiv zugrunde.

Selbst ein Blick in die Geschichte der Stiftung selbst, lässt *keine* klare Trennung zwischen Egoismus und Altruismus zu. Waren es zunächst rein egoistische Motive, wie die Sicherung des eigenen Seelenheils, der Grund zur Stiftung, kam erst später der Gedanke der piae causae hinzu.[1696] *Liermann* zeigt auf, wie der Gedanke der „gelohnten Schenkung des germanischen Rechts: Gabe schielt nach Entgelt"[1697] theologiegeschichtlich erst aufgearbeitet werden musste, um bei einem Stiftungsgeschäft zum tatsächlichen Fehlen selbstsüchtiger Bewegungsgründe zu gelangen.[1698] Während man noch „für die Stiftung Ehren empfangen wollte"[1699], findet sich in der christlichen Literatur

> „bei Clemens Alexandrinus (um 200) die Auffassung, daß beim echten Schenken die Absicht zu prahlen nicht vorhanden sein darf"[1700].

Angesichts der frühgeschichtlichen Entstehungszeit der Stiftung war dies ein relativ spät einsetzender Wandel von egoistischem zu altruistischem Denken. Auch mag von Interesse sein, dass in den Digesten im Corpus Juris Justinians in einen die Schenkung betreffenden Satz des römischen Juristen des 2. Jahrhunderts Julian ein Stück aus einer Predigt eingeschoben wurde, welche die Selbstlosigkeit des Schenkers forderte.[1701] *Liermann* zeigt auf, dass diese „hochstehende Einstellung zum Schenken und Stiften, obwohl sie als ethische Forderung bis zur Gegenwart ihre Gültigkeit behalten hat, nicht immer und überall zu finden gewesen"[1702] ist.

1692 An der Heiden, Altruismus und Hirnforschung.
1693 Ders., a. a. O., S. 4.
1694 An der Heiden, Altruismus und Hirnforschung, S. 7 mit Verweis auf DER SPIEGEL 51/2010, S. 126-128.
1695 Muscheler, Erbrecht Band 1, Rz. 341.
1696 Vgl. Kapitel 2, Tz. 1.
1697 Liermann, Handbuch des Stiftungsrechts, S. 33.
1698 Ders., a. a. O., S. 33.
1699 Ders., a. a. O., S. 33.
1700 Ders., a. a. O., S. 33 m.w. Quellennachweis.
1701 Ders., a. a. O., S. 34.
1702 Ders., a. a. O., S. 34.

„Das positive Recht ist meist überfordert, wenn man von ihm die Rücksichtnahme auf eine oft nicht feststellbare innere seelische Haltung der am Rechtsgeschäft beteiligten Personen verlangt.“[1703]

Auch in aktuellen Abhandlungen finden sich Aussagen wie „Der Stifter will sein petrifiziertes alter-ego schaffen“[1704].

Vor dem Hintergrund dieser Ausführungen, lässt sich die Aussage treffen, dass Altruismus der Einbeziehung gemeinnütziger Stiftungen in einen kontraktualistisch geprägten Urzustand im Sinne *Rawls'* nicht entgegensteht.

(γ) Formale Betrachtungsweise des Stiftungsbegriffs

Hinzu kommt, dass man der Erkenntnis aus Kapitel 2 – das Stiftungsgeschäft ist formal ein einaktiges und einseitiges Rechtsgeschäft und kein Vertrag – keine zu große Bedeutung beilegen sollte. Im Rahmen der Entstehungsgeschichte des BGB wurden beispielsweise von der ersten BGB-Kommission[1705] noch mehrere zivilrechtliche Modelle zum Stiftungsgeschäft diskutiert. Zwei Modelle standen sich gegenüber: das *einseitige Rechtsgeschäft* und ein *Vertragsmodell*.[1706] Die erste BGB-Kommission führte dazu aus, dass es hinsichtlich der Modalitäten des Begründungsakts unbedenklich sei,

„das einseitige Rechtsgeschäft als wirksam anzuerkennen, während andererseits kein genügender Grund vorliege, die Errichtung mittels Vertrages auszuschließen. Ob in einem solchen Vertrag das eigentlich wirkende Moment doch nur der einseitige Wille sei, könne als rein theoretische Frage dahin gestellt bleiben“[1707].

Neben dem einseitigen Stiftungsgeschäft war somit auch das vertragliche Stiftungsgeschäft zugelassen.[1708] Für die zweite BGB-Kommission[1709] war zwar „die Zulässigkeit des bloß einseitigen Stiftungsgeschäft schon kein Problem mehr, sondern eine Selbstverständlichkeit“[1710], gleichwohl blieb die Möglichkeit, das Stiftungsgeschäft durch Vertrag schließen zu können, bestehen.[1711] Hinzu kommt, dass – auch heute noch – die Einseitigkeit des Stiftungsgeschäfts nicht bedeutet, dass das Stiftungsgeschäft nicht in Form eines Vertrages (zwischen Stifter und Mitstiftern oder zwischen Stifter und einem an der Stiftung interessierten Dritten) geschlossen werden kann.[1712]

Bleibt man dagegen bei der rechtshistorischen Genese der Stiftung zeigt sich, dass dem Stiftungsbegriff *Savignys* selbst ein „idealistisches Element“ zugrunde lag.[1713] *Savigny* sah das wahre Subjekt der Rechte „ein als Person anerkannter Begriff, nämlich der Zweck der Menschenliebe“[1714]. Nach *Richter* wäre ein solches Verständnis der

1703 Ders., a. a. O., S. 34.
1704 Muscheler, Stiftung und Schenkung, in: Stiftungsrecht, S. 191.
1705 Erste Kommission zur Ausarbeitung eines Bürgerlichen Gesetzbuches, 1881-1889.
1706 Vgl. dazu eingehend Muscheler, Errichtung der Stiftung, in: Stiftungsrecht, S. 95, 109 ff.
1707 Jakobs/Schubert I, S. 380.
1708 So Muscheler, Errichtung der Stiftung, in: Stiftungsrecht, S. 110.
1709 Zweite Kommission zur Ausarbeitung eines Bürgerlichen Gesetzbuches, 1890-1896.
1710 Muscheler, Errichtung der Stiftung, in: Stiftungsrecht, S. 111.
1711 Ders., a. a. O., S. 111.
1712 Ders., a. a. O., S. 186.
1713 Richter, Rechtsfähige Stiftung und Charitable Corporation, S. 72.
1714 Savigny, System des heutigen Römischen Rechts, S. 244; Richter, Rechtsfähige Stiftung und Charitable Corporation, S. 72.

Rechtsträgerschaft der Stiftung ohne den Beitrag der idealistischen Philosophie kaum denkbar gewesen.[1715]

(δ) Anwendung der Erkenntnisse auf die Frage der Einbeziehung gemeinnütziger Stiftungen in einen kontraktualistisch angelegten Urzustand im Sinne *Rawls'*

Vor diesem Hintergrund[1716] ist zur Frage zurückzukehren, ob gemeinnützige Stiftungen in vertragstheoretische Gerechtigkeitstheorien einbezogen werden können.[1717] Dabei soll zwischen dem **Wirken des Stifters** und dem **Wirken gemeinnütziger Stiftungen** differenziert werden. Wie sich gezeigt hat, liegen der Errichtung gemeinnütziger Stiftungen – als Wirken des Stifters – keineswegs ausschließlich einseitige und ausschließlich altruistische Motive zugrunde. Auch hat sich weiter oben[1718] gezeigt, dass bspw. gerade steuerliche Privilegien altruistisches Handeln fördern, wenn nicht sogar erst auslösen. Nicht selten sind es gerade individualistisch wirkende Rahmenbedingungen, die Altruismus und Freiwilligkeit fördern und bewirken.[1719] Die Förderung von altruistischem Verhalten zielt somit *immer* auch auf egoistische Motive ab. Dies ist weder ein Zirkelschluss, noch anstößig und auch wiederum per se gerecht und fair. *Nussbaum* führt dazu aus:

> „Wenn mir viel am Wohlergehen der Armen in meinem eigenen Land liegt und ich einen Großteil meines Geldes spende, um ihre Bedürfnisse zu befriedigen, mache ich dadurch mich selbst und meine Familie im Vergleich zu denen ärmer, die zu Beginn ebensoviel besitzen, den Armen aber nichts abgeben. Jedes System freiwilliger Philanthropie stößt auf dieses Problem. Solange andere nicht dazu gebracht werden, ihren fairen Anteil beizutragen (...) müssen diejenigen, die tatsächlich zahlen, sowohl mehr leisten (wenn das Problem gelöst werden soll) als auch relative Nachteile auf sich nehmen, was nicht der Fall wäre, wenn das System jedem eine proportionale Last auferlegen würde."[1720]

Da es letztlich Menschen[1721] sind, die als Stifter in Erscheinung treten, lässt sich aus dieser Erkenntnis die folgende **These** aufstellen: Ausschließlich altruistisch ist die gemeinnützige Stiftung selbst, nicht dagegen auch der Stifter.

Übertragen auf den beschriebenen **Urzustand 1** lässt sich daraus schlussfolgern, dass ihre Vertreter – als leistungsfähige Menschen – ausreichend Motive hätten, ein gemeinschaftliches kooperatives Gesellschaftssystem anzustreben. Da sie nicht wüss-

---

1715 Richter, Rechtsfähige Stiftung und Charitable Corporation, S. 72 m. w. N. insbes. in Fußnote 196 auf dieser Seite.

1716 Die Frage der Bedeutung der Erscheinungsformen der Gabe und des Altruismus für vertragstheoretische Gerechtigkeitstheorien kann hier nur angedeutet werden. Die Werke von *Adloff, Frank, C. Daniel Batson* und *Martha C. Nussbaum* machen deutlich, dass dieser Frage eine eigene (weitere) Untersuchung gewidmet werden könnte, was den Rahmen dieser Ausarbeitung jedoch sprengen würde.

1717 Zur Klarstellung: Nur um diese Frage geht es vorliegend. Diese Frage ist nicht deckungsgleich mit der Frage nach der Bedeutung von Altruismus in vertragstheoretischen Gerechtigkeitstheorien.

1718 Siehe Einleitung, 1. und Kapitel 2, Tz. 3.

1719 Weitere Ansätze zur Motivation von Stiftern vor dem Hintergrund utilitaristischer Gerechtigkeitserwägungen siehe sogleich Tz. 1.1.1.5.

1720 Nussbaum, Die Grenzen der Gerechtigkeit, S. 420.

1721 Unternehmen als Stifter außen vor gelassen, denen aber auch ‚unternehmerische Interessen' und somit noch weniger ‚altruistische Interessen' unterstellt werden können.

ten, ob sie von den gemeinnützigen Stiftungen profitieren würden oder diese selbst errichten, hätten sie nach der Maxime gehandelt: ‚Wenn ich (dir) helfe, wird (später) auch mir jemand helfen.‘ Dies sind letztendlich auch egoistische Motive, die, wie obige Definitionen gezeigt haben, altruistisches Handeln nicht ausschließen.

Vor diesem Hintergrund lässt sich die These aufstellen, dass insbesondere vor dem Hintergrund eines differenzierten Verständnisses von ‚Gabe‘ und ‚Altruismus‘ gemeinnützige Stiftungen in vertragstheoretische Gerechtigkeitstheorien begründungstheoretisch einbezogen werden können. Altruismus und gerechtes Handeln schließen sich nicht per se aus.

Der Urzustand 1 soll nun modifiziert werden.

Urzustand 2: Wie Urzustand 1, jedoch ist den Vertretern im Urzustand nunmehr bekannt, dass eine Generation (A) aufgrund ihres Verhaltens und ihres Lebenswandels schon so viel Ressourcen und Mittel verbraucht hat, dass feststeht, dass der nachfolgenden Generation Schulden und Lasten hinterlassen werden, denen nicht (zumindest nicht in gleichem und vollwertigem Umfang) entsprechende Investitionen mit Zukunftsnutzen gegenüberstehen.

Wie würden die Vertreter in diesem Fall das Institut der gemeinnützigen Stiftung[1722] beurteilen?

Zunächst ist festzuhalten, dass dieser Urzustand 2 durchaus wirklichkeitskonform ist. So besteht nach *Kersting* in sozialer Hinsicht das Verteilungsproblem der intergenerationellen Gerechtigkeit nicht darin,

> „das Späteren zuwenig an Gutem hinterlassen wird, sondern dass Späteren zuviel an Schlechtem vererbt wird“[1723].

Kahl[1724] ist der Auffassung, dass bei Aufnahme der Generationengerechtigkeit in die Verfassungswirklichkeit zumindest in sozialer Hinsicht gewichtige Verschiebungen zugunsten der Belange künftiger Generationen erforderlich wären. So sei z. B. die Ausgestaltung der Renten- oder Pflegeversicherung als umlagefinanzierte Modelle nicht mehr verfassungsgemäß, sondern bedürfte der Anpassung in Richtung eines Kapitaldeckungsverfahrens. Die bedeutsamsten Veränderungen wären im Bereich der Staatsverschuldung zu verzeichnen. An Letzteres knüpft auch *Möller*[1725] an. Die derzeitige Staatsverschuldung resultiert – neben anderen Faktoren – aus kostenträchtigen Transfers des Sozialstaates, aus einem ausgedehnten Subventionswesen, den Kosten der Wiedervereinigung und den hohen Zinslasten aus finanziellen Altlasten. Die heute notwendige Schuldentilgung folgt aus dem Gedanken einer generationengerechten Umverteilung zwischen aufeinanderfolgenden Generationen. Je höhere Schulden den nachfolgenden Generationen hinterlassen werden, desto enger wird deren Finanzie-

---

1722 Wiederum soll auch in diesem Urzustand 2 eine Differenzierung zwischen einer Stiftung des öffentlichen Rechts und einer Stiftung des privaten Rechts außen vor bleiben.

1723 Kersting, Theorien der sozialen Gerechtigkeit, S. 13.

1724 Kahl, Stellungnahme Parlamentarischer Rat 15.10.2008, S. 4 f.

1725 Möller, Generationengerechtigkeit im Steuerrecht, S. 13 ff.

rungsspielraum in der Zukunft.[1726] Auch nach *Bonin* ist in Deutschland von einer intergenerationellen Ungerechtigkeit auszugehen („Intertemporal Fiscal Imbalance"):[1727]

> „If current tax and transfer levels stay unchanged, the discounted future net tax payments of two thirds of the current population will be positive and, for the most part, large."[1728]

> „Under status quo fiscal conditions, since net taxes paid by living cohorts are inadequate to cover interest on government debt, and taxes paid by future cohorts are inadequate to cover net government purchases made for them (...)."[1729]

Das zulässige (gerechte) Maß der Verschuldung, also der Maßstab einer ‚gesunden' Verschuldung ist natürlich entscheidend. Zumindest theoretisch lässt er sich dort festlegen, wo der mit der Staatsverschuldung verbundene gesamtwirtschaftliche Nutzen größer ausfällt als die gesamtwirtschaftlichen Kosten. Das volkswirtschaftliche Verschuldensoptimum ist somit erreicht, wenn die volkswirtschaftlichen Grenzkosten und der Grenznutzen der Staatsverschuldung übereinstimmen.[1730]

Kehrt man somit zurück zum definierten Urzustand 2, steht zu vermuten, dass die Vertreter zu der Auffassung gelangen, dass sich die Generation A bereits ungerecht gegenüber der zeitlich nachfolgenden Generation verhält und daher Überlegungen zu einer korrektiven Verteilungsgerechtigkeit anzustellen sind. Selbst unter der Prämisse, dass gemeinnützige Stiftungen mit ihren Mitteln nicht allein für eine korrektive Gerechtigkeit zwischen den Generationen beitragen könnten, sondern nur ergänzend, würde man das Institut der gemeinnützigen Stiftung gleichwohl begrüßen, und zwar möglicherweise nicht nur im Sinne einer moralisch höheren Verantwortungsethik als im Urzustand 1, sondern auch im Sinne vertragstheoretischer Postulate. Selbst wenn die Rahmenbedingungen für die Errichtung und Förderung gemeinnütziger Stiftungen immer noch freiwillig sind, dürfte man im Urzustand 2 zu der Präsumption gelangen, dass sich eine stiftende Generation nicht nur ethisch und moralisch verantwortlich verhält, sondern auch gerecht i. S. einer ergänzenden Austauschgerechtigkeit. Dies eröffnet Rechtfertigungssätze für Privilegien gemeinnütziger Stiftungen, die sich am Gleichheitssatz gemäß Art. 3 Abs. 1 GG messen lassen:[1731] Wer nachfolgenden Generationen Schulden und Lasten hinterlässt und gleichzeitig mittels einer ‚unsterblichen' Institution Mittel zur Förderung von Gemeinwohlinteressen veranlasst, handelt aufgrund seines stiftens grundsätzlich gerecht im Sinne vertragstheoretischer Gerechtigkeitspostulate.

Auf dieser Basis lässt sich der folgende **Urzustand 3** betrachten:

Urzustand 3: Geht man davon aus, dass die Vertreter im Urzustand 2 darüber zu befinden haben, ob die Errichtung und Förderung gemeinnütziger Stiftungen mit **Privilegien** verbunden werden kann, würden die Vertreter im Urzustand diese befürworten und wenn ja, wie wären diese auszugestalten?

1726 Ders., a. a. O., S. 15.
1727 Bonin, Generational Accounting, S. 142 ff., S. 189.
1728 Ders., a. a. O., S. 142.
1729 Ders., a. a. O., S. 143.
1730 Möller, Generationengerechtigkeit im Steuerrecht, S. 15.
1731 Vgl. dazu die im Rahmen der Einleitung, Tz. 2.1., Ziff. 8 aufgeworfene Fragestellung.

Es ist davon auszugehen, dass die Vertreter in diesem Urzustand 3 Privilegien grundsätzlich befürworten würden. Stellt ein Vertreter nach Lüftung des Schleiers der Unwissenheit fest, dass er der Gruppe der Bedürftigen angehört, würde er selbst bei entsprechender Privilegierung der anderen Gruppe (den Stiftern) von dem Wirken der Stiftung profitieren. Im Ergebnis entsprechen diese Überlegungen der Maximin-Regel von *Rawls*, nach der die Teilnehmer im Urzustand annehmen, dass nach Lüftung des Schleiers der Unwissenheit der für sie schlechteste denkbare Fall eintritt. Selbst eine ungerechte Privilegierung von Stiftern würde man sich noch als schlechtestes Ergebnis jeder verfügbaren Alternative zu eigen machen, da das schlechteste Ergebnis (ungerechte Privilegien für Stifter) immer noch besser wäre, als die schlechtesten Ergebnisse aller übrigen Alternativen (keine Förderung von schlechter Gestellten durch gemeinnützige Stiftungen). Dies setzt natürlich voraus, dass mit entsprechenden Privilegien auch tatsächlich eine Förderung des Gemeinwohls einhergeht. Dass dem so ist, wird hier als empirisch gesichert unterstellt[1732], wenngleich der Grundsatz der Freiwilligkeit der Errichtung und Förderung gemeinnütziger Stiftungen nicht in Frage gestellt werden soll.

Entsprechend lassen sich Kriterien des *Rawls*'schen Differenzprinzips (*difference principle*) zugrunde legen. Nach diesem Prinzip würde man im Urzustand eine soziale und wirtschaftliche Ungleichheit für zulässig erachten, wenn dadurch die Besserstellung auch des am wenigsten Begüterten in der Gemeinschaft erreicht wird. Dieses Prinzip duldet Ungleichheiten (nur) soweit, als sie auch den jeweils schlechtestgestellten Subjekten nützen.[1733] Wie weiter oben bereits ausgeführt,[1734] hält *Nussbaum* derartige Privilegierungen sogar für geradezu gerecht, wenn sie ausführt, dass in einem System freiwilliger Philanthropie ein Spender im Verhältnis zum Nicht-Spender mehr leisten muss, um zur Lösung gesellschaftlicher Probleme beizutragen, was nicht der Fall wäre, wenn das System jedem eine proportionale Last auferlegen würde. [1735] Diese Nachteile zumindest teilweise auszugleichen ist gerecht.

Gleichwohl ist folgende **Grenzziehung** zu vermuten: Die Teilnehmer im Urzustand 3 würden ein gesellschaftliches System ablehnen, in dem die Eckpfeiler für eine gerechte Politik ausschließlich dem Wirken gemeinnütziger Stiftungen – und somit dem Wirken der Stifter – vorbehalten bleibt. Grund ist, dass es bei einem derartigen System *ausschließlich* der privaten und vor allem auch freiwilligen Initiative einiger vorbehalten bliebe, ob und in welchem Umfang und für welche Zwecke sozialpolitisch gerechte Maßnahmen ergriffen werden. Da die Errichtung und die Förderung gemeinnütziger Stiftungen nach wie vor freiwillig erfolgt, wäre auch der Fall denkbar, dass sich niemand für die Errichtung und Förderung einer gemeinnützigen Stiftung ent-

---

1732 Vgl. Kapitel 2, Tz. 3.

1733 Vgl. dazu auch Hampicke, Ökologische Ökonomie, S. 271f. der auch darauf hinweist, dass Rawls das Differenzprinzip nur für intratemporale Entscheidungssituationen für relevant hielt und nicht für Probleme intergenerationeller Ethik angewandt wissen wollte. Rawls habe es für unmöglich gehalten, sich mehrere oder alle Generationen gleichzeitig in einer hypothetischen Verhandlungsrunde hinter der „veil of ignorance" vorzustellen, so Hampicke, Ökologische Ökonomie, S. 272.

1734 Vgl. „Urzustand 1".

1735 Vgl. Nussbaum, Die Grenzen der Gerechtigkeit, S. 420.

scheidet. In diesem Fall wären die Vertreter der am schlechtesten gestellten Gruppierung ohne jegliche Begünstigung und ohne jeglichen Nutzen, worauf sie sich aller Wahrscheinlichkeit nach nicht einlassen würden. Privilegien dürften daher nicht so weit reichen, dass sich die Stifter im Übrigen völlig aus der sozialen Verantwortung entziehen könnten. Ohne dies an dieser Stelle vorwegnehmen zu wollen: Steuerliche Privilegien dürften nicht so weit reichen, dass ein Stifter bei deren Inanspruchnahme völlig steuerfrei gestellt würde. Die Effizienz des Sozialstaats bliebe individualistischen Ideen und privat motivierten Handlungsinitiativen vorbehalten. Eine Gesellschaft, die ausschließlich auf freiwillige, altruistische und moralische Überzeugungsarbeit setzt, wäre im Ergebnis wohl kaum gerecht und auch praktisch wenig erfolgversprechend.[1736]

An dieser Stelle zeigt sich auch ein Postulat von herausragender Bedeutung: Der Staat darf bei aller Liebe zu gemeinnützigen Stiftungen ‚nicht stiften gehen'. Er darf seine soziale Verantwortung nicht der privaten Initiative Einzelner überlassen. Der Staat kann sich somit, sei es bei der Thematik der Generationengerechtigkeit als auch bei anderen ihm obliegenden Aufgaben, nicht aus seiner (auch finanziellen) Verantwortung stehlen, in dem er Rahmenbedingungen für Stiftungen setzt, ‚die es dann schon richten mögen'. Überlegungen gemeinnützige Stiftungen als alleinige Ersatz- oder Kompensationsinstitution für eine intergenerationelle Verteilungsgerechtigkeit einsetzen zu wollen, muss daher eine Absage erteilt werden.

Hieraus lassen sich folgende **Thesen** ableiten:

Gemeinnützige Stiftungen sind Institutionen, die zur Generationengerechtigkeit beitragen können. Ihr Wirken kann in eine kontraktualistische Gerechtigkeitstheorie der praktischen Philosophie einbezogen werden. Ihr Wirken kann insofern jedoch nur eine Ergänzung bedeuten. Gemeinnützige Stiftungen können eine generationengerechte Politik nicht ersetzen.

Legt man, wie hier, ein extensives Verständnis des Generationenbegriffs zugrunde, ist es weder zwingend noch geboten, die fördernde Tätigkeit gemeinnütziger Stiftungen auf Zwecke mit ausschließlich intergenerationellem Bezug zu beschränken. Eine differenzierende Wertung zwischen der Förderung von lebenden und noch nicht lebenden Angehörigen einer Generation dürfte aus moralisch-ethischer Sicht nicht gelingen.

(b) Begründungsversuche unter Einbeziehung der besonderen Erscheinungsform der Stiftung des öffentlichen Rechts

In dem in Kapitel 2 gezogenen Fazit[1737] wurde auf die Vielfalt der Erscheinungsformen gemeinnütziger Stiftungen abgestellt. Die Erscheinungsform der Stiftung des öffentlichen Rechts hat die Frage aufgeworfen, ob sie Ansätze zulässt bzw. sogar fordert, die auf Maßnahmen der öffentlichen Hand abzielen. An diese Fragestellung soll nun mit einer weiteren Modifizierung des Urzustands angeknüpft werden.

1736 Vgl. hieran anknüpfend die Ausführungen weiter unten, Tz. 2.4.3., § 10b Abs. 1a EStG betreffend.

1737 Siehe Kapitel 2, Tz. 6.2.4.

Urzustand 4: Wie Urzustand 2, d. h., den Vertretern im Urzustand ist bekannt, dass eine Generation (A) aufgrund ihres Verhaltens und ihres Lebenswandels schon so viel Ressourcen und Mittel verbraucht hat, dass feststeht, dass der nachfolgenden Generation Schulden und Lasten hinterlassen werden, ohne dass damit (in vollem Umfang) ein entsprechender Zukunftsnutzen gegenübersteht. Die Vertreter im Urzustand 4 kennen nunmehr auch das Institut einer Stiftung des öffentlichen Rechts. Dies bedeutet, dass eine Stiftung auch als öffentlich-rechtlich gestaltete Institution in Erscheinung treten kann, die als solche zum öffentlich-rechtlichen Verwaltungssystem der mittelbaren staatlichen Verwaltung gehört und als eigenständiger Träger bestimmte Aufgaben durch eigenes Handeln wahrnimmt. Unterstellt, einer solchen Stiftung des öffentlichen Rechts könnte ein näher zu bestimmender Zweck ‚Generationengerechtigkeit' zugewiesen werden[1738], wie würden sich die Vertreter im Urzustand 4 nunmehr entscheiden?

Vordergründig liegt die Schlussfolgerung nahe, dass sich die Vertreter im Urzustand 4 wiederum auf eine mehr als moralische Verantwortung der Generation A einigen würden, eine gemeinnützige Stiftung grundsätzlich zu errichten, weil sich diese Generation bereits als ungerecht erwiesen hat und ihr deshalb eine Verpflichtung zu korrektiven Maßnahmen zuzuweisen ist. Die Überlegungen zum Urzustand 2 finden entsprechende Anwendung.

Die Frage ist nur, was konkret für eine Stiftung des öffentlichen Rechts sprechen könnte und was für diese Rechtsform gegenüber einer gemeinnützigen Stiftung des privaten Rechts sprechen würde? Kann die Überlegung hilfreich sein, dass einer Stiftung des öffentlichen Rechts als Organ der Exekutive ein höheres politisches Gewicht beizulegen wäre als einer (von privater Seite errichteten) gemeinnützigen Stiftung des privaten Rechts. Kann eine Stiftung des öffentlichen Rechts als Zeichen einer besonders verantwortlichen politischen Kultur der Generation A wahrgenommen werden?

Einer solchen Argumentationslinie schließen sich allerdings mehrere Fragen an.

Ist eine Stiftung des öffentlichen Rechts überhaupt und grundsätzlich zu empfehlen? Welche Funktion(en) wäre(n) einer solchen Stiftung des öffentlichen Rechts sinnvollerweise zuzusprechen? Mit welchem Vermögen wäre sie auszustatten? Wären ihr Rechte zuzuweisen und wenn ja, welche? Wie wäre eine solche Stiftung im Kontext zu anderen Institutionen zu sehen, wie etwa dem Staat selbst, anderen bestehenden ‚Nachhaltigkeitsinstitutionen'[1739] oder gemeinnützigen Stiftungen des privaten Rechts? Oder wäre eine Stiftung des öffentlichen Rechts auch in diesem Fall „überflüssiger Etikettenschwindel", mit dem es dem Staat ermöglicht würde „stiften zu gehen"?[1740]

Diese Fragestellungen erfordern ein näheres Eingehen auf die spezielle Form der Stiftung des öffentlichen Rechts. Dies ist auch vor dem Hintergrund zu sehen, dass es sich bei der Stiftung des öffentlichen Rechts um ein Organ der Exekutive handelt, denn sie gehört zum öffentlich-rechtlichen Verwaltungssystem der mittelbaren staatli-

1738 Vgl. hierzu nachfolgend Tz. 3. in diesem Kapitel.

1739 Exemplarisch sei hier der ‚Nachhaltigkeitsrat' genannt.

1740 In diesem Sinne die grundsätzliche Kritik von Muscheler, Plädoyer für ein staatsfreies Stiftungsrecht, in: Stiftungsrecht, S. 27 ff.

chen oder kommunalen Verwaltung.[1741] Aufgrund dieser Besonderheiten sollen diese Fragestellungen daher weiter unten[1742] diskutiert werden.

Es hat sich gezeigt, dass ein generationen*un*gerechtes Verhalten eine gesteigerte moralische Verantwortung gegenüber nachfolgenden Generationen – zumindest vor dem Hintergrund vertragstheoretischer Gerechtigkeitserwägungen – nahelegt. Eine derartige gesteigerte moralische Verantwortung könnte in der (zumindest) moralischen Pflicht münden, die Errichtung von Institutionen (welcher Art auch immer) nicht nur der freiwilligen Initiative Privater zu überlassen, sondern auch Exekutivorgane zu schaffen, die die Übernahme staatlicher Verantwortung dokumentieren und ausüben.

Eine derartige aus ethisch-moralischer Sicht differenzierende Betrachtungsweise lässt sich auch auf die ebenfalls differenzierende Betrachtungsweise *Höffes* bei dessen Frage nach der Zukunftsfähigkeit von Politik übertragen.[1743] Im Hinblick auf den Faktor der Institutionen arbeitet er heraus, dass im Rahmen der Politik Institutionen der öffentlichen Gewalt, also staatliche Institutionen, von Institutionen der Zivil- bzw. Bürgergesellschaft zu unterscheiden sind. Nur im Hinblick auf die elementarsten Aufgaben erscheine es sinnvoll, diese auf staatliche Institutionen zu übertragen und nur die Ergänzungen der Bürgergesellschaft zu überantworten. Auch dies impliziert die gesonderte Untersuchung der Einbeziehung einer gemeinnützigen Stiftung des öffentlichen Rechts in eine generationengerechte Politik als Maßnahme der öffentlichen Hand, was, wie bereits angedeutet, in einem gesonderten Kapitel weiter unten erfolgen soll.[1744]

1.1.1.3. Gemeinnützige Stiftungen und Jonas'sche Verantwortungstheorie

Jonas legt seiner Verantwortungstheorie einen von *Kant* abgeleiteten kategorischen Imperativ zugrunde, indem er fordert, „so zu handeln, dass die Wirkungen deiner Handlung verträglich sind mit der Permanenz echten menschlichen Lebens auf Erden“[1745]. Und: „Schließe in deine gegenwärtige Wahl die zukünftige Integrität des Menschen als Mit-Gegenstand deines Wollens mit ein.“[1746]

Der *Jonas*'sche Imperativ hat den Fortbestand menschlicher Aktivität im Visier und fragt dazu nach der Reichweite menschlichen Handelns. Die veränderte Natur menschlichen Handelns begründet seine Forderung nach einer neuen Ethik. Wenn sich nun Ethik nicht mehr nur auf das Hier und Jetzt beschränkt, sondern auch mit den Zukunftswirkungen menschlichen Handelns beschäftigt, wäre da ein Institut wie die gemeinnützige Stiftung mit institutionalisiertem dauerhaftem, also ebenfalls zukunftsbezogenem Handeln, nicht ein probates Gegengewicht zu ethisch bedenklichem oder gar zu kritisierendem menschlichem Verhalten? Steht das dauerhafte gemeinwohlorientierte Wirken gemeinnütziger Stiftungen nicht im Gleichklang mit Forderungen *Jonas*' nach einem ethisch verantwortlichen Handeln? Ist nicht auch die Freiwilligkeit der Stiftungserrichtung gerade ein Indiz für ethisch-moralisches Handeln mit Wirkung für

1741 Vgl. Kapitel 2, Tz. 2.2.1.2. und nochmals Schlüter/Stolte, Stiftungsrecht, S. 27.
1742 Siehe Tz. 3. in diesem Kapitel.
1743 Höffe, Ist die Demokratie zukunftsfähig?, S. 32.
1744 Siehe Tz. 3. in diesem Kapitel.
1745 Jonas, Das Prinzip Verantwortung, S. 36. Vgl. oben, Tz. 3.1.2.1. (c) in Kapitel 1.
1746 Ders., a. a. O., S. 36.

die Zukunft und ist die Errichtung einer Stiftung nicht gleichzeitig auch ein Indiz für die intrinsisch motivierte Übernahme von Fernverantwortung?

Nach *Jonas* ist die Auswirkung der Unsicherheit der Zukunftsprojektion auf die praktisch-politische Anwendung der schwächste Teil des ganzen Systems.[1747] Selbstredend haben auch Stiftungen, besser gesagt ihre Organe, nicht die Fähigkeit, in die Zukunft schauen. Wird ihr Wirken jedoch auf Bereiche beschränkt, die *potenziell* einen Zukunftsbezug haben, wird die Zukunftsbezogenheit ihres Wirkens automatisch, da institutionell bedingt, antizipiert. Daraus sollte man jedoch nicht die Forderung ableiten, das Wirken von Stiftungen auf Kernbereiche mit Zukunftswirkung zu beschränken, denn wie bereits aufgezeigt: Eine derartige Einschränkung könnte wiederum zu ethisch nicht akzeptablen Ergebnissen führen. So lässt sich bspw. nicht die Frage diskutieren, ob die Förderung der Rettung aus Lebensgefahr – und zwar hier und heute – von den Förderzwecken gemeinnütziger Stiftungen auszuschließen ist, da diese Tätigkeit keinen ausreichenden Zukunftsbezug (Fernwirkung) habe. Überlegungen dieser Art gehen fehl. Eine **Zukunftsethik** i. S. von *Jonas* knüpft zwar an die Potenzialität menschlichen Handelns an, sie **besagt** jedoch **nicht**, dass dabei eine **Ethik zugunsten der Gegenwart vernachlässigt** werden soll. Sind politische Programmsätze mit Zukunftswirkung problematisch, weil (a) derzeit regierende Parteien keine Wähler aus der Zukunft haben und (b) die Interessen und Bedürfnisse der zukünftigen Generationen noch nicht feststehen,[1748] haben gemeinnützige Stiftungen den Vorteil, auch ohne Wählerschaft Interessen und Bedürfnisse (auch) künftiger Menschen bedenken zu können. Stiftungen leben somit immer mit einer Ungewissheit. Das gilt zwar auch für Menschen, Institutionen und Regierungen. Im Hinblick auf die Folgenabschätzung des jeweiligen Handelns unterscheiden sich gemeinnützige Stiftungen jedoch insofern, als ihr Wirken durch die statutarische Festlegung von Zwecken zugunsten des Gemeinwohls implizit vorgegeben ist. Dies mag ein Grund dafür sein, dass sich Stifter bei der Errichtung der Stiftung über die Ungewissheit der Zukunft weitaus weniger Gedanken zu machen scheinen als die ethische Philosophie. Sie müssen nicht Zukunftsrisiken in das Zentrum ihres Handelns stellen, da die Stiftungstätigkeit – wie oben dargelegt – *per se* nachhaltig ist. Dass sich diese Nachhaltigkeit – und damit verbunden die Anerkennung des Gemeinnützigkeitsstatus – am Steuerrecht orientiert, bedeutet übrigens, dass der Steuerpolitik eine Zukunftsverantwortung beizumessen ist, die in dieser Tragweite bislang möglicherweise noch gar nicht erkannt wurde.

Kehrt man zurück zur Frage der Verantwortung zeigt sich, dass nach *Jonas* Verantwortung kausale Macht bedeutet.[1749] Verantwortung setzt nach *Jonas* nicht selbst Zwecke, sondern ist die ganz formale Auflage auf alles kausale Handeln. Sie ist Vorbedingung der Moral, aber noch nicht selbst Moral.[1750] Auch ist Verantwortung nach *Jonas* ein nichtreziprokes Verhältnis.[1751] In diesem Zusammenhang ist auf das bereits beschriebene Tatbestandsmerkmal der Freiwilligkeit des Errichtungsakts einer Stiftung

---

1747 Ders., a. a. O., S. 68.

1748 Zu diesem allgemeinen Einwand gegen moralethische Theorien der Generationengerechtigkeit siehe eingehend weiter unten, Tz. 1.2.4. in diesem Kapitel.

1749 Jonas, Das Prinzip Verantwortung, S. 172.

1750 Ders., a. a. O., S. 174.

1751 Ders., a. a. O., S. 177.

zurückzukommen. Wer sich freiwillig seines Vermögens begibt, um damit nachhaltig gemeinnützige Zwecke zu fördern, handelt zunächst verantwortlich, da er, als Stifter, eine Kausalkette in Gang setzt. Das geförderte Gemeinwohl, also der Stiftungszweck, impliziert die Moral. Die Nachhaltigkeit dieses moralischen Wirkens wiederum impliziert die Zukunftswirkung dieser Moral. Die eingangs beschriebene Stiftungssituation in Deutschland zeigt übrigens auch, dass sich die Übernahme dieser Verantwortung mit moralischer Konsequenz nicht nur auf Individualebene, sondern auch auf Kollektivebene vollzieht. Nicht nur, aber insbesondere auch, die steigende Zahl der Errichtungen von Bürgerstiftungen[1752] ist ein Dokument für die **Übernahme kollektiver Verantwortung** und **kollektiv moralischen Handelns**, die auch politische Verantwortung mit Zukunftsbezug darstellt. Es gibt wenige Gelegenheiten, kollektive Verantwortlichkeit so zu belegen, wie im Sektor der Gemeinnützigkeit.[1753] Im Zusammenhang mit der Errichtung von Stiftungen zeigt sich diese Verantwortlichkeit in institutionalisierter Form.

Somit lässt sich folgende **These** aufstellen:

Gemeinnützige Stiftungen sind Institutionen, die verantwortliches Handeln und Wirken ermöglichen. Abhängig von der Stiftungsart zeigt sich diese Verantwortung auch als kollektive Verantwortung. Dieses Handeln und Wirken gemeinnütziger Stiftungen ist als moralisch zu bezeichnen, wenn die geförderten Zwecke dem Gemeinwohl[1754] dienen. Auf Grund der institutionellen Besonderheit der Stiftung hat diese Moral auch immer Zukunftsbezug.

1.1.1.4. Gemeinnützige Stiftungen und Ekardts universale Diskursethik

Nach dem Begriffsverständnis von *Ekardt* setzt sich Nachhaltigkeit aus Generationengerechtigkeit und globaler Gerechtigkeit zusammen. Sein Ziel ist es, Gerechtigkeit global und intertemporal zu erweitern. Dabei legt er einen Liberalismus zugrunde, den er vom heute verbreiteten Wirtschaftsliberalismus abgrenzt und als Lehre versteht, nach der diejenige Grundordnung gerecht ist, die der normativen Vernunft entspricht.

Zunächst ist festzuhalten, dass das Wirken gemeinnütziger Stiftungen klar von wirtschaftsliberalem Handeln abzugrenzen ist. Gemeinnützige Stiftungen handeln im Sinne des Allgemeinwohls ohne die Absicht, Gewinne zu erzielen. Insofern ist eine Kompatibilität des Wirkens gemeinnütziger Stiftungen mit den Thesen *Ekardts* argumentierbar. Allerdings muss auch festgestellt werden, dass *Ekardts* Forderung nach einer globalen Erweiterung des Gerechtigkeitsdiskurses das Wirken gemeinnütziger Stiftungen überfordern würde, jedenfalls dann, wenn ihr Wirken nach der Zwecksetzung lokal oder zeitlich beschränkt ist. Dies wäre etwa denkbar bei einer gemeinnützigen Stiftung mit dem Zweck der Rettung aus Lebensgefahr (zeitlich) oder dem Zweck der Förderung städtischer Kindertagesstätten (lokal). Seine Forderung nach einer universal gerechten Grundordnung, die dem Anspruch nach als zeitlos gedacht werden muss, lässt sich dagegen mit gemeinnützigen Stiftungen vereinbaren,

---

1752 Vgl. Kapitel 2, Tz. 2.2.5.

1753 Vgl. bspw. auch Hilfe bei Flutkatastrophen.

1754 Zur Kritik an dem Begriff des ‚Gemeinwohls' im Sinne eines gesetzlichen Tatbestandsmerkmals siehe nochmals Muscheler, Stiftung und Gemeinwohlgefährdung, in: Stiftungsrecht, S. 117 ff.

deren Zweck auf den Schutz ökologischer Grundgüter oder auf die Beseitigung von Hunger in der Dritten Welt gerichtet ist. Da insbesondere der Erhalt ökologischer Grundlagen immer (auch) eine globale Dimension hat, ist eine Konformität der Forderungen *Ekardts* mit dem Wirken dieser gemeinnützigen Stiftungen begründungstheoretisch gegeben. Wiederum bestätigt sich allerdings die gewonnene Erkenntnis, dass das Wirken gemeinnütziger Stiftungen nicht allein generationengerechtes Handeln bewirken kann, sondern lediglich eine Ergänzung dazu anbietet.

1.1.1.5. Gemeinnützige Stiftungen und utilitaristische Ansätze

Nach *Birnbachers* ‚Formel' zum Nutzensummenutilitarismus (NSU)[1755] ist die Summe des Nutzens über alle Individuen und Generationen entscheidend. Kennzeichnend ist die rein aggregative Bewertung von Glück und Unglück, wobei das Glück und Unglück des Einzelnen in dem der Gesamtheit der Individuen untergeht. Was zählt, ist die Summe des Nutzens über alle Individuen und Generationen. Wie sich diese Summe auf Individuen und Generationen verteilt, ist gleichgültig.[1756]

Während das Stiften unbestreitbar zu einem Mehr-Nutzen der Destinatäre führt, stellt sich die Frage, ob damit auch Nachteile verbunden sind, die im Rahmen einer aggregativen Betrachtungsweise messbar sind. Legt man ausschließlich materielle Werte zugrunde, stellt das gestiftete Vermögen einen Nachteil auf der Ebene des Stifters dar. *Muscheler* verweist, wenn auch in anderem Kontext, auf den Redaktorvorentwurf des BGB-Allgemeiner Teil, wonach der Stifter „zwar sich selbst ärmer, nicht aber eine bereits existierende Person reicher machen will"[1757].

Gleichwohl lässt sich bei Betrachtung der Allgemeinheit – in der Summe – ein Mehr-Nutzen verzeichnen, da es *mehreren* Individuen (den Destinatären) besser geht und nur *einem* Individuum (dem Stifter) etwas schlechter. Hinzu kommt, dass es dem Stifter im Vergleich zur Gesamtheit immer noch gut geht, da er, so viel sei hier unterstellt, nur einen Teil seines Vermögens stiftet, sich durch sein Stiften also nicht in eine Situation der Bedürftigkeit begibt.

Eine derartige rein materialistische Betrachtungsweise ist dennoch nicht überzeugend. Wer stiftet, hat danach zwar weniger Vermögen. Aber heißt das auch, dass er deshalb *weniger* i. S. utilitaristischer Wertungen hat?

Die Antwort auf diese Frage ist zum einen weder messbar noch wissenschaftlich zu belegen. Stellt man die Frage nach Motiven der Stifter zeigt sich folgendes: Nach *Dieterich*[1758] sind die Motive, eine Stiftung zu gründen,

> „so zahlreich wie die Stifterpersönlichkeiten selbst. Sie reichen von der gutwilligen Einsicht, selbst etwas zur Linderung von Not und Missständen tun zu müssen, über Dankbarkeit für eigenen Wohlstand hin zu dem Wunsch, davon etwas an die Gesellschaft zurückgeben zu wollen. Sie reichen von gar schlechtem Gewissen, etwa über die Art und Weise des Erwerbs von Reichtum, über Mitleid mit den Mitmenschen, Wut auf den Staat, der alles meint bestimmen und reglementieren zu müssen, und der daraus folgenden Schlussfolgerung, als

1755 Vgl. Kapitel 1, Tz. 3.1.2.1. (b).

1756 Vgl. ebenda.

1757 Muscheler, Stiftung und Schenkung, in: Stiftungsrecht, S. 191 m. w. H. in Fußnote 18 auf dieser Seite.

1758 Dieterich, Von Wohltäterinnen und Mäzenen, S. 13.

mündiger Bürger selbst die Dinge gestalten zu wollen, bis hin zur unschuldigen Freude, anderen etwas Gutes tun zu können.“[1759]

Bishop/Green führen in ihrem Buch *Philanthrocapitalism* hierzu aus:

> „It can seem that there are at least as many motivations for philanthropy as there are philanthropists. Each philanthropist typically gives for a range of reasons, which makes it hard to generalize.“[1760]

Kroschke, Stifter der „Kroschke-Stiftung für Kinder“, nennt in seinem Buch[1761] gleich 12 Gründe, warum es sich lohnt, sein Geld in Stiftungen zu investieren. Neben der Förderung von Zwecken des Gemeinwohls zählen dazu auch die Möglichkeiten, Stiftungen als PR-Instrument[1762] und Plattform für wirtschaftliche Zusammenarbeit einzusetzen. Entscheidend scheint aber die verwendete Terminologie von *Kroschke* zu sein: Er spricht von *Investition* und nicht von Stiftung bzw. Geschenk oder gar von Vermögensverlust. Im Sinne eines allgemeinen Begriffsverständnisses wird ‚investieren‘ auch mit ‚Kapital anlegen‘ gleichgesetzt.[1763] Stiften wird insofern also auch als Kapitalanlage für bestimmte Zwecke des Gemeinwohlinteresses verstanden. Gestiftetes Vermögen ist aus der Sicht dieser Stifter nicht ‚weg‘, es ist i. S. des Gemeinwohlinteresses sinnvoll ‚investiert‘ und ‚angelegt‘. Aus Sicht dieses Stiftertyps sind daher utilitaristische Überlegungen dahingehend zu beantworten, dass die Stiftung zu einer Steigerung des Nutzens aller Individuen führt. Der Stifter selbst betrachtet sich gar nicht als ärmer. Davon abgesehen kann aber auch die Moral und die Frage nach dem Guten und dem Glück des Stifters mit einbezogen werden. Wiederum soll dazu einem Stifter selbst das Wort erteilt werden. Von *Hasso Plattner*, einem der Gründer von SAP, mehrfacher Milliardär und Stifter, stammt die Aussage:

> „Wenn man kein Geld hat, ist die Wahrscheinlichkeit eines unglücklichen Lebens groß. Aber ab einem gewissen Reichtum ist auch Glücklichsein deutlich schwerer. Glauben Sie mir, ich weiß wovon ich rede.“[1764]

Und um nicht zuletzt *Khalil Gibran* zu zitieren:

> „Es gibt jene, die mit Freude geben, und die Freude ist ihr Lohn.“[1765]

Wem dieser Ansatz zu esoterisch anmutet, der kann auf eine Untersuchung von Professor Michael Argyle der Oxford Universität aus dem Jahre 1995 verwiesen werden, die von den Autoren *Bishop/Green* in ihrem Buch *Philanthrocapitalism* zitiert wird.[1766] In dieser Studie wurden „charity“ und „voluntary activity“ – noch vor Sport und Musik – als Quelle der Freude identifiziert:

1759 Dies., a. a. O., S. 13.

1760 Bishop/Green, Philanthrocapitalism, S. 46.

1761 Kroschke, Stiften mit Gewinn.

1762 PR = Public Relations, d.h. Öffentlichkeitsarbeit. Eine Maßnahme, die sich mittlerweile zur „Corporate Social Responsibility“ weiterentwickelt (bzw. hochstilisiert) hat.

1763 Duden, Band 8, Das Synonymwörterbuch, S. 518.

1764 Quelle: Interview in Brand Eins Heft 03/2006, S. 71.

1765 Aus: Khalil Gibran, Der Prophet „Vom Geben“, S. 22.

1766 Bishop/Green, Philanthrocapitalism, S. 39.

„In a survey (...) respondents identified charity and voluntary activity as a source of joy more important than sports and music. Only dancing, respondents said, was more joyous than giving.“

Bemerkenswert ist, dass hierbei Erkenntnisse der moderneren Hirnforschung zugrunde gelegt wurden.[1767] Diese werden wie folgt beschrieben:[1768]

„There is some scientific evidence that giving activates the brain‘s reward center – the mesolimbic pathway, to give it its proper name – responsible for doling out the dopamine-mediated euphoria often associated with sex, money, food, and drugs. This finding may pose some problem for the moral hard-liners who question the merits of any giving that is rewarded.“

Bestätigt wird dieser Befund schließlich auch in einer neueren Studie des Deutschen Instituts für Wirtschaftsforschung Berlin.[1769] In einer Langzeitstudie des Sozio-oekonomischen Panel (SOEP) wurde die Spende als Form prosozialen Handelns untersucht. Hierbei wurde bei der Suche nach entscheidenden Indikatoren auf das Spendenverhalten auch die Frage nach dem Glücksempfinden beim Spenden gestellt. Dabei wurde festgestellt, dass Personen, die sich in den letzten vier Wochen glücklich fühlten, häufiger gespendet haben.[1770] Dies belege, dass Spenden nicht allein materiell motiviert, sondern auch von vielerlei Wertentscheidungen sowie subjektiven Dispositionen geprägt sei.[1771] Prof. Dr. Jürgen Schupp, Leiter der Infrastruktureinrichtung SOEP am DIW Berlin sagt zum Nutzen der Spende:

„Wenn man den Nutzenbegriff etwas breiter fasst und auch Glück unter Nutzen subsumiert, dann stellen wir (...) eine Regelmäßigkeit in unseren Daten fest. (...) Wir wissen zwar im Moment nicht, ob Spenden glücklich macht oder ob ‚glücklich sein‘ zu Spenden verleitet. Aber der Zusammenhang zwischen ‚glücklich sein‘ und Spenden, den wir in Deutschland festgestellt haben, ist signifikant. Man kann also sagen, dass Spender die glücklicheren Menschen sind.“[1772]

Auch in einer weltweit stattfindenden Erhebung (Gallup World Poll) sei in 122 von 126 Ländern eine positive Korrelation zwischen wohltätigen Geldspenden und Zufriedenheit identifiziert worden.[1773]

Reflektiert man diese Erkenntnisse vor der eingangs beschriebenen ‚Formel‘ von *Birnbachers* NSU, wonach die aggregative Bewertung von Glück und Unglück maßgebend ist und dabei ausschließlich auf die Summe des Nutzens über alle Individuen und Generationen abzustellen ist, lässt sich im Fall des Stiftens die **These** ableiten: Einer ist glücklicher, die anderen haben mehr.

1767 Dies stellt eine gewisse Analogie zu den Erkenntnissen zur Frage der Bedeutung von Altruismus in vertragstheoretischen Gerechtigkeitstheorien dar, vgl. weiter oben unter Tz. 1.1.1.2. (a) in diesem Kapitel.

1768 Bishop/Green, Philanthrocapitalism, S. 39.

1769 DIW Wochenbericht Heft 29, 2011.

1770 DIW Wochenbericht Heft 29, 2011, S. 9.

1771 DIW Wochenbericht Heft 29, 2011, S. 9-10.

1772 DIW Wochenbericht Heft 29, 2011, S. 11.

1773 DIW Wochenbericht Heft 29, 2011, S. 9, dort Fußnote 23 mit Hinweis auf: „Aknin, Lara B.; Sandstrom, Gillian M., Dunn, Elizabeth W. & Norton, Michael I. (2011): Investing in Others: Prosocial Spending for (Pro) Social Change. In: Biswas-Diener, Robert (Ed.), Positive Psychology as Social Change. Dordrecht, 222.“

Darüber hinaus steht auch das Aktivitätserfordernis gemeinnütziger Stiftungen mit utilitaristischen Anforderungen im Einklang. Im Sinne eines utilitaristisch-teleologischen Verständnisses ist Moral kein Selbstzweck, sondern steht im Dienste des guten Lebens. In diesem Sinne kann auch das Wirken gemeinnütziger Stiftungen, und somit auch jenes der Stifter, als zweckorientiert moralisch bezeichnet werden, denn Stiftungen sind kein Selbstzweck an sich. Sie finden ihre Rechtfertigung nur und ausschließlich in ihrer fördernden Tätigkeit. Diese Anforderung an eine fördernde (aktive) Tätigkeit ist umfassend. Selbst das Steuerrecht knüpft an diese Forderung zur Aktivität an.[1774] Handelt es sich bei dem Stifter somit nicht um einen idealen Akteur i. S. *Birnbachers*[1775], da er altruistisch und moralisch verantwortlich für künftige Generationen handelt? Ist aufgrund der institutionellen Struktur der Stiftung (nachhaltiges Handeln über Generationen hinweg) und der gewonnenen Erkenntnisse zum ‚Glück des Stifters' nicht gleichzeitig auch ein intergenerationeller Nutzen (i. S. eines NSU) zu erwarten?

Es lässt sich somit folgende weitere **These** aufstellen:

Das Wirken gemeinnütziger Stiftungen ist mit utilitaristischen Gerechtigkeitstheorien gut vereinbar. Ihre Errichtung führt zu einem Mehr-Nutzen der Summe aller Individuen, da ihr Wirken dazu führt, dass es mehr Individuen als vorher besser geht. Gleichzeitig ist damit nicht eine Schlechterstellung des Stifters im Sinne utilitaristischer Wertungen verbunden. Das Wirken gemeinnütziger Stiftungen ist aufgrund des Aktivitätsgebots als moralisch zweckorientiert zu bezeichnen.

1.1.1.6. Gemeinnützige Stiftungen und das Prinzip der Solidarität und Eigenverantwortlichkeit

Unter Berücksichtigung der Tatsache, dass gemeinnützige Stiftungen das Ergebnis freiwilliger Tätigkeit von Bürgern sind, stellt sich die Frage, wie gemeinnützige Stiftungen im Kontext verstärkter Solidarität und Eigenverantwortung einzuordnen sind.

Gemeinnützige Stiftungen – jedenfalls solche des privaten Rechts – sind nicht unmittelbar Ausdruck und Bestandteil (sozial-)staatlichen Handelns. Sie sind in ihrer grundlegenden Bedeutung überhaupt nicht staatliches Handeln, sondern das Ergebnis privater Initiative.[1776] *Kersting*[1777] greift insofern[1778] auf die Begriffe der **Kooperations- und der Solidaritätsgemeinschaft** zurück. Für Erstere unterscheidet er zwischen nichtkompetitiven und kompetitiven Kooperationsgemeinschaften. Während Erstere eine homogenisierende Tendenz aufweisen, die der gemeinsame Einsatz der Kräfte für die Erreichung eines gemeinsamen Ziels eint, haben kompetitive Kooperationsgemeinschaften stark individualisierende Effekte und führen zu einer Erosion der Homogenität.[1779] Beide Kooperationstypen werden von Interessenidentität und Interessenkonflikt

---

1774 Vgl. Kapitel 2, Tz. 4.5.1.2. (e)/(dd), insbesondere die Ausführungen zum Gebot der zeitnahen Mittelverwendung; ferner auch 2.4.2.1. (b) in diesem Kapitel.

1775 Vgl. Kapitel 1, Tz. 3.1.2.1. (b).

1776 Die Stiftung des öffentlichen Rechts außen vor.

1777 Kersting, Theorien sozialer Gerechtigkeit, S. 22 ff.

1778 D.h. unter Bezugnahme auf den Begriff der privaten Initiative und nicht unter Bezugnahme auf gemeinnützige Stiftungen.

1779 Kersting, Theorien sozialer Gerechtigkeit, S. 23.

gleichermaßen geprägt, weshalb in beiden Kooperationsformen Probleme einer gerechten Verteilung entstehen. Im Fall der nichtkompetitiven Kooperationsgemeinschaft geht es um eine faire Verteilung der Lasten, die die Gemeinschaft auf sich nehmen muss, und im Fall der kompetitiven Kooperationsgemeinschaft um eine faire Verteilung des Kooperationsgewinns. Stiftungen sind keine kompetitiven Kooperationsgemeinschaften. Sie mögen untereinander ein kompetitives Verhältnis wahrnehmen, wenn es etwa um die Einwerbung weiterer Mittel geht. Auch das Wesen nichtkompetitiver Kooperationsgemeinschaften scheint nicht mit Stiftungen kompatibel zu sein, jedenfalls dann nicht, wenn es sich um einen Stifter handelt. Allenfalls bei den Bürgerstiftungen[1780] lässt sich der Einsatz gemeinsamer Kräfte für die Erreichung eines gemeinsamen Ziels erkennen.

Eher einschlägig ist dagegen die **Klassifizierung** nach der **abstrakten Solidaritätsgemeinschaft** i. S. *Kerstings*. Hierzu führt er aus:

> „Unter einer Solidaritätsgemeinschaft versteht man ein kompensatorisches System der wechselseitigen gesellschaftlichen Sorge, die insbesondere den Bedürftigen und Schwachen gilt, den Kranken und Gescheiterten, den Pechvögeln und den Opfern. Solidaritätsgemeinschaften modernen Zuschnitts sind abstrakt; Solidaritätsgemeinschaften traditionellen Zuschnitts sind konkret. In konkreten Solidaritätsgemeinschaften helfen Menschen Menschen; in abstrakten Solidaritätsgemeinschaften verteilt eine zentrale Bürokratie (...) Teile des gesetzlich erzwungenen Steueraufkommens an Anspruchsberechtigte. In konkreten Solidargemeinschaften herrscht moralische Freiwilligkeit. (...) Mittel, Weg und Adressat der individuell ausgeübten Solidarität unterliegen hier der Kontrolle des Hilfeleistenden. In abstrakten Solidargemeinschaften hingegen herrscht Anonymität, Solidaritätsressourcen werden abstrakt und situationsabhängig abgeschöpft; und die Bürger (...) kennen weder die Nutznießer ihrer Solidarität noch haben sie Einfluss auf den Inhalt der solidarischen Verteilung. Abstrakte Solidaritätsgemeinschaften verstaatlichen die Nächstenliebe."[1781]

Nach *Kersting* war diese Entwicklung hin zu den konkreten Solidargemeinschaften auch erforderlich, da der Solidaritätsbedarf der Moderne so groß ist, dass seine Deckung nicht mehr den traditionellen Solidaritätsgemeinschaften überlassen bleiben darf. Die Ausführungen *Kerstings* führen in Bezug auf gemeinnützige Stiftungen zu folgenden **Erkenntnissen** und **Thesen**:

- Das Wesen gemeinnütziger Stiftungen entspricht einer Solidaritätsgemeinschaft traditionellen Zuschnitts. Ihr Wirken ist konkret.
- Neben gemeinnützigen Stiftungen existieren Solidaritätsgemeinschaften modernen Zuschnitts. Deren Handeln und Wirken ist abstrakt. Hierzu zählt staatliches Handeln selbst.
- Beide Solidaritätsgemeinschaften sind nicht miteinander zu vermengen. Dies bedeutet, dass die Einbeziehung gemeinnütziger Stiftungen in eine generationengerechte Politik nur im Sinne einer Ergänzung zu einer (abstrakt) generationengerechten Politik erfolgen kann.
- Generationengerechtes Handeln im Sinne einer modernen Solidaritätsgemeinschaft ist nicht durch das Wirken gemeinnütziger Stiftungen ersetzbar.

1780 Vgl. Kapitel 2, Tz. 2.2.5.

1781 Kersting, Theorien sozialer Gerechtigkeit, S. 23.

Diese Trennung bedeutet letztlich auch eine zwingend erforderliche Trennung von staatlichem Handeln einerseits und dem Wirken gemeinnütziger Stiftungen andererseits. Sie bedeutet jedoch nicht, dass politische Maßnahmen zur Einbeziehung gemeinnütziger Stiftungen in eine generationengerechte Politik nicht mit der politischen Agenda staatlichen Handelns kompatibel und koordinierbar wären. Das Gegenteil ist der Fall: Nach der Hauptthese *Kerstings* muss eine politische Philosophie des Sozialstaats scheitern, wenn sie die Verteilungsgerechtigkeit nicht aus den abstrakten rechtlichen Rechtfertigungskonstruktionen herausnimmt und als bedürftigkeitsorientierte Hilfeleistung und mitbürgerlicher Sorge in der politischen Solidarität eines Gemeinwesens verankert.[1782] Vor diesem Hintergrund scheint eine Stärkung des Wirkens gemeinnütziger Stiftungen geradezu zwingend. Versteht man die philosophische Theorie der Verteilungsgerechtigkeit als Teilbereich der politischen Philosophie und Verteilungsgerechtigkeit als Teilbereich der sozialen Gerechtigkeit[1783], sind Stiftungen somit geradezu ‚geborene Institutionen', die zu dieser konkreten Verteilungsgerechtigkeit beitragen können. Eine Politik ist daher insbesondere dann sozial gerecht, wenn sie Rahmenbedingungen schafft, die die Existenz und das Wirken einer derartigen konkret wirkenden Verteilungsagentur ermöglicht, achtet und fördert. Ohne ein förderndes politisches Umfeld ist auch ihr Wirken nicht effizient. Als Paradebeispiel dient die weiter oben angedeutete Politik zu Zeiten des Nationalsozialismus, die durch nachteilige Änderungen der gesamten stiftungsrechtlichen Rahmenbedingungen zum fast vollständigen Zusammenbruch des Stiftungswesens führte.[1784]

In gewisser Weise werden diese Schlussfolgerungen bestätigt durch eine Sichtweise, die sich bei dem Historiker *Borgolte* findet.[1785] Er führt aus, dass die Beschäftigung mit Stiftungen rasch tiefe Einsichten in das Leben vergangener Generationen ermögliche und bei Einnahme der Sicht der Perspektive des Stifters deren soziale Verantwortung und auch deren Kreativität bei der Gestaltung der Zukunft nachempfinden lasse.[1786] Das soziale Gefüge von Denken und Planen, Leiden und Tätigkeit lasse sich mit Hilfe der Stiftungen gut analysieren.[1787] Stiftungen sind somit Bestandteil sozialstaatlichen Handelns über die Zeit hinweg.

Daraus lässt die weitere **These** ableiten:

Gemeinnützige Stiftungen tragen zu sozialer Gerechtigkeit bei. Ein effektives Stiftungswesen ist Teil eines funktionierenden Sozialstaats. Stiftungen kann die Funktion einer intergenerationellen politischen Solidaritätsgemeinschaft zugesprochen werden. Wirken und Effizienz gemeinnütziger Stiftungen und damit ihr sozialpolitischer Beitrag sind abhängig von den politischen und gesetzlichen Rahmenbedingungen.

1782 Ders., a. a. O., S. 25.
1783 Ders., a. a. O., S. 19.
1784 Vgl. oben, Kapitel 2, Tz. 1. am Ende.
1785 Borgolte, Stiftungen – eine Geschichte von Zeit und Raum, S. 9 ff.
1786 Ders., a. a. O., S. 9.
1787 Ders., a. a. O., S. 9.

1.1.2. Zwischenfazit

Da die vorliegende Arbeit Möglichkeiten und Grenzen der Einbeziehung gemeinnütziger Stiftungen in eine generationengerechte Politik zum Gegenstand hat, ist die Begutachtung des Wirkens gemeinnütziger Stiftungen im Kontext zeitgenössischer Theorien zur Generationengerechtigkeit notgedrungen unvollständig. An dieser Stelle kann insofern nur ein Anstoß zu einer Erweiterung der Generationengerechtigkeitsdebatte gegeben werden. Gleichwohl ist festzustellen, dass gemeinnützige Stiftungen aus ethischer und praktisch-philosophischer Sicht als intergenerationell und nachhaltig wirkende Institutionen in zeitgenössische Theorien zur Generationengerechtigkeit einbezogen werden können, ohne dass diese Bezugnahme ‚bemüht' wirken würde. Dies hängt nur vordergründig damit zusammen, dass Stiftungen das Ergebnis freiwilliger Initiative und Handlungen sind. So ließe sich argumentieren, dass sich ein der allgemeinen Gerechtigkeitsdebatte zugrunde liegendes Kernproblem, nämlich die Frage nach Kriterien der Verteilung begrenzter Ressourcen, beim Stiften gar nicht stellt. Wer freiwillig gibt, nimmt an einem Diskurs über eine Verteilungsgerechtigkeit im Grunde gar nicht teil. Das würde jedoch auch bedeuten, dass sich freiwilliges Handeln und gerechtes Verhalten ausschließen. Dem ist nicht so.

Zunächst zeigen die grundlegenden Untersuchungen von *Mauss* und *Adloff*, dass ‚geben' im Allgemeinen und ‚stiften' im Besonderen, durchaus auf Reziprozität angelegt sind. *Martha C. Nussbaum* zeigt auf, dass sich auch bei freiwilligem Handeln, Gerechtigkeitsfragen stellen. Diejenigen, die freiwillig leisten, nehmen im Verhältnis zu denjenigen, die nicht freiwillig leisten, relative Nachteile auf sich, was nicht der Fall wäre, wenn das System jedem eine proportionale Last auferlegen würde. An freiwilliges Handeln schließen sich somit durchaus Fragen der Gerechtigkeit an. Wer freiwillig zu einer Umverteilung von Gütern beiträgt, kann gerecht handeln, unabhängig davon, ob diese Freiwilligkeit auf ethischen, moralischen, altruistischen Gründen beruht oder – ganz profan – auf einem schlechten Gewissen.

Aus Sicht der praktischen Philosophie bieten sich zur Einbeziehung gemeinnütziger Stiftungen in die Thematik der Generationengerechtigkeit mehrere argumentative Ansätze an. Allerdings würde es der Stellung gemeinnütziger Stiftungen nicht gerecht, wenn man diese Ansätze auf eine ‚Glücksdebatte', wie im Fall utilitaristischer Begründungsversuche teilweise erfolgt, reduzieren würde.

Damit kann bereits an dieser Stelle auch auf die weiter oben gestellte Frage eingegangen werden, ob ein Recht auf Stiftung nur noch jenen Stiftungsvorhaben zugesprochen werden sollte, „deren generationenübergreifende Verwirklichung in der objektiven Wertordnung des Grundgesetzes angelegt und von ihr geschützt ist"[1788]. Diese Frage muss verneint werden, denn es hat sich gezeigt, dass eine Reduktion der Stiftungstätigkeit auf Gemeinwohlzwecke mit Zukunftsbezug ethisch und moralisch nicht vertretbar erscheint. Eine derartige Beschränkung würde dem „Leitbild der gemeinwohlkonformen Allzweckstiftung"[1789] nicht gerecht. Zieht man nochmals den von *Ad-*

1788 Siehe Kapitel 2, Tz. 4.2.2.1. (a)/(cc) und Kübler, Generationengerechtigkeit und Stiftung, S. 373, 382.

1789 Siehe oben Kapitel 2, Ziff. 2.1.3. und nochmals Staudinger/Hüttemann/Rawert (2011) Vorbem 7 zu §§ 80-88.

loff herausgearbeiteten Stiftungsbegriff heran, wonach „Stiftungen Institutionen sind, die sich unmittelbar mit dem Problem der Zeit beschäftigen“[1790] und damit eine „eingehende Interaktion zwischen Gegenwart, erwarteter Zukunft und Vergangenheit, die auf die kreative Fortschreibung des Willens drängt“[1791] einhergeht, entspräche eine Beschränkung des ‚Rechts auf Stiftung‘ auf Vorhaben mit ausschließlichem Bezug auf zukünftige Generationen gerade nicht dieser institutionellen Besonderheit. Bereits der Bezug zur Gegenwart würde ausgeblendet, was nicht zu überzeugen vermag.

Am überzeugendsten erscheinen Begründungsversuche, die darauf abzielen, Gerechtigkeit nicht als „Kompensationsmathematik“[1792] zu begreifen, sondern als sozialstaatlich verantwortliches Handeln. Dies wird dem Wirken gemeinnütziger Stiftungen am ehesten gerecht. Eine sozialstaatliche Verantwortung dokumentiert sich – das zeigt insbesondere die Bezugnahme auf Begründungsansätze von *Kersting* – in der Schaffung von Rahmenbedingungen, die ein politisches Umfeld ermöglichen, in dem sich konkret wirkende Solidaritätsgemeinschaften entwickeln können. Gemeinnützige Stiftungen sind eine solche Solidaritätsgemeinschaft. Aufgrund ihres institutionell angelegten Wirkens, Gemeinwohlinteressen auf Dauer (aktiv und konkret) zu fördern, und aufgrund ihres institutionell angelegten Wirkens der (Um-)Verteilung von Reich zu Arm, sind sie auch gerecht i. S. von sozialer Gerechtigkeit. Aufgrund ihres (wiederum) institutionell angelegten intergenerationellen Wirkens handeln sie auch gerecht i. S. von intergenerationeller Gerechtigkeit. Eine Gesellschaft kann ‚via Stiftung‘ eine intergenerationell wirkende Eigenverantwortung übernehmen.

1.2. Können gemeinnützige Stiftungen grundsätzlichen Einwänden gegen eine Theorie der Generationengerechtigkeit begegnen?

Im Folgenden soll nun der Frage nachgegangen werden, ob gemeinnützige Stiftungen auch bestehende Einwände gegen eine Theorie der Generationengerechtigkeit nivellieren oder gar beseitigen können.

1.2.1. Zum Einwand der Unmöglichkeit der Rechte zukünftiger Generationen

Zu nennen ist zunächst der Einwand der **Unmöglichkeit der Rechte zukünftiger Generationen**. Dieser Einwand zielt darauf ab, dass es im Rahmen der Generationengerechtigkeit um Rechte von Menschen geht, die noch nicht geboren bzw. gezeugt sind. Teilweise wird bei diesem Einwand mit „Moral und Verantwortung“[1793], teilweise mit „in die Gegenwart vorwirkenden zukünftigen Rechten“ oder „korrektiven Gerechtigkeitserwägungen“ argumentiert.[1794]

1790 Adloff, Philanthropisches Handeln, S. 74.
1791 Adloff, Philanthropisches Handeln, S. 73.
1792 So Kersting, Theorien sozialer Gerechtigkeit, S. 6.
1793 Jonas, Das Prinzip Verantwortung, siehe oben, Kapitel 1, Tz. 3.1.2. (c).
1794 Vgl. Kapitel 1, Tz. 3.1.2.1. (d) und Tz. 3.1.3.

Eine These, die Stiftungen als originäre Träger von Rechten zukünftiger Generationen qualifiziert, ist auf Basis der geltenden Verfassung nicht haltbar. Selbst wenn man mit *Ekardt* von der weitestreichenden Form, nämlich der Existenz von „Zukunftsrechten", ausgeht und man die Existenz von „in die Gegenwart vorwirkenden Rechten zukünftiger Menschen"[1795] akzeptiert, erscheint eine tragfähige Begründung, nach welcher solche Rechte auch Stiftungen zuzuweisen sind, nur schwer denkbar. Stiftungen sind Institutionen, juristische Personen, die zwar Inhaber von Rechten, auch Grundrechten sein können.[1796] Die Fähigkeit, Träger von Rechten zu sein, setzt aber die Existenz entsprechender Rechte voraus. Die Existenz dieser Rechte ist bislang nicht gegeben.[1797] Solange es keine gesetzliche Verankerung von entsprechenden Rechten gibt, sollte man auch nicht von Rechten, sondern von Moral oder Verantwortung sprechen. Dies entspricht im Kern dem Gedanken von *Heubach*[1798], wonach man jedenfalls dann von Rechten zukünftiger Generationen sprechen müsse, wenn diese in einer Verfassung[1799] verankert sind. Vorher aber auch nicht.

Zur Frage, ob diese Rechte aus politisch-philosophischer Sicht zu fordern sind, mag eine Rückbesinnung auf vertragstheoretische Begründungsversuche und eine weitere Modifizierung des Urzustandes 2[1800] (hier im weiteren Urzustand 5) helfen:

Urzustand 5: Die Vertreter im Urzustand 2 haben darüber zu entscheiden, ob sie einer (oder mehreren) gemeinnützigen Stiftung(en) eine Rechtsposition zuweisen wollen, die es der Stiftung ermöglicht, Rechte zukünftiger, noch nicht lebender Menschen wahrzunehmen. Würden sich die Vertreter im Urzustand auf die Zuweisung solcher Rechtspositionen einigen? Wie wären diese Rechte ggf. auszugestalten?

Die Vertreter im Urzustand wüssten nicht, welcher Generation sie angehören. Wollten sie sich gegen potenziell schädigendes Verhalten vorangehender Generationen effizient schützen, müssten sie auf die Einräumung konkreter und auch durchsetzbarer Rechte bestehen. Da der Angehörige der künftigen Generation zum Zeitpunkt des ihn potenziell schädigenden Handelns noch nicht lebt, würde er auch einen Vertreter oder Anwalt, der seine Interessen vertritt und geltend macht, nicht nur begrüßen, sondern auch einfordern. Bei Zugrundelegung dieser Überlegungen würde man wohl zu dem Schluss gelangen, dass die Verankerung von Rechten zugunsten zukünftiger Generation zu fordern ist.

Aus Sicht der Vertreter der zeitlich vorangehenden Generation wäre mit der Existenz dieser Rechte kein Nachteil zu befürchten, denn die Vertreter im Urzustand könnten davon ausgehen, dass es sich bei den Rechten zukünftiger Generationen um gerechtfertigte Forderungen und Postulate handelt. Ein Rechtsregime mit der Existenz zukünftiger Generationen wäre somit in sich gerecht, d. h. gerecht auch aus Sicht der vorangehenden Generation. Bei der gesetzlichen Verankerung von Rechten zukünfti-

---

1795 Vgl. Kapitel 1, Tz. 3.1.2.1. (d) und Tz. 3.1.3.
1796 Vgl. Kapitel 2, Tz. 4.2.2.2.
1797 Vgl. Kapitel 1, Tz. 3.4.1. und Tz. 3.4.3.
1798 Vgl. Kapitel 1, Tz. 3.1.4.
1799 Und/oder wohl auch einfachgesetzlichen Regelungen.
1800 Vgl. oben, Tz. 1.1.1.2. in diesem Kapitel.

ger Generationen müsste es sich aber auch um prozessuale Rechte[1801] handeln, soll ein Rechtsregime zugunsten künftiger Generationen auch effizient sein.

Da die erstmalige Errichtung eines solchen Rechtsregimes naturgemäß ohne Beteiligung der zukünftigen (da noch nicht lebenden) Menschen erfolgt, bedarf es zu diesem Errichtungsakt **neben** einem **hohen ethischen Verantwortungsbewusstsein** der gegenwärtigen Generation auch des **Mutes**, was aber auch gerade als Kriterium einer generationengerechten Politik identifiziert wurde.[1802] Die Generation, die ein solches Rechtsregime errichtet, sieht sich *de facto* keinem Zwang ausgesetzt, da es vor Errichtung dieses Rechtsregimes keine Anspruchsinhaber bzw. keine klagebefugten Vertreter zukünftiger Generationen gibt. Ob ein solches Verantwortungsbewusstsein existiert und wahrgenommen wird, ist letztlich auch ein Zeichen der **politischen Kultur**. Die Neufassung des Art. 109 Abs. 2 GG und Art. 115 Abs. 1 GG ist, und die Initiative zum sog. ‚Generationengerechtigkeitsgesetz' sind als solch ein Zeichen zu werten.

Allerdings sollte man der Generation, die ein solches Rechtsregime errichtet, auch zugestehen, dass die Ungewissheit der Zukunft eine gewisse Offenheit erfordert. *Rawls* spricht insofern von der „Veränderung der Parameter der postulierten Nutzenfunktion"[1803]. Nach *Rawls* bedarf es Methoden, die die Konsequenzen falscher Grundsätze (im Urzustand) mildern.[1804] Der im Erbrecht geltende Grundsatz „Keine Herrschaft der Toten über die Lebenden"[1805] könnte daher zum Programmsatz ‚Keine Herrschaft der noch nicht Lebenden über die derzeit Lebenden' modifiziert werden.

Überlegungen zur Schaffung von Rechten zukünftiger Generationen zielen in ihrer Grundmotivation letztlich in dieselbe Stoßrichtung wie jene von *Martha C. Nussbaum*, die zum Schluss ihrer Arbeit[1806] zu folgender Conclusio gelangt:

> „Wenn wir einfach akzeptieren, dass der gegenseitige Vorteil das einzige mögliche Bindeglied einer liberalen Gesellschaft darstellt, werden wir ‚utopische, Projekte, wie ich sie in den drei Grenzgebieten der Gerechtigkeit vorschlage, mit Zynismus betrachten."

Als **Zwischenfazit** kann festgehalten werden:

Gemeinnützige Stiftungen können den Einwand der Unmöglichkeit von Rechten zukünftiger Generationen nicht entkräften. Die Existenz dieser Rechte erfordert die Implementierung eines wirksamen Rechtsregimes.

Unterstellt man aber, dass es dieses Rechtsregime gibt bzw. einmal geschaffen wird, bleibt die Frage, ob gemeinnützige Stiftungen dann geeignete Interessenvertreter zukünftiger Generationen sein könnten. Hierzu kann die Aussage getroffen werden, dass sie aufgrund des statutarisch verankerten Nachhaltigkeitsgebots gut geeignet erscheinen, Interessen zukünftiger Generationen wahrzunehmen. Da die handelnden Organe der Stiftung an die statutarischen Vorgaben gebunden sind und diese auch *immer* einen intergenerationellen Bezug haben[1807], lässt sich auch die These vertreten, dass

---

1801 Ekardt, spricht insofern von „bloßen Verfahrenspositionen", ders., a. a. O., S. 94.

1802 Vgl. Kapitel 1, Tz. 4.

1803 Rawls, Eine Theorie der Gerechtigkeit 1971, S. 332.

1804 Ders. ebenda.

1805 Vgl. Kapitel 2, Tz. 4.4.5.1 ("Rule Against Perpetuities").

1806 Nussbaum, Die Grenzen der Gerechtigkeit, S. 556.

1807 Vgl. dazu eingehend sogleich Tz. 1.3. in diesem Kapitel.

gemeinnützige Stiftungen geradezu ‚geborene Interessenvertreter zukünftiger Generationen‘ sind. Daraus lässt sich das **weitere Fazit** ziehen, dass gemeinnützige Stiftungen vor dem Hintergrund einer ergebnisorientierten politisch-philosophischen Sichtweise nicht nur Diskussionspartner bzw. Vertreter, sondern auch Anwalt und Fürsprecher zukünftiger Generationen sein können.

Ob das einzufordernde Rechtsregime aus konkreten Rechten mit Handlungsgeboten und -verboten bestehen muss oder ob politische Staatsziele, wie z. B. das Sozialstaatsprinzip, ausreichen, muss an dieser Stelle offen bleiben und den weiteren politischen Entscheidungsprozessen überlassen werden. Das vorläufige Ergebnis dieser Untersuchung ist jedenfalls, dass gemeinnützige Stiftungen geeignet sind, sowohl Rechte als auch politische Staatsziele für zukünftige, noch nicht lebende Menschen wahrzunehmen und gegebenenfalls auch einzufordern. Dies setzt jedoch entsprechende Reformen im Verfassungsrecht voraus. Darauf wird weiter unten eingegangen.[1808]

1.2.2. Zum Einwand der Zukunftsdiskontierung

Es wird diskutiert, ob intergenerationelle Gerechtigkeitsüberlegungen in sich wiederum einer zeitlich begrenzten Betrachtungsweise unterzogen werden müssen. *Rawls* lässt bspw. eine Zukunftsdiskontierung zu, um vor dem Hintergrund einer sozialverträglichen und pragmatisch möglichen Sparrate nicht überhöhte Anforderungen an das Sparverhalten einer Generation zu stellen.[1809] Entferntere Generationen erlangen im Gerechtigkeitskontext daher ein geringeres Gewicht als zeitlich nähere Generationen. Auch *Höffe* ist der Auffassung, dass es genügt, auf die nächsten beiden Generationen, also die Kinder und die Enkelkinder zu achten, was das Interesse einer kontinuierlichen Generationenfolge wahre.

Gemeinnützigen Stiftungen dürfte insofern eine **Eigenschaft** zuzusprechen sein, die in dieser institutionellen Form wohl **einzigartig** ist: Es ist die **Pflicht zum dauerhaften Erhalt des Stiftungsvermögens**. Diese Pflicht bewirkt nicht nur eine nachhaltige Tätigkeit in ökonomischer Hinsicht,[1810] sondern auch, dass eine Tätigkeit ausgeübt wird, die einen Diskont auf die Zukunft geradezu verbietet. Gemeinnützigen Stiftungen ist insofern ein Alleinstellungsmerkmal zuzusprechen. Das Wirken gemeinnütziger Stiftungen unterliegt somit keinem Zukunftsdiskont. Ihr gemeinwohlorientiertes Wirken ist nicht ‚abzuzinsen‘; es findet keine zeitlich begrenzte Betrachtungsweise statt. Für die Frage, ob intergenerationelle Gerechtigkeitsüberlegungen *generell* einem Zukunftsdiskont zu unterziehen sind, ist damit jedoch nichts gewonnen. Es ist, wie gesagt, das institutionelle Alleinstellungsmerkmal der Stiftung, das zur Versagung des Zukunftsdiskonts führt. Gemeinnützige Stiftungen können insofern, wie für die Generationengerechtigkeitsdebatte schlechthin, kein ‚allgemeiner Problemlöser‘ sein.

1808 Vgl. Tz. 2.1. in diesem Kapitel.

1809 Vgl. oben Kapitel 1, Tz. 3.1.3.4.

1810 Wer nicht mehr ausgibt als er einnimmt, handelt ökonomisch nachhaltig.

1.2.3. Zum Einwand des Nicht-Identitäts-Problems (Future Individual Paradox)

Der Einwand des Nicht-Identitäts-Problems fußt auf der Überlegung, ob man anderen Menschen durch Handlungen schaden kann, die, wären sie nicht getroffen worden, nicht schlechter stünden. Entscheidet sich also eine Generation A für eine riskante Politik und sterben dadurch Angehörige der zukünftigen Generation B, sei es problematisch zu argumentieren, diese Menschen seien durch die Politik der Generation A geschädigt worden, wenn man nicht weiß, ob bei einer Entscheidung gegen diese riskante Politik diese Menschen überhaupt jemals existiert hätten.[1811]

Bereits *Tremmels* Auseinandersetzung mit diesem Einwand in seiner *A Theory of Intergenerational Justice* zeigt, dass der Einwand im Prinzip auf einer unzulässigen, weil viel zu weit gefassten Kausalkette beruht. Auf der anderen Seite ist festzustellen, dass das Wirken gemeinnütziger Stiftungen in einer derartigen Kausalkette keinen rechten Platz findet. Der Einwand des Nicht-Identitäts-Problems beruht auf der Prämisse einer bedeutsamen Kausalkette. Bei *Parfit* wird diese durch Handeln schlechthin ausgelöst[1812], bei *Gosseries*[1813] durch ökologisch nachteiliges Handeln wie bspw. dem Autofahren. Bei dem Einwand des Nicht-Identitäts-Problems geht es somit im Grunde um die Rechtfertigung von Handlungen, die dem Grunde nach zukunftsrelevante, insbesondere gefährdende Wirkung entfalten können und somit eine gewisse Risikolatenz in sich tragen. Diese Risikolatenz fehlt beim Wirken gemeinnütziger Stiftungen, da deren Wirken auf die Förderung von Gemeinwohlinteressen gerichtet ist. Im Zusammenhang mit dem Einwand des Nicht-Identitäts-Problems lassen sich gemeinnützige Stiftungen eher als Institution einer gesteigerten moralischen Verantwortung gegenüber nachfolgenden Generationen einordnen, wenn die zeitlich vorangehende Generation über Techniken verfügt und eine Politik betreibt, die latent risikoträchtig sind. Auch ist gemeinnützigen Stiftungen insofern eher eine Rolle zuzusprechen, die auf Interessenausgleich abzielt: Wenn sich eine Gesellschaft zu zukunftsträchtigen Handlungen und Maßnahmen entscheidet und die Zukunftsbezogenheit möglicherweise nachhaltig *und* nachteilig sein kann, erscheint es nur gerecht, wenn die zeitlich vorangehende Generation Institutionen errichtet, deren Zweck darauf gerichtet ist, ebenso nachhaltig zum Vorteil zukünftiger Generationen zu handeln.

Hält man also den Einwand des Nicht-Identitäts-Problems überhaupt für zwingend, könnten ihm gemeinnützige Stiftungen insofern begegnen, als sie dazu beitragen, zukunftsbezogene Risiken im Wege einer ausgleichenden Gerechtigkeit zumindest teilweise zu kompensieren. Auch dazu bedarf es aber einer institutionellen Veran-

---

1811 Vgl. bereits oben Kapitel 1, Tz. 3.1.3.

1812 Parfit, Derek, Reasons and Persons, S. 355f.: „Unless we, or some global disaster, destroy the human race, there will be people living later who do not now exist. These are *future people.* (...) We can affect the identities of future people (...). And we can affect the number of future people. These effects give us different kinds of choice." Parfit unterscheidet sodann zwischen "Same People Choices" [Eigene Anm. des *Verf.*: bei „Affection" der „identity of future people"] und "Different People Choices" [Eigene Anm. des *Verf.*: bei „Affection" der „"number of future people"].

1813 Vgl. bei Heubach, Generationengerechtigkeit, S. 119 f.

kerung von Rechten, Interessen oder ähnlichem zugunsten zukünftiger Generationen. Nur wenn diese bestehen, kann einer Stiftung eine weitergehende Funktion zugesprochen werden als die eines bloß politischen Sprachrohrs.

1.2.4. Zum Einwand der Zukunftsungewissheit

Als Argument gegen eine Theorie der Gerechtigkeit wird vorgetragen, dass man Rechte und Interessen künftiger Generationen noch gar nicht kennt. Wie eingangs ausgeführt,[1814] handelt es sich eher um ein praktisches Problem, denn geht man davon aus, dass es auch künftig Menschen gibt, kann man schwerlich leugnen, dass diese Rechte und Interessen haben werden. Fraglich bleibt nur, um welche konkreten Rechte es sich dabei handeln wird.

Gemeinnützige Stiftungen können dem Einwand der Zukunftsungewissheit sowohl in begründungstheoretischer als auch in praktischer Hinsicht mit den folgenden Argumenten begegnen.

Stiftungen verfolgen gemeinwohlorientierte Zwecke, die statutarisch festgelegt sind. Stellt sich heraus, dass die Erfüllung des Stiftungszwecks unmöglich ist oder das Gemeinwohl gefährdet, kann die zuständige Behörde der Stiftung eine andere Zweckbestimmung geben oder sie aufheben, § 87 Abs. 1 BGB. Die Aufhebung der Stiftung erfolgt in der Weise, dass das Vermögen der Stiftung auf eine andere gemeinnützige Stiftung übertragen wird. Diese ‚Zielstiftung' ist i. d. R. eine Stiftung, die vom Stifter für diesen Zweck der Auflösung benannt wurde, oder eine Stiftung, deren Zweckverfolgung im Wesentlichen mit jener der auszulösenden Stiftung übereinstimmt, § 60 Abs. 1 S. 2 AO i.V.m. § 5 der Mustersatzung in der Anlage 1 zur AO.[1815] Diese gesetzlich verankerte verewigte gemeinwohlgebundene Weitergabe von Stiftungsvermögen führt dazu, dass die gemeinwohlorientierte Zweckverfolgung einerseits von Dauer ist und andererseits auch weiterhin dem Stifterwillen entspricht. Ist eine gemeinwohlorientierte Zweckverfolgung nicht mehr möglich, weil sich das zu fördernde Interesse als nicht mehr förderungswürdig oder auch -bedürftig erweist, ist gleichwohl sichergestellt, dass das Stiftungsvermögen auch weiterhin andere oder ähnliche Gemeinwohlinteressen fördert, die jeweils kompatibel mit dem Willen des Stifters sind. Mit einer gemeinnützigen Stiftung wird daher auch sichergestellt, dass das gestiftete Vermögen Interessen des Gemeinwohls fördert, **die *jeweils* aktuell** sind.[1816]

Damit kann auch die bereits im Rahmen der Einleitung[1817] gestellte Frage, ob Stiftungen ein Mindestmaß an Flexibilität aufweisen, um als ‚intergenerationelle Verteilungsagentur' auf zukünftige ungewisse Bedürfnisse eingehen zu können, mit einem ‚*Ja*' beantwortet werden. Auch die Frage, ob diese Rahmenbedingungen für diesen

---

1814 Vgl. oben Kapitel 1, Tz. 3.1.3.

1815 § 60 Abs. 1 S. 2 AO i. V. m Anlage 1, § 5 der gesetzlich vorgeschriebenen Mustersatzung. Demnach ist eine solche Verwendungsklausel bei Auflösung oder Aufhebung der Stiftung aus steuerlichen Gründen notwendige Bestimmung der Satzung.

1816 Vgl. hierzu auch Buchholz, Intergenerationelle Gerechtigkeit, S. 85. Er weist darauf hin, dass aus „Sicht der Ökonomen" nicht die erschöpfbaren Ressourcen als solche im Zentrum der Aufmerksamkeit stehen, sondern das, was mit ihrer Hilfe erzeugt werden kann.

1817 Vgl. Einleitung, Tz. 2.1., Ziff. 5.

Zweck ausreichend sind, ist mit einem ‚*Ja*' zu beantworten, die Frage nach dem Erfordernis der Erweiterung bzw. Änderung dieser Normen mit einem entsprechenden ‚*Nein*'. Grund ist, dass unterstellt werden kann, dass *künftige* gesetzliche Rahmenbedingungen die Interessen *zukünftiger* Menschen besser berücksichtigen können als dies die heutigen Rahmenbedingungen zu leisten vermögen. Es ist auch davon auszugehen, dass der *zukünftige* Gesetzgeber *zukünftige* Interessen und Bedürfnisse besser in einen Förderkatalog i. S. d. § 52 AO aufnehmen kann als der heutige Gesetzgeber dies kann. Im Grunde ist diese zukunftsbezogene Variabilität in der Öffnungsklausel in § 52 Abs. 2 Satz 2 AO bereits verankert.[1818] Begründungsversuche, die darauf abzielen, diese künftigen Interessen heute schon zu ermitteln bzw. festzulegen, sind weder erforderlich noch zielführend. Es ist zukünftigen Regierungen und Gemeinschaften zu überlassen, was sie für förderungswürdig erachten und was nicht. Aus heutiger Sicht hat der Stifter das maximal Mögliche getan, um (auch) künftige Interessen des Gemeinwohls zu fördern. Mit § 87 BGB und §§ 52, 60 AO geht eine institutionalisierte Verewigung von Vermögen für Interessen des *jeweiligen* Gemeinwohls einher, die damit (auch) Rechten, Interessen und Bedürfnissen zukünftiger Generationen gerecht wird. Auch der Stifterwille wird gewahrt. Die verewigte Weitergabe des Vermögens hat sich an seinem Willen zu orientieren. Für die erforderliche Flexibilität nachhaltigen Wirkens erscheinen die geltenden gesetzlichen Regelungen jedenfalls als ausreichend.

1.2.5. Sind die von gemeinnützigen Stiftungen geförderten Zwecke kompatibel mit Rechten, Interessen und Bedürfnissen zukünftiger Generationen?

Wurde nun festgestellt, dass gemeinnützige Stiftungen zur Generationengerechtigkeit beitragen können, da sie intergenerationell wirken und dem Gemeinwohl dienen, stellt sich die Frage, ob sie das auch tatsächlich tun. Dies ist die Frage nach den Zwecken, die von gemeinnützigen Stiftungen gefördert werden. Ist dieses Gemeinwohl zumindest deckungsgleich mit den Rechten, Interessen und Bedürfnissen zukünftiger Generationen? Dies wird nachfolgend untersucht.

Existierende Grundgüterlisten

Mit der Frage, *was* an zukünftige Generationen weitergegeben werden soll, hat sich bereits *Rawls* in seiner *Theory of Justice* auseinandergesetzt. Nach der von ihm entwickelten Grundgüterliste handelt es sich vornehmlich um „Rechte und Freiheiten, Chancen, Einkommen und Vermögen sowie soziale Grundlagen der Selbstachtung"[1819]. *Rawls*' Idee der Grundgüter wird als „bestechend und vielversprechend" bezeichnet, da sie eine Reihe von Schwierigkeiten zu lösen verspreche, in die sich jene Theorien verstricken, die die Forderung der sozialen Gerechtigkeit auf alle einzelnen Güter und Werte einer Gesellschaft beziehen.[1820] Gleichwohl wirft *Rawls*' Konzeption der

1818 Hierauf wird sogleich im Anschluss unter Tz. 1.2.5. gesondert eingegangen.

1819 Rawls, Eine Theorie der Gerechtigkeit 1971, S. 83, 112, 479.

1820 Koller, Die Grundsätze der Gerechtigkeit in: Höffe (Hrsg.), John Rawls – Eine Theorie der Gerechtigkeit, S. 45 ff.; Kersting, John Rawls zur Einführung, S. 57, weist jedoch darauf hin, dass *Rawls* nicht der erste Grundgütertheoretiker war; es gibt keine Vertragstheorie ohne

Grundgüter aber auch gewisse Probleme auf. So stellt sich beispielsweise die Frage, welche Dinge eine allgemein akzeptable Liste gesellschaftlicher Grundgüter umfassen soll.[1821] Nach *Tremmel*[1822] und *Gosseries*[1823] ist zwischen zwei konkurrierenden Ansätzen zu unterscheiden: erstens der Kapitalienansatz als eine Art Generationenbilanzierung, und zweitens der Ansatz des menschlichen Wohls. Den Kapitalienansatz beschreiben *Gosseries* und *Tremmel* wie folgt:

> „Er [Anm. *Verf.*: der Korb, der von jeder Generation an die nächste weitergegeben wird] beinhaltet ein Kapital, welches allgemein verstanden aus einer Vielzahl von Elementen besteht. Dabei handelt es sich meistens um Elemente physischer Natur, aber auch technologische, kulturelle, relationale, politische und andere Elemente können darunter fallen."[1824]

Im Hinblick auf den Kapitalienansatz unterscheidet *Tremmel* ferner zwischen natürlichem und künstlichem Kapital. Das Erste umfasst die Gesamtheit der von der Natur bereitgestellten Ressourcen, die der Mensch grundsätzlich nutzen bzw. genießen kann. Das künstliche Kapital sind die vom Menschen geschaffenen Werte, wozu nicht nur Güter, sondern auch Institutionen zählen.

Das menschliche Wohl ist das, wonach Generationen letztlich zu allen früheren Zeiten gestrebt haben, heute streben und in Zukunft streben werden.[1825] Zur Messbarkeit verweist *Tremmel* auf den Human Development Index (HDI) den Human Wellbeing Index (HWI) und den Weighted Index of Social Progress (WISP).[1826] Auf Basis des HDI lassen sich drei Kernfaktoren ableiten: (1) ein gesundes Leben, (2) Bildung und (3) ein sozialer und ökonomischer Grundlebensstandard.

Nach *Ekardt*[1827] handelt es sich bei den zu erhaltenden Grundgütern insbesondere um das Recht auf Leben, Freiheit, Gesundheit und das Recht auf ein Existenzminimum.

Kersting weist darauf hin, dass sich die Grundgüterliste mit dem Kontraktualismus der politischen Philosophie so stark ausgeweitet habe, dass eine Theorie der gerechten, sowohl kooperationsgemeinschaftlichen wie solidaritätsgemeinschaftlichen Güterverteilung entwickelt werden konnte.[1828] Er beschreibt diese Güter als transzendentale oder konditionale Güter. Dies sind Güter, die sich aus der Perspektive des menschlichen Individuums als grundlegende Lebensvoraussetzungen erweisen. Hierzu zählen das Leben, körperliche Unversehrtheit, Gesundheit, Sicherheit, Grundversorgung mit Lebensmitteln, Kleidung, Wohnung und Handlungsfähigkeit. Anhand dieser transzendentalen Güter kann die Gerechtigkeit von Gesellschaften untersucht werden. Eine gerechte Gesellschaft überlasse die Versorgung mit Grundgütern nicht dem Markt.[1829]

Grundgütertheorie. So ist bei *Hobbes* das grundlegende Gut die Selbsterhaltung, bei *Locke* und *Kant* die Rechtssicherheit.

1821 Koller, Peter, Die Grundsätze der Gerechtigkeit in: Höffe (Hrsg.), John Rawls – Eine Theorie der Gerechtigkeit, S. 45 ff.

1822 Tremmel, Stellungnahme Parlamentarischer Rat 15.10.2008, S. 9.

1823 Zitiert nach Tremmel, Stellungnahme Parlamentarischer Rat 15.10.2008, S. 9.

1824 Tremmel, Stellungnahme Parlamentarischer Rat 15.10.2008, S. 9.

1825 Ders., a. a. O., S. 13.

1826 Ders., a. a. O., S. 11.

1827 Ekardt, Das Prinzip Nachhaltigkeit, S. 89 ff., S. 97 ff.

1828 Siehe bei Kersting, Theorien sozialer Gerechtigkeit, S. 26-31.

1829 Kersting, Theorien sozialer Gerechtigkeit, S. 27.

Bei einer hinreichend umfangreichen Grundgüterliste könne man aber Rivalitätsbeziehungen zwischen einzelnen Gütern auch nicht ausschließen. Die Bereitstellung des transzendentalen Gutes A kann auf Kosten des transzendentalen Gutes B gehen, was bedeute, dass eine maximale Grundversorgung unmöglich ist. Daraus ist die Schlussfolgerung zu ziehen, dass ein Staat, der alles für die Gerechtigkeit zwischen den Generationen opfert, *per se* ungerecht bzw. unsozial wäre, da die intragenerationelle Gerechtigkeit schlicht vernachlässigt wird.[1830]

Im Rahmen einer Gesamtwürdigung lassen sich somit aus Sicht ethischer Moraltheorien für das Gemeinwohl i. S. einer Generationengerechtigkeit die Grundgüter Leben, Gesundheit, Rechte und Freiheiten, Erhalt ökologischer Grundlagen, Chancenerhalt auf Bildung und soziale Grundsicherung zugrunde legen.

Grundgüterliste und Förderzwecke gemeinnütziger Stiftungen

Eine Verprobung dieser Grundgüterliste(n) mit den Förderzwecken gemeinnütziger Stiftungen muss sich nun an § 52 AO orientieren, da von einer ‚gemeinnützigen' Stiftung nur dann auszugehen ist, wenn die Stiftung Zwecke verfolgt, die vom Steuerrecht privilegiert werden.[1831] Die Abgabenordnung verwendet insofern die Terminologie einer „Tätigkeit, die darauf gerichtet ist, die Allgemeinheit auf materiellem, geistigem oder sittlichem Gebiet selbstlos zu fördern", § 52 Abs. 1 Satz 1 AO. Es ergibt sich folgendes Bild:

Förderzwecke gemeinnütziger Stiftungen im Sinne des Steuerrechts (§ 52 Abs. 2 AO)	*Bezug zu Gemeinwohlinteressen i. S. von Generationengerechtigkeit?*	*Anmerkungen*
Förderung von Wissenschaft und Forschung	Ja	Möglich ist die Förderung der Wissenschaften, die sich mit dem Thema der Generationengerechtigkeit beschäftigen.
Förderung der Religion	Eher ja	Entscheidung für ja, wenn es um die Weitergabe religiöser und ethischer Werte und Moralvorstellungen für zukünftige Generationen geht.
Förderung des öffentlichen Gesundheitswesens und der öffentlichen Gesundheitspflege, insbesondere die Verhütung und Bekämpfung von übertragbaren Krankheiten, auch durch Krankenhäuser im Sinne des § 67, und von Tierseuchen	Eher ja	Zukünftige Generationen profitieren z. B. dann, wenn Seuchen und Krankheiten vermieden werden und künftigen Menschen dadurch erst eine Existenz ermöglicht wird.
Förderung der Jugendhilfe	Ja	Förderung auch noch lebender Menschen.
Förderung der Altenhilfe	Ja	Dto.

1830 Ders., a. a. O., S. 29.
1831 Vgl. Kapitel 2, Tz. 4.5.1.2..

Förderung von Kunst und Kultur	Eher ja	Hier geht es auch um die Weitergabe kultureller Werte für zukünftige Generationen.
Förderung des Denkmalschutzes und der Denkmalpflege	Ja	Dto.
Förderung der Erziehung, Volks- und Berufsbildung einschließlich der Studentenhilfe	Eher ja	Entscheidung für ja, wenn es um die permanente Bildungserziehung und Weiterentwicklung geht, von der auch zukünftige Generationen profitieren können.
Förderung des Naturschutzes und der Landschaftspflege im Sinne des Bundesnaturschutzgesetzes und der Naturschutzgesetze der Länder, des Umweltschutzes, des Küstenschutzes und des Hochwasserschutzes	Ja	Naturschutz und Landschaftspflege ist ein klassisches Thema für Generationengerechtigkeit.
Förderung des Wohlfahrtswesens, insbesondere der Zwecke der amtlich anerkannten Verbände der freien Wohlfahrtspflege, ihrer Unterverbände und ihrer angeschlossenen Einrichtungen und Anstalten	Ja	Vom Wohlfahrtswesen profitieren auch Bedürftige zukünftiger Generationen.
Förderung der Hilfe - für politisch, rassisch oder religiös Verfolgte - für Flüchtlinge, Vertriebene, Aussiedler, Spätaussiedler, Kriegsopfer, Kriegshinterbliebene, Kriegsbeschädigte und Kriegsgefangene, Zivilbeschädigte und Behinderte sowie Hilfe für Opfer von Straftaten - Förderung des Andenkens an Verfolgte, Kriegs- und Katastrophenopfer - Förderung des Suchdienstes für Vermisste	Jeweils eher nein	Hier geht es in erster Linie um Gerechtigkeitsthemen von intragenerationellem, z.T. auch historischem (vergangenheitsbezogenem) Bezug. Ein Bezug zu Gerechtigkeitsthemen mit Zukunftsbezug ist dagegen eher nicht erkennbar.
Förderung der Rettung aus Lebensgefahr	Eher nein	Denkbar wäre eine Argumentation dahingehend, dass bei Unterlassen der Rettung auch künftiges Leben i. S. einer Nachkommenschaft des Geretteten vereitelt würde. Diese Argumentation erinnert jedoch zu sehr an das Nicht-Identitäts-Paradoxon, also eine Überstrapazierung unzulässiger Kausalketten.
Förderung des Feuer-, Arbeits- Katastrophen- und Zivilschutzes sowie der Unfallverhütung	Eher nein	Dto.
Förderung internationaler Gesinnung, der Toleranz auf allen Gebieten der Kultur und des Völkerverständigungsgedankens	Eher nein	Es fehlt die Förderung der Gesinnung und der Toleranz zwischen den Generationen.
Förderung des Tierschutzes	Ja	Entscheidung für ja, wenn man es als Erhalt der Arten für zukünftige Generationen interpretiert.
Förderung der Entwicklungszusammenarbeit	Eher nein	

Förderung von Verbraucherberatung und Verbraucherschutz	Eher nein	
Förderung der Fürsorge für Strafgefangene und ehemalige Strafgefangene	Eher nein	
Förderung der Gleichberechtigung von Frauen und Männern	Eher nein	Hier geht es um intragenerationelle Gleichberechtigung.
Förderung des Schutzes von Ehe und Familie	Eher ja	Entscheidung für eher ja, wenn man die Familie als die klassische Keimzelle für einen Generationenverbund anerkennt.
Förderung von Kriminalprävention	Eher nein	
Förderung des Sports (Schach gilt als Sport)	Nein	
Förderung – der Heimatpflege und – der Heimatkunde	Eher ja	Heimatpflege eher ja, wenn es um den Erhalt von Ressourcen geht; Heimatkunde eher ja, wenn es um den Erhalt und die Weitergabe von Kultur und Werten geht.
Förderung – der Tierzucht – der Pflanzenzucht – der Kleingärtnerei – des traditionellen Brauchtums einschließlich des Karnevals, der Fastnacht und des Faschings – der Soldaten- und Reservistenbetreuung – des Amateurfunkens – des Modellflugs – und des Hundesports	 Ja Ja Eher nein Ja Eher nein Nein Nein Nein	Tier- und Pflanzenzucht eher ja, wenn es um den Erhalt und die Fortentwicklung von Tierarten und ökologischer Vielfalt geht. Kleingärtnerei eher nein, wenn es vordringlich um Anbau von Lebensmitteln geht. Brauchtum eher ja, wenn es um den Erhalt und die Weitergabe von kultureller Werte geht. Im Übrigen eher nein, da es an einem Bezug zur Generationengerechtigkeit fehlt.
Allgemeine Förderung des demokratischen Staatswesens im Geltungsbereich dieses Gesetzes; hierzu gehören nicht Bestrebungen, die nur bestimmte Einzelinteressen staatsbürgerlicher Art verfolgen oder die auf den kommunalpolitischen Bereich beschränkt sind	Eher ja	Eher ja, weil eine generationengerechte Politik auch als Bestandteil eines demokratischen Staatswesens verstanden werden kann.
Förderung des bürgerschaftlichen Engagements zugunsten gemeinnütziger, mildtätiger und kirchlicher Zwecke	Ja	Ja, bspw. wäre ein Zweck auf Beseitigung von Alters- oder Kinderarmut generationengerecht i. S. der hier niedergelegten Definition.

Abbildung 9: Verprobung von Grundgütern für Zwecke der Generationengerechtigkeit mit den Förderzwecken gemeinnütziger Stiftungen
Quelle: Eigene Darstellung.

Es zeigt sich, dass gemeinnützige Stiftungen auch Interessen fördern, die als zu schützende Grundgüter im Sinne einer Generationengerechtigkeit zu qualifizieren sind. Der Katalog in § 52 Abs. 2 AO enthält nicht nur Bezugnahmen auf die Grundgüter Leben,

Gesundheit, Rechte und Freiheiten, Erhalt ökologischer Grundlagen, Chancenerhalt auf Bildung und soziale Grundsicherung, sondern geht auch darüber hinaus.

Es zeigt sich aber auch, dass der steuerrechtliche Förderkatalog keinen expliziten Bezug auf das Thema der Generationengerechtigkeit nimmt. Die ‚Treffer' in der obigen Verprobung (im Sinne von ‚ja' oder ‚eher ja') von steuerlich geförderten Zwecken einerseits und zu schützenden Grundgütern im Sinne der Generationengerechtigkeit andererseits, sind daher eher als zufällig anzusehen. Wie bereits angesprochen[1832], ist eine Zweckförderung wie ‚Generationengerechtigkeit' oder eine ‚bessere Verständigung zwischen den Generationen' nicht in den Kreis steuerlich förderungswürdiger Tatbestände aufgenommen. Genau diese steuerliche Förderliste entscheidet nun aber darüber, ob eine Stiftung steuerliche Privilegien erhält oder nicht. Erhält sie sie, handelt es sich um eine gemeinnützige Stiftung. ‚Gemeinnützige Stiftung' und ‚steuerlich befreite Stiftung' sind Synonyme. Da gemeinnützige Stiftungen einerseits zu mehr Gerechtigkeit zwischen den Generationen beitragen können, andererseits ihr Status als gemeinnützige Körperschaft von steuerlichen Fördertatbeständen abhängt, die mit dieser Problematik nicht abgestimmt sind, ergibt sich entsprechendes Reformpotenzial.

Im Sinne von Generationengerechtigkeit fehlt bspw.:	*Anmerkung*
– die Zweckverfolgung der Kapitalakkumulation für zukünftige Generationen	Eine Stiftung, die Kapital für zukünftige Generationen ansammelt, kumuliert (thesauriert), verstößt gegen das Mittelverwendungsgebot gem. § 55 AO und verliert ihren Status als gemeinnützige Körperschaft.[1833]
– die Förderung der Gesinnung, Toleranz und Solidarität[1834] zwischen den Generationen	Gefördert werden lediglich die internationale Gesinnung und die Toleranz auf allen Gebieten der Kultur und des Völkerverständigungsgedankens.
– die Förderung der Gleichberechtigung der Generationen bzw. Gerechtigkeit zwischen den Generationen schlechthin	Gefördert wird aktuell lediglich die Gleichberechtigung von Frauen und Männern.
– die Förderung von Sicherungsmaßnahmen der Altersversorgung.	Wenn in einem Umlagesystem eine Generation mehr Leistungen an die vorherige Generation erbringt, als sie selbst jemals erhalten wird, erscheint es nicht nur legitim sondern auch gerecht, alternative Maßnahmen zur Altersversorgung steuerlich zu fördern. Dies ist bspw. bei der Rürup- und der Riesterrente der Fall.

Es ist zuzugeben, dass den hier vorgeschlagenen ergänzenden Zwecken unbestimmte Rechtsbegriffe zugrunde liegen. Dies hängt damit zusammen, dass der Begriff der Generationengerechtigkeit schillernd und vielschichtig ist, wie die Ausführungen in Kapitel 1 gezeigt haben. Diese Unbestimmtheit kann und darf jedoch nicht dazu führen, die Thematik der Generationengerechtigkeit aus dem Kreis förderungswürdiger Zwecke

1832 Vgl. Kapitel 2, Tz. 4.5.1.2. (d).
1833 Vgl. Kapitel 2, Tz. 4.5.1.2. (e)/(bb) und (e)/(dd).
1834 Die Solidarität zwischen den Generationen findet sich in Art. 3 (3) der konsolidierten Fassung des Vertrags über die Europäische Union, vgl. oben Kapitel 1, Tz. 3.4.1.3.

auszuklammern. Bei genauerer Betrachtung zeigt sich im Übrigen, dass dem steuerlichen Förderkatalog unbestimmte Rechtsbegriffe keinesfalls fremd sind. So handelt es sich – um nur einige zu nennen – bei den Begriffen „internationale Gesinnung“, „Toleranz“, „Gleichberechtigung zwischen Mann und Frau“, „demokratisches Staatswesen“ und „bürgerschaftliches Engagement“ ebenfalls um offene und unbestimmte Rechtsbegriffe, deren Konkretisierung (bewusst) Rechtsprechung und Wissenschaft überlassen bleibt. Ferner steht zu vermuten, dass der Förderkatalog teilweise auch durch Interessenverbände beeinflusst ist. So ist bspw. nicht einleuchtend, warum der Hundesport und Schach steuerlich gefördert werden, Pferdesport und Backgammon oder Skat nicht dagegen nicht.[1835]

Wie sich gezeigt hat, sind gemeinnützige Stiftungen geeignet, zu mehr Gerechtigkeit zwischen den Generationen beizutragen. Da der Gemeinnützigkeitsstatus einer Stiftung vom steuerlichen Förderkatalog gemäß § 52 Abs. 2 AO abhängt, erscheint es angebracht, diese Thematik in diesen Förderkatalog auch explizit aufzunehmen. Die Öffnungsklausel gemäß § 52 Abs. 2 Satz 2 AO dürfte insofern kein ausreichendes Signal sein. Gefordert ist eher das besagte ‚Zeichen politischer Kultur‘, welches allerdings voraussetzen würde, dass man den Begriff der Generationengerechtigkeit von politischen Grundsatzprogrammen in die Gesetzeswirklichkeit überführt. Will man gemeinnützige Stiftungen verstärkt in eine generationengerechte Politik mit einbeziehen, wäre der erste sich anbietende gesetzestechnische Ansatz die entsprechende Überarbeitung der Förderliste gemäß § 52 Abs. 2 AO. Diese Überarbeitung sollte Hand in Hand mit Erkenntnissen der politischen Philosophie erfolgen, denn eine steuerliche Förderliste zum Zweck der Schaffung von (mehr) Gerechtigkeit zwischen den Generationen sollte zumindest auch den Anforderungen an eine Grundgüterliste i. S. moderner Moraltheorien genügen.

Nachdem nunmehr die Erkenntnis gewonnen ist, dass gemeinnützige Stiftungen aus ethisch-philosophischer Sicht grundsätzlich zu einer generationengerechten Politik beitragen können, soll nachfolgend der Frage nachgegangen werden, ob eine Reduktion der Frage auf gemeinnützige Stiftungen auch sachlich gerechtfertigt ist bzw. ob es Alleinstellungsmerkmale gemeinnütziger Stiftungen gibt, die ihre besondere Berücksichtigung gegenüber anderen gemeinnützigen Körperschaften vor dem Hintergrund einer generationengerechten Politik rechtfertigen können.

1.3. Alleinstellungsmerkmale gemeinnütziger Stiftungen für Zwecke einer generationengerechten Politik

Gemeinnützige Stiftungen erscheinen aufgrund ihrer institutionellen Besonderheit besonders geeignet, um zu einer generationengerechten Politik beitragen zu können. Es

1835 Diese Kritik ist nicht neu. *Seer* führt dazu bspw. aus, dass das Gemeinnützigkeitsrecht hiermit seine Konturen verloren habe und jegliche System- und Wertungskonsequenz vermissen lasse. Die Willkür des Katalogs eigne sich mehr für Glossen als für eine ernsthafte Auseinandersetzung; siehe Seer, Gemeinwohlzwecke und steuerliche Entlastung, S. 28. Bezeichnend auch sein Hinweis in Fußnote 107 auf dieser S. 28 auf Tipke, StuW 1989, 165, 169 der feststellte, dass das Gemeinnützigkeitsrecht im wahrsten Sinne des Wortes „auf den Hund gekommen“ sei.

ist nun näher zu beleuchten, ob diese Aussage nur für gemeinnützige Stiftungen zutreffend ist oder auch für andere gemeinnützige Körperschaften. Auch gemeinnützige Vereine, GmbH‘s oder AG‘s sind ‚unsterbliche Institutionen‘, die ebenfalls Interessen des Gemeinwohls verfolgen. Auch diese Körperschaften könnten im Grunde geeignet sein, generationengerecht zu wirken. Es stellt sich die Frage, was gemeinnützige Stiftungen gegenüber diesen Körperschaften besonders auszeichnet. Was ist vor dem Hintergrund einer generationengerechten Politik das Alleinstellungsmerkmal gemeinnütziger Stiftungen?

Die Diskussion des Alleinstellungsmerkmals der Stiftung wird vornehmlich vor dem Hintergrund steuerlicher Privilegien und der Rechtfertigung und Bedeutung der Stiftungsaufsicht geführt. Die Eckpunkte dieser Diskussion sollen aufgegriffen werden, um zu prüfen, ob die vorgetragenen Argumente für die vorliegende Fragestellung von Nutzen sein können.

1.3.1. Das Fehlen von Mitgliedern

Walz führt aus[1836], dass es den Mitgliedern eines Vereins oder den Gesellschaftern einer GmbH[1837] durch Beschlussfassung möglich ist, eine Änderung des Vereins- oder Gesellschaftszwecks herbeizuführen und sich so von den Vorgaben des Initiators zu lösen. Weiter sei denkbar, dass die Mitglieder bzw. die Gesellschafter eine Geschäftsführung, die diesen Vorgaben widerspricht, aus eigennützigen Gründen tolerieren. Diese Gefahren bestehen schon zu Lebzeiten, insbesondere aber nach dem Versterben des Initiators.

Auch nach *Kirchhof*[1838] und *Bergmann*[1839] stellt die kontinuitätswahrende Mitgliederlosigkeit ein rechtfertigendes Alleinstellungsmerkmal für eine (steuerliche) Privilegierung der Stiftung dar. Vereine unterliegen einer demokratischen Grundstruktur, was die Gefahr in sich berge, dass Beschlüsse gefasst werden, die die bisherigen Grundsätze der Vereinsarbeit vollkommen umstoßen. Dies stehe im völligen Gegensatz zur vorgeschriebenen Kontinuität des Handelns einer Stiftung[1840] und gelte entsprechend für gemeinnützige Kapitalgesellschaften.[1841] *Kirchhof* und *Bergmann* wollen zudem die steuerliche Förderung des § 10b Abs. 1a EStG auf die rechtsfähige Stiftung beschränkt sehen, da nur diese die einzige Rechtsform sei, die unabhängig von Mitglieder- oder Gesellschafterrechten sei, und somit als autonom bezeichnet werden könne.[1842] Nur die rechtsfähige Stiftung gewährleiste Kontinuität sowohl in ihrer Willensbildung, als auch in ihrem Bestand, während diese Kontinuität bei anderen Rechtsformen schneller Veränderung unterliegen könne.[1843]

1836 Vgl. Walz, Grundrecht oder Menschenrecht auf Anerkennung der gemeinwohlkonformen Allzweckstiftung, ZSt 2004, 133, 138.

1837 Entsprechendes würde für die AG bzw. ihre Aktionäre gelten.

1838 Kirchhof in Kirchhof, EStG, 9. Aufl., § 10b Rn. 41.

1839 Bergmann, Erweiterte Sonderausgabenabzugsfähigkeit, S. 93.

1840 Dies., a. a. O., S. 94.

1841 Dies., a. a. O., S. 94.

1842 Bergmann, Erweiterte Sonderausgabenabzugsfähigkeit, S. 95; Kirchhof in Kirchhof, EStG, 9. Aufl., § 10b Rn. 41.

1843 Bergmann, Erweiterte Sonderausgabenabzugsfähigkeit, S. 95.

Hüttemann hält – im Kontext des Steuerrechts – das Fehlen von Mitgliedern nicht für geeignet, gemeinnützige Stiftungen gegenüber anderen Körperschaften zu bevorzugen.[1844] Ob die steuerbegünstigte Zielsetzung der jeweiligen Organisation dem Zugriff der Mitglieder entzogen ist oder nicht, sei ausgehend vom Entlastungszweck des steuerlichen Spendenabzugs unerheblich. Das Gemeinnützigkeitsrecht regle abschließend die satzungsmäßigen und tatsächlichen Voraussetzungen, unter denen Organisationen als steuerbegünstigt anzuerkennen sind.[1845] Allein der Umstand, dass bei Körperschaften der steuerbegünstigte Satzungszweck zur Disposition der Mitglieder stehe, während die Stiftung in eine „unumkehrbare Autonomie" entlassen sei, kann nach der Auffassung von *Hüttemann* jedenfalls keine steuerliche Schlechterstellung von Körperschaften gegenüber Stiftungen begründen.[1846] *Hüttemann* schließt dabei aber nicht aus, dass das Fehlen von Mitgliedern unter anderen Gesichtspunkten von Bedeutung sein kann.[1847]

1.3.2. Stiftungsaufsicht

Nach *Walz* führt das Wesen der Stiftungsaufsicht zu einem Alleinstellungsmerkmal der rechtsfähigen Stiftung. Im Fall einer unselbstständigen Stiftung lasse sich ein dauerhafter vorgabengetreuer Einsatz des zugewendeten Vermögens nicht völlig sicherstellen.[1848] Zwar bestehe hier eine Verpflichtung des Treuhänders. Ein Fehlverhalten ist aber nur dann sanktionsbewehrt, wenn entsprechende Ansprüche auch durchgesetzt werden, was insbesondere nach dem Tod des Initiators nicht sichergestellt sei. Besteht keine oder nur eine geringe Sanktionsgefahr, könne ein vorgabenwidriges Verhalten jedenfalls nicht zuverlässig verhindert werden.[1849] Der Gründer einer Stiftung habe dagegen dann eine zumindest hinreichende Gewissheit, dass die Stiftung seinen Willen bis in alle Ewigkeit verfolgt, wenn es sich um eine rechtsfähige Stiftung handelt. Die Stiftungsaufsichtsbehörde gewährleiste die Existenz einer verlässlichen Überwachungs- und Kontrollfunktion. Nach *Walz* bietet die rechtsfähige Stiftung daher die größte Gewähr dafür, dass der Stiftung zugewendete Mittel dauerhaft zu genau dem vom Initiator gewünschten Zweck eingesetzt werden.

Auch *Kirchhof* und *Bergmann* messen diesem Kriterium – im steuerrechtlichen Kontext – Bedeutung zu. Nach *Kirchhof* bietet nur die rechtsfähige Stiftung wegen der staatlichen Aufsicht die „Garantie dauerhafter Erfüllung gemeinnütziger Aufgaben"[1850]. Unselbständige Stiftungen seien dagegen anfälliger gegenüber Einflüssen

---

1844 Hüttemann, Verfassungsrechtliche Grenzen der rechtsformbezogenen Privilegierung von Stiftungen im Spenden- und Gemeinnützigkeitsrecht in Non Profit Law Yearbook 2001, S. 152.

1845 Ders. ebenda.

1846 A. A. Crezelius/Rawert, Das Gesetz zur weiteren steuerlichen Förderung von Stiftungen, ZEV 2000, 421, 425.

1847 So z. B. für die Frage der Finanzierung, Hüttemann, Rainer, Verfassungsrechtliche Grenzen der rechtsformbezogenen Privilegierung von Stiftungen im Spenden- und Gemeinnützigkeitsrecht in Non Profit Law Yearbook 2001, S. 153.

1848 Walz, Grundrecht oder Menschenrecht auf Anerkennung der gemeinwohlkonformen Allzweckstiftung, ZSt 2004, 133, 138.

1849 Ders., a. a. O., S. 139.

1850 Kirchhof in Kirchhof, EStG, 9. Aufl., § 10b Rn. 41.

Dritter und des Stifters, es sei denn, die Unselbständigkeit verweist ausschließlich auf einen Rechtsträger, dessen alleinige Aufgabe wiederum die Wahrung des Stifterwillens ist.[1851] Auch *Bergmann* sieht in der Stiftungsaufsicht die Gewähr für eine langfristige Verfolgung der Stiftungszwecke, was Rechtssicherheit durch Bestandssicherung schaffe.[1852]

Für *Hüttemann* ist das Kriterium der Stiftungsaufsicht kein wesentliches Kriterium, um steuerrechtliche Privilegien begründen zu können. Die Stiftungsaufsicht sei nicht geeignet, eine steuerliche Besserstellung der Stiftung zu begründen. Steuerliche Privilegien gelten auch für gemeinnützige Stiftungen, die nicht der Rechtsaufsicht unterliegen.[1853]

1.3.3. Dauerhaftigkeit des Stiftungszwecks

Das Kriterium der Dauerhaftigkeit ist inhaltlich teilweise deckungsgleich mit dem Kriterium des Fehlens der Mitglieder. So ist das Fehlen der Mitglieder für *Walz* letztlich der Garant für die Unabänderlichkeit des Stifterwillens und somit die Dauerhaftigkeit des Stiftungszwecks (s. oben).

Bergmann führt hierzu aus, dass (nur) die Satzung einer Stiftung grundsätzlich unabänderlich sei und daher (nur sie) einen hohen Grad an Kontinuität gewährleiste. Selbst wenn dem Wandel der Zeiten durch die in § 87 BGB vorgesehene Zweckänderung Rechnung getragen werden kann, könne die Umwandlung niemals eine totale, sondern lediglich eine Modifizierung des ursprünglichen Zweckes sein, denn bei Änderungen der Stiftungssatzung ist stets der Wille des ursprünglichen Stifters zu beachten.[1854]

Für *Hüttemann* ist dagegen auch die Dauerhaftigkeit des Stiftungszwecks nicht entscheidend, um steuerliche Privilegien vor dem Hintergrund des Art. 3 Abs. 1 GG zu begründen. Abgesehen davon, dass Dauerhaftigkeit nicht mit Ewigkeit gleichzusetzen sei, weist *Hüttemann* darauf hin, dass das Steuerrecht die gegenwartsnahe gemeinwohlfördernde Tätigkeit von gemeinnützigen Organisationen fördere, was sich insbesondere aus § 55 Abs. 1 Nr. 5 Satz 1, § 58 Nr. 6, 7, 12 AO ergibt.[1855]

1.3.4. Notwendigkeit einer Vermögensausstattung

Hüttemann untersucht schließlich auch das Kriterium der Notwendigkeit einer Vermögensausstattung als Alleinstellungsmerkmal der Stiftung. Als institutionalisierter Zweck bedürfe die Stiftung eines Vermögens, aus dessen Erträgen der Stiftungszweck verwirklicht werden kann.[1856] Die Notwendigkeit eines Vermögens unterscheidet die Stiftung von mitgliedschaftlich organisierten Rechtspersonen wie Vereinen oder Kapi-

---

1851 Kirchhof in Kirchhof, EStG, 9. Aufl., § 10b Rn. 41.

1852 Bergmann, Erweiterte Sonderausgabenabzugsfähigkeit, S. 95.

1853 Hüttemann, Verfassungsrechtliche Grenzen der rechtsformbezogenen Privilegierung von Stiftungen im Spenden- und Gemeinnützigkeitsrecht in Non Profit Law Yearbook 2001, S. 155.

1854 Bergmann, Erweiterte Sonderausgabenabzugsfähigkeit, S. 72.

1855 Hüttemann, Verfassungsrechtliche Grenzen der rechtsformbezogenen Privilegierung von Stiftungen im Spenden- und Gemeinnützigkeitsrecht in Non Profit Law Yearbook 2001, S. 154.

1856 Ders., a. a. O., S. 157.

talgesellschaften, die ihre Zwecke auch mit Beiträgen, Spenden oder Dienstleistungen ihrer Mitglieder oder Gesellschaften verwirklichen können.[1857] Mangels Mitglieder und Gesellschafter müssen Stiftungen ihre Aktivitäten also aus den Erträgen ihres Vermögens finanzieren. Stiftungen weisen insofern ein Alleinstellungsmerkmal im Hinblick auf ihre Finanzierung auf: Während sich gemeinnützige Vereine oder gemeinnützige GmbHs vorrangig durch Mitglieder- oder Gesellschafterbeiträge finanzieren, sind Stiftungen als mitgliederloses Zweckvermögen auf Erträge angewiesen, die sie mit ihrem eigenen Vermögen erwirtschaften. Dazu bedarf es eines entsprechend hohen Vermögens, was nach *Hüttemann* steuerliche Privilegien rechtfertigt. Er weist im Übrigen darauf hin, dass diese Besonderheit auch die Einbeziehung nichtrechtsfähiger Stiftungen und Stiftungen des öffentlichen Rechts rechtfertigt. Dieser Bedarf bezieht sich nicht nur auf die Außenfinanzierung, sondern insbesondere auch auf die Innenfinanzierung, wozu bspw. erweiterte Möglichkeiten zur Bildung von Rücklagen gehören.[1858]

1.3.5. Eigene Meinung zu Alleinstellungsmerkmalen gemeinnütziger Stiftungen vor dem Hintergrund ihrer Einbeziehung in eine generationengerechte Politik

Zur Herausarbeitung des Alleinstellungsmerkmals gemeinnütziger Stiftungen vor dem Hintergrund ihrer Einbeziehung in eine generationengerechte Politik sei nochmals auf die eingangs erarbeitete **Definition der Generationengerechtigkeit** Bezug genommen. Demnach liegt Generationengerechtigkeit vor, wenn niemand wegen seiner Zugehörigkeit zu einer Generation benachteiligt wird. Ob eine Benachteiligung gegeben ist, ist auf zwei Zeitachsen zu beurteilen: der Zeitachse der handelnden Generation und der Zeitachse der künftigen, betroffenen Generationen. Rechte, Interessen und Bedürfnisse künftiger Generationen sind zu antizipieren. Dabei ist zu berücksichtigen, dass diese aufgrund künftiger technologischer und/oder sozialer Innovationen nicht abschließend vorhersehbar sind. Daher ist auf den Erhalt von Chancen für spätere Generationen besonderer Wert zu legen. (…)[1859]

Dauerhaftigkeit des Stiftungszwecks

Für die Frage der Generationengerechtigkeit ist demnach nicht die dauerhafte Bindung an einen *bestimmten* Stifterwillen entscheidend, sondern das zukunftsoffene und für die *jeweilige* (auch künftige) Generation nützliche Wirken einer auf ewig angelegten Institution. Maßgebend ist demnach die dauerhafte und *jeweils* nützliche Zweckverfolgung zugunsten des Gemeinwohls. Dieses Kriterium des ‚*jeweiligen Bezugs*' wurde auch im Zusammenhang mit der Frage nach dem Einwand der Zukunftsungewissheit als bedeutsam identifiziert.[1860]

1857 Ders., a. a. O., S. 157.

1858 Vgl. insges. Hüttemann, Verfassungsrechtliche Grenzen der rechtsformbezogenen Privilegierung von Stiftungen im Spenden- und Gemeinnützigkeitsrecht in Non Profit Law Yearbook 2001, S. 154 ff..

1859 Kapitel 1, Tz. 3.5.2.

1860 Vgl. soeben Tz. 1.2.4. in diesem Kapitel 3.

Vor dem Hintergrund dieser Definition der Generationengerechtigkeit kann auch die Sichtweise der Sozialwissenschaften für die Weiterentwicklung des Stiftungswesens Bedeutung erlangen. So stellte *Adloff* in seiner Begriffsfindung darauf ab, dass mit Stiftungen eine „eingehende Interaktion zwischen Gegenwart, erwarteter Zukunft und Vergangenheit, die auf die kreative Fortschreibung des Willens drängt",[1861] einhergeht. Er hat in seiner Definition auch das Postulat der stetigen Aktualisierung des Stifterwillens zugrunde gelegt.[1862] Die Bedeutung der Stiftung aus sozialer Sicht besteht nicht in der dauerhaften Wahrung des Stifterwillens um des ‚Willens willen', sondern in der Wahrung des Stifterwillens dahingehend, dass das von ihm gestiftete Vermögen seiner institutionellen Leitidee folgend ‚auf Dauer' einen gemeinwohlnützlichen Beitrag leistet. Der Gemeinwohlbezug steht somit über dem Stifterwillen im engeren Sinn. *Adloff* führt daher zu Recht aus, dass Kategorien wie „Zweckverfolgung" und „Funktion" zu eng seien, um zu verstehen, was bei der Schaffung der Institution Stiftung vor sich gehe.[1863] Die zu verwirklichende Idee müsse

> „ab einem gewissen Punkt der Loslösung von der Person des Stifters in sich selbst ruhen können, sie muss sich vom rein Subjektiven trennen und Objektivität erlangen"[1864].

Die Verprobung der Förderliste gemäß § 52 Abs. 2 AO mit Gemeinwohlinteressen i. S. von Generationengerechtigkeit erscheint vor diesem Hintergrund in einem etwas anderen Licht. Es hat sich zwar gezeigt, dass gemeinnützige Körperschaften Zwecke verfolgen können, die nicht unmittelbar mit dem Gedanken der Generationengerechtigkeit in Zusammenhang stehen.[1865] Im Grunde ist dies aber auch gar nicht entscheidend, da es für Zwecke der Generationengerechtigkeit auf den heutigen Blickwinkel gar nicht ankommt. Entscheidend ist, dass der Zweck auf Gemeinwohlinteressen gerichtet ist, die auch für künftige Generationen gemeinwohlfördernd sind bzw. sein können. Wenn also bspw. eine Stiftung dauerhaft Sport fördert, erfolgt diese Förderung auch in der Zukunft. Diese Zweckverfolgung ist dann – auf Basis der definierten Zeitachsen – ebenso generationengerecht, wie eine definierte Zweckverfolgung, die auf ‚die Wahrnehmung von Interessen zukünftiger Generationen' oder ähnliches Bezug nimmt.

Für Zwecke der Generationengerechtigkeit ist daher entscheidend, dass **Vermögen auf Dauer zugunsten des Gemeinwohls der *jeweiligen* Generation** eingesetzt wird. Hierfür ist zweierlei von Nöten: (1) Die Sicherstellung der Dauerhaftigkeit der Zweckverfolgung und (2) die Orientierung am *jeweiligen* Gemeinwohl. Ersteres wird durch § 80 Abs. 2 BGB und § 87 Abs. 1 BGB sichergestellt, letzteres durch die gemeinnützige Bindung des Vermögens durch das Steuerrecht, vgl. § 60 Abs. 1 AO i.V.m. § 5 der Mustersatzung gemäß Anlage 1 zu § 60 AO.

1861 Adloff, Philanthropisches Handeln, S. 73.

1862 Vgl. Kapitel 2, Tz. 2.1.2. sowie Adloff, Philanthropisches Handeln, S. 73. Anm. Verf.: Wohlgemerkt spricht er von „Aktualisierung" und nicht von „Änderung".

1863 Adloff, Philanthropisches Handeln, S. 67.

1864 Ders., a. a. O., S. 67.

1865 Z.B. die Förderung des Sports oder die Förderung des Feuerschutzes, siehe oben Tz. 1.2.5. in diesem Kapitel 3.

Dieses Grundverständnis vom ‚Jeweilsbezug' des Gemeinwohls findet sich auch in der Aussage *Muschelers*, der ausführt, dass die Stiftung von der Veränderung lebt:[1866]

> „Stiftung ist auf das Wohl Einzelner oder auf das Gemeinwohl orientiert. Die Definition dessen, was zum Wohl gereicht, ändert sich in der Zeit. Bei aller Permanenz des Stiftungszwecks bedarf es daher steter Anpassungsbereitschaft aller (...). ‚Denkender Zweckgehorsam' sollte die Losung sein."[1867]

Muschelers Verständnis vom Wesen der Stiftung entspricht somit jenem von *Adloff*. Das Erfordernis der Sicherstellung des Gemeinwohlorientierung über die Zeit hinweg ist somit nicht nur eine Besonderheit der Stiftung schlechthin, es ist auch gleichzeit das **Alleinstellungsmerkmal für Zwecke einer generationengerechten Politik**. Keine andere natürliche oder juristische Person der Gegenwart vermag diese Besonderheit aufzuweisen. Es bestätigt sich die Vermutung, dass gemeinnützige Stiftungen geborene Institutionen für generationengerechtes Wirken und eine generationengerechte Politik sind.

Auf die Bedeutung des Steuerrechts sei in diesem Kontext nochmals verwiesen. Bereits bei der Frage der Einbeziehung gemeinnütziger Stiftungen in die *Jonas*'sche Verantwortungstheorie[1868] hat sich gezeigt, dass die Tätigkeit gemeinnütziger Stiftungen institutionell bedingt ‚immer mit einer Ungewissheit' konfrontiert ist und dass sich gemeinnützige Stiftungen insofern unterscheiden, ‚als ihr Wirken durch die statutarische Festlegung von Zwecken zugunsten des Gemeinwohls implizit vorgegeben ist'. Sie wirken per se nachhaltig und diese Nachhaltigkeit orientiert sich am Steuerrecht, da jenes über den Status der Gemeinnützigkeit entscheidet. Es wurde dazu die Aussage getroffen, dass der Steuerpolitik eine Zukunftsverantwortung beizumessen ist, die in dieser Tragweite bislang möglicherweise noch gar nicht erkannt wurde.[1869] Die Aussage, dass dem Steuerrecht bei der Frage der Generationengerechtigkeit eine besondere Verantwortung zuzusprechen ist, ist hier nochmals zu bestätigen.

Das Fehlen von Mitgliedern

Das Fehlen der Mitglieder erlangt vor dem Hintergrund der möglichen Interessenvertreterschaft Bedeutung. Wenn sich gemeinnützige Stiftungen dazu eignen sollten,[1870] wäre dieses Merkmal von besonderer Bedeutung, da die Mitgliederlosigkeit eine materielle Unabhängigkeit des Interessenvertreters gewährleisten kann.

Notwendigkeit der Vermögensausstattung

Wie ausgeführt ist für Zwecke der Generationengerechtigkeit der dauerhafte und nachhaltige Einsatz des Stiftungsvermögens von Bedeutung. Die Sicherstellung dieses Postulats zugunsten des Gemeinwohls erfolgt – wie gesagt – über das Steuerrecht (§ 52 Abs. 2 AO). Damit kommt auch dem Kriterium der ‚Notwendigkeit einer Vermögensausstattung' besondere Bedeutung zu. *Hüttemann* hat dies als ein Privilegien

1866 Muscheler, Editorial in Die Stiftung – Jahreshefte zum Stiftungswesen, 2011.
1867 Muscheler, ebenda.
1868 Siehe Tz. 1.1.1.3. in Kapitel 3.
1869 Siehe Tz. 1.1.1.3. in Kapitel 3.
1870 Vgl. nachfolgend Tz. 2.1.1. in diesem Kapitel 3.

rechtfertigendes Alleinstellungsmerkmal der Stiftung identifiziert.[1871] Auch die Frage der Generationengerechtigkeit ist ein Kriterium, das Privilegien gemeinnütziger Stiftungen dieser Art rechtfertigt. Man kann sagen: Alles was zur Finanzierung gemeinnütziger Stiftungen beiträgt, ist auch geeignet, generationengerecht zu wirken und somit auch vor dem Hintergrund einer generationengerechten Politik gerechtfertigt.

Diese Bedeutung des Stiftungsvermögens wird auch bestärkt durch die Betrachtung der Generationengerechtigkeit vor dem Hintergrund ökonomischer Sichtweisen. Es hat sich gezeigt, dass Stiftungen nachhaltig wirken. Wer nicht mehr ausgibt, als er einnimmt, handelt nachhaltig. Nachhaltiges Handeln über Generationen hinweg wurde in diesem Zusammenhang als generationengerecht bezeichnet, da das Wirken gemeinnütziger Stiftungen immer zugunsten des Allgemeinwohls erfolgt. Das Wirken einer institutionell verselbstständigten Vermögensmasse über die Generationen hinweg ist einmalig und bei dem gemeinnützigen Verein oder der gemeinnützigen GmbH nicht gegeben. Die institutionalisierte Dauerhaftigkeit einer willensgebundenen Zweckverfolgung ist hier gerade nicht gegeben. So ist beim Verein der Vermögensanfall an die in der Satzung bestimmten Personen vorgesehen, § 45 Abs. 1 BGB, wobei dieser Personenkreis durch Beschluss der Mitgliederversammlung geändert werden kann und damit vom Willen der Vereinsgründer differieren kann.

Stiftungsaufsicht

Ob man aus dem Gesagten nun Forderungen ableiten will, die für ein Alleinstellungsmerkmal der *rechtsfähigen* Stiftung sprechen, weil nur diese der staatlichen Aufsicht unterliegen und diese Aufsicht erforderlich sei, um diesen dauerhaft zweckgebundenen Einsatz des Vermögens sicherzustellen, ist letztlich eine Frage der Argumentationsgeschicks. Forderungen dieser Art erscheinen allerdings weder ratsam noch überzeugend. In rechtlicher Hinsicht stünde das Grundrecht des Stifters auf Errichtung (auch) einer nichtrechtsfähigen Stiftung entgegen.[1872] In tatsächlicher Hinsicht vermag die befürchtete Möglichkeit des Missbrauchs von Stiftungsvermögen durch Treuhänder zwar bestehen. Zu bedenken ist aber, dass auch im Fall rechtsfähiger und der behördlichen Aufsicht unterstellter Stiftungen Missbrauch möglich und schon vorgekommen ist. Diesem Missbrauch möge, soll und kann das Strafrecht und ggf. auch das zivilistische Schadensersatzrecht begegnen, und zwar sowohl im Fall der rechtsfähigen als auch der nichtrechtsfähigen Stiftung.[1873] Die Einschränkung von Stifterrechten erscheint dagegen nicht als geeignetes ‚Steuerungsinstrument‘. Auch wäre zu bedenken, dass nicht selten nichtrechtsfähige Stiftungen gegründet werden, die später zu rechtsfähigen Stiftungen umgewandelt werden. Dies bietet sich immer dann an, wenn die Stiftung mit zunächst kleinem Vermögen errichtet wird und später, nach Zufluss weiteren Vermögens, die ‚kritische Masse‘ für eine rechtsfähige Stiftung erreicht wird.[1874] Der Gründungskultur gemeinnütziger Stiftungen wäre nicht geholfen. Eine liberale Theorie der Generationengerechtigkeit wäre jedenfalls mit einer restriktiven Stiftungs-

---

1871 Siehe soeben unter Tz. 1.3.4.

1872 Differenzierend hierzu Walz, Grundrecht oder Menschenrecht auf Anerkennung der gemeinwohlkonformen Allzweckstiftung, ZSt 2004, 133, 140.

1873 Einschlägig wäre z.B. der Tatbestand der Untreue, § 266 StGB.

1874 Vgl. Kapitel 2, Tz. 2.2.

aufsicht nicht vereinbar. Im Ergebnis ist somit nach der hier vertretenen Auffassung die staatliche Stiftungsaufsicht kein Kriterium, um rechtsfähigen gemeinnützigen Stiftungen vor dem Hintergrund der Generationengerechtigkeit ein Alleinstellungsmerkmal zuzusprechen.

Vor dem Hintergrund einer generationengerechten Politik sind die Alleinstellungsmerkmale gemeinnütziger Stiftungen vor allem in der verewigten Wirkung von zweckgebundenem Vermögen zu Gunsten des *jeweiligen* Gemeinwohls zu sehen. Es gibt keine anderen Körperschaften, die die Besonderheit eines institutionell angelegten Vermögenseinsatzes zugunsten des Gemeinwohls der *jeweiligen* Generation aufweist. Wenn gemeinnützigen Stiftungen die Rolle des Anwalts, Fürsprechers oder Interessenwalters für künftige Generationen zugesprochen werden, erlangt vor dem Hintergrund der Generationengerechtigkeit auch das Kriterium der Mitgliederlosigkeit Bedeutung.

1.4. Ergebnis zum Versuch einer Begründungstheorie für die Einbeziehung gemeinnütziger Stiftungen in eine generationengerechte Politik

Um das Postulat einer Begründungstheorie für die Einbeziehung gemeinnütziger Stiftungen in eine generationengerechte Politik einzulösen, lässt sich daher das folgende **Fazit** ziehen:

Gemeinnützigen Stiftungen ist im Rahmen einer Theorie intergenerationeller Gerechtigkeit Bedeutung beizumessen. Sie können aus Sicht der Ethik und aus Sicht der politischen Philosophie gut zu einer generationengerechten Politik beitragen. Sie können in bestehende zeitgenössische Moralethiken integriert werden und bestehenden Einwänden gegen diese Theorien begegnen. Gemeinnützige Stiftungen können somit zu einer Weiterentwicklung der Theorien der Generationengerechtigkeit beitragen. Gemeinnützige Stiftungen können jedoch eine generationengerechte Politik nicht ersetzen, sondern lediglich ergänzen.

Die von zeitgenössischen Moralethiken diskutierten ‚Grundgüter' werden von der Zweckverfolgung gemeinnütziger Stiftungen abgedeckt. Diese Zweckverfolgung ist im steuerlichen Förderkatalog gemäß § 52 Abs. 2 AO enthalten. Dieser steuerliche Förderkatalog ist jedoch keineswegs mit der Thematik der Generationengerechtigkeit abgestimmt. Hier bietet sich eine Reform an, politische Absichtserklärungen in die Gesetzesrealität zu überführen.

Die Frage nach Möglichkeiten und Grenzen der Einbeziehung gemeinnütziger Stiftungen in eine generationengerechte Politik ist insofern sachlich gerechtfertigt, als diese Fragestellung nicht auf andere gemeinnützige Körperschaften wie dem gemeinnützigen Verein, der gemeinnützigen GmbH oder der gemeinnützigen AG ausgedehnt wird. Insofern lassen sich Kriterien festhalten, die zu einem Alleinstellungsmerkmal der Stiftung gegenüber anderen Körperschaften führen. Hierbei handelt es sich um

- das Fehlen von Mitgliedern,
- die Dauerhaftigkeit des Stiftungszwecks und
- die Notwendigkeit der Vermögensausstattung.

Das wesentliche Alleinstellungsmerkmal ist vor allem in der verewigten Wirkung von zweckgebundenem Vermögen zu Gunsten des *jeweiligen* Gemeinwohls zu sehen.

Das Kriterium der staatlichen Aufsicht stellt nicht zwingend ein weiteres Alleinstellungsmerkmal in diesem Sinne dar. Der Gefahr von Missbrauch ist mit Mitteln des Strafrechts zu begegnen und nicht mit Einschränkungen der Stifterfreiheit. Diese Alleinstellungsmerkmale sind daher teilweise deckungsgleich mit Kriterien, die eine *steuerliche* Privilegierung gemeinnütziger Stiftungen rechtfertigen.

Nach diesem begründungstheoretischen Ansatz ist die weitere Vorgehensweise der Untersuchung wie folgt angelegt: Zunächst (nachfolgend Abschnitt 2.) sollen **Möglichkeiten und Grenzen der Legislative** untersucht werden. Hierzu gehören Ansätze im Verfassungs-, Verwaltungs- Zivil- und Erbrecht sowie im Steuerrecht und – soweit ersichtlich – in weiteren Einzelgesetzen. Die im Rahmen von Kapitel 1 der Untersuchung aufgeworfenen und noch offenen Fragestellungen und Schlussfolgerungen vor dem Hintergrund der jeweiligen wissenschaftlichen Betrachtungsweisen (Ökonomie[1875], Ökologie[1876]) sollen an jeweils geeigneter Stelle untersucht werden. Daran anschließend (nachfolgend Abschnitt 3) werden **Möglichkeiten und Grenzen von Maßnahmen der Exekutive** untersucht.

2. Möglichkeiten und Grenzen der Legislative

2.1. Verfassungsrecht

2.1.1. Gemeinnützige Stiftungen, Sozialstaatsprinzip und Rechte zukünftiger Generationen

Eine wesentliche Erkenntnis aus der Untersuchung im ersten Kapitel war, dass sich ein Grundrecht auf Generationengerechtigkeit nicht begründen lässt. Generationengerechtigkeit findet allenfalls im Sozialstaatsprinzip eine Stütze.[1877] Die Einbeziehung gemeinnütziger Stiftungen in eine generationengerechte Politik soll daher vor dem Hintergrund zweier möglicher Prämissen untersucht werden:

(1) Möglichkeiten und Grenzen auf Basis des Sozialstaatsprinzips, wobei hier unterstellt werden soll, dass die Forderung nach Gerechtigkeit zwischen den Generationen im geltenden Sozialstaatsprinzip eine verfassungsrechtliche Stütze findet.
(2) Möglichkeiten und Grenzen, wenn Reformen dazu führen, dass entsprechende Rechte und/oder weitere Staatszielbestimmungen in die Verfassung aufgenommen werden.

Damit ist auch die Frage verbunden, ob sich hieraus Ansätze für gemeinnützige Stiftungen als (der vielfach geforderte) Vertreter, Fürsprecher oder Interessenwalter zukünftiger Generationen ergeben.

1875 Vgl. Kapitel 1, Tz. 3.2.
1876 Vgl. Kapitel 1, Tz. 3.3.
1877 Vgl. Kapitel 1, Tz. 3.4.1., insbes. Tz. 3.4.1.2. (g).

Ad (1): Möglichkeiten und Grenzen auf Basis des Sozialstaatsprinzips

Geht man davon aus, dass das Sozialstaatsprinzip es dem Gesetzgeber gebietet, in seine Entscheidungsfindung zukunftsorientierte Gedanken generationenübergreifender sozialer Gerechtigkeit einfließen zu lassen,[1878] sind vor dem Hintergrund des gesetzten Untersuchungsgegenstands Diskussionen denkbar, gemeinnützige Stiftungen mit zweierlei Zielrichtung einzubeziehen:

- gemeinnützige Stiftungen als verfassungsrechtlich verankerte Institution mit beratender Funktion oder,
- deutlich weitreichender, gemeinnützige Stiftungen mit einer materiellen Sanktionsbefugnis gegenüber dem Gesetzgeber auszustatten.[1879]

Gemeinnützige Stiftungen als verfassungsrechtlich verankerte Institution mit beratender Funktion?

Institutionen mit entsprechender Beratungstätigkeit sind bereits vorhanden. So hat die Bundesregierung im April 2001 den Nachhaltigkeitsrat ins Leben gerufen.[1880] Er hat die Funktion, die Bundesregierung in ihrer Nachhaltigkeitspolitik zu beraten und mit Vorschlägen zu Zielen und Indikatoren zur Fortentwicklung der Nachhaltigkeitsstrategie beizutragen sowie Projekte zur Umsetzung dieser Strategie vorzuschlagen.[1881] Grundsätzlich wäre auch eine gemeinnützige Stiftung mit einer entsprechenden beratenden Funktion denkbar und zulässig. Ein Verstoß gegen das Gemeinwohl (§ 80 Abs. 2 AO) ist nicht erkennbar. Auch wären die Voraussetzungen der Gemeinnützigkeit gegeben; der Stiftungszweck könnte unter § 52 Abs. 2 Nr. 24 AO („allgemeine Förderung des demokratischen Staatswesens") subsumiert werden. Ob eine gemeinnützige Stiftung darüber hinaus besser geeignet wäre als eine andere Institution wie bspw. der Nachhaltigkeitsrat, mag dahin gestellt bleiben. Die entscheidende Frage im vorliegenden Kontext ist, was dafür sprechen könnte, diese Tätigkeit über eine verfassungsrechtlich verankerte Institution wahrzunehmen.

Ein Beratungsorgan ist dann erfolgversprechend, wenn es legitimiert, kompetent und unabhängig ist und im Zweifel auch über die öffentliche Meinungsbildung Einfluss auf politische Entscheidungsprozesse nehmen kann. Dass dies mit einer gemeinnützigen Stiftung durchaus gelingen kann, zeigt sich am Beispiel der – wenn auch mit anderer Zielsetzung – im Jahr 1962 von der Bundesregierung gegründeten ‚Stiftung Warentest'. Das Beispiel der ‚Stiftung Warentest' zeigt auch, dass der praktische Erfolg einer derartigen Institution nicht mit der Schaffung einer verfassungsrechtlich verankerten Institution einhergehen muss. Gegen eine gemeinnützige Stiftung als ver-

1878 Vgl. Kapitel 1, Tz. 3.4.1.2. (g).

1879 Vgl. Kapitel 1, Tz. 3.4.2.2.

1880 Siehe www.nachhaltigkeitsrat.de/der-rat/auftrag-des-rates, letzter Abruf im August 2011.

1881 Auch die Länder beginnen damit, entsprechende Maßnahmen umzusetzen, vgl. dazu die Ausführungen in Kapitel 1, Tz 3.4.3., wo darauf hingewiesen wird, dass auch Länder wie Baden-Württemberg „künftig wichtige landespolitische Entscheidungen wie neue Landesgesetze, Verordnungen und Richtlinien auf ihre Umwelt- und Sozialverträglichkeit sowie auf mögliche Folgen für die wirtschaftliche Entwicklung hin überprüfen will"; Ankündigung Ministerpräsident des Landes Baden-Württemberg zum Auftakt des Nachhaltigkeitskongresses 2009 in Stuttgart am 25.03.2009.

fassungsrechtlich verankerte Institution spricht auch, dass die Frage der Generationengerechtigkeit dem Grunde nach noch gar keine ausreichende Regelungsdichte in der Verfassung gefunden hat. Solange nicht von hinreichend konkreten Rahmenbedingungen ausgegangen werden kann, macht auch die Einbeziehung gemeinnütziger Stiftungen im Sinne einer verfassungsrechtlichen Institution wenig Sinn. Um bei der Analogie zur ‚Stiftung Warentest' zu bleiben: Wie sollte diese agieren, wenn die Frage, ‚ob der Verbraucher überhaupt schutzwürdig ist', noch gar nicht geklärt ist? Ohne die Schaffung geeigneter verfassungsrechtlicher Rahmenbedingungen ist eine gemeinnützige Stiftung als verfassungsrechtlich verankerte Institution mit beratender Funktion ein komplexes und bürokratisches Unterfangen mit wenig politischer Durchschlagskraft. Dieser Gedanke soll daher an dieser Stelle nicht weiterverfolgt werden.

Gemeinnützige Stiftungen mit materieller Sanktionsbefugnis gegenüber dem Gesetzgeber?

Die Frage nach der Einbeziehung gemeinnütziger Stiftungen mit materieller Sanktionsbefugnis gegenüber dem Gesetzgeber entspricht der Überlegung, einen Bundesschuldenrat einzurichten, der die Funktion haben soll, eine Störung des gesamtwirtschaftlichen Gleichgewichts i.S.d. Art. 109 Abs. 2 GG festzustellen oder zu beanstanden.[1882] Die Verfassungskonformität einer solchen Instanz und die damit einhergehende Ausgliederung materieller staatlicher Entscheidungsgewalt wird jedoch als „äußerst fraglich"[1883] eingestuft, „zumal sich bei einer mit solchen Kompetenzen ausgestatteten parlamentsfremden Institution die Frage der demokratischen Legitimation stellt"[1884]. Auch *Boettcher/Tremmel* identifizieren im Rahmen ihrer Überlegungen zur Implementierung eines Bundesschuldenrats im Kontext des Art. 115 GG den Rang einer solchen Institution als verfassungsrechtlich problematisch, denn der Gesetzgeber würde mit einer derartigen Institution einen beachtlichen Teil seiner Macht delegieren.[1885] Dies wäre mit dem Demokratieprinzip kaum zu vereinbaren. Diese grundsätzlichen Bedenken kommen auch vorliegend zum Tragen.

Die Implementierung einer gemeinnützigen Stiftung, ausgestattet mit verfassungsrechtlich verankerten Vetorechten, wäre kein demokratisch legitimiertes Staatsorgan, mithin ein Verstoß gegen das in Art. 20 GG verankerte Demokratieprinzip. Auch ist darauf hinzuweisen, dass die zu fordernde Sachkunde und Neutralität tatsächlich nur dann zu erwarten wäre, wenn Personalbesetzungen nicht durch politische Einflussnahme gesteuert werden.[1886] Letzteres könnte man gleichwohl durch entsprechende Satzungsvorgaben vermeiden, indem man also die Unabhängigkeit gegenüber politischen Gremien statutarisch festlegt und deren Umsetzung auch überwacht. Hinzu kommt wiederum, dass die Frage der Generationengerechtigkeit in der Verfassung noch nicht hinreichend klar erfasst ist. Solange diese Rahmenbedingungen nicht vor-

---

1882 Vgl. Kapitel 1, Tz. 3.4.2.2. – Vorschlag zur Implementierung eines Bundesschuldenrats. Böttcher/Tremmel, Generationengerechtigkeit in der Finanzverfassung.

1883 Calliess, Stellungnahme Parlamentarischer Rat 15.10.2008, S. 27.

1884 Ders., a. a. O., S. 27.

1885 Böttcher/Tremmel, Generationengerechtigkeit in der Finanzverfassung, S. 24.

1886 So auch Calliess, Parlamentarischer Rat 15.10.2008, S. 27.

liegen, ist die Einbeziehung einer entsprechenden Institution – in welcher Form auch immer – nicht zu empfehlen.

Zwischenfazit: Auf Basis der Verfassung de lege lata ist die Einbeziehung gemeinnütziger Stiftungen als verfassungsrechtlich verankerte Institution weder als solche mit beratender Funktion noch als solche mit materieller Sanktionsbefugnis gegenüber dem Gesetzgeber zu empfehlen. Hauptsächlicher Grund ist das Fehlen geeigneter verfassungsrechtlicher Rahmenbedingungen. Die weiter oben[1887] aufgeworfene Frage, ob man gemeinnützigen Stiftungen auch für die Frage der Staatsverschuldung ein Klagerecht auf Basis einer Drittklagebefugnis zusprechen könnte, ist zu verneinen.

Ad (2): Möglichkeiten und Grenzen, wenn Reformen dazu führen, dass entsprechende Rechte und/oder weitere Staatszielbestimmungen in die Verfassung aufgenommen werden

Will man der Problematik der Generationengerechtigkeit einen höheren verfassungsrechtlichen Stellenwert beimessen, kommt man nicht umhin, ernsthaft über einschlägige verfassungsrechtliche Reformen nachzudenken. Hierfür spricht auch der Umstand, dass die Frage der Generationengerechtigkeit in der Verfassung noch keine klaren Konturen aufweist. In Betracht kämen Reformen, die darauf abzielen, die Frage der Generationengerechtigkeit als eigenständiges Staatsziel zu verankern, sowie die Schaffung subjektiver Rechte.

Noch ad (2): Verfassungsrechtliche Reformen mit dem Ziel der Generationengerechtigkeit als eigenständiges Staatsziel

Staatsziele[1888] sind objektiv-rechtliche Verfassungsnormen mit Bindungswirkung für die öffentliche Gewalt.[1889] Sie geben den Staatsorganen ein grundlegendes Ziel vor, das anzustreben sie verpflichtet sind.[1890] Staatsziele statuieren keine subjektiven Rechte des einzelnen Bürgers. Sie umreißen ein bestimmtes Programm der Staatstätigkeit und sind dadurch eine Richtlinie oder Direktive für das staatliche Handeln, auch für die Auslegung von Gesetzen und sonstigen Rechtsvorschriften.[1891] Staatsziele binden die Legislative, die Exekutive und die Judikative. Bleibt der Gesetzgeber untätig, kann das Bundesverfassungsgericht auf dem Wege der abstrakten Normenkontrolle[1892], der

1887 Vgl. Kapitel 1, Tz. 3.3.4.

1888 Das Grundgesetz enthält das Sozialstaatsprinzip gem. Art. 20 Abs. 1 GG, den Umweltschutz gem. Art. 20a GG, das Europaziel gem. Art. 23 Abs. 1 GG, das Ziel des gesamtwirtschaftlichen Gleichgewichts gem. Art. 109 Abs. 2 GG, entnommen bei Murswiek, in: Sachs (Hrsg.), Grundgesetz, 5. Aufl. 2009, Art. 20a Rdn. 17. Nach *Seer* gehört auch der äußere und innere Friede (siehe Präambel, Art. 1 Abs. 2, Art. 8 Abs. 1, Art. 24, Art. 26 GG) und die tatsächliche Durchsetzung der Gleichberechtigung von Frauen und Männern (Art. 3 Abs. 2 Satz 2 GG) zu den Staatszielen, vgl. Seer, Gemeinwohlzwecke und steuerliche Entlastung, S. 16. Zu Kultur als Staatszielbestimmung siehe Seer, ebenda S. 16-18.

1889 Calliess, Stellungnahme Parlamentarischer Rat 15.10.2008, S. 17.

1890 Murswiek, in: Sachs (Hrsg.), Grundgesetz, 5. Aufl. 2009, Art. 20a Rdn. 17.

1891 Calliess, Stellungnahme Parlamentarischer Rat 15.10.2008, S. 17. Vgl. auch Murswiek, in: Sachs (Hrsg.), Grundgesetz, 5. Aufl. 2009, Art. 20a Rdn. 73 für den entsprechenden Anwendungsbereich des Umweltschutzes als Staatsziel.

1892 Art. 93 Abs. 1 Nr. 2 GG i. V. m. §§ 13 Nr. 6 und 76 ff. BVerfGG.

Richtervorlage[1893], des Bund-Länder-Streits[1894] und des Organstreits[1895] mit Staatszielverletzungen befasst werden.[1896] Bei einem Nicht-Tätigwerden des Gesetzgebers der öffentlichen Gewalt hat der Bürger kein Recht, bestimmte Entscheidungen für mehr Generationengerechtigkeit einzuklagen.[1897] Wie bereits ausgeführt, wird die Generationengerechtigkeit nach teilweise vertretener Auffassung bereits vom Sozialstaatsprinzip erfasst.[1898] Würde man die Frage der Generationengerechtigkeit zusätzlich als eigenständiges Staatsziel mit aufnehmen, wäre das Staatsziel Generationengerechtigkeit nach dieser Meinung wohl rein deklaratorischer Natur.

Zur Frage der Wirkung einer ‚Staatszielbestimmung Generationengerechtigkeit' hat sich die Expertengruppe im Rahmen der Anhörung zur Schaffung eines Generationengerechtigkeitsgesetzes geäußert.[1899] Teilweise wird darin ein „wesentlicher Impuls gesehen, sich mit der Frage auseinander zu setzen"[1900]. Dem ist zuzustimmen. Darüber hinaus wird aber auch gefordert, dass eine auf

> „Integration, Objektivität und Akzeptanz (Legitimation durch Vertrauen) ausgerichtete Institution mit der alleinigen Aufgabe, Langzeitinteressen zu ermitteln und zu vertreten, einzurichten ist. Eine wirklich effiziente prozedurale Umsetzung (...) kann (...) nur von einem mit verfassungsrechtlicher Autorität ausgestattetem Rat für nachhaltige Entwicklung (Nachhaltigkeitsrat) erwartet werden."[1901]

Calliess schlug vor, diesen Nachhaltigkeitsrat in Art. 20b GG gesetzlich zu verankern. Seine Funktion sollte unterstützender Natur sein, ‚das Nähere' von einem Gesetz geregelt werden. Zur Lösung des ‚Problems des Verstoßes gegen das Demokratieprinzip' schlägt *Calliess* vor, dem Nachhaltigkeitsrat keine legislativen Befugnisse einzuräumen und ein Vetorecht mit ausschließlich Suspensivwirkung auszugestalten.[1902] Der Nachhaltigkeitsrat würde also bei der Gesetzgebung und Verwaltung mitwirken, in dem er auf Anfrage oder eigene Initiative Stellungnahmen zu Gesetzesvorlagen abgibt, in welchen er Empfehlungen ausspricht. Ein Veto gegen Gesetzesvorlagen wäre möglich. Der Bundestag kann das Veto berücksichtigen, muss aber nicht. Nach *Calliess* agiert ein derartiger

> „Nachhaltigkeitsrat daher mit Blick auf die Öffentlichkeit, in der Hoffnung, dadurch das ‚Nachhaltigkeitsgewissen' des Gesetzgebers zu schärfen."[1903]

Die Auffassung von *Calliess* verdient Zustimmung. Wie bereits mehrfach festgestellt wurde, haben zukünftige Generationen keine demokratisch legitimierte Vertretung in der Gegenwart, weshalb die Forderung nach einem Interessenvertreter, Fürsprecher, Anwalt oder Treuhänder gestellt wird. Der von *Calliess* geforderte Nachhaltigkeitsrat

1893 Art. 100 Abs. 1 GG i. V. m. §§ 13 Nr. 11 und 80 BVerfGG.
1894 Art. 93 Abs. 1 Nr. 3 GG i. V. m. §§ 13 Nr. 7 und 68 ff. BVerfGG.
1895 Art. 93 Abs. 1 Nr. 1, 3 GG i. V. m. §§ 13 Nr. 5 und 63 BVerfGG.
1896 Tremmel, Stellungnahme Parlamentarischer Rat 15.10.2008, S. 17.
1897 Ders., a. a. O., S. 17.
1898 Vgl. Kapitel 1, Tz. 3.4.1.2. (g).
1899 Vgl. Kapitel 1, Tz. 3.4.2.3.
1900 Raffelhüschen, Stellungnahme Parlamentarischer Rat 15.10.2008, S. 3.
1901 Calliess, Stellungnahme Parlamentarischer Rat 15.10.2008, S. 30.
1902 Ders., a. a. O., S. 30.
1903 Ders., a. a. O., S. 30.

könnte auch in Form einer gemeinnützigen Stiftung existieren. Hierzu wären aber folgende Grenzziehungen erforderlich:

- Eine solche Stiftung kommt nur als Stiftung des öffentlichen Rechts in Betracht. Ein Verfassungsorgan kann nicht aus privater Initiative heraus entstehen. Wegen der grundsätzlichen Unterscheidung von Stiftungen des privaten Rechts und Stiftungen des öffentlichen Rechts, soll auf die Stiftung des öffentlichen Rechts weiter unten eingegangen werden.[1904] Ob auch eine solche Stiftung gemeinnützig sein könnte, kann daher – zumindest vorerst – offen bleiben.
- Die Schaffung eines Nachhaltigkeitsrats setzt die Schaffung ‚verfassungsrechtlicher Leitplanken' zur Generationengerechtigkeit voraus. Dies wäre bspw. die Fassung eines eigenen Staatsziels der Generationengerechtigkeit, welches bestimmbarer und klarer definiert ist, als es das Sozialstaatsprinzip – wenn überhaupt – vorsieht. Nur wenn hinreichend bestimmbare Rahmenbedingungen bestehen, macht ein Nachhaltigkeitsrat Sinn. Insofern gelten obige Ausführungen entsprechend. Ob ein solches Staatsprinzip den Terminus ‚Generationengerechtigkeit' verwendet oder auf das ‚Prinzip der Nachhaltigkeit'[1905] abstellt, ist unerheblich. Als Vorbild für ein derartiges Staatsziel mag Art. 20a GG oder auch die Initiative zum ‚Generationengerechtigkeitsgesetz' dienen.[1906]
- Eine Stiftung als Nachhaltigkeitsrat wäre ein politisches Signal, nicht mehr, aber auch nicht weniger, denn der Nachhaltigkeitsrat wäre auch in anderer Form als der einer Stiftung denkbar und handlungsfähig. Für eine Stiftung sprächen die Argumente grundsätzlicher Art, wie z.B. die institutionell auf Dauer angelegte Tätigkeit einer Stiftung. Dagegen ließen sich die Argumente vortragen, die grundlegend gegen eine Stiftung des öffentlichen Rechts sprechen können.[1907] Grundsätzlich wäre aber auch festzuhalten, dass es sich um eine Stiftung mit politischer Aufgabenstellung handeln würde. Auf die Frage nach der damit möglicherweise verbundenen Instrumentalisierung (gemeinnütziger) Stiftungen soll weiter unten eingegangen werden.[1908]

Für Zwecke der hier vorgelegten Fragestellung lässt sich folgendes **Zwischenfazit** ziehen:

Reformen im Verfassungsrecht sollten darauf abzielen, die Generationengerechtigkeit als eigenes Staatsziel auszugestalten bzw. als bestehendes Staatsziel zu konkretisieren. Damit einher geht die Forderung nach einer Interessenvertretung, die diesem Staatsziel zur Durchsetzung verhilft. Diese Interessenvertretung kann durch eine Stiftung ausgeübt werden. Auf Grund der institutionell angelegten Dauerhaftigkeit der Stiftung wäre die Stiftung auch gut geeignet, eine solche Nachhaltigkeitsfunktion wahrzunehmen. Diese Stiftung wäre jedoch als Stiftung des öffentlichen Rechts auszugestalten. Um Bedenken wegen Verstoßes gegen das Demokratieprinzip zu begegnen, wären Vetorechte so auszugestalten, dass sie keine rechtliche Bindung für den

---

1904 Siehe Tz. 3 in diesem Kapitel.

1905 So der Vorschlag von Calliess, Stellungnahme Parlamentarischer Rat 15.10.2008, S. 28.

1906 Vgl. Kapitel 1, Tz. 3.4.2.3.

1907 Vgl. Kapitel 2 bereits oben Ziff. 2.2.1.2. und (nochmals) Muscheler, Plädoyer für ein staatsfreies Stiftungsrecht, in: Stiftungsrecht S. 36 ff.

1908 Siehe Tz. 2.8. in diesem Kapitel.

Gesetzgeber entfalten. Damit verbleibt es im Ergebnis bei einem politischen Signal mit Blick auf die Öffentlichkeit. Dieses Signal muss keine minimalistische Lösung sein, ist es doch oft gerade die Öffentlichkeitswirkung, die politische Veränderungen herbeizuführen vermag.

Noch ad (2): Verfassungsrechtliche Reformen mit dem Ziel der Schaffung subjektiver Rechte.

Wie die Untersuchung in Kapitel 2 gezeigt hat, sieht das Grundgesetz keine Rechte für zukünftige Generationen vor. Dies gilt jedenfalls dann, wenn man mit zukünftigen Generationen noch nicht gezeugte Menschen meint. Das oben aufgezeigte Generationengerechtigkeitsgesetz stellte insofern mit der Schaffung des Art. 20b GG ein Novum dar, auch wenn in dem Entwurf zu Art. 20b GG von ‚Interessen künftiger Generationen' und nicht von ‚Rechten' die Rede war.[1909]

Ob die Aufnahme von Rechten zukünftiger Menschen in der Verfassungsmoderne zu fordern ist, ist einerseits nicht Aufgabenstellung dieser Ausarbeitung und bleibt letztlich der Entscheidung der politischen Entscheidungsträger vorbehalten. Auf der anderen Seite ist jedoch festzustellen, dass genau das Fehlen dieser Rechte der Grund dafür ist, dass die Debatte um Generationengerechtigkeit im Grunde nicht vorankommt. Aus Sicht der **politischen Philosophie** werden vertragstheoretische und moralische Begründungsversuche herangezogen. Aus **ökonomischer Sicht** werden ebenfalls vertragstheoretische Ansätze herangezogen (Stichwort ‚Generationenvertrag'). Aus **ökologischer Sicht** wird der Terminus ‚Rechte zukünftiger Generationen' zwar einem vergleichsweise extensiven Verständnis unterworfen, was damit zusammenhängen mag, dass anerkannte Naturschutzverbände über bestimmte Klagebefugnisse verfügen. Davon abgesehen wird jedoch auch hier konzediert, dass, abgesehen von diesem engen Anwendungsbereich, ‚Rechte für zukünftige Generationen' nicht als materielle Rechte und vor allem auch nicht als einklagbare Rechte zu verstehen sind.[1910] Aus Sichtweise der **Jurisprudenz**, die letztlich für die Frage der gerichtlichen Geltendmachung entscheidend ist, entspricht dieser Befund der wohl ganz herrschenden Auffassung.[1911] Begründungsversuche für die Existenz von Rechten zukünftiger Generationen sind zwar berechtigt und aus dem Blickwinkel der jeweiligen Wissenschaft auch weitgehend überzeugend. Im Sinne einer ergebnisorientierten Politik reichen sie jedoch nicht aus, um Generationengerechtigkeit effektiv verwirklichen zu können. Erst wenn entsprechende Rechte existieren und diese auch geltend gemacht werden können, kann von einer generationengerechten Politik gesprochen werden.[1912] Vor Schaffung dieser Rechte handelt es sich aus wissenschaftlicher Sicht um reine Begründungsversuche, aus Sicht der praktischen Politik um bloße Programmsätze und Absichtserklärungen.

Um Möglichkeiten und Grenzen der Einbeziehung gemeinnütziger Stiftungen in eine generationengerechte Politik zielführend und ergebnisorientiert diskutieren zu können, muss daher die **Existenz von Rechten zukünftiger Generationen** an dieser

1909 Vgl. Kapitel 1, Tz. 3.4.2.3.
1910 Vgl. Kapitel 1, Tz. 3.3.1.
1911 Vgl. Kapitel 1, Tz. 3.4., insbes. Tz. 3.4.3.
1912 Vgl. hierzu nochmals Kapitel 1, Tz. 4.

Stelle **im Sinne einer Fiktion vorausgesetzt** werden. Dies würde im Übrigen auch für jede andere ergebnisorientierte Untersuchung zu dieser Frage gelten. Dieser noch ausstehende politische Entscheidungsprozess, der mit der Initiative zum ‚Generationengerechtigkeitsgesetz' angestoßen wurde, bleibt daher nach wie vor aktuell und ist auch weiterhin einzufordern.

Unterstellt man somit die **Existenz von Rechten zugunsten zukünftiger Generationen in der Verfassung**, stellt sich die Frage, ob und ggf. wie gemeinnützige Stiftungen *dann* in eine generationengerechte Politik einbezogen werden könnten. Dies soll nachfolgend diskutiert werden.

Könnten gemeinnützige Stiftungen gemäß Art. 19 Abs. 3 GG Träger von Rechten für zukünftige Generationen sein?

Wie weiter oben[1913] ausgeführt, können Stiftungen Träger von Grundrechten sein. Nach Art. 19 Abs. 3 GG gelten diese auch für inländische juristische Personen, soweit sie ihrem Wesen nach auf diese anwendbar sind. Fraglich ist jedoch, ob gemeinnützige Stiftungen auch Rechtsträger von Grundrechten für zukünftige Generationen sein können.

Dafür könnte sprechen, dass – wie sich zeigte – gemeinnützige Stiftungen aufgrund ihrer institutionalisierten Unsterblichkeit, ihres statutarisch verankerten Handelns zum Zwecke des Gemeinwohls ohne zeitlichen Diskont und ihres institutionell verankerten Nachhaltigkeitsgebots als geradezu prädestiniert erscheinen, um Verantwortung im Segment Gerechtigkeit zwischen den Generationen zu übernehmen.[1914]

Auf der anderen Seite ist zu berücksichtigen, dass sich die (sog.) Wesensklausel des Art. 19 Abs. 3 GG auf das **Wesen der Grundrechte** bezieht, nicht dagegen auf das **Wesen der juristischen Person**.[1915] Eigenarten der unterschiedlichen juristischen Personen spielen daher für die Grundrechtsgeltung keine entscheidende Rolle.[1916]

> „Die Bedeutung der Klausel wesensmäßiger Anwendbarkeit bezieht sich (…) auf die Eigenart der einzelnen Grundrechte, wie sie sich namentlich aus der Natur der durch sie geschützten Interessen, die jeweiligen Schutzgegenstände des Grundrechts, ergibt. (…) Soweit es (…) um Interessen geht, die ihrer Natur nach **nur natürlichen Personen zustehen** können, ist die Anwendbarkeit eines Grundrechts auf juristische Personen ausgeschlossen. Dies ist insbesondere bei Grundrechten anzunehmen, die Interessen der körperlichen oder geistigen Existenz eines Menschen als solche betreffen."[1917]

Allein dadurch, dass eine juristische Person sich grundrechtlicher Anliegen von Menschen annimmt, erlangt sie noch nicht die (einschlägige) Grundrechtsfreiheit.[1918]

Unterstellt man somit die Existenz von Rechten zukünftiger Generationen, könnten gemeinnützige Stiftung nicht gem. Art. 19 Abs. 3 GG Träger dieser Rechte sein, wenn es um Rechte geht, die ihrem Wesen nach nur auf Menschen anwendbar sind. Zu

1913 Vgl. Kapitel 2, Tz. 4.2.2.2.
1914 Vgl. Tz. 1. in diesem Kapitel 3.
1915 Sachs, Verfassungsrecht II Grundrechte, S. 65; ders. nochmals in Sachs (Hrsg.), Grundgesetz, 5. Aufl. 2009, Art. 19 Rdn. 67.
1916 Ders. ebenda mit Hinweis auf Besonderheit der Stiftung des öffentlichen Rechts; vgl. dazu die Ausführungen in Kapitel 2, Tz. 4.2.2.2. lit. (b).
1917 Sachs, Verfassungsrecht II Grundrechte, S. 65.
1918 Sachs (Hrsg.), Grundgesetz, 5. Aufl. 2009, Art. 19 Rdn. 67.

nennen sind insofern insbesondere das Recht auf Menschenwürde (Art. 1 GG), das Recht auf physische Existenz (Art. 2 Abs. 2 GG) oder alle sonstigen Rechte, die spezifisch auf Menschen bezogene Rechtspositionen schützen.[1919] Theoretisch denkbar wäre dagegen die Trägerschaft von Grundrechten i.S.d. Art. 3 GG[1920], oder Art. 14 Abs. 1 GG. Dennoch sind im vorliegenden Kontext gerade jene Grundrechte von Bedeutung, die spezifisch auf (zukünftige) Menschen bezogene Rechtspositionen schützen. Diese Grundrechte könnten, ihre Existenz unterstellt, weder von gemeinnützigen Stiftungen noch von anderen juristischen Personen geltend gemacht werden.

Könnten gemeinnützige Stiftungen Interessenvertreter für zukünftige Generationen sein, die Existenz von Rechten zukünfter Generationen unterstellt?

Im Rahmen der Grundlegung[1921] hat sich gezeigt, dass aus ökologischer Sicht zwischen subjektiven Rechten einerseits und Klagerechten andererseits differenziert wird. Hieraus resultierende Klagerechte für anerkannte Naturschutzverbände im Sinne einer Drittklagebefugnis wurden im Sinne einer „Vorreiterrolle der Ökologie" und als „Vorbildfunktion für andere Wissenschaftsbereiche" identifiziert.

Überträgt man diese Grundsätze auf die Frage der Generationengerechtigkeit bietet sich deren Stellung als klagebefugter Interessenvertreter für zukünftige Generationen an. Die inhaltliche Ausgestaltung einer solchen Vertreterschaft könnte sich auch an den klagebefugten Naturschutzverbänden orientieren, welchen eine Verbandsklagebefugnis zugesprochen wird. Einschlägige Erfahrungen und Erkenntnisse könnten übernommen werden. Orientiert man sich bei der Umsetzung bspw. an Art. 10 Abs. 2 der Verfassung Sachsen (1992), könnte sich am Beispiel eines neu zu schaffenden Art. 20b GG (analog dem Generationengerechtigkeitsgesetz) folgendes anbieten:

Art. 10 Abs. 2 Verfassung Sachsen	*Art. 20b GG (neu)*
„Anerkannte Naturschutzverbände haben das Recht, nach Maßgabe der Gesetze an umweltbedeutsamen Verwaltungsverfahren mitzuwirken. Ihnen ist Klagebefugnis in Umweltbelangen einzuräumen; das Nähere bestimmt ein Gesetz."	„Anerkannte gemeinnützige Stiftungen haben das Recht, nach Maßgabe der Gesetze Rechte zukünftiger Generationen wahrzunehmen. Ihnen ist Klagebefugnis zu Maßnahmen der öffentlichen Hand mit Nachhaltigkeitswirkung einzuräumen. Das Nähere bestimmt ein Gesetz."

Abbildung 10: Vorschlag für eine gesetzliche Ausgestaltung der Interessenvertretung durch gemeinnützige Stiftungen nach dem Vorbild der Klagebefugnis anerkannter Naturschutzverbände
Quelle: Eigene Darstellung.

Die im Zusammenhang mit der Klagebefugnis von Naturschutzverbänden gemachten Erfahrungen wären einzubeziehen. Auch wären Rechte und Grenzen zur Einbeziehung der Rechtsaufsicht festzulegen.[1922]

1919 Vgl. dazu Sachs (Hrsg.), Grundgesetz, 5. Aufl. 2009, Art. 19 Rdn. 68. Im Ergebnis wohl ebenso Epping, Grundrechte, Rz. 168.

1920 Differenzierend Sachs (Hrsg.), Grundgesetz, 5. Aufl. 2009, Art. 19 Rdn. 72.

1921 Kapitel 1, Tz. 3.3.1 und Tz. 3.3.2.

1922 Hierzu soll nachfolgend unter Tz. 2.2. in diesem Kapitel gesondert eingegangen werden.

Allerdings wäre eine entsprechende Sachnähe der Stiftung zu fordern, d.h. eine Drittklagebefugnis würde sich an der statutarisch vorgezeichneten Aufgabenstellung der Stiftung messen lassen müssen. Einer gemeinnützigen Stiftung mit dem Zweck der Förderung von Kunst und Kultur oder des traditionellen Brauchtums einschließlich des Karnevals dürfte also keine Rechtsinhaberschaft zugesprochen werden, wenn es um Fragen der Haushaltsverschuldung oder um Fragen ökologischer Nachhaltigkeit geht. Konkrete Analysen zu Existenz, Umfang, Inhalt und Ausgestaltung solch einer Klagebefugnis müssen und sollen an dieser Stelle bewusst offen bleiben.

Aus **verfassungsrechtlicher Sicht** lässt sich somit für Zwecke der vorliegenden Untersuchung folgendes **Fazit** ziehen:

(1) Um gemeinnützige Stiftungen aus verfassungsrechtlicher Sicht in eine generationengerechte Politik effektiv einbeziehen zu können, bedarf es Reformen im Verfassungsrecht. Diese Reformen sollten zumindest auf eine Konkretisierung des Sozialstaatsprinzips abzielen, besser aber auf eine Implementierung der Generationengerechtigkeit als eigenständiges Staatsziel. Darüber hinaus wären Grundrechte zukünftiger Generationen zu schaffen. Diese sollten sich gerade auch auf noch nicht gezeugte Menschen erstrecken, da diese de lege lata über keine subjektiven Rechte verfügen. Das Reformbestreben durch das Generationengerechtigkeitsgesetz war vor diesem Hintergrund Vorreiter. Nachhaltige Effizienz erhalten Reformbestreben aber erst dann, wenn diese Rechte unabhängig von der Existenz zukünftiger Menschen bereits heute wahrgenommen werden können.

(2) Gemeinnützige Stiftungen könnten nicht Träger dieser Grundrechte sein, da Grundrechte zukünftiger Menschen ihrem Wesen nach nicht gemäß Art. 19 Abs. 3 GG von gemeinnützige Stiftungen geltend gemacht werden könnten.[1923]

Gemeinnützigen Stiftungen könnten jedoch – analog der Verbands- bzw. Drittklagebefugnis von Naturschutzverbänden – Befugnisse zugewiesen werden, die sie als Interessenvertreter, Fürsprecher oder Anwalt für zukünftige Generationen ausweisen.

Die Sachnähe der gemeinnützigen Stiftung zur einschlägigen Problemstellung mit intergenerationellem Bezug wäre zu fordern. Diese Sachnähe ist aus der Satzung, d. h. dem statutarisch verankerten Zweck der Stiftung abzuleiten.

Schließlich bleibt – als dritte Möglichkeit – der Hinweis, dass auch ein konstruktivistisches Regime analog dem ‚nondum conceptus' möglich wäre.[1924] Inhalt und Ausgestaltung soll Expertengruppen vorbehalten bleiben.

Zur Rolle der Stiftungsaufsicht bei der Geltendmachung dieser Rechte soll weiter unten eingegangen werden.[1925]

2.1.2. Gemeinnützige Stiftungen und Haushaltswirtschaft

Im Rahmen der Darstellung des Generational Accounting wurde die Frage aufgeworfen, ob das Wirken gemeinnütziger Stiftungen – und darüber hinaus das Wirken des

1923 Jedenfalls dann nicht, wenn es sich um Grundrechte handeln soll, die (nur) natürlichen Personen zustehen können. Diese aber sind vorliegend gerade aber maßgeblich.

1924 Vgl. Kapitel 1, Tz. 3.4.1.4.

1925 Siehe Tz. 2.2. in diesem Kapitel.

dritten Sektors schlechthin – Relevanz für die einschlägigen Leistungsströme haben kann. Entsprechend der Kompetenz dieser Ausarbeitung können zu dieser Frage nur grundlegende Ausführungen gemacht werden.[1926] So wurde in Kapitel 1 herausgearbeitet, dass es bei dem Generational Accounting letztlich um die Frage der Finanzierbarkeit von Leistungen geht. Modifiziert man die entsprechenden Leistungsströme in ihrer Grundstruktur, zeigt sich jedoch, dass gemeinnützige Stiftungen zu einer Ergänzung nachhaltig wirkender Leistungsströme führen können. In dem entsprechenden Schaubild weiter oben[1927] wurde gezeigt, dass von einem nachhaltigen System auszugehen ist, wenn ein Defizit staatlicher Leistungen zulasten der nachfolgenden Generation finanzierbar ist.

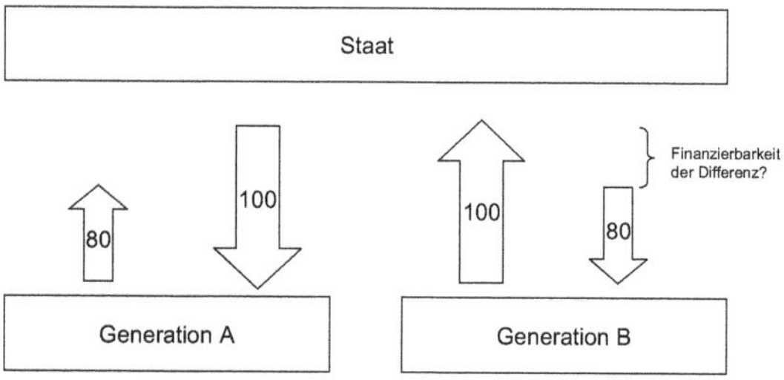

Abbildung 11: Generational Accounting – ungerechte Situation
Quelle: Eigene Darstellung.

Dieses System wurde als zwar ungerecht, aber nachhaltig bezeichnet, sofern die ausgewiesene Differenz finanzierbar ist. Es stellt sich die Frage, ob gemeinnützige Stiftungen[1928] zur Deckung etwaiger Finanzierungslücken beitragen könnten.

Schaubildlich stellt sich diese Überlegung wie folgt dar:

1926 Letztlich sind Fragen dieser Art von der Finanzwissenschaft zu beantworten.
1927 Siehe Abbildung 5 in Kapitel 1, Tz. 3.2.3.
1928 Im Grunde das Wirken des gesamten dritten Sektors.

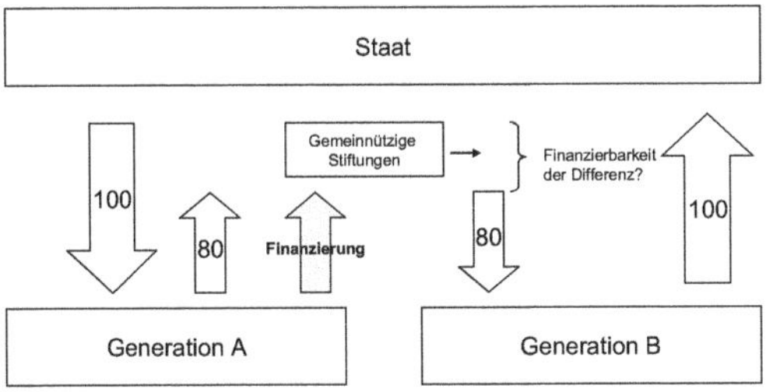

Abbildung 12: Generational Accounting – ursprünglich ungerechte Situation bei Ergänzung durch gemeinnützige Stiftungen
Quelle: Eigene Darstellung.

Legt man diesem theoretischen Modell verfügbare Zahlen zugrunde, zeigt sich folgendes:

Für den Bundeshaushalt 2010 wurden die Einnahmen des Bundes mit 239,3 Mrd. Euro und die Ausgaben mit 319,5 Mrd. Euro veranschlagt. Für den Bundeshaushalt 2011 waren es Einnahmen i.H.v. 257,4 Mrd. Euro und Ausgaben i.H.v. 305,8 Mrd. Euro.[1929]

Wie bereits weiter oben[1930] ausgeführt wurde, sind Zahlen, die das Förderaufkommen gemeinnütziger Stiftungen in Deutschland dokumentieren, mit Vorsicht zu verstehen und zu verwenden. Geht man von einem geschätzten Stiftungsvolumen von ca. 60 Mrd. Euro aus[1931] und unterstellt man ein daraus resultierendes Fördervolumen von ca. 3%[1932], dokumentiert bereits diese überschlägige Methode die bereits proklamierte Einschränkung, dass gemeinnützige Stiftungen allenfalls eine ergänzende Funktion einer staatlichen Finanzierungstätigkeit schlechthin zugesprochen werden kann.[1933] Dies deckt sich mit den Erkenntnissen neuerer soziologischer Untersuchungen, dass aus ökonomischer Sicht „die Leistungen von Stiftungen regelmäßig überbetont werden“[1934].

Gleichwohl lassen sich auch die Überlegungen *Richard Hausers* entsprechend modifizieren, denn auch im Rahmen der genannten soziologischen Untersuchungen wird herausgestellt, dass es vielmehr darauf ankomme „zu verstehen, welchen Bezie-

1929 Quelle: Homepage des Bundesfinanzministeriums www.bundesfinanzministerium.de unter „Wirtschaft und Verwaltung/Bundeshaushalt“, Abruf im Februar 2011.

1930 Siehe Kapitel 2, Tz. 3, ‚Statistik und ökonomische Rahmenbedingungen‘.

1931 So der Bericht lt. Handelsblatt vom 11.06.2007, S. 39; vgl. bereits weiter oben in Kapitel 2, Tz. 3. ‚Statistik und ökonomische Rahmenbedingungen‘.

1932 Unabhängig von der Höhe der unterstellten Rendite dürfte das eher noch optimistisch sein, da diese Prämisse auch eine Mittelverwendung ohne Rücklagenbildung unterstellt. *Adloff* unterstellt ebenfalls 3-5%, siehe ders. Philanthropisches Handeln, S. 117.

1933 Zu diesem Ergebnis kommt auch Adloff, Philanthropisches Handeln S. 377; „Aufgrund der begrenzten Ressourcen wirken Stiftungen objektiv ergänzend und nicht substituierend (…).“

1934 Adloff, Philanthropisches Handeln, S. 407 f.

hungsgehalt Stiftungen transportieren und durchsetzen"[1935]. Dies gilt auch für die ökonomische Betrachtungsweise.

Weiter oben[1936] wurde dargestellt, dass *Hauser*[1937] Kapitalveränderungen zwischen den Generationen ermittelt und Wechselwirkungen zwischen Generationen und der öffentlichen Hand erkennt. Der wichtigste Kapitalfluss zwischen drei (lebenden) Generationen stellte sich nach ihm schaubildlich wie folgt dar:

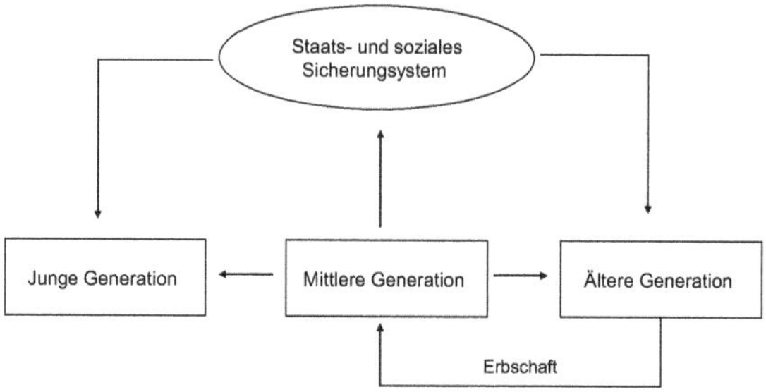

Abbildung 13: Generational Accounting nach Hauser
Quelle: Hauser, Richard (2002), S. 32.

Würde man diese Struktur unter Berücksichtigung des Einsatzes gemeinnütziger Stiftungen erweitern, ergäbe sich die folgende Modifikation der Finanzierungsströme:

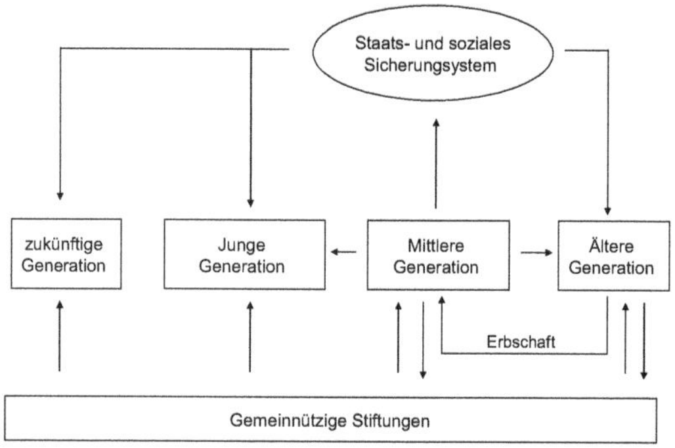

Abbildung 14: Generational Accounting nach Hauser mit Ergänzung durch gemeinnützige Stiftungen
Quelle: Eigene Darstellung in Anlehnung an/Erweiterung zu Hauser (2004), S. 32.

Es zeigt sich, dass der Einsatz gemeinnütziger Stiftungen aus ökonomischer Sicht dem Grunde nach zur erhöhten Wechselbezüglichkeit zwischen den Generationen führt, die

1935 Ders., a. a. O., S. 408.
1936 Siehe Kapitel 1, Tz. 3.2.1.2.
1937 Hauser, Generationengerechtigkeit, Volksvermögen und Vererbung, S. 29-44.

in erster Linie den jungen und zukünftigen Generationen zugutekommt. Leistungsströme, die von gemeinnützigen Stiftungen[1938] ausgehen, führen zu einer Entlastung der Staats- und sozialen Sicherungssysteme.[1939] Der Leistungsstrom zugunsten der jungen und zukünftigen Generationen wird sich in erster Linie in Investitionen mit Zukunftsbezug (Infrastruktur, Forschung und Entwicklung, z. B. im Gesundheitswesen oder Rücklagenbildung) abbilden. Hieraus kann die Erkenntnis abgeleitet werden, dass die Stärkung von Möglichkeiten der Kapitalakkumulation für gemeinnützige Stiftungen durchaus sinnvoll ist. Dass dies auch ein Postulat der politischen Philosophie ist, wurde bereits aufgezeigt.[1940] Die aus intergenerationeller Sicht durchaus reizvolle Möglichkeit der generationenübergreifenden Kapitalakkumulation stößt allerdings auf die Schranken des Steuerrechts. Die hierzu einschlägigen Untersuchungen in Kapitel 2 haben gezeigt, dass gemeinnützige Stiftungen nur eingeschränkt Rücklagen bilden dürfen. Die **aus ökonomischer wie ethisch-philosophischer Sicht sinnvolle Kapitalakkumulation** steht somit nicht nur in einem **Spannungsverhältnis zum Steuerrecht**, sondern verdeutlicht auch den **politisch immanenten Zielkonflikt**: Die Ausweitung der Möglichkeit der Kapitalakkumulation geht zulasten derzeit lebender Generationen. Wenn gemeinnützige Stiftungen verstärkt Rücklagen für zukünftige Generationen bilden dürften, stünden die in die Rücklagen eingestellten Mittel für derzeit lebende Generationen schlichtweg nicht mehr zur Verfügung. So reizvoll der Gedanke der Kapitalakkumulation bei erster Betrachtung ist, er verdeutlicht gleichzeitig das Grundproblem der Generationengerechtigkeit: Letztlich geht es eben doch ‚nur' um die Frage der **Verteilungsgerechtigkeit**. Die Öffnung von Möglichkeiten zur verstärkten Kapitalakkumulation ist – soweit ersichtlich – vor dem Hintergrund der Debatte um Gerechtigkeit zwischen Generationen noch nicht diskutiert worden, so dass diese Debatte im Rahmen anstehender Reformprozesse geführt werden sollte. Dass dies aus ökonomischer Sicht auf keine Restriktionen stoßen sollte, zeigt bereits der Gesamtanteil der Finanzkraft gemeinnütziger Stiftungen am Gesamthaushalt. Dieser ist verhältnismäßig gering, so dass wirkliche ‚Finanzierungslücken' nicht zu befürchten sein dürften. Dagegen würde die Möglichkeit der verstärkten Kapitalakkumulation der institutionellen Besonderheit der Stiftung deutlich besser gerecht. Auf sich anbietende Reformansätze im Steuerrecht soll weiter unten gesondert eingegangen werden.[1941]

Gemeinnützige Stiftungen können somit zu einer **Entlastung intergenerationeller Leistungsströme** beitragen. Ihr Wirken trägt aus ökonomischer Sicht zum Prinzip der Nachhaltigkeit sowie den Interessen der künftigen Generationen bei. Dies deckt sich mit dem Vorschlag zur Modifikation des Art. 109 Abs. 2 GG gemäß dem Generationengerechtigkeitsgesetz. Wie bereits mehrfach angedeutet, würde es jedoch die

1938 Es muss an dieser Stelle betont werden, dass dies auch für andere gemeinnützige Körperschaften gilt, wie etwa den gemeinnützigen Verein oder die gemeinnützige GmbH/AG. Gleichwohl fehlen diesen Körperschaften die in Kapitel 3, Tz. 1.3. herausgearbeitete Alleinstellungsmerkmale.

1939 Auch wenn diese Entlastung volkswirtschaftlich nicht bedeutend sein mag und sich vor dem Hintergrund der quantitativen Auswirkungen als „Tropfen auf den heißen Stein" erweisen sollte, erscheint die Einbeziehung dem Grunde nach vor dem Hintergrund der Aufgabenstellung gerechtfertigt.

1940 Vgl. oben, Kapitel 1, Tz. 3.1.2.1. (a) „saving prinicple".

1941 Vgl. unten, Tz. 2.4. in diesem Kapitel.

Leistungsfähigkeit gemeinnütziger Stiftungen überfordern, ihnen insofern mehr als eine ergänzende Funktion zusprechen zu wollen. Gleichwohl bieten diese Überlegungen Ansatzpunkte für ihre verstärkte Einbeziehung in eine generationengerechte Politik.

Auf Basis dieser Überlegungen und anknüpfend an den Fragenkatalog, der sich an die Analyse der Generationengerechtigkeit aus ökonomischer Sicht anschloss[1942], lassen sich somit folgende **Thesen** aufstellen, womit gleichzeitig ein Teil der dort aufgeworfenen Fragen beantwortet werden soll:

- Gemeinnützige Stiftungen können zur Nachhaltigkeit und einer ökonomischen Gleichbehandlung über Generationen hinweg beitragen.
- Gemeinnützige Stiftungen lassen sich in haushaltspolitische Systeme integrieren, um zu einer Nivellierung ökonomischer Generationenungerechtigkeit beizutragen.
- Gemeinnützige Stiftungen können als ergänzendes Vehikel der Kapitalakkumulation dazu beitragen, ungerechte bzw. nicht nachhaltige Leistungsströme im Sinne des Generational Accounting oder alternativen Kapitalflussmodellen zu nivellieren. Dies steht jedoch in zweierlei Konflikt:
  - Rücklagen zugunsten zukünftiger Generationen sind fehlende Mittel für derzeit lebende Generationen. Dies impliziert das der Generationengerechtigkeit zugrunde liegende Problem der Verteilungsgerechtigkeit.
  - Der verstärkten Kapitalakkumulation stehen das steuerliche Mittelverwendungsgebot[1943] bzw. steuerrechtliche Restriktionen zur Rücklagenbildung entgegen.[1944]
- Auf Grund der begrenzten Ressourcen nehmen Stiftungen in ökonomischen Leistungsströmen allerdings nur eine ergänzende Rolle ein.[1945]

2.2. Stiftungsaufsicht

Im Rahmen der Grundlegung dieser Arbeit[1946] wurde die Frage gestellt, ob sich vor dem Hintergrund vermehrter Übernahme von Eigenverantwortung eine liberalistische Theorie der Generationengerechtigkeit ableiten lässt und in Kombination mit der Streitfrage zur Stiftungsaufsicht und dem geltenden Konzessionssystem eine Novation dieses Systems bzw. der Rolle der Stiftungsaufsicht zu fordern ist. Es wurde gefragt, ob sich aus der Frage Generationengerechtigkeit neue Aspekte für eine Rechtfertigung oder eine Ablehnung der Stiftungsaufsicht herleiten lässt, ob das bisherige rechtliche Instrumentarium der Stiftungsaufsicht ggf. genügt oder sogar zu erweitern ist.

Schließlich wurde auch im Rahmen der Überlegungen zu Reformen im Verfassungsrecht die These vorgestellt, dass gemeinnützige Stiftungen als Interessenvertreter, etwa mit Drittklagebefugnis, noch nicht gezeugter Menschen fungieren könnte, wenn entsprechende Rechte jemals existieren und eine zu definierende Sachnähe des

1942 Vgl. Kapitel 1, Tz. 3.2.4.
1943 § 55 Abs. 1 Nr. 1, 3 AO.
1944 Zum Beispiel § 58 Nr. 7 AO.; vgl. auch Kapitel 2, Tz. 4.5.1.2. (f).
1945 Vgl. bereits oben, Kapitel 2, Tz. 3 und nochmals Adloff, Philanthropisches Handeln, S. 377.
1946 Vgl. Kapitel 2, Tz. 4.3.1.

statutarischen Zwecks mit dem geltend gemachten Recht gegeben ist.[1947] Die Frage nach der Rolle der Stiftungsaufsicht bei der Geltendmachung dieser Rechte wurde offen gelassen und soll nun untersucht werden. D.h., die Frage nach der Rolle der Stiftungsaufsicht bei der Einbeziehung gemeinnütziger Stiftungen in eine generationengerechte Politik ist nunmehr zu beantworten.

Lassen sich vor dem Hintergrund vermehrter Übernahme von Eigenverantwortung und einer liberalistischen Theorie der Generationengerechtigkeit argumentative Ansätze für eine Novation des bestehenden Konzessionssystems und der Rolle der Stiftungsaufsicht ableiten?

Der Versuch einer Begründungstheorie für die Einbeziehung gemeinnütziger Stiftungen in eine generationengerechte Politik hat zu dem Ergebnis geführt, dass bestehende Alleinstellungsmerkmale eine thematische Beschränkung auf die Rechtsform der Stiftung rechtfertigen.[1948] Es wurde auch die Meinung vertreten, dass das Kriterium der Stiftungsaufsicht nicht zwingend ein weiteres Alleinstellungsmerkmal darstellt.[1949] Auch die Forderung, eine Zweckverfolgung, die einen Bezug zur Thematik der Generationengerechtigkeit aufweist, nur noch rechtsfähigen Stiftungen vorzubehalten, da nur diese der staatlichen Aufsicht unterliegen, wurde abgelehnt.

Eine Aufwertung der Stiftungsaufsicht vor dem Hintergrund der Generationengerechtigkeit vermag auch nicht auf Basis der Ausführungen von *Kübler*[1950] zu überzeugen. Nach ihm führt der Umstand der dauerhaften Vermögensbindung dazu, dass den nachfolgenden Generationen die Rechtsmacht, über diese Güter ihren Vorstellungen und Bedürfnissen entsprechend zu verfügen, entzogen werde.[1951] Nach der Konzeption des BGB werde dieses ‚Problem' durch eine Stiftungsaufsicht entschärft, die nicht nur die Rechtmäßigkeit, sondern auch die Gemeinwohlkonformität der Stiftung zu gewährleisten habe. Ein wichtiger Teil dieser Aufgabe sei es, darauf zu achten, dass die im Laufe der Zeit eintretenden Diskrepanzen zwischen dem Stiftungszweck und den Gemeinwohlvorstellungen späterer Generationen bereinigt werden können.

Kübler spricht hier einen Punkt an, der bereits in Zusammenhang mit Einwänden zu Moraltheorien der Generationengerechtigkeit diskutiert wurde, dem Einwand der Zukunftsungewissheit.[1952] Bereits in der Einleitung wurde die Frage gestellt, ob Stiftungen insofern eine Flexibilität bieten können.[1953] Im Rahmen der Auseinandersetzung mit diesem Einwand zeigte sich aber, dass die Bestimmung des § 60 Abs. 1 S. 2 AO i.V.m. der Mustersatzung gemäß Anlage 1 zu § 60 AO nicht nur zu einer institutionalisierten und gemeinnützigkeitsgebundenen Weitergabe von Stiftungsvermögen führt[1954], sondern auch dazu, dass dieses Stiftungsvermögen im Sinne einer gemeinnützigen Zweckverfolgung gerade auf Dauer gebunden bleibt. Eine gemeinnützige

1947 Vgl. Kapitel 3, Tz. 2.1.1.
1948 Vgl. Kapitel 3, Tz. 1.3.
1949 Vgl. Kapitel 3, Tz. 1.3.5.
1950 Kübler, Generationengerechtigkeit und Stiftung.
1951 Ders., a. a. O., S. 373.
1952 Vgl. oben Kapitel 1, Tz. 3.1.3 und Kapitel 3, Tz. 1.2., insbesondere Tz. 1.2.4.
1953 Vgl. Einleitung Tz. 2.1., Ziff. 5.
1954 Jedenfalls dann, wenn das Stiftungsvermögen auch weiterhin steuerlich privilegiert werden soll.

Stiftung ist von vornherein darauf angelegt, *die jeweils geltenden* gemeinnützigen Zwecke zu fördern.[1955]

Die Umsetzung dieser steuerrechtlichen Vorgabe wird auch durch das Zivilrecht gemäß § 87 BGB sichergestellt. Demnach kann die Stiftungsaufsichtsbehörde der Stiftung eine andere Zweckbestimmung geben oder sie aufheben, wenn die Erfüllung des (gemeinnützigen) Stiftungszwecks unmöglich geworden ist oder die Stiftung das Gemeinwohl gefährdet. Dass sich die Behörde hierbei am Stifterwillen zu orientieren hat, ist vor dem Hintergrund des Primats des Stifterwillens nicht zu beanstanden.

Kübler ist daher insofern zuzustimmen, als eine gewisse Flexibilität für das Aufrechterhalten der Gemeinwohlkonformität gemeinnütziger Stiftungen erforderlich ist. Das aktuelle Rechtsregime der § 87 BGB *und* § 60 Abs. 1 AO i.V.m. der Mustersatzung erweist sich hierfür allerdings als ausreichend. Der Wille des Stifters und die jeweils geltenden steuerrechtlichen Rahmenbedingungen entscheiden darüber, ob eine Stiftung ‚gemeinwohlbezogen' im generationenübergreifenden Kontext wirkt. *Kübler* ist dagegen nicht zuzustimmen, wenn er im Hinblick auf die Sicherstellung gemeinwohlorientierten Handelns der Stiftungsaufsicht die Stellung eines „Korrektivs, das die Entmündigung der späteren Generation in Grenzen halten soll"[1956] zusprechen will. Am Primat des Stifterwillens, wie es derzeit in § 87 BGB vorgesehen ist, ist auch vor dem Hintergrund der Generationengerechtigkeit festzuhalten. Der Wandel in der Betrachtungsweise gemeinwohlorientierten Handelns darf nicht dazu führen, dass Stiftungsvermögen ‚à la longue' sozialisiert wird. Der Stiftungsgedanke und das Grundrecht auf Stifterfreiheit würden ad absurdum geführt.

Welche Rolle wäre der Stiftungsaufsicht zuzusprechen, wenn Rechte für noch nicht gezeugte Menschen durch Reformen im Verfassungsrecht geschaffen werden und gemeinnützige Stiftungen diese Rechte nach dem Vorbild der Verbands- bzw. Drittklagebefugnis wahrnehmen könnten und würden?

Die Geltendmachung dieser Rechte sollte sich, wie vorgeschlagen, an der Sachnähe der statutarischen Zwecke mit dem einzuklagenden Recht orientieren. Die gesetzgeberische Option der Einräumung von Klagebefugnissen analog jener von anerkannten Naturschutzverbänden sah die nähere Bestimmung durch ein Gesetz vor.[1957] Die Geltendmachung dieser Rechte sollte daher nach (zu definierenden) sachgerechten Kriterien erfolgen. Die Forderung nach einer sachgerechten Ausübung dieser Rechte spricht für eine behördliche Mitwirkung. Es liegt nahe, diese in die Hände der Stiftungsverwaltung zu legen.

Das BVerwG hat in seiner Entscheidung vom 26.11.1954[1958] grundlegend ausgeführt, dass die Handlungsfreiheit der Stiftung und ihre grundrechtliche Gewährleistung als Trägerin von Grundrechten eine Stiftungsaufsicht nicht ausschließt. Allerdings darf diese Aufsicht die erwähnte Gewährleistung nicht antasten und die Handlungsfreiheit der Stiftung nur insoweit einschränken, als dies erforderlich ist, um sicherzustellen, dass die Angelegenheiten der Stiftung in Übereinstimmung mit dem Gesetz und der

1955 Vgl. Tz. 1.2.4. und Tz. 1.3.5. in diesem Kapitel 3.
1956 Kübler, Generationengerechtigkeit und Stiftung, S. 373.
1957 Vgl. Kapitel 3, Tz. 2.1.1., insbesondere auch Abbildung 10.
1958 BVerwGE 40, 347, 350. Siehe auch Kapitel 2, Tz. 4.2.1.

Stiftungssatzung besorgt werden. Die Grundrechtsfähigkeit der Stiftung wird nicht bereits dadurch beeinträchtigt, dass die Stiftung der Aufsicht des Staates unterliegt.

Zu fordern wären rechtliche Rahmenbedingungen, welche die Verbands- bzw. Drittklagebefugnis durch Stiftungen regelt. Maßnahmen der Stiftungsverwaltung sollten sich auf Zustimmungserfordernisse bei der Erhebung und der prozessualen Mitwirkung von Klageverfahren erstrecken. Die Stiftungsaufsicht sollte die Geltendmachung der Rechte seitens der Stiftung jedoch nur insoweit einschränken dürfen, als es erforderlich ist, sicherzustellen, dass die Angelegenheiten der Stiftung in Übereinstimmung mit dem Gesetz und der Stiftungssatzung besorgt wird.

2.3. Erbrecht, Nebenvorschriften zum Erbrecht, Erbschaft- und Schenkungsteuergesetz

2.3.1. Zwei Vorüberlegungen

Die Untersuchung von Möglichkeiten und Grenzen der Einbeziehung gemeinnütziger Stiftungen in eine generationengerechte Politik vor dem Hintergrund des Erbrechts (i. w. S.) soll vor dem Hintergrund zweier grundsätzlicher Vorüberlegungen erfolgen.

Erste Vorüberlegung – Reichweite der Testierfreiheit vor dem Hintergrund letztwilliger Verfügungen zugunsten gemeinnütziger Stiftungen

Die erste Vorüberlegung bezieht sich auf die Frage der Reichweite der Testierfreiheit. Grundlegende Ausführungen dazu finden sich bei *Muscheler*[1959], deren Umfang und Tiefgang hier nur angedeutet werden können. Eine der zentralen Fragen ist, warum eine natürliche Person zu Lebzeiten mit ihrem Vermögen tun kann was sie will, im Rahmen der letztwilligen Verfügung aber Einschränkungen zu beachten hat. Bezogen auf die vorliegende Thematik führt dies zur Frage nach der Rechtfertigung von Pflichtteilsrechten und Pflichtteilsergänzungsansprüchen, wenn der Erblasser zugunsten einer gemeinnützigen Stiftung letztwillig verfügt.

Im Rahmen der Grundlegung[1960] wurde u.a. herausgearbeitet, dass das Fehlen von Pflichtteilsrechten (auch) die Errichtung gemeinnütziger Stiftungen fördert. Große Vermögen konzentrieren sich in liberalen Rechts- und Gesellschaftssystemen nicht innerhalb von Familien, sondern werden für Zwecke des Gemeinwohls eingesetzt. Nach *Adloff* stellen große Vermögen, die auch und gerade durch Erbschaften zustande gekommen sind, offenbar eine konstitutive Bedingung für Stiftungen dar.[1961] Zu einer vermehrten Gründung gerade auch von großen Stiftungen sei es immer dann gekommen, wenn große Vermögen vorhanden waren.[1962] Dem entspricht die These, dass das Fehlen von Pflichtteilsrechten zu einer Dekonzentration von Vermögen nach Ableben der vermögensaufbauenden Generation führt.[1963]

1959 Muscheler, Erbrecht Band 1 Rz. 326-516.

1960 Vgl. oben Kapitel 2, Tz. 4.4.5.2. (a).

1961 Adloff, Philanthropisches Handeln, S. 161.

1962 Ders., a. a. O., S. 161.

1963 Vgl. oben Kapitel 2, Tz. 4.4.5.2. (a)/(cc).

Ergänzend hierzu sei auf eine neuere Abhandlung [2009] von *Goldschmidt* verwiesen. Er untersucht die Frage *„Ist erben ungerecht?"* vor dem Hintergrund des Spannungsverhältnisses von individueller Souveränität und sozialer Privilegierung.[1964] Aus der Sicht der modernen Ordnungsökonomik[1965] identifiziert er einen grundlegenden Konflikt zwischen einem konsequent individualistischen Liberalismus und einem intragenerativ-fairen Liberalismus. Ein individualistischer Liberalismus[1966] wirkt auch intergenerationell. Unter Bezugnahme auf das Werk von *Milton und Rose Friedman* stellt *Goldschmidt* die These auf, „falls der Staat einem nach Abzug der Steuern noch Geld zum ausgeben übrig lässt, und er erlaubt, dieses vollständig auszugeben, er nicht auch erlauben muss, dieses Geld seinen Kindern zu hinterlassen"[1967]. Private Verfügungsrechte über das Eigentum gälten auch über den Tod hinaus und beinhalten auch das Recht zu bestimmen, an wen diese nach dem Tod gehen sollen. Ein individualistischer Liberalismus würde konterkariert, wenn er durch einfachgesetzliche Normen über die Maßen eingeschränkt würde. Denkbar sind insofern Einschränkungen in der Testierfreiheit, Beschränkungen im Pflichtteils- und dem Erbschaftsteuerrecht.[1968] *Goldschmidt* verweist auf die Auswirkungen der Besteuerung von Erbschaften für die sozialen Sicherungssysteme und die private Vermögensbildung sowie die Frage der Alterssicherung.[1969] Bei einer hundertprozentigen Erbschaftsteuer ist es (gut) möglich, dass die Sparquote sinkt und der Kapitalstock über den Lebenszyklus aufgebraucht wird.[1970]

Die Einordnung gemeinnütziger Stiftungen in diesen Kontext bietet sich an. Zu fordern ist ein stiftungsfreundliches Erbrechtsregime, denn die Freiwilligkeit der Zuwendungen an Stiftungen garantiert die Aufrechterhaltung einer individualistisch-liberalen Erbrechtsordnung, gleichzeitig führt ihr gemeinnütziges Wirken zur Sozialisierung vererbten Vermögens. *Reil-Held* beschränkt diesen Gedanken des „sozialen Charakters" von Stiftungen als Erben auf „Vermögen, die zu groß sind, um aufge-

1964 Goldschmidt, Nils, Ist erben ungerecht? Die Begründung von Erbschaftsregeln im Spannungsverhältnis von individueller Souveränität und sozialer Privilegierung in Generationengerechtigkeit – Ordnungsökonomische Konzepte, Goldschmidt, Nils (Hrsg.), S. 101-136.

1965 Goldschmidt beschreibt Ordnungsökonomik als die Frage nach der Funktionsfähigkeit sozialer Arrangements im Sinne ökonomischer Effizienz einschließlich der Frage, inwieweit die Regeln der Gesellschaft im Interesse der betroffenen Individuen sind und nicht nur dem Vorteil Einzelner dienen. Es geht bei dieser Forschungsrichtung somit im Wesentlichen um die Suche nach den Bedingungen einer Gesellschaftsordnung von Rechtsgleichen im Zusammenspiel mit einer marktlichen Ordnung, die die Macht Einzelner und von Gruppen wirkungsvoll eindämmen kann. So ders., a. a. O., S. 101.

1966 Man könnte auch sagen: „Individuelle Souveränität über den Tod hinaus", vgl. Goldschmidt, a. a. O., S. 111.

1967 Goldschmidt, a. a. O. mit Hinweis auf Friedman, Milton und Rose, Free to Choose.

1968 So verweist Goldschmidt auf die erbschaftsteuerlichen Freibeträge zwischen Ehegatten von umgerechnet 1.022 Euro in der DDR. Dem stehen 307.000 Euro (vor dem 01.01.2009) und 500.000 Euro (ab dem 01.01.2010) in der Bundesrepublik gegenüber, ders. a. a. O., S. 108.

1969 Goldschmidt, Nils, a. a. O., S. 110 mit Verweis in Fußnote 25 auf Gordon Tullock, Inheritance Justified, Journal of Law and Economics, 14, S. 465-474.

1970 Entsprechende grundlegende Ausführungen finden sich bei Muscheler, Erbrecht Band 1, § 13 Testierfreiheit (Rz. 326 ff.).

braucht zu werden"[1971]. Diese Einschränkung ist im Grunde unnötig, da dieselbe Wirkung ohne Zweifel auch bei ‚kleineren' Vermögen zu verzeichnen ist. Entsprechende Überlegungen sind anzustellen, wenn der Erbe schlichtweg fehlt. Der letztgenannte Tatbestand führt zur zweiten Vorüberlegung.

Zweite Vorüberlegung – Gemeinnützige Stiftungen und demografischer Wandel

Die zweite Vorüberlegung bezieht sich auf einen gesellschaftspolitischen Aspekt der mit dem demografischen Wandel Deutschlands in Zusammenhang steht. So weist der Demograf *Herwig Birg* in seinem Buch *Die ausgefallene Generation* darauf hin, dass sich Deutschland unweigerlich zu einer „Multiminoritätengesellschaft" entwickle.[1972] Zu dieser Erkenntnis gelangt *Birg* aufgrund des sog. Wanderungssaldos, d. h. der Differenz der jährlichen Zahl der Zuwanderungen nach Deutschland und der Zahl der jährlichen Abwanderungen aus Deutschland. Dieser Saldo ist eindeutig positiv zugunsten der Zahl der Zuwanderungen, d. h., Deutschland weist einen Zuwanderungsüberschuss auf. Zudem weist *Birg* darauf hin, dass seit den 70er-Jahren in Deutschland jedes Jahr mehr Zuwanderer aus dem Ausland registriert werden, als Geburten im Inland zu verzeichnen sind. Zwar lasse sich mit den quantitativen Methoden der Demografie nicht vorausberechnen, ob die Zugewanderten und ihre Nachkommen die Bereitschaft und Fähigkeit haben werden, sich in Deutschland zu integrieren. Es lasse sich jedoch berechnen, in welchen Altersgruppen und in welchen Städten die bisherige deutsche Mehrheitsbevölkerung zu einer Minderheit werde. Bei den unter 40-Jährigen werde dies in einigen Großstädten schon in wenigen Jahren der Fall sein.[1973] Wenn sich nun Teilpopulationen innerhalb einer Gesamtbevölkerung nicht mischen, entsteht eine Gesellschaft mit einer neuen Bevölkerungsmehrheit oder ein Gesellschaftstyp, in dem jede Teilpopulation eine Minderheit ist. Deutschland gehört zum zweiten Typ, d. h., es entwickelt sich zu eben jener Multiminoritätengesellschaft, bei der die ehemals deutsche Bevölkerungsmehrheit bei den jungen Altersgruppen schon in wenigen Jahren vielerorts eine Minderheit unter anderen Minderheiten sein wird.

Feucht[1974] zeigt in seiner Dissertation auf, dass der Einwanderungsüberschuss im Grunde kein Phänomen ist, das in den 70er-Jahren begonnen hat, sondern bereits seit den 50er-Jahren existiert. Insgesamt erfolgte zwischen 1950 und 1995 eine Immigration von über 31 Mio. Personen; die Zahl der Auswanderer belief sich im gleichen Zeitraum auf rund 20 Mio. Das von *Birg* aufgeworfene Thema der Multiminoritätengesell-

---

1971 Reil-Held, Erbschaften und (Generationen-)Gerechtigkeit in Goldschmidt, Nils (Hrsg.), Generationengerechtigkeit – Ordnungsökonomische Konzepte, S. 139.

1972 Birg, Die ausgefallene Generation, S. 103: Die Internationalisierung der Bevölkerungsentwicklung Deutschlands durch Migration.

1973 Birg, Die ausgefallene Generation, S. 108.

1974 Feucht, Beeinflussung demografischer Tatbestände durch den Staat, S. 45. Zur Entwicklung der Bevölkerungsbewegung in Deutschland vgl. ders., a. a. O., S. 40 ff. Er weist darauf darauf hin, dass die Wanderungsbilanz bereits im 19. Jahrhundert ebenfalls nahezu durchgehend negativ war, was allerdings auch damit zusammenhing, dass nach Deutschland migrierte Arbeiter als „ausländische Wanderarbeiter" klassifiziert wurden und somit keinen Zugang in die Statistik fanden (a. a. O., S. 43).

schaft wird dadurch gleichwohl nicht in Frage gestellt.[1975] Seine Bedeutung ergibt sich durch das Aufeinandertreffen des Einwanderungsüberschusses mit dem seit den 70er-Jahren zu verzeichnenden Geburtenrückgang bei der deutschen Bevölkerung.[1976] Der vielzitierte demografische Wandel in Deutschland begründet demnach nicht nur Probleme im Hinblick auf die Finanzierbarkeit von Renten durch ein Umlagesystem[1977], sondern er führt auch zu erheblichen kulturellen Veränderungen in der Gesellschaft.[1978]

Für Zwecke des Erbrechts stellt sich somit die Frage, ob eine Gesellschaft, die zum einen vermehrt auf kinderlose Erblasser zusteuert und zum anderen eine Gesellschaft erwarten lässt, deren kulturelle Werte vorhersehbar nicht homogen sein werden, nicht eine Öffnung für ein Nachfolgeregime erfordert, welches gemeinnützige Stiftungen mehr als bisher begünstigt.

Dieser Ansatz erscheint durchaus legitim und ist, jedenfalls dem Grunde nach, auch gar nicht neu. So identifiziert auch *Lettke* den demografischen Wandel als eine „für Erbschaften relevante gesellschaftliche Veränderung"[1979]. Auf Basis einer empirischen Vorgehensweise arbeitet er heraus, dass die unterschiedliche Bedeutung von Familie und Erbschaft mit Blick auf historische Forschung schnell sichtbar werde.[1980] Die Hauptfrage sei dann, welche Bezüge in welcher Zeit dominieren. Wenn man sehe, dass sich in Familien und bei Erbschaften zum Beispiel aufgrund von Kinderlosigkeit heute eine andere Struktur herauszubilden beginne, werde die Gleichsetzung von Familie mit Kernfamilie schnell fragwürdig.[1981]

Muscheler zeigt diverse Fallgruppen auf, in denen ein Erblasser typischerweise den Pflichtteil für nicht gerechtfertigt hält.[1982] Darunter befindet sich auch der Fall des kinderlosen Ehepaars, das sicherstellen möchte, dass der überlebende Ehegatte den Nachlass nicht mit den wohlhabenden Eltern des Erstversterbenden teilen muss. Ein vergleichbarer Fall wäre der eines kinderlosen Ehepaars, in dem der Erstversterbende zugunsten einer gemeinnützigen Stiftung verfügen möchte, der vermögende Ehegatte auf sein Pflichtteilsrecht aber nicht verzichten möchte.

Vor dem Hintergrund demografischer Veränderungen in Deutschland stellt sich somit die Frage, ob beim Fehlen eigener Kinder die geltenden pflichtteilsrechtlichen Prämissen wirklich zwingend sind.[1983] Rechtspolitisch wäre es durchaus sinnvoll, in einer zunehmend kinderlosen Gesellschaft Rahmenbedingungen zu schaffen, die es

---

1975 Wenngleich die Überlegungen von *Birg* nicht umstritten sind, vgl. nur Klundt, Von der sozialen zur Generationengerechtigkeit?, S. 162. *Klundt* kritisiert Birgs Ansatz als „völkischer Nationenbegriff".

1976 Birg, Die ausgefallene Generation, S. 47.

1977 Vgl. dazu z. B. oben, Kapitel 1, Tz. 3.2.2.

1978 So auch Feucht, Beeinflussung demografischer Tatbestände durch den Staat, S. 48: „Diese demografische Alterung geht mit einer Vielzahl von gesellschaftlichen und ökonomischen Wirkungen einher."

1979 Lettke, Frank, Vererbungsabsichten in unterschiedlichen Familienformen, S. 104.

1980 Ders. a. a. O., S. 122.

1981 Ders. a. a. O., S. 122.

1982 Muscheler, Erbrecht Band 1, Rz. 429.

1983 Vgl. oben, Kapitel 2, Tz. 4.4.5.2. (b) – Pflichtteilsrecht und gemeinnützige Stiftungen, dazu auch sogleich weiter unten.

kinderlosen Erblassern ermöglichen, ihr Vermögen ohne rechtliche Restriktionen gemeinnützigen Stiftungen zu hinterlassen. Von Bedeutung erscheint auch die Frage, ob gemeinnützige Stiftungen dazu beitragen können, in einer Multiminoritätengesellschaft bestimmte Werte aufrechtzuerhalten, weiterzutragen und weiter zu fördern. Hierzu könnten Werte wie die allgemeine Förderung des demokratischen Staatswesens in Deutschland zählen oder die Religionsfreiheit, die Förderung der Heimatkunde oder des traditionellen Brauchtums. Aber auch die Förderung der Hilfe für politisch, rassisch oder religiös Verfolgte, die Förderung des Wohlfahrtswesens, die Förderung internationaler Gesinnung und Toleranz auf allen Gebieten der Kultur und des Völkerverständigungsgedankens oder die Förderung des bürgerschaftlichen Engagements zugunsten gemeinnütziger Zwecke stehen im Vordergrund. Aus gesellschaftspolitischer Sicht sind dies sicherlich Themen der Zukunft. Gemeinnützige Stiftungen nehmen sich dieser Themen an, was die – zugegebenermaßen etwas polemisch anmutende – Frage zulässt, ob in einer zunehmend kinderlosen Gesellschaft das Nachlassvermögen bei gemeinnützigen Stiftungen nicht besser aufgehoben ist, als bei der pflichtteilsberechtigten Verwandtschaft.

Gestützt wird diese zweite Vorüberlegung auch durch neuere Erkenntnisse soziologischer Untersuchungen. *Adloff* zeigt anhand soziologischer Untersuchungen in den USA, dass „philanthropische Motive häufig erst dann heranreifen, wenn in den engsten familiären Nahbeziehungen sich keine Erbnehmer finden“[1984].

Ergebnis der zwei Vorüberlegungen

Ein stiftungsfreundliches Nachfolgeregime kann zur Generationengerechtigkeit beitragen. Hierfür spricht zum einen die Tatsache, dass Stiftungen per se zu sozialer Gerechtigkeit beitragen und Teil eines funktionierenden Sozialstaates sind.[1985] Auf Grund der Freiwilligkeit der Einbeziehung gemeinnütziger Stiftungen wird ein individualistischer erbrechtlicher Liberalismus nicht in Frage gestellt. Will man die Stellung der gemeinnützigen Stiftung als zur intergenerationellen Gerechtigkeit beitragenden Institution weiter stärken, liegt die Schlussfolgerung nahe, die einschlägigen Rahmenbedingungen – soweit als möglich – zugunsten gemeinnütziger Stiftungen auszubauen. Bekennt man sich gesellschaftspolitisch zum Erhalt bestimmter definierter Werte, die auf Grund des demografischen Wandels Änderungen unterliegen, spricht auch der Erhalt dieser Werte deutlich für ein stiftungsfreundliches Erbrechtsregime. Für ein solches spricht noch ein rein ökonomisches Argument: In Deutschland werden jährlich 150 bis 200 Mrd. Euro vererbt.[1986] Berücksichtigt man Angaben, die das Vermögen deutscher Stiftungen auf (vergleichsweise wenige) 60 Mrd. Euro schätzen[1987], wird die Bedeutung eines stiftungsfreundlichen Erbrechtsregimes noch deutlicher. Unter Zugrundelegung der Tatsache einer zunehmend kinderlosen Gesellschaft, lässt sich diese Aussage dahin gehend zuspitzen, dass der Zeitpunkt für ein stiftungsfreundliches Erbrechtsregime noch nie so günstig erschien wie jetzt. Mit *Adloff* ist darauf hinzuweisen, dass in der Ausgestaltung des Erbrechts eine „politische Stellschraube“ liegt, „mit deren Hilfe

1984 Adloff, Philanthropisches Handeln, S. 159.

1985 Diese These wurde bereits weiter oben herausgearbeitet, vgl. 1.1.1.6. in diesem Kapitel.

1986 Adloff, Philanthropisches Handeln, S. 153.

1987 Vgl. Kapitel 2, Tz. 3. Statistik und ökonomische Rahmenbedingungen.

Anreize zum Errichten von Stiftungen gesetzt werden können“[1988]. Angesichts der Tatsache, dass eine kinderlose Erbengenerationen ‚kommt‘ und der Erkenntnis, dass philanthropische Motive bei der Nachlassplanung mit dem Fehlen von Kindern zunehmen,[1989] erscheint es daher mehr als legitim, wenn der Gesetzgeber entsprechende Rahmenbedingungen schafft und sich damit auf diese absehbaren Entwicklungen[1990] vorbereitet. Hierzu gehört ein stiftungsfreundliches Nachfolgeregime.

Vor diesem Hintergrund soll nunmehr auf die folgenden vier Aspekte eingegangen werden, die einen unmittelbaren Bezug zum Erbrechtsregime für gemeinnützige Stiftungen aufweisen:

(1) Pflichtteilsrecht und Testierfreiheit
(2) Das gesetzliche Erbrecht des Fiskus
(3) Die Vorschrift des § 35 WpÜG
(4) Das Erbschaft- und Schenkungsteuergesetz.

Das Erbschaftsteuerrecht soll bereits an dieser Stelle mitbehandelt werden, um die Darstellung eines geschlossenen Nachfolgeregimes für gemeinnützige Stiftungen zu ermöglichen. Dabei wird in Kauf genommen, dass weitere Ausführungen zum Steuerrecht[1991] gesondert erfolgen.

2.3.2. Pflichtteilsrecht und Testierfreiheit

Wie im Rahmen der Grundlegung im 2. Kapitel ausgeführt wurde[1992], wird die Stellung gemeinnütziger Stiftungen im gesetzlichen Regime der Testierfreiheit und des Pflichtteilsrechts vornehmlich vor dem Hintergrund der jüngeren Rechtsprechung der Zivilgerichte[1993] und des Bundesverfassungsgerichts[1994] diskutiert. Darauf aufbauend soll nun die Frage nach Möglichkeiten und Grenzen der Einbeziehung gemeinnütziger Stiftungen in eine generationengerechte Politik vor dem Hintergrund des Pflichtteilsrechts untersucht werden.

Hierbei ist zu berücksichtigen, dass die Thematik der Generationengerechtigkeit nicht nur eine gesellschaftspolitische, sondern auch eine familiale Komponente aufweist. Wie zu Beginn dieser Arbeit herausgearbeitet wurde, hat der Begriff der Generation eine chronologisch-intertemporale, eine chronologisch-intratemporale, eine soziale und eine familiale Bedeutung.[1995] Will man die Thematik des Pflichtteilsrechts

---

1988 Adloff, Philanthropisches Handeln, S. 153.

1989 Siehe nochmals ders., a. a. O., S. 159

1990 *Herwirg Birg* zeigt mehrfach auf, dass die mit dem demografischen Wandel in Zusammenhang stehenden Entwicklungen unumkehrbar sind, da der Rückgang der Geburtenrate in den einschlägigen Jahren nicht änderbar ist. Siehe Birg, Die ausgefallene Generation, S. 66; ders. Die demographische Zeitenwende, S. 83 ff.

1991 Vgl. weiter unten, Tz. 2.4. in diesem Kapitel.

1992 Vgl. Kapitel 2, Tz. 4.4.5.2.

1993 Vgl. Kapitel 2, Tz. 4.4.5.2. (b); OLG Dresden v. 02.05.2001, 7-U-2905/01, NJW 2002, 3181; BGH Urteil v. 10.12.2003, IV-ZR-249/02, BGHZ 157, 178.

1994 BVerfG Beschluss v. 19.04.2005, 1 BvR 1644/00, BVerGE 112, 332 ff., NJW 2005, 1561, ZEV 2005, 301.

1995 Vgl. Kapitel 1, Tz. 2.

vor dem Hintergrund der Generationengerechtigkeit diskutieren, greift eine ausschließliche Bezugnahme auf das Gemeinwohl im Sinne des Wirkens gemeinnütziger Stiftungen zu kurz. *Hüttemann/Rawert* ist daher zuzustimmen, wenn sie kritisieren, dass familiäre Teilhabeerwartungen jenseits echter Bedürftigkeit zu einer Frage von Generationengerechtigkeit „stilisiert" werden.[1996] Pflichtteilsrechtliche Privilegien für gemeinnützige Stiftungen lassen sich nicht ausschließlich damit rechtfertigen, dass ihr Wirken zu mehr Generationengerechtigkeit führe. Auch der **familiale Schutz** durch ein effizientes Pflichtteilsregime wäre generationengerecht, zumindest aber wird man ihm eine **familiäre Solidaritätsfunktion** nicht absprechen können.[1997] Der Frage, ob Änderungen unter Einbeziehung gemeinnütziger Stiftungen zu mehr Generationengerechtigkeit führen können, liegt somit das folgende **Spannungsverhältnis** zugrunde:

Pflichtteilsrechtliche Privilegien für gemeinnützige Stiftungen können insofern zur Generationengerechtigkeit beitragen, als man dem Begriff der Generation eine soziale und/oder chronologische Bedeutung beimisst. Entsprechende Privilegien für gemeinnützige Stiftungen würden zweifelsfrei zu einer Förderung des Gemeinwohls im intergenerationellen Kontext beitragen. Diese Privilegien gingen aber gleichzeitig mit einer Benachteiligung der Generation im familiären Sinne einher. Was vom Pflichtteil des Nachlasses für Zwecke des Gemeinwohls verwendet wird, fehlt den jeweils Pflichtteilsberechtigten. Reformen im Pflichtteilsrecht sind daher vor dem Hintergrund der Thematik der Generationengerechtigkeit insofern ambivalent, als Generationengerechtigkeit im mikrosozialen Bereich (Familie) und Generationengerechtigkeit im makrosozialen Bereich (Allgemeinheit) in Rivalität zueinander stehen.

Wie aufgezeigt, ist mit dem Beschluss des BVerfG vom 19.04.2005 davon auszugehen, dass das Spannungsverhältnis zwischen gemeinnützigen Stiftungen und pflichtteilsberechtigten Personen im Fall pflichtteilsrelevanter Schenkungen grundsätzlich zugunsten der pflichtteilsberechtigten Personen aufzulösen ist. *Hüttemann/Rawert* beschreiben das vorbeschriebene Spannungsverhältnis vor diesem Hintergrund wie folgt:

> „Wer mit privaten Mitteln als (…) Stifter der Allgemeinheit dienende Zwecke fördert, mindert die Erbaussichten seiner Angehörigen. Soweit die Teilhabe am Familienvermögen geschützt ist, kommt es zu einem Konflikt: Der gesellschaftlich erwünschten (…) Gemeinwohlförderung werden durch Ansprüche der nahen Angehörigen Schranken gesetzt."[1998]

Bei der Frage, ob man gemeinnützigen Stiftungen vor dem Hintergrund einer generationengerechten Politik Privilegien zusprechen soll, geht es daher im Grunde wiederum um die Frage der Verteilungs- bzw. Teilhabegerechtigkeit.[1999] Dabei ist auf die Besonderheit hinzuweisen, dass jede der betroffenen Gruppierungen – Familie und Allgemeinheit – argumentativ für ein Mehr an Gerechtigkeit zwischen den Generationen stehen kann. Auch *Zacher* deutet dieses Spannungsverhältnis an, wenn er ausführt, dass sich Generationensolidarität und Generationengerechtigkeit in einem großen, um-

1996 Vgl. Kapitel 2, Tz. 4.4.5.2 (b) sowie ZEV 2007, S. 107, 110.

1997 Kritisch hierzu Beckert, Familiäre Solidarität in Röthel (Hrsg.), Symposium Pflichtteilsrecht Salzau, S. 1 ff., insbes. S. 15 f.

1998 Hüttemann/Rawert, Pflichtteil und Gemeinwohl, ZEV 2007, 107.

1999 Hier zwischen Familie und Allgemeinheit.

fassenden Gesamtgeschehen von familiären *und* transfamiliären von privaten *und* öffentlichen, von gesellschaftlichen *und* staatlichen Vollzügen realisiert.[2000]

In rechtstechnischer Hinsicht kulminiert dieses Spannungsverhältnis in der Frage der **Wertigkeit zwischen der Testierfreiheit und der Stifterfreiheit**. So ist der Schutz familiärer Generationengerechtigkeit primär Aufgabe des Erbrechts[2001] und nicht zuletzt von Art. 14 Abs. 1 GG geschützt. *Zacher* weist darauf hin, dass der Auftrag der Familien, der Verwirklichung intergenerationeller Solidarität eine Ordnung zu geben, primär Aufgabe des Familien- und des Erbrechts ist.[2002] Dabei fokussiert sich das Pflichtteilsrecht auf einen engen Familienkreis und somit auch auf einen engen Generationenbegriff. Der Schutz nicht familiärer Generationengerechtigkeit ist primär Aufgabe des Staates und der Allgemeinheit, was einen weiten Generationenbegriff impliziert. Auf der anderen Seite wurde weiter oben herausgearbeitet, dass auch die Stifterfreiheit durch ein Grundrecht auf Stiftung von der Verfassung geschützt ist.[2003]

Die Privilegierung einer Generation im chronologisch-sozialen Sinn zulasten der familiären Generation ließe sich wohl dann mit dem Argument der Generationengerechtigkeit rechtfertigen, wenn es Kriterien gibt, die eine derartige Privilegierung als ‚gerecht' erscheinen lassen. Vor dem Hintergrund der Rechtsprechung des BVerfG[2004], wonach das **Pflichtteilsrecht zugunsten der Kinder** (d. h. zugunsten der Generation im familiären Sinne) verfassungsrechtlich **unentziehbar** und vor allem **bedarfsunabhängig** ist und durch die Erbrechtsgarantie des Art. 14 Abs. 1 S. 1 i. V. m. Art. 6 Abs. 1 GG geschützt ist, erübrigen sind entsprechende Überlegungen zu pflichtteilsrechtlichen Privilegien gemeinnütziger Stiftungen zulasten von Kindern.[2005] Das BVerfG hob in seinem Beschluss hervor, dass das Pflichtteilsrecht gerade als Ausdruck der Solidarität zwischen den Generationen im Bereich des Erbrechts zu sehen ist. Das Pflichtteilsrecht hat, wie bereits erwähnt, die Funktion, die Fortsetzung des ideellen und wirtschaftlichen Zusammenhangs von Vermögen und Familie – unabhängig von einem konkreten Bedarf des Kindes – über den Tod des Vermögensinhabers hinaus zu ermöglichen. Dabei legt das BVerfG implizit den **engen familiären Generationenbegriff** zugrunde, was vor dem Hintergrund des einschlägigen Regelungsbereichs des Erbrechts konsequent erscheint.

Bei genauer Betrachtung ist die Diskussion der Reformierung des Pflichtteilsrechts vor dem Hintergrund der Thematik der Generationengerechtigkeit nicht zielführend. Tatsächlich geht es ‚nur' um die Frage, ob es Fallgestaltungen gibt, die eine verfassungsrechtlich legitime Bevorzugung des Gemeinwohlinteresses vor dem familiären Interesse pflichtteilsberechtigter Personen rechtfertigen. Dies ist – nicht mehr aber

---

2000 Zacher, Pflichtteil und intergenerationelle Solidarität, in: Symposium Pflichtteilsrecht Salzau (Hrsg. Röthel), S. 135, 139.

2001 *Lüscher* bezeichnet das Erbrecht als einen – wenn nicht den – Rechtsbereich, der die familialen Generationenbeziehungen am dichtesten regelt, siehe Lüscher, Erben und Vererben. Ein Schlüsselthema in: Lettke, Frank (Hrsg.), Erben und Vererben, S. 130.

2002 Zacher, Pflichtteil und intergenerationelle Solidarität, in: Symposium Pflichtteilsrecht Salzau (Hrsg. Röthel), S. 140.

2003 Vgl. Kapitel 2, Tz. 4.2.2.1.

2004 BVerfG Beschluss v. 19.04.2005, 1 BvR 1644/00, BVerGE 112, 332 ff., NJW 2005, 1561, ZEV 2005, 301.

2005 Ob bedarfsabhängig oder ob bedarfsunabhängig.

auch nicht weniger – ein **Konflikt** zwischen der **Testierfreiheit des Erblassers** und **der Freiheit des Stifters**.[2006] Reformatorische Programmsätze sollten daher auch nur vor diesem Blickwinkel diskutiert werden, nämlich ob man aus sozial- und gesellschaftspolitischer Sicht den Sektor der Gemeinnützigkeit weiter fördern möchte und dabei die vom BVerfG gezogenen Grenzen ausschöpfen mag oder nicht.

Zacher führt dazu – im Ergebnis konform – aus, dass sich private und transprivate Generationensolidarität ergänzen, aber kein geschlossenes gemeinsames System ergeben.[2007] Trotz aller Bemühungen um Koordination stehen sie eigenständig nebeneinander. Die Verwirklichung intergenerationeller familiärer Gerechtigkeit und intergenerationeller nichtfamiliärer Gerechtigkeit ist damit wohl nirgendwo sonst so gespalten wie im Bereich des Erbrechts und speziell bei der Frage der Beschränkung der Testierfreiheit durch das Pflichtteilsrecht. Dieses Spannungsverhältnis ist bei der Frage nach Reformen des Pflichtteilsrechts zugunsten gemeinnütziger Stiftungen im Auge zu behalten, um Reformansätze sachgerecht diskutieren zu können. Nicht alles, was gemeinnützigen Stiftungen zugutekommt, ist generationengerecht im umfassenden Sinn. Es handelt sich vielmehr um eine institutionell bedingte Reflexwirkung, denn die Förderung gemeinnütziger Stiftungen führt aufgrund ihrer beschriebenen Alleinstellungsmerkmale *per se* zu mehr Generationengerechtigkeit. Diese Reflexwirkung rechtfertigt es, Überlegungen zur Reform des Pflichtteilsrechts zugunsten gemeinnütziger Stiftungen weiter nachzugehen.

Das BVerfG hat dem Gesetzgeber einen weiten Spielraum bei der Ausgestaltung des Pflichtteilsrechts zugestanden.[2008] Dies wird von *Hüttemann/Rawert*[2009] aufgegriffen. Sie arbeiten heraus, dass der Gesetzgeber bei einer Reformierung des Pflichtteilsrechts nur hinsichtlich zweier Extrempositionen eingeschränkt sei: 1. der ersatzlosen Abschaffung des Pflichtteilsrechts der Kinder und 2. der Beschränkung anhand der konkreten Bedürftigkeit eines Berechtigten. Ihre Überlegungen zielen darauf ab, gemeinwohlbezogene Zuwendungen gegenüber Ansprüchen von Pflichtteilsberechtigten dann zu privilegieren, wenn sie Zuwendungen oberhalb eines gewissen Sockelbetrags für die Berechnung von Pflichtteilsansprüchen liegen.[2010] Eine andere Überlegung geht dahin, jenseits der ohnehin freien Hälfte eines Erblasservermögens eine weitere Quote für die Verfolgung öffentlicher Zwecke pflichtteilsfrei zu stellen, da der Gesetzgeber nicht gezwungen ist, mindestens die Hälfte des Erblasservermögens freizustellen.[2011] Auch werden im Anwendungsbereich des § 2330 BGB (Anstandsschenkungen) Reduktionen von Pflichtteilsansprüchen unter die sonst übliche Hälfte des Nachlasses für denkbar erachtet.[2012]

Die Ausführungen von *Hüttemann/Rawert* sind darüber hinaus in zweierlei Hinsicht von besonderer Bedeutung:

2006 Personenidentisch mit dem Erblasser.

2007 Zacher, Pflichtteil und intergenerationelle Solidarität, in: Symposium Pflichtteilsrecht Salzau (Hrsg. Röthel), S. 143.

2008 Vgl. Kapitel 2, Tz. 4.4.5.2. (b).

2009 Hüttemann/Rawert, Pflichtteil und Gemeinwohl, ZEV 2007, S. 107, 110.

2010 Dies., a. a. O., S. 111.

2011 Dies., a. a. O., S. 111.

2012 Dies., a. a. O., S. 112.

(1) Das Diktum des BVerfG zum Pflichtteilsrecht erstreckt sich nur auf die Extremposition der Unzulässigkeit der Abschaffung des Pflichtteilsrechts für Kinder und auf die Beschränkung anhand der konkreten Bedürftigkeit, nicht dagegen auch auf das Eltern- und Ehegattenpflichtteilsrecht[2013] und auch nicht auf das Pflichtteilsrecht des eingetragenen Lebenspartners.[2014]

Somit wäre eine pflichtteilsrechtliche Privilegierung gemeinnütziger Stiftungen im Fall kinderloser Erblasser verfassungsrechtlich legitim. Wie insbesondere die Vorbemerkung (2) zum demografischen Wandel gezeigt hat, gibt es durchaus gesellschaftspolitische Gründe für eine derartige Privilegierung. Es entspricht im Übrigen der ständigen Rechtsprechung des BVerfG, dass überragende Gründe des Gemeinwohls eine differenzierende gesetzliche Betrachtung rechtfertigen.[2015] Auf der anderen Seite sollte man an diesem Punkt bedenken, dass die Realität im Testierverhalten „weg von einer Kinderorientierung" und „hin zu einer Partnerorientierung" geht.[2016] Reformbestrebungen sollten sich immer an der aktuellen Verfassungswirklichkeit orientieren.

(2) Hervorzuheben sind auch die Ausführungen von *Hüttemann/Rawert* im Hinblick auf die Frage nach dem zu privilegierenden Rechtsträger. Wie bereits weiter oben ausgeführt[2017], wird der gemeinnützigen Stiftung insofern ein Alleinstellungsmerkmal attestiert, als sie aufgrund der Mitgliederlosigkeit eine endgültige und unwiderrufliche Entäußerung von Vermögen beim Stifter erfordert, was nach *Hüttemann/Rawert* Möglichkeiten einer sachlichen Privilegierung eröffnet. „Wer zur Verfolgung öffentlicher Zwecke eine Stiftung errichtet, kann ihr die einmal übertragenen Vermögenswerte (...) nicht mehr zu privaten Zwecken (...) entziehen."[2018]

Mit dem Nachteil, der einem Pflichtteilsberechtigten aus der besonderen Privilegierung öffentlicher Zwecke entsteht, korrespondiere damit der Vorteil, dass er sowie die Allgemeinheit darauf vertrauen können, dass die guten Zwecke auch dauerhaft und unumkehrbar verfolgt würden. Es sei nicht zuletzt das Interesse der Allgemeinheit an der Erfüllung dieser Zwecke, das eine staatliche Aufsicht rechtfertige. Der Gedanke einer Privilegierung dieser Rechtsform komme daher nicht von ungefähr. Zwar müsse man die Eigenschaften der Endgültigkeit und Gewissenhaftigkeit der Zweckverfolgung auch Rechtsformen des öffentlichen Rechts (wie bspw. staatlichen Hochschulen oder Museen) zusprechen, denn auch diese seien von Gesetzes wegen daran gehindert, übertragene Vermögenswerte anders als im Übertragungsakt bestimmt zu verwenden.[2019] Bei Körperschaften des privaten Rechts (wie bspw. dem gemeinnützigen Verein oder der gemeinnützigen GmbH) oder nichtrechtsfähigen Stiftungen (die nicht der

2013 Vgl. Kapitel 2, Tz. 4.4.5.2. (b). sowie Hinweis von *Röthel*, Pflichtteil und Stiftungen: Generationengerechtigkeit versus Gemeinwohl?, ZEV 2006, S. 11 (dort Fußnote 25).

2014 Vgl. hierzu auch die grundsätzlche Kritik von Muscheler, Erbrecht Band 1, Rz. 490 ff.

2015 So erst jüngst das BVerfG zur erbschaftsteuerlichen Privilegierung von Unternehmens- und Immobilienvermögen; vgl. BVerfG Beschluss v. 07.11.2006, 1 BvL 10/02; vgl. hierzu auch eingehend nachfolgend Tz. 2.3.5. in diesem Kapitel.

2016 Vgl. Nave-Herz, Erbengeneration in Zahlen, in: Symposium Pflichtteilsrecht Salzau (Hrsg. Röthel), S. 23, 30.

2017 Siehe Tz. 1.3. in diesem Kapitel.

2018 Hüttemann/Rawert, Pflichtteil und Gemeinwohl, ZEV 2007, S. 112.

2019 Dies., a. a. O., S. 112.

staatlichen Aufsicht unterliegen) sei dies aber nicht der Fall.[2020] *Hüttemann/Rawert* plädieren daher für pflichtteilsrechtliche Privilegien auf rechtsfähige Stiftungen des bürgerlichen Rechts, ihnen funktional äquivalente Rechtsträger anderer europäischer Rechtsordnungen sowie juristische Personen des öffentlichen Rechts zu beschränken, da nur diese die Gewähr bieten, dass eine Zuwendung zu öffentlichen Zwecken de iure irreversibel ist.[2021]

Diese Ausführungen zeigen, dass es Gründe gibt, die für eine Privilegierung gemeinnütziger Stiftungen im Pflichtteilsrecht sprechen. Allerdings ist auch festzustellen, dass diese Argumente nicht in der Thematik der Generationengerechtigkeit zu suchen sind. Rechtspolitische Forderungen im Sinne *Beckerts,*[2022] der dafür plädiert, dass

> „soweit – und nur soweit – es ein größeres gesellschaftliches Interesse an einer gemeinwohlorientierten Verwendung des Vermögens als an der innerfamiliären Perpetuierung extrem großer Privatvermögen gibt, sollte das Erbrecht Erblassern die Möglichkeit eröffnen, ihr Vermögen insgesamt in Stiftungen einzubringen“[2023]

zielen im Ergebnis auf diese Öffnung der Testierfreiheit ab.

Nicht zielführend sind dagegen die Überlegungen *Küblers*, der[2024] eben diese Diskussion vor dem Hintergrund der Frage der Generationengerechtigkeit führt und im Ergebnis hieraus gar eine Beschränkung des Grundrechts auf Stiftung ableiten will.[2025] Die weiter oben[2026] gestellte Frage, ob sich aus dem Aspekt der Generationengerechtigkeit eine Einschränkung der Testierfreiheit bei Einsetzung gemeinnütziger Stiftungen als Erbe herleiten lässt, ist daher mit einem ‚*Nein*‘ zu beantworten.

Zutreffend und zielführend ist dagegen die Frage der Reichweite der Testierfreiheit. Eine rechtsphilosophische Stütze findet sich – wie bereits weiter oben aufgezeigt[2027] – im Utilitarismus. *Muscheler* verweist insofern auf die utilitaristische Begründung *Mills*, wonach

> „Vermögen, das nicht länger zur Bereicherung einiger weniger dienen könne, entweder zu Zwecken öffentlicher Nützlichkeit bestimmt (Stiftungen oder Vermächtnisse an den Staat) oder, wenn einzelne Individuen es erhielten, unter eine größere Anzahl verteilt werde“[2028].

Muscheler schlussfolgert daraus, dass für gemeinnützige Stiftungen die Einschränkung der Testierfreiheit, nach diesem utilitaristischen Ansatz, nicht gelten soll.[2029] Eine

---

2020 Dies., a. a. O., S. 112 f.

2021 Dies., a. a. O., S. 113.

2022 Beckert, Familiäre Solidarität in Röthel (Hrsg.), Symposium Pflichtteilsrecht Salzau, S. 1 ff., insbes., S. 18, m. w. H. auf Carnegie und Gates/Collins.

2023 Ders., a. a. O., S. 18. *Hüttemann/Rawert* halten ein derartiges „Millionärsprivileg“ für rechtspolitisch bedenklich und lehnen daher entsprechende Überlegungen ab; Hüttemann/Rawert, Pflichtteil und Gemeinwohl, ZEV 2007, S. 107, 111.

2024 unter Berufung auf Walz, Grundrecht oder Menschenrecht auf Anerkennung der gemeinwohlkonformen Allzweckstiftung, ZSt 2004, S. 133 f.

2025 Kübler, Generationengerechtigkeit und Stiftung, S. 373 ff.

2026 Siehe Kapitel 2, Tz. 4.4.5.1.

2027 Siehe ebenfalls in Kapitel 2, Tz. 4.4.5.1.

2028 John Stuart Mill „Principals of Political Economy”, entnommen bei Muscheler, Erbrecht Band 1, Rz. 369 ff.

2029 Muscheler, Erbrecht Band 1, Rz. 371, dort Fußnote 38.

Ausweitung der Testierfreiheit zugunsten gemeinnütziger Stiftungen fände somit nicht nur eine rechtspolitische Stütze,[2030] sondern auch eine rechtsphilosophische.

Nicht zuletzt würde dies auch soziologischen Erkenntnissen entsprechen. *Hansert* weist darauf hin, dass der Anteil der Kinderlosen unter den Stiftern vergleichsweise hoch sei. Zwar seien Statistiken nicht bekannt, die Betrachtung einer Vielzahl von Viten von Stiftern lege aber diesen Schluss nahe.[2031] Auch sprächen viele Stiftungsurkunden aus historischer Zeit sehr häufig das Ausbleiben von Erben direkt an. Einer vermögenden Person bliebe im Grunde genommen keine andere Wahl, will sie Ressourcen, über die sie verfügt, nicht einfach fernen Verwandten oder dem Fiskus überlassen.[2032]

Zusammenfassend lassen sich somit zur Beantwortung der Frage nach Möglichkeiten und Grenzen der Einbeziehung gemeinnütziger Stiftungen in eine generationengerechte Politik für **Zwecke des Pflichtteilsrechts** folgende **Thesen** aufstellen:

(1) Reformen im Pflichtteilsrecht sind unter Berücksichtigung der gegebenen Thematik vor dem Hintergrund eines besonderen Spannungsverhältnisses zu würdigen:
- Das Pflichtteilsrecht ist *de lege lata* gerecht gegenüber nachfolgenden Generationen im familiären Sinn.
- Reformen, die eine pflichtteilsrechtliche Privilegierung gemeinnütziger Stiftungen zum Ziel haben, sind ebenfalls generationengerecht, da sie einen chronologisch inter- oder intratemporalen oder einen sozialen Generationenbegriff zugrunde legen.
- Reformen zugunsten gemeinnütziger Stiftungen zur Schaffung von mehr intergenerationeller Gerechtigkeit gehen gleichzeitig zulasten der familiären Generationengerechtigkeit.

(2) Rechtstechnisch geht es um einen Konflikt zwischen der Testierfreiheit und der Freiheit des (personenidentischen) Stifters, nicht dagegen um eine Frage der Generationengerechtigkeit. Ansätze für eine pflichtteilsrechtliche Privilegierung gemeinnütziger Stiftungen sind möglich, sollten aber nicht vor dem Hintergrund der Debatte um Generationengerechtigkeit geführt werden. Nicht jede Privilegierung gemeinnütziger Stiftungen ist auch generationengerecht im umfassenden Sinn.

(3) Nach der Rechtsprechung des BVerfG ist die Gewährung eines Pflichtteilsrechts nicht auch für Ehegatten, Lebenspartner und Eltern zwingend. Reformen können daher auf Privilegien zugunsten gemeinnütziger Stiftungen bei kinderlosen Erblassern abzielen. Diese ließen sich auf der Basis übergeordneter gesellschaftspolitischer und auch rechtsphilosophischer Erwägungen rechtfertigen. Empirische Befunde soziologischer Untersuchungen bestätigen den praktischen Bedarf einer entsprechenden Privilegierung.

2030 Siehe dazu die beiden Vorüberlegungen in diesem Kapitel 3, Tz. 2.3.1.

2031 Hansert, Die Erbschaft im Kontext familiärer Generationenbeziehungen in: Lettke, Frank (Hrsg.), Erben und Vererben. Gestaltung und Regulation von Generationenbeziehungen, S. 153.

2032 Ders. a. a. O., S. 153.

2.3.3. Das gesetzliche Erbrecht des Fiskus

Röthel ist es zu verdanken, dass die Frage nach einem Stiftungserbrecht anstelle eines Staatserbrechts im Sinne des § 1936 BGB wissenschaftlich auf aktuellen Stand gebracht wurde.[2033] Sie weist zunächst darauf hin, dass das Staatserbrecht volkswirtschaftlich ohne größere Bedeutung ist. Nur selten kommt der Fiskus in den Genuss eines nicht überschuldeten Nachlasses. Hochrechnungen ergeben, dass mit einer Größenordnung von ca. 11-17 Mio. Euro pro Jahr zu rechnen ist, die Tendenz sei jedoch steigend.[2034] Berücksichtigt man (nochmals) die demografische Entwicklung Deutschlands, wonach die geburtenstarken Jahrgänge vergleichsweise wenig Kinder als Erben haben, dürfte sich dieses Volumen tendenziell weiter erhöhen. Auch wenn dieses Volumen volkswirtschaftlich bedeutungslos sein mag, rechtfertigt es doch die Einbeziehung in das zu untersuchende Thema. Argumentativ lässt sich nach den Erkenntnissen von *Röthel* ein gesetzliches Erbrecht zugunsten gemeinnütziger Stiftungen noch am ehesten für Bürgerstiftungen herleiten.[2035] Bürgerstiftungen[2036] stehen laut *Röthel*

> „sinnbildlich für neue Formen personaler Zugehörigkeit jenseits des familiären Zusammenhangs. Dies prädestiniert Bürgerstiftungen in der Tat, in der Kette der möglichen Begünstigten von erbenlosen Nachlässen unmittelbar hinter die Verwandten zu treten, als gewissermaßen zwischen Privat und Staat. Auch hat eine Zuweisung erbenloser Nachlässe an Bürgerstiftungen ganz augenscheinlich das Argument der Subsidiarität für sich: Ist schon die geltende Regelung des Staatserbrechts Ausdruck doppelter Subsidiarität, so konnte dieser Gedanke durch Zuweisung an Bürgerstiftungen weiter akzentuiert werden."[2037]

Gleichwohl kommt *Röthel* zu dem Schluss, dass die Erwägung, gemeinnützige Organisationen, insbesondere Stiftungen zu begünstigen, grundsätzlichen Einwänden begegnet. Die Auswahlentscheidung über die konkrete Vermögenswidmung lasse sich weder tatsächlich auf den Willen des Erblassers zurückführen, noch sei es ein zwingendes Gebot der gesetzlichen Erbfolge, dem (mutmaßlichen) Erblasserwillen überhaupt einen entscheidenden Stellenwert einzuräumen.[2038] So habe der Erblasser, der nicht testiert habe, sich nicht nur der Chance einer besonderen Vermögenswidmung begeben, vielmehr verdiene auch gerade die Entscheidung gegen eine besondere Zweckwidmung Achtung. So gesehen achte allein das Fiskuserbrecht die Entscheidung des Erblassers gegen jede Zweckbestimmung und stelle zugleich seine gemeinnützige Verwendung sicher. Es werde leicht übersehen, dass (auch) der Staat *per se* dem Gemeinwohl verpflichtet sei.[2039]

Diese – in der Zusammenfassung stark komprimierten – Schlussfolgerungen sind im Hinblick auf das Argument des Fehlens eines tatsächlichen Stifterwillens stringent.[2040] Der Ansatz, dass eine Stiftung von der Zweckbestimmung des Stifters lebt,

---

2033 Röthel, Stiftungserbrecht statt Staatserbrecht?, in: Non Profit Law Yearbook 2007, S. 189 ff.

2034 Dies., a. a. O., S. 193.

2035 Dies., a. a. O., S. 208.

2036 Vgl. auch Kapitel 2, Tz. 2.2.5.

2037 Röthel, Stiftungserbrecht statt Staatserbrecht?, in: Non Profit Law Yearbook 2007, S. 203.

2038 Dies., a. a. O., S. 208.

2039 Dies., a. a. O., S. 208.

2040 Nicht dagegen in rechtsdogmatischer Hinsicht, wonach der Entscheidung des Erblassers im Rahmen des § 1936 BGB keine überragende Bedeutung zukommen dürfte. *Muscheler* zeigt,

vermag zu überzeugen. Wie an anderer Stelle herausgestellt wurde, ist der Stifterwille maßgebend für den Stiftungszweck, umgekehrt eine Stiftung ohne Stifterwillen kaum vorstellbar.[2041]

Fehlt es an einer entsprechenden Zweckbestimmung, kann ein fehlender Stifterwille nicht durch einen mutmaßlichen oder frei zu unterstellenden Willen ersetzt werden. Es wäre in der Tat wenig überzeugend und auch ohne erkennbare Rechtsgrundlage, das Schweigen des Erblassers zum konkludenten Stifterwillen hochstilisieren zu wollen.[2042] Auch die Frage der Gerechtigkeit zwischen den Generationen vermag daran nichts zu ändern. *Röthel* weist insofern zutreffend auf die Gemeinwohlverpflichtung des Staates hin. Legt man die Aussage der Bundesregierung vom 02.11.2010[2043] zur Anfrage der „kleinen Anfrage" mehrerer Abgeordneter der Fraktion von BÜNDNIS 90/DIE GRÜNEN vom 13.10.2010 zu ‚Generationengerechtigkeit im politischen Handeln der Bundesregierung' zugrunde, ist Generationengerechtigkeit Bestandteil des Sozialstaatsprinzips.[2044] Die Gemeinwohlverpflichtung des Staates hat somit per se immer auch eine Komponente in Bezug auf die Frage der Gerechtigkeit zwischen den Generationen.

Geht man daher mit *Röthel* davon aus, dass sich gemeinnützige Stiftungen aus rechtsdogmatischer Sicht nicht als gesetzlicher Schlusserbe eignen und der Staat insofern auch seine Gemeinwohlverpflichtung wahrnehmen muss, ist gleichwohl die Frage zu stellen, ob man diese Gemeinwohlverpflichtung nicht zielgerichteter im Sinne von „Gemeinwohl für zukünftige Generationen" nutzen könnte. Die Bevorzugung des Gemeinwohls für zukünftige Generationen vor dem Allgemeinwohl derzeit lebender Generationen mag offen und diskutabel sein. Vor dem Hintergrund der gesetzten Aufgabenstellung ist die Frage dagegen legitim, wenn nicht sogar zwingend. Die Frage ist daher, ob man das gesetzliche Erbrecht des Fiskus dahingehend steuern könnte, als er das einschlägige Nachlassvermögen für Zwecke der Generationengerechtigkeit fokussiert (bzw. fokussierter als bisher) einsetzt. Insofern könnte sich die Überlegung anbieten, ob das **Erbrecht des Fiskus** entsprechend der in Art. 138 EGBGB vorgesehenen Möglichkeit durch ein **Erbrecht für eine Stiftung des öffentlichen Rechts mit einschlägiger Zweckverfolgung ‚Generationengerechtigkeit'** ersetzt werden könnte. Wie im Rahmen der Grundlegung beschrieben, handelt es sich bei einer Stiftung des öffentlichen Rechts um eine Institution der Exekutive, ihre Aufgabe wird dem Bereich der mittelbaren Staatsverwaltung zugeordnet. Letztlich bliebe es also beim Erbrecht

dass die Norm im Grunde als *Fiktion* des Staates *als Erbe* zu sehen ist, da dieser unter bestimmten Voraussetzungen „als" Erbe „gilt" und zwar dann, wenn zur Zeit des Erbfalls gewillkürte Erbfolge nicht angeordnet wurde oder eine solche unwirksam ist oder ein solche angefochten wurde oder die Erbschaft ausgeschlagen wurde oder Erbunwürdigkeit besteht und es deshalb nicht zur feststellbaren gesetzlichen Erbfolge kommt. Der Fiskus kann demnach auch dann Erbe werden, wenn letztwillig verfügt wurde. Siehe dazu eingehend Muscheler, Erbrecht Band 1, Rz. 1632.

2041 Vgl. Kapitel 2, Tz. 2.1.3.

2042 Die Berechtigung dieser Kritik wird noch deutlicher im Fall der unwirksamen Erbeinsetzung (z.B. Ausschlagung oder Erbunwürdigkeit) und nicht feststellbarem gesetzlichen Erbrecht eines Verwandten, Lebenspartners oder Ehegatten.

2043 BT-Drucksache 17/3606 vom 02.11.2010.

2044 Siehe Kapitel 1, Tz. 3.4.1.2. (g).

des Fiskus, wenngleich das Aufkommen aus dieser Funktion zweckgerichtet(er) für mehr Gerechtigkeit zwischen den Generationen eingesetzt werden könnte.

Wie *Röthel* ausführt, ist das gesetzliche Erbrecht *de lege lata* in doppelter Hinsicht subsidiär.[2045] Es kommt

- erstens nur dann zum Zuge, wenn eine letztwillige Verfügung nicht bzw. nicht wirksam vorliegt oder, wenn eine solche vorliegt, diese aber aus sonstigen Gründen wie z.B. Ausschlagung oder Erbunwürdigkeit nicht einschlägig wird[2046] und
- zweitens, steht es im Rang der Berechtigung hinter allen anderen gesetzlichen Erben.[2047]

Eine Stiftung des öffentlichen Rechts mit einschlägiger Zweckverfolgung als gesetzlicher Erbe könnte die geerbten Mittel zielgerichteter, also im Sinne einer weiteren Akzentuierung für das Allgemeinwohl zukünftiger Generationen einsetzen. Auch *Röthel* stellt bei ihren Überlegungen auf eine Akzentuierung der doppelten Subsidiarität ab.[2048] Da die Rolle der Stiftung des öffentlichen Rechts vor dem Hintergrund der Thematik der Generationengerechtigkeit einem eigenen Kapitel vorbehalten bleibt, soll es jedoch an dieser Stelle bei der Aussage verbleiben, dass für Zwecke einer generationengerechten Politik gemeinnützige Stiftungen des privaten Rechts nicht an die Stelle des Fiskus als gesetzlicher Erbe treten sollten. Zu einem anderen Ergebnis mag man gelangen, wenn man diese Überlegung auf eine Stiftung des öffentlichen Rechts bezieht. Hierzu wird auf die Ausführungen weiter unten verwiesen.[2049]

2.3.4. Die Vorschrift des § 35 WpÜG

Personen, die an einer börsennotierten Aktiengesellschaft in bestimmter Höhe beteiligt sind, müssen nach dem zum 01.01.2002 in Kraft getretenen WpÜG bei ihrer Nachfolgeplanung beachten, dass eine Schenkung, ein Erwerb von Todes wegen oder ein Erwerb im Wege der Erbauseinandersetzung ein Pflichtangebot i. S. von § 35 Abs. 2 WpÜG auslösen kann. Dieses Pflichtangebot soll den übrigen Aktionären dieser Aktiengesellschaft die Möglichkeit geben, ihre Beteiligung zu einem angenommenen Preis zu veräußern.[2050] Das Pflichtangebot ist zu erteilen, wenn eine Person die Kontrolle über ein Unternehmen erlangt, was dann (i. S. des WpÜG) der Fall ist, wenn der Person mindestens 30 % der Stimmrechte zustehen.[2051] Das Pflichtangebot kann somit dazu führen, dass ein Erwerber von Aktien am sog. Zielunternehmen, also der börsennotierten AG, den übrigen Aktionären ein Angebot auf Erwerb der Aktien in bestimm-

2045 Röthel, Stiftungserbrecht statt Staatserbrecht?, in: Non Profit Law Yearbook 2007, S. 191.

2046 Muscheler, Erbrecht Band 1, Rz. 1632.

2047 Differenzierender wohl Muscheler, Erbrecht Band 1, Rz. 1632, wonach der Staat nur als fiktiver Erbe „gilt", wenn die gesetzliche Erbfolge eines Verwandten, Lebenspartners oder Ehegatten nicht feststellbar ist. An der von *Röthel* behaupteten Subsidiarität ändert dies jedoch nichts.

2048 Auf diese Akzentuierung stellt auch *Röthel* bei ihren Überlegungen für eine bevorzugte Einsetzung von Bürgerstiftungen ab; a. a. O., S. 203.

2049 Vgl. Tz. 3. in diesem Kapitel.

2050 Vgl. Söffing/Thoma, Ausgewählte Beratungsaspekte im Gemeinnützigkeits- und Stiftungsrecht, BB 2003, S. 1091, 1092.

2051 Vgl. § 29 Abs. 2 WpÜG.

ter Höhe zu machen hat. Je nach Kursverlauf einer bestimmten vergangenen Periode kann das Pflichtangebot dramatische, teilweise sogar existenzbedrohende Folgen haben. Gemäß § 36 WpÜG ist für den Erwerb von Aktien im Erbgang, Erbauseinandersetzung oder unentgeltlichen Zuwendung unter bestimmten nahen Angehörigen[2052] eine Befreiung vom Pflichtangebot vorgesehen. Für gemeinnützige Stiftungen besteht diese gesetzliche Ausnahmeregelung nicht. In diesen Fällen steht es im Ermessen der Bundesanstalt für Finanzdienstleistungsaufsicht (BaFin), den Erwerb einer maßgeblichen Aktienbeteiligung von der Pflicht eines Übernahmeangebots zu befreien.[2053] In der Praxis sind die Kriterien und die Erfolgsaussichten einer derartigen Befreiung bei Erwerb der Beteiligung durch eine gemeinnützige Stiftung noch weitgehend ungeklärt.[2054]

Auch wenn es auf den ersten Blick ein weiter Spannungsbogen zu sein scheint, die Problematik des Pflichtangebots nach WpÜG mit der Thematik der Generationengerechtigkeit in Zusammenhang zu bringen, so ist doch festzustellen, dass die besagte Vorschrift des § 35 WpÜG zum Rechtsregime einer Nachfolgeplanung mit gemeinnützigen Stiftungen zählt und die Vorschrift Probleme bereiten kann, will man gemeinnützige Stiftungen im Rahmen der Nachfolgeplanung mit Aktien einer börsennotierten Aktiengesellschaft bedenken. Da eine gemeinnützige Stiftung als Erbin zu einer Förderung des Allgemeinwohls beiträgt und dieses Allgemeinwohl aufgrund des bereits mehrfach erwähnten institutionellen Alleinstellungsmerkmals generationenübergreifend gefördert wird, würde eine Öffnung des WpÜG für gemeinnützige Stiftungen zur weiteren Förderung der Thematik beitragen. Diese Vorschrift mag im Gesamtkontext der Debatte um Generationengerechtigkeit nur einen Mosaikstein darstellen. Ein insgesamt stiftungsfreundliches Nachfolgeregime würde jedoch automatisch zu einer Verbesserung des Gemeinwohls im generationenübergreifenden Kontext beitragen.

2.3.5. Das Erbschaft- und Schenkungsteuergesetz

Das zum 01.01.2009 in Kraft getretene Erbschaftsteuerreformgesetz (ErbStRG)[2055] ist geprägt von dem Beschluss des BVerfG vom 07.11.2006.[2056] Demnach war das bis dahin geltende Erbschaftsteuergesetz (ErbStG)[2057] insofern verfassungswidrig, als es bei der Ermittlung der steuerlichen Bemessungsgrundlage an Werte anknüpfte, deren Ermittlung bei wesentlichen Gruppen von Vermögensgegenständen (Betriebsvermögen, Grundvermögen, Anteilen an Kapitalgesellschaften und land- und forstwirtschaft-

2052 Dazu gehören Ehegatten, Lebenspartner oder Verwandte in gerader Linie und bis zum dritten Grade oder durch Vermögensauseinandersetzung aus Anlass der Auflösung einer Ehe oder Lebenspartnerschaft, vgl. § 36 Nr. 2 WpÜG.

2053 § 37 WpÜG i. V. m. § 9 WpÜG-Angebotsverordnung (WpÜG-AVO).

2054 So vgl. Söffing/Thoma, Ausgewählte Beratungsaspekte im Gemeinnützigkeits- und Stiftungsrecht, BB 2003, S. 1091, 1093.

2055 Gesetz zur Reform des Erbschaftsteuer- und Bewertungsrechts (Erbschaftsteuerreformgesetz – ErbStRG) vom 24.12.2008, BGBl. 2008 I, 3018.

2056 1 BvL 10/02.

2057 Erbschaft- und Schenkungsteuergesetz in der Fassung der Bekanntmachung vom 27.02.1997, BGBl. I, 378.

lichen Betrieben) den Anforderungen des Gleichheitssatzes gemäß Art. 3 Abs. 1 GG nicht genügte. Die gesetzgeberische Technik der Erbschaftsteuer ist darauf ausgerichtet, Werte von Steuerobjekten, die nicht Geldbeträge sind, mittels einer Bewertungsmethode in Geldwerte umzurechnen, um die Bemessungsgrundlage für den anzuwendenden Steuersatz und somit die Steuerschuld zu erhalten. Hierzu verwies das ErbStG auf das Bewertungsgesetz (BewG). Das BewG nannte als Regelfall den gemeinen Wert, d. h. den Verkehrswert.[2058] Abweichend hiervon kam für Grundstücke ein Ertragswertverfahren zur Ermittlung des Grundbesitzwertes zur Anwendung (sog. Bedarfswerte). Der Wert des Betriebsteils von land- und forstwirtschaftlichem Vermögen wurde ebenfalls nach seinem Ertragswert bemessen. Bei der Bewertung von Betriebsvermögen wurde gar auf die Werte der Steuerbilanz zurückgegriffen. Diese Werte lagen regelmäßig unter[2059] den gemeinen Werten, was zu entsprechender steuerlicher Ungleichbehandlung in erbschaft- und schenkungsteuerlicher Hinsicht führte. Die gleichmäßige Belastung der Steuerpflichtigen hängt nach Auffassung des BVerfG aber davon ab, dass für die einzelnen zu einer Erbschaft gehörenden wirtschaftlichen Einheiten und Wirtschaftsgüter Bemessungsgrundlagen gefunden werden, die deren Werte in ihrer Relation realitätsgerecht abbilden. Eine diesem Gebot genügende Erbschaft- und Schenkungsbesteuerung ist nach Meinung des BVerfG nur dann gewährleistet, wenn sich das Gesetz auf der Bewertungsebene einheitlich am gemeinen Wert als dem maßgeblichen Bewertungsziel orientiert (als quasi erste Stufe).[2060] Zwar ist der Gesetzgeber in der Wahl der Wertermittlungsmethode grundsätzlich frei. Die Bewertungsmethoden müssen aber gewährleisten, dass alle Vermögensgegenstände in einem Annäherungswert an den gemeinen Wert erfasst werden.

Allerdings eröffnete das BVerfG – auf einer zweiten Stufe – die Möglichkeit, steuerliche Verschonungsregelungen vorzusehen, wenn damit außerfiskalische Förderungs- und Lenkungsziele verfolgt werden sollen. Der Gesetzgeber darf nicht nur durch Ge- und Verbote, sondern ebenso durch mittelbare Verhaltenssteuerung auf Wirtschaft und Gesellschaft gestaltend Einfluss nehmen. Der Bürger wird dann nicht rechtsverbindlich zu einem bestimmten Verhalten verpflichtet, erhält aber durch Sonderbelastung eines unerwünschten oder durch steuerliche Verschonung eines erwünschten Verhaltens ein finanzwirtschaftliches Motiv, sich für ein bestimmtes Tun oder Unterlassen zu entscheiden.[2061] Führt ein Steuergesetz zu einer steuerlichen Verschonung, die einer gleichmäßigen Belastung der jeweiligen Steuergegenstände innerhalb einer Steuerart widerspricht, so kann eine solche Steuerentlastung vor dem Gleichheitssatz gerechtfertigt sein, wenn der Gesetzgeber das Verhalten des Steuerpflichtigen aus Gründen des Gemeinwohls fördern oder lenken will.[2062] Bei Vorliegen ausreichender Gemeinwohlgründe kann die Entlastung dabei im Ausnahmefall in verfassungsrechtlich zulässiger Weise sogar dazu führen, dass bestimmte Steuergegenstände vollständig von der Besteuerung ausgenommen werden.

2058 Dies ist der Wert, den ein ‚verständiger Marktteilnehmer' für dieses Gut in Geld bezahlen würde.

2059 Und dies teilweise sogar deutlich.

2060 BVerfG v. 7.11.2006, 1 BvL 10/02.

2061 BVerfG, a. a. O., mit Verweis auf BVerfGE 98, S. 106, 117.

2062 BVerfG, a. a. O., mit Verweis auf BVerfGE 93, 121, 147.

In der Entscheidung darüber, welche Personen oder Unternehmen gefördert werden sollen, ist der Gesetzgeber weitgehend frei. Zwar bleibt er auch hier an den Gleichheitssatz gebunden. Dies bedeutet aber nur, dass er seine Leistungen nicht nach unsachlichen Gesichtspunkten, also nicht willkürlich verteilen darf. Sachbezogene Gesichtspunkte stehen ihm in weitem Umfang zu Gebote, solange die Regelung sich nicht auf eine der Lebenserfahrung geradezu widersprechende Würdigung der jeweiligen Lebenssachverhalte stützt, insbesondere der Kreis der von der Maßnahme Begünstigten sachgerecht abgegrenzt ist.[2063] Der Lenkungszweck muss von einer erkennbaren gesetzgeberischen Entscheidung getragen[2064] und seinerseits wiederum gleichheitsgerecht ausgestaltet sein.[2065] Die Begünstigungswirkung muss den Begünstigungsadressaten möglichst gleichmäßig zugutekommen. Sie darf nicht von Zufälligkeiten abhängen und deshalb willkürlich eintreten. Sie muss sich direkt von der Entlastungsentscheidung des Gesetzgebers ableiten lassen. Erforderlich ist schließlich ein Mindestmaß an zweckgerichteter Ausgestaltung des Vergünstigungstatbestands.[2066]

Ausgehend von diesen Vorgaben des BVerfG hat der Gesetzgeber das ErbStRG verabschiedet, welches zum 01.01.2009 in Kraft getreten ist. Das ErbStRG hat auf der einen Seite keine unmittelbaren Auswirkungen auf gemeinnützige Körperschaften. Nicht geändert wurden die insofern einschlägigen Vorschriften, insbesondere die Steuerbefreiung gemäß § 13 Abs. 1 Nr. 16b ErbStG, wonach Zuwendungen an gemeinnützige Körperschaften erbschaft- und schenkungsteuerfrei bleiben[2067] oder § 29 Abs. 1 Nr. 4 ErbStG, wonach die Erbschaft- oder Schenkungsteuer rückwirkend erlischt, soweit Vermögensgegenstände innerhalb von 24 Monaten nach dem Zeitpunkt der Entstehung der Steuer einer inländischen gemeinnützigen Stiftung zugewendet werden.

Auf der anderen Seite hat der Gesetzgeber mit den §§ 13a, 13b ErbStRG (= ErbStG n.F.) – als Kern der Reform – ein Regelungssystem geschaffen, das die Vererbung und Verschenkung von Betriebsvermögen einer Verschonungsregelung unterstellt. Dieses Regelungssystem ist zum einen an Komplexität kaum zu übertreffen, vor allem aber mit Möglichkeiten des Einbezugs gemeinnütziger Stiftungen in die unternehmerische Nachfolgeplanung nicht abgestimmt. An dieser Stelle kann die Regelung zur erbschaft- und schenkungsteuerlichen Verschonung des Betriebsvermögens nur fragmentarisch und ergebnisbezogen wiedergegeben werden. So sind bspw. nach der Regelung des § 13a ErbStG Betriebsvermögen, Betriebe der Land- und Forstwirtschaft und Anteile an Kapitalgesellschaften zu 85 %[2068] bzw. sogar zu 100 %[2069] von der Erbschaft- und Schenkungsteuer befreit, wenn bestimmte Voraussetzungen (Erhalt bestimmter Lohnsummen[2070] und Behaltefristen von 5[2071] bzw. 7 Jahren[2072]) erfüllt

2063 BVerfG, a. a. O., mit Verweis auf BVerfGE 12, 354, 367; 110, 274, 293.

2064 BVerfG, a. a. O., mit Verweis auf BVerfGE 93, 121; 99, 280, 296; 105, 73, 112; 110, 274, 293.

2065 BVerfG, a. a. O., mit Verweis auf BVerfGE 93, 121, 148; 110, 274, 293.

2066 BVerfG, a. a. O., mit Verweis auf BVerfGE 105, 73, 113.

2067 Vgl. hierzu und zu den Voraussetzungen im Einzelnen Kapitel 2, Tz. 4.5.1.4.

2068 Sog. Regelverschonung.

2069 Sog. Optionsverschonung.

2070 400 % der Ausgangslohnsummen für die Dauer von 5 Jahren nach dem Erwerb, vgl. § 13a Abs. 1 S. 2 ErbStG. Ausgangslohnsumme ist die durchschnittliche Lohnsumme der letzen fünf

werden. Bei Verstoß gegen diese Voraussetzungen kommt es zu einer (anteiligen[2073]) Nachversteuerung mit Erbschaft- bzw. Schenkungsteuer. Angesichts der durch das BVerfG verfügten gemeinen Werte für die steuerliche Bemessungsgrundlage kann dies zu einer erheblichen Steuerbelastung führen, weil mangels Verschonung die Besteuerung auf Basis der (hohen) gemeinen Werte erfolgt.[2074]

Werden Anteile an Kapitalgesellschaften übertragen, fallen diese gemäß § 13b Abs. 1 Nr. 3 ErbStG n.F. nur dann unter die Verschonungsregelung, wenn es sich um eine Kapitalgesellschaft mit Sitz oder Geschäftsleitung im Inland, der EU bzw. dem EWR handelt und der Erblasser oder Schenker am Nennkapital dieser Gesellschaft zu mehr als 25 % unmittelbar beteiligt war (Mindestbeteiligung). Wird diese Mindestbeteiligung von mehr als 25 % nicht erreicht, sieht das ErbStG n.F. die Möglichkeit vor, dass unmittelbar gehaltene Kapitalbeteiligungen durch eine sog. Poolvereinbarung die erbschaft- und schenkungsteuerliche Begünstigung erlangen. Diese Poolregelung besagt, dass die erforderliche Mindestbeteiligung von mehr als 25 % auch dadurch erreicht werden kann, dass die dem Erblasser oder Schenker unmittelbar zuzurechnenden Anteile und die Anteile weiterer Gesellschafter addiert werden,

> „wenn der Erblasser oder Schenker und die weiteren Gesellschafter untereinander verpflichtet sind, über die Anteile nur einheitlich zu verfügen oder ausschließlich auf andere, derselben Verpflichtung unterliegende Anteilseigner zu übertragen und das Stimmrecht gegenüber nichtgebundenen Gesellschaftern einheitlich auszuüben“[2075].

Hintergrund dieser Regelung ist, dass Kapitalgesellschaften, deren Anteile über mehrere Generationen hinweg auf die Nachkommen übertragen wurden und zu einer Anteilszersplitterung mit Beteiligungsquoten von nicht mehr als 25 % führten, oftmals durch entsprechende vertragliche Regelungen den Anteilseignern eine beliebige Veräußerung der Anteile verwehren und den bestimmenden Einfluss der Familien sichern. Daher sei es gerechtfertigt, solche Kapitalgesellschaftsanteile durch eine entsprechende Poolvereinbarung in die erbschaft- und schenkungsteuerliche Begünstigung mit einzubeziehen.[2076]

---

vor dem Zeitpunkt der Entstehung der Steuer endenden Wirtschaftsjahre, § 13a Abs. 1 Satz 3 ErbStG. Für die 100%ige Befreiung von Erb- und Schenkungsteuer müssen 700 % der Ausgangslohnsumme innerhalb von sieben Jahren ab Erwerb des Vermögens erwirtschaftet werden, vgl. § 13a Abs. 8 Nr. 1, 2 ErbStG.

2071 § 13a Abs. 5 ErbStG in der Fassung des sog. „Wachstumsbeschleunigungsgesetzes“ vom 22.12.2009, BGBl. I, S. 3950.

2072 § 13a Abs. 8 Nr. 2 ErbStG in der Fassung des sog. „Wachstumsbeschleunigungsgesetzes“.

2073 Nachversteuerung in Abhängigkeit vom Zeitpunkt des Verstoßes innerhalb der gesetzlichen Behaltensfrist von 5 bzw. 7 Jahren.

2074 Die statistischen Werterhöhungen nach dem ErbStRG/BewG (n. F.) reichen gegenüber dem bis dahin geltenden ErbStG/BewG (a. F.) von 20 % für unbebaute Grundstücke, 40 % bei Mietwohngrundstücken, 75% bei Einfamilienhäusern, 65 % bei Zweifamilienhäusern und Eigentumswohnungen, 64 % bei Beteiligungen an Kapitalgesellschaften und 117 % bei Einzelunternehmen, Praxen und Beteiligungen an Personengesellschaften, Quelle: Homepage Bundesministerium der Finanzen, letzter Abruf Oktober 2007.

2075 Vgl. § 13b Abs. 1 Nr. 3 Satz 2 ErbStG, sowie statt Vieler Lahme/Zikesch, Erbschaftsteuerliche Begünstigung von Kapitalgesellschaftsanteilen mittels Poolvereinbarung, DB 2009, S. 527.

2076 Lahme/Zikesch, Erbschaftsteuerliche Begünstigung von Kapitalgesellschaftsanteilen mittels Poolvereinbarung, DB 2009, S. 527 mit Verweis auf die Gesetzesbegründung.

Unabhängig von der grundlegenden Kritikwürdigkeit dieser Norm wurde bereits im Rahmen der Expertenanhörung zur Schaffung dieses Gesetzes darauf hingewiesen, dass eine entsprechende **Poolregelung mit gemeinnützigen Stiftungen** auf Schwierigkeiten stoße.[2077] *Pöllath* wies im Rahmen dieser Anhörung darauf hin, dass gemeinnützige Stiftungen an solchen Poolvereinbarungen nicht teilnehmen können, weil dies gegen den steuerlichen Grundsatz der Selbstlosigkeit und eventuell auch gegen Stiftungsrecht verstoßen könnte und weil die Selbstständigkeit der Stiftungsorgane den privaten Poolmitgliedern keine Sicherheit gebe, dass der Pool die Behaltefrist von 7 bzw. 10 Jahren[2078] durchhält. *Pöllath* schlug vor, die Vorschrift des § 13b Abs. 1 Nr. 3 ErbStG um einen weiteren Satz (3) zu ergänzen. Dieser sollte sinngemäß lauten:

> „Die von einer gemeinnützigen Stiftung gehaltenen Anteile werden dem Erblasser oder Schenker für die Bestimmung der Beteiligung im Sinne des Satzes 1 unabhängig von den Voraussetzungen des Satzes 2 zugerechnet, wenn der Erblasser oder Schenker oder einer seiner Angehörigen im Sinne des § 15 der Abgabenordnung der gemeinnützigen Stiftung die Anteile überträgt."[2079]

Des Weiteren wurde darauf hingewiesen, dass die Behaltefristen[2080] einen großen Unsicherheitsfaktor für die Unternehmensnachfolge bedeute. Ein Ausweg läge in der Zulassung gemeinnütziger Zuwendungen innerhalb dieser Behaltefrist. Hierzu sei jedoch eine Reformierung des § 29 Abs. 1 Nr. 4 ErbStG erforderlich. Wie bereits ausgeführt können nach dieser Vorschrift Erben und Vermächtnisnehmer das Empfangene binnen 2 Jahren nach dem Erbfall einer gemeinnützigen Stiftung zuwenden mit der Folge, dass die Erbschaft- und Schenkungsteuer rückwirkend entfällt. *Pöllath* forderte daher die Vorschriften betreffend Unternehmensverschonung[2081] und „nachträgliche gemeinnützige Weitergabe von geerbtem oder geschenktem Vermögen an gemeinnützige Stiftungen"[2082] miteinander zu verknüpfen. Wenn ein Erbe innerhalb der gesetzlichen Behaltefrist das geerbte oder geschenkte Vermögen veräußern würde, könnte er das ohne erbschaft- oder schenkungsteuerliche Nachbelastung machen, wenn er das Unternehmen zuvor auf eine gemeinnützige Stiftung überträgt. Der Veräußerungserlös bliebe dann bei der Stiftung. Die in § 29 Abs. 1 Nr. 4 ErbStG vorgesehene Frist wäre entsprechend zu verlängern.

Festzuhalten ist, dass diese Reformvorschläge keinen Eingang in das zum 01.01.2009 in Kraft getretene ErbStRG gefunden haben. Die Vorschläge sind jedoch nicht nur aus rein lokaler erbschaft- und schenkungsteuerlicher Sicht sinnvoll, sondern auch allgemein im Sinne der Schaffung eines geschlossenen Nachfolgeregimes für gemeinnützige Stiftungen. Wie sich bereits gezeigt hat, können gemeinnützige Stif-

---

2077 Pöllath, Schreiben vom 04.03.2008 an den Deutschen Bundestag zur Erbschaftsteuerreform, abrufbar über die Homepage des Bundesfinanzministeriums, letzter Abruf im Januar 2009.

2078 Vgl. § 13a Abs. 5, 8 Nr. 2 ErbStG in der Fassung des ErbStRG vor dem Wachstumsbeschleunigungsgesetz. Mit Inkrafttreten des Wachstumsbeschleunigungsgesetzes 5/7 Jahre.

2079 Pöllath, Schreiben vom 04.03.2008 an den Deutschen Bundestag zur Erbschaftsteuerreform.

2080 Im Rahmen der Expertenanhörung betrugen diese Fristen noch 10 bzw. 15 Jahre, nach Verabschiedung des ErbStRG 7 bzw. 10 Jahre und mit dem Wachstumsbeschleunigungsgesetz noch 5 bzw. 7 Jahre.

2081 § 13b ErbStG.

2082 § 29 Abs. 1 Nr. 4 ErbStG.

tungen zu einer generationengerechten Politik beitragen, wenn ein stiftungsfreundliches Nachfolgeregime besteht. Dazu gehört nicht nur das Erbrecht im engeren Sinne oder Sondertatbestände wie jene des §§ 35-37 WpÜG, sondern vor allem auch das Steuerrecht. Die Ausführungen im Beschluss des BVerfG vom 07.11.2008 zeigen, dass eine Steuerentlastung, Verschonung oder Privilegierung vor dem Gleichheitssatz gerechtfertigt ist, wenn der Gesetzgeber ein bestimmtes Verhalten aus Gründen des Gemeinwohls fördern oder lenken will. Die Thematik der Gerechtigkeit zwischen den Generationen fällt hierunter. Eine weitere steuerliche Förderung gemeinnütziger Stiftungen für Zwecke des ErbStG wäre daher nicht nur im Sinne eines stringenteren und besser abgestimmten Erbschaftsteuergesetzes zu fordern,[2083] sondern auch im Sinne einer generationengerechteren Politik.

Zu den Reformthemen würden auch Maßnahmen zählen, die die **Stellung gemeinnütziger Stiftung** als **Unternehmensträgerstiftung** erleichtern. Grund hierfür ist die bereits beschriebene sozialpolitische Entwicklung Deutschlands aufgrund demografisch verursachter Problemstellungen. Gerade mittelständischen Unternehmen fehlt nicht selten der geeignete Nachfolger. In einer zunehmend kinderlosen Gesellschaft führt dies dazu, dass inhabergeführte Unternehmen in der Fläche ‚verschwinden' werden. Damit verbunden besteht die Gefahr des Verlustes einer Vielzahl von Arbeitsplätzen. Vor diesem Hintergrund wäre ein Nachfolgeregime, das die Einbeziehung gemeinnütziger Stiftungen als Unternehmensträgerstiftung privilegiert bzw. erleichtert, zu begrüßen. Zu den insofern bereits seit Jahren bestehenden Problemstellungen sei exemplarisch auf die Beiträge von *Flämig*[2084] [1978] und von *Schauhoff*[2085] [2009] verwiesen, die die Komplexität der Unternehmensnachfolge mittels Stiftung, insbesondere mittels Unternehmensträgerstiftung, beleuchten. Praktisch bedeutsame Themen sind hier die Frage des Erhalts der Gemeinnützigkeitsstatus der Stiftung, wenn das Tochterunternehmen der Stiftung keinem Ausschüttungszwang unterliegt, um notwendige Eigenkapitalbildung zu betreiben. Regelmäßig kommt es insofern zu einem Spannungsverhältnis zwischen dem Gebot der ertragbringenden Anlage von Stiftungsvermögen zum Zweck der gemeinwohlorientierten Mittelverwendung versus einer unternehmerisch sinnvollen Thesaurierungspolitik auf Ebene der nachgelagerten Tochtergesellschaft.[2086] Reformen sollten darauf abzielen, dieses Spannungsverhältnis gesetzlich zu klären. Auch wäre es denkbar, für gemeinnützige Stiftungen auch Stiftungszwecke zuzulassen, die auf die Führung von Unternehmen gerichtet sind. Dies würde die Implementierung komplexer Alternativmodelle wie die Doppelstiftung[2087] entbehrlich machen.[2088] Ein anwenderfreundlicheres Nachfolgeregime für gemeinnüt-

2083 So die Forderungen und Vorschläge von Pöllath.

2084 Flämig, Unternehmensnachfolge mittels stiftungshafter Gebilde, Beilage Nr. 22/78 zu DB Nr. 45 v. 10.11.1978.

2085 Schauhoff, Stiftungen in der Unternehmensnachfolge, Ubg, 2008, S. 309-364.

2086 Vgl. hierzu Schuck, Die Doppelstiftung, S. 252-256.

2087 Schauhoff spricht von „Kombinationsmodellen", s. ders. in Stiftungen in der Unternehmensnachfolge, Ubg, 2008, S. 309, 311.

2088 Komplex bereits durch das Erfordernis der disquotalen Ausgestaltung von Stimmrechten und Kapitalanteilen sowie die Frage nach Möglichkeiten und Grenzen einer betriebswirtschaftlichen Thesaurierungspolitik der nachgelagerten Kapitalgesellschaft, vgl. bereits oben, Kapitel 2, Tz. 2.2.8.

zige Stiftungen sollte wesentlich zur Akzeptanz und somit verstärkten Einbeziehung gemeinnütziger Stiftungen beitragen.

Im Zusammenhang mit der Reformierung des Erbschaft- und Schenkungsteuergesetzes wurden Forderungen laut, die Erbschaftsteuer ganz abzuschaffen. So hält *Schulte*[2089] die zum 01.01.2009 in Kraft getretene Erbschaftsteuerreform sowohl aus ökonomischer als auch steuersystematischer Sicht für unhaltbar. Grund sind insbesondere die hohen Wertansätze, die bei Fehlen der Voraussetzungen der Verschonungsabschläge zu einer extremen Belastung mit Erbschaft- und Schenkungsteuer führen können.[2090] Die vom Gesetzgeber geforderten Behaltefristen gingen weit über den unternehmerischen Planungszeitraum hinaus.[2091] Hinzu komme, dass die Erbschaftsteuer wenig ergiebig sei. Ihr Aufkommen betrage nicht einmal 4 Mrd. Euro pro Jahr.[2092] Ferner erfasse die Erbschaftsteuer nicht einmal 10 % der Erbfälle. Die Steuer stelle damit „für Personen mit hohem Kapitalvermögen ein Pendant zur Reichensteuer für Bezieher von hohem Einkommen dar"[2093]. Gleichzeitig löse sie in erheblichem Umfang Kosten der Verwaltung aus. Der Verwaltungskostenanteil sei im Vergleich zu allen anderen Steuerarten der höchste.[2094] Der Aufwand von Verwaltung und Steuerpflichtigen werde aufgrund der Komplexität des ErbStRG weiter steigen. *Schulte* plädiert daher für die Abschaffung der Erbschaftsteuer und verweist dazu auf Österreich als Vorbild. Dort wird die Erbschaftsteuer seit dem 1. August 2008 nicht mehr erhoben, nachdem der österreichische Verfassungsgerichtshof mit Urteil vom 7. März 2007 ebenfalls entschieden hat, dass die Erhebung der (österreichischen) Erbschaft- und Schenkungsteuer mit Wirkung vom 1. August 2008 verfassungswidrig sei, und der österreichische Gesetzgeber die Frist zur Verabschiedung eines neuen, verfassungskonformen Gesetzes verstreichen ließ.[2095]

Auch *Möller* führt aus, dass das im Rahmen der Erbschaft und/oder Schenkung übertragene Vermögen schon einmal der Besteuerung unterworfen worden sei. Die einer Besteuerung unterlegene Leistungsfähigkeit werde somit systemwidrig bei einem anderen Steuersubjekt nochmals erfasst, was eine intergenerativ doppelte Besteuerung bedeute.[2096]

Bei Forderungen dieser Art ist zu beachten, dass der Einsatz gemeinnütziger Stiftungen als Erben unterbleiben könnte, wenn die Erbschaftsteuer nicht mehr erhoben wird. *Adloff* zeigt bspw. auf, dass sich insbesondere für die amerikanische Nachlass-

---

2089 Schulte, Die Reform der Erbschaftsteuer, FR 2008, S. 341-349.

2090 Ders., a. a. O., FR 2008, S. 348.

2091 Diese Aussage bezog sich auf die im Rahmen der Gesetzgebung ursprünglich geforderten Zeiträume von 10 bzw. 15 Jahren. Diese Zeiträume wurden auf 5 bzw. 7 Jahre gesenkt.

2092 Schulte, Die Reform der Erbschaftsteuer, FR 2008, S. 349, dort mit Hinweis in Fußnote 88 auf eine kleine Anfrage der FDP-Bundestagsfraktion. Demnach betrug das ErbSt-Aufkommen 2006: 3.762,6 Mio. Euro, vgl. BT-Drucksache 16/5706, S. 3.

2093 Schulte, Die Reform der Erbschaftsteuer, FR 2008, S. 349.

2094 Schulte, Die Reform der Erbschaftsteuer, FR 2008, S. 349, mit Verweis in Fußnote 92 auf Monatsbericht des BMF 07/2003, Kosten der Besteuerung in Deutschland.

2095 Verfassungsgerichtshof Urteil vom 07.03.2007 – G 5/06 u. a.

2096 Möller, Generationengerechtigkeit im Steuerrecht, S. 201.

steuer oft ein Zusammenhang zwischen Stiftungsgründung und der Höhe des entsprechenden Steuersatzes zeige.[2097] Reformen im amerikanischen Steuerrecht hatten

> „Folgen für das amerikanische Spendenaufkommen und die Gründung von Stiftungen, da hohe Spitzensteuersätze der Nachlassteuer Anreize darstellen, Spenden und Stiftungen steuerlich geltend zu machen“[2098].

Zwar ist die amerikanische ‚Erblasserkultur‘ mit der europäischen nicht gleichzusetzen, was sich bereits weiter oben im Rahmen der Aufarbeitung der Legitimation des Pflichtteilsrechts gezeigt hat.[2099] Konstruktive Erfordernisse wie jene der Doppelstiftung zeigen aber, dass ein bestehender Zusammenhang zwischen Erbschaft- und Schenkungsteuerbelastung einerseits und der Errichtung gemeinnütziger Stiftungen andererseits auch in Deutschland nicht wirklich zweifelhaft sein kann.[2100] Auch *Adloff* kommt zu diesem Ergebnis, wenn er – unter Bezug auf Deutschland – ausführt, dass der Steuergesetzgebung, insbesondere der Erbschaftsbesteuerung, die Rolle zukomme,

> „explizite Anreize für die Verausgabung von Geldern für gemeinnützige Zwecke zu setzen, und zwar immer dann, wenn die Steuersätze hoch sind. Nur bei hohen Steuersätzen, die wirklich Anwendung finden, besteht ein deutlicher finanzieller Anreiz, die durch die Gemeinnützigkeit bereit gestellte Steuerabzugsmöglichkeit ausgiebig zu nutzen“[2101].

Sofern der verstärkte Einsatz gemeinnütziger Stiftungen im Rahmen privater oder unternehmerischer Nachfolgeplanung ein außerfiskalisches Förderungs- und Lenkungsziel[2102] darstellen soll[2103], wäre die Abschaffung der Erbschaftsteuer insofern kontraproduktiv.

Will man gemeinnützige Stiftungen zu Zwecken des Gemeinwohls im Allgemeinen und zu Zwecken der Generationengerechtigkeit im Besonderen gezielt fördern, ist daher von der Abschaffung der Erbschaft- und Schenkungsteuer abzuraten. Dagegen sollten aber die weiter oben dargestellten Reformforderungen (Abstimmung der Verschonungsregelungen mit dem Gemeinnützigkeitsrecht) zeitnah umgesetzt werden. Der Status quo des ErbStG ist im Hinblick auf die Frage des Einsatzes gemeinnütziger Stiftungen im Rahmen der Nachfolgeplanung jedenfalls unbefriedigend.

Fazit: Gemeinnützige Stiftungen können zu einer generationengerechten Politik beitragen, wenn ein stiftungsfreundliches gesetzliches Nachfolgeregime besteht. Hierzu gehören das Erbrecht im engeren Sinne, aber auch Sondertatbestände, wie z. B. jene

---

2097 Adloff, Philanthropisches Handeln, S. 155.

2098 Adloff, Philanthropisches Handeln, S. 158.

2099 Vgl. Ausführungen Kapitel 2, Tz 4.4.5.2. (a)/(cc) – Legitimation des Pflichtteils aus den Interessen von Staat und Gesellschaft.

2100 Um Missverständnissen vorzubeugen: Die Doppelstiftung soll hier nicht zu einem steuerlich motivierten 'Modell' herabgewertet werden soll. Gleichwohl wird das Motiv der „Absicherung der Steuerprivilegierung“ als (eine von mehreren) „primäre Zwecksetzung“ bezeichnet, siehe Muscheler im Vorwort zu Schuck, Die Doppelstiftung. Darüber hinaus werden im Kontext zur Doppelstiftung auch Fragen betr. die Umgehung von Schenkung- und Erbschaftsteuer diskutiert, siehe Schuck, Die Doppelstiftung, S. 268-271.

2101 Adloff, Philanthropisches Handeln, S. 161.

2102 Was nach der Rechtsprechung des BVerfG zu gesetzgeberischen Privilegien führen darf, vgl. oben.

2103 Wozu auch die Thematik der Generationengerechtigkeit zählen würde.

der §§ 35-37 WpÜG. Das Pflichtteilsrecht weist eine Besonderheit auf, da es dort zu einem Zielkonflikt der familiären und der sozialen Generation kommen kann. Im WpÜG bietet sich eine Gesetzesänderung insofern an, als man gemeinnützigen Stiftungen denselben Rang einräumen sollte wie Verwandten in gerader Linie.[2104] Weitere Ansätze zeichnen sich im Erbschaft- und Schenkungsteuergesetz ab. Dessen Abschaffung ist vor dem Hintergrund eines stiftungsfreundlichen Nachfolgeregimes abzulehnen. Normen des ErbStG sind mit Anforderungen und Besonderheiten des Gemeinnützigkeitsrechts abzustimmen.

2.4. Steuerrecht

2.4.1. Anforderungen an steuerliche Privilegien für gemeinnützige Stiftungen

Im Rahmen der Grundlegung wurde die Erkenntnis gewonnen, dass Reformen im Steuerrecht besonders geeignet erscheinen, das Stiftungswesen weiter zu fördern. Ausgehend von der Prämisse, dass gemeinnützige Stiftungen bereits aufgrund ihrer besonderen Strukturmerkmale geeignet sind, generationsübergreifend für das Allgemeinwohl zu wirken, liegt die These nahe, dass Maßnahmen zur weiteren steuerlichen Förderung gemeinnütziger Stiftungen inzidenter auch zu einer Förderung der Generationengerechtigkeit beitragen werden. Überlegungen dieser Art sind wiederum am verfassungsrechtlichen Gleichheitsgebot zu überprüfen. So stellt sich wiederum die Frage, ob, wieweit und warum gemeinnützige Stiftungen einer besseren steuerlichen Förderung unterliegen könnten als andere gemeinnützige Körperschaften, wie der gemeinnützige Verein oder eine gemeinnützige GmbH. Teilweise wurde hierauf auch schon weiter oben Bezug genommen, als Alleinstellungsmerkmale gemeinnütziger Stiftungen für Zwecke einer generationengerechten Politik herausgearbeitet wurden. Nachfolgend geht es um die Rechtfertigung gemeinnütziger Stiftungen vor dem Hintergrund einer ausschließlich steuerrechtlichen Privilegierung.

Bergmann[2105] hat zu der Frage des erweiterten Sonderausgabenabzugs für Zuwendungen an gemeinnützige Stiftungen herausgearbeitet, dass die besondere steuerliche Förderung des § 10b Abs. 1a EStG[2106] den Vorgaben der Finanzverfassung und den Anforderungen gemäß Art. 3 Abs. 1 GG entspricht.[2107] Sie stellt dabei auf die Charakteristika der Stiftung ab, die sich in der besonderen Gewähr der **nachhaltigen** und **berechenbaren** Verwirklichung bestimmter gemeinnütziger Ziele zeigen. Unabhängigkeit, Beständigkeit und ungefährdete Uneigennützigkeit sind wichtige Abgrenzungsmerkmale der selbstständigen Stiftung zu anderen Rechtsinstituten, die eine Besserstellung der Stiftung im Vergleich zu anderen Organisationsformen gemeinnütziger

2104 Die Verwandten in gerader Linie werden – wie bereits ausgeführt – gem. § 36 Nr. 1 WpÜG vom Pflichtangebot befreit.

2105 Bergmann, Erweiterte Sonderausgabenabzugsfähigkeit, S. 17.

2106 Vgl. die Ausführungen oben, Kapitel 2, Tz. 4.5.2.4.

2107 Wenngleich Bergmann eine Beschränkung auf rechtsfähige Stiftungen fordert; vgl. Bergmann, Erweiterte Sonderausgabenabzugsfähigkeit, S. 107, 168.

Tätigkeit rechtfertigen.[2108] In Bezug auf das Kriterium der **Nachhaltigkeit** sei die Stiftung die einzige Rechtsform, die unabhängig von Mitglieder- oder Gesellschafterrechten ist und daher als autonom bezeichnet werden könne.[2109] Vereine könnten eine entsprechende Nachhaltigkeit in der Erfüllung der gemeinnützigen Aufgaben nicht gewährleisten. Der demokratische Hintergrund der Vereinsorganisation eröffne den Vorteil der Möglichkeit flexiblen Handelns, doch berge er auch die Gefahr, dass Beschlüsse gefasst werden, die die bisherigen Grundsätze der Vereinsarbeit umstoßen. Dies stehe im Gegensatz zur vorgeschriebenen Kontinuität des Handelns einer Stiftung.[2110] In Bezug auf die **Berechenbarkeit** biete die rechtsfähige Stiftung wie keine andere Rechtsform die Gewähr, dass die angestrebten Ziele unabhängig von Zeitströmen kontinuierlich verfolgt werden. Beim Anliegen, Kulturgüter für die Nachwelt zu erhalten, sei die Stiftung sogar die einzige angemessene Rechtsform.[2111]

Bergmann differenziert nicht nur zwischen gemeinnützigen Stiftungen und anderen gemeinnützigen Körperschaften, sondern auch zwischen rechtsfähigen und nichtrechtsfähigen Stiftungen. Sie vertritt die Auffassung, dass steuerliche Privilegien nur für rechtsfähige Stiftungen, nicht dagegen auch für nichtrechtsfähige Stiftungen als zulässig zu erachten sind. Die für die rechtsfähige Stiftung vorgesehene zusätzliche Staatsaufsicht biete neben der Gemeinnützigkeitskontrolle der Finanzverwaltung eine Gewähr für die langfristige Verfolgung der Stiftungszwecke und schaffe Rechtssicherheit durch Bestandssicherung.[2112] Aufgrund dieses „einmaligen Phänomens im System der gemeinnützigen Rechtssubjekte“[2113] gewährleiste nur die Stiftung Kontinuität sowohl in ihrer Willensbildung als auch in ihrem Bestand, während Ersteres insbesondere beim Verein, Letzteres insbesondere bei Handelsgesellschaften schneller Veränderung unterliegen könne.[2114]

Zu einem entsprechenden Ergebnis kommt *Walz*, der argumentiert, dass „die Rechtsform der Stiftung die größte Gewähr dafür bietet, dass die zugewendeten Mittel dauerhaft zu genau dem vom Initiator gewünschten Zweck eingesetzt werden“[2115]. Die generationsübergreifende Funktion der Stiftung sei ihr eigentliches Spezifikum. Diese Funktion werde durch die Grundrechte geschützt, auf die sich die Stiftungen im Rahmen ihrer gemeinschaftsbezogenen Aktivität nach ihrer Gründung berufen können.[2116]

Hüttemann[2117] zeigt im Rahmen seiner Überlegungen zur Frage der verfassungsrechtlichen Legitimation steuerlicher Privilegien für gemeinnützige Stiftungen auf, dass diese nicht nur für den erweiterten Sonderausgabenabzug gemäß § 10b Abs. 1a EStG zulässig sind, sondern auch für die Möglichkeit der besonderen Ansparrücklage

2108 Dies., a. a. O., S. 93.
2109 Dies., a. a. O., S. 95.
2110 Dies., a. a. O., S. 94.
2111 Dies., a. a. O., S. 94.
2112 Bergmann, Erweiterte Sonderausgabenabzugsfähigkeit, S. 95.
2113 Dies., a. a. O., S. 95.
2114 Dies., a. a. O., S. 95.
2115 Walz, Grundrecht oder Menschenrecht auf Anerkennung der gemeinwohlkonformen Allzweckstiftung?, ZSt 2004, S. 133, 139.
2116 Ders., a. a. O., S. 140.
2117 Hüttemann, Verfassungsrechtliche Grenzen der rechtsformbezogenen Privilegierung von Stiftungen im Spenden- und Gemeinnützigkeitsrecht, in Non Profit Law Yearbook 2001, 145 ff.

für neugegründete Stiftungen nach § 58 Nr. 12 AO und die rückwirkende Befreiung von der Erbschaft- und Schenkungsteuer bei Übertragung von Vermögensgegenständen auf Stiftungen gemäß § 29 Abs. 1 Nr. 4 ErbStG. Wie bereits weiter oben[2118] aufgezeigt, stellt *Hüttemann* dabei vorrangig auf die Notwendigkeit der Vermögensausstattung als tragfähiges Differenzierungsmerkmal ab.[2119] Da sich gemeinnützige Stiftungen nicht über Mitgliederbeiträge finanzieren können, sind sie auf die Zuwendung in Form von Spenden besonders angewiesen, was die steuerliche Privilegierung von Spendenzuwendungen rechtfertigt.

Als Zwischenfazit kann daher festgehalten werden, dass die besonderen Strukturmerkmale gemeinnütziger Stiftungen steuerliche Privilegien für Stifter und gemeinnützige Stiftungen rechtfertigen können. Aus steuerlicher Sicht sind dies die institutionelle Besonderheit einer verselbstständigten (mitgliederlosen) Vermögensmasse, die Notwendigkeit ihrer Vermögensausstattung, die Nachhaltigkeit und die Berechenbarkeit des Wirkens gemeinnütziger Stiftungen zugunsten des Allgemeinwohls.

Nachfolgend sollen daher Überlegungen zu entsprechenden Möglichkeiten weiterer steuerlicher Privilegien unter besonderer Berücksichtigung des zugrunde liegenden Untersuchungsgegenstands angestellt werden.

2.4.2. Abgabenordnung

2.4.2.1. Überlegungen zu Reformen des Besteuerungsregimes gemeinnütziger Stiftungen

Überlegungen zu weiteren steuerlichen Privilegien gemeinnütziger Stiftungen vor dem Hintergrund der Generationengerechtigkeitsdebatte beginnen mit dem allgemeinen Gemeinnützigkeitsrecht, deren einschlägige Vorschriften in der Abgabenordnung verankert sind. Zwei Anknüpfungspunkte bieten sich an: (1) die Reformierung der Auflistung der steuerlich geförderten gemeinnützigen Zwecke gemäß § 52 Abs. 2 AO und (2) die Reformierung des Gegenwartsbezugs des Gemeinnützigkeitsrechts.[2120] Wie bereits angedeutet steht letzteres im Grunde diametral zur dauerhaft angelegten Zweckverfolgung gemeinnütziger Stiftungen, da es nach geltender Rechtslage für die Inanspruchnahme von Steuervergünstigungen nur darauf ankommt, dass die Tätigkeit der betreffenden Körperschaft im jeweiligen Veranlagungszeitraum[2121] tatsächlich darauf gerichtet ist, steuerbegünstigte Zwecke zu verwirklichen, und zukünftige Pläne und die Verfolgung gemeinwohlorientierter Zwecke in der Zukunft steuerlich nicht privilegiert werden.[2122]

2118 Siehe Tz. 1.3 in diesem Kapitel 3.

2119 Hüttemann, Verfassungsrechtliche Grenzen der rechtsformbezogenen Privilegierung von Stiftungen im Spenden- und Gemeinnützigkeitsrecht, in Non Profit Law Yearbook 2001, S. 159.

2120 Vgl. § 55 Abs. 1 Nr. 5 Satz 1, § 58 Nr. 6, 7 und 12 AO sowie bereits oben und Hüttemann, Verfassungsrechtliche Grenzen der rechtsformbezogenen Privilegierung von Stiftungen im Spenden- und Gemeinnützigkeitsrecht in Non Profit Law Yearbook 2001, S. 154.

2121 Das heißt innerhalb eines Jahres.

2122 So Hüttemann, Rainer, Verfassungsrechtliche Grenzen der rechtsformbezogenen Privilegierung von Stiftungen im Spenden- und Gemeinnützigkeitsrecht in Non Profit Law Yearbook 2001, S. 154 mit Verweis auf BFH vom 11.12.1974, BStBl. II 1975, 458.

(a) Reformierung der Auflistung steuerlich geförderter gemeinnütziger Zwecke gemäß § 52 Abs. 2 AO

Wie bereits dargelegt wurde[2123], beinhaltet § 52 AO den Katalog der Zwecke, die als gemeinnützig i. S. des Steuerrechts gelten und somit besondere steuerliche Privilegien vermitteln. Es wurde gezeigt, dass diese steuerliche Förderliste nur teilweise Güter abdeckt, die mit einer Grundgüterliste im Sinne der Generationengerechtigkeit kompatibel ist. Die insofern festgestellten Übereinstimmungen wurden als ‚Zufallstreffer' identifiziert.[2124] Reformüberlegungen beginnen daher damit, diesen Katalog mit Zwecken zu erweitern, die einen intergenerationellen Gerechtigkeitsbezug aufweisen.

Wallenhorst/Halaczynski weisen allerdings darauf hin, dass die Praxis dahin gehe, „neue" Zwecke, die in § 52 Abs. 2 AO nicht ausdrücklich genannt sind, durch „zuordnende Subsumtion einzuordnen"[2125]. Um einen bislang nicht bekannten Zweck zu steuerlichen Zwecken als gemeinnützig anzuerkennen, müsse man nicht einmal den Weg über die ‚Öffnungsklausel' gemäß § 52 Abs. 2 Satz 2 AO gehen. Schon immer seien Zwecke anerkannt worden, die sich weder in der Aufzählung des § 52 Abs. 2 AO (a.F.) noch in der Anlage 1 zur EStDV a.F. fanden.[2126] *Fischer* vertritt die Auffassung, dass ein Katalog der steuerbegünstigten Zwecke nicht abschließend sein könne,

> „weil sonst die Gefahr von Wertungsdivergenzen mit vor allem durch das Haushaltsgesetz festgeschriebenen Förderzwecken oder gar mit höherrangigem Recht besteht. Auch ist dem schnellen Wandel der gesellschaftlichen Verhältnisse entwicklungsoffen Rechnung zu tragen."[2127]

Da Art. I-3 des Entwurfs eines europäischen Verfassungsvertrags als Ziel der Gemeinschaft die ‚Solidarität zwischen den Generationen' beschreibe, könne dieser Zweck im nunmehr abschließenden Katalog des § 52 Abs. 2 AO n.F. nicht oder jedenfalls nur schwer untergebracht werden.[2128]

Auch dies zeigt, dass der Förderkatalog des § 52 AO nicht auf die Thematik der Solidarität bzw. Gerechtigkeit zwischen den Generationen abgestimmt ist. Es ist nicht davon auszugehen, dass dies eine bewusste Entscheidung des Gesetzgebers ist. Was bleibt ist, um es an dieser Stelle zu wiederholen, das Unverständnis, warum angesichts der politischen Dimension der Thematik und angesichts der proklamierten Bekenntnisse[2129] aller politischen Parteien, diese ‚wichtige Stellschraube' des § 52 AO nicht zielgerichteter auf diese Thematik abgestimmt wird.

In den Katalog des § 52 AO aufzunehmende Güter könnten bspw. die Kapitalakkumulation für zukünftige Generationen, die Förderung der Gesinnung, die Toleranz und Solidarität zwischen den Generationen und die Förderung der Gleichberechtigung zwischen den Generationen sein.

2123 Vgl. Kapitel 2, Tz. 4.5.1.2. (d). und Kapitel 3, Tz. 1.2.5.

2124 Vgl. Kapitel 3, Tz. 1.2.5.

2125 Wallenhorst in Wallenhorst/Halaczynski, Die Besteuerung gemeinnütziger Vereine, Stiftungen und der juristischen Personen des öffentlichen Rechts, Kap. D Rz. 154.

2126 Dies., a. a. O., Kap. D Rz. 155.

2127 Fischer, NWB 2007, S. 3515, 3526 (Fach 2, S. 9439, 9450).

2128 Ders. a. a. O.

2129 Vgl. nur die Erklärungen in den Grundsatzprogrammen, Einleitung, 1 und Kapitel 1, Tz. 5.

Wie bereits weiter oben[2130] ausgeführt wurde, ist zuzugeben, dass (auch) diesen Gütern unbestimmte Rechtsbegriffe zugrunde liegen, was aber nicht als Hindernis zu sehen ist, da auch der aktuelle Förderkatalog derartige unbestimmte Rechtsbegriffe enthält.

Selbst wenn man auf Basis einer ‚zuordnenden Subsumtion'[2131] zum Ergebnis kommt, dass die Verfolgung der Gerechtigkeit zwischen den Generationen vom Förderkatalog gemäß § 52 Abs. 2 Satz 1 Nr. 1 bis 25 AO erfasst ist, wäre dennoch die eindeutige und umfassende Aufnahme dieser Thematik förderlich und zwar nicht nur im Sinne eines politischen Signals, sondern auch im Sinne der Vereinfachung des Steuerrechts. Wenn eine Zweckverfolgung mit dem Ziel der Generationengerechtigkeit erst im Rahmen der ‚Expertenauslegung' Zugang in das Gemeinnützigkeitsrecht finden kann, wird das Steuerrecht der Thematik nicht gerecht.

Die praktische Schwierigkeit dürfte letztlich darin bestehen, entsprechende Grundgüter bereits dem Grunde nach abzugrenzen, da, wie gezeigt, das Problem der Generationengerechtigkeit umfassend und vielschichtig ist und eine Vielzahl gesellschaftlicher Bereiche erfasst. Gleichwohl sollte die Frage nach der Identifizierung entsprechender Grundgüter möglich sein, wie die ‚Verprobung' der Förderliste weiter oben[2132] gezeigt hat.

Abzuraten ist dagegen von der Überlegung, den steuerlichen Status der Gemeinnützigkeit für Zweckverfolgungen mit generationsübergreifendem Gerechtigkeitsbezug nur noch Stiftungen vorzubehalten. Bereits aus praktisch-politischer Sicht dürfte diese Forderung nicht konsensfähig sein, würde sie bspw. doch dazu führen, dass ein gemeinnütziger Verein den Zweck der Altenpflege[2133] nicht mehr unter Inanspruchnahme steuerlicher Privilegierungen wahrnehmen könnte. Eine derartige Differenzierung dürfte weder sachlich gerechtfertigt noch sinnhaft sein. Abzuraten ist auch von der Überlegung, den steuerlichen Status der Gemeinnützigkeit Stiftungen nur noch dann zu gewähren, wenn sie Güter mit generationsübergreifendem Gerechtigkeitsbezug ausüben. Ist dies bereits mit der Stifterfreiheit nicht vereinbar, ist es auch mehr als fraglich, ob die Thematik der Generationengerechtigkeit einen derartigen Konsens findet, dass andere Gerechtigkeitsthemen mit zeitnahem Bezug in der Rechtsform der Stiftung wirklich keinen Platz mehr finden sollen.[2134]

Im Übrigen sind jegliche Restriktionen zum Stiftungszweck kontraproduktiv zur grundlegenden sozialpolitischen Stellung gemeinnütziger Stiftungen. *Bergmann* weist auf die innovative Funktion von Stiftungen hin, die diesen aufgrund ihrer staatlichen Unabhängigkeit zuzusprechen ist.[2135] Auch *Muscheler* betont diese Innovationskraft gemeinnütziger Stiftungen, die Ideen auch dort fördern,

2130 Vgl. Kapitel 3, Tz. 1.2.5.

2131 Wallenhorst in Wallenhorst/Halaczynski, Die Besteuerung gemeinnütziger Vereine, Stiftungen und der juristischen Personen des öffentlichen Rechts, Kap. D Rz. 154.

2132 Vgl. Kapitel 3, Tz. 1.2.5.

2133 Legt man den familialen Generationenbegriff zugrunde.

2134 Hier gilt: „Keine Herrschaft der noch nicht Lebenden über die Lebenden."

2135 Bergmann, Erweiterte Sonderausgabenabzugsfähigkeit, S. 16.

„wo der Staat, weil er auf demokratische Legitimation angewiesen ist, Förderung endgültig oder noch verweigern muss. Sie begleiten etwa im Bereich der Wissenschaftsförderung die ‚Ketzerei von heute‘ auf ihrem Weg zur ‚lex artis von morgen‘.“[2136]

Eine Stiftung kann in vielen Bereichen, in denen schnelles Handeln wichtig ist, Vorreiter neuer Lösungen der Probleme der Zukunft sein, andere können dann folgen.[2137] Auch das Subsidiaritätsprinzip dürfte hier eine bedeutende Rolle spielen. Nach diesem Grundsatz darf der Staat nicht mehr eingreifen, als unbedingt notwendig.[2138] Es besagt, dass die nächstgrößere gesellschaftliche Einheit nur dann eine Gemeinwohlaufgabe zu übernehmen hat, wenn die nächstkleinere Einheit ihre Erfüllung nicht mehr gewährleisten kann. Subsidiarität bedeutet aber auch, dass von Seiten der kleineren Einheit ein Anspruch auf Hilfe und Beistand besteht. Die Eigenständigkeit der kleineren Einheit darf dabei nicht verloren gehen.[2139] Damit nicht vereinbar wäre, die Zweckverfolgung gemeinnütziger Stiftungen nur noch auf Themen der Generationengerechtigkeit beschränken zu wollen.

Was bleibt, ist somit der Befund, dass die aktuelle Auflistung in § 52 Abs. 2 AO nicht auf die Thematik der Generationengerechtigkeit abgestimmt ist und um maßgebliche Grundgüter der Generationengerechtigkeit erweitert werden sollte.

(b) Reformierung des Gegenwartsbezugs des Gemeinnützigkeitsrechts

Wie bereits aufgezeigt, setzt das steuerliche Gemeinnützigkeitsrecht ein zeitnahes Wirken der gemeinnützigen Körperschaft voraus.[2140] Im Rahmen der Grundlegung in Kapitel 2 wurde bereits darauf hingewiesen, dass dieser gesetzlich geforderte Gegenwartsbezug die den Stiftungen immanente Nachhaltigkeitsfunktion im Grunde konterkariert.[2141] Insbesondere verwehrt das derzeitige Gemeinnützigkeitsrecht gemeinnützigen Stiftungen die **Möglichkeit einer nachhaltigen Innenfinanzierung**. Das bedeutet auch, dass das steuerliche Gemeinnützigkeitsrecht in seiner derzeitigen Fassung dem Institut der Stiftung im Grunde nicht gerecht wird. Das Wesen der Stiftung ist, wie mehrfach betont, auf nachhaltiges, dauerhaftes Wirken angelegt. Diese Funktion ist ihr geradezu wesensimmanent. Dass das steuerliche Gemeinnützigkeitsrecht insofern keine passgenauen Normen bietet und auch keine gegenüber gemeinnützigen Vereinen oder GmbHs differenzierenden Antworten bietet, ist der Grund dafür, dass speziell für Stiftungen geltende Normen, wie bspw. der § 10b Abs. 1a EStG oder § 58 Nr. 12 AO, einerseits diese Sonderfunktion der Stiftung zu berücksichtigen versuchen, andererseits aber auch viel zu kurz greifen. So bietet die Norm des § 58 Nr. 12 AO Stiftungen das Recht, im Jahr der Errichtung und in den zwei folgenden Kalenderjahren Überschüsse aus der Vermögensverwaltung und die Gewinne aus wirtschaftlichen Ge-

---

2136 Muscheler, Plädoyer für ein staatsfreies Stiftungsrecht, in: Stiftungsrecht, S. 28, vgl. auch bereits Kapitel 2, Ziff. 4.3.1. am Ende.

2137 Bergmann, Erweiterte Sonderausgabenabzugsfähigkeit, S. 16.

2138 Dies., a. a. O., S. 17.

2139 Dies., a. a. O., S. 18.

2140 Das Aktivitätsgebot kommt bereits aus der Verwendung aktiver Verben in den einschlägigen Gesetzesbestimmungen zum Ausdruck. Vgl. z. B. § 52 Abs. 1, 53, 54 AO: „... ihre Tätigkeit darauf *gerichtet* ist...“; § 55 Abs. 1 Nr. 1 AO: Mittel müssen *verwendet* werden; § 56 AO: Zwecke müssen *verfolgt* werden; § 57 Abs. 1 AO: Zwecke müssen *verwirklicht* werden.

2141 Vgl. oben, Kapitel 2, Tz. 4.5.1.2. Buchst. (e)/(dd).

schäftsbetrieben ganz oder teilweise ihrem Vermögen zuzuführen. Vor dem Hintergrund einer nachhaltigen Tätigkeit und vor allem auch vor dem Hintergrund eines intergenerationell angelegten Wirkens sind diese zwei Jahre aber deutlich zu kurz. Zutreffend, da dem Institut der Stiftung gerecht werdend, wäre es, in diesem Punkt das Regel-Ausnahme-Verhältnis umzukehren und die Möglichkeit der Rücklagenbildung für gemeinnützige Stiftungen als Regel zuzulassen und die Mittelverwendungspflicht als Ausnahme(pflicht) auszugestalten.

Dieses **Spannungsverhältnis** von **zeitnaher Mittelverwendungspflicht** einerseits und **institutionell bedingt nachhaltigem Wirken** gemeinnütziger Stiftungen andererseits dürfte ein wesentlicher Grund dafür sein, dass das steuerliche Gemeinnützigkeitsrecht bezogen auf gemeinnützige Stiftungen insgesamt ‚unrund' erscheint. Es führt letztlich auch dazu, dass das nachhaltige Wirken gemeinnütziger Stiftungen von ihrer Kapitaldotation abhängig gemacht wird. Dies wiederum ist der Grund dafür, dass das deutsche Stiftungswesen von wenigen großen Stiftungen mehr oder weniger dominiert wird, während die Masse der Stiftungen ein nur relativ kleines Vermögen aufweist.[2142] Nach einer Auswertung der Daten von 4.824 Stiftungen durch den Bundesverband Deutscher Stiftungen haben rund 70 % ein Vermögen von bis zu 1 Mio. Euro.[2143] Nach anderen Quellen[2144] hat die überwiegende Zahl der Stiftungen (59 %) ein Vermögen von unter 250.000 Euro, nur 17 % besitzen ein Vermögen von über 2,5 Mio. Euro.[2145]

Vor diesem Hintergrund erscheint es geboten, die Grundsätze der Mittelverwendungspflicht für gemeinnützige Stiftungen zu reformieren. Als gedanklicher Ausgangspunkt mag die Erkenntnis dienen, dass es bei diesem speziellen Steuerregime nicht um (weitere) Privilegien für gemeinnützige Stiftungen geht, sondern schlichtweg darum, den institutionell bedingten Besonderheiten gemeinnütziger Stiftungen gerecht zu werden. Räumt man bspw. Stiftungen die Möglichkeit ein, Mittel in höherem Maße zur Kapitalakkumulation als bisher einzusetzen, muss das nicht an der sachlichen Rechtfertigung gemäß Art. 3 Abs. 1 GG scheitern. Berücksichtigt man die institutionell bedingten Alleinstellungsmerkmale gemeinnütziger Stiftungen, geht ein Vergleich mit einem gemeinnützigen Verein fehl. Die Vergleichsbetrachtung hat richtigerweise nicht am Tatbestandsmerkmal der Gemeinnützigkeit anzusetzen, sondern am Tatbestandsmerkmal der Rechtsform und der damit verbundenen institutionellen Besonderheiten. Da die Stiftung in zeitlicher Hinsicht institutionell auf Dauer angelegt ist, bedingt dies auch andere Möglichkeiten der Finanzierungsform, insbesondere jener der Innenfinanzierung. Dies entspricht im Kern auch dem Argument von *Hüttemann*, der im Kontext der verfassungsrechtlichen Diskussion zu stiftungsspezifischen Privilegien auf die Notwendigkeit von Privilegien im Bereich der Vermögensausstattung ab-

2142 Siehe Adloff, Philanthropisches Handeln, S. 116.

2143 So Benke, 1 Million ist zu wenig, Stiftung & Sponsoring 2006, Heft 4, S. 30.

2144 Vgl. z. B. bei Schwertmann, Stiftungen als Förderer der Zivilgesellschaft, S. 84.

2145 So auch Adloff, Philanthropisches Handeln, S. 116. Eine weitere Klassifizierung nach Vermögen und Ausgaben findet sich in FAZ v. 23.08.2008, S. 13.

stellt.[2146] Aufgrund der aufgezeigten Besonderheiten handelt es sich tatsächlich aber gerade nicht um Privilegien, sondern um die sachliche Berücksichtigung eines institutionell bedingten Alleinstellungsmerkmals der Rechtsform Stiftung.

Entsprechende Reformansätze müssen auch nicht zwingend mit einer weiteren Erhöhung der Komplexität des Steuerrechts einhergehen. Es würde bspw. genügen, die Vorschrift des § 58 Nr. 12 AO dahingehend zu erweitern, dass der dort festgelegte Zeitraum für eine Kapitalthesaurierung von bis zu 2 Jahren nach Errichtung der Stiftung auf einen längeren Zeitraum gestreckt wird. Über die konkrete Länge dieses Zeitraums ließe sich trefflich streiten. Anknüpfend an obige Ausführungen ließe sich jedoch im Bereich der Kapitalakkumulation das Regel-Ausnahme-Verhältnis von Mittelverwendung (als Regel) zu Rücklagenbildung (als Ausnahme) umkehren in die Regel (Recht zur Rücklagenbildung) zur Ausnahme (Pflicht zur Mittelverwendung). Derartige Ansätze würden jedenfalls Stiftungen die Möglichkeit eröffnen, nachhaltig Kapital aufzubauen, um somit ihrer institutionell verankerten Besonderheit – dem generationsübergreifenden Wirken zugunsten des Gemeinwohls – besser gerecht werden zu können.

Auch in der Praxis werden seit geraumer Zeit **Forderungen** nach einer **höheren Kapitaldecke für Stiftungen** laut. So proklamiert *Benke*[2147], dass ein Grundstockvermögen von 1 Mio. Euro nicht ausreichend sei, um nachhaltig effektiv wirken zu können. *Vilain*[2148] kommt in seiner finanzökonomischen Untersuchung zu dem Ergebnis, dass das Gebot der zeitnahen Mittelverwendung bereits für Vereine insofern ein Problem darstelle, als es eine Beschränkung beim Kapitalaufbau erzwinge und die Sicherung der zukünftigen Aufgabenerfüllung gefährde. Diese Erkenntnis gilt ‚erst recht' für Stiftungen. Auch diese praxisbezogene Diskussion dokumentiert das Spannungsverhältnis zwischen einem (historisch gewachsenen[2149]) „tragenden Grundsatz des Gemeinnützigkeitsrechts"[2150] und Forderungen zur Ermöglichung zeitgemäßeren Formen der Finanzierung gemeinnütziger Stiftungen. Letztere knüpfen an die Stiftungswirklichkeit an.

Vor dem Hintergrund des gesetzten Untersuchungsgegenstandes lässt sich somit die **These** formulieren, dass gerade das **Mittelverwendungsgebot** gemäß § 55 AO i. V. m. der restriktiven Rücklagenpolitik gemäß § 58 AO ein **effektiveres Wirken gemeinnütziger Stiftungen verhindert**, jedenfalls soweit die Stiftungen Zwecke verfolgen, die einen Bezug zum intergenerationellen Gemeinwohl aufweisen. Ein steuerliches Gemeinnützigkeitsregime, das besondere steuerliche Privilegien im Bereich der Rücklagenbildung vorsieht, würde den institutionellen Besonderheiten gemeinnütziger Stiftungen und ihrem generationsübergreifenden Wirken eher gerecht. Dies, verbunden mit einer Ergänzung der Auflistung steuerlich geförderter gemeinnütziger Zwecke

2146 Hüttemann, Rainer, Verfassungsrechtliche Grenzen der rechtsformbezogenen Privilegierung von Stiftungen im Spenden- und Gemeinnützigkeitsrecht in Non Profit Law Yearbook 2001, S. 157.

2147 Benke, 1 Million ist zu wenig, Stiftung & Sponsoring 2006, Heft 4, S. 30.

2148 Vilain, Finanzierungslehre für Nonprofit-Organisationen, S. 324.

2149 Vgl. dazu die Ausführungen in Kapitel 2, Tz. 4.5.1.2. (e)/(dd).

2150 So Thiel/Eversberg, Zur Reichweite des Gebots der zeitnahen Mittelverwendung im Gemeinnützigkeitsrecht, DB 2007, S. 191, 196.

gemäß § 52 Abs. 2 AO um ‚Grundgüter' im Sinne der Generationengerechtigkeit[2151], würde dazu führen, dass gemeinnützige Stiftungen fokussierter zugunsten generationengerechter Zwecke wirken könnten. Möglichkeiten und Grenzen der Einbeziehung gemeinnütziger Stiftungen in eine generationengerechte Politik müssten an diesen ‚Stellschrauben' des steuerlichen Gemeinnützigkeitsrechts ansetzen.

Erweitert man die gesetzlichen **Möglichkeiten** einer **Kapitalakkumulation** zugunsten gemeinnütziger Stiftungen, bleibt die Frage, ob dies sowohl für rechtsfähige als auch für **nichtrechtsfähige Stiftungen** gelten könnte. Hierbei ist zu berücksichtigen, dass eine weitgehende Kapitalakkumulation auf der Ebene gemeinnütziger Stiftungen dazu führt, dass die Mittel für den Zeitraum der Thesaurierung nicht dem Gemeinwohl zur Verfügung stehen. Gleichwohl hat der Staat diese Mittel bereits steuerlich privilegiert, indem er ihre Besteuerung vollständig freistellt. Diese Steuerbefreiung bezieht sich auf die Kapitalzufuhr zur Stiftung[2152] als auch auf den Kapitaleinsatz in der Stiftung.[2153] Der Staat tritt also einerseits in Bezug auf diese Mittel in Vorleistung, da er Privilegien gewährt und andererseits auf den gemeinwohlfördernden Einsatz dieser Mittel – zumindest für eine bestimmte Zeit – verzichtet. Hat man sich dazu entschieden, Generationengerechtigkeit fördern zu wollen, ist diese Entscheidung aus sozialpolitischer Sicht grundlegend legitim. Gleichzeitig ist es aber auch rechtspolitisch legitim, wenn der Staat seine Vorleistung von seiner Kontrolle und Überwachung abhängig macht. Da diese Kontrolle und Überwachung nur bei rechtsfähigen Stiftungen ausgeübt werden kann, bedeutet dies, dass entsprechende **Privilegien zur Kapitalakkumulation** nur für **rechtsfähige gemeinnützige Stiftungen** in Betracht kommen sollten. Eine nachhaltige Kapitalakkumulation bei gleichzeitiger steuerlicher Förderung ist im Hinblick auf die Unabhängigkeit der Stiftung, die Aufrechterhaltung der Uneigennützigkeit auf den Kapitaleinsatz und auf die Kapitalanlageprinzipien sicherzustellen. Dies ist nicht Aufgabe der Finanzbehörden, sondern der Stiftungsaufsicht.

Zwischenfazit:

(1) Will man gemeinnützige Stiftungen gezielter in eine generationengerechte Politik einbeziehen, bedarf es der Reformierung bzw. Ergänzung der Auflistung der steuerlich geförderten gemeinnützigen Zwecke gemäß § 52 Abs. 2 Satz 1 Nr. 1 bis 25 AO.

(2) Die Pflicht zur zeitnahen Mittelverwendung ist kontraproduktiv zum nachhaltigen Wirken gemeinnütziger Stiftungen. Deshalb ist die Reformierung des Gegenwartsbezugs des Gemeinnützigkeitsrechts zu fordern. Eine Reform sollte darauf abzielen, Möglichkeiten der Kapitalakkumulation für Stiftungen zu schaffen bzw. die bestehenden auszubauen. Hierbei handelt es sich nicht wirklich um ein Privileg im weiteren Sinne, sondern um die sachliche Berücksichtigung der institutionellen Besonderheit der Rechtsform Stiftung. Da der Staat mit steuerlichen Privilegien für thesauriertes Kapital in ‚Vorleistung' tritt, ist eine staatliche Aufsicht über ‚kapitalakkumulierende

2151 Vgl. Tz. 1.2.5. in diesem Kapitel.

2152 Zum Beispiel durch Spendenabzug gem. § 10b Abs. 1 oder Abs. 1a EStG oder durch Gewährung des Buchwertprivilegs gem. § 6 Abs. 1 Nr. 4 Satz 4 EStG oder durch Erbschaft- und Schenkungsteuerbefreiung gem. § 13 Abs. 1 Nr. 16b ErbStG.

2153 Durch Steuerfreistellung von Gewinnen durch Kapitalverwendung, § 5 Abs. 1 Nr. 9 Satz 1 KStG, § 3 Nr. 6 Satz 1 GewStG.

Stiftungen' zu fordern. Entsprechende Möglichkeiten zur Thesaurierung sollten daher rechtsfähigen Stiftungen vorbehalten sein, da nur diese der staatlichen Aufsicht unterliegen.

2.4.2.2. Weitere Reformansätze für steuerliche Fördertatbestände?

(a) § 58 Nr. 5 AO

Die Vorschrift des § 58 Nr. 5 AO bietet einer Stiftung die Möglichkeit, einen Teil, jedoch höchstens ein Drittel ihres Einkommens dazu zu verwenden, um in angemessener Weise den Stifter und seine nächsten Angehörigen zu unterhalten, ihre Gräber zu pflegen und ihr Andenken zu ehren. Der Begriff der ‚nächsten Angehörigen' im Sinne dieser Norm beschränkt sich nach Auffassung der Finanzverwaltung auf Ehegatten, Eltern, Großeltern, Kinder und Enkelkinder, Pflegeeltern und Pflegekinder.[2154] Legt man nun den familialen Generationenbegriff zugrunde, stellt sich die Frage, ob eine Ausweitung dieser Norm in Betracht zu ziehen ist, indem man auch Unterhaltsleistungen an Urenkel, Ururenkel ff. miteinbezieht.[2155] Fraglich ist, ob dies förderlich im Sinne der gesetzten Aufgabenstellung wäre.

Zu berücksichtigen ist zunächst, dass die Norm des § 58 Nr. 5 AO eine Ausnahmeregelung im Regime des steuerlichen Gemeinnützigkeitsrechts darstellt.[2156] Die Verwendung von Einkommen einer gemeinnützigen Stiftung zum Unterhalt der nächsten Angehörigen des Stifters hat nichts mit gemeinnütziger Verwendung von Mitteln zu tun, sondern stellt eine Ausnahmeregelung dahingehend dar, dass eine gemeinnützige Stiftung selbst bei der nicht gemeinnützigen Verwendung von Einkommen zugunsten naher Angehöriger ihren steuerlichen Status als gemeinnützige Körperschaft nicht verliert, wenn sich diese Verwendung zugunsten der nahen Angehörigen in den gesetzlichen Grenzen des § 58 Nr. 5 AO vollzieht. Diese Ausnahmeregelung ist vor dem Hintergrund zu verstehen, dass der Gesetzgeber ein besonderes Interesse an der Gründung steuerbegünstigter Stiftungen hat.[2157] Steuerbegünstigten Stiftungen soll dabei die Möglichkeit eröffnet werden, das Andenken an den Stifter und seine Familie auch mit der Verausgabung von Mitteln in angemessenem Umfang zu pflegen.[2158] Auch soll für den Fall, dass der Stifter oder seine nächsten Angehörigen in eine Situation kommen, in der sie ihren angemessenen Unterhalt nicht mehr ausreichend gewährt sehen, die Möglichkeit für Stiftungen eröffnet werden, ohne Gefährdung der Steuerbegünstigung angemessene Unterhaltsleistungen erbringen zu können. Diese Norm ist somit nur dann einschlägig, wenn von einer Bedürftigkeit der Familie auszugehen ist. Sie ist nicht dahingehend zu verstehen, dass die Stiftung das gesamte Drittel ihres Einkommens losgelöst von den Bedürfnissen der Stifterfamilie für regelmäßige Zuwen-

---

2154 Vgl. AEAO Nr. 6 zu § 58 AO.

2155 Unter Berücksichtigung des Umstands, dass die Beschränkung auf Enkelkinder nur die Auffassung der Finanzverwaltung wiedergibt, kommt eine gesetzliche Änderung oder eine bloße gesetzliche Klarstellung in Betracht.

2156 In diesem Sinne Buchna/Seeger/Brox, Gemeinnützigkeit im Steuerrecht, § 58 Ziff. 2.8.5.1. (S. 224-226). Ebenso Hüttemann, Gemeinnützigkeits- und Spendenrecht, § 5 Rz. 3, 70.

2157 Buchna/Seeger/Brox, Gemeinnützigkeit im Steuerrecht, § 58 Ziff. 2.8.5.1. (S. 224-226).

2158 Dies., a. a. O., § 58 Ziff. 2.8.5.1. (S. 224-226). Soweit es um das Andenken und die Grabpflege geht, auch auf ewig.

dungen an diese verwenden darf.[2159] Die Norm trägt somit dem Grundsatz Rechnung, dass, auch bei Versorgung des Stifters und der nahen Angehörigen, die wesentlichen Teile des Einkommens einer steuerbegünstigten Stiftung für gemeinnützige Zwecke eingesetzt werden müssen. Dieser Drittel-Regelung liegt somit die rechtspolitische Entscheidung zugrunde, stifterfreundliche Rahmenbedingungen zu schaffen. Gleichwohl darf der Rahmen der Gemeinnützigkeit nicht verlassen werden.

Die gesetzliche Einbeziehung von Urenkelkindern ff. wäre wiederum eine rechtspolitische Entscheidung, die jedoch nicht ratsam erscheint. Dies deshalb, weil es sich bei der Norm, wie gesagt, um eine Ausnahmevorschrift zur grundlegenden Pflicht zur gemeinnützigen Verwendung von Mitteln handelt. Das steuerliche Gemeinnützigkeitsregime führt zu einer grundsätzlich vollständigen Steuerbefreiung der Stiftung. Vor diesem Hintergrund ist es legitim, Ausnahmeregelungen eng zu fassen. Daran vermögen Überlegungen zur Generationengerechtigkeit jedenfalls insoweit nichts zu ändern, als es um den rein familialen Generationenbegriff geht, der keine gemeinnützige, sondern eben eine familiale Komponente hat. Die familiale Komponente rechtfertigt es jedenfalls nicht, das Regel-Ausnahme-System umzukehren, wie es bspw. im Kontext der Möglichkeiten der Rücklagenbildung für gemeinnützige Stiftungen gefordert wurde.[2160]

(b) § 58 Nr. 6 AO

Nach § 58 Nr. 6 AO kann eine Körperschaft ihre Mittel ganz oder teilweise einer Rücklage zuführen, soweit dies erforderlich ist, um ihre steuerbegünstigten satzungsmäßigen Zwecke nachhaltig erfüllen zu können. Es stellt sich die Frage, ob hiernach Rücklagen für Projekte mit generationsübergreifendem Bezug gebildet werden können.

Mag der Wortlaut der Norm derartige Überlegungen nahelegen, ihr Sinn und Zweck ist jedoch ein anderer. Für die Durchführung der durch die Rücklage abzudeckenden geplanten Maßnahmen wird ein konkreter Zeitbezug gefordert.[2161] Soll eine Zweckerfüllung ‚irgendwann einmal' erfolgen, genügt dies nicht für die Rücklagenbildung gemäß § 58 Nr. 6 AO.[2162] Diese Norm ist somit nicht geeignet, um eine nachhaltige Tätigkeit mit generationsübergreifendem Bezug durch Bildung von Rücklagen zu finanzieren. Somit ist diese Norm auch nicht geeignet, zu der weiter oben geforderten Stärkung von Maßnahmen der Innenfinanzierung gemeinnütziger Stiftungen beizutragen. Gleichzeitig zeigt die Norm aber auch, dass bei Vorliegen sachlicher Gründe von dem Grundsatz der zeitnahen Mittelverwendung gemäß § 55 Abs. 1 Nr. 5 AO abgewichen werden kann. Entscheidet sich der Gesetzgeber zu einer Politik, die die Thematik der Generationengerechtigkeit als Grundrecht oder als Staatsziel proklamiert[2163], und will er dabei die institutionelle Besonderheit der Stiftung, über Generationen hinweg

2159 Buchna/Seeger/Brox, Gemeinnützigkeit im Steuerrecht, § 58 Ziff. 2.8.5.1. (S. 224-226).
2160 Vgl. gerade oben, Tz. 2.4.2.1. (b) in diesem Kapitel.
2161 Buchna/Seeger/Brox, Gemeinnützigkeit im Steuerrecht, § 58 Ziff. 2.8.6.2 (d); AEAO Nr. 10 zu § 58 AO.
2162 Buchna/Seeger/Brox, sprechen insofern von „in absehbarer Zeit“, siehe dies. § 58 Ziff. 2.8.6.2 (d).
2163 Vgl. Kapitel 1, Tz. 3.4.1., insbes. Tz. 3.4.1.2., 3.4.1.4. und 3.4.2.

wirken zu können, nutzen, ist eine Rücklagenbildung i. S. des § 58 Nr. 6 AO nach geltendem Recht nicht weit entfernt von der weiter oben proklamierten nachhaltigen Rücklagenbildung für gemeinnützige Stiftungen, deren Zweck auf die Förderung von Grundgütern im Sinne der Generationengerechtigkeit angelegt ist. Wie bereits ausgeführt, wäre hierfür jedoch ein grundlegend anderes Verständnis des steuerlichen Gemeinnützigkeitsregimes erforderlich. Die Norm des § 58 Nr. 6 AO erfordert deshalb einen konkreten Zeitbezug, weil sie als Ausnahmeregelung zur Grundsatzregelung der zeitnahen Mittelverwendung gemäß § 55 Abs. 1 Nr. 5 AO zu sehen ist. Nur wenn man dieses Verständnis für gemeinnützige Stiftungen in einen Grundsatz der Möglichkeit der Rücklagenbildung mit Ausnahmeregelung zur zeitnahen Mittelverwendung umkehren würde, wäre ein anderes Ergebnis möglich.

(c) § 58 Nr. 7a AO

Wie weiter oben im Rahmen der Grundlegung ausgeführt, kann eine Körperschaft höchstens ein Drittel des Überschusses der Einnahmen über die Unkosten aus Vermögensverwaltung und darüber hinaus höchstens 10% ihrer sonstigen nach § 55 Abs. 1 Nr. 5 zeitnah zu verwendenden Mittel einer freien Rücklage zuführen. Diese Regelung die Rücklagenbildung betreffend bezieht sich auf die Überschüsse von Einnahmen über Kosten aus Vermögensverwaltung. Daneben sind Rücklagenbildungen nach § 58 Nr. 6 und Nr. 7b AO möglich. Ansätze zur Reformierung dieser Norm vor dem Hintergrund der gesetzten Aufgabenstellung sind im Kontext der bereits getätigten Aussagen zu sehen: Will man gemeinnützige Stiftungen zum Zweck einer generationengerechten Politik gezielt(er) einsetzen, erfordert dies eine Umkehr des bereits mehrfach zitierten Regel-Ausnahme-Verhältnisses von zeitnaher Mittelverwendung und Rücklagenpolitik. Die Norm des § 58 Nr. 7a AO ist hierfür keine geeignete Plattform.

(d) Schaffung einer neuen Norm im Regelungskontext zu § 58 AO

Möglich wäre auch die **Erweiterung von Thesaurierungsmöglichkeiten** gemäß der Norm des § 58 Nr. 12 AO oder **in einer neu zu schaffenden Norm**. So könnte ein neu zu schaffender § 58 Nr. 13 AO etwa folgenden Wortlaut haben:

> Die Steuervergünstigung wird nicht dadurch ausgeschlossen, dass
>
> *(Alt. 1)*
>
> eine Stiftung bis zu einem Zeitraum von X[2164] Jahren nach ihrer Errichtung Mittel[2165] ganz oder teilweise ihrem Vermögen zuführt, wenn ihr Zweck auf die Verwirklichung von Gerechtigkeit zwischen den Generationen[2166] *(oder alterna-*

2164 Eine Festlegung einer bestimmten Jahreszahl soll hier bewusst offen bleiben. Die Parameter reichen von 10 oder auch mehr Jahren.

2165 Der Begriff „Mittel" wird hier bewusst verwendet, um die weitestgehende Möglichkeit einer Thesaurierungsbildung aufzugreifen. Möglich wäre natürlich auch die Verwendung der Terminologie gem. dem geltenden § 58 Nr. 12 AO, also „Überschüsse aus der Vermögensverwaltung und die Gewinne aus wirtschaftlichem Geschäftsbetrieb".

2166 Möglich wäre auch ein Wortlaut entsprechend dem Generationengerechtigkeitsgesetz, wo von „Interessen künftiger Generationen" die Rede ist.

tiv: ... wenn ihr Zweck auf die Verwirklichung der generationsübergreifenden Förderung des Allgemeinwohls) gerichtet ist.

Oder (Alt. 2):

eine Stiftung, deren Zweck auf die Verwirklichung von Gerechtigkeit zwischen den Generationen abzielt (*oder alternativ: ... deren Zweck auf die Verwirklichung der generationsübergreifenden Förderung des Allgemeinwohls gerichtet ist*), Mittel ganz oder teilweise ihrem Vermögen zuführt, um sie für zukünftige Generationen zu verwenden.

Als förderfähige Zwecke i. S. von Gerechtigkeit zwischen den Generationen (*oder alternativ: generationsübergreifenden Förderung des Allgemeinwohls*) gelten die in der Anlage genannten Zwecke (*oder alternativ: ... gelten die folgenden Zwecke: ...*).

Um eine Verewigung der Vermögensthesaurierung auszuschließen, könnte man eine ergänzende Regelung dahingehend aufnehmen, dass die Finanzbehörden ggf. in Zusammenarbeit mit der Stiftungsaufsichtsbehörde und Stiftungsvorstand nach Ablauf eines zu bestimmenden Zeitraums ein Gebot zur Mittelverwendung aussprechen können. Aus Sicht der aktuellen Gesetzeslage, die den Grundsatz der zeitnahen Mittelverwendung proklamiert, mag dies zunächst ungewöhnlich erscheinen. Man muss jedoch konzedieren, dass eine generationengerechte Politik auch Rahmenbedingungen für generationsübergreifende Instrumentarien schaffen muss. Eine Politik, die sich für mehr Gerechtigkeit zwischen den Generationen bekennt, kommt gar nicht umhin, bestehende Konzepte, deren Wirkungen zeitnah oder gegenwartsbezogen sind, in Frage zu stellen und ggf. zu ändern. Dazu gehören nicht nur ganzheitlich wirkende Reformen wie die Frage nach der Begrenzung der Neuverschuldung auf Bundes- oder Länderebene, sondern auch ganz profan erscheinende Maßnahmen wie die Frage der Mittelverwendung und Rücklagenbildung im steuerlichen Regime der Abgabenordnung.

2.4.3. Sonderausgabenabzug gemäß § 10b Abs. 1a EStG

Wie im Rahmen der Grundlegung aufgezeigt wurde, können gemäß § 10b Abs. 1a EStG Spenden in den Vermögensstock einer Stiftung des öffentlichen Rechts oder einer gemeinnützigen Stiftung des privaten Rechts auf Antrag des Steuerpflichtigen im Veranlagungszeitraum der Zuwendung und in den folgenden neun Veranlagungszeiträumen bis zu einem Gesamtbetrag von 1 Mio. Euro zusätzlich zu den steuerlichen Höchstbeträgen nach den allgemeinen Regelungen als Sonderausgaben abgezogen werden.[2167] Dies gilt auch dann, wenn die Zuwendung in Form einer Zustiftung in den Vermögensstock einer bereits bestehenden Stiftung erfolgt. Wiederum ausgehend von der Prämisse, dass gemeinnützige Stiftungen zur Generationengerechtigkeit beitragen können, da sie intergenerationell wirken und dem Gemeinwohl dienen,[2168] stellt sich die Frage, ob eine weitergehende Förderung i. S. des § 10b Abs. 1a EStG zielführend im Sinne des gesetzten Untersuchungsgegenstands sein könnte.

2167 Vgl. Ausführungen im Rahmen Kapitel 2, Tz. 4.5.2.4.

2168 Vgl. Kapitel 3, Tz. 1.

2.4.3.1. Grundsätzliche Rechtfertigung der steuerlichen Förderung der Philanthropie

Zunächst stellt sich dazu die Frage, ob und inwieweit steuerliche Begünstigungen im Hinblick auf die Philanthropie und dem Ziel eine gewünschte Verteilungspolitik durchzusetzen, überhaupt geeignet sein können. Damit ist nochmals die im Rahmen der Einleitung[2169] aufgeworfene Frage angesprochen, ob sich steuerliche Fördertatbestände zur Schaffung intergenerationeller Gerechtigkeit auch vor dem Hintergrund des *Rawls'*schen *difference principle* rechtfertigen lassen. Zu dieser Frage wurde bereits weiter oben („Urzustand 3"[2170]) Stellung genommen und soll nun anhand der Norm des § 10b Abs. 1a EStG nochmals aufgegriffen werden. Dies betrifft auch die Frage nach Philanthropie und Steuerpolitik, mit der sich eingehend *Paqué* auseinandergesetzt hat. Nach ihm ist eine generelle Förderung der Philanthropie immer dann geeignet, ein staatliches Umverteilungsziel zu erreichen, wenn dieses Ziel durch eine streng individualistische Ethik begründet wird.[2171] Als individualistisch wird eine Ethik bezeichnet, wenn ihre Verfechter den Anspruch erheben und begründen, dass alle Individuen einer Gesellschaft diese Ethik teilen. Erforderlich sei somit ein ethischer Konsens.[2172] *Paqué* hält es für durchaus vorstellbar, dass selbst eine sehr große Zahl von Menschen – etwa die Bewohner Deutschlands – in einer überwältigenden Mehrheit bestimmte ethische Prinzipien teilen.[2173] Dementsprechend lässt sich auch eine staatliche Umverteilung auf Basis einer individualistischen Ethik begründen.[2174] Basiert diese Umverteilung auf der Förderung der Philanthropie, wirkt dies unter bestimmten Voraussetzungen zum Erreichen einer ethischen Zielvorgabe effizienter als direkte staatliche Ausgaben. Die Förderung – etwa in Form eines Steuerabzugs für Spenden an gemeinnützige Organisationen – werde umso attraktiver, je „elastischer die (potenziellen) Philanthropen auf zusätzliche Förderung durch Ausweitung ihres Angebots an Spenden reagieren"[2175]. *Paqué* bezeichnet dies als „ökonomisch effiziente Organisation von Ethik"[2176].

Dies führt zurück zu den Erkenntnissen, die bereits weiter oben[2177] im Rahmen der Frage nach Möglichkeiten der Einbeziehung gemeinnütziger Stiftungen in eine generationengerechte Politik vor dem Hintergrund zeitgenössischer Moralethiken gewonnen wurden. Insbesondere die obigen Untersuchungen zu diversen modifizierten Urzuständen[2178] haben gezeigt, dass bereits vertragstheoretische Begründungsversuche zu einer ethisch legitimierbaren Privilegierung gemeinnütziger Stiftungen führen. So hat sich am Beispiel des obigen modifizierten Urzustands 3 gezeigt, dass Privilegien für ge-

---

2169 Einleitung, Tz. 2.1., Ziff. 5.

2170 Kapitel 3, Tz. 1.1.1.2.

2171 Paqué, Philanthropie und Steuerpolitik.

2172 Ders., a. a. O., S. 15.

2173 Ders., a. a. O., S. 18.

2174 Ders., a. a. O., S: 19.

2175 Ders., a. a. O., S. 2 f.

2176 Auch Paqué geht somit von dem Untersuchungsansatz aus, dass im Rahmen einer interdisziplinär angelegten Problemstellung eine Wissenschaftskonkurrenz nicht ohne das Vor-die-Klammer-Ziehen der Ethik gelöst werden kann; vgl. dazu oben, Einleitung Tz. 1.

2177 Kapitel 3, Tz. 1.

2178 Kapitel 3, Tz. 1.

meinnützige Stiftungen mit dem Differenzprinzip von *Rawls* vereinbart werden können.[2179]

Paqué kritisiert allerdings den *Rawls*'schen Ansatz anhand des Beispiels, dass sich der reiche A – als Egoist – in einer Zwei-Personen-Gesellschaft dazu entschließt, nicht an einem Transfer zugunsten des armen B teilzunehmen. A gewährt dem B vielmehr nur eine bescheidene Hilfe zum Überleben. Nach *Rawls* wäre der Staat in diesem Fall legitimiert, die Sozialhilfe durch Besteuerung des A aufzustocken. *Paqué* ist der Auffassung, dass dieser Eingriff dem Prinzip der individualistischen Ethik widerspreche, denn er überdehne den Begriff des Konsenses.[2180] A würde einer derartigen Besteuerung seinen Konsens verweigern.

Diese Kritik vermag in dieser Form nicht zu überzeugen. Zum einen ist zu berücksichtigen, dass A nicht weiß, dass er A ist, denn unter dem Schleier des Nichtwissens müsste er in Betracht ziehen, dass er auch B sein könnte. Wäre A ein Egoist, wäre er auch als B Egoist genug, die Privilegierung des anderen zu akzeptieren, wenn er (als B) davon profitiert. Des Weiteren ist festzuhalten, dass A immer, d. h. jedes Jahr, die freie Entscheidung hat, sich nicht mehr egoistisch, sondern philanthropisch (neu) zu orientieren. Stiftet er nicht, wird er – auf Basis der aktuellen Ausgestaltung des steuerlichen Stifterregimes im Einkommensteuerrecht – übrigens nicht härter besteuert, denn bei § 10b Abs. 1a EStG handelt es sich nicht um eine steuerbegründende Norm. Sie bietet vielmehr die Möglichkeit zur Verringerung der Steuerlast.[2181] Stiftet er zugunsten des B, beteiligt sich der Staat über die Norm des § 10b Abs. 1a EStG an dieser Zuwendung.

Davon abgesehen, wird der Umstand, dass steuerliche Anreize in Form von Steuerabzugsmöglichkeiten die Höhe von Geldspenden an gemeinnützige Organisationen mit beeinflussen, als „in der Literatur relativ unumstritten" bewertet.[2182] Nicht klar ist, wie stark sich der ökonomische Anreiz äußert.[2183] Von Bedeutung ist auch die Erkenntnis, dass es sich bei der steuerlichen Förderung des Spendenaufkommens nicht um ein „quantitatives Nullsummenspiel bezüglich der Aktivität von Staat einerseits und dem Nonprofit-Sektor andererseits" handelt.[2184] *Adloff* stellt heraus, dass zumindest die Nonprofit-Sektoren in den USA und Deutschland durch staatliche Unterstützung eine Ausweitung erfahren haben.[2185] Es ist daher davon auszugehen, dass steuerliche Fördermaßnahmen philanthropisches Handeln fördern.

2179 Auch Paqué analysiert in seiner Untersuchung ob das Differenzprinzip Rawls' zur Rechtfertigung steuerlicher Privilegien philanthropischer Aktivitäten geeignet ist, wenngleich er den von *Rawls* zugrunde gelegten Sozialvertrag, der das Differenzprinzip zum Inhalt hat, für irreführend hält: „Ein hypothetischer, tatsächlich niemals abgeschlossener Vertrag ist kein Vertrag, sondern ein ethisches Prinzip. Entscheidend ist demnach die Akzeptanz der Fairness als Abstraktion von allen persönlichen Umständen für sich als bindendes moralisches Prinzip."; Paqué, a. a. O., S. 56 ff.

2180 Paqué, Philanthropie und Steuerpolitik, S. 60.

2181 Bergmann, Maria, a. a. O., S. 34.

2182 Adloff, Philanthropisches Handeln, S. 136.

2183 Ders., a. a. O., S. 136.

2184 Ders., a. a. O., S. 162.

2185 Ders., a. a. O., S. 162.

2.4.3.2. Erweiterung des Sonderausgabenabzugs gemäß § 10b Abs. 1a EStG?

Ob die Norm des § 10b Abs. 1a EStG weiter ausgebaut werden könnte, indem der steuerlich wirksame Sonderausgabenabzugsbetrag noch weiter erhöht wird, hängt auch davon ab, ob eine derartige weitere Erhöhung verfassungsrechtlich zulässig wäre.

Die Frage der Verfassungsmäßigkeit dieser Norm de lege lata wurde von *Bergmann* untersucht.[2186] Ausgehend von der klassischen Dreiteilung der Steuernormen in Fiskalzwecknormen, Sozialzwecknormen und Vereinfachungsnormen hat sie herausgearbeitet, dass es sich bei der Vorschrift des § 10b Abs. 1a EStG um eine **Fiskalzwecknorm** handelt. Fiskalzwecknormen sind Normen mit Ertragsfunktion, die den staatlichen Finanzbedarf decken wollen, mithin also die klassischen Steuernormen.[2187] Spenden werden hiernach der Einkommensverwendung zugeordnet. Da sie unter das Leistungsfähigkeitsprinzip subsumierbar sind und damit dem steuerrechtlichen Maßstab der Gleichbehandlung entsprechen, bedürften sie zumindest auf Ebene der Spender keiner weiteren Rechtfertigung.[2188]

Dieser Befund mag zunächst erstaunen, denn der steuerliche Fördertatbestand des Sonderausgabenabzugs für Spenden erscheint *prima facie* als **Sozialzwecknorm mit Lenkungscharakter**. Dies sind Normen, die die Steuerlast gezielt verändern und dadurch lenkend in den Wirtschaftsprozess eingreifen, um einem nichtsteuerlichen, gesellschafts- oder wirtschaftspolitischen Zweck zu dienen.[2189] Da der Sinn und Zweck des § 10b Abs. 1a EStG auch die besondere Förderung von Stiftungen zum Zweck einer nachhaltigen und berechenbaren Erfüllung von für die Allgemeinheit zuträglichen Aufgaben ist, ohne weitere öffentliche Gelder für diese aufwenden zu müssen,[2190] läge an sich die Annahme einer Sozialzwecknorm mit Lenkungsfunktion nahe. Sozialzwecknormen gehören materiell nicht dem Steuerrecht an. Sie orientieren sich nicht am Leistungsfähigkeitsprinzip, sondern bedürfen einer Legimitation, die sich am Gleichheitssatz gemäß Art. 3 GG messen lassen muss.[2191]

Die Einordnung des Spendenabzugs als Fiskalzwecknorm ist nicht unstreitig.[2192] *Seer* lehnt bspw. die Klassifikation als Fiskalzwecknorm ab und kritisiert insbesondere die Tatsache, dass eine Spende i.H.v. bspw. 1.000 Euro bei einem zu versteuernden Einkommen von 200.000 Euro zu einer höheren Steuerersparnis (500 Euro) führe, als bei einem zu versteuernden Einkommen von 20.000 Euro (nur 300 Euro). Der Ärmere hat gleichviel geleistet, dem Staat ist seine Spende aber 200 Euro weniger wert.[2193]

2186 Bergmann, Erweiterte Sonderausgabenabzugsfähigkeit.

2187 Dies., a. a. O., S. 34.

2188 Dies., a. a. O., S. 47; siehe auch dies. a. a. O., S. 36: „Eine Besteuerung ist dann gerecht, wenn sie alle Steuerpflichtigen nach Maßgabe ihrer wirtschaftlichen Leistungsfähigkeit zur Steuer heranzieht."

2189 Bergmann, Erweiterte Sonderausgabenabzugsfähigkeit, S. 34. Zu Hinweisen diese Auffassung betreffend siehe die Nachweise bei Seer, Gemeinwohlzwecke und steuerliche Entlastung, S. 41.

2190 Bergmann, Erweiterte Sonderausgabenabzugsfähigkeit, S. 104.

2191 Dies., a. a. O., S. 36.

2192 Vgl. die Darstellung des Meinungsstreits bei Bergmann, Erweiterte Sonderausgabenabzugsfähigkeit, S. 41 ff. Ferner bei Hüttemann, Gemeinnützigkeits- und Spendenrecht, § 1 Rz. 65-72.

2193 Seer, Gemeinwohlzwecke und steuerliche Entlastung, S. 42.

Grund für dieses Ergebnis ist der Progressionseffekt im Steuertarif, d.h. die Steuerersparnis des Spenders steigt infolge des progressiven Steuertarifs mit wachsendem Einkommen. *Seer* plädiert daher dafür, die Spende als Steuergutschrift, d.h. durch Abzug von der Steuerschuld zu berücksichtigen.[2194]

Bergmann weist jedoch darauf hin, dass in Fällen, in denen ein „Subventionsprogramm gerade die Lenkung der Finanzstarken bezweckt, die Bezieher kleiner Einkommen (...) nicht in gleicher Weise angesprochen werden sollen"[2195] und daher Progressionseffekte zu rechtfertigen sind. Da sie unter das Leistungsfähigkeitsprinzip subsumierbar sind, entsprechen sie dem Gleichbehandlungsgrundsatz und bedürfen auf der Ebene des Spenders keiner weiteren Rechtfertigung.[2196] Gleichwohl wird man der Norm des § 10b Abs. 1a EStG einen gewissen Sozialzweck mit Lenkungsfunktion nicht absprechen können, denn es hat sich gezeigt, dass die Norm geeignet ist, lenkend einzugreifen denn seit der Einführung der Norm mit dem Gesetz zur weiteren steuerlichen Förderung von Stiftungen vom 14.07.2000[2197] ist ein erhöhtes Stiftungsaufkommen in Deutschland zu verzeichnen.

Auch selbst wenn man die Regelung als Sozialwecknorm qualifizieren wollte, stellt sich diese als gerechtfertigt dar, da es sich insofern um ein vom Gesetzgeber ausdrücklich intendiertes Gestaltungsmittel zur Förderung gemeinnütziger Zwecke handelt.[2198] Es soll daher mit *Bergmann* von der Verfassungsmäßigkeit der Norm sowie von ihrer Einordnung als Fiskalzwecknorm ausgegangen werden.[2199] Dies bedeutet auch, dass die Höhe des Sonderausgabenabzugs grundsätzlich weiter angehoben werden könnte. Will man den Sonderausgabenabzug nach oben hin erweitern, d. h. von 1 auf 2, 3 oder 10 Mio. Euro, wäre dies dem Grunde nach möglich. Die lenkende Funktion der Norm kann dabei ‚mitgenommen' werden. Darüber hinaus entspräche dies auch der weiter oben[2200] getroffenen Feststellung, wonach der Vermögensausstattung gemeinnütziger Stiftungen im Kontext zur Frage der Generationengerechtigkeit besondere Bedeutung zukommt und eine besondere Privilegierung gemeinnütziger Stiftungen rechtfertigen kann.

2194 Vgl. dazu auch Hüttemann, Gemeinnützigkeits- und Spendenrecht, § 1 Rz. 67 und Rz. 69, der diese Auffassung schlagwortartig mit „Gleichheit in der Subventionswirkung" beschreibt (Rz. 67). Vgl. ferner: Wissenschaftlicher Beirat BMF, Die abgabenrechtliche Privilegierung gemeinnütziger Zwecke auf dem Prüfstand, S. 46, mit Hinweisen auf Behandlung in anderen Ländern, z.B. Frankreich: Abzug von der Steuerschuld, Großbritannien: kein Abzug beim Spender, aber zusätzliche Gutschrift dieser Steuerzahlung an die die Spende empfangende ‚Charity'-Organisation. Weitere Hinweise bei Strachwitz, Spenden und bürgerschaftliches Engagement: Aspekte einer politischen Kontextualisierung in: Adloff/Priller/Strachwitz (Hrsg.), Prosoziales Verhalten, S. 8-10 (insbes. Fußnote 6 auf der Seite 10).

2195 Bergmann, Erweiterte Sonderausgabenabzugsfähigkeit, S. 47.

2196 Der Meinungsstreit um die steuersystematische Einordnung der Norm kann hier nur angedeutet werden und ist bei Bergmann, Erweiterte Sonderausgabenabzugsfähigkeit, umfänglich dargestellt.

2197 Gesetz vom 14.07.2000, BGBl. 2000 I, S. 1034 ff.

2198 Bergmann, Erweiterte Sonderausgabenabzugsfähigkeit, S. 52-57 und S. 167.

2199 Bergmann legt dar, dass die Norm als Fiskalzwecknorm auch mit weiteren grundrechtlichen Anforderungen konform geht. So erachtet sie bspw. den Progressionseffekt des Spendenabzugs nicht für problematisch und auch haushaltsrechtliche Kriterien sind nicht verletzt.

2200 Siehe Tz. 1.3. in diesem Kapitel 3 – Alleinstellungsmerkmale (...)

Die **Grenzziehung** wäre allerdings dort zu ziehen, wo sich ein Steuerpflichtiger durch sein Spendenvolumen ganz aus seiner (gesamt)sozialen Verantwortung entziehen würde. Hätte im obigen Beispiel (siehe soeben *Ziff. 2.4.3.1.*) A in einer (nunmehr modifizierten) Drei-Personen-Gesellschaft die Möglichkeit, nur zugunsten des B zu stiften und aufgrund dieser Stiftung keine Steuern mehr zu zahlen, wären zugunsten des ebenfalls armen C keine Steuermittel mehr übrig. Dies wäre eine Gesellschaftsstruktur, die der möglichen Willkür des A ausgeliefert wäre, was weder ethisch gerecht, noch sozialpolitisch erwünscht und schon gar nicht finanzierbar sein kann. Aus diesem Grund können ertragsteuerliche Privilegien, wie ein Spendenabzug – und somit auch § 10b Abs. 1a EStG – nicht zu einer vollständigen Steuerentlastung des Stifters führen, sondern immer nur als Effekt bezogen auf den Grenzsteuersatz des Spenders wirken.[2201]

Zusätzlich wäre Folgendes zu beachten: Spenden werden in ertragsteuerlicher Hinsicht grundsätzlich in Höhe des Grenzsteuersatzes subventioniert.[2202] Dieses Sonderausgabensystem hat wirtschaftlich den Charakter eines ‚*matching fund*'. Darunter ist ein System[2203] zu verstehen, bei dem sich eine Partei (nicht selten ein Unternehmen) an der Spende einer anderen Partei (in diesem Fall die Arbeitnehmer in diesem Unternehmen) beteiligt, vorausgesetzt, diese andere Partei spendet tatsächlich. Diese Beteiligung besteht oft darin, dass die Spende des anderen noch einmal verdoppelt wird. Dass der andere überhaupt spendet, bleibt natürlich dessen freie Entscheidung.

Das ertragsteuerliche Spendenregime folgt im Prinzip demselben grundlegenden Gedanken. Spendet ein Steuerbürger, beteiligt sich der Staat an dieser Spende durch Minderung seiner Steuerlast. Die Beteiligung des Staates an der Spende könnte dann zu einer Liquiditätslücke führen, wenn man das weiter oben aufgeführte Postulat für eine extensivere Rücklagenpolitik gemeinnütziger Stiftungen mit ins Kalkül zieht. Tritt der Staat einerseits in Vorleistung, indem er sich an der Errichtung gemeinnütziger Stiftungen durch Steuerentlastungen beteiligt, und gewährt er diesen Stiftungen dazu auch noch die Möglichkeit, Rücklagen für generationsübergreifendes Wirken zu bilden, führt dies dazu, dass sowohl die gestifteten Mittel als auch die Steuerentlastung des Staates für den Zeitraum der zulässigen Rücklagenbildung nicht mehr für die aktuellen Zwecke des Gemeinwohls zur Verfügung stehen. Dies lässt sich zwar mit dem Postulat einer generationengerechten Politik rechtfertigen, mag aber aus finanzpoliti-

---

2201 Zum selben Ergebnis führten die Überlegungen zum „Urzustand 3", vgl. Kapitel 3, Tz. 1.1.1.2. (a). Da aus fiskalischer Sicht der Spendenabzug immer der Höhe nach beschränkt sein wird, relativiert sich der Meinungsstreit um die steuersystematische Einordnung des Spendenabzugs. *Hüttemann* weist darauf hin, dass dann, wenn solche Obergrenzen nicht nur absoluter Natur, sondern auch von subjektbezogenen Merkmalen abhängig sind (z.B. Gesamtbetrag der Einkünfte oder Höhe der Steuerschuld), sich zwangsläufig wieder einkommensabhängige Ungleichbehandlungen zwischen einzelnen Steuerpflichtigen ergeben, siehe Hüttemann, Gemeinnützigkeits- und Spendenrecht, § 1 Rz. 67. Überlegungen, den Spendenabzug de lege ferenda als Steuerabzug auf die Ebene der Steuerschuld zu verlagern, führen daher letztlich auch wieder zu Ungleichbehandlungen zwischen Steuerpflichtigen mit unterschiedlichen Einkommen, was auch Hüttemann konzediert, ders. a. a. O. Rz. 71.

2202 Paqué verwendet hierzu die Formel $p=1-m$, wobei er p als Preis einer Spende definiert und m als marginalen Steuersatz.

2203 Konkreter ein Spendensammelsystem.

schen Gründen kontraproduktiv sein. Auf der anderen Seite dürfte sich dieser Aspekt bei Zugrundelegung des überschaubaren Anteils gemeinnütziger Stiftungen am Gesamthaushalt wiederum relativieren.[2204] An dieser Stelle soll nun noch die weiter oben aufgeworfene Frage beantworten werden, wie eine Kapitalakkumulation auszugestalten wäre, ob freiwillig oder verpflichtend i. S. eines ‚Solidaritätszuschlags für zukünftige Generationen'.[2205] Ein ‚Solidaritätszuschlag für zukünftige Generationen' wäre grundsätzlich abzulehnen. Steuererhöhungen stellen ein einfallsloses und auf wenig Akzeptanz stoßendes politisches Mittel dar. Maßnahmen dieser Art tragen auch nicht dazu bei, die Akzeptanz der Thematik (sowohl jene der Generationengerechtigkeit noch jene der Einbeziehung gemeinnütziger Stiftungen) in der Öffentlichkeit zu fördern. Es geht nicht darum, neue Steuern zu erfinden, sondern um die Schaffung von Rahmenbedingungen, die philanthropisches Handeln zugunsten gemeinnütziger Stiftungen vor dem Hintergrund einer generationengerechten Politik fördern. Auch eine Verpflichtung zur Kapitalakkumulation auf Ebene der Stiftung ist abzulehnen. Eine Bevorzugung der Finanzierung von Zwecken des Gemeinwohls mit präsentischem Bezug gegenüber Zwecken des Gemeinwohls mit Zukunftsbezug hat sich als nicht vertretbar erwiesen.[2206]

Fazit: § 10b Abs. 1a EStG ist als Norm geeignet, die Rahmenbedingungen für gemeinnützige Stiftungen für Zwecke einer generationengerechten Politik zu verbessern. Es wäre möglich, den Sonderausgabenabzug weiter zu erhöhen. Dieser Erhöhung darf jedoch nicht zu einer über einen bestimmten Grenzsteuereffekt hinausgehenden steuerlichen Privilegierung führen. Damit verbundene Steuerentlastungen können im Kontext der geforderten Reformierung des Gegenwartsbezugs des steuerlichen Gemeinnützigkeitsrechts problematisch wirken, wenn die steuerlichen Entlastungen nicht zeitnah für Zwecke des Gemeinwohls verwendet werden müssen. Die (beschränkte) Leistungskraft gemeinnütziger Stiftungen im Kontext des gesamtwirtschaftlichen Haushalts dürfte Befürchtungen dieser Art allerdings relativieren.

2.5. Berücksichtigung besonderer Erscheinungsformen von Stiftungen vor dem Hintergrund der Generationengerechtigkeit

2.5.1. Die Nichtrechtsfähige Stiftung

Es fragt sich, ob aus der Debatte um Generationengerechtigkeit sachliche Kriterien für eine Beschränkung rechtlicher Privilegien auf rechtsfähige Stiftungen abgeleitet werden können. Diese Frage wurde bereits im Rahmen der obigen Ausführungen[2207] gestellt. *Hüttemann/Rawert*[2208] vertreten bspw. die Auffassung, dass pflichtteilsrechtliche Begünstigungen eine Beschränkung auf rechtsfähige Stiftungen rechtfertigen

2204 Vgl. dazu Kapitel 2, Tz. 3. – Statistik und ökonomische Rahmenbedingungen und Kapitel 3, Tz. 2.1.2. – Gemeinnützige Stiftungen und Haushaltswirtschaft.

2205 Siehe Kapitel 2, Tz. 3.2.4.

2206 Siehe Kapitel 3, Tz. 1.1.1.3.

2207 Vgl. Kapitel 3, Tz. 1.3. – Alleinstellungsmerkmale gemeinnütziger Stiftungen für Zwecke einer generationengerechten Politik.

2208 Hüttemann/Rawert, Pflichtteil und Gemeinwohl, ZEV 2007, 107, 112 f.

könnten, da nur bei diesen die Vermögensübertragung endgültig ist und auch eine Vermögensverletzung weniger wahrscheinlich sei, als im Fall der treuhänderischen Stiftung:

> „Nur Zuwendungen an rechtsfähige Stiftungen des bürgerlichen Rechts bieten die Gewähr, dass eine pflichtteilsrechtlich privilegierte Zuwendung zu öffentlichen Zwecken nicht nur de facto, sondern auch de iure irreversibel ist. Zuwendungen an (...) unselbständige Stiftungen sind hingegen rückholbar.“[2209]

Das Kriterium der ‚Sicherstellung der gemeinwohlorientierten Verwendung rechtlich privilegierter Mittel‘ ist legitim. Gewährt der Gesetzgeber rechtliche Privilegien – seien diese zivilrechtlicher- oder steuerrechtlicher Art – ist es legitim, die Gewährung dieser Privilegien an rechtliche Voraussetzungen zu knüpfen. Dazu gehört auch, dass sich der Staat ein Prüfungsrecht zum Vorliegen dieser Voraussetzungen und ein Überwachungsrecht zur Einhaltung derselben vorbehält. Würde der Gesetzgeber gemeinnützigen Stiftungen vor dem Hintergrund der Thematik der Generationengerechtigkeit besondere Privilegien gewähren, kann es dem Grunde nach legitim erscheinen, die Gewährung dieser Privilegien auf rechtsfähige Stiftungen zu beschränken, jedenfalls dann, wenn der Gesetzgeber via Stiftungsaufsicht sicherstellen wollte, dass diese Privilegien im Sinne einer besonderen Zwecksetzung ‚zu verdienen‘ sind. Diese Beschränkung wäre gleichwohl an rechtlichen Vorgaben zu messen. Vor dem Hintergrund der Stifterfreiheit gemäß Art. 2 Abs. 1 GG, die auch für treuhänderische Stiftungen gilt, und dem Gleichbehandlungsgebot gemäß Art. 3 GG müsste es sich aber um ‚gewichtige‘ Kriterien handeln. Mit *Hüttemann/Rawert* wären auch Aspekte möglicher europarechtlicher Diskriminierungen einzubeziehen und somit auch auf Rechtsträger abzustellen, „die nach dem Recht ihres Sitzstaates die gleiche Gewähr für eine dauernde und unumkehrbare Vermögenswidmung zu öffentlichen Zwecken bieten“[2210].

Vor dem Hintergrund der Generationengerechtigkeit ließe sich eine Beschränkung von Privilegien für rechtsfähige Stiftungen daher (nur) nach folgenden Maßstäben begründen:

(1) Es müsste sich um Privilegien handeln, die aus der Debatte zur Generationengerechtigkeit abgeleitet werden. Das Pflichtteilsrecht gehört beispielsweise, wie gezeigt,[2211] nicht dazu. Dies bedeutet aber nicht, dass die These von *Hüttemann/Rawert* in Bezug auf das Pflichtteilsrecht abzulehnen wäre. Sie findet nur keine Stütze in der Debatte zur Generationengerechtigkeit.

(2) Die Kriterien müssten gewichtig sein. Hier wäre der Vorschlag zu nennen, der auf die Reformierung des Gegenwartsbezugs im Steuerrecht abzielte.[2212] Wie aufgezeigt wurde, könnte die gemeinnützigkeitsrechtliche Ausweitung der Kapitalakkumulation das generationsübergreifende Wirken gemeinnütziger Stiftungen stärken. In diesem Fall wäre eine sachgerechte Beschränkung auf rechtsfähige Stiftungen ersichtlich, da

2209 Hüttemann/Rawert, a. a. O., S. 113. Rechtsfähigen Stiftungen des bürgerlichen Rechts sind ihnen funktional äquivalente Rechtsträger sowie juristische Personen des öffentlichen Rechts gleichzusetzen, vgl. dies, a. a. O., S. 113.

2210 Dies., a. a. O., S. 113.

2211 Vgl. Kapitel 3, Tz. 2.3.2.

2212 Vgl. oben, Kapitel 3, Tz. 2.4.2.1. (b).

der Staat mit der Gewährung von Privilegien zum einen in Vorleistung tritt und die gemeinwohlkonforme Verwendung von Mitteln erst in (einer zu definierenden) Zukunft läge, was eine staatliche Kontrolle mit der Stiftungsaufsicht rechtfertigen könnte.[2213]

Insgesamt bleibt festzuhalten, dass eine Beschränkung rechtlicher Privilegien auf nur rechtsfähige Stiftungen restriktiv gehandhabt werden sollte.

2.5.2. Bürgerstiftung

Es wurde eingangs[2214] die Frage gestellt, ob Bürgerstiftungen Besonderes zur Generationengerechtigkeit beitragen könnten und wenn ja was?

Nach den bisherigen Feststellungen dieser Untersuchung zeichnen sich Bürgerstiftungen vor allem durch ihren Lokalbezug aus. Lösungen für die Frage der Generationengerechtigkeit sind eher auf der Makroebene zu finden.[2215] Besondere Merkmale der Bürgerstiftung sind daher nicht in der Frage der Generationengerechtigkeit zu finden, sondern in der Verwirklichung des Subsidiaritätsprinzips. Bezeichnungen wie „dezidierter Ausdruck der Zivilgesellschaft“[2216] oder Attribute wie „ein hohes Maß an Solidarität und (kollektiver) Eigenverantwortung“[2217] sind sicherlich zutreffend, gelten allerdings auch für andere Erscheinungsformen gemeinnütziger Stiftungen. Es ist nicht erkennbar, warum und womit sich die Bürgerstiftung bei der Frage nach Generationengerechtigkeit gegenüber anderen Erscheinungsformen gemeinnütziger Stiftungen auszeichnen sollte.

2.5.3. Funktionsträgerstiftung

Wie weiter oben[2218] beschrieben, spricht man von einer Funktionsträgerstiftung, wenn eine Stiftung mit ihren eigenen Mitteln den ihr zugewiesenen Leistungsauftrag selbst verwirklicht.[2219] Ihre Funktion ist im Wesentlichen die Verfolgung eines Auftrags von sozialer, politischer oder kultureller Bedeutung. Stiftungen dieser Art sollen Mittler, Schiedsmann und Bindeglied zwischen Interessengruppen sein oder vernachlässigte Anliegen von öffentlichem Interesse bearbeiten und für ihre Berücksichtigung im sozialen Bereich und politischen Prozess werben.[2220] Es wurde die Frage gestellt, ob sich insofern weitere Ansätze durch Einbeziehung einer Funktionsträgerstiftung abzeichnen

2213 Vgl. nochmals Kapitel 3, Tz. 2.4.2.1. (b).

2214 Kapitel 2, Tz. 6.2.4.

2215 Vgl. Kapitel 1, Tz. 2.1. und Tz. 2.2., wo bereits darauf hingewiesen wurde, dass der Begriff der Generation auf die Makroebene und gerade nicht auf die Mikroebene zu beziehen ist, weil sich Lösungen zur Einbeziehung gemeinnütziger Stiftungen in eine generationengerechte Politik prima facie auf der Makroebene finden lassen.

2216 Schlüter/Stolte, Stiftungsrecht, S. 39.

2217 Siehe Einleitung, Tz. 2.1., Ziff. 4

2218 Kapitel 2, Tz. 2.2.12.

2219 Siehe nochmals bei Andrick/Suerbaum, Stiftung und Aufsicht, S. 32, m. w. N.

2220 Nochmals Andrick/Suerbaum, Stiftung und Aufsicht, S. 33.

könnten und ob die Funktion von größerer Bedeutung wäre als das Stiftungsvermögen.[2221]

Die Begriffs- und Aufgabenbeschreibung der Funktionsträgerstiftung legt ihre Einbindung in eine generationengerechte Politik in mehrerer Hinsicht nahe. Zu nennen ist insofern nicht nur die Verwirklichung eines Auftrags von sozialer und politischer Bedeutung, sondern auch die Funktion des Mittlers, Schiedsmanns und Bindeglieds zwischen Interessengruppen (hier Generationen). Diese Funktion entspräche auch jener des vielfach geforderten Interessenvertreterszukünftiger Generationen. Die Funktion ‚Bindeglied zwischen Interessengruppen zu sein oder vernachlässigte Anliegen von öffentlichem Interesse zu bearbeiten und für ihre Berücksichtigung im sozialen Bereich und politischen Prozess zu werben', entspricht deutlich einer für Zwecke der Generationengerechtigkeit lösungsorientierten Institution. Legt man zudem eine sozialwissenschaftliche Begriffsbestimmung im Sinne *Adloffs* zugrunde, wonach Stiftungen vornehmlich vor dem Hintergrund ihrer *sozialen Bedeutung* in der Gesellschaft zu sehen sind,[2222] wird deutlich, dass insofern einer Funktionsträgerstiftung besondere Bedeutung zukommen kann. Die Frage, ob eine Funktionsträgerstiftung im Kontext der Generationengerechtigkeit eine besondere Rolle übernehmen könnte, ist daher mit einem „*Ja*" zu beantworten.

Vor dem Hintergrund der sozialen und politischen Bedeutung der Frage nach Gerechtigkeit zwischen den Generationen und der implizit vorgegebenen Funktion der ‚Verwirklichung eines Auftrags von sozialer und politischer Bedeutung', drängt sich zudem auch die Frage auf, ob eine derartige Funktionsträgerstiftung nicht in Form einer Stiftung des öffentlichen Rechts errichtet werden sollte, die eben diese Funktion wahrnimmt. Im Rahmen des Fazits zu Kapitel 2[2223] wurde herausgearbeitet, dass Untersuchungsansätze nicht nur auf fördernde Tätigkeiten vermögender Privatpersonen oder Unternehmen abzielen sollten, sondern auch auf die öffentliche Hand. Es wurde die Aussage getroffen, dass es eine Sache sei, gesetzliche und politische Maßnahmen zu untersuchen, die darauf abzielen, das soziale Engagement von Bürgern und Unternehmen (noch weiter) zu *fördern*, eine andere Sache aber sei es, Maßnahmen zu diskutieren, die darauf abzielen, staatliches Engagement zu *fordern*. Insofern drängt sich die Frage auf, ob eine **Stiftung des öffentlichen Rechts** die Rolle einer derartigen **Funktionsträgerstiftung** übernehmen könnte. Wegen der Besonderheiten, die mit einer Stiftung des öffentlichen Rechts einhergehen, soll diese Frage nachfolgend gesondert untersucht werden.[2224]

2221 Vgl. Kapitel 2, Tz. 6.2.4.
2222 Vgl. Kapitel 1, Tz. 2.1.2. sowie nochmals Adloff, Philanthropisches Handeln, S. 72.
2223 Vgl. Kapitel 2, Tz. 6.2.4.
2224 Kapitel 3, Tz. 3.

2.6. Internationalisierung von Stiftungen vor dem Hintergrund intergenerationeller Gerechtigkeitsaspekte

2.6.1. Abbau steuerrechtlicher Restriktionen

In der Einleitung[2225] sowie in Kapitel 1[2226] wurde die Feststellung getroffen, dass angesichts der globalen Auswirkungen ökologischer Veränderungen die Problematik der Generationengerechtigkeit auch eine internationale Komponente hat. Hierzu wurde die Frage gestellt, ob sich hieraus Ansätze bzw. Forderungen für eine entsprechende Öffnung der institutionellen Rahmenbedingungen für gemeinnützige Stiftungen ableiten lassen. Diese könnten – wenn nötig – im Abbau grenzüberschreitender Restriktionen, z.B. aufgrund des Steuerrechts bestehen. Hierauf soll nun näher eingegangen werden.

Zunächst ist auf die Vorschrift des § 51 Abs. 2 AO einzugehen. Wie bereits weiter oben[2227] dargestellt, enthält diese Norm insofern Restriktionen, als die Steuervergünstigung für gemeinnützige Körperschaften, also auch gemeinnützige Stiftungen, bei Zweckverwirklichung im Ausland nur dann gewährt wird, wenn natürliche Personen, die ihren Wohnsitz oder ihren gewöhnlichen Aufenthalt in Deutschland haben, gefördert werden[2228] oder die Tätigkeit der Körperschaft neben der Verwirklichung der steuerbegünstigten Zwecke auch zum Ansehen der Bundesrepublik Deutschland im Ausland beitragen kann.[2229] Bei inländischen gemeinnützigen Stiftungen geht die Finanzverwaltung davon aus, dass der Inlandsbezug schon dadurch erfüllt ist, „dass sie sich personell, finanziell, planend, schöpferisch oder anderweitig an der Förderung gemeinnütziger und mildtätiger Zwecke im Ausland beteiligen (Indizwirkung)“[2230]. Für inländische gemeinnützige Körperschaften ändert sich somit durch § 51 Abs. 2 AO nichts.[2231] Ferner hat sich gezeigt, dass § 10b Abs. 1 EStG nicht (mehr) darauf abstellt, dass die Zuwendung an inländische gemeinnützige Körperschaften erfolgen muss, will der Spender diese Zuwendung als Sonderausgabe geltend machen.[2232] Insofern ergeben sich vor dem Hintergrund des gesetzten Untersuchungsgegenstandes keine direkten Anhaltspunkte für eine gesetzliche Reformierung.[2233]

2225 Siehe Einleitung Tz. 2.1. Ziff. 10.

2226 Kapitel 1, Tz. 3.3.3.

2227 Vgl. oben Kapitel 2, Tz. 4.5.1.2.

2228 Also „deutsche Steuerzahler“, so Hüttemann, Rainer, DB 2012, S. 250.

2229 Sog. ‚struktureller Inlandsbezug‘, siehe Buchna/Seeger/Brox, Gemeinnützigkeit im Steuerrecht, S. 23 f., S. 30-33; Kirchhof in Kirchhof EStG, 9. Aufl., § 10b Rn. 23.

2230 AEAO Nr. 7 Satz 6 zu § 51 Abs. 2 AO gemäß BMF, Schreiben vom 17.01.2012, DStR 2012, S. 298 ff.

2231 Hüttemann, Der neue Anwendungserlass zum Abschnitt „Steuerbegünstigte Zwecke“, DB 2012, S. 250 mit weiteren Erläuterungen.

2232 Vgl. dazu obige Ausführungen unter Kapitel 2, Tz. 4.5.2.3.; EuGH C-318/07 Rs. Hein Persche, Urteil v. 27.01.2009 sowie Änderung des § 10b Abs. 1 EStG durch das Gesetz zur Umsetzung steuerlicher EU-Vorgaben sowie zur Änderung steuerlicher Vorschriften vom 8. April 2010, BGBl. I 2010, 386 ff.; BStBl. I 2010, 334 ff.; vgl. aber auch FG Münster vom 8.03.2012 2 K 2608/09.

2233 Zumindest dann nicht, wenn man den Untersuchungsgegenstand wie vorliegend auf inländische gemeinnützige Stiftungen beschränkt, vgl. Kapitel 1, Tz. 2.2. am Ende, so dass es auf die Frage der „Indizwirkung“ auch bei ausländischen gemeinnützigen Stiftungen nicht ankommt.

Dennoch bleibt festzuhalten, dass gemeinnützige Stiftungen international wirken. Dies ist für die Debatte der Gerechtigkeit zwischen den Generationen von Bedeutung, da diese Thematik, wie in Kapitel 1 dargelegt wurde, auch eine internationale Komponente hat.[2234] Rahmenbedingungen sollten insgesamt darauf angelegt sein, das internationale Wirken gemeinnütziger Stiftungen zu unterstützen und nicht zu behindern. Zwar weisen *Tiedtke/Möllemann*[2235] darauf hin, dass ein „europaweit einheitlicher Gemeinwohlbegriff nach dem derzeitigen Integrationsstand der Europäischen Gemeinschaft keine klaren Konturen" aufweise. Gleichwohl verweisen diese Autoren auf gemeinsame Politiken der Gemeinschaft mit Gemeinwohlbezug. Zu nennen sind insofern Art. 3 Abs. 1 lit. 1) EG (Umwelt) und Art. 3 Abs. 1 lit. n) EG (Forschung und technische Entwicklung). Vor dem Hintergrund des gegebenen Untersuchungsgegenstands lässt sich Art. 3 (3) der konsolidierten Fassung des Vertrags über die Europäische Union hinzufügen, wonach die Europäische Union (u.a.) das Ziel verfolgt, die „Solidarität zwischen den Generationen" zu fördern.[2236] Es ist davon auszugehen, dass – zumindest auf europäischer Ebene – Vorgaben zur Schaffung entsprechender Rahmenbedingungen beitragen werden.

2.6.2. Forderungen nach einer Stiftung Europäischen Rechts

Wer eine (neue) Rechtsform der Stiftung des europäischen Rechts fordert, muss sich mit der Frage nach dem zusätzlichen praktischen Nutzen, der mit einer solchen Stiftung verbunden wäre, auseinandersetzen. Dies gilt insbesondere auch vor dem Hintergrund, dass die Europäische Kommission bereits einen Vorschlag für eine Verordnung über das Statut der Europäischen Stiftung (FE) vorgelegt hat.[2237] An dieser Stelle soll diese Nutzenfrage auf den Untersuchungsgegenstand beschränkt werden. Die zu beantwortende Frage lautet also: Was könnte eine Europäische Stiftung zur Generationengerechtigkeit beitragen? Was könnte sie, was eine deutsche gemeinnützige Stiftung nicht kann? Die Frage steht in unmittelbarem Zusammenhang mit der Frage nach der europäischen oder besser internationalen Dimension intergenerationeller Gerechtigkeitsaspekte. Wie in Kapitel 1 aufgezeigt wurde, sind dies in erster Linie ökologische Aspekte, aber auch Zwecke sind denkbar wie die Förderung der Völkerverständigung, die Integration von Menschen in andere Kulturkreise oder die Entwicklungszusammenarbeit.

2234 Insbesondere im Hinblick auf ökologische Aspekte, vgl. Kapitel 1, Tz. 3.3.

2235 Tiedtke/Möllemann, Gemeinnützigkeit und Europäische Grundfreiheiten, DStZ 2008, S. 69, 78.

2236 Vgl. Kapitel 1, Tz. 3.4.1.3. sowie Amtsblatt der Europäischen Union vom 30.3.2010, C 83/13, 17.

2237 Vorschlag der EU-Kommission für eine Verordnung über das Statut der Europäischen Stiftung (Fundatio Europaea – FE), abrufbar unter http://ec.europa.eu/internal_market/company/eufoundation/index_de.htm (letzter Abruf im April 2012); siehe dazu Stöber, DStR 2012, S. 804 ff.

Von den in Kapitel 1 dargestellten Moraltheorien zur Generationengerechtigkeit ist jene von *Ekardt* insofern hervorzuheben, als er die internationale Dimension dieser Problematik wohl am stärksten betont.[2238] Er stellt die Frage,

> „ob ein gerechtes Zusammenleben in einer globalisierten Welt nicht nur den Zukunftsschutz stärken, sondern auch die Belange von Menschen in anderen Ländern und Erdteilen mehr beachten muß – also von Menschen, die nicht Mitglieder ‚meiner' Gesellschaft sind"[2239].

Und weiter:

> „Muß ergo auch die Gerechtigkeit global werden? Muß es vielleicht auch global einheitliche Umwelt- und Sozialstandards geben"[2240].

Ekardt entwickelt hierzu eine Institutionentheorie der Nachhaltigkeit, „die etwas darüber sagen müsse, welche Institutionen und welches Zusammenspiel verschiedener Staatlichkeitsebenen wir für die Nachhaltigkeitsidee brauchen"[2241]. Er fordert hierzu „neue Organe wie Nachwelträte"[2242] und schließlich

> „ein Treuhänderorgan, welches die Zukunftsrechte in Gesetzgebungs- und große, zukunftsrelevante Verwaltungsverfahren einbringt – und welches anschließend ein Klagerecht hätte. Denn irgendjemand muss die Zukunftsrechte ja vorbringen können. Dies könnte ein Nachweltrat übernehmen. (…) Eine Treuhandinstitution sollte dabei künftigen *und* jungen Menschen nützen."[2243]

Ekardt weist auch darauf hin, dass diese Institution keinesfalls als weitere Parlamentskammer zu verstehen sei, die nicht vom Volk gewählt wird und die Vetorechte gegen zukunftsrelevante Gesetze hätte, da dies mit demokratischen Grundregeln nicht zu vereinbaren wäre. Auch sei zu berücksichtigen, dass alle „neuen Institutionen" den gleichen strukturellen Mangel hätten, der [so sinngemäß nach *Ekardt*], in der Gegenwartsbezogenheit der handelnden Akteure bestünde.[2244]

Die Forderungen *Ekardts* sind in der Sache offensichtlich berechtigt. Beleg hierfür ist nicht zuletzt die Tatsache, dass die ‚Solidarität zwischen Generationen' und somit auch die Debatte um Generationengerechtigkeit[2245] auf europäischer Verfassungsebene ‚angekommen' ist. Gerechtigkeit zwischen den Generationen hat ohne Zweifel eine internationale Dimension. So haben wohl auch alle wesentlichen politischen Teildisziplinen grenzüberschreitende, nicht selten sogar globale Folgen, sei es im Bereich der Energiepolitik, der Sozialpolitik oder der Finanz-, Wirtschafts- und Steuerpolitik, um nur einige zu nennen. Soweit diese Politiken auch Auswirkungen auf zukünftige Gene-

---

2238 Ekardt, Das Prinzip Nachhaltigkeit. Vorschlag der EU-Kommission für eine Verordnung über das Statut der Europäischen Stiftung (Fundatio Europaea – FE), abrufbar unter http://ec.europa.eu/internal_market/company/eufoundation/index_de.htm (letzter Abruf im April 2012); siehe dazu Stöber, DStR 2012, 804 ff.

2239 Ekardt, Das Prinzip Nachhaltigkeit, S. 103.

2240 Ders., a. a. O. S. 104.

2241 Ders., a. a. O. S. 153.

2242 Ders., a. a. O. S. 158.

2243 Ders., a. a. O., S. 177, S. 179.

2244 Ders., a. a. O., S. 177.

2245 Der Vertrag über die Europäische Union verwendet in Art. 3 (3) den Begriff „Solidarität zwischen den Generationen", während das 'Generationengerechtigkeitsgesetz' den Terminus „Schutz von Interessen der künftigen Generationen" verwendete, vgl. Kapitel 1, Tz. 3.4.2.3.

rationen in Europa haben, gilt für eine gemeinnützige Europäische Stiftung dasselbe wie für eine deutsche. Ihr sind dieselben Attribute und Alleinstellungsmerkmale zuzusprechen.[2246] Die für nationale gemeinnützige Stiftungen gefundenen Ergebnisse gelten entsprechend. Eine Europäische Stiftung könnte somit, wie eine deutsche Stiftung auch, zur Generationengerechtigkeit beitragen.[2247] Sie könnte in Europäischen Gremien auftreten, EU-relevante Fragen mit intergenerationellem Bezug aufgreifen, als Sprachrohr, Interessenvertreter und Anwalt für zukünftige Generationen Europas fungieren. Sie könnte die von *Ekardt* proklamierte Treuhandinstitution sein, die Interessen zukünftiger und junger Menschen – auf europäischer Ebene – vertritt.

Was würde aber eine europäische Stiftung gegenüber einer nationalen gemeinnützigen Stiftung auszeichnen? Was wäre *ihr* (zusätzliches) Alleinstellungsmerkmal?

Die Antwort auf diese Frage ergibt sich aus Art. 5 (3) der konsolidierten Fassung des Vertrags über die Europäische Union (AEUV):[2248]

> „Nach dem Subsidiaritätsprinzip wird die Union in den Bereichen, die nicht in ihre ausschließliche Zuständigkeit fallen, nur tätig, sofern und soweit die Ziele der in Betracht gezogenen Maßnahmen von den Mitgliedstaaten weder auf zentraler noch auf regionaler oder lokaler Ebene ausreichend verwirklicht werden können, sondern vielmehr wegen ihres Umfangs oder ihrer Wirkungen auf Unionsebene besser zu verwirklichen sind."

Wegen dieses Subsidiaritätsprinzips und der damit im Zusammenhang stehenden Kompetenzverteilung des AEUV wird das Stiftungsrecht als so gut wie nicht harmonisierbar eingestuft.[2249] Der Handlungsspielraum von europäischen Organen ist auf die Verabschiedung von rechtsunverbindlichen Empfehlungen begrenzt. Nach *Uhl* bleibt es daher auch de lege ferenda bei dem Dualismus von (unter Umständen nicht einheitlichem) nationalen Stiftungsrecht.[2250] Entsprechendes gilt auch für das (steuerliche) Gemeinnützigkeitsrecht. So weist *Hüttemann* darauf hin, dass nicht zuletzt wegen der kulturellen Unterschiede zwischen den Mitgliedstaaten auf absehbare Zeit nicht mit einer steuerlichen Harmonisierung der Regelungen über die Gemeinnützigkeit und den Spendenabzug auf europäischer Ebene zu rechnen ist.[2251]

Haben aber Probleme eine internationale Dimension bedarf es auch Problemlösungen, die international wirken. Nationale Stiftungen könnten dies auf Grund des beschriebenen Subsidiaritätsprinzips nicht – jedenfalls nicht EU-harmonisiert – leisten. Der Frage nach einer eigenständigen Europäischen Stiftung kommt daher umso mehr Bedeutung zu, als es um spezifisch europäische Themen geht. Wie aufgezeigt, gehört die Frage der Gerechtigkeit zwischen den Generationen dazu. Um die im Verfassungsvertrag postulierte Zielsetzung „Solidarität zwischen Generationen" fördern zu können, wäre die Europäische Stiftung als taugliche Institution prädestiniert. Wie auch auf

---

2246 Vgl. Tz. 1.3. in diesem Kapitel.

2247 Vgl. Tz. 1.4. in diesem Kapitel.

2248 Amtsblatt der Europäischen Union vom 30.3.2010, C 83/13, 18.

2249 Vgl. Uhl, Stiftungsrecht und Europarecht – Ein Beitrag zum Erwerbszweck der Stiftung bürgerlichen Rechts, ZSt 2007, S. 147, 148 mit weiteren Quellenangaben (dort FN 14).

2250 Ders. a.a.O., S. 148.

2251 Hüttemann, Gemeinnützigkeits- und Spendenrecht, § 1 Rz. 110, m.w.H.

nationaler Ebene wäre zudem anzustreben, sie mit materiellen Rechten[2252] und auch wirksamen Verfahrensrechten auszustatten. Im Rahmen der obigen Untersuchung[2253] hat sich gezeigt, dass die Schaffung von Rechten zukünftiger Menschen und die Zuweisung von Klagerechten Voraussetzung ist, um Gerechtigkeit zwischen den Generationen auch effektiv zur Wirklichkeit zu verhelfen. Welche konkreten Auswirkungen (Möglichkeiten und Grenzen) der gesetzte Untersuchungsgegenstand auch auf europäischer Ebene haben könnte,[2254] muss gleichwohl einer gesonderten Untersuchung vorbehalten werden, da dies den Rahmen der gesetzten Arbeit sprengen würde.

Im Ergebnis bleibt die **These** festzuhalten, dass auch eine Europäische Stiftung, deren Rechtsform noch zu schaffen ist, zu mehr Gerechtigkeit zwischen den Generationen beitragen könnte und sie die internationale Dimension der Debatte ‚abdecken' könnte. Die Europäische Stiftung wäre kongenialer Partner nationaler gemeinnütziger Stiftungen.

Es bleibt darauf hinzuweisen, dass Art. 5 des Verordnungsentwurfs zur Europäischen Stiftung eine abschließende Liste mit 19 möglichen Förderzwecken enthält, worin die Gerechtigkeit bzw. die Solidarität zwischen den Generationen nicht vorgesehen ist. Auf Art. 3 (3) des AEUV, wonach die Union die Solidarität zwischen den Generationen fördert, wurde bereits hingewiesen.[2255] Es ist daher – wie im nationalen Recht auch[2256] – zu empfehlen, den Förderkatalog einer Europäischen Stiftung um den Zweck der ‚Generationengerechtigkeit' oder der ‚Solidarität zwischen den Generationen' zu erweitern.

2.7. Gemeinnützige Stiftungen und Altersversorgung vor dem Hintergrund der nachgelagerten Besteuerung

Die selbstverantwortliche Altersvorsorge ist wohl eines der aktuell dringendsten Problemfelder. Dies gilt umso mehr, als die zwangsweise abzuführenden Beträge der in der gesetzlichen Rentenversicherung versicherten Beschäftigten angesichts der demografischen Entwicklung in Deutschland bei vielen Bürgern nicht mehr ausreichen dürften, um ihr Existenzminimum aus der eigenen Rente zu sichern.[2257] Eine Eigenvorsorge wird notwendig, damit die Beschäftigten später nicht auf Sozialhilfe angewiesen sind. *Möller* hat in seiner Dissertation[2258] herausgearbeitet, dass die steuerliche Subvention

2252 Hierzu wäre etwa die Frage zu diskutieren, ob und inwieweit sich eine Europäische Stiftung auf spezifische (ggf. noch zu schaffende) Grundfreiheiten zukünftiger Generationen berufen könnte. Zur Frage der Anwendbarkeit von Grundfreiheiten auf gemeinnützige Einrichtungen vgl. Hüttemann, Gemeinnützigkeits- und Spendenrecht, § 1 Rz.125 ff.

2253 Vgl. Tz. 2.1.1. in diesem Kapitel.

2254 Dies wäre also die Frage nach Möglichkeiten und Grenzen einer Europäischen Stiftung in eine generationengerechte Politik Europas. Dies setzt natürlich voraus, dass sowohl die Rechtsform der Europäischen Stiftung ‚kommt'. Dies ließe sich schließlich mit der Frage nach einer ‚Weltstiftung' mit entsprechender Zweckverfolgung auf die Spitze treiben.

2255 Vgl. Kapitel 1, Tz. 3.4.1.3. sowie andeutungsweise in Kapitel 3, Tz. 2.6.1.

2256 Vgl. Kapitel 3, Tz. 2.4.2.1. lit. (a).

2257 So auch Möller, Generationengerechtigkeit im Steuerrecht, S. 30.

2258 Möller, Generationengerechtigkeit im Steuerrecht.

bestimmter Anlageformen ein Mittel zur Förderung des Aufbaus privater Eigenvorsorge zur Sicherung des Alterskonsums ist.[2259] Wer eigenverantwortlich Eigenvorsorge betreibt, vermeidet Altersarmut und ist nicht auf Sozialhilfe angewiesen. *Möller* plädiert daher für ein konsumorientiertes Steuersystem in Form der nachgelagerten Besteuerung, d. h. ein System von Fiskalzwecknormen, das dem überperiodischen Anstieg der Steuerlast auf für einen späteren Konsum vorgesehenes Einkommen entgegenwirkt.

Das Gesetz zur Neuordnung der einkommensteuerrechtlichen Behandlung von Altersvorsorgeaufwendungen und Altersbezügen (Alterseinkünftegesetz – AltEinkG) vom 05.07.2004 basiert auf dieser Überlegung.[2260] Ausgangspunkt war das Urteil des Bundesverfassungsgerichts vom 06.03.2002[2261], in dem die unterschiedliche Besteuerung der Beamtenpensionen nach § 19 EStG und der Renten aus der gesetzlichen Rentenversicherung nach § 22 Nr. 1 S. 3 Buchstabe a EStG mit dem Gleichheitssatz des Art. 3 Abs. 1 GG für unvereinbar erklärt wurde. Als Kernpunkte der nachfolgenden Reform wurde das sog. Drei-Schicht-Modell[2262], einschließlich Rürup- und Riesterrente eingeführt. Leistungen aus diesen Anlagenformen unterliegen der nachgelagerten Besteuerung. Der Abzug der Investitionen und Ersparnisse von der steuerlichen Bemessungsgrundlage (heute) korrespondiert mit dem Zufluss der Erträge beim Entsparen der Investition (morgen). Ein derartiges System der nachgelagerten Besteuerung wird von *Möller* als grundsätzlich generationengerecht erachtet, da es in der Zukunft zu Wohlstand und Alterssicherung führe.[2263]

Es stellt sich somit die Frage, ob gemeinnützige Stiftungen in derartige Überlegungen einbezogen werden könnten. Überlegungen könnten etwa dahingehen, dass Anlageformen zugelassen werden, die ein steuerbegünstigtes Sparen zum Zweck der Altersversorgung mit gemeinnützigen Stiftungen ermöglichen. Die Steuerbegünstigung des Ansparens könnte über den Spendenabzug gemäß § 10b EStG erfolgen. Gemeinnützige Stiftungen thesaurieren gestiftete Sparbeträge und erzielen steuerbefreite Zinserträge. Im Fall der Auszahlung von Erträgen und Stiftungsvermögen an den Stifter kommt es bei diesem zur nachgelagerten Besteuerung. Gesetzlicher Ansatzpunkt könnte die Norm des § 58 Nr. 5 AO sein, wonach „eine Stiftung einen Teil (...) ihrer Einkünfte dazu verwenden darf, um (...) den Stifter und seine nächsten Angehörigen zu unterhalten“.

Überlegungen dieser Art sind jedoch nicht zielführend. Zum einen hat das (zugegebenermaßen dringliche) Problem der privaten Altersvorsorge nichts mit der Stiftungsidee als solcher zu tun. Stiftungen dienen dem Gemeinwohl, d. h der Allgemeinheit. Auch wenn die Vermeidung von Altersarmut *en gros* der Gesamtheit zugutekommt, bleibt sie gleichwohl eine Frage der persönlichen Eigenverantwortung, der sich letztlich jeder persönlich stellen muss. Mit gemeinnützigen, mildtätigen oder gar kirchlichen Zwecken hat dies nichts zu tun. Stiftungen sind weder ‚Steuersparmodel-

---

2259 Ders., a. a. O., S. 30 f., 216 ff. 391, 397 f.

2260 BGBl. 2004 I, 1427.

2261 2 BvL 17/99.

2262 Vgl. dazu – statt vieler – Möller, Generationengerechtigkeit im Steuerrecht, S. 314 ff.

2263 Möller, Generationengerechtigkeit im Steuerrecht, S. 391.

le', die zu stiftungsfremden Zwecken instrumentalisiert werden dürfen,[2264] noch ,private Versorgungsinstitutionen'. Daran vermag auch die Frage der Generationengerechtigkeit nichts zu ändern. Insofern wäre eine klare Grenze gegen das Ergreifen politischer Maßnahmen zu ziehen.

2.8. Instrumentalisierung gemeinnütziger Stiftungen durch ihre Einbeziehung in eine generationengerechte Politik bei Maßnahmen der Legislative?

Als Zwischenergebnis bleibt festzuhalten, dass es für die Legislative zahlreiche Anknüpfungspunkte gibt, gemeinnützige Stiftungen in eine generationengerechte Politik mit einzubeziehen. Abgesehen von Fragen, die primär auf die Förderung privater Interessen abzielen und nicht die Förderung des Allgemeinwohls im Blick haben (soeben Ziff. 2.7.), bleibt die Frage, ob Überlegungen dieser Art nicht dennoch zu einer überschießenden Instrumentalisierung gemeinnütziger Stiftungen führen können.

Zunächst ist auf eine Aussage des Wissenschaftlichen Beirats beim Bundesministerium der Finanzen vom August 2006 hinzuweisen,[2265] worin darauf hingewiesen wird, dass die Zukunft Deutschlands „durch die Alterung der Gesellschaft und eine steigende Nachfrage nach Dienstleistungen am Menschen gekennzeichnet"[2266] ist. Dadurch komme dem Dritten Sektor eine weiterhin wachsende Bedeutung zu. Diesem Sektor wird für die Zukunft eine wichtige Rolle prognostiziert, was seine abgabenrechtliche Neuordnung aus volkswirtschaftlicher Sicht rechtfertigt. Wenngleich die in diesem Gutachten getroffenen Aussagen reger Kritik unterzogen wurden[2267] und es inhaltlich nicht zur gesetzlichen Umsetzung kam, ist *dieser* Aussage uneingeschränkt zuzustimmen. Die Förderung *gemeinnütziger Institutionen im Allgemeinen* stellt keine Instrumentalisierung dar, wenn es um die Reaktion auf volkswirtschaftlich bedeutsame Entwicklungen geht. Ihre (weitere) Förderung ist – im Gegenteil – vielmehr zielführend und politisch sinnvoll. Tätigkeiten gemeinnütziger Institutionen mit Bezug zur Generationengerechtigkeit qualifizieren als eine „qualitative Ergänzung und Bereicherung des staatlichen Leistungsangebots"[2268]. Was das Rechtsinstitut der gemeinnützigen *Stiftung im Speziellen* betrifft, ist mit *Mecking* erst dann von einer ,überschießenden Instrumentalisierung' zu sprechen,

2264 So auch Mecking, Hartz IV: eine neue abwegige Idee zur Instrumentalisierung von Stiftungen, ZSt 2009, S. 256.

2265 Wissenschaftlicher Beirat BMF, Die abgabenrechtliche Privilegierung gemeinnütziger Zwecke auf dem Prüfstand.

2266 Wissenschaftlicher Beirat BMF, Die abgabenrechtliche Privilegierung gemeinnütziger Zwecke auf dem Prüfstand, S. 7.

2267 Zur Kritik an diesem nicht zur Umsetzung gelangten Gutachten siehe stellvertretend jene von Fischer, Grundfragen der Bewahrung und einer Reform des Gemeinnützigkeitsrechts, FR 2006, 1001 ff.; Hüttemann, Gemeinnützigkeits- und Spendenrecht, § 1 Rz. 81, Fußnote 3.

2268 Siehe Hüttemann, Gemeinnützigkeits- und Spendenrecht, § 1 Rz. 82.

„wenn die durch den (homogenen) Stifterwillen, das Stiftungsvermögen und den Gedanken der Dauerhaftigkeit der Stiftung gezogenen Grenzen überschritten werden“[2269].

Wie sich gezeigt hat, ist dies bei der Frage der Einbeziehung gemeinnütziger Stiftungen in eine generationengerechte Politik nicht der Fall, denn es ist gerade ihr wesensimmanenter Zweck, mit ihrem Vermögen *dauerhaft* dem *Gemeinwohl* zu *dienen*. Wenn Vermögen aber *dauerhaft* dem *Gemeinwohl dient*, kann damit keine ‚überschießende Instrumentalisierung‘ einhergehen, denn letztlich sind gemeinnützige Stiftungen genau dafür da. Gemeinnützige Stiftungen und Generationengerechtigkeit sind kraft Natur ihrer Institution und Zielsetzung in wesentlichen (Teil-)Disziplinen deckungsgleich. Um dieser Parallelität zu praktischem Erfolg zu verhelfen, bedarf es zwar, wie aufgezeigt, umfassender Reformen. Eine Instrumentalisierung gemeinnütziger Stiftungen ist damit aber nicht zu befürchten. Im Gegenteil: Die Schaffung geeigneter Rahmenbedingungen für eine generationengerechte Politik würde den institutionellen Besonderheiten gemeinnütziger Stiftungen erst richtig gerecht. Als Beispiele seien hier nochmals – exemplarisch – die Forderungen nach

- dem mit Rechten ausgestatteten unabhängigen Interessenvertreter zukünftiger Generationen,[2270]
- der Reformierung des Pflichtteilsrechts[2271]
- der Reformierung des Gegenwartsbezugs des steuerlichen Gemeinnützigkeitsrechts,[2272]
- der Reformierung des ‚nicht stimmigen Förderkatalogs‘ des § 52 Abs. 2 AO[2273] oder
- der Reformierung eines ‚nicht stimmigen Nachfolgeregimes für gemeinnützige Stiftungen‘[2274]

genannt.

All diese Punkte zeigen, dass Wirken und Wesen gemeinnütziger Stiftungen im Hinblick auf die Frage nach Gerechtigkeit zwischen den Generationen nach Maßgabe der geltenden gesetzlichen Rahmenbedingungen nicht umfassend und wirksam zur Geltung kommen können. Solange es also um Rahmenbedingungen geht, die das Wirken gemeinnütziger Stiftungen im Allgemeinen und den Status zukünftiger Generationen im Besonderen verbessern, sind Möglichkeiten der Einbeziehung gemeinnütziger Stiftungen in eine generationengerechte Politik zu begrüßen. Die Grenze der Legislative besteht dagegen dort, wo private Interessen im Vordergrund stehen.

Die aufgeworfene Frage zur Instrumentalisierung gemeinnütziger Stiftungen kann daher kurz und knapp mit ‚*Nein*‘ beantwortet werden. Wenngleich der Staat sich seiner Verantwortung gegenüber zukünftigen Generationen nicht entziehen darf, so ist es doch legitim und sogar zu fordern, die Rahmenbedingungen für gemeinnützige Stiftungen so zu gestalten, dass das den Stiftungen wesensimmanente Wirken zielgerichtet(er) für generationengerechte Politiken genutzt werden kann.

2269 Mecking in: Mecking/Schulte, Grenzen der Instrumentalisierung von Stiftungen, S. VIII.
2270 Vgl. Kapitel 3, Tz. 2.1.1.
2271 Vgl. Kapitel 3, Tz. 2.3.2.
2272 Vgl. Kapitel 3, Tz. 2.4.2.1. (b).
2273 Vgl. Kapitel 3, Tz. 1.2.5.
2274 Vgl. Kapitel 3, Tz. 2.3.

3. Möglichkeiten und Grenzen der Exekutive

3.1. Generationengerechtigkeit durch eine Stiftung des öffentlichen Rechts – Rechtfertigung des Untersuchungsansatzes

3.1.1. Berührungspunkte zwischen Stiftungen des öffentlichen Rechts und gemeinnützigen Stiftungen

Die Frage nach Möglichkeiten und Grenzen der Einbeziehung einer Stiftung des öffentlichen Rechts in eine generationengerechte Politik geht mit der gesetzten Aufgabenstellung eigentlich nicht ‚eins zu eins' konform, da die Stiftung des öffentlichen Rechts nicht deckungsgleich mit der gemeinnützigen Stiftung des privaten Rechts ist. Gemeinnützige Stiftungen sind typischerweise das Ergebnis privater Initiative. Stiftungen des öffentlichen Rechts sind in aller Regel das Ergebnis öffentlich-rechtlicher Initiative, wenngleich neben juristischen Personen des öffentlichen Rechts auch jede natürliche oder juristische Person des privaten Rechts eine Stiftung des öffentlichen Rechts errichten kann.[2275]

Stiftungen des öffentlichen Rechts und Stiftungen des privaten Rechts ist jedoch ihre Zweckverfolgung zugunsten der Allgemeinheit bzw. des Gemeinwohls gemein. Für Stiftungen des privaten Rechts ergibt sich dies aus § 80 Abs. 2 BGB. Für Stiftungen des öffentlichen Rechts ergibt sich dies bereits aus der Tatsache, dass ihre Aufgaben dem Bereich der mittelbaren Staatsverwaltung zuzuordnen sind.

Campenhausen weist auf weitere Berührungspunkte zwischen den Stiftungen des öffentlichen Rechts und gemeinnützigen Stiftungen hin.[2276] So kann eine Stiftung des bürgerlichen Rechts in eine Stiftung des öffentlichen Rechts umgewandelt werden, wenn sie eine in der Öffentlichkeit überragende Bedeutung erlangt hat.[2277] Umgekehrt verliert eine Stiftung des öffentlichen Rechts ihren öffentlich-rechtlichen Charakter, wenn die Voraussetzungen für die Genehmigung der Stiftung als öffentlich-rechtliche weggefallen sind.[2278]

Schließlich handelt es sich auch bei Stiftungen des öffentlichen Rechts um Organisationen zur Verwaltung eines ihnen vom Stifter endgültig anvertrauten, im Substanzwert zu erhaltenden Vermögens, mit dessen Erträgen ein bestimmter Zweck ge-

---

2275 Vgl. v. Campenhausen in Seifart/v. Campenhausen (2009), § 18 Rdn. 2; ebenso Alscher, Die Stiftung des öffentlichen Rechts, S. 181. *Alscher* weist jedoch darauf hin, dass privaten Stiftern hierbei nur die Rolle eines Initiators zukommen kann. Zwar sind sie auch ‚Stifter', da sie auch Geldgeber einer Stiftung des öffentlichen Rechts sein kann und somit deren Stiftungszweck – zumindest theoretisch – mitbestimmen kann. Sind Private jedoch Stifter, muss der Kompetenzbereich eines hieran irgendwie beteiligten Hoheitsträgers eröffnet sein, denn die öffentlich-rechtliche Stiftung ist letztlich Teil der mittelbaren Staatsverwaltung, siehe Alscher, Die Stiftung des öffentlichen Rechts, S. 122.

2276 v. Campenhausen in Seifart/v. Campenhausen (2009), § 15 Rdn. 1 und § 18 Rdn. 6 unter Hinweis auf das Stiftungsgesetz Rheinland-Pfalz i.d.F. bis 2004.

2277 Die sich aufdrängende Frage der verfassungsrechtlichen Zulässigkeit einer solchen Umwandlung soll hier nicht untersucht werden.

2278 v. Campenhausen in Seifart/v. Campenhausen (2009), § 15 Rdn. 1 und § 18 Rdn. 6.

fördert werden soll. Auch soll der Stifter über das konstituierende Stiftungsgeschäft hinaus keinen weiteren Einfluss nehmen. Die Stiftung des öffentlichen Rechts weist somit die für die Stiftungen typische Verbindung der Wesensmerkmale Vermögen, Zweck und Organisation auf. Daneben – und das erscheint für die gesetzte Aufgabenstellung wesentlich – ist von Bedeutung, dass auch die Stiftung des öffentlichen Rechts auf unbestimmte Dauer, d. h. im Grunde auf ewig tätig werden soll. Im Hinblick auf die Thematik der Generationengerechtigkeit erwies sich insbesondere dieses Kriterium von Bedeutung, da gerade diese institutionelle Besonderheit ein nachhaltiges Tätigwerden impliziert. Verbunden mit dem Zweck, Belange des Gemeinwohls zu fördern, ist eine generationenübergreifende Tätigkeit geradezu prädestiniert, zur Debatte der Generationengerechtigkeit beizutragen, wobei es zunächst als irrelevant erscheint, ob diese Tätigkeit von einer gemeinnützigen Stiftung des privaten Rechts oder einer gemeinnützigen Stiftung des öffentlichen Rechts ausgeübt wird.

Auch in steuerrechtlicher Hinsicht sind Parallelen zu verzeichnen.[2279] So kommt bspw. auch für Stiftungen des öffentlichen Rechts der erhöhte Spendenabzug gemäß § 10b Abs. 1a EStG zur Anwendung. Dasselbe gilt für die erbschaft- und schenkungsteuerliche Privilegierung gemäß § 13 Abs. 1 Nr. 16b ErbStG, soweit die Stiftung des öffentlichen Rechts den Voraussetzungen des Gemeinnützigkeitsprivilegs entspricht.[2280]

3.1.2. Abgrenzung der Stiftung des öffentlichen Rechts von gemeinnützigen Stiftungen

Während sich die Steuerbefreiung bei gemeinnützigen Stiftungen des privaten Rechts aus dem Umstand ergibt, dass Private[2281] bestimmte Aufgaben des Gemeinwohls übernehmen, ist die öffentliche Hand bereits ‚kraft Amtes' von der Steuerpflicht befreit. Ihr obliegt es als originäre Aufgabe, das Gemeinwohl zu fördern. Das Steuerrecht knüpft an diese grundsätzliche Differenzierung wie folgt an:

- **Stiftungen des privaten Rechts** (sei es als rechtsfähige oder als nicht rechtsfähige Stiftung) sind mit ihrem gesamten Einkommen subjektiv steuerpflichtig.[2282] Lediglich soweit die Voraussetzungen des Gemeinnützigkeitsrechts vorliegen, sind sie steuerbefreit (§ 5 Abs. 1 Nr. 9 S. 1 KStG, § 3 Nr. 6 Satz 1 GewStG, §§ 51 ff. AO).[2283] Gemeinnützigen Stiftungen des privaten Rechts kommt die „Rolle des Geförderten" zu.[2284]

2279 So auch Seer/Wolsztynski, Steuerrechtliche Gemeinnützigkeit der öffentlichen Hand, S. 57; Hey, Die Steuerbegünstigung der gemeinnützigen Tätigkeit der öffentlichen Hand, StuW 2000, S. 467.

2280 Vgl. Alscher, Die Stiftung des öffentlichen Rechts, S. 237, m. w. H.

2281 Natürliche Personen oder Unternehmen.

2282 § 1 Abs. 1 Nr. 4, Nr. 5 KStG; Staudinger/Hüttemann/Rawert (2011) Vorbem 318 zu §§ 80-88.

2283 Betreiben sie einen wirtschaftlichen Geschäftsbetrieb sind sie mit diesem Steuerpflichtig, § 64 AO, § 5 Abs. 1 Nr. 9 Satz 2 KStG, § 3 Nr. 6 Satz 2 GewStG; vgl. Kapitel 2, Tz. 4.5.1.1. und 4.5.1.2.

2284 Seer/Wolsztynski, Steuerrechtliche Gemeinnützigkeit der öffentlichen Hand, S. 51.

- **Stiftungen des öffentlichen Rechts** sind im Gegensatz dazu nicht steuerpflichtig.[2285] Lediglich wirtschaftliche Betätigungen in Form eines (sog.) ‚Betriebs gewerblicher Art'[2286] unterliegen gemäß § 1 Abs. 1 Nr. 6 KStG der Steuerpflicht.[2287] Der Stiftung des öffentlichen Rechts obliegt, als staatliche Einrichtung, die „Rolle der Förderinstanz"[2288].

Gegenüber Stiftungen des privaten Rechts ist insofern ein ‚umgekehrtes Regel-Ausnahme-Verhältnis von Steuerpflicht und Steuerbefreiung' festzustellen.

Es stellt sich somit die Frage, ob die Einbeziehung einer Stiftung des öffentlichen Rechts insofern problematisch wäre, als hierdurch die Verlagerung einer staatlichen Aufgabe zum Fördergegenstand des steuerlichen Gemeinnützigkeitsrechts gemacht wird.[2289]

Steuerprivilegien im Gemeinnützigkeitsrecht sind, wie bereits ausgeführt, in erster Linie auf das freiwillige Engagement Privater zugeschnitten. Öffentlich-rechtliche Körperschaften sind dagegen von Staatswegen zur Erfüllung öffentlicher Aufgaben und zur Förderung des Gemeinwohls verpflichtet.[2290] Da die grundsätzliche Steuerfreiheit hoheitlicher Tätigkeiten und die Steuerhoheit an sich dem Staat ausreichend finanzielle Möglichkeiten bieten (sollten), um seinen Gemeinwohlverpflichtungen nachzukommen, bedarf es einer – dem privaten Gemeinwohlengagement vergleichbaren – Anregung durch entsprechende Steuervergünstigungen daher im Regelfall nicht.[2291]

Vor diesem Hintergrund wird in der Literatur[2292] die Auffassung vertreten, dass der Staat und die von ihm getragenen Körperschaften Steuervergünstigungen für gemeinnützige Tätigkeiten schon aus der Natur der Sache heraus nicht in Anspruch nehmen können. Die staatliche Förderung des privaten Altruismus – und somit das Gemeinnützigkeitsrecht – müsse der hoheitlichen Verwaltung insgesamt verschlossen bleiben. Die Fragestellung zielt darauf ab, ob die öffentliche Hand im Zuge zunehmender Privatisierung dazu übergehen darf, hoheitliche (Pflicht-)Aufgaben auf einen privaten Rechtsträger auszugliedern bzw. zu übertragen.[2293]

Auch sei in diesem Zusammenhang nochmals auf die grundsätzlichen Argumente hingewiesen, die gegen den Staat als Stifter vorgetragen werden.[2294] Wie bereits ausgeführt, ist nach *Muscheler* die Wirklichkeit von „Staatsstiftungen" – und somit auch der

2285 Vgl. dazu auch bereits Kapitel 2, Tz. 4.5.1.3.

2286 Siehe bereits Kapitel 2, Tz. 4.5.1.3.

2287 Für die Gewerbesteuer vgl. § 2 GewStDV i. V. m. § 2 Abs. 1 S. 2 GewStG; vgl. auch Alscher, Die Stiftung des öffentlichen Rechts, S. 238.

2288 Siehe bereits Kapitel 2, Tz. 4.5.1.3. und nochmals Seer/Wolsztynski, Steuerrechtliche Gemeinnützigkeit der öffentlichen Hand, S. 51.

2289 Seer/Wolsztynski, Steuerrechtliche Gemeinnützigkeit der öffentlichen Hand, S. 17.

2290 Dies., a. a. O., S. 18.

2291 Dies., a. a. O., S. 18.

2292 Dies., a. a. O., S. 52 m. w. H. Diskutiert wird die Frage der „konstitutionellen Gemeinnützigkeitsunfähigkeit des Staates", wonach die gemeinnützigkeitsabhängigen Steuervergünstigungen allein für private Körperschaften bestimmt seien.

2293 Seer/Wolsztynski, Steuerrechtliche Gemeinnützigkeit der öffentlichen Hand, S. 51.

2294 Grundsätzlich Muscheler, Plädoyer für ein staatsfreies Stiftungsrecht, in: Stiftungsrecht, S. 27 ff. Siehe auch Kapitel 2, Tz. 2.2.1.2. und Kapitel 3, Tz. 1.1.1.2. (b) „Urzustand 4".

Stiftung des öffentlichen Rechts – durch Steuerersparnis, Etikettenschwindel und (immer auch) durch eine Verletzung des Demokratieprinzips geprägt.[2295] Letztere ergebe sich insbesondere daraus, dass Vermögenswerte privatisiert werden und Verwaltungsaufgaben in eine vom Willen des konkreten Stifters auf Dauer beherrschte Stiftung ausgelagert werden. Regierung und Verwaltung können somit auf Grund der Perpetuierung von öffentlichem Vermögen ihrer Verantwortung gegenüber wechselnden parlamentarischen Mehrheiten nicht mehr gerecht werden. Man bilde Schattenhaushalte, die sich öffentlichrechtlicher Finanzkontrolle weitgehend entziehen.[2296]

3.1.3. Stellungnahme für Zwecke der vorliegenden Untersuchung

Festzustellen ist zunächst eine deutliche Sachnähe von Stiftungen des privaten Rechts zu Stiftungen des öffentlichen Rechts. Bereits dies rechtfertigt es, die Stiftung des öffentlichen Rechts in die gesetzte Untersuchung mit einzubeziehen. Darüber hinaus wurde bereits in der Grundlegung zu dieser Untersuchung das Postulat eines bewusst extensiven Verständnisses von Begriffen und Definitionen zugrunde gelegt, was zum Ziel haben sollte, eine Vielzahl politisch möglicher Ansätze in die Untersuchung miteinbeziehen zu können.[2297] Wie sich im Rahmen des Fazits gemäß Kapitel 2 gezeigt hat,[2298] ist es gerade die Vielfalt der Erscheinungsformen von Stiftungen, die eine entsprechende Vielfalt von Lösungsansätzen verspricht.

Da zudem gemeinnützige Stiftungen zur Schaffung einer generationengerechten Politik nur ergänzend wirken können, erscheinen Fragen zu Möglichkeiten der Einbeziehung der Stiftung des öffentlichen Rechts geradezu zwingend, um weitere Formen und Alternativen der Ergänzung nicht zu vernachlässigen. Wie sich im Rahmen des Fazits zu Kapitel 2 ebenfalls gezeigt hat,[2299] lässt sich die Einbeziehung einer Stiftung des öffentlichen Rechts auch damit begründen, dass Überlegungen zur Einbeziehung gemeinnütziger Stiftungen in eine generationengerechte Politik darauf abzielen, privates Engagement (weiter) zu *fördern*, Überlegungen zur Einbeziehung von Stiftungen des öffentlichen Rechts darauf abzielen, staatliches Engagement zu *fordern*, und sei es auch nur insoweit, als damit ein politisches Signal gesetzt wird. Schließlich hat auch die Frage nach der Einbeziehung einer Funktionsträgerstiftung[2300] zu der Erkenntnis geführt, dass gerade diese Erscheinungsform prädestiniert erscheint, um in eine generationengerechte Politik eingebunden zu werden und dies in Form der Stiftung des öffentlichen Rechts besonders geeignet sein kann.

Zur Stiftungswirklichkeit weist *Alscher* auf 19 existierende öffentlich-rechtliche Bundesstiftungen hin sowie auf die vielfältigen Länderbeteiligungen. Diese Stiftungen des öffentlichen Rechts sind im Bereich der Mildtätigkeit[2301], der Kultur[2302] und des

2295 Muscheler, Plädoyer für ein staatsfreies Stiftungsrecht, in: Stiftungsrecht, S. 27, 36 f.

2296 Ders., a. a. O., S. 37.

2297 Vgl. oben, Kapitel 1, Tz. 2.2. am Ende.

2298 Vgl. Kapitel 2, Tz. 6.2.4.

2299 Vgl. Kapitel 2, Tz. 6.2.4.

2300 Vgl. Kapitel 3, Tz. 2.5.3.

2301 Stiftung für ehemalige politische Häftlinge, Heimkehrerstiftung – Stiftung für ehemalige Kriegsgefangene, Stiftung Hilfswerk für Behinderte Kinder, Stiftung „Mutter und Kind – Schutz des ungeborenen Lebens", Stiftung „Humanitäre Hilfe für durch Blutprodukte HIV-

Andenkens an deutsche Staatsmänner[2303] tätig. Darüber hinaus ist festzustellen, dass es im Rahmen der politischen Realität tatsächlich gängig ist, auf (öffentlich-rechtliche) Stiftungen zur Lösung zeitgenössischer Problemstellungen zurückzugreifen. So sieht der Koalitionsvertrag zwischen CDU, CSU und FDP zur 17. Legislaturperiode bspw. die Prüfung einer unabhängigen Stiftung für Finanzprodukte nach dem Muster der Stiftung Warentest vor.[2304] Entsprechendes ist für das Thema Datenschutz vorgesehen.[2305] Stiftungen des öffentlichen Rechts sind somit politische Realität.[2306] Lösungsansätze sollten sich an der politischen Realität orientieren.

Ossenbühl kritisiert auch diesen Ansatz.[2307] Er spricht von einer faktischen Verselbstständigung der Praxis, noch bevor Bedenken gegen die Verwendung der (öffentlich-rechtlichen) Stiftung oder ihrer Bezeichnung für die Erfüllung von Staatsaufgaben überhaupt erhoben wurden. Hier soll allerdings die eingangs erwähnte Arbeitsmethodik beibehalten werden, wonach es bei der Suche nach Ideen und Lösungen als entscheidend erachtet wird, während des Findungsprozesses nicht über die Ideen und Lösungen zu urteilen, sie nicht zu bewerten und nicht zu kritisieren. Erst nach dem Sammeln einer Vielzahl möglicher Ideen und Lösungsansätze kann (aus Quantität) Qualität entstehen.[2308] Gleichwohl muss eine Diskussion zur Einbeziehung einer Stiftung des öffentlichen Rechts die soeben dargestellte mögliche Einschränkung gemeinnützigkeitsrechtlicher Betätigung der öffentlichen Hand sowie die vorgetragenen grundsätzlichen Bedenken gegen die Stiftung des öffentlichen Rechts im Auge behalten. Nachfolgend werden deshalb Möglichkeiten und Grenzen der Einbeziehung einer Stiftung des öffentlichen Rechts in eine generationengerechte Politik untersucht. Dabei wird wie folgt vorgegangen:

Zunächst stellt sich die Frage nach der Zulässigkeit einer solchen Stiftung. Dies impliziert die Frage nach der Gesetzgebungskompetenz (nachfolgend 3.2.1.). Sodann stellt sich die Frage nach dem zu verfolgenden Zweck, also der Aufgabenstellung dieser Stiftung (nachfolgend 3.2.2.). Damit ist auch die Frage nach der politischen Zielsetzung dieser Stiftung verbunden. Wie könnte eine solche Stiftung organisiert sein (nachfolgend 3.2.3.) und wie könnte ihre Vermögensausstattung bzw. ihre Finanzie-

---

infizierte Personen“, Stiftung „Erinnerung, Verantwortung und Zukunft“ (Zwangsarbeiterstiftung); vgl. Alscher, Die Stiftung des öffentlichen Rechts, S. 29.

2302 Stiftung Preußischer Kulturbesitz, Haus der Geschichte der Bundesrepublik Deutschland, Museumsstiftung Post und Telekommunikation, Stiftung Denkmal für die ermordeten Juden Europas, Stiftung Jüdisches Museum Berlin, Stiftung für die Aufarbeitung der SED-Diktatur; vgl. Alscher, Die Stiftung des öffentlichen Rechts, S. 31.

2303 Stiftung Bundeskanzler-Adenauer-Haus; Stiftung Reichspräsident-Friedrich-Ebert-Gedenkstätte; Bundespräsident-Theodor-Heuss-Haus; Bundeskanzler-Willy-Brandt-Stiftung; Otto v. Bismarck-Stifung; vgl. Alscher, Die Stiftung des öffentlichen Rechts, S. 32.

2304 Siehe Koalitionsvertrag S. 53.

2305 Siehe Koalitionsvertrag S. 106.

2306 Siehe dazu auch Koalitionsvertrag S. 127, wo „politischen Stiftungen“ im Bereich der Entwicklungszusammenarbeit eine „herausgehobene Funktion“ konstatiert wird.

2307 Ossenbühl, Die Stiftungen des öffentlichen Rechts – sinnvolle Vielfalt oder Chaos? in: FS Starck, S. 351, 369.

2308 Vgl. Michalko, Erfolgsgeheimnis Kreativität, S. 104, 108. Diese Arbeitsmethodik wurde bereits bei der Zugrundelegung des Generationenbegriffs zugrunde gelegt, vgl. Einleitung, Tz. 2.2.

rung gestaltet werden (nachfolgend 3.2.4.)? Zu berücksichtigen ist, dass die nachfolgenden Ausführungen zur ‚Stiftung des öffentlichen Rechts mit dem Zweck der Generationengerechtigkeit' (nachfolgend auch ‚SdÖR GG') nur von grundsätzlicher Art und als Anregung zur weitergehenden Diskussion zu verstehen sind. Gemäß dem vorgegebenen Arbeitsprogramm und der Methodik der Untersuchung sollten politische Implikationen und mögliche politische Strategien und Programme untersucht werden, was jedoch nicht im Sinne einer algorithmisch-maßgeschneiderten Thesenformulierung für zu schaffende Referenten- und/oder Gesetzesentwürfe verstanden sein sollte.[2309] Dies muss ggf. den jeweiligen wissenschaftlichen Einzeldisziplinen und Expertengruppen vorbehalten werden.

3.2. Generationengerechtigkeit durch eine Stiftung des öffentlichen Rechts

3.2.1. Zulässigkeit und Gesetzgebungskompetenz

3.2.1.1. Zulässigkeit einer Stiftung des öffentlichen Rechts nach dem Grundgesetz

Betrachtet man zunächst sowohl die Art. 70 ff. GG als auch die Art. 83 ff. GG, fällt auf, dass die Stiftung des öffentlichen Rechts nicht explizit als Organisationsform für die bundeseigene Verwaltung oder Landesverwaltung genannt ist. Mit Ausnahme der Nennung kirchlicher Stiftungen in Art. 140 GG i. V. m. Art. 138 Abs. 2 WRV sind in Art. 86 Satz 1 und Art. 87 Abs. 3 Satz 1 GG explizit nur (bundesunmittelbare) Körperschaften und Anstalten des öffentlichen Rechts genannt. Daraus abzuleiten, dass Stiftungen des öffentlichen Rechts von der Bundesverwaltung auszuschließen seien, wäre jedoch sinnwidrig und widerspräche auch der Bundespraxis, da Stiftungen des öffentlichen Rechts sowohl auf Bundes- als auch auf Landesebene existieren.[2310] Das Fehlen der Stiftung des öffentlichen Rechts im Grundgesetz wird vornehmlich darin gesehen, dass die Hauptfälle der mittelbaren Staatsverwaltung schon immer Körperschaften und Anstalten gewesen sind, Stiftungen dagegen eher nur vereinzelt auftraten, weshalb sie als eigene Organisationsform als wohl nicht erwähnenswert erachtet wurden.[2311]

3.2.1.2. Allgemeines zur Gesetzgebungskompetenz

Gemäß Art. 70 GG haben die Länder somit das Recht zur Gesetzgebung, soweit das Grundgesetz nicht dem Bund Gesetzgebungsbefugnisse verleiht. Eine ausschließliche Gesetzgebungskompetenz des Bundes ist nicht ersichtlich, Art. 73 GG. Zu prüfen ist daher die konkurrierende Gesetzgebungsbefugnis gemäß Art. 74 GG. Diese könnte sich für den vorliegenden Untersuchungszweck der Generationengerechtigkeit aus Art. 74 Abs. 1 Nr. 7 GG ergeben, wonach sich diese Gesetzgebungsbefugnis auf das Gebiet der öffentlichen Fürsorge erstreckt.

2309 Vgl. Einleitung Ziff. 3.2., 3.3.

2310 So Alscher, Die Stiftung des öffentlichen Rechts, S. 12; ebenso Staudinger/Hüttemann/Rawert (2011) Vorbem 304 zu §§ 80-88.

2311 Alscher, Die Stiftung des öffentlichen Rechts, S. 13.

3.2.1.3. Konkurrierende Gesetzgebungskompetenz gemäß Art. 74 Abs. 1 Nr. 7 GG – Generationengerechtigkeit als öffentliche Fürsorge

Die öffentliche Fürsorge i. S. des Art. 74 Abs. 1 Nr. 7 GG wird traditionell als „Unterstützung Hilfsbedürftiger in vornehmlich wirtschaftlichen Notlagen durch die öffentliche Hand oder von ihr Beliehenen“ verstanden.[2312] Der Begriff ist im Hinblick auf das Sozialstaatsprinzip nicht eng auszulegen.[2313] Er umfasst nicht nur die öffentliche Hilfe bei wirtschaftlicher Notlage, sondern auch neue Lebenssachverhalte, wenn sie nur in ihren wesentlichen Strukturelementen dem Bild entsprechen, das durch die klassische Fürsorge geprägt ist.[2314] Insbesondere ist der Begriff der öffentlichen Fürsorge nicht auf das Unterstützungsminimum der Sozialhilfe beschränkt.[2315] Die Fürsorge ist nicht auf Hilfsmaßnahmen bei Notlagen oder akuter Hilfsbedürftigkeit beschränkt, sondern umfasst auch vorbeugende Maßnahmen, um Notlagen erst gar nicht entstehen zu lassen.[2316] Erfasst wird sowohl die Jugend- als auch die Altenpflege, ohne dass schon eine Gefährdung für die damit verbundenen Schutzgüter vorliegen müsste.[2317] Art. 74 Abs. 1 Nr. 7 GG umfasst sowohl die Bestimmung von Art und Umfang der Hilfeleistungen, als auch deren Organisation, unter Einbeziehung von Finanzierungsregelungen.[2318] Die auf Grundlage des Art. 74 Abs. 1 Nr. 7 GG geregelte Unterstützung kann sowohl in finanziellen Zuwendungen oder Sachleistungen liegen oder auch in immateriellen Diensten, wie z. B. in Beratungsdiensten.[2319] Ebenso erfasst die Zuständigkeit des Gesetzgebers die mit den einzelnen Fürsorgeleistungen verbundenen organisatorischen Regelungen.[2320]

Die weite Auslegung des Tatbestandsmerkmals der öffentlichen Fürsorge erlaubt zunächst die Bezugnahme auf die Frage der Gerechtigkeit zwischen den Generationen. Ob man diese Frage als ‚Schutz der Interessen künftiger Generationen‘,[2321] als ‚Solidarität zwischen den Generationen‘ oder als ‚Gerechtigkeit zwischen den Generationen‘ bezeichnet, ist unerheblich für die Feststellung, dass es sich hierbei um einen Lebenssachverhalt handelt, der in seinen wesentlichen Strukturelementen dem Bild entspricht, das durch die klassische Fürsorge geprägt ist. Diese Fürsorge wird gegenüber künftigen Generationen erbracht. Wie sich im Rahmen der Grundlegung zu Kapitel 1 gezeigt hat, ist diese Fürsorge im Rahmen der Generationengerechtigkeit nur insoweit neu, als es um die Fürsorge gegenüber noch nicht lebenden Menschen geht.[2322] Soweit es dagegen um ‚jung‘ und ‚alt‘ geht, kann von dem Vorliegen des Fürsorgetatbestands i. S.

2312 Degenhardt, in: Sachs (Hrsg.), Grundgesetz, 5. Aufl. 2009, Art. 74 Rdn. 35.
2313 BVerfGE 97, 332 (341).
2314 BVerfGE 108, 186 (214); Degenhardt, in: Sachs (Hrsg.), Grundgesetz, 5. Aufl. 2009, Art. 74 Rdn. 35.
2315 Degenhardt, in: Sachs (Hrsg.), Grundgesetz, 5. Aufl. 2009, Art. 74 Rdn. 35.
2316 BVerfGE 106, 62 (134); BVerfGE 108, 186 (214).
2317 Degenhardt, in: Sachs (Hrsg.), Grundgesetz, 5. Aufl. 2009, Art. 74 Rdn. 35.
2318 BVerfGE 106, 62 (134); 108, 186 (214).
2319 Oeter, in: v. Mangoldt/Klein/Starck, GG II, Art. 74 Abs. 1 Nr. 7 Rz. 64.
2320 Oeter, a. a. O., BVerfG 22, 180, 203.
2321 So der Wortlaut in Art. 20b GG – Generationengerechtigkeitsgesetz, vgl. oben, Kapitel 1, Tz. 3.4.2.3.
2322 Konkreter gegenüber noch nicht gezeugten Menschen.

des Art. 74 Abs. 1 Nr. 7 GG bereits mit dem Bundesverfassungsgericht ausgegangen werden.[2323] Von der geltenden Rechtsprechung des BVerfG zu Art. 74 Abs. 1 Nr. 7 GG zur Einbeziehung der Generationengerechtigkeitsdebatte ist es daher nur ein kleiner konsequenter Schritt. Der Umstand, dass die Zuständigkeit des Gesetzgebers nach Nr. 7 auch die mit den einzelnen Fürsorgeleistungen verbundenen organisatorischen Regelungen umfasst,[2324] bedeutet auch, dass die Möglichkeit der organisatorischen Einbeziehung einer Stiftung des öffentlichen Rechts – als Organisationsform – eröffnet ist. So wurde bereits im Rahmen des „Contergan-Gesetzes" – vom BVerfG ausdrücklich der Kompetenz des Art. 74 Abs. 1 Nr. 7 GG zugeordnet – die Organisationsform der Stiftung des öffentlichen Rechts gewählt.[2325]

Es ist somit davon auszugehen, dass auf Basis der konkurrierenden Gesetzgebungskompetenz nach Art. 74 Abs. 1 Nr. 7 GG ein Gesetz über die Errichtung einer Stiftung des öffentlichen Rechts mit dem Zweck der Generationengerechtigkeit bzw. der Gerechtigkeit zwischen den Generationen erlassen werden könnte.

3.2.1.4. Konkurrierende Gesetzgebungskompetenz gemäß Art. 74 Abs. 1 Nr. 13 GG – Generationengerechtigkeit als Förderung der wissenschaftlichen Forschung

Die konkurrierende Gesetzgebungskompetenz könnte sich des Weiteren aus Art. 74 Abs. 1 Nr. 13 GG ergeben, wonach sich diese auch auf das Gebiet der Förderung der wissenschaftlichen Forschung erstreckt. Die Förderung der wissenschaftlichen Forschung knüpft begrifflich an Art. 5 Abs. 3 GG an und bezieht sich auf finanzielle, organisatorische und planerische Maßnahmen.[2326] Erfasst wird „jede geistige Tätigkeit mit dem Ziel, in methodischer, systematischer und nachprüfbarer Weise neue Erkenntnisse zu gewinnen"[2327]. Die in Nr. 13 angesprochene Förderung kann sowohl personen- als auch projekt- oder einrichtungsbezogen sein.[2328] Über Art. 74 Abs. 1 Nr. 13 GG darf kein Eingriff in Hochschulstrukturen erfolgen.[2329]

Auch auf Basis des Art. 74 Abs. 1 Nr. 13 GG ließe sich ein Gesetz über die Errichtung einer SdÖR GG stützen, wenn der Zweck dieser Stiftung auf der wissenschaftlichen Forschung zur Thematik der Gerechtigkeit zwischen den Generationen läge.

3.2.1.5. Einschränkung der konkurrierenden Gesetzgebungskompetenz nach der Erforderlichkeitsklausel i. S. des Art. 72 Abs. 2 GG

Nach Art. 72 Abs. 1 GG haben die Länder die Befugnis zur Gesetzgebung, solange und soweit der Bund von seiner Gesetzgebungszuständigkeit nicht durch Gesetz Gebrauch gemacht hat. Dies findet in Art. 72 Abs. 2 GG eine Einschränkung zulasten des

2323 Vgl. bspw. BVerfGE 97, 332 ff.; BVerfGE 106, 62 (134); 108, 186 (214).

2324 Vgl. soeben und (nochmals) BVerfG 22, 180, 203; Oeter, in: v. Mangoldt/Klein/Starck, GG II, Art. 74 Abs. 1 Nr. 7 Rz. 64,

2325 Gesetz über die Errichtung einer Stiftung „Hilfswerk für behinderte Kinder" vom 17.12.1971, BGBl. I, 2018; BVerfGE 42, 263, 283; vgl. auch Oeter, Art. 74 Abs. 1 Nr. 7 Rz. 64.

2326 Stettner in Dreier GG-Kommentar, Bd. 2, 2. Auflage, 2006, Art. 74 Rn. 72.

2327 Vgl. Oeter, in: v. Mangoldt/Klein/Starck, GG II, Art. 74 Abs. 1 Nr. 13 Rz. 121 mit Hinweis auf BVerfGE 35, 79, 113 und BVerfGE 61, 210, 246.

2328 Oeter, a. a. O.

2329 Oeter, a. a. O.; Stettner in: Dreier GG-Kommentar, Bd. 2, 2. Auflage, 2006, Art. 74 Rn. 72.

Bundes. Auf dem Gebiet des Art. 74 Abs. 1 Nr. 7 und 13 GG hat der Bund das Gesetzgebungsrecht, wenn und soweit die Herstellung gleichwertiger Lebensverhältnisse im Bundesgebiet oder die Wahrung der Rechts- oder Wirtschaftseinheit im gesamtstaatlichen Interesse eine bundesgesetzliche Regelung erforderlich macht (Art. 72 Abs. 2 GG, Erforderlichkeitsklausel[2330]). Diese Erforderlichkeitsklausel schränkt die Bundeskompetenz nicht nur dem Grunde, sondern auch dem Umfang nach ein.[2331]

Im Hinblick auf die **Herstellung der Lebensverhältnisse** ist der Bundesgesetzgeber nur dann zum Eingreifen befugt,

> „wenn sich die Lebensverhältnisse in den Ländern der Bundesrepublik in erheblicher, das bundesstaatliche Sozialgefüge beeinträchtigender Weise auseinander entwickelt haben oder sich eine derartige Entwicklung konkret abzeichnet“[2332].

Erst wenn es fundierte Einschätzungen der gegenwärtigen Situation und der künftigen Entwicklung zulassen, darf der Bund von seiner konkurrierenden Kompetenz Gebrauch machen.[2333]

Im Hinblick auf die **Wahrung der Rechtseinheit im gesamtstaatlichen Interesse** ist zu beachten, dass diese nicht schon dann greift, wenn in den Ländern unterschiedliches Recht gilt. Im Anwendungsbereich des Art. 74 GG will das Grundgesetz Rechtsvielfalt zulassen, den Ländern soll Raum für partikular-differenzierte Regelungen eröffnet werden. Es müssen also zusätzliche Umstände hinzutreten, die eine Vereinheitlichung des Rechts erforderlich machen.[2334] Dies könnte eine „nicht hinnehmbare Rechtszersplitterung und hieraus unzumutbare Behinderung im länderübergreifenden Rechtsverkehr sein“[2335].

Die Wahrung der **Wirtschaftseinheit im gesamtstaatlichen Interesse** ist dann anzunehmen, wenn es um die Erhaltung der Funktionsfähigkeit des Wirtschaftsraums der Bundesrepublik durch bundeseinheitliche Rechtssetzung geht.[2336]

Im Kontext der Thematik der Generationengerechtigkeit ist die Herstellung gleichwertiger Lebensverhältnisse im Bundesgebiet oder die Wahrung der Rechts- oder Wirtschaftseinheit im gesamtstaatlichen Interesse i. S. des Art. 72 Abs. 2 GG nicht ersichtlich. Gerade die Vielschichtigkeit der Thematik spricht für eine partikular-differenzierte Regelungsmöglichkeit, die gerade den Ländern eröffnet werden sollte. Im Hinblick auf die Thematik der Generationengerechtigkeit haben sich die Lebensverhältnisse in den Ländern nicht in erheblicher, das bundesstaatliche Sozialgefüge beeinträchtigender Weise auseinander entwickelt. Auch geht es nicht um die Erhaltung der Funktionsfähigkeit des Wirtschaftsraums der Bundesrepublik, die eine bundeseinheitliche Rechtssetzung erforderlich machen würde.

2330 Degenhardt, in: Sachs (Hrsg.), Grundgesetz, 5. Aufl. 2009, Art. 72 Rz. 6 ff.

2331 Degenhardt, in: Sachs (Hrsg.), Grundgesetz, 5. Aufl. 2009, Art. 72 Rz. 11.

2332 Degenhardt, in: Sachs (Hrsg.), Grundgesetz, 5. Aufl. 2009, Art. 72 Rz. 15 mit Hinweis auf BVerfGE 106, 62, 142.

2333 Ders. ebenda.

2334 Degenhardt, in: Sachs (Hrsg.), Grundgesetz, 5. Aufl. 2009, Art. 72 Rz. 16.

2335 Ders., a. a. O., Rz. 15 mit Hinweis auf BVerfGE 106, 62, 145.

2336 Ders., a. a. O., Rz. 15 mit Hinweis auf BVerfGE 106, 62, 146.

3.2.1.6. Zwischenfazit

Als Zwischenfazit lässt sich somit festhalten, dass den Ländern gemäß Art. 74 Abs. 1 Nr. 7, 13 i. V. m. Art. 72 Abs. 2 GG die (konkurrierende) Gesetzgebungskompetenz für eine Stiftung des öffentlichen Rechts mit dem Zweck der Generationengerechtigkeit zugesprochen werden kann.

3.2.2. Generationengerechtigkeit als Funktion, Aufgabe und Zweck einer Stiftung des öffentlichen Rechts

3.2.2.1. Generationengerechtigkeit als Funktion, Aufgabe und Zweck

Funktion

Eine Gesellschaft, die eine auf Dauer angelegte Organisationsform initiiert, deren Zweck die Gerechtigkeit gegenüber nachfolgenden Generationen ist, setzt zunächst ein **Signal politischer Kultur**. Diesem Signal kommt mit der Schaffung einer Stiftung des öffentlichen Rechts insofern besondere Bedeutung zu, als dieser eine „Konservierungsfunktion" beizumessen ist.[2337] Durch die Stiftung des öffentlichen Rechts wird verhindert, dass eine entsprechende Institution zu einem späteren Zeitpunkt wieder aufgelöst und dem Staatsvermögen zugeführt wird.[2338] Die Stiftungserrichtung ist somit zunächst auch ein demonstrativer Akt: Es handelt sich um eine Einrichtung, die es zu bewahren gilt, die von Dauer und unabhängig von tagespolitischen Einflussnahmen ist.[2339] Eine solche Einrichtung ist bei der Zweckverfolgung der Gerechtigkeit zwischen den Generationen geradezu prädestiniert. Dieses Signal könnte auch Antwort auf die Frage sein, was denn der Vorteil einer solchen SdÖR GG gegenüber bereits bestehenden Institutionen wie bspw. dem Nachhaltigkeitsrat wäre. Es wäre die dauerhafte, d. h. verewigte Institutionalisierung einer derartigen Einrichtung.

Eine derartige Stiftung wäre gleichzeitig als **Funktionsträgerstiftung** zu qualifizieren. Sie könnte ‚Mittler, Schiedsmann und Bindeglied zwischen Generationen (Interessengruppen)' sein und auch ‚vernachlässigte Anliegen von öffentlichem Interesse bearbeiten und für ihre Berücksichtigung im sozialen Bereich und politischen Prozessen werben', was genau eben der Definition einer Funktionsträgersitftung entspricht.[2340]

Aufgabe

In öffentlich-rechtlicher Hinsicht muss die Aufgabe der Stiftung innerhalb der Kompetenzen des die Stiftung errichtenden Hoheitsträgers liegen.[2341] Wenn der Bund Gründer ist, sind seine Aufgaben begrenzt durch die Zuweisung von Kompetenzen im Grundgesetz. Bei Ländern – denen nach der hier vertretenen Auffassung wegen der Erforderlichkeitsklausel in Art. 74 Abs. 2 GG Gesetzgebungskompetenz zuzusprechen

2337 Alscher, Die Stiftung des öffentlichen Rechts, S. 33.
2338 Dies., a. a. O., S. 34.
2339 Dies., a. a. O., S. 34.
2340 Vgl. Kapitel 2, Tz. 2.2.12.
2341 Alscher, Die Stiftung des öffentlichen Rechts, S. 122.

ist – gilt dies ebenfalls.[2342] Der Vorrang spezieller Aufgabenzuweisungen ist zu beachten.[2343]

Aufgabe der SdÖR GG könnte sein, als Sachwalter Interessen und Rechte zukünftiger Generationen zu vertreten. Zukünftige Generationen wären die Destinatäre. Die der SdÖR GG zuzuweisenden Rechte und Befugnisse sollten nicht dahingehend verstanden werden, dass die SdÖR GG zu einer weiteren „Parlamentskammer mit Vetorechten gegen zukunftsrelevante Gesetze“ mutiert. Dies wäre mit dem Demokratieprinzip nicht vereinbar.[2344] Was benötigt wird, ist ein Treuhänderorgan, das Zukunftsrechte in Gesetzgebungs- und große, zukunftsrelevante Verwaltungsverfahren vorschlägt und einbringt. Hierzu wären Verfahrensregeln erforderlich.[2345] Zu fordern wären Beteiligungsrechte i. S. von Anhörungsrechten, damit zumindest die Möglichkeit besteht, berechtigte Belange vorzutragen, da nur so ein rationaler Diskurs über die richtige Entscheidung in Unabhängigkeit von Sonderperspektiven ermöglicht wird. Die SdÖR GG könnte die Funktion eines unabhängigen und auf Dauer institutionalisierten „Nachhaltigkeitsrats“ übernehmen.

Zweck

Die zulässige Zweckverfolgung einer Stiftung des öffentlichen Rechts richtet sich nach den jeweiligen Stiftungslandesgesetzen. So kann bspw. eine Stiftung des öffentlichen Rechts nach § 17 Abs. 2 StiftG BW[2346] nur für Zwecke errichtet werden, die der Erfüllung öffentlicher Aufgaben von besonderem Interesse dienen. Nach Art. 1 Abs. 3 Bayerisches Stiftungsgesetz[2347] sowie nach § 12 Abs. 1 des Sächsischen Stiftungsgesetzes[2348] dürfen Stiftungen des öffentlichen Rechts ausschließlich ‚öffentliche Zwecke‘ verfolgen, während bspw. das Landesstiftungsgesetz Rheinland-Pfalz[2349] in § 10 Abs. 2 auf die §§ 80-88 BGB verweist.

Die Begriffe ‚öffentliche Aufgabe von besonderem Interesse‘ und ‚öffentliche Zwecke‘ sind weitgehend deckungsgleich mit dem Begriff des Allgemeinwohls i.S.d. § 80 BGB[2350], weshalb das maßgebliche Abgrenzungskriterium zwischen einer Stiftung des privaten Rechts und einer Stiftung des öffentlichen Rechts auch ihr Entste-

2342 Dies., a. a. O., S. 122.

2343 So weist Alscher beispielhaft auf die Verpflichtung einer Stadt hin, nach dem Bundessozialhilfegesetz Altenheime zu unterhalten, §§ 93, 75, 96 Abs. 1 BSHG; vgl. Alscher, Die Stiftung des öffentlichen Rechts, S. 123. Eine Stiftung des öffentlichen Rechts kann insofern eine ergänzende Rolle übernehmen.

2344 So auch Ekardt, Das Prinzip Nachhaltigkeit, S. 177; ebenso die grundsätzlich Kritik von Muscheler, Plädoyer für ein staatsfreies Stiftungsrecht, in: Stiftungsrecht, S. 37.

2345 So auch die Forderung von Ekardt, Das Prinzip Nachhaltigkeit, S. 178.

2346 Stiftungsgesetz für Baden-Württemberg vom 04.10.1977, GBl. S 408, abgedruckt im Anhang zu Seifart/v. Campenhausen, Stiftungsrechtshandbuch, 3. Aufl.

2347 Bayerisches Stiftungsgesetz in der Fassung der Bekanntmachung vom 26.09.2008, GVBl. 2008, S. 834.

2348 Sächsisches Stiftungsgesetz vom 07.08.2007, GVBl. S. 386, abgedruckt im Anhang zu Seifart/v. Campenhausen, Stiftungsrechtshandbuch, 3. Aufl.

2349 Landesstiftungsgesetz Rheinland-Pfalz vom 19.07.2004, GVBl. S. 385, abgedruckt im Anhang zu Seifart/v. Campenhausen, Stiftungsrechtshandbuch, 3. Aufl.

2350 In diesem Sinne wohl auch Staudinger/Hüttemann/Rawert (2011) Vorbem 301 und Vorbem 117 ff. zu §§ 80-88.

hungsakt und nicht ihre Zweckverfolgung ist.[2351] Die ‚Generationengerechtigkeit' als Zweck einer Stiftung des öffentlichen Rechts wäre zulässig, da eine derartige Zweckverfolgung als ‚Erfüllung einer öffentlichen Aufgabe von besonderem Interesse' bzw. als ‚öffentliche Zweckverfolgung' gewertet werden kann. Hierfür sprechen bereits die proklamierten politischen Zielsetzungen in den jeweiligen politischen Grundsatzprogrammen. Nimmt man die Bundesregierung beim Wort, dass das Ziel der Generationengerechtigkeit auch vom Sozialstaatsprinzip in Art. 20 Abs. 1 GG getragen wird,[2352] wäre ihm gar ein verfassungsrechtlicher Auftrag zuzusprechen.[2353]

Bei der Ausgestaltung des Zwecks wäre zu beachten, dass die Aufgabe der Stiftung in dem Akt zur Errichtung der Stiftung des öffentlichen Rechts zu nennen und möglichst zu präzisieren wäre. Der Zweck der Stiftung muss angegeben werden und darf nicht beliebig weit gefasst werden (Bestimmtheitsgebot). Zunächst wäre der Zweck, zu dem die Stiftung errichtet worden ist, allgemein zu benennen, sodann wären die Mittel zur Erreichung beispielhaft aufzuführen. Auch kann ein Zweck durch Zuweisung finanzieller Mittel an die Stiftung präzisiert werden.[2354]

Der Zweck der Stiftung des öffentlichen Rechts könnte eine Spannbreite einnehmen, die von der wissenschaftlichen Forschung zur Thematik der Generationengerechtigkeit über die Beratung des Gesetzgebers im Hinblick auf die Nachhaltigkeitswirkung von Gesetzen und die Funktion der Kapitalakkumulation zugunsten zukünftiger Generationen[2355] bis zur Übernahme einer ‚Watch-Funktion' für eine generationengerechte Politik, was einer öffentlichen Meinungsbildung bzw. Öffentlichkeitsarbeit zur Thematik der Generationengerechtigkeit gleichkäme, reicht. Ferner wären ergänzende Finanzierungsleistungen in Bereichen denkbar, die einen intergenerationell-gerechtigkeitsbedingten Bezug aufweisen. Hierzu gehören bspw. Sozialleistungen im Bereich der Altersarmut[2356], Gesundheits- und Pflegeversorgung, Leistungen für Familien mit Kindern, Integrationshilfen etc.

Zur Frage, ob der Stiftung des öffentlichen Rechts eine Interessen- bzw. Anwaltsfunktion zugesprochen werden kann, wonach der Stiftung eine Klagebefugnis zugunsten zukünftiger Generationen zugewiesen wird, wird nachfolgend (Tz. 3.2.2.3.) Stellung genommen.

3.2.2.2. Generationengerechtigkeit als gemeinnütziger Zweck

Wie bereits ausgeführt, unterliegen die juristischen Personen des öffentlichen Rechts dem Grunde nach nicht der Körperschaftsteuer und sind nur mit Betrieben gewerblicher Art ertragsteuerpflichtig (§ 1 Abs. 1 Nr. 6 KStG). Zumindest für die Inanspruchnahme steuerlicher Privilegien wie z. B. des erweiterten Sonderausgabenabzugs gemäß

2351 Vgl. hierzu nochmals Staudinger/Hüttemann/Rawert (2011) Vorbem 301 zu §§ 80-88.

2352 Vgl. Kapitel 1, Tz. 3.4.1.2. (g) und – nochmals – BT-Drucksache 17/3298 vom 13.10.2010.

2353 Vgl. aber Sachs, in: Sachs (Hrsg.), Grundgesetz, 5. Aufl. 2009, Art. 20 Rdn. 47 mit Hinweis auf Rechtsprechung des BVerfG: „Das Sozialstaatsprinzip ist als verfassungsrechtlicher Auftrag (...) durchaus verbindlich, doch lässt sich sein Gehalt kaum zu definitiven Einzelkonsequenzen verdichten."

2354 Alscher, Die Stiftung des öffentlichen Rechts, S. 125.

2355 Vgl. dazu sogleich Tz. 3.2.4.2. in diesem Kapitel.

2356 Hiervon sind „Steuersparmodelle" mit gemeinnützigen Stiftungen abzugrenzen, denen weiter oben unter Tz. 2.7. in diesem Kapitel bereits ein Absage erteilt wurde.

§ 10b EStG oder der Erbschaft- und Schenkungsteuerfreiheit von Zuwendungen gemäß § 13 Abs. 1 Nr. 16b ErbStG ist die Verfolgung gemeinnütziger Zwecke i. S. der Abgabenordnung erforderlich. Weitergehend wird die Auffassung vertreten, dass öffentlich-rechtliche Stiftungen ebenfalls die in der Abgabenordnung aufgeführten gemeinnützigen Zwecke verfolgen müssen.[2357] Wie sich im Rahmen der Grundlegung zu Kapitel 2 gezeigt hat, ist die Thematik der Generationengerechtigkeit vom Förderkatalog des § 52 AO nicht explizit erfasst.[2358] Insofern ist auf die bereits geforderte Reformierung der Auflistung steuerlich geförderter Zwecke gemäß § 52 Abs. 2 AO im Hinblick auf die Thematik der Generationengerechtigkeit zu verweisen.

3.2.2.3. Grundrechtsfähigkeit einer Stiftung des öffentlichen Rechts mit dem Zweck der Generationengerechtigkeit

Angesichts der definierten Zweckverfolgung einer SdÖR GG stellt sich zum Einen die Frage nach den Rechten zukünftiger, d. h. noch nicht geborener bzw. gezeugter Menschen und zum anderen die Frage nach der diesbezüglichen (Grund-)Rechtsfähigkeit einer Stiftung des öffentlichen Rechts.[2359] Zu der Notwendigkeit der Schaffung von Rechten zugunsten zukünftiger Generationen wurde weiter oben Stellung genommen.[2360] Zur Frage der Grundrechtsfähigkeit von juristischen Personen des öffentlichen Rechts wurde in Kapitel 1 der Untersuchung herausgearbeitet, dass diese ausnahmsweise nur dann bestehen, wenn die von den ihnen durch die Rechtsordnung übertragenen Aufgaben her unmittelbar einem durch bestimmte Grundrechte geschützten Lebensbereich zugeordnet sind oder kraft Eigenart ihm von vornherein zugehören, wie z. B. Universitäten und ihre Fakultäten, Rundfunkanstalten und Kirchen.[2361]

Die Grundrechtsfähigkeit der Stiftung des öffentlichen Rechts wird dementsprechend nicht per se in Frage gestellt, wenngleich sie die Ausnahme darstellt. Es hat sich gezeigt, dass Kriterien wie Staatsdistanzierung und die für den Grundrechtsträger typische Autonomie und Selbstständigkeit entscheidend sind. Auch wurde herausgearbeitet, dass es darauf ankommt, dass das Handeln der Stiftung nicht als Ausübung staatlicher Gewalt zu bewerten ist, sie also funktional außerhalb der Staatsverwaltung steht, sich daher in einer der Stellung der natürlichen Person vergleichbaren Situation im Verhältnis zur Staatsgewalt befindet und sie in einem Bereich tätig ist, der dem sachlichen Schutzbereich eines Grundrechts zuzuordnen ist.[2362]

Legt man diese Kriterien zugrunde, erweist sich bereits das Fehlen von einschlägigen Grundrechten als Hindernis, einer SdÖR GG – de lege lata – eine spezifische Grundrechtsfähigkeit zuzusprechen.

Die Existenz dieser Grundrechte einmal unterstellt, dürfte die SdÖR GG dürfte darüber hinaus nicht hoheitlich tätig sein, sondern müsste den Menschen – insbesondere auch jenen, die noch nicht geboren und auch noch nicht gezeugt sind – zur Verwirklichung dieser zu schaffenden Grundrechte verhelfen können. Erforderlich wäre daher

2357 Alscher, Die Stiftung des öffentlichen Rechts, S. 129 f.
2358 Vgl. Kapitel 2, Tz. 4.5.1.2. (d) und Kapitel 3, Tz. 2.4.2.1. (a).
2359 Vgl. Kapitel 2, Tz. 4.2.2.2. (b) und Kapitel 3, Tz. 2.1.1.
2360 Vgl. Kapitel 3, Tz. 2.2.1.
2361 Vgl. dazu die Quellenverweise zur Rechtsprechung des BVerfG in Kapitel 2, Tz. 4.2.2.2. (b).
2362 Vgl. insgesamt die Ausführungen unter Kapitel 2, Tz. 4.2.2.2. (b).

de lege ferenda eine in sich abgestimmte verfassungsrechtliche Reform, die darauf abzielt (a) Grundrechte für zukünftige Menschen zu schaffen und (b) der SdÖR GG die Eigenschaft als Grundrechtsträgerin zu vermitteln, also eine verfassungsrechtlich analoge Stellung zu jenen der Universitäten, Rundfunkanstalten und Kirchen. Angesichts des Scheiterns der Initiative zum Generationengerechtigkeitsgesetz[2363] erscheinen die Erfolgsaussichten für ein derartiges Vorhaben ‚zumindest optimistisch'. Dies bedeutet aber nicht, dass eine SdÖR GG auch ohne diese Rechte keinen Sinn machen würde. Obige Ausführungen (3.2.2.1.) haben gezeigt, dass auch ohne die Wahrnehmung von Grundrechten genügend Raum für Funktion, Aufgaben und zu verfolgende Zwecke verbleibt.

3.2.3. Organisation einer Stiftung des öffentlichen Rechts mit dem Zweck der Generationengerechtigkeit

3.2.3.1. Organe

Die Organbesetzung müsste unabhängig von parteipolitischen Vorgaben sein. Um dies sicherzustellen, müsste ein Unabhängigkeitspostulat in der Satzung verankert sein. Dies könnte durch Kollegialorgane erreicht werden, d. h., dass der Willensbildungsprozess des Organs kommunikativ erfolgt, was gemeinhin zur Kontrolle und Transparenz beiträgt.[2364] Möglich ist auch, dass mehrere Organe vorgesehen werden oder Amtsträger benannt werden, die nicht dem Trägergemeinwesen angehören.[2365] Ferner könnte ein pluralistisch zusammengesetzter Stiftungsrat eingesetzt werden, der den Vorstand der Stiftung berät und ggf. überwacht. Ein Entscheidungsvorbehalt für Entscheidungen von grundsätzlicher Bedeutung ist möglich.[2366]

3.2.3.2. Kooperationsformen

Im Rahmen der Organisation einer SdÖR GG sollten auch Möglichkeiten zu Formen der Kooperation angesprochen werden.

So wäre eine Beteiligung des Bundes an einer Länderstiftung denkbar. Zu beachten wäre hierbei allerdings das Verbot der Mischverwaltung: Während den Ländern über Art. 83 GG der Vollzug von Bundesgesetzen als Regelfall zugewiesen wird, ist eine Ausführung von Landesgesetzen durch den Bund grundsätzlich nicht vorgesehen.[2367] Insoweit verbleibt es bei der Grundregel des Art. 30 GG und damit der Alleinzuständigkeit der Länder für den Vollzug ihrer Gesetze. Nach *Alscher* sei jedoch auffällig, dass in sehr vielen (Bundes-)Stiftungen eine „irgendwie geartete Länderbeteiligung"[2368] stattfinde. Länder, d. h. die Landesregierungen, der Bundesrat oder sogar Städte dürfen Vertreter in den entsprechenden Stiftungsrat entsenden.[2369] Dies wäre

2363 Vgl. Kapitel 1, Tz. 3.4.2.3.
2364 Alscher, Die Stiftung des öffentlichen Rechts, S. 152, 154.
2365 Dies., a. a. O., S. 152.
2366 Dies., a. a. O., S. 161.
2367 Vgl. Dittmann, in: Sachs GG Kommentar, Art. 83 Rz. 3; ebenso Staudinger/Hüttemann/Rawert (2011) Vorbem 305 zu §§ 80-88 mit Hinweis auf BVerfGE 63, 1, 38.
2368 Alscher, Die Stiftung des öffentlichen Rechts, S. 37.
2369 Dies., a. a. O., S. 37.

auch im Hinblick auf die vorliegend zu diskutierende Stiftung des öffentlichen Rechts in umgekehrter Richtung denkbar, d. h., der Bund könnte bei landesunmittelbaren Stiftungen mitwirken, indem er in einer satzungsmäßig geregelten Form, z. B. durch die Entsendung von Mitgliedern in den Beirat der Stiftung, Einfluss auf die Tätigkeit der Stiftung nehmen kann.[2370] Das obige geforderte Unabhängigkeitspostulat (s. 3.2.3.1.) bleibt zu beachten.

Auch wäre es denkbar, zur Stärkung der Mitwirkungsbefugnis des Bundes Art. 91a Abs. 1 GG durch eine neue Nr. 3 zu ergänzen. Nach Art. 91a GG wirkt der Bund auf bestimmten Gebieten bei der Erfüllung von Aufgaben der Länder mit, wenn diese Aufgaben für die Gesamtheit bedeutsam sind und die Mitwirkung des Bundes zur Verbesserung der Lebensverhältnisse erforderlich ist (sog. Gemeinschaftsaufgaben). Eine neue Nr. 3 zu Art. 91a GG könnte eine Mitwirkungsbefugnis des Bundes vorsehen, wenn es um Fragen zur Verbesserung der Gerechtigkeit zwischen den Generationen geht.

Möglich wäre es ferner, eine Mitwirkung des Bundes an einer SdÖR GG auf Basis des Art. 91b GG zu begründen. Nach diesem Artikel können Bund und Länder aufgrund von Vereinbarungen in Fällen übergeordneter Bedeutung bei der Förderung von Einrichtungen und Vorhaben der wissenschaftlichen Forschung außerhalb von Hochschulen zusammenwirken (Art. 91a Abs. 1 S. 1 Nr. 1 GG), wobei die Kostentragung in der Vereinbarung geregelt wird (Art. 91a Abs. 3 GG).

Sowohl Art. 91a als auch Art. 91b GG eröffnen somit Möglichkeiten des Zusammenwirkens. Die grundsätzliche Zuordnung der Aufgabe zu Bund oder Ländern wird dadurch nicht aufgehoben. Eine aufgrund dieser Kompetenzvorschriften errichtete Stiftung des öffentlichen Rechts ist entweder dem Bund oder dem Land zugeordnet, wobei nur innerhalb der Stiftung die Zusammenarbeit erfolgt und ermöglicht wird.[2371]

Denkbar wäre auch eine länderübergreifende Stiftung. Aus Art. 130 Abs. 3 GG ergibt sich, dass es Körperschaften und Anstalten gibt, die auf Staatsverträgen zwischen den Ländern beruhen.[2372] Von der Zulässigkeit einer entsprechenden Stiftung kann daher ausgegangen werden.[2373] *Alscher* weist auf Art. 96 S. 1 der Verfassung Berlin hin, der auch von gemeinsamen Stiftungen des öffentlichen Rechts spricht.

Auch die Beteiligung privater Personen oder Vereinigungen an einer solchen Stiftung des öffentlichen Rechts wäre möglich, und zwar in der Form, dass z. B. private Personen[2374] dieser Stiftung Mittel zuwenden, für die steuerliche Privilegien, wie bspw. der erweiterte Sonderausgabenabzug gemäß § 10b Abs. 1a EStG, in Anspruch genommen werden können.[2375] Schließlich ist an die Beteiligung von Bürgerstiftungen

2370 In diesem Sinne auch v. Campenhausen in Seifart/v. Campenhausen (2009), § 15 Rdn. 9.

2371 Alscher, Die Stiftung des öffentlichen Rechts, S. 41 f., mit dem Hinweis auf das Deutsche Krebsforschungszentrum, das auf der Grundlage von Art. 91b GG errichtet wurde.

2372 Alscher, Die Stiftung des öffentlichen Rechts, S. 73.

2373 So Alscher, Die Stiftung des öffentlichen Rechts, S. 74 und v. Campenhausen in Seifart/v. Campenhausen (2009), § 15 Rz. 9.

2374 Oder auch juristische Personen des privaten Rechts.

2375 Was voraussetzt, dass die Stiftung des öffentlichen Rechts gemeinnützig i. S. der Abgabenordnung ist.

im Beirat zu denken, was mit einem Vorschlagsrecht des Bundesverbandes Deutscher Stiftungen verbunden werden könnte.

3.2.4. Finanzierung einer Stiftung des öffentlichen Rechts mit dem Zweck der Generationengerechtigkeit

Die Möglichkeit einer eigenständigen Finanzierung könnte zur weiteren Unabhängigkeit der SdÖR GG beitragen, wurde doch die Eigenständigkeit einer Stiftung des öffentlichen Rechts gegenüber dem Staat auch als ein für die Grundrechtsträgereigenschaft wesentliches Kriterium angesehen.[2376]

3.2.4.1. Außenfinanzierung

Die Finanzierung könnte durch Landes- und/oder Bundesmittel erfolgen. Das Verbot der Mischfinanzierung ist zu beachten.[2377] Ergänzende Zustiftungen von Seiten privater Personen wären denkbar und möglich. *Alscher* weist (indirekt) auf den bereits genannten *matching-fund*[2378]-Charakter bei Bundesstiftungen hin. Danach entspricht der Anteil des Bundes am Stiftungsvermögen immer der Höhe des privaten Anteils von (Zu-)Stiftungen. Entsprechendes wäre auch im Fall einer SdÖR GG möglich, d. h., dass die öffentliche Hand (Errichter der Stiftung) jede eingegangene Zustiftung verdoppelt, um neben den ohnehin bestehenden steuerlichen Privilegien weitere Anreize für private Stifter zu schaffen.

3.2.4.2. Innenfinanzierung – Möglichkeit der Kapitalakkumulation

Die Rechtsform der Stiftung des öffentlichen Rechts würde eine Funktion eröffnen, die vor dem Hintergrund der gesetzten Untersuchung bei gemeinnützigen Stiftungen des privaten Rechts als reformwürdig erachtet wurde: den Gegenwartsbezug des Gemeinnützigkeitsrechts. Dieser Grundsatz besagt, dass gemeinnützige Stiftungen ihre Mittel im Grundsatz zeitnah zugunsten gemeinnütziger Zwecke verwenden müssen. Nur im Ausnahmefall ist eine Kapitalakkumulation möglich. Es wurde herausgearbeitet, dass dieses Regel-Ausnahme-Verhältnis im Grunde nicht kompatibel mit dem zeitlichen Fernbezug der Thematik der Generationengerechtigkeit und dem institutionell bedingten nachhaltigen Wirken gemeinnütziger Stiftungen ist.[2379] Da gemeinnützige Stiftungen steuerpflichtige juristische Personen sind, die nur unter den in §§ 51 ff. AO proklamierten Voraussetzungen steuerbefreit sind (§ 5 Abs. 1 Nr. 9 Satz 1 KStG, § 3 Nr. 6 Satz 1 GewStG), kommt dem Gegenwartsbezug der gemeinnützigen Mittelverwendung besondere Bedeutung zu.

Stiftungen des öffentlichen Rechts unterliegen demgegenüber einem insofern abweichenden Steuerregime, als sie dem Grunde nach nicht der Körperschaftsteuerpflicht unterliegen und nur im Ausnahmefall mit ihren Betrieben gewerblicher Art

2376 Vgl. Kapitel 2, Tz. 4.2.2.2. (b); kritisch dazu Muscheler, Plädoyer für ein staatsfreies Stiftungsrecht, in: Stiftungsrecht, S. 36-38.

2377 Vgl. dazu eingehend Siekmann, in: Sachs (Hrsg.) Grundgesetz, 5. Aufl. 2009, Vor Art. 104a Rdn. 57-58; Art. 104a Rdn. 3, 12.

2378 Vgl. oben Kapitel 3, Tz. 2.4.3.2. am Ende.

2379 Vgl. Kapitel 2, Tz. 4.5.1.2. (e)/(dd) und Kapitel 3, Tz. 2.4.2.1. (b).

steuerpflichtig sind (§ 1 Abs. 1 Nr. 6 KStG).[2380] Während bei gemeinnützigen Stiftungen des privaten Rechts die Steuerfreiheit über die Satzungseinrichtung erst erlangt werden muss, was an bestimmte Voraussetzungen gebunden ist, kommt diese ‚Steuerbefreiung' juristischen Personen des öffentlichen Rechts automatisch durch ihre grundsätzliche Nichtsteuerbarkeit zugute.[2381] Das Regel-Ausnahme-Verhältnis zwischen Steuerpflicht und Steuerfreiheit ist daher – wie bereits angesprochen – bei der Stiftung des öffentlichen Rechts genau umgekehrt zu jenem der gemeinnützigen Stiftung des privaten Rechts.

Dies hat zur Folge, dass bei der Stiftung des öffentlichen Rechts eine zeitnahe Verwendung der Mittel steuerlich irrelevant ist. Die zeitnahe Mittelverwendung wäre nur dann zwingend, wenn die Stiftung des öffentlichen Rechts einen Betrieb gewerblicher Art unterhalten würde, der gemeinnützige Zwecke verfolgt.[2382] Ist die Stiftung des öffentlichen Rechts dagegen in ihrer Hoheitssphäre[2383] tätig, was bei der gemeinnützigen Stiftung der Idealsphäre, also dem ideellen Bereich, entspricht,[2384] kommt es auf Fragen des steuerlichen Gemeinnützigkeitsrechts, und somit auch auf die Frage der Mittelverwendung, nicht an.[2385]

Zwar scheint diese Auffassung der Möglichkeit unbeschränkter Kapitalakkumulation nicht unumstritten zu sein. So plädiert *Hey* dafür, juristische Personen des öffentlichen Rechts „*insgesamt* und *ausschließlich* gemeinnützig" zu qualifizieren, wenn sie ihrem Verbandszweck nach ideelle Zwecke i. S. des § 52 AO verfolgen.[2386] Auf den Betrieb gewerblicher Art als Träger des steuerlichen Gemeinnützigkeitsstatus' ist nach dieser Auffassung nur dann abzustellen, wenn nur einzelne Betätigungen der öffentlich-rechtlichen Körperschaft die Kriterien des § 52 AO erfüllen. Dieser Ansatz findet

2380 Vgl. Kapitel 2, Tz. 4.5.1.3. und Kapitel 3, Tz. 3.1.2.

2381 Vgl. Wallenhorst in Wallenhorst/Halaczynski, Die Besteuerung gemeinnütziger Vereine, Stiftungen und der juristischen Personen des öffentlichen Rechts, Kap. F Rz. 1.

2382 Vgl. Seer/Wolsztynski, Steuerrechtliche Gemeinnützigkeit der öffentlichen Hand, S. 60. Im Rahmen der (semantischen) Auslegung kommen sie hier zu dem Ergebnis, dass die potentielle Gemeinnützigkeit der öffentlichen Hand, soweit sie in Gestalt eines Betriebs gewerblicher Art tätig wird, per Verweis auf das Körperschaftsteuergesetz ausdrücklich positiv beschieden worden sei.

2383 § 4 Abs. 5 KStG. Vgl. auch Seer/Wolsztynski Steuerrechtliche Gemeinnützigkeit der öffentlichen Hand, S. 57.

2384 Vgl. Kapitel 2, Tz. 4.5.1.1., Abbildung 8.

2385 Korrekterweise ‚hinkt' daher der Vergleich zwischen dem Besteuerungsregime gemeinnütziger Stiftungen des privaten Rechts und dem der Stiftung des öffentlichen Rechts. Im Grunde müsste man, um ‚Äpfel mit Äpfel zu vergleichen', gemeinnützige Stiftungen des privaten Rechts mit einem Betrieb gewerblicher Art einer Stiftung des öffentlichen Rechts vergleichen und auch dies (nur) unter der Voraussetzung, dass der Betrieb gewerblicher Art die steuerlichen Privilegien des Gemeinnützigkeitsrechts in Anspruch nehmen möchte, wie dies bspw. im Fall eines „Forschungs-BgA" einer staatlichen Hochschule der Fall ist, vgl. dazu die insofern erforderliche Steuerbefreiungsnorm gem. § 5 Abs. 1 Nr. 23 KStG. Vgl. hierzu auch Seer/Wolsztynski, Steuerrechtliche Gemeinnützigkeit der öffentlichen Hand, S. 60; Hey, Die Steuerbegünstigung der gemeinnützigen Tätigkeit der öffentlichen Hand, StuW 2000, S. 467, 470 f.

2386 Hey, Die Steuerbegünstigung der gemeinnützigen Tätigkeit der öffentlichen Hand, StuW 2000, S. 467, 472; Seer/Wolsztynski, Steuerrechtliche Gemeinnützigkeit der öffentlichen Hand, S. 60; Strahl, Betriebe gewerblicher Art und Gemeinnützigkeit, NWB Fach 4, S. 5923, 5305 f.

jedoch im Gesetz keine Stütze. Unklar ist auch, ob nach dieser Auffassung die Voraussetzungen des § 55 Abs. 1 Nr. 5 AO (Pflicht zur zeitnahen Mittelverwendung) auf die hier diskutierte Stiftung des öffentlichen Rechts Anwendung finden würde.[2387]

Die eingangs unter Ziff. 3.1.2. diskutierte Frage der Zulässigkeit gemeinnützigkeitsrechtlicher Betätigung der öffentlichen Hand stellt sich bei der hier diskutierten SdÖR GG somit nicht. Es erfolgt gerade keine „Flucht des Staates *in* die Gemeinnützigkeit", sondern eher eine **„Flucht *aus* der Gemeinnützigkeit"**, mit der Folge, dass die steuerliche Mittelverwendungspflicht nicht zum Tragen kommt. Dies zeigt aber auch, dass der Gegenwartsbezug der Mittelverwendungspflicht eines der Kernprobleme einer generationengerechten Politik bei Einbeziehung gemeinnütziger Stiftungen darstellt. Als Ergebnis kann festgehalten werden, dass eine SdÖR GG nachhaltig thesaurieren könnte, ohne gegen eine gemeinnützigkeitsrechtlich vorgegebene Mittelverwendungspflicht zu verstoßen.

3.2.4.3. Möglichkeiten der ergänzenden Finanzierung öffentlicher Aufgaben mit intergenerationell-gerechtigkeitsbedingtem Bezug

Es ist davon auszugehen, dass die größten Lasten mit intergenerationell-gerechtigkeitsbedingtem Bezug noch zu bewältigen sind. Eine starke Kapitalausstattung und die Möglichkeit einer uneingeschränkten Finanzierungskraft kann einer SdÖR GG Möglichkeiten eröffnen, ergänzende Finanzierungsfunktionen in Bereichen mit intergenerationell-gerechtigkeitsbedingten Bezug zu übernehmen. In Kombination mit der Finanzierungsbeteiligung Privater[2388] käme auch die gemeinsame Verantwortung von Staat und Bürger gegenüber nachfolgenden Generationen zum Ausdruck.

3.2.4.4. Zwischenfazit

Eine Stiftung des öffentlichen Rechts könnte nach derzeit geltendem Recht Mittel akkumulieren, um sie zukünftigen Generationen zugutekommen zu lassen. Dies würde der SdÖR GG die Möglichkeit eröffnen, Rechte zukünftiger Generationen auch insofern wahrzunehmen, als es um die Frage der Finanzierung von Maßnahmen geht, die erst in der Zukunft liegen werden. Die SdÖR GG könnte somit bereits auf Basis des derzeitigen Rechtsstandes eines der wichtigsten Postulate intergenerationeller Gerechtigkeit einlösen, wird doch „die Verhinderung von Kapitalverzehr" als „Hauptfunktion der *Rawls*'schen Maximin-Regel bezeichnet.[2389] *Buchholz* beschreibt die Bedeutung der Kapitalakkumulation für die Frage der Gerechtigkeit zwischen den Generationen wie folgt:

> „Demnach geht es bei der Frage nach intergenerationeller Gerechtigkeit nicht um die Verteilung spezieller Güter wie etwa natürlicher Ressourcen, sondern um die Verteilung von Konsummöglichkeiten. Wenn man etwas zugunsten des ökonomischen Wohlergehens zukünfti-

---

2387 Insgesamt handelt es sich hierbei wohl um einen noch nicht vollständig erforschten Teilbereich des steuerlichen Gemeinnützigkeitsrechts; vgl. die einleitenden Ausführungen von Seer/ Wolsztynski Steuerrechtliche Gemeinnützigkeit der öffentlichen Hand, S. 17 und Hey, Die Steuerbegünstigung der gemeinnützigen Tätigkeit der öffentlichen Hand, StuW 2000, S. 467.

2388 Vgl. soeben Tz. 3.2.3.2. in Kapitel 3.

2389 Buchholz, Intergenerationelle Gerechtigkeit, S. 53.

ger Generationen tun will, so hat dies so gesehen zweckmäßigerweise durch eine Steigerung der gesamten Kapitalakkumulation zu geschehen."[2390]

Eine kapitalakkumulierende Stiftung des öffentlichen Rechts könnte somit eine Brücke in die Zukunft legen. Damit verbunden wäre nicht nur ein politisches Signal sondern auch Korrektivpotenzial i. S. der bereits mehrfach zitierten korrektiven Gerechtigkeit zwischen aufeinanderfolgenden Generationen. Es versteht sich allerdings (wiederum) von selbst, dass eine SdÖR GG nicht Anlass dazu geben darf, dass sich der Staat aus seiner Gesamtverantwortung für eine generationengerechte Politik entzieht.

Was bleibt ist die Auflösung des eingangs dieses Kapitels beschriebenen **„Urzustands 4"**.[2391] In diesem Urzustand war den Vertretern bekannt, dass die Generation A aufgrund ihres Verhaltens und ihres Lebenswandels schon so viele Ressourcen und Mittel verbraucht hat, dass feststeht, dass nachfolgenden Generationen Schulden und Lasten hinterlassen werden, ohne dass damit (in vollem Umfang) ein entsprechender Zukunftsnutzen gegenübersteht. Die Vertreter kannten auch das Institut einer möglichen SdÖR GG. Wie würden sich die Vertreter im Urzustand 4 nunmehr entscheiden?

Es steht zu vermuten, dass sich die Vertreter auf eine SdÖR GG einlassen würden, deren Funktionen und Rechte allerdings misstrauisch begutachten und auch verhandeln würden. Nur unter der Prämisse, dass die Generation A sich mit einer derartigen Institution nicht für eine generationenungerechte Politik exkulpieren kann und die SdÖR GG nicht als ‚Alibiinstitut' für eine generationen*un*gerechte Politik dient, wäre ihre Akzeptanz zu erwarten. Will man einer SdÖR GG zur Durchschlagskraft verhelfen, wären ihr Rechte zuzusprechen. Dies wiederum setzt die eingangs beschriebenen Reformen im Verfassungsrecht, insbesondere die Schaffung einklagbarer Rechten zukünftiger Generationen[2392] voraus. Auf die damit verbundenen Erfolgsaussichten wurde hingewiesen. Was jedenfalls zu fordern wäre, ist eine Institution, die personell und finanziell unabhängig ist und Interessen zukünftiger Menschen öffentlichkeitswirksam wahrnehmen kann. Um noch mal das Beispiel der Stiftung Warentest zu bemühen: Auch diese ist nicht Grundrechtsträger, ihr Gewicht in der öffentlichen Meinung als Interessenvertreter von Verbrauchern ist jedoch unbestritten.

3.2.5. Stiftung des öffentlichen Rechts als gesetzlicher Erbe

Im Rahmen der Grundlegung in Kapitel 2[2393] wurde dargestellt, dass die Überlegung, gemeinnützige Stiftungen des privaten Rechts anstelle des Fiskus als gesetzlichen Erben (§ 1936 BGB) einzusetzen, auf grundsätzliche Bedenken stößt. Das wesentliche Argument wurde in dem Fehlen des Stifterwillens gesehen. Diese Bedenken kommen nicht zum Tragen, wenn gesetzlicher Erbe die soeben vorgestellte Stiftung des öffentlichen Rechts wäre. Gewisse Rahmenbedingungen bestehen bereits mit der Norm des Art. 138 EGBGB.[2394] Da es sich hierbei um eine Institution der Exekutive handelt, wä-

2390 Buchholz, Intergenerationelle Gerechtigkeit, S. 111.

2391 Vgl. oben Kapitel 3, Tz. 1.1.1.2. (b).

2392 Vgl. oben Kapitel 3, Tz. 2.1.1.

2393 Vgl. Kapitel 2, Tz. 4.4.5.3.

2394 Wenngleich die Genese dieser Norm einen anderen Hintergrund hat, vgl. oben Kapitel 2, Tz. 4.4.5. und nochmals MünchKommBGB/Schlichting, Art. 139 EGBGB RdNr. 1, wonach

re ein gesetzliches Erbrecht zugunsten einer SdÖR GG letztlich nur eine spezialisierte Ausgestaltung des derzeit geltenden gesetzlichen Erbrechts des Fiskus, denn dieser wäre nach wie vor Erbe. Lediglich die Verwendung der Mittel würde einer speziellen Institution wie der SdÖR GG zugutekommen, hier mit der entsprechenden Zweckverfolgung der Gerechtigkeit zwischen den Generationen. Letztlich ginge es um eine Frage der Verwendung von öffentlichen Mitteln, mithin eher um haushaltsrechtliche, weniger um rechtsdogmatische Fragen.

Neben einer zusätzlichen Finanzierungsquelle zugunsten der SdÖR GG könnte dies das – nunmehr bereits mehrfach zitierte und auch zu fordernde – Signal politischer Kultur weiter stärken. Angesichts des aus volkswirtschaftlicher Sicht (sehr) überschaubaren Aufkommens aus gesetzlichen Erbschaften von ca. 11-17 Mio. Euro pro Jahr,[2395] ist diese Überlegung als eine probate Ergänzung zu einer generationengerechten Politik zu sehen, nicht mehr, aber auch nicht weniger. Bei *Röthel* finden sich im Übrigen Hinweise auf einschlägige Erfahrungen in Schweden, wo man im einschlägigen Kontext mit einem eigens gegründeten Nachlassfonds (‚arvsfonden') gute Erfahrungen gemacht habe.[2396] Die rechtstechnische Umsetzung könnte sich an Art. 138 EGBGB orientieren, was mit einer ‚Wiederbelebung' dieser Norm verbunden wäre.

3.2.6. Instrumentalisierung gemeinnütziger Stiftungen durch ihre Einbeziehung in eine generationengerechte Politik bei Maßnahmen der Exekutive?

Es wurde bereits die Frage diskutiert, ob die Einbeziehung gemeinnütziger Stiftungen in eine generationengerechte Politik durch Maßnahmen der Legislative eine überschießende Instrumentalisierung gemeinnütziger Stiftungen darstellen kann.[2397] Diese Frage stellt sich insbesondere auch im Hinblick auf die Frage der Einbeziehung einer Stiftung des öffentlichen Rechts, als Maßnahme der Exekutive. So stellt auch[2398] *Mecking* die Fragen, ob im öffentlichen Bereich Aufgaben auf Stiftungen ausgelagert werden dürfen, wieweit auch die Stiftung des öffentlichen Rechts dem Grundtypus der Stiftung folgen muss und wo sich die Grenzen staatlicher Formenwahlfreiheit befinden.[2399] Im Zusammenhang mit der Frage der Ausgliederung staatlicher Institutionen oder der Neugründung von Stiftungen durch die öffentliche Hand weist *von König*[2400]

---

die Vorschrift mit Rücksicht auf entsprechende Regelungen des Partikularrechts in das Einführungsgesetz aufgenommen wurde und heute neben § 1936 BGB keine praktische Bedeutung mehr hat.

2395 Vgl. oben Tz. 2.4.3. in diesem Kapitel.

2396 Vgl. Röthel, Stiftungserbrecht statt Staatserbrecht?, in: Non Profit Law Yearbook 2007, S. 206 f. mit weiteren Quellenangaben zu einschlägigen Forderungen aus deutscher Sicht in Fußnote 109 auf Seite 207 ebenda.

2397 Vgl. Tz. 2.8. in diesem Kapitel.

2398 Auf die grundsätzliche Kritik Muschelers wurde bereits hingewiesen, vgl. nochmals Muscheler, Plädoyer für ein staatsfreies Stiftungsrecht, in: Stiftungen, S. 27-39.

2399 Mecking/Schulte, Grenzen der Instrumentalisierung von Stiftungen, S. 7.

2400 König von, in: Mecking/Schulte, Grenzen der Instrumentalisierung von Stiftungen, S. 10 ff. unter Hinweis auf eine Stellungnahme des Bundesverbandes Deutscher Stiftungen.

darauf hin, dass dem dann nichts entgegen stehe, wenn die Stiftung mit ausreichend Kapital ausgestattet wird. Vor ausschließlich diesem Hintergrund wäre gegen die hier vorgeschlagene Stiftung des öffentlichen Rechts nichts einzuwenden, da gerade auch Fragen der Finanzierung als Vorteil dieser Stiftungsform identifiziert wurden (Möglichkeit der Kapitalakkumulation).

Die Frage ist allerdings grundsätzlicher Natur und wird von *Schulte*[2401] und *Battis*[2402] wie folgt formuliert:

> „Darf sich der Staat auf diese Weise äquivalent zum Anteil privater Mittel an der Förderung von Stiftungen aus seiner Träger- und Finanzverantwortung zurückziehen?“

Die Frage, die im Zusammenhang mit der Instrumentalisierung gemeinnütziger Stiftungen der öffentlichen Hand diskutiert wird, ist auch die nach der „Flucht des Staates aus seiner Finanzverantwortung“.[2403] Wie *Battis* aufzeigt, geht es um die Frage, ob nicht zuletzt ein Spannungsverhältnis entsteht,

> „wenn der Staat, der eigentlich nur die Rahmenbedingungen für die (Weiter-)Entwicklung des Stiftungswesens sichern sollte, sich in diesem Bereich nicht zurückhält, sondern vielmehr verstärkt dort selbst agiert“[2404].

Die hier vorgestellte Idee einer SdÖR GG ist differenzierend vor dem Blickwinkel des besonderen Zwecks der Generationengerechtigkeit zu sehen:

- Geht es um die Frage der ergänzenden Finanzierung in Bereichen, die einen intergenerationell-gerechtigkeitsbedingten Bezug aufweisen, sind obige Bedenken der ‚Flucht des Staates aus seiner Finanzverantwortung‘ unberechtigt. Im Hinblick auf einen Zweck der SdÖR GG zur Finanzierung von Aufgaben mit Zukunftsbezug ist die Betonung auf die *ergänzende* Funktion dieser Finanzierung zu legen. Selbstverständlich darf die Errichtung einer SdÖR GG nicht dazu führen, dass sich der Staat seinen Pflichten im Bereich der Daseinsvorsorge entzieht. Auf der anderen Seite ist aber mit *Battis* auch der Wandel des Staates vom

  > „grundsätzlich allzuständigen, umfassend planenden, Daseinsvorsorge treibenden, betreuenden Staat zum (…) Verantwortung mit Privaten teilenden Staat“[2405].

  zur Kenntnis zu nehmen. Insofern lässt sich direkt anknüpfen an *Kersting*, der, wie in Kapitel 1 der Untersuchung aufgezeigt wurde, für einen Paradigmenwechsel von der egalistischen Verteilungsgerechtigkeit weg und hin zum Paradigma der politischen Solidarität und Eigenverantwortung plädiert.[2406] Wenn man sozialstaatlich verantwortliches Handeln in der Schaffung von Rahmenbedingungen sieht, die ein politisches Umfeld ermöglichen, in dem sich konkret wirkende Solidaritätsgemein-

---

2401 Schulte, Der Staat als Stifter: Die Errichtung von Stiftungen durch die öffentliche Hand, in: Non Profit Law Yearbook 2001, S. 127 ff.

2402 Battis, Entlastung des Staates, S. 45.

2403 Battis, ebenda.

2404 Battis, Entlastung des Staates, S. 53.

2405 Battis, Entlastung des Staates, S. 52.

2406 Siehe Kersting, Theorien sozialer Gerechtigkeit, S. 376; siehe auch Kapitel 1, Tz. 3.1.1.2.: „Der Sozialstaat ist die effektive kollektive Organisation mitbürgerlicher Hilfsbereitschaft (…).“

schaften entwickeln können und gemeinnützige Stiftungen eine solche Solidaritätsgemeinschaft sind, ist es nur konsequent, wenn man die Förderung des Gemeinwohls und somit auch der Generationengerechtigkeit als Aufgabe ansieht, die sich der Staat mit der Gesellschaft teilt.[2407] Dem Argument einer ‚Flucht des Staates aus seiner Finanzverantwortung' ist daher mit dem Argument der ‚Schaffung einer weiteren Alternative zu einer Kooperations- und Solidaritätsgemeinschaft' entgegenzutreten.

- Soweit es um den vorgeschlagenen Zweck der Interessenvertretung oder der Anwaltsfunktion zugunsten zukünftiger Generationen geht, ist eine ‚Flucht des Staates' nicht zu befürchten. Vielmehr wäre das Gegenteil zu verzeichnen, vorausgesetzt eine SdÖR GG kann die Interessen zukünftiger Generationen wirksam gegen den Staat von heute vertreten. Die SdÖR GG wäre eine intergenerationell wirkende Kooperationsgemeinschaft zwischen heutigen und künftigen Generationen. Der Staat ‚flieht' nicht, sondern er stellt sich seiner Verantwortung gegenüber zukünftigen Generationen.

3.2.7. Fazit

Zur Frage der Einbeziehung einer SdÖR GG als Maßnahme der Exekutive lässt sich daher folgendes Fazit ziehen:

(1) Eine Stiftung des öffentlichen Rechts Generationengerechtigkeit (SdÖR GG) wäre zulässig und ein Signal der politischen Kultur. Sie kann dabei als Funktionsträgerstiftung fungieren. Nach der hier vertretenen Auffassung läge die Gesetzgebungskompetenz wegen des Erforderlichkeitsprinzips gemäß Art. 72 Abs. 2 GG i. V. m. Art. 74 Abs. 1 Nr. 7, 13 GG bei den Ländern. Auch wenn das Erforderlichkeitsprinzip gemäß Art. 72 Abs. 2 GG nicht greift, dürfte doch von einer Thematik von überregionaler Bedeutung auszugehen sein, was ein koordiniertes Vorgehen der Länder und eine Mitwirkung des Bundes erfordert. Um dieses koordinierte Vorgehen sicherzustellen, kommt den Kooperationsformen für Stiftungen des öffentlichen Rechts eine besondere Bedeutung zu. Zu empfehlen ist eine länderübergreifende Stiftung des öffentlichen Rechts, an welcher der Bund beteiligt ist. Diese Beteiligung kann durch Entsendebefugnisse in Organe der Stiftung erfolgen. Möglich ist auch eine Bezugnahme auf Art. 91b GG oder eine Ergänzung des Art. 91a GG, die allerdings eine Grundgesetzänderung erforderlich machen würde. Davon abgesehen blieben immer noch genügend Möglichkeiten der Funktionen einer SdÖR GG.

(2) Besonderes Gewicht ist dem Zweck der Stiftung beizumessen. Dieser sollte weit gefasst sein. Möglich wäre eine Spannbreite von der wissenschaftlichen Forschung zur Thematik der Generationengerechtigkeit über die Beratung des Gesetzgebers im Hinblick auf die Nachhaltigkeitswirkung von Gesetzen. Die Wahrnehmung von Rechten zukünftiger Generationen wäre nur möglich, wenn diese geschaffen werden. Damit eine SdÖR GG als Trägerin von Grundrechten in Betracht kommt, wäre eine umfas-

2407 Dies wird im Ergebnis auch von Battis so gesehen, vgl. Battis, Entlastung des Staates, S. 53.

sende und in sich abgestimmte Verfassungsreform erforderlich. Deren Erfolgsaussichten sind allerdings offen.

(3) Die Stiftung des öffentlichen Rechts unterläge der staatlichen Aufsicht, wobei die Eingriffsmöglichkeiten auf ein Mindestmaß zu reduzieren sind, um die Unabhängigkeit der Stiftung zu wahren. Gegebenenfalls wäre eine Abstimmung zwischen mehreren Ressorts wie bspw. Finanzen und Umwelt erforderlich. Möglich wäre auch ein gemeinsamer Beauftragter.[2408] Auch eine zeitlich geteilte Aufsicht wäre möglich.[2409]

(4) Eine Stiftung des öffentlichen Rechts Generationengerechtigkeit (SdÖR GG) kann de lege ferenda als gesetzlicher Erbe i.S.d. § 1936 BGB in Betracht gezogen werden. Bedenken, die im Fall der gemeinnützigen Stiftung des privaten Rechts wegen einer Fiktion des Stifterwillens vorgetragen werden, sind hier nicht einschlägig, da es sich bei der SdÖR um eine Institution der Exekutive handelt. Ein gesetzliches Erbrecht zugunsten einer SdÖR GG wäre als spezialisierte Ausgestaltung des derzeit geltenden gesetzlichen Erbrechts des Fiskus zu qualifizieren. Rechtstechnisch könnte die Umsetzung über die ‚Wiederbelebung' des Art. 138 EGBGB erfolgen.

(5) Eine SdÖR GG ist nicht als überschießende Instrumentalisierung gemeinnütziger Stiftungen zu sehen. Bedenken die darauf abzielen, der Staat könne sich mit einer solchen Stiftung seiner Verantwortung entziehen, sind zu hören, letztlich aber nicht schlagend.

2408 Analog dem Nachhaltigkeitsrat der deutschen Bundesregierung.

2409 So ist im Fall der Zwangsarbeiterstiftung zunächst das Bundesministerium der Finanzen für vier Jahre zuständig und danach das auswärtige Amt; vgl. dazu auch Alscher, Die Stiftung des öffentlichen Rechts, S. 37 (dort Fußnote 200).

Kapitel 4 – Zusammenfassung und thesenhafte Bewertung der gefundenen Arbeitsergebnisse

Gegenstand der vorliegenden Untersuchung war die Fragestellung, ob und inwieweit gemeinnützige Stiftungen in eine generationengerechte Politik einbezogen werden können, wo hierfür die Möglichkeiten liegen und wo Grenzen zu ziehen sind.

Die Untersuchung hat zunächst gezeigt, dass eine allgemeingültige Definition des Begriffs ‚Generationengerechtigkeit' bislang nicht gelungen ist. Daran wird sich – so die Prognose – auch in Zukunft nichts ändern. Der Begriff ‚Generationengerechtigkeit' ist noch schwerer zu fassen als der Begriff der ‚Gerechtigkeit', weil die zu vergleichenden Gruppen (Generationen) auf zwei verschiedenen Zeitachsen liegen und die Parameter der einen Achse, der Zukunft, noch gar nicht bekannt sind. Selbst die Finanzwissenschaften können hier nur begrenzt helfen, nämlich so weit, wie eben Datenmaterial vorhanden ist. Zukunftswirkungen aktueller Politiken sind somit nur begrenzt antizipierbar.

Des Weiteren ist festzustellen, dass den involvierten Wissenschaftsdisziplinen ein unterschiedlicher Sprachgebrauch und ein unterschiedliches Verständnis vom Begriff ‚Generationengerechtigkeit' zugrunde liegen. So wird aus ökonomischer Sicht ‚Gerechtigkeit' eher mit ‚Nachhaltigkeit' gleichgesetzt, was erreicht ist, wenn ein bestimmtes System finanzierbar oder lastengleich ist. Eine Finanzierung ist demnach gerecht, wenn finanzielle Lasten *gleich* verteilt sind. *Gleichheit* ist auch bei der Jurisprudenz bestimmend, wenngleich sich diese ohne anspruchsbegründende Normen grundsätzlich schwer tut. Wissenschaften wie die Ethik und die politische Philosophie nähern sich der Thematik dagegen normativ. Gleichwohl ist festzuhalten, dass sich die involvierten Wissenschaften sowohl der Interdisziplinarität als auch der unterschiedlichen Betrachtungsweise der Fragestellung durchaus bewusst sind.

Es wurde festgestellt, dass die Thematik der Generationengerechtigkeit eine auffällige Vielzahl relevanter Politikbereiche dominiert. Alle im Bundestag vertretenen Parteien haben diesen Begriff besetzt. Man könnte insofern von einer ‚großen Koalition' sprechen. Letztlich belegt dies aber auch, dass Lösungen zu Problemen, die mit Generationengerechtigkeit in Zusammenhang gebracht werden, vom Wähler ‚nachgefragt' werden. Der Begriff der Generationengerechtigkeit wird nicht selten auch politisch emotionalisiert und instrumentalisiert. Auf Grund der Vielzahl der politisch involvierten Ressorts kann es nicht verwundern, dass die mit diesem Begriff verbundenen Problembereiche auch entsprechend vielfältig sind. Je umfassender und uferloser die Debatte um Generationengerechtigkeit geführt wird, desto schwieriger wird es, zielführende politische Programmsätze so zu konkretisieren, dass sich daraus brauchbare Maßstäbe für die jeweiligen politischen Ressorts ergeben.

Die Untersuchung hat gezeigt, dass gemeinnützige Stiftungen zur Gerechtigkeit zwischen den Generationen beitragen können. Insbesondere aufgrund ihres institutionell bedingten Alleinstellungsmerkmals der verewigten Wirkung von zweckgebundenem Vermögen zu Gunsten des Allgemeinwohls der *jeweiligen* Generation sind sie geradezu ‚geborene Institutionen', um nachhaltig *und* gerecht im generationsübergreifenden Kontext zu wirken. Da stiften freiwillig erfolgt, können sie auch eine ‚Brücke' zwischen einem individualistischen Liberalismus einerseits und einem fürsorgenden omnipotenten Sozialstaat andererseits ‚schlagen'. Sorgt ein Staat für stiftungsfreundliche Rahmenbedingungen, unterstützt er altruistisches und solidarisches Handeln und zwar nicht nur im intragenerationellen, sondern insbesondere auch im intergenerationellen Kontext. Nimmt eine Gesellschaft ein solches Angebot an, kann eine Gesellschaftsform entstehen, die eigenverantwortlich *und* füreinander handelt. Die Politik wird dann zum Dienstleister, der die (berühmte) ‚Angel' gibt und nicht den ‚Fisch'. Hinzu kommt, dass gemeinnützige Stiftungen wegen Ihrer Vielfalt im Hinblick auf Erscheinungsform und Tätigkeit eine entsprechende Vielfalt von Lösungsansätzen bieten können. Man könnte sagen, dass (nur) eine facettenreiche Institution geeignet ist, ein ebenso facettenreiches Problem zu lösen.

Hervorzuheben ist die Erkenntnis, dass gemeinnützige Stiftungen die Rolle des vielfach geforderten Interessenvertreters zukünftiger Generationen einnehmen können. Um einer Vertreterschaft zur Durchsetzungskraft zu verhelfen, wäre jedoch die Schaffung konkreter (subjektiver) Rechte zugunsten zukünftiger Generationen erforderlich. Nach dem Ergebnis dieser Arbeit existieren geeignete Rechte noch nicht gezeugter Menschen de lege lata nicht.

Gemeinnützige Stiftungen kommen im Hinblick auf eine generationengerechte Politik nur als ergänzende, nicht dagegen als substituierende Institutionen in Frage. Hierfür spricht bereits die beschränkte Finanzkraft gemeinnütziger Stiftungen. Davon abgesehen ist einer staatlichen Delegation sozialstaatlicher Verantwortung an gemeinnützige Stiftungen entgegenzutreten. Die Problematik der Generationengerechtigkeit ist zu vielschichtig, umfassend und gewichtig, als dass Problemlösungen der Initiative Privater überlassen werden können. Gemeinnützige Stiftungen können als Kooperations- und Solidaritätsgemeinschaft verstanden werden, in denen Lösungen zur Gerechtigkeit zwischen den Generationen von Staat *und* Bürgern gesucht werden. Zu fordern sind daher Rahmenbedingungen, die **private Initiative fördern *und* staatliches Handeln fordern**.

Die wesentlichen Erkenntnisse und Thesen der Untersuchung lassen sich wie folgt zusammenfassen:

1. Wesentliche Thesen zum Begriff der Generationengerechtigkeit und der generationengerechten Politik

1.1. **Generationengerechtigkeit** liegt nach der hier vertretenen Auffassung vor, wenn niemand wegen seiner Zugehörigkeit zu einer Generation benachteiligt wird. Ob eine Benachteiligung gegeben ist, ist auf zwei Zeitachsen zu beurteilen: der Zeitachse der handelnden Generation und der Zeitachse künftiger Generationen. Rechte, Interessen und Bedürfnisse künftiger Generationen sind zu antizipieren. Dabei ist zu berücksichtigen, dass diese aufgrund künftiger technologischer und/oder sozialer Innovationen nicht abschließend vorhersehbar sind. Daher ist auf den Erhalt von Chancen für spätere Generationen besonderer Wert zu legen. Diese Chancen würden bspw. genommen, wenn vermutlich geeignete ökologische Ressourcen vollständig verbraucht werden oder der derzeitige Sozialstaat eine Organisationsform findet, die nachfolgenden Generationen Möglichkeiten zu einer wirtschaftlichen und sozialen Selbstbestimmung verwehrt.

1.2. Eine **generationengerechte Politik** sollte

(a) über politische Absichtserklärungen hinausgehen und Rahmenbedingungen schaffen, die den mutmaßlichen Rechten, Interessen und Bedürfnissen künftiger Generationen bereits heute zur Durchsetzbarkeit verhelfen;

(b) Rahmenbedingungen schaffen, die berücksichtigen, dass es zur heutigen Durchsetzbarkeit auch der Interessenvertreter bzw. Institutionen bedarf;

(c) Rahmenbedingungen schaffen, die berücksichtigen, dass die zugrunde liegenden Rechte, Interessen und Bedürfnisse generationsübergreifend sind und sich nicht an Wahlperioden orientieren können.

Rahmenbedingungen dieser Art sind einzufordern. Da ihre erstmalige Errichtung ohne Beteiligung der zukünftigen (da noch nicht lebenden) Menschen erfolgt, bedarf es zu diesem Errichtungsakt neben einem hohen ethischen Verantwortungsbewusstsein der gegenwärtigen Generation auch des Mutes. Die Generation, die solche Rahmenbedingungen in Form eines effektiven Rechtsregimes begründet, sieht sich de facto keinem Zwang ausgesetzt, da es vor Errichtung eines entsprechenden Rechtsregimes keine Anspruchsinhaber bzw. keine klagebefugten Vertreter zukünftiger Generationen gibt. Ob ein solches Verantwortungsbewusstsein existiert und wahrgenommen wird, ist letztlich auch ein Zeichen der politischen Kultur. Dass dies keine politische Fata Morgana sein muss, zeigen die Neufassung der Art. 109 Abs. 2 GG, Art. 115 Abs. 1 GG und die Initiative zum sog. ‚Generationengerechtigkeitsgesetz‘.

2. Wesentliche Thesen zu gemeinnützigen Stiftungen vor dem Hintergrund der Thematik der Generationengerechtigkeit

2.1. Das Wirken der Stiftung ist seit ihrer Ideengeschichte generationsübergreifend. Dieses generationsübergreifende Wirken wird auch heute noch von Stiftern bewusst gesucht. Generationenübergreifendes Wirken ist eine der Stiftung wesensimmanente Funktion.

2.2. Diese den Stiftungen wesensimmanente Funktion wurde bereits von Römischen Kaisern durch sog. ‚Alimentenstiftungen‘ zur Lösung demografisch verursachter Probleme politisch genutzt. In geburtenschwachen Gebieten sollten sie zur Steigerung der Geburtenrate beitragen.

2.3. In Deutschland hat sich seit dem Untergang der Monarchie ein mäzenatisch motiviertes Stiftungswesen entwickelt. Heute wird es von allen Bevölkerungsschichten und Institutionen angenommen. Stiftungsengagement wird von natürlichen Personen, mittelständischen Unternehmen und Konzernunternehmen ausgeübt.

2.4. Die jüngere Entwicklung der Bürgerstiftung dokumentiert, dass das deutsche Stiftungswesen zunehmend ein sozialpolitisches Umfeld kreiert, das durch ein hohes Maß an Solidarität und kollektiver Eigenverantwortung geprägt ist.

2.5. Reformen zur Förderung gemeinnütziger Stiftungen werden angenommen. Reformen mit der Zielsetzung der Einbeziehung gemeinnütziger Stiftungen zur Lösung der Problematik intergenerationeller Gerechtigkeit sind daher grundsätzlich Erfolg versprechend.

2.6. Die Einbeziehung gemeinnütziger Stiftungen in eine generationengerechte Politik stellt keine überschießende Instrumentalisierung gemeinnütziger Stiftungen dar. Es ist vielmehr legitim und zu fordern, die Rahmenbedingungen für gemeinnützige Stiftungen so zu gestalten, dass das den Stiftungen wesensimmanente generationsübergreifende Wirken zielgerichtet(er) für generationengerechte Politiken genutzt werden kann. Erst wenn private Interessen im Vordergrund stehen, sind entsprechende Grenzen zu ziehen.

3. Wesentliche Thesen aus ethischer und politisch-philosophischer Sicht

3.1. Es erscheint zielführend und nutzbringend, gemeinnützige Stiftungen in zeitgenössische Moraltheorien zur Generationengerechtigkeit einzubeziehen. Gemeinnützige Stiftungen können diese Theorien ergänzen und zu ihrer Weiterentwicklung beitragen. Sie können grundsätzlichen und vorgetragenen Einwänden gegen eine Theorie der Generationengerechtigkeit begegnen.

3.2. Gemeinnützige Stiftungen sind Institutionen, die (eigen)verantwortliches Handeln und Wirken ermöglichen. Abhängig von der Stiftungsart kann sich diese Verantwortung auch als kollektive Verantwortung zeigen, so z. B. im Fall der Bürgerstiftungen. Gleichwohl sollte die Erscheinungsform der Bürgerstiftung vor dem Hintergrund der Generationengerechtigkeit nicht überbewertet werden. Bürgerstiftungen zeichnen sich durch ihren Lokalbezug aus, Lösungen für Probleme der Generationengerechtigkeit finden sich eher auf der Makroebene.

3.3. Da die geförderten Zwecke dem Gemeinwohl dienen, kann das Handeln einer Stiftung als moralisch bezeichnet werden. Aufgrund der institutionellen Besonderheit der Unsterblichkeit der Stiftung hat diese Moral auch immer Zukunftsbezug.

3.4. Gemeinnützige Stiftungen können zu sozialer Gerechtigkeit beitragen. Ein effektives Stiftungswesen ist daher Teil eines funktionierenden Sozialstaats. Ihr Wirken und ihre Effizienz sind abhängig von den politischen und gesetzlichen Rahmenbedingungen.

3.5. Gemeinnützige Stiftungen sind geeignet, die Rolle des Sachwalters und Interessenvertreters zukünftiger Generationen zu übernehmen. Aufgrund ihrer Unsterblichkeit könnten sie einen fiktiven generationenübergreifenden Dialog zwischen den Generationen übernehmen. Interessen zukünftiger Generationen sind zu antizipieren.

3.6. Auf Grund ihrer Mitgliederlosigkeit ist ihnen eine materielle Unabhängigkeit zuzusprechen. Bei der Rolle des Sachwalters und Interessenvertreters zukünftiger Generationen ist ihnen insofern ein Alleinstellungsmerkmal gegenüber anderen gemeinnützigen Körperschaften zuzusprechen.

4. Wesentliche Thesen aus verfassungsrechtlicher Sicht

4.1. Um gemeinnützige Stiftungen in eine generationengerechte Politik effektiv einbeziehen zu können, bedarf es Reformen im Verfassungsrecht. Diese Reformen sollten im Sinne eines Minimalziels auf eine Konkretisierung des Sozialstaatsprinzips, besser aber auf die Implementierung der Generationengerechtigkeit als eigenständiges Staatsziel abzielen. Die Konkretisierung des Sozialstaatsprinzips hätte nach teilweise vertretener Auffassung zwar nur deklaratorische Wirkung. Allerdings wäre bereits damit wohl ein weiterer wesentlicher Impuls für die politische Diskussion verbunden.

4.2. Um der Debatte zur Generationengerechtigkeit zum Durchbruch zu verhelfen, ist es erforderlich, Grundrechte zu schaffen, die sich auch auf noch nicht gezeugte Menschen beziehen. Das Fehlen dieser Rechte de lege lata ist der Grund dafür, dass die Debatte um Generationengerechtigkeit im Grunde stagniert. Ethisch-philosophische, vertragstheoretische und moralische Begründungsversuche zur Herleitung entsprechender Rechte sind ansprechend, allerdings nicht justiziabel. Reformbestrebungen sollten auch Möglichkeiten der Geltendmachung dieser Rechte mit einbeziehen.

4.3. Zur Wahrnehmung von Rechten zukünftiger Menschen durch gemeinnützige Stiftungen bieten sich rechtstechnisch zwei Möglichkeiten an:

(a) Gemeinnützigen Stiftungen könnten analog der Verbandsklagebefugnis von Naturschutzverbänden Befugnisse zugewiesen werden, die sie als Interessenvertreter, Fürsprecher oder Anwalt für zukünftige Generationen ausweisen (Drittklagebefugnis).

(b) Möglich wäre auch die konstruktivistische Einrichtung eines Rechtsinstituts nach dem Vorbild im Zivilrecht zugunsten des ‚nondum conceptus'.

In allen Fällen wäre die statutarische Sachnähe der gemeinnützigen Stiftung zum wahrzunehmenden Recht zu fordern.

4.4. Das Erfordernis der Schaffung subjektiver Rechte zukünftiger Generationen in Verbindung mit der Wahrnehmung dieser Rechte durch gemeinnützige Stiftungen als Interessenvertreter zukünftiger Generationen ist eine der Kernthesen dieser Untersuchung. Berücksichtigt man einerseits, dass es Rechte noch nicht gezeugter Menschen bereits im Preußischen Allgemeinen Landrecht gab und verknüpft man dies andererseits mit der Erkenntnis, dass bereits unter Römischen Kaisern ‚Alimentenstiftungen' zur Lösung demografisch verursachter Probleme politisch genutzt wurden, lässt sich sagen, dass die ‚Instrumente' zur Einrichtung einer generationengerechten Politik (Rechte und Institutionen) in der Historie zu finden sind.

4.5. Auf Grund der begrenzten Ressourcen nehmen Stiftungen in ökonomischen Leistungsströmen nur eine ergänzende Rolle ein. Gleichwohl können sie zur Nachhaltigkeit und einer ökonomischen Gleichbehandlung über Generationen hinweg unterstützend beitragen. Sie lassen sich in haushaltspolitische Systeme integrieren und tragen dabei zu einer Nivellierung ökonomischer Generationenungerechtigkeit bei. Sie können auch als ergänzendes Vehikel der Kapitalakkumulation dazu beitragen, ungerechte bzw. nicht nachhaltige Leistungsströme im Sinne des Generational Accounting oder alternativen Kapitalflussmodellen zu nivellieren. Dies steht jedoch in zweierlei Konflikt:

(a) Rücklagen zugunsten zukünftiger Generationen sind fehlende Mittel für derzeit lebende Generationen. Auch die Generationengerechtigkeit ist letztlich eine Frage der Verteilungsgerechtigkeit.

(b) Der verstärkten Kapitalakkumulation stehen das steuerliche Mittelverwendungsgebot bzw. steuerrechtliche Restriktionen zur Rücklagenbildung entgegen, was steuerliche Reformen erfordert. Es zeigt sich die Vernetzung der Problematik.

5. Wesentliche Thesen aus Sicht der Stiftungsaufsicht

5.1. Die Stiftungsaufsicht hat sich auch weiterhin am Stifterwillen zu orientieren. Auch Gemeinwohlinteressen i. S. der Gerechtigkeit zwischen den Generationen vermögen daran nichts zu ändern. Ob vor dem Hintergrund der Generationengerechtigkeit eine grundsätzliche Erweiterung der Befugnisse der Stiftungsaufsicht zu fordern ist, ist letztlich eine Frage des Argumentationsgeschicks, nach der hier vertretenen Auffassung allerdings nicht zu empfehlen.

5.2. Entscheidet man sich für die Schaffung von (Grund-)Rechten für noch nicht gezeugte Menschen und spricht man dabei gemeinnützigen Stiftungen die Möglichkeit der Geltendmachung dieser Rechte analog der Drittklagebefugnis zu, sollte letzteres der Stiftungsaufsicht unterstellt werden. Diese sollte nur soweit gehen, als sichergestellt wird, dass die Angelegenheiten der Stiftung in Übereinstimmung mit dem Gesetz und der Stiftungssatzung besorgt werden.

5.3. Ein weiterer Grund für die Erweiterung der Kompetenzen der Stiftungsaufsicht ergäbe sich bei einer – noch zu schaffenden – Ausweitung der Möglichkeiten der Kapitalakkumulation im Gemeinnützigkeitsrecht. In einem solchen Fall träte der Staat mit der Gewährung von Privilegien in Vorleistung, da die gemeinwohlkonforme Verwendung von Mitteln erst in einer zu definierenden Zukunft läge. Eine Rechtsaufsicht – und somit eine Beschränkung auf rechtsfähige Stiftungen – erscheint in diesem Fall sachgerecht.

6. Wesentliche Thesen vor dem Hintergrund besonderer Erscheinungsformen von Stiftungen

6.1. Die bislang anzutreffende Vielfalt gemeinnütziger Stiftungen ist zu begrüßen. Diese Vielfalt kann zur Lösung einer vielschichtigen Problemstellung beitragen. Gesetzliche Maßnahmen, die auf eine Einschränkung dieser Stiftungsvielfalt abzielen, wären kontraproduktiv und sind nicht zu empfehlen.

6.2. Mit Ausnahme der vorgenannten Fallkonstellationen (vgl. soeben Tz. 5.2. und 5.3.) ist eine Beschränkung von Privilegien auf rechtsfähige Stiftungen vor dem Hintergrund der Generationengerechtigkeit nicht zu empfehlen.

6.3. Die Einbeziehung einer Funktionsträgerstiftung in eine generationengerechte Politik bietet sich bereits definitionsbedingt an, da sie kraft solcher nicht nur die Verwirklichung eines Auftrags von sozialer und politischer Bedeutung wahrnimmt, sondern auch die Funktion des Mittlers, Schiedsmanns und Bindeglieds zwischen Interessengruppen (hier Generationen) übernehmen kann. Diese Funktion entspräche auch jener des vielfach geforderten Interessenvertreters zukünftiger Generationen. Die Funktion ‚Bindeglied zwischen Interessengruppen zu sein oder vernachlässigte Anliegen von öffentlichem Interesse zu bearbeiten und für ihre Berücksichtigung im sozialen Bereich und politischen Prozess zu werben‘, entspricht deutlich einer für Zwecke der Generationengerechtigkeit lösungsorientierten Institution. Diese Funktionsträgerstiftung sollte in Form einer Stiftung des öffentlichen Rechts diskutiert werden.

6.4. Der Vorschlag zur Schaffung der Rechtsform einer Europäischen Stiftung ist zu begrüßen. Eine Europäische Stiftung könnte zu Lösungen internationaler Problemstellungen betreffend die Generationengerechtigkeit beitragen. Auch eine Europäische Stiftung könnte Interessenvertreter, Fürsprecher oder Anwalt für zukünftige Generationen auf EU-Ebene sein. Europäische Stiftungen wären kongeniale Partner zu nationalen gemeinnützigen Stiftungen. Allerdings ist zu empfehlen, den in Art. 5 FE-VO-E im Verordnungsvorschlag vom 8.2.2012 vorgesehene Förderkatalog um das Thema der Generationengerechtigkeit zu erweitern.

7. Wesentliche Thesen aus zivilrechtlicher, erbrechtlicher und erbschaftsteuerlicher Sicht

7.1. Der Regelungskomplex § 87 Abs. 1 BGB, § 60 Abs. 1 Satz 2 AO i.V.m. § 5 der Anlage 1 zu § 60 AO (Mustersatzung) stellt die verewigte Wirkung von Stiftungsvermögen zu Gunsten des *jeweiligen* Gemeinwohls nachfolgender Generationen sicher. Vor dem Hintergrund der Generationengerechtigkeit ist darin ein wesentliches Alleinstellungsmerkmal der gemeinnützigen Stiftung zu sehen.

7.2. Rechtsinstitute im Zivilrecht zugunsten des ‚nondum conceptus‘ können als rechtskonstruktivistisches Vorbild für die Frage nach Rechten zukünftiger Generationen dienen.

7.3. Reformen im Pflichtteilsrecht sind vor dem Hintergrund eines besonderen Spannungsverhältnisses zu sehen:

(a) Das Pflichtteilsrecht ist de lege lata generationengerecht, wenn man den Generationenbegriff im familiären Sinn zugrunde legt.

(b) Reformen, die eine pflichtteilsrechtliche Privilegierung gemeinnütziger Stiftungen zum Ziel haben, sind ebenfalls generationengerecht, wenn man einen chronologisch-inter- oder intratemporalen oder einen sozialen Generationenbegriff zugrunde legt.

(c) Reformen zugunsten gemeinnütziger Stiftungen zur Schaffung von mehr intergenerationeller Gerechtigkeit gehen gleichzeitig zulasten der familiären Generationengerechtigkeit.

7.4. Ansätze für eine pflichtteilsrechtliche Privilegierung gemeinnütziger Stiftungen sind vorhanden, sollten allerdings nicht vor dem Hintergrund der Debatte um Generationengerechtigkeit geführt werden. Rechtsdogmatisch geht es vielmehr um einen Konflikt zwischen der Testierfreiheit und der Stifterfreiheit derselben Person.

Pflichtteilsrechtliche Privilegien zugunsten gemeinnütziger Stiftungen sind im Fall kinderloser Erblasser möglich. Entsprechende Reformen sind vor dem Hintergrund der demografischen Entwicklung Deutschlands sinnvoll und zu empfehlen. Eine Ausweitung der Testierfreiheit zugunsten gemeinnütziger Stiftungen ist aus rechtspolitischer, rechtsphilosophischer und soziologischer Sicht legitimiert.

7.5. Insgesamt sollte ein abgestimmtes Nachfolgeregime für gemeinnützige Stiftungen geschaffen werden.

Es sollten Rahmenbedingungen geschaffen werden, die gemeinnützigen Stiftungen die Funktion der Unternehmensträgerstiftung erleichtern, da davon auszugehen ist, dass angesichts der demografischen Entwicklung in Deutschland immer seltener ein geeigneter Nachfolger innerhalb der Familie zur Verfügung steht.

Das Erbschaft- und Schenkungsteuergesetz sollte insgesamt auf die mögliche Einbeziehung gemeinnütziger Stiftungen abgestimmt werden. Dies betrifft bspw. § 29 Abs. 1 Nr. 4 ErbStG und die in den § 13a und § 13b ErbStG vorgesehenen Haltefristen zum Erhalt erbschaft- und schenkungsteuerlicher Verschonungsabschläge.

Weitere Ansätze zu Reformen ergeben sich aus Einzelvorschriften wie bspw. der Vorschrift des § 35 WpÜG.

8. Wesentliche Thesen aus Sicht des steuerlichen Gemeinnützigkeitsrechts und der Ertragsteuern

8.1. Während das Zivilrecht vom ‚Leitbild der gemeinwohlkonformen Allzweckstiftung' geprägt ist, ist ‚Gemeinnützigkeit' ein rein steuerrechtlicher Begriff. Das Gemeinnützigkeitsrecht verhilft der gemeinwohlkonformen Stiftung insofern zur existentiellen Realität, als es die *gemeinnützige* gemeinwohlkonforme Stiftung nur bei Vorliegen der steuerlichen Voraussetzungen gibt. Mit der Gemeinnützigkeit lässt sich eine Gemeinwohlvermutung verbinden.

8.2. Der dauerhafte (verewigte) Einsatz von Stiftungsvermögen zugunsten gemeinnütziger Zwecke ist in § 60 Abs. 1 Satz 2 AO i.V.m. § 5 der Anlage 1 zu § 60 AO (Mustersatzung) gesetzlich festgelegt. Das Steuerrecht stellt somit sicher, dass die Zweckverfolgung einer Stiftung dauerhaft mit dem Gemeinwohl einer *jeweiligen* Generation einhergeht. Der Teildisziplin des Steuerrechts ist daher bei der Frage der Generationengerechtigkeit eine besondere Verantwortung zuzusprechen.

8.3. Die Auflistung der steuerlich geförderten gemeinnützigen Zwecke gemäß § 52 Abs. 2 AO ist nicht auf die Thematik der Generationengerechtigkeit abgestimmt. Angesichts der Bedeutung des Steuerrechts für die Frage der Generationengerechtigkeit und angesichts der proklamierten Bedeutung in politischen Grundsatzprogrammen ist eine Reformierung der steuerlich geförderten Zwecke zu fordern.

8.4. Die Pflicht zur zeitnahen Mittelverwendung ist kontraproduktiv zum nachhaltigen Wirken gemeinnütziger Stiftungen. Daher ist die Reformierung des Gegenwartsbezugs des Gemeinnützigkeitsrechts zu fordern mit dem Ziel der Möglichkeit, Kapital akkumulieren zu können (Innenfinanzierung). Da der Staat mit steuerlichen Privilegien (auch) für thesauriertes Kapital in Vorleistung tritt, ist jedoch eine Beschränkung des Privilegs der Kapitalakkumulation auf rechtsfähige Stiftungen legitim, da nur diese der staatlichen Aufsicht unterliegen. Die Zulassung einer umfassenderen Kapitalakkumulation geht allerdings zulasten derzeit lebender Generationen. An dieser Stelle offenbart sich die Generationengerechtigkeit als klassisches Verteilungsproblem. Dieses Problem ist politisch zu lösen.

8.5. Restriktionen, die ein grenzüberschreitendes Wirken gemeinnütziger Stiftungen erschweren, sollten beseitigt werden.

8.6. Maßnahmen, die vor dem Hintergrund der nachgelagerten Besteuerung darauf abzielen, gemeinnützige Stiftungen in Möglichkeiten der Kapitalanlage zum Zweck der Altersvorsorge einzubeziehen, sind abzulehnen.

9. Wesentliche Thesen aus Sicht der Exekutive – Errichtung einer Stiftung des öffentlichen Rechts

9.1. Die Errichtung einer Stiftung des öffentlichen Rechts mit dem Zweck der Gerechtigkeit zwischen den Generationen (SdÖR GG) ist als Maßnahme der Exekutive zu empfehlen. Es handelt sich hierbei nicht um eine überschießende Instrumentalisierung gemeinnütziger Stiftungen. Bedenken die darauf abzielen, der Staat könne sich mit einer solchen Stiftung seiner Verantwortung entziehen, sind zu hören, letztlich aber nicht schlagend. Es handelt sich um eine weitere Alternative zu einer Kooperations- und Solidaritätsgemeinschaft. Sie wäre gleichzeitig als Funktionsträgerstiftung zu verstehen.

9.2. Eine SdÖR GG bietet gegenüber bestehenden Institutionen und Einrichtungen (wie z. B. dem Nachhaltigkeitsrat) Vorteile. Zum einen stellt sie einen demonstrativen Akt dar, der als ein besonderes Zeichen der politischen Kultur verstanden werden kann. Des Weiteren verfügt sie über Rechtsfähigkeit und – bei entsprechender personeller und vermögensmäßiger Ausstattung – personelle und finanzielle Unabhängigkeit. Auch ihr könnte damit die Funktion des vielfach geforderten Interessenvertreters zukünftiger Generationen zugesprochen werden. Um auch Rechtsträger von spezifischen Grundrechten sein zu können, wäre allerdings eine umfassende, in sich abgestimmte Reform im Verfassungsrecht erforderlich.

9.3. Eine SdÖR GG hätte den besonderen Vorteil der erweiterten Möglichkeit der Innenfinanzierung. Eine Stiftung des öffentlichen Rechts unterliegt nicht, wie eine gemeinnützige Stiftung, der (zeitnahen) Mittelverwendungspflicht. Eine Kapitalakkumulation zugunsten zukünftiger Generationen wäre somit auch auf Basis der geltenden Rechtslage möglich. Politisch betrachtet könnte eine SdÖR GG somit noch besser als eine gemeinnützige Stiftung des privaten Rechts eine Brücke in die Zukunft schlagen und zur korrektiven Verteilungsgerechtigkeit gegenüber zukünftigen Generationen beitragen.

9.4. Eine SdÖR GG ist de lege ferenda als gesetzlicher Erbe i.S.d. § 1936 BGB in Betracht zu ziehen. Dies würde auf die spezialisierte Ausgestaltung des derzeit geltenden gesetzlichen Erbrechts des Fiskus abzielen. Die rechtstechnische Umsetzung könnte sich an Art. 138 EGBGB orientieren, was mit einer ‚Wiederbelebung' dieser Norm verbunden wäre.

Literatur- und Quellenverzeichnis

ADLOFF, Frank, Philanthropisches Handeln – Eine historische Soziologie des Stiftens in Deutschland und den USA, zugleich Habilitationsschrift, Frankfurt/New York, 2010 [zitiert als Adloff, Philanthropisches Handeln, S. ...].

ADLOFF, Frank, Die Institutionalisierung und Sakralisierung des Gebens: Ein kultursoziologischer Blick auf das Stiften und Spenden, in: Adloff, Frank/Priller, Eckhard/Strachwitz, Rupert Graf, Prosoziales Verhalten. Spenden in interdisziplinärer Perspektive, Stuttgart, 2010, S. 225-245 [zitiert als Adloff, Die Institutionalisierung und Sakralisierung des Gebens: Ein kultursoziologischer Blick auf das Stiften und Spenden, in: Adloff/Priller/Strachwitz (Hrsg.), Prosoziales Verhalten, S. ...].

ADLOFF, Frank, Theorien des Gebens – Nutzenmaximierung, Altruismus und Reziprozität, in: Hopt, Klaus/Hippel, Thomas von/Walz, Rainer (Hrsg.), in: Nonprofit-Organisationen in Recht, Wirtschaft und Gesellschaft, Tübingen, 2005, S. 139-157 [zitiert als Adloff, Theorien des Gebens – Nutzenmaximierung, Altruismus und Reziprozität, in: Hopt/Hippel/Walz (Hrsg.), Nonprofit-Organisationen in Recht, Wirtschaft und Gesellschaft, S. ...].

ADLOFF, Frank/MAU, Steffen, Zur Theorie der Gabe und Reziprozität, in: Adloff, Frank/Mau, Steffen, Vom Geben und Nehmen – Zur Soziologie der Reziprozität, Frankfurt/New York, 2005, S. 9-57 [zitiert als Adloff/Mau, Zur Theorie der Gabe und Reziprozität in: Adloff/Mau (Hrsg.), Vom Geben und Nehmen, S. ...].

ADLOFF, Frank/SIGMUND, Steffen, Die *gift economy* moderner Gesellschaften. Zur Soziologie der Philanthropie, in: Adloff, Frank/Mau, Steffen, Vom Geben und Nehmen – Zur Soziologie der Reziprozität, Frankfurt/New York, 2005, S. 211-235 [zitiert als Adloff/Sigmund Die *gift economy* moderner Gesellschaften, in: Adloff/Mau (Hrsg.), Vom Geben und Nehmen, S. ...].

ALSCHER, Sarah, Die Stiftung des öffentlichen Rechts, zugleich Diss. iur., München, 2006 [zitiert als Alscher, Die Stiftung des öffentlichen Rechts, S. ...].

AN DER HEIDEN, Uwe, Altruismus und Hirnforschung, in: Andrick, Bernd et al., Die Stiftung – Jahreshefte zum Stiftungswesen 5. Jahrgang 2011, S. 9-26, Frankfurt, 2011 [zitiert als An der Heiden, Altruismus und Hirnforschung, S. ...].

ANDRÉS, Lucia Linares, Stiftungen im spanischen Recht in Hopt/Reuter (Hrsg.), Stiftungsrecht in Europa, Köln, 2001, S. 475-507 [zitiert als Andrés, Stiftungen im spanischen Recht, in: Hopt/Reuter (Hrsg.), Stiftungsrecht in Europa, S. ...].

ANDRICK, Bernd, SUERBAUM, Joachim, Stiftung und Aufsicht – Dogmatik – Stiftungspraxis – Reformbestrebungen, München, 2001 [zitiert als Andrick/Suerbaum, Stiftung und Aufsicht, S. ...].

ANDRICK, Bernd, SUERBAUM, Joachim, Das Gesetz zur Modernisierung des Stiftungsrechts, NJW 2002, S. 2905-2910 [zitiert als Andrick/Suerbaum, Das Gesetz zur Modernisierung des Stiftungsrechts, NJW 2002, S. ...].

BALLERSTEDT, Kurt, SALZWEDEL, Jürgen, Soll das Stiftungsrecht bundesgesetzlich vereinheitlicht und reformiert werden, gegebenenfalls mit welchen Grundzügen? – Gutachten für den 44. Deutschen Juristentag in Verhandlungen des Vierundvierzigsten Deutschen Juristentages in Hannover 1962, hrsg. von der Ständigen Deputation des deutschen Juristentages, Band I (Gutachten) 5. Teil, J.C.B. Mohr (Paul Siebeck), Tübingen, 1962 [zitiert als Ballerstedt/Salzwedel, Gutachten für den 44. DJT, S. ...].

BATSON, C. Daniel, The Altruism Question – Toward A Social-Psychological Answer, 1991 [zitiert als Batson, The Altruism Question, S. ...].

BATTIS, Ulrich, Entlastung des Staates durch Outsourcing? in: Mecking, Christoph/Schulte, Martin (Hrsg.), Grenzen der Instrumentalisierung von Stiftungen, J.C.B. Mohr (Pauls Siebeck), Tübingen, 2003, S. 45-56, [zitiert als Battis, Entlastung des Staates, S. ...].

BAUMS, Theodor, Aktuelle Entwicklungen im Europäischen Gesellschaftsrecht, Die Aktiengesellschaft 2007, S. 57-65 [zitiert als Baums, Aktuelle Entwicklungen im Europäischen Gesellschaftsrecht, AG, 2007, S. ...].

BAYER, Walter, SCHMIDT Jessica, Aktuelle Entwicklungen im Europäischen Gesellschaftsrecht (2004-2007), BB 2008, S. 454-460 [zitiert als Bayer/Schmidt, Aktuelle Entwicklungen im Europäischen Gesellschaftsrecht, BB 2008, S. ...].

BECKER, Hans-Jürgen, Der Städel-Paragraph (§ 84 BGB) in Festschrift für Heinz Hübner zum 70. Geburtstag am 7. November 1984, Berlin/New York, 1984, S. 21-33, [zitiert als Becker, Der Städel-Paragraph in: FS Hübner, S. ...].

BECKERT, Jens: Familiäre Solidarität und die Pluralität moderner Lebensformen – Eine gesellschaftstheoretische Perspektive auf das Pflichtteilsrecht in: Anne Röthel (Hrsg.), Reformen des Pflichtteilsrechts, Symposium 30.11.-2.12.2006 in Salzau, S. 1-21 [zitiert als Beckert, Familiäre Solidarität in Röthel (Hrsg.), Symposium Pflichtteilsrecht Salzau, S. ...].

BECKERMANN, Wilfred, Intergenerational Justice in Stiftung für die Rechte zukünftiger Generationen (Hrsg.): Intergenerational Justice Review, Heft 2/2004, S. 1-5 (zu beziehen über www.srzg.de) [zitiert als Beckermann, Intergenerational Justice in: Intergenerational Justice 2/2004, S. ...].

BENKE, Holger, „1 Million ist zu wenig" in: Stiftung & Sponsoring 2006, Heft 4, S. 30-31 [zitiert als Benke, 1 Million ist zu wenig, Stiftung & Sponsoring 2006, S. ...].

BERGMANN, Maria, Erweiterte Sonderausgabenabzugsfähigkeit für Donationen und Stiftungen, zugleich Diss. iur., Baden-Baden, 2002 [zitiert als Bergmann, Erweiterte Sonderausgabenabzugsfähigkeit, S. ...].

BERLIN-INSTITUT für Bevölkerung und Entwicklung, Die demografische Lage der Nation – Wie zukunftsfähig sind Deutschlands Regionen?, München, 2006 [zitiert als Berlin-Institut, Die demografische Lage der Nation, S. ...]..

BERNDT, Hans / GÖTZ, Hellmut, Stiftung und Unternehmen, Herne, 8. Auflage [zitiert als Berndt/Götz, Stiftung und Unternehmen, S. ...].

BIRG, Herwig, Die ausgefallene Generation, München, 2005 [zitiert als Birg, Die ausgefallene Generation, S. ...].

BIRG, Herwig, Die demographische Zeitenwende – Der Bevölkerungsrückgang in Deutschland und Europa, München, 4. Aufl. 2005 [zitiert als Birg, Die demographische Zeitenwende, S. ...].

BIRG, Herwig, Generationenstreß, Mit und ohne Nachkommen: Die Demographie wird zum Krisenherd in: Frankfurter Allgemeine Zeitung v. 2.4.2004 [zitiert als Birg, Die Demographie wird zum Krisenherd, FAZ vom 2.04.2004, S. ...].

BIRNBACHER, Dieter, Utilitarismus, in: DÜWELL, Markus, HÜBENTHAL, Christoph, WERNER, Micha H., (Hrsg.), Handbuch Ethik, Stuttgart/Weimar, 2. Aufl. 2006, S. 95-107 [zitiert als Birnbacher, Utilitarismus, in: Düwell/Hübenthal/Werner (Hrsg.), Handbuch Ethik, S. ...].

BIRNBACHER, Dieter, Verantwortung für zukünftige Generationen – Reichweite und Grenzen in: Stiftung für die Rechte zukünftiger Generationen (Hrsg.), Handbuch der Generationengerechtigkeit, München, 2. Auflage 2003, S. 81-104 [zitiert als Birnbacher, Verantwortung für zukünftige Generationen – Reichweite und Grenzen, in: SRzG (Hrsg.) Handbuch Generationengerechtigkeit, S. ...].

BIRNBACHER, Dieter (Hrsg.), Zukunftsverantwortung und Generationensolidarität, Königshausen und Neumann, 2001 [zitiert als Birnbacher, (Hrsg.), Zukunftsverantwortung und Generationensolidarität, S. ...].

BIRNBACHER, Dieter, Verantwortung für zukünftige Generationen, Stuttgart, 1988 [zitiert als Birnbacher, Verantwortung für zukünftige Generationen, S. ...].

BISHOP, Matthew, GREEN, Michael, Philanthrocapitalism. How giving can save the world, New York, 2008 [zitiert als Bishop/Green, Philanthrocapitalism, S. ...].

BOETTCHER, Florian, TREMMEL, Jörg, Generationengerechtigkeit in der Finanzverfassung, Eine Studie der Stiftung für die Rechte zukünftiger Generationen, Oberursel (ISBN 3-00-015991-6, zu beziehen über www.srzg.de), [zitiert als Boettcher/Tremmel, Generationengerechtigkeit in der Finanzverfassung, S. ...].

BONIN, Holger, Generational Accounting – Theory and Application, Berlin, 2000 [zitiert als Bonin, Generational Accounting, S. ...].

BORGOLTE, Michael, Stiftungen – eine Geschichte von Zeit und Raum in: Andrick, Bernd et al., Die Stiftung – Jahreshefte zum Stiftungswesen, 3. Jahrgang 2009, S. 9-30, Frankfurt am Main, 2009 [zitiert als Borgolte, Stiftungen – eine Geschichte von Zeit und Raum, S. ...].

BRAND Eins (Zeitschrift), Heft 03/2006, S. 71.

BUCHHOLZ, Wolfgang, Intergenerationelle Gerechtigkeit und erschöpfbare Ressourcen, zugleich Diss. rer. pol., Berlin, 1983 [zitiert als Buchholz, Intergenerationelle Gerechtigkeit, S. ...].

BUCHNA, Johannes, SEEGER Andreas, BROX, Wilhelm, Gemeinnützigkeit im Steuerrecht, Die steuerlichen Begünstigungen für Vereine, Stiftungen und andere Körperschaften – steuerliche Spendenbehandlung, Achim, 10. Aufl., 2010 [zitiert als Buchna/Seeger/Brox, Gemeinnützigkeit im Steuerrecht, S. ...].

BUDE, Heinz, Qualitative Generationenforschung in: Flick Uwe/von Kardoff, Ernst/Steinke, Ines (Hrsg.), Quantitative Forschung, Hamburg, 2000, [zitiert als Bude, Qualitative Generationenforschung, S. ...].

BUNDESTAG: Pressemitteilung vom 02.07.2009 zur Verabschiedung der Erbrechtsreform, hinterlegt bei www.bmj.de in Rubrik „Service/Pressestelle/Pressemitteilungen/Juli 2009, letzter Abruf November 2009.

BUNDESVERBAND DEUTSCHER STIFTUNGEN, Pressemitteilung vom 10.02.2011 [betr. „Zahl der deutschen Stiftungen klettert auf über 18.100“]; hin-

terlegt bei www.stiftungen.org unter Rubrik „Presse/Pressemitteilungen/2010" (letzter Abruf Februar 2011).
BUNDESVERBAND DEUTSCHER STIFTUNGEN, Pressemitteilung vom 03.02.2010 [betr. „Stiftungswachstum weiterhin auf hohem Niveau"]; hinterlegt bei www.stiftungen.org unter Rubrik „Presse/Pressemitteilungen/2010" (letzter Abruf Februar 2011).
BUNDESVERBAND DEUTSCHER STIFTUNGEN, Pressemitteilung vom 11.02.2009 [betr. „Stiftungen bleiben auf Wachstumskurs"]; hinterlegt bei www.stiftungen.org unter Rubrik „Presse/Pressemitteilungen/2009" (letzter Abruf Februar 2011).
BUNDESVERBAND DEUTSCHER STIFTUNGEN, Pressemitteilung vom 11.02.2008 [betr. „Rekord: Erstmals weit mehr als 1.000 Stiftungen pro Jahr gegründet"]; hinterlegt bei www.stiftungen.org unter Rubrik „Presse/Pressemitteilungen/2008" (letzter Abruf September 2009).
BUNDESVERBAND DEUTSCHER STIFTUNGEN, Pressemitteilung vom 28.02.2007 [betr. „Bundesverband Deutscher Stiftungen gründet Parlamentarischen Beirat"], hinterlegt bei www.stiftungen.org unter Rubrik „Presse/Pressemitteilungen/2007" (letzter Abruf September 2009).
BUNDESVERBAND DEUTSCHER STIFTUNGEN, Pressemitteilung vom 23.02.2006 [betr. „Rekordjahr der Stiftungen"], hinterlegt bei www.stiftungen.org unter Rubrik „Presse/Pressemitteilungen/2006" (letzter Abruf September 2009).
BÜNDNIS 90/DIE GRÜNEN, Europawahlprogramm S. 21, beschlossen am 23.-25. Januar 2009 in Dortmund.
BÜNDNIS 90/ DIE GRÜNEN, Berliner Grundsatzprogramm, verabschiedet am 17. März 2002 in Berlin.
BÜCKMANN, Walter, LEE, Yeong Heui, SIMONIS, Udo E., Nachhaltigkeit und das Recht, in: Aus Politik und Zeitgeschichte 2003, S. 27-32 [zitiert als Bückmann/Lee/Simonis, Nachhaltigkeit und das Recht in Politik und Zeitgeschichte 2003, S. ...].
CALLIESS, Christian, Schriftliche Stellungnahme im Rahmen der Öffentlichen Anhörung des Parlamentarischen Beirats für nachhaltige Entwicklung zum Generationengerechtigkeitsgesetz am 15.10.2008, Berlin, Oktober 2008, hinterlegt bei www.bundestag.de (letzter Abruf Mai 2009), [zitiert als Calliess, Stellungnahme Parlamentarischer Rat 15.10.2008].
CDU, Grundsatzprogramm, beschlossen vom 21. Parteitag in Hannover am 3.-4. Dezember 2007.
CREZELIUS, Georg, RAWERT, Peter, Das Gesetz zur weiteren steuerlichen Förderung von Stiftungen – Anmerkungen zum ersten Schritt einer Reform des Stiftungsrechts – ZEV 2000, S. 421-428 [zitiert als Crezelius/Rawert, Das Gesetz zur weiteren steuerlichen Förderung von Stiftungen, ZEV 2000, S. ...].
CSU, Grundsatzprogramm, beschlossen am 28. September 2007.
DANCKWERTH, Richard, Das Recht der unselbständigen Stiftungen, zugleich Diss. iur. Göttingen, 1908, [zitiert als Danckwerth, Das Recht der unselbständigen Stiftungen, S. ...].

DEUTSCHER BUNDESTAG, 14. Wahlperiode: Schlussbericht der Enquete-Kommission Globalisierung der Weltwirtschaft – Herausforderungen und Antworten, Bundestag-Drucksache 14/9200, 12.06.2002 [zitiert als Schlussbericht der Enquete-Kommission Globalisierung der Weltwirtschaft vom 12.06.2002]

DIE LINKE – Programmatisches Gründungsdokument der Partei DIE LINKE, Beschluss der Parteitage von WASG und Linkspartei.PDS am 24. und 25. März 2007 in Dortmund.

DIETERICH, Susanne, Von Wohltäterinnen und Mäzenen – Zur Geschichte des Stiftungswesens, Leinfelden-Echterdingen, 2007 [zitiert als Dieterich, Von Wohltäterinnen und Mäzenen, S. …].

DIW Wochenbericht, Heft 29, 2011, Hrsg. DIW Berlin – Deutsches Institut für Wirtschaftsforschung e.V., ISSN 0012-1304, abrufbar unter www.diw.de, letzter Abruf im August 2011 [zitiert als DIW Wochenbericht Heft 29, 2011, S. …]

DORNHEIM, Andreas, FRANZEN, Winfried, THUMFART, Alexander, WASCHKUHN, Arno (Hrsg.), Gerechtigkeit – Interdisziplinäre Grundlagen, Opladen, 1999 [zitiert als Dornheim/Franzen/Thumfart/Waschkuhn (Hrsg.), Gerechtigkeit – Interdisziplinäre Grundlagen, S. …].

DREIER, Horst (Hrsg.), Grundgesetz Kommentar Band 2, Tübingen, 2. Aufl. 2006 [zitiert als *Verfasser* in Dreier GG-Kommentar, Bd. 2, Art. … Rn …].

DRÜEN, Klaus-Dieter, LIEDTKE, Stefan, Die Reform des Gemeinnützigkeits- und Zuwendungsrechts und seine europarechtliche Flanke in: FR 2008, S. 1, 5ff. [zitiert als Drüen/Liedtke, Die Reform des Gemeinnützigkeits- und Zuwendungsrechts, FR 2008, S. …].

DUDEN Band 5, Das Fremdwörterbuch, Mannheim · Leipzig · Wien · Zürich, 9. Auflage 2006.

DUDEN, Band 8, Das Synonymwörterbuch, Mannheim · Leipzig · Wien · Zürich, 4. Auflage, 2007.

DÜWELL, Markus, HÜBENTHAL, Christoph, WERNER, Micha H., (Hrsg.), Handbuch Ethik, Stuttgart/Weimar, 2. Aufl. 2006 [zitiert als *Verfasser* in: Düwell/Hübenthal/Werner (Hrsg.), Handbuch Ethik, S. …].

EKARDT, Felix, Das Prinzip Nachhaltigkeit, Generationengerechtigkeit und globale Gerechtigkeit, München, 2005 [zitiert als Ekardt, Das Prinzip Nachhaltigkeit, S. …].

ENQUETE-KOMMISSION, Abschlussbericht „Schutz des Menschen und der Umwelt – Ziele und Rahmenbedingungen einer nachhaltig zukunftsverträglichen Entwicklung“, Deutscher Bundestag: Drucksache 13/11200 vom 26.06.1998 [zitiert als Abschlussbericht der Enquete-Kommission „Schutz des Menschen und der Umwelt vom 26.06.1998].

EPPING, Volker, Grundrechte, 4. Auflage, Heidelberg et al., 2009 [zitiert als Epping, Grundrechte, Rz. …].

ERLEN, Hubertus, Corporate Citizenship und Unternehmensstiftung, Stiftung & Sponsoring 2003, Heft 2, S. 3-4 2009 [zitiert als Erlen, Corporate Citizenship, Stiftung & Sponsoring 2003, Heft 2, S. …].

ETTRICH, Frank, Gerechtigkeitsaspekte postkommunistischer Transformationsprozesse. Eine Problemskizze in: Dornheim, Andreas et al. (Hrsg.), Gerechtigkeit –

Interdisziplinäre Grundlagen, Opladen, 1999 [zitiert als Ettrich, Gerechtigkeitsaspekte postkommunistischer Transformationsprozesse in Dornheim et al. (Hrsg.), Gerechtigkeit – Interdisziplinäre Grundlagen, S. ...].

FAZ v. 23.08.2008, S. 16 oben: „Deutschland erlebt einen Stiftungsboom."

FDP – Programm zur Bundestagswahl 2009.

FEICK, Martin, Erstmals: BGH zur unselbständigen Stiftung – zu ihrer Rechtsnatur und zur Anwendbarkeit des AGB-Rechts auf Treuhandverträge in: Stiftung & Sponsoring 2009, Heft 3, S. 48 [zitiert als Feick, BGH zur unselbständigen Stiftung, Stiftung & Sponsoring 2009, Heft 3, S. 48].

FEUCHT, Ralf, Beeinflussung demografischer Tatbestände durch den Staat – Eine Analyse zur bevölkerungspolitischen Kennzeichnung ausgewählter Politikbereiche in Deutschland, zugl. Diss. des Fachbereichs IV der Universität Trier, Baden-Baden, 1999 [zitiert als Feucht, Beeinflussung demografischer Tatbestände durch den Staat, S. ...].

FISCHER, Peter, Das Gesetz zur weiteren Förderung des bürgerschaftlichen Engagements – Ein gelungener Schritt zu einer überfälligen Reform, NWB 2007, S. 3515-3528 (Fach 2, S. 9439-9452), [zitiert als Fischer, Das Gesetz zur weiteren Förderung des bürgerschaftlichen Engagements, NWB 2007, S. 3515, 3526 (Fach 2, S. 9439, 9450].

FISCHER, Peter, Grundfragen der Bewahrung und einer Reform des Gemeinnützigkeitsrechts – Zum Gutachten des Wissenschaftlichen Beirats beim BMF „Die abgabenrechtliche Privilegierung gemeinnütziger Zwecke auf dem Prüfstand", FR 2006, 1001-1011 [zitiert als Fischer, Grundfragen der Bewahrung und einer Reform des Gemeinnützigkeitsrechts, FR 2006, S. ...].

FLÄMIG, Christian, Unternehmensnachfolge mittels stiftungshafter Gebilde, Beilage Nr. 22/78 zu DB Nr. 45 vom 10.11.1978.

FORSTHOFF, Ernst, Lehrbuch des Verwaltungsrechts, Erster Band, Allgemeiner Teil, 10. Auflage, München, 1973 [zitiert als Forsthoff, Lehrbuch des Verwaltungsrechts, S. ...].

FRITZ, Thomas, Gesetz zur weiteren Stärkung des bürgerlichen Engagements – Steuerliche Änderungen für gemeinnützige Körperschaften und deren Förderer, BB 2007, 2546-2551 [zitiert als Fritz, Gesetz zur weiteren Stärkung des bürgerlichen Engagements, BB 2007, S. ...].

FRITZ, Thomas, Aufnahme, Strukturwandel und Beendigung wirtschaftlicher Tätigkeiten von gemeinnützigen Körperschaften, Verein – Stiftung – GmbH, Baden-Baden, 2003 [zitiert als Fritz, Aufnahme, Strukturwandel und Beendigung wirtschaftlicher Tätigkeiten von gemeinnützigen Körperschaften, S. ...].

FROWEIN, Jochen, Abr., Grundrecht auf Stiftung – Dokumentation einer Vortragsveranstaltung anlässlich der Mitgliederversammlung des Stifterverbandes vom 27. April 1976 in München, Hrsg.: Stiftungszentrum im Stifterverband für die Deutsche Wissenschaft, Postfach 230360, 4300 Essen 1 [zitiert als Frowein, Grundrecht auf Stiftung, S. ...].

FUEST, Clemens, Sind unsere sozialen Sicherungssysteme generationengerecht? in GOLDSCHMIDT, Nils, (Hrsg.), Generationengerechtigkeit – Ordnungsökono-

mische Konzepte, Mohr Siebeck, 2009, S. 153-177 [zitiert als Fuest, Sind unsere sozialen Sicherungssysteme generationengerecht?, S. …].
GAIER, Reinhard, Die Bedeutung der Grundrechte für das Erbrecht, ZEV 2006, S. 2-12.
GERHARDT, Volker, Der Generationenvertrag: Eine bestenfalls naive Idee, Beitrag in: Welt am Sonntag vom 15.03.2009 („Forum"), S. 13 [zitiert als Gerhardt, Der Generationenvertrag: Eine bestenfalls naive Idee, Beitrag in Welt am Sonntag 15.03.2009, Forum, S. 13].
GIBRAN, Khalil, Der Prophet, Düsseldorf, 5. Aufl., 2008.
HÄBERLE, Peter, Ein Verfassungsrecht für künftige Generationen – Die „andere" Form des Gesellschaftsvertrags: Der Generationenvertrag in: Verfassung, Theorie und Praxis, Festschrift für Hans F. Zacher zum 70. Geburtstag, hrsg. von Ruland, Franz, Baron von Maydell, Bernd, Papier, Hans-Jürgen, Heidelberg, 1998, S. 215-233 [zitiert als Häberle, Ein Verfassungsrecht für künftige Generationen in: FS Zacher, S. …].
HÄBERLE, Peter, Altern und Alter des Menschen als Verfassungsproblem, Festschrift für Peter Lerche, hrsg. von Badura, Peter, Scholz, Rupert, München, 1993, S. 189 ff. [zitiert als Häberle, Altern und Alter des Menschen als Verfassungsproblem in: FS Lerche, S. …].
HABISCH, André, Corporate Citizenship – Unternehmen als Bürger, in Stiftung & Sponsoring 2004, Heft 2, S. 3-5. [zitiert als Habisch, Corporate Citizenship, Stiftung & Sponsoring 2004, Heft 2, S. …].
HAIBACH, Marita, Handbuch Fundraising, Frankfurt/Main, 2002 [zitiert als Haibach, Handbuch Fundraising, S. …].
HAMPICKE, Ulrich, Ökologische Ökonomie – Individuum und Natur in der Neoklassik, Opladen, 1992 [zitiert als Hampicke, Ökologische Ökonomie, S. …].
HANDELSBLATT v. 11.06.2007, S. 39: „Stiftungsvermögen steigt – Steuervergünstigungen und die demografische Entwicklung fördern Wachstum von Stiftungen."
HANDELSBLATT v. 13./14./15.06.2008, S. 6: „Der Boom hält an: Täglich werden drei neue Stiftungen gegründet."
HANSERT, Andreas, Die Erbschaft im Kontext familiärer Generationenbeziehungen in: Lettke, Frank (Hrsg.), Erben und Vererben – Gestaltung und Regulation von Generationenbeziehungen, Konstanz, S. 143-155 [zitiert als Hansert, Die Erbschaft im Kontext familiärer Generationenbeziehungen in: Lettke, Frank (Hrsg.), Erben und Vererben. Gestaltung und Regulation von Generationenbeziehungen, S. …].
HAUPT, Thomas, Generationengerechtigkeit in Deutschland – Eine Analyse mit Hilfe des Generational-Accounting-Ansatzes, zugleich Diplomarbeit 2003 der Universität der Bundeswehr München, Fachbereich Wirtschafts- und Organisationswissenschaften, Hamburg, 2003 ID 7665, Bezug über www.diplom.de, [zitiert als Haupt, Generationengerechtigkeit in Deutschland, S. …].
HAUSER, Richard, Generationengerechtigkeit, Volksvermögen und Vererbung, in: Böhning, Björn/Burmeister, Kai: Generationen & Gerechtigkeit, Hamburg,

2004, S. 29-44 [zitiert als Hauser, Generationengerechtigkeit, Volksvermögen und Vererbung, S. …].
HEBELER, Timo, Generationengerechtigkeit als verfassungsrechtliches Gebot in der sozialen Rentenversicherung, Baden-Baden, 2001 [zitiert als Hebeler, Generationengerechtigkeit als verfassungsrechtliches Gebot in der sozialen Rentenversicherung, S. …].
HELLMANN, Bernadette, NÄHRLICH, Stefan, Bürgerstiftungen im Aufwind – Neue Zahlen im 2. „Länderspiegel Bürgerstiftungen", Stiftung & Sponsoring 2007, Heft 6, S. 40 [zitiert als Hellmann/Nährlich, Bürgerstiftungen im Aufwind, Stiftung & Sponsoring 2007, Heft 6, S. …].
HERFURTH, Rudolf, DEHESSELES, Thomas in: KPMG (Hrsg.) Stiftung-Verein-Verband Praxishinweise zu Gründung, Verwaltung und Steuerbegünstigung, Verlag für Wirtschaftskommunikation, 2001 ISBN 3-934973-10-8), [zitiert als Herfurth/Dehesseles, Stiftung-Verein-Verband, S. …].
HERRMANN/HEUER/RAUPACH, Einkommensteuer- und Körperschaftsteuergesetz Kommentar, Köln, 2011 [zitiert als Verfasser in Herrmann/Heuer/Raupach, § … EStG Anm. …].
HEUBACH, Andrea, Generationengerechtigkeit – Herausforderung für die zeitgenössische Ethik, zugleich Diss. rer. phil., Göttingen, 2008 [zitiert als Heubach, Generationengerechtigkeit].
HEY, Johanna, Die Steuerbegünstigung der gemeinnützigen Tätigkeit der öffentlichen Hand – Gedanken zur Anwendung des Gemeinnützigkeitsrechts auf die öffentliche Hand, StuW 2000, S. 467-474, [zitiert als Hey, Die Steuerbegünstigung der gemeinnützigen Tätigkeit der öffentlichen Hand StuW 2000, S. …].
HILLEBRECHT, Arno, Zwei Menschenalter Gemeinnützigkeitsrecht der Stiftungen, Baden-Baden, 1978 [zitiert als Hillebrecht, Zwei Menschenalter Gemeinnützigkeitsrecht der Stiftungen, S. …].
HOFMANN, Hasso, Rechtsfragen der atomaren Entsorgung, Stuttgart, 1981 [zitiert als Hofmann, Rechtsfragen der atomaren Entsorgung, S. …].
HÖFFE, Otfried, Ist die Demokratie zukunftsfähig?, München, 2009 [zitiert als Höffe, Ist die Demokratie zukunftsfähig?, S. …].
HÖFFE, Otfried, Gerechtigkeit zwischen den Generationen in „Generationengerechtigkeit" 4/2007, S. 4, hrsg. von der Stiftung für die Rechte zukünftiger Generationen, Oberursel (ISSN 1617-1799), [zitiert als Höffe, Gerechtigkeit zwischen den Generationen in: SRzG (Hrsg.), Generationengerechtigkeit 4/2007, S. …].
HÖFFE, Otfried, Gerechtigkeit – Eine philosophische Einführung, München, 3. Aufl., 2007 [zitiert als Höffe, Gerechtigkeit – Eine philosophische Einführung, S. …].
HÖFFE, Otfried (Hrsg.), John Rawls, Eine Theorie der Gerechtigkeit, Berlin, 2. Aufl. 2006 [zitiert als Höffe, (Hrsg.), John Rawls, Eine Theorie der Gerechtigkeit].
HÖFFE, Otfried, Politische Gerechtigkeit – Grundlegung einer kritischen Philosophie von Recht und Staat, Frankfurt am Main, 3. Aufl. 2002 [zitiert als Höffe, Politische Gerechtigkeit, S. …].
HÖSLE, Vittorio, Dimensionen der ökologischen Krise – Wege in eine generationengerechte Welt in: Stiftung für die Rechte zukünftiger Generationen (Hrsg.), Handbuch Generationengerechtigkeit, München, 2. Aufl. 2003, S. 125-150 [zi-

tiert als Hösle, Dimensionen der ökologischen Krise in: SRzG (Hrsg.), Handbuch Generationengerechtigkeit S. …].
HÜTTEMANN, Rainer, Gemeinnützigkeits- und Spendenrecht, Köln, 2008.
HÜTTEMANN, Rainer, Der neue Anwendungserlass zum Abschnitt „Steuerbegünstigte Zwecke", DB 2012, S. 250-257.
HÜTTEMANN, Rainer, Die steuerliche Förderung gemeinnütziger Tätigkeiten im Ausland – eine Frage des „Ansehens"?, DB 2008, S. 1061-1063.
HÜTTEMANN, Rainer, Gesetz zur weiteren Stärkung des bürgerschaftlichen Engagements und seine Auswirkungen auf das Gemeinnützigkeits- und Spendenrecht, DB 2007, S. 2053-2059 [zitiert als Hüttemann, Gesetz zur weiteren Stärkung des bürgerschaftlichen Engagements und seine Auswirkungen auf das Gemeinnützigkeits- und Spendenrecht, DB 2007, S. …].
HÜTTEMANN, Rainer, Verfassungsrechtliche Grenzen der rechtsformbezogenen Privilegierung von Stiftungen im Spenden- und Gemeinnützigkeitsrecht in: Non Profit Law Yearbook 2001, herausgegeben von Kötz/Rawert/Schmidt/Walz, Köln et al., 2001, S. 145-168 [zitiert als Hüttemann, Verfassungsrechtliche Grenzen der rechtsformbezogenen Privilegierung von Stiftungen im Spenden- und Gemeinnützigkeitsrecht in Non Profit Law Yearbook 2001, S. …].
HÜTTEMANN, Rainer, Das Gesetz zur weiteren steuerlichen Förderung von Stiftungen, DB 2000, 1584-1592.
HÜTTEMANN, Rainer, Wirtschaftliche Betätigung und steuerliche Gemeinnützigkeit, zugleich Diss. iur., Köln, 1991.
HÜTTEMANN, Rainer, HELIOS, Marcus, Abzugsfähigkeit von Direktspenden an gemeinnützige Einrichtungen im EU-Ausland, IStR 2008, S. 39-44 [zitiert Hüttemann/Helios, Abzugsfähigkeit von Direktspenden an gemeinnützige Einrichtungen im EU-Ausland, IStR 2008, S. …].
HÜTTEMANN, Rainer, RAWERT, Peter, Pflichtteil und Gemeinwohl – Privilegien für gute Zwecke? in ZEV 2007, S. 107-114 [zitiert als Hüttemann/Rawert, Pflichtteil und Gemeinwohl, ZEV 2007, S. …].
JAKOB, Dominique, Schutz der Stiftung. Die Stiftung und ihre Rechtsverhältnisse im Widerstreit der Interessen, Tübingen, 2006 [zitiert als Jakob, Schutz der Stiftung, S. …].
JAKOBS, Horst Heinrich/SCHUBERT, Werner (Hrsg.), Die Beratung des Bürgerlichen Gesetzbuchs in systematischer Zusammenstellung der unveröffentlichten Quellen, Allgemeiner Teil, §§ 1-240, 1. Teilband, Berlin/New York, 1985 [zitiert als Jakobs/Schubert I, S. …].
JONAS, Hans, Das Prinzip Verantwortung – Versuch einer Ethik für die technologische Zivilisation, Frankfurt am Main, 2003 [zitiert als Jonas, Das Prinzip Verantwortung, S. …].
JONAS, Kai J., Psychologische Determinanten des Spendenverhaltens, in: Adloff, Frank/Priller, Eckhard/Strachwitz, Rupert Graf, Prosoziales Verhalten. Spenden in interdisziplinärer Perspektive, Stuttgart, 2010, S. 193-212 [zitiert als Jonas, Psychologische Determinanten des Spendenverhaltens, in: Adloff/Priller/Strachwitz (Hrsg.), Prosoziales Verhalten, S. …].

KAHL, Wolfgang, Schriftliche Stellungnahme im Rahmen der Anhörung „Generationengerechtigkeitsgesetz“ am 15. Oktober 2008, Deutscher Bundestag, hinterlegt bei www.bundestag.de (letzter Abruf Mai 2009), [zitiert als Kahl, Stellungnahme Parlamentarischer Rat 15. Oktober 2008].

KELSEN, Hans, Was ist Gerechtigkeit? Stuttgart, 2000.

KERSTING, Wolfgang, John Rawls zur Einführung, Hamburg, 2. Aufl. 2004 [zitiert als Kersting, John Rawls zur Einführung, S. …].

KERSTING, Wolfgang, Theorien sozialer Gerechtigkeit, Stuttgart/Weimar, 2000 [zitiert als Kersting, Theorien sozialer Gerechtigkeit, S. …].

KIRCHHOF, Paul, (Hrsg.), Einkommensteuergesetz, Kommentar, Köln, 9. Auflage 2010 [zitiert als *Verfasser* in Kirchhof, EStG, 9. Aufl., §… Rn. …].

KIRMSE, Doreen, Mindestkapital für unternehmensverbundene Stiftungen? in: Mecking, Christoph/Schulte, Martin (Hrsg.), Grenzen der Instrumentalisierung von Stiftungen, Tübingen, 2003, S. 27-41 [zitiert als Kirmse, Mindestkapital für unternehmensverbundene Stiftungen? in: Mecking/Schulte, Grenzen der Instrumentalisierung von Stiftungen, S. …].

KLÖCKNER, Bernd W., Die Rentenlüge – Entkommen Sie der Armutsfalle, Weinheim, 2005.

KLUNDT, Michael, Von der sozialen zur Generationengerechtigkeit? Polarisierte Lebenslagen und ihre Deutung in Wissenschaft und Politik und Medien, Wiesbaden, 2008 [zitiert als Klundt, Von der sozialen zur Generationengerechtigkeit?, S. …].

KOHLI, Martin, Von der Gesellschaftsgeschichte zur Familie. Was leistet das Konzept der Generationen? in: Frank Lettke/Andreas Lange (Hrsg.), Generationen und Familien, S. 47, Frankfurt am Main, 2007 [zitiert als Kohli, Von der Gesellschaftsgeschichte zur Familie in Lettke/Lange (Hrsg.), Generationen und Familien, S. …].

KOHLI, Martin, SZYDLIK, Marc (Hrsg.), in: Kohli/Szydlik: Generationen in Familie und Gesellschaft, Leverkusen, 2000 [zitiert als Kohli/Szydlik, Generationen in Familie und Gesellschaft, S. …].

KOHLI, Martin (Hrsg.), Soziologie des Lebenslaufs, Darmstadt/Neuwied, 1978 [zitiert als Kohli, Martin, Soziologie des Lebenslaufs, S. …].

KOLLER, Peter, Der Begriff der Gerechtigkeit, in: „Generationengerechtigkeit“ 4/2007, Zeitschrift, hrsg. von der „Stiftung für die Rechte zukünftiger Generationen“, Oberursel, zu beziehen über www.srzg.de [zitiert als Koller, Der Begriff der Gerechtigkeit, in: SRzG (Hrsg.), Generationengerechtigkeit 4/2007, S. …].

KOLLER, Peter, Die Grundsätze der Gerechtigkeit in: Höffe, Otfried (Hrsg.), John Rawls – Eine Theorie der Gerechtigkeit, Berlin, 2. Aufl., 2006, S. 45-69 [zitiert als Koller, Die Grundsätze der Gerechtigkeit in Höffe, (Hrsg.), John Rawls, Eine Theorie der Gerechtigkeit, S. ...].

KÖNIG VON, Dominik, Drei Paradigmenwechsel in: Mecking, Christoph/Schulte, Martin (Hrsg.), Grenzen der Instrumentalisierung von Stiftungen, Tübingen, 2003, S. 9-12 [zitiert als König von, in: Mecking/Schulte, Grenzen der Instrumentalisierung von Stiftungen, S. …].

KONRAD ADENAUER STIFTUNG et al., Die Bildungsarbeit der Politischen Stiftungen in Deutschland, ISBN 978-3-942775-28-1, abgerufen über Homepage der Friedrich Ebert Stiftung, http://library.fes.de/pdf-files/fes/08263.pdf; letzter Abruf im August 2011 [zitiert als Die Bildungsarbeit der Politischen Stiftungen in Deutschland, S. …].

KOREZKIJ, Leonid, Familienstiftung im neuen Erbschaftsteuerrecht, ZEV 1999, 132-138 [zitiert als Korezkij, Familienstiftung im neuen Erbschaftsteuerrecht, ZEV 1999, S. …].

KREIBICH, Rolf, Generationengerechtigkeit im Zeitalter globaler Umweltkrisen, in: Stiftung für die Rechte zukünftiger Generationen (Hrsg.), Handbuch Generationengerechtigkeit, München, 2003, S. 221-242 [zitiert als Kreibich, Generationengerechtigkeit im Zeitalter globaler Umweltkrisen in: SRzG (Hrsg.), Handbuch Generationengerechtigkeit, S. …].

KROPPENBERG, Inge, Erbrechtliche Herausforderungen des demografischen Wandels, ErbR 2010, Heft 7, S. 206-216 [zitiert als Kroppenberg, Erbrechtliche Herausforderungen des demografischen Wandels, ErbR 2010, S. …].

KROSCHKE, Christoph, Stiften mit Gewinn – 12 gute Gründe, sein Geld in Stiftungen zu investieren, Landsberg/Lech, 1998 [zitiert als Kroschke, Stiften mit Gewinn].

KÜBLER, Friedrich, Generationengerechtigkeit und Stiftung in: Zwischen Markt und Staat – Gedächtnisschrift für Rainer Walz, Hrsg. von Kohl, Helmut/Kübler, Friedrich/Ott, Claus/Schmidt, Karsten, Köln, 2008, S. 373-384 [zitiert als Kübler, Generationengerechtigkeit und Stiftung, S. …].

KÜLP, Bernhard, Unterschiedliche Finanzierungssysteme der gesetzlichen Rentenversicherung und ihr Einfluß auf die Verteilung zwischen den Generationen in Hamburger Jahrbuch für Wirtschafts- und Gesellschaftspolitik 36. Jahrgang, Tübingen, 1991, S. 35-54 [zitiert als Külp, Unterschiedliche Finanzierungssysteme der gesetzlichen Rentenversicherung, S. …].

LAHME, Stefan, ZIKESCH, Eva, Erbschaftsteuerliche Begünstigung von Kapitalgesellschaftsanteilen mittels Poolvereinbarung, DB 2009, 527-532 [zitiert als Lahme/Zikesch, Erbschaftsteuerliche Begünstigung von Kapitalgesellschaftsanteilen mittels Poolvereinbarung DB 2009, S. …].

LAMPERT, Siegbert/TAISCH, Franco, Stiftungen im liechtensteinischen Recht in Hopt/Reuter (Hrsg.), Stiftungsrecht in Europa, Köln, 2001, S. 521-540, [zitiert als Lampert/Taisch, Stiftungen im liechtensteinischen Recht in: Hopt/Reuter (Hrsg.), Stiftungsrecht in Europa, S. …].

LANGE, Frank/LETTKE, Andreas, Schrumpfung, Erweiterung, Diversität – Konzepte zur Analyse von Familie und Generationen in: Frank Lettke/Andreas Lange (Hrsg.), Generationen und Familien, Frankfurt am Main, 2007, S. 14-43 [zitiert als Lange/Lettke, Schrumpfung, Erweiterung, Diversität, S. …].

LENZE, Anne, Gleichheitssatz und Generationengerechtigkeit, in: Der Staat – Zeitschrift für Staatslehre und Verfassungsgeschichte, Deutsches und Europäisches Öffentliches Recht, 46. Band 2007, S. 89-108 [zitiert als Lenze, Gleichheitssatz und Generationengerechtigkeit, S. …].

LETTKE, Frank, Vererbungsabsichten in unterschiedlichen Familienformen. Ein Beitrag zur Institutionalisierung generationaler Kontinuität in: Frank Lettke/Andreas Lange (Hrsg.), Generationen und Familien, Berlin, 2007, S. 96-129 [zitiert als Lettke, Vererbungsabsichten in unterschiedlichen Familienformen, S. ...].

LEX, Peter, Das neue Stiftungsrecht: Reform, Modernisierung oder Kosmetik, ZEV 2002, S. 405-408 [zitiert als Lex, Das neue Stiftungsrecht, ZEV 2002, S. ...].

LIERMANN, Hans, Handbuch des Stiftungsrechts I. Band – Geschichte des Stiftungsrecht, Tübingen, 1963 [zitiert als Liermann, Handbuch des Stiftungsrechts, S. ...].

LINGELBACH, Gerhard, Stiftungen und Stiftungsrecht – ein historischer Überblick in Werner, Olaf / Saenger, Ingo, (Hrsg.), Die Stiftung, Recht, Steuern, Wirtschaft – Stiftungsrecht –, Berlin, 2008, [zitiert als Lingelbach, Stiftungen und Stiftungsrecht, S. ...].

LÜSCHER, Kurt, LIEGLE, Ludwig, Generationenbeziehungen in Familie und Gesellschaft, Konstanz, 2003 [zitiert als Lüscher/Liegle, Generationenbeziehungen in Familie und Gesellschaft, S. ...].

LÜSCHER, Kurt, Erben und Vererben. Ein Schlüsselthema der Generationenforschung in: Lettke, Frank (Hrsg.), Erben und Vererben. Gestaltung und Regulation von Generationenbeziehungen, Konstanz, S. 125-142 [zitiert als Lüscher, Erben und Vererben. Ein Schlüsselthema in: Lettke, Frank (Hrsg.), Erben und Vererben, S. ...].

LUX-WESENER, Christina, Generationengerechtigkeit im Grundgesetz? – Eine Untersuchung des Grundgesetzes auf Gewährleistungen von intergenerationeller Gerechtigkeit in: Stiftung für die Rechte zukünftiger Generationen (Hrsg.), Handbuch Generationengerechtigkeit, München, 2003, S. 405-440 [zitiert als Lux-Wesener, Generationengerechtigkeit im Grundgesetz? in: SRzG, Handbuch Generationengerechtigkeit, S. ...].

MACKENROTH, Gerhard, Die Reform der Sozialpolitik durch einen deutschen Sozialplan, in: Schriften des Vereins für Socialpolitik NF, Band 4, Berlin, 1952, S. 41 [zitiert als Mackenroth, Die Reform der Sozialpolitik, S. ...).

V. MANGOLDT, Hermann, KLEIN, Friedrich, STARCK, Christian (Hrsg.), Kommentar zum Grundgesetz – Band 2 Art. 20-82, München, 5. Aufl. 2005 [zitiert als *Bearbeiter*, in: v. Mangoldt/Klein/Starck, GG II, Art. .... Rdnr. ...].

V. MANGOLDT, Hermann, KLEIN, Friedrich, STARCK, Christian (Hrsg.), Kommentar zum Grundgesetz – Band 3 Art. 83-146, München, 5. Aufl. 2005 [zitiert als *Bearbeiter*, in: v. Mangoldt/Klein/Starck, GG III, Art. .... Rdnr. ...].

MANSSEN, Gerrit, Privatrechtsgestaltung durch Hoheitsakt – Verfassungsrechtliche und verwaltungsrechtliche Grundfragen, Tübingen, 1994 [zitiert als Manssen, Privatrechtsgestaltung durch Hoheitsakt, S. ...].

MANNHEIM, Karl, Das Problem der Generationen, in: Kölner Vierteljahreshefte für Soziologie, Heft 7/1928, S. 157-170, 309-330; [zitiert als Mannheim, Das Problem der Generationen, S. ...]. Die Seiten 170-185 sind auszugsweise auch abgedruckt in Kohli, Martin (Hrsg.) Soziologie des Lebenslaufs, Darmstadt und

Neuwied, 1978, S. 38-53. Die Verweisungen im Text beziehen sich auf Fundstelle in Kölner Vierteljahreshefte.
MAUSS, Marcel, Die Gabe – Form und Funktion des Austauschs in archaischen Gesellschaften, Frankfurt am Main, 1990 [zitiert als Mauss, Die Gabe, S. ...].
MAZOUZ, Nadja, Gerechtigkeit, in: DÜWELL, Markus, HÜBENTHAL, Christoph, WERNER, Micha H., (Hrsg.), Handbuch Ethik, Stuttgart/Weimar, 2. Aufl. 2006, S. 371-376 [zitiert als Mazouz, Gerechtigkeit, in: Düwell/Hübenthal/Werner (Hrsg.), Handbuch Ethik, S. ...].
MECKING, Christoph, Hartz IV: eine neue abwegige Idee zur Instrumentalisierung von Stiftungen, in ZSt Heft 4/2009, S. 256 [zitiert als Mecking, Hartz IV: eine neue abwegige Idee zur Instrumentalisierung von Stiftungen, ZSt 2009, 256].
MECKING, Christoph, Stiftungslandschaft in Deutschland, in: Stiftung & Sponsoring 2005, Heft 2 Die Roten Seiten [zitiert als Mecking, Stiftungslandschaft in Deutschland, Stiftung & Sponsoring 2005, Heft 2, S. ...].
MECKING, Christoph/SCHULTE, Martin (Hrsg.), Grenzen der Instrumentalisierung von Stiftungen, Tübingen, 2003 [zitiert als Mecking/Schulte, Grenzen der Instrumentalisierung von Stiftungen, S. ...].
MEYER, Lukas, Intergenerationelle Suffizienzgerechtigkeit, in Goldschmidt, Nils (Hrsg.) Generationengerechtigkeit – Ordnungsökonomische Konzepte, Tübingen, 2009, S. 281-322 [zitiert als Meyer, Intergenerationelle Suffizienzgerechtigkeit, in Goldschmidt, (Hrsg.), Generationengerechtigkeit, S. ...].
VON MIASKOWSKI, August, Das Erbrecht und die Eigenthumsvertheilung im Deutschen Reiche. Ein socialwirthschaftlicher Beitrag zur Kritik und Reform des deutschen Erbrechts, Erste Abteilung, Leipzig, 1882.
MICHALKO, Michael, Erfolgsgeheimnis Kreativität, Landsberg/Lech, 2001.
MIETH, Corinna, Rawls, in: DÜWELL, Markus, HÜBENTHAL, Christoph, WERNER, Micha H., (Hrsg.), Handbuch Ethik, Stuttgart/Weimar, 2. Aufl. 2006, S. 179-190 [zitiert als Mieth, Rawls, in: Düwell/Hübenthal/Werner (Hrsg.), Handbuch Ethik, S. ...].
MÖLLER, Ralf, Generationengerechtigkeit im Steuerrecht – Die generationengerechte Fortentwicklung des Steuerrechts unter besonderer Berücksichtigung der prognostizierten demographischen Entwicklung, Hamburg 2002 [zitiert als Möller, Generationengerechtigkeit im Steuerrecht, S. ...].
MURSWIEK, Dieter, Staatsziel Umweltschutz (Art. 20a GG), NVwZ 1996, S. 222-230.
MURSWIEK, Dieter, Umweltschutz als Staatszweck – Die ökologischen Legitimitätsgrundlagen des Staates, Bonn, 1994 [zitiert als Murswiek, Umweltschutz als Staatszweck, S. ...].
MURSWIEK, Dieter, Die staatliche Verantwortung für die Risiken der Technik – Verfassungsrechtliche Grundlagen und immissionsschutzrechtliche Ausformung, Berlin, 1985 [zitiert als Murswiek, Die staatliche Verantwortung für die Risiken der Technik, S. ...].
MUSCHELER, Karlheinz, Editorial in: Andrick, Bernd et al., Die Stiftung – Jahreshefte zum Stiftungswesen 5. Jahrgang 2011, Frankfurt, 2011 [zitiert als Muscheler, Editorial in Die Stiftung – Jahreshefte zum Stiftungswesen, 2011].

MUSCHELER, Karlheinz, Erbrecht Band 1, Tübingen, 2010, [zitiert als Muscheler, Erbrecht Band 1, Rz...].
MUSCHELER, Karlheinz, Das Wesen der Zustiftung in WM 2008, 1669-1671.
MUSCHELER, Karlheinz, Stiftungsrecht, Gesammelte Beiträge, Baden-Baden, 2005 [zitiert als Muscheler, Stiftungsrecht, S. ...].
MUSCHELER, Karlheinz, Plädoyer für ein staatsfreies Stiftungsrecht, ZRP 2000, S. 390-395, auch veröffentlicht in: Stiftungsrecht, S. 27-40, [zitiert als Muscheler, Plädoyer für ein staatsfreies Stiftungsrecht in Stiftungsrecht, in: Stiftungsrecht, S. ...].
MUSCHELER, Karlheinz, Normativ- oder Konzessionssystem im Stiftungsrecht?, in: Stiftungsrecht, S. 41-69 [zitiert als Muscheler, Normativ- oder Konzessionssystem im Stiftungsrecht?, in: Stiftungsrecht, S. ...].
MUSCHELER, Karlheinz, Vorrang des Bundesstiftungsrechts vor dem Landesstiftungsrecht, NJW 2004, S. 713-716, auch veröffentlicht in: Stiftungsrecht, S. 71-77 [zitiert als Muscheler, Vorrang des Bundesstiftungsrechts vor dem Landesstiftungsrecht, in: Stiftungsrecht, S. ...].
MUSCHELER, Karlheinz, Das vertragliche Stiftungsgeschäft, ZEV 2003, S. 41-49, auch veröffentlicht in: Stiftungsrecht, S. 95-116 [zitiert als Muscheler, Das vertragliche Stiftungsgeschäft, in: Stiftungsrecht, S. ...].
MUSCHELER, Karlheinz, Stiftung und Gemeinwohlgefährdung, NJW 2003, 3161-3166, auch veröffentlicht in: Stiftungsrecht, S. 117-129 [zitiert als Muscheler, Stiftung und Gemeinwohlgefährdung, in: Stiftungsrecht, S. ...].
MUSCHELER, Karlheinz, § 84 BGB und die lebzeitige Stiftungsgründung, DNotZ, 2003, 661-687, auch veröffentlicht in: Stiftungsrecht, S. 147-173 [zitiert als Muscheler, § 84 BGB und die lebzeitige Stiftungsgründung, in: Stiftungsrecht, S. ...].
MUSCHELER, Karlheinz, Stiftung und Schenkung, AcP 203 (2003), 469-510, auch veröffentlicht in Stiftungsrecht, S. 185-221 [zitiert als Muscheler, Stiftung und Schenkung, in: Stiftungsrecht, S. ...].
MUSCHELER, Karlheinz, Die Rechtsstellung der Stiftungsdestinatäre, WM 2003, 2213-2221, auch veröffentlicht in: Stiftungsrecht, S. 223-243 [zitiert als Muscheler, Die Rechtsstellung der Stiftungsdestinatäre, in: Stiftungsrecht, S. ...].
MÜNCHENER KOMMENTAR ZUM BÜRGERLICHEN GESETZBUCH Band 9: Erbrecht, München, 2010, [zitiert als MünchKommBGB/Bearbeiter §... RdNr. ...].
MÜNCHENER KOMMENTAR ZUM BÜRGERLICHEN GESETZBUCH Band 11: Internationales Privatrecht, Internationales Wirtschaftsrecht, Einführungsgesetz zum Bürgerlichen Gesetzbuch (Art. 25-248), München, 2010, [zitiert als MünchKommBGB/Bearbeiter §... RdNr. ...].
NAVE-HERZ, Rosemarie, Erbengeneration in Zahlen in: Röthel, Anne (Hrsg.), Reformen des Pflichtteilsrechts, Symposium 30.11.-2.12.2006 in Salzau, Köln et al., S. 23-36 [zitiert als Nave-Herz, Erbengeneration in Zahlen, in: Symposium Pflichtteilsrecht Salzau, (Hrsg. Röthel), S. ...].

NUSSBAUM, Martha C., Die Grenzen der Gerechtigkeit – Behinderung, Nationalität und Spezieszugehörigkeit, Berlin, 2010 [zitiert als Nussbaum, Die Grenzen der Gerechtigkeit, S. ...].

ORTH, Manfred, Stiftungssteuerrecht: Änderungen durch die Unternehmenssteuerreform 2008 und die Reform des Spendenrechts in WpG 2007, S. 969-975 [zitiert als Orth, Stiftungssteuerrecht, WpG 2007, S. ...].

OSSENBÜHL, Fritz, Die Stiftungen des öffentlichen Rechts – sinnvolle Vielfalt oder Chaos? in Grote, Rainer et al. (Hrsg.), Die Ordnung der Freiheit, Festschrift für Christian Starck, Tübingen, 2007, S. 351-369 [zitiert als Ossenbühl, Die Stiftungen des öffentlichen Rechts – sinnvolle Vielfalt oder Chaos? in: FS Starck, S. ...].

OTTE, Gerhard, Das Pflichtteilsrecht – Verfassungsrechtsprechung und Rechtspolitik, AcP 202, 2002, S. 317-355975 [zitiert als Otte, Das Pflichtteilsrecht, AcP 202, 2002, S. ...].

PALANDT (Hrsg.), Bürgerliches Gesetzbuch mit Nebengesetzen, Kommentar, 69. Auflage, München, 2010 [zitiert als Palandt/Bearbeiter, § ... RnNr. ...].

PAPIER, Hans-Jürgen, Sozialstaat und Generationengerechtigkeit, Manuskript zum Vortrag bei der Stiftung Ordnungspolitik am 17. September 2009 in Freiburg i. Br., www.sop-cep.de Vorträge 2008, Skript zu beziehen über www.sop-cep.de/Vorträge 2008. Es gilt das gesprochene Wort [zitiert als Papier, Sozialstaat und Generationengerechtigkeit, Vortragsmanuskript bei Stiftung Ordnungspolitik am 17. September 2009 in Freiburg i. Br, S. ...].

PAQUÉ, Karl-Heinz, Philanthropie und Steuerpolitik – Eine ökonomische Analyse der Förderung privater Wohltätigkeit, Tübingen, 1986 [zitiert als Paqué, Philanthropie und Steuerpolitik, S. ...].

PARFIT, Derek, Reasons and Persons, Oxford 1981.

PRILLER, Eckhard/SCHUPP, Jürgen, Empirische Sondierung. Zur Empirie des Spendens in: Adloff, Frank/Priller, Eckhard/Strachwitz, Rupert Graf, Prosoziales Verhalten. Spenden in interdisziplinärer Perspektive, Stuttgart, 2010, S. 41-63 [zitiert als Priller/Schupp, Empirische Sondierung. Zur Empirie des Spendens in: Adloff/Priller/Strachwitz (Hrsg.), Prosoziales Verhalten, S. ...].

PLUSKAT, Sorika, Auf dem Weg zur Modernisierung des deutschen Stiftungsprivatrechts: der aktuelle Regierungsentwurf als Resultat jahrelanger Reformdiskussion, DStR 2002, S. 915-923 [zitiert als Pluskat, Auf dem Weg zur Modernisierung des deutschen Stiftungsprivatrechts, DStR 2002, S. ...].

PÖLLATH, Reinhard, Schreiben vom 04.03.2008 an den Deutschen Bundestag zur Erbschaftsteuerreform im Rahmen der Expertenanhörung. Quelle: Homepage Deutscher Bundestag www.bundestag.de, letzter Abruf Dezember 2008 [zitiert als Pöllath, Schreiben vom 04.03.2008 an den Deutschen Bundestag zur Erbschaftsteuerreform].

RAFFELHÜSCHEN, Bernd, Stellungnahme des Forschungszentrums Generationenverträge zur Anhörung beim Parlamentarischen Rat für nachhaltige Entwicklung des Deutschen Bundestags am 15.10.2008, Freiburg, September 2008, hinterlegt bei www.bundestag.de (letzter Abruf Mai 2009), [zitiert als Raffelhüschen, Stellungnahme Parlamentarischer Rat 15.10.2008].

RAFFELHÜSCHEN, Bernd / FEIST, Karen, Der Sozialstaat in der Generationenbilanz – Mitgift oder Hypothek?, Köln, 2000, S. 9-28 [zitiert als Raffelhüschen/ Feist, Der Sozialstaat in der Generationenbilanz, S. …].

RAFFELHÜSCHEN, Bernd, Eine Generationenbilanz der deutschen Wirtschafts- und Sozialpolitik, Diskussionsbeiträge 81/99 – Institut für Finanzwissenschaften der Albert-Ludwigs-Universität Freiburg im Breisgau, Freiburg, 1999 (ISBN 0943-8408), S. 1-12 [zitiert als Raffelhüschen, Eine Generationenbilanz der deutschen Wirtschafts- und Sozialpolitik, S. …].

RAWERT, Peter, "Kein großer Wurf" in: Financial Times vom 06.11.2001, S. 32.

RAWERT, Peter, Der Einsatz der Stiftung zu stiftungsfremden Zwecken, ZEV 1999, S. 294-298, [zitiert als Rawert, Der Einsatz der Stiftung zu stiftungsfremden Zwecken, ZEV 1999, S. …].

RAWERT, Peter, Kirchmann, Wittgenstein und die unternehmensverbundene Stiftung – Erwiderung auf Schiffer – ZEV 1999, S. 426-427 [zitiert als Rawert, Kirchmann, Wittgenstein und die unternehmensverbundene Stiftung, ZEV 1999, S. …].

RAWLS, John, Gerechtigkeit als Fairneß [2001] – Ein Neuentwurf, Frankfurt am Main, 2006 [zitiert als Rawls, John, Gerechtigkeit als Fairness 2001, S. …].

RAWLS, John, Eine Theorie der Gerechtigkeit [1971], Frankfurt am Main, 1979 [zitiert als Rawls, Eine Theorie der Gerechtigkeit 1971, S. …].

REIL-HELD, Anette, Erbschaften und (Generationen-)Gerechtigkeit: Die Rolle der Erbschaftsmotive in: GOLDSCHMIDT, Nils, (Hrsg.), Generationengerechtigkeit – Ordnungsökonomische Konzepte, Tübingen, 2009, S. 137-147 [zitiert als Reil-Held, Erbschaften und (Generationen-)Gerechtigkeit in Goldschmidt, Nils, (Hrsg.), Generationengerechtigkeit – Ordnungsökonomische Konzepte, S. …].

REUTER, Norbert, zum Entwurf eines Gesetzes zur Änderung des Grundgesetzes zur Verankerung der Generationengerechtigkeit (Generationengerechtigkeitsgesetz) – BT-Drucksache 16/3399 am 15.10.2008, hinterlegt bei www.bundestag.de (letzter Abruf Mai 2009), [zitiert als Reuter, Stellungnahme Parlamentarischer Rat 15.10.2008].

RICHTER, Andreas, Rechtsfähige Stiftung und Charitable Corporation, zugleich Diss. iur, Berlin, 2000, [zitiert als Richter, Rechtsfähige Stiftung und Charitable Corporation, S. …]

RICHTER, Andreas, EICHLER, Anna Katharina, Änderungen des Spendenrechts aufgrund des Gesetzes zur weiteren Stärkung des bürgerschaftlichen Engagements, FR 2007, S. 1037-1041 [zitiert als Richter/Eichler, Änderungen des Spendenrechts aufgrund des Gesetzes zur weiteren Stärkung des bürgerschaftlichen Engagements, FR 2007, S. …].

ROLOFF, Juliane, Demographischer Faktor, Hamburg, 2003 [zitiert als Roloff, Demographischer Faktor, S. …].

RÖSSEL, Jörg, Spenden und prosoziales Handeln. Eine Einschätzung aus soziologischer Perspektive, in: Adloff, Frank/Priller, Eckhard/Strachwitz, Rupert Graf, Prosoziales Verhalten. Spenden in interdisziplinärer Perspektive, Stuttgart, 2010, S. 213-224 [zitiert als Rössel, Spenden und prosoziales Handeln. Eine

Einschätzung aus soziologischer Perspektive in: Adloff/Priller/Strachwitz (Hrsg.), Prosoziales Verhalten, S. ...].

RÖTHEL, Anne, Stiftungserbrecht statt Staatserbrecht?, in: Non Profit Law Yearbook 2007, Hüttemann, Rainer/Rawert, Peter/Schmidt, Karsten/Weitemeyer, Birgit (Hrsg.), S. 189-208 [zitiert als Röthel, Stiftungserbrecht statt Staatserbrecht?, in: Non Profit Law Yearbook 2007].

RÖTHEL, Anne (Hrsg.), Reformfragen des Pflichtteilsrechts – Symposium 30.11.-2.12.2006 in Salzau, Köln et al., 2007 [zitiert als Röthel, Reformfragen des Pflichtteilsrechts, S. ...].

RÖTHEL, Anne, Pflichtteil und Stiftungen: Generationengerechtigkeit versus Gemeinwohl?, ZEV 2006, S. 8-12 [zitiert als Röthel, Pflichtteil und Stiftungen: Generationengerechtigkeit versus Gemeinwohl?, ZEV 2006, S ...].

SACHS, Michael (Hrsg.), Grundgesetz Kommentar, München, 5. Aufl. 2009 [zitiert als *Bearbeiter,* in: Sachs (Hrsg.), Grundgesetz, 5. Aufl. 2009, Art. ... Rdn . ...].

SACHS, Michael, Verfassungsrecht II Grundrechte, Berlin et al., 2. Aufl. 2002 [zitiert als Sachs, Verfassungsrecht II Grundrechte, S. ...].

SACHS, Michael, Kein Recht auf Stiftungsgenehmigung in: Isensee, Josef/Lecheler, Helmut, Freiheit und Eigentum, Festschrift für Walter Leisner zum 70. Geburtstag, Berlin, 1999, S. 955-971 [zitiert Sachs, Kein Recht auf Stiftungsgenehmigung, in: FS Leisner, S. S. ...].

SALADIN, Peter/ZENGER, Christoph Andreas, Rechte zukünftiger Generationen, Basel/Frankfurt am Main, 1988 [zitiert als Saladin/Zenger, Rechte zukünftiger Generationen, S. ...].

SAVIGNY, Friedrich Carl von, System des heutigen Römischen Rechts, Zweiter Band, Berlin, 1840, [zitiert als Savigny, System des heutigen Römischen Rechts, S. ...].

SCHAUHOFF, Stephan, Handbuch der Gemeinnützigkeit, München, 3. Auflage 2010.

SCHAUHOFF, Stephan, Stiftungen in der Unternehmensnachfolge, Ubg, 2008, S. 309-364.

SCHAUHOFF, Stephan, Zur Erbschaftsteuerfreiheit von Zuwendungen an gemeinnützige Einrichtungen, ZEV 1995, S. 439-444.

SCHAUHOFF, Stephan, KIRCHHAIN, Christian, Was bringt der neue AO-Anwendungserlass für gemeinnützige Körperschaften?, DStR 2012, S. 261-267.

SCHAUHOFF, Stephan, KIRCHHAIN, Christian, Das Gesetz zur weiteren Stärkung des bürgerschaftlichen Engagements, DStR 2007, 1985-1992 [zitiert Schauhoff/Kirchhain, Das Gesetz zur weiteren Stärkung des bürgerschaftlichen Engagements, DStR 2007, S. ...].

SCHELL, Adrian, in: „Generationengerechtigkeit" Heft 4, 1997, zu beziehen über www.srzg.de. [zitiert: Schell, Generationengerechtigkeit Heft 4/1997].

SCHERF, Wolfgang, Politische Ursachen und Möglichkeiten einer konstitutionellen Begrenzung der staatlichen Verschuldung in: Staatswissenschaften und Staatspraxis 3/1996, S. 365-386.

SCHIFFER, Jan, Die unternehmensverbundene Stiftung ist im Gerede, ZEV 1999, S. 424-426.

SCHIRRMACHER, Frank, Das Methusalem-Komplott, München, 2005.

SCHLÜTER, Andreas, STOLTE, Stefan, Stiftungsrecht – Erscheinungsformen und Errichtung der Stiftung, Stiftungsaufsicht, Verwaltung des Stiftungsvermögens, Besteuerung von Stiftung und Stifter, Internationales Stiftungsrecht, München, 2007 [zitiert als Schlüter/Stolte, Stiftungsrecht, S. ...].

SCHMÄHL, Winfried, Über den Satz „Aller Sozialaufwand muß immer aus dem Volkseinkommen der laufenden Periode gedeckt werden" – Methoden und dogmenhistorische Anmerkungen zu „Belastung" in einer Volkswirtschaft durch Nichterwerbstätige und durch Sozialausgaben – in Hamburger Jahrbuch für Wirtschafts- und Gesellschaftspolitik, 26. Jahr, Tübingen 1981, S. 147-171 [Schmähl, Über den Satz (...), S. ...].

SCHMIDT, Ludwig, Einkommensteuergesetz Kommentar, 31. Auf. 2012 [zitiert als Schmidt/*Verfasser* EStG § ... Rz ...].

SCHMITHUISEN, Michael, Rücklagenbildung bei gemeinnützigen Körperschaften, NWB Fach 4, S. 4239 (NWB Nr. 32 v. 3.8.1998, S. 2545).

SCHNITTGER, Arne, Die Gestaltungsform der Doppelstiftung und ihre Probleme, ZEV 2001, 104-106.

SCHROEDER, Alice, Warren Buffet, Das Leben ist wie ein Schneeball, München, 2009 [zitiert als Schroeder, Warren Buffet, Das Leben ist wie ein Schneeball, S. ...].

SCHRÖDER, Rainer, Stiftungsaufsicht im Spannungsfeld von Privatautonomie und Staatskontrolle – ein Beitrag zum Verhältnis von Staat und Stiftung, DVBl. 2007, 207-217 [zitiert als Schroeder, Stiftungsaufsicht im Spannungsfeld von Privatautonomie und Staatskontrolle, DVBl. 2007, S. ...].

SCHUCK, Frank, Die Doppelstiftung, zugleich Diss. iur., Frankfurt am Main et al., 2009 , [zitiert als Schuck, Die Doppelstiftung].

SCHULTE, Martin, Der Staat als Stifter: Die Errichtung von Stiftungen durch die öffentliche Hand in: Non Profit Law Yearbook 2001, herausgegeben von Kötz/Rawert/Schmidt/Walz, Köln et al., S. 127-144 [zitiert als Schulte, Der Staat als Stifter: Die Errichtung von Stiftungen durch die öffentliche Hand, in: Non Profit Law Yearbook 2001, S. ...].

SCHULTE, Martin, Staat und Stiftung, Verfassungsrechtliche Grundlagen und Grenzen des Stiftungsrechts und der Stiftungsaufsicht, Heidelberg, 1989, [zitiert als Schulte, Staat und Stiftung, S. ...].

SCHULTE, Wilfried, Die Reform der Erbschaftsteuer, FR 2008, S. 341-349.

SCHULZE, Reiner, Die Gegenwart des Vergangenen – Zu Stand und Aufgaben der Stiftungsrechtsgeschichte in: Hopt/Reuter (Hrsg.), Stiftungsrecht in Europa, Köln, 2001, S. 55-72 [zitiert als Schulze, Die Gegenwart des Vergangenen in: Hopt/Reuter (Hrsg.), Stiftungsrecht in Europa, S. ...].

SCHWERTMANN, Philipp, Stiftungen als Förderer der Zivilgesellschaft, zugl. Diss. phil., Baden-Baden, 2006.

SEER, Roman, Gemeinwohlzwecke und steuerliche Entlastung in Gemeinnützigkeit, 27. Jahrestagung der Deutschen Steuerjuristischen Gesellschaft e.V., Erfurt, 23. und 24. September 2002, Herausgegeben im Auftrag der Deutschen Steuerjuristischen Gesellschaft e.V., Köln, 2003 [zitiert als Seer, Gemeinwohlzwecke und steuerliche Entlastung, S. ...].

SEER, Roman, VERSIN, Volker, Die gemeinnützige Stiftung im Steuerrecht in: Steuer und Studium [Zeitschrift] 2007, S. 588-592 [zitiert als Seer/Versin, Die gemeinnützige Stiftung im Steuerrecht, Steuer und Studium 2007, S. …].
SEER, Roman, WOLSZTYNSKI, Christian, Steuerrechtliche Gemeinnützigkeit der öffentlichen Hand, Berlin, 2002 [zitiert als Seer/Wolstzynski, Steuerrechtliche Gemeinnützigkeit der öffentlichen Hand, S. …].
SEIFART/VON CAMPENHAUSEN et al., Handbuch des Stiftungsrechts, München, 3. Aufl. 2009 [zitiert als *Bearbeiter* in Seifart/v. Campenhausen (2009), § … Rz. …].
SEIFART/VON CAMPENHAUSEN et al., Handbuch des Stiftungsrechts, München, 2. Aufl. 1999 [zitiert als *Bearbeiter* in Seifart/v. Campenhausen(1999), § … Rz. …,].
SÖFFING, Andreas, THOMA, Kathrin, Ausgewählte Beratungsaspekte im Gemeinnützigkeits- und Stiftungsrecht BB 2003, S. 1091-1093 [zitiert als Söffing/ Thoma Ausgewählte Beratungsaspekte im Gemeinnützigkeits- und Stiftungsrecht BB 2003, S. …].
SORG, Martin H., Die Familienstiftung – Wesen, Probleme, Gestaltungsvorschläge für die Praxis, Baden-Baden, 1984.
SPD, Hamburger Programm beschlossen auf dem Hamburger Bundesparteitag der SPD am 28. Oktober 2007.
SPIEGEL Spezial 8/2006 Jung im Kopf – Die Chancen der alternden Gesellschaft.
STAATSMINISTERIUM BADEN-WÜRTTEMBERG, Pressemitteilung 20099325_2 vom 25.03.2009, abzurufen unter http://www2.um.baden-wuerttemberg.de/ servlet/is/44063, letzter Abruf August 2011.
STAUDINGER/HÜTTEMANN/RAWERT (2011), Kommentar zum Bürgerlichen Gesetzbuch und dem Einführungsgesetz und Nebengesetzen, Buch 1 Allgemeiner Teil §§ 80-89 (Stiftungsrecht), Berlin, 2011 (Neubearbeitung von Hüttemann, Rainer und Rawert, Peter [es wird die vorgeschlagene Zitierweise verwendet, d.h. Staudinger/Hüttemann/Rawert (2011) Vorbem … zu §§ 80-88 oder Staudinger/Hüttemann/Rawert (2011) § … Rn …].
STIFTUNG FÜR DIE RECHTE ZUKÜNFTIGER GENERATIONEN (Hrsg.), Handbuch Generationengerechtigkeit, München, 2003 [zitiert als SRzG, Handbuch Generationengerechtigkeit].
STÖBER, Michael, Die geplante Europäische Stiftung, DStR 2012, S. 804-808.
STRACHWITZ, Rupert Graf, Spenden und bürgerschaftliches Engagement: Aspekte einer politischen Kontextualisierung, in: Adloff/Priller/Strachwitz, Prosoziales Verhalten, in: Adloff, Frank/Priller, Eckhard/Strachwitz, Rupert Graf, Prosoziales Verhalten. Spenden in interdisziplinärer Perspektive, Stuttgart, 2010, S. 1-20 [zitiert als Strachwitz, Spenden und bürgerschaftliches Engagement: Aspekte einer politischen Kontextualisierung in: Adloff/Priller/Strachwitz (Hrsg.), Prosoziales Verhalten, S. …].
STRAHL, Martin, Betriebe gewerblicher Art und Gemeinnützigkeit, NWB Fach 4, S. 5293-5308 (= NWB Nr. 21 v. 19.5.2008, S. 1947-1962).
STRUCK, Olaf, Generation als zeitdynamische Strukturierung von Gesellschaften und Organisationen, in: Szydlik, Marc (Hrsg.): Generation und Ungleichheit, Wies-

baden, 2004, S. 49-76 [zitiert als Struck, Generation als zeitdynamische Strukturierung von Gesellschaften und Organisationen in: Szydlik, (Hrsg.), Generation und Ungleichheit, S. ...].

STUTZ, Heidi/BAUER, Tobias, Erben und Vererben in der ökonomischen Theorie in: Lettke, Frank (Hrsg.), Erben und Vererben. Gestaltung und Regulation von Generationenbeziehungen, Konstanz, 2003, S. 75-89 [zitiert als Stutz/Bauer, Erben und Vererben in der ökonomischen Theorie, in: Lettke, (Hrsg.), Erben und Vererben. Gestaltung und Regulation von Generationenbeziehungen, S. ...].

THIEL, Jochen, Die Neuordnung des Spendenrechts, DB 2000, S. 392-396.

THIEL, Jochen, Die zeitnahe Mittelverwendung – Aufgabe und Bürde gemeinnütziger Körperschaften, DB 1992, S. 1900-1907.

THIEL, Jochen, EVERSBERG, Horst, Zur Reichweite des Gebots der zeitnahen Mittelverwendung im Gemeinnützigkeitsrecht, DB 2007, S. 191-196.

THÖMMES, Ottmar, STOCKMANN, Stockmann, Familienstiftung und Gemeinschaftsrecht: Verstößt § 15 Abs. 2 Satz 1 ErbStG gegen Diskriminierungsverbote des EGV? in: IStR 1999, S. 261-268 [zitiert als Thömmes/Stockmann, Familienstiftung und Gemeinschaftsrecht, IStR 1999, S. ...].

TIEDTKE, Klaus, MÖLLEMANN, Peter, Spendenabzug und Europarecht, Zu den Auswirkungen des EuGH-Urteils in der Rs. *Stauffer* auf den Spendenabzug nach § 10b EStG – Zugleich Besprechung des BFH-Vorlagebeschlusses vom 9.5.2007, XI R 56/05, IStR 2007, S. 837-844 [zitiert als Tiedtke/Möllemann, Spendenabzug und Europarecht, IStR 2007, S. ...].

TIEDTKE, Klaus, MÖLLEMANN, Peter, Gemeinnützigkeit und Europäische Grundfreiheiten in DStZ 2008, S. 69-81 [zitiert als Tiedtke/Möllemann, Gemeinnützigkeit und Europäische Grundfreiheiten, DStZ 2008, S. ...].

TOEPKE, Utz-Peter, Staatsaufsicht über Stiftungen im Deutschen und Anglo-Amerikanischen Recht, zugleich Diss. iur. Hamburg, 1967, [zitiert: Toepke, Staatsaufsicht über Stiftungen im Deutschen und Anglo-Amerikanischen Recht, S. ...]

TREMMEL, Jörg, A Theory of Intergenerational Justice, zugleich Dissertation Philosophische Fakultät der Heinrich-Heine-Universität Düsseldorf, Oberursel, 2008, zitiert als: [Tremmel, A Theory of Intergenerational Justice, S. ...].

TREMMEL, Jörg, Thema Generationengerechtigkeit, Schriftliche Stellungnahme zur Anhörung im Deutschen Bundestag – Parlamentarischer Beirat für nachhaltige Entwicklung 15.10.2008, Oberursel, 2008 hinterlegt bei www.bundestag.de (letzter Abruf Mai 2009), [zitiert als Tremmel, Stellungnahme Parlamentarischer Rat 15.10.2008].

TREMMEL, Jörg, Bevölkerungspolitik im Kontext ökologischer Generationengerechtigkeit, Wiesbaden, 2005 [zitiert: Tremmel, Bevölkerungspolitik im Kontext ökologischer Generationengerechtigkeit, S. ...].

TREMMEL, Jörg, Das Konzept Generationengerechtigkeit, in: Reader der Universität Stuttgart Fakultät 10 – Wirtschafts- und Sozialwissenschaften Abt. für Soziologie II zum Thema: Generationenkonflikt und generationengerechte Politik [Text- und Quellensammlung, 2004], [zitiert: Tremmel, „Reader" und Seitenzahl].

TREMMEL, Jörg, Was ist Generationengerechtigkeit?, in: „Generationenkonflikt und generationengerechte Politik", abgedruckt in: Reader der Universität Stuttgart Fakultät 10 – Wirtschafts- und Sozialwissenschaften Abt. für Soziologie II zum Thema: Generationenkonflikt und generationengerechte Politik [Text- und Quellensammlung, 2004], [zitiert: Tremmel, Was ist Generationengerechtigkeit?, in: „Generationenkonflikt und generationengerechte Politik", „Reader" und Seitenzahl].

TREMMEL, Jörg, Generationengerechtigkeit – Versuch einer Definition in: Stiftung für die Rechte zukünftiger Generationen (Hrsg.), Handbuch Generationengerechtigkeit, München, 2. Aufl. 2003, S. 27-78 [zitiert als Tremmel, Generationengerechtigkeit – Versuch einer Definition in: SRzG (Hrsg.), Handbuch Generationengerechtigkeit, S. ...].

TREMMEL, Jörg, Generationengerechtigkeit – Positivrechtliche Verankerung der Rechte nachrückender Generationen in: Stiftung für die Rechte zukünftiger Generationen (Hrsg.), Handbuch Generationengerechtigkeit, München, 2. Aufl. 2003, S. 349-382 [zitiert als Tremmel, Generationengerechtigkeit – Positivrechtliche Verankerung der Rechte nachrückender Generationen, in: SRzG (Hrsg.), Handbuch Generationengerechtigkeit, S. ...].

TURNER, Nikolaus, Die Stiftung – ein selbständig und individuell gestaltbarer Wunscherbe, ZEV 1995, S. 206-211.

UHL, Matthias, Stiftungsrecht und Europarecht – Ein Beitrag zum Erwerbszweck der Stiftung bürgerlichen Rechts, ZSt 2007, S. 147-152.

UNNERSTALL, Herwig, Rechte zukünftiger Generationen, zugleich überarbeitete Fassung Diss. iur., Würzburg, 1999 [zitiert als Unnerstall, Rechte zukünftiger Generationen, S. ...].

VERSTL, Jörg, Der internationale Trust als Instrument der Vermögensnachfolge; Berlin, 2000.

VILAIN, Michael, Finanzierungslehre für Nonprofit-Organisationen – Zwischen Auftrag und ökonomischer Notwendigkeit, Wiesbaden, 2006 [zitiert als Vilain, Finanzierungslehre für Nonprofit-Organisationen, S. ...].

VOLKHOLZ, Torsten, Geltung und Reichweite der Privatautonomie bei der Errichtung von Stiftungen – Die Weiterentwicklung des Stiftungsrechts nach Neufassung der §§ 80 bis 88 BGB durch das Gesetz zur Modernisierung des Stiftungsrechts zum 1. September 2002, zugleich Diss. iur., Frankfurt am Main et al., 2008 [zitiert als Volkholz, Geltung und Reichweite der Privatautonomie bei der Errichtung von Stiftungen, S. ...].

WACHTER, Thomas, Stiftungen – Zivil- und Steuerrecht in der Praxis, Köln, 2001 [zitiert als Wachter, Stiftungen, S. ...].

WALLENHORST/HALACZYNSKI, Die Besteuerung gemeinnütziger Vereine, Stiftungen und der juristischen Personen des öffentlichen Rechts, München, 6. Auflage (2009) 2001 [zitiert als Wallenhorst/Halaczynski, Die Besteuerung gemeinnütziger Vereine, Stiftungen und der juristischen Personen des öffentlichen Rechts, Kap. ... Rz. ...].

WALZ, Rainer, Grundrecht oder Menschenrecht auf Anerkennung der gemeinwohlkonformen Allzweckstiftung?, ZSt 2004, S. 133-140.

WENSKE, Christian, Generationengerechtigkeit in politischen Konzepten – Eine Analyse des Konzepts „Nationaler Aktionsplan – Für ein kindergerechtes Deutschland 2005-2010“, Bachelorarbeit an der Ch Humboldt-Universität zu Berlin, Oktober 2006, Verlag für Akademische Texte, ISBN 978-3-638-55583-8 [zitiert als Wenske, Generationengerechtigkeit in politischen Konzepten, S. ...].

WERKMÜLLER, Maximilian A., Steuerliche Aspekte der ausländischen Familienstiftung, ZEV 1999, S. 138-141.

WESTON, Burns H., Climate Change and Intergenerational Justice: Foundational Reflections – penultimate draft for publication in the Vermont Journal of Environmental Law, Vol. 9, No. 3 (2008), 1/30/2008; zu beziehen über die Stiftung für die Rechte zukünftiger Generationen, www.srzg.de [zitiert als Weston, Climate Change and Intergenerational Justice].

WISSENSCHAFTLICHER BEIRAT BEIM BUNDESFINANZMINISTERIUM, Die abgabenrechtliche Privilegierung gemeinnütziger Zwecke auf dem Prüfstand, August 2006, hinterlegt unter www.bundsfinanzministerium.de unter Finanz- und Wirtschaftspolitik, Wissenschaftlicher Beirat, Gutachten und Stellungnahmen, Publikationsliste Gutachten Nr. 77 [zitiert als Wissenschaftlicher Beirat BMF, Die abgabenrechtliche Privilegierung gemeinnütziger Zwecke auf dem Prüfstand, S. ...].

WOLFF, Hans J., Verwaltungsrecht II, München und Berlin, 1962.

WOCHNER, Georg, Die unselbständige Stiftung, ZEV 1999, S. 125-132.

WÖHE, Günter, Einführung in die Allgemeine Betriebswirtschaftslehre, München, 22. Aufl. 2005.

ZACHER, Hans F., Pflichtteil und intergenerationelle Solidarität, in: Anne Röthel (Hrsg.), Reformen des Pflichtteilsrechts, Symposium 30.11.-2.12.2006 in Salzau, S. 135-150 [zitiert als Zacher, Pflichtteil und intergenerationelle Solidarität, in: Symposium Pflichtteilsrecht Salzau, (Hrsg. Röthel), S. ...].

ZIMMERMANN, Norbert, Der grundrechtlichen Schutzanspruch juristischer Personen des öffentlichen Rechts: Ein Betrag zur Auslegung des Art. 19 Abs. 3 GG unter besonderer Berücksichtigung des Grundrechtsschutzes berufsständischer Einrichtungen, öffentlich-rechtlicher Stiftungen und gemischt-wirtschaftlicher Unternehmen, München, 1993 [zitiert als Zimmermann, Der grundrechtliche Schutzanspruch juristischer Personen des öffentlichen Rechts, S. ...].

ZÖLLER, Richard, Zivilprozessordnung Kommentar, 25. Aufl. [zitiert als Zöller/Bearbeiter, ZPO, 25. Aufl.].

Register

Bochumer Studien zum Stiftungswesen

Herausgegeben von Karlheinz Muscheler

Der Verein „Fundare e.V., Gemeinnütziger Verein zur Förderung des Stiftungswesens“ hat sich zum Ziel gesetzt, zu einer aufblühenden Stiftungskultur in Deutschland beizutragen. Auch die von Prof. Dr. Karlheinz Muscheler im Auftrag von Fundare herausgegebene Schriftenreihe „Bochumer Studien zum Stiftungswesen“ dient diesem Ziel. In ihr sollen Arbeiten aus grundsätzlich allen wissenschaftlichen Disziplinen erscheinen, die sich mit dem Stiftungswesen im weitesten Sinne beschäftigen. Einen Schwerpunkt bilden Arbeiten zum Zivil-, Verwaltungs- und Steuerrecht der Stiftung. Veröffentlicht werden insbesondere Dissertationen, Habilitationen und sonstige Monographien.

Band 1 Irena Braxator: Grundlagen der Panama-Stiftung. 2009.

Band 2 Frank Schuck: Die Doppelstiftung. Instrument zur Gestaltung der Unternehmensnachfolge. 2009.

Band 3 Sang-Hyun Ko: Errichtung einer Stiftung nach deutschem und koreanischem Recht. 2009.

Band 4 Jonas Arnhold: Die selbständige Stiftung und der Testamentsvollstrecker. 2010.

Band 5 Sebastian Trappe: Unternehmensmitbestimmung und unternehmensverbundene Stiftungen. 2010.

Band 6 Irena Braxator: Fundamental Principles of Panamanian Foundations. 2011.

Band 7 Matthias Gantenbrink: Die hoheitliche Beendigung der Stiftung durch die Stiftungsbehörde. Zur Aufhebung und Zusammenführung von Stiftungen. 2011.

Band 8 Dominik Wagner: Errichtung und Tätigkeit von Stiftungen nach polnischem Recht. 2012.

Band 9 Jochen Maier: Gemeinnützige Stiftungen und Generationengerechtigkeit. Möglichkeiten und Grenzen ihrer Einbeziehung in eine generationengerechte Politik. 2012.

www.peterlang.de

www.ingramcontent.com/pod-product-compliance
Ingram Content Group UK Ltd.
Pitfield, Milton Keynes, MK11 3LW, UK
UKHW021829290926
8980IPUK00004B/332

9 783631 624517